YEARBOOK OF UNIVERSITY OF SCIENCE AND TECHNOLOGY BEIJING

北京科技大学年鉴
2017

《北京科技大学年鉴》编辑委员会

中国大百科全书出版社

图书在版编目（CIP）数据

北京科技大学年鉴．2017 /《北京科技大学年鉴》编辑委员会编著．— 北京：中国大百科全书出版社，2018.1

ISBN 978-7-5000-9969-7

Ⅰ.①北… Ⅱ.①北… Ⅲ.①北京科技大学－2017－年鉴 Ⅳ.①G649.281-54

中国版本图书馆CIP数据核字（2018）第001139号

编　　著：《北京科技大学年鉴》编辑委员会
责任编辑：杨淑霞
出　　版：中国大百科全书出版社
地　　址：北京阜成门北大街17号　　邮编：100037
网　　址：http: //www.ecph.com.cn　Tel: 010-88390718
图文制作：北京华艺创世印刷设计有限公司
印　　刷：北京朝阳印刷厂有限责任公司
字　　数：650千字
印　　数：1～800
印　　张：31.25
开　　本：787×1092　　1/16
版　　次：2018年1月第1版
印　　次：2018年1月第1次印刷
书　　号：ISBN 978-7-5000-9969-7
定　　价：80.00元

6月23日，全国政协副主席刘晓峰出席柯俊院士百岁华诞座谈会▶

4月22日，中国工程院名誉主席徐匡迪、中国工程院院士毛新平出席“院士回母校”活动▶

北京科技大学年鉴

◀ 4月12日，作为京津冀钢铁行业节能减排产业技术创新联盟理事长单位，学校代表联盟与河北省迁安市签订科技成果对接协议

4月26日，举行北京科技大学—故宫博物院战略合作签约仪式 ▶

◀ 11月24日，举行北京科技大学—佛山市顺德区人民政府战略合作协议签约仪式

12月26日，举行北京科技大学—中国铝业公司技术创新合作协议签约暨联合工程技术中心揭牌仪式 ▶

▲ 7月6日，举办2016年海峡两岸青年创业训练营

▲ 7月17－25日，举办“携手同成长共筑中国梦”2016年京港青年学生伙伴训练营

▲ 8月9－11日，举行2016年第四届国际腐蚀工程大会

▲ 9月10－11日，举行第十二届海峡两岸气候变迁与能源可持续发展论坛

▲ 11月11日，波兰比亚威斯托克理工大学校长Lech Dzienis来访

▲ 11月17－18日，举办北京科技大学－日本东北大学联合实验室揭牌仪式

◀ 4月15日，举行学校能源与环境工程学院成立仪式

5月30日，召开学校基础教育管理中心成立大会 ▶

◀ 6月13日，冶金工程研究院正式更名为工程技术研究院

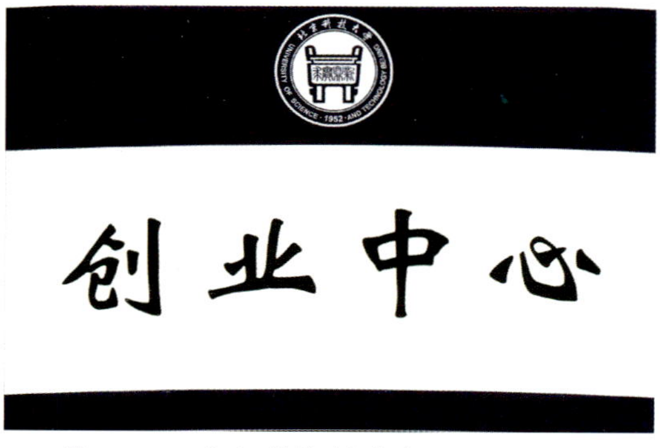

▲ 4月12日，成立学校创业中心

▲ 11月15日，成立学校人文素质教育中心

◀ 5月26日，召开学校全国第四轮学科评估工作推进会

6月3日，举行钢铁生产全流程虚拟仿真实践教学平台启用会 ▶

◀ 10月21日，举行北京科技大学当代语言科学研究中心及世界文学文化研究中心成立仪式

▲ 12月，学校“城市地下空间工程”“金属轻量化成形制造”“磁光电复合材料与界面科学”3个实验室被认定为北京市重点实验室

◀ 年内，举办6期中国材料名师讲坛

8月10－12日，在第九届全国大学生节能减排社会实践与科技竞赛中获特等奖1项、一等奖2项、二等奖2项、三等奖4项 ▶

◀ 8月18－20日，在第十一届全国大学生“恩智浦”杯智能汽车竞赛全国总决赛中获得冠军3项、亚军2项

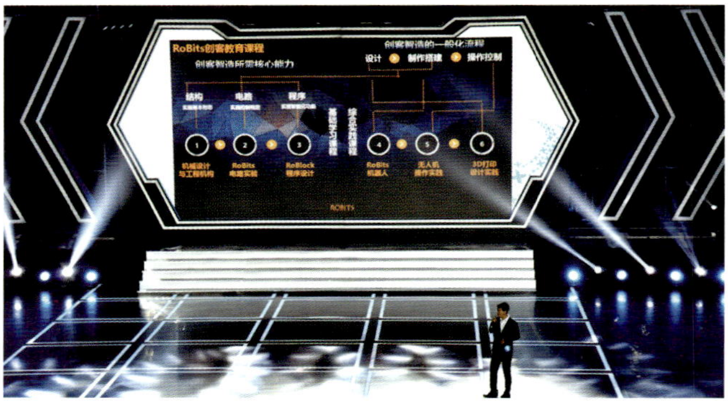

10月15日，在第二届中国“互联网+”大学生创新创业大赛中获得金奖1项、银奖1项 ▶

5月1—15日，在第54届首都高校田径运动会中获得男子团体、女子团体和男女团体总分第三名的成绩，同时获得“体育道德风尚奖”称号▶

▲7月，学生社会实践团寻访中国精神，手绘长征征程画卷。实践团获全国大、中专学生志愿者暑期“三下乡”社会实践活动全国优秀团队，学校荣获全国优秀组织单位

◀11月5日，学生管乐团获得2016年北京大学生音乐节器乐类展演金奖

◀12月20日，举行北京科技大学“时代凌宇·求是理论奖学金”捐赠仪式

▲12月30—31日，学校大型原创校史话剧《奔流》上映

◀ 4月，举行以“九二共识，一路同行”和“筑梦钢铁摇篮，再享科大时光”为主题的校友毕业纪念活动

5月28日，召开学校第二十五次学生代表大会、第十二次研究生代表大会 ▶

◀ 9月7—8日，学校工作组赴甘肃秦安县调研定点帮扶工作

10月26日，举行建校元老、著名金属材料学家和教育家章守华先生百岁华诞座谈会 ▶

◀ 11月15日，举行北京市海淀区第十六届人大代表换届选举北科大选区投票

6月24日，举行2016届学生毕业典礼暨学位授予仪式 ▶

8月30日，举行2016级新生开学典礼 ▶

◀ 11月23日，举行毕业生大型双选会

《北京科技大学年鉴》（2017）编辑委员会

《北京科技大学年鉴》（2017）编辑部

编辑说明

《北京科技大学年鉴》(2017) 全面反映了北京科技大学2016年度在学科建设、教学改革、科学研究、人才培养、对外交流、校园建设等各方面的发展进程和最新成就。

《北京科技大学年鉴》(2017) 以文章和条目为基本体裁。全书分《特载》《学校概况》、《机构与干部》《院系情况》《教育教学与学科建设》《科学研究与产业开发》《科研基地及研发平台》《管理与服务》《党建和思想政治工作》《人物》《2016年党发校发文件目录》《2016年大事记》《2016年毕业生名录》及《附录》等基本栏目。

本年鉴选题的时间范围为2016年1月1日—2016年12月31日，根据实际情况，部分内容在时限上前后略有延伸。

2016年，学校深入开展“两学一做”学习教育，高质量完成《北京科技大学“十三五”教育事业发展规划》制定工作。一年来，学校还圆满完成了第十六届海淀区人大代表换届选举工作。本年鉴为此设置特载一栏加以记述。

本年鉴收录的各学院资料基本上按照概况、师资队伍、人才培养、学科建设、科学研究、国际交流、党建与学生工作等条目编写。收录的各职能部处、直属单位的资料根据各自工作性质和特点，条目及内容安排相对灵活。本年鉴有关统计资料附在相关内容之后。

本年鉴所刊内容由各单位确定专人负责提供，并经本单位负责人审定。

《北京科技大学年鉴》(2017) 由北京科技大学党委办公室、校长办公室组织编写，在编写过程中得到了学校领导和全校教职员工的大力支持，在此谨表衷心感谢。

《北京科技大学年鉴》编辑部

2017年11月

目录

特　　载

学 校 概 况

机构与干部

院系情况

教育教学与学科建设

科学研究与产业开发

科研基地及研发平台

管理与服务

党建与思想政治工作

人 物

2016年党发校发文件目录

2016年北京科技大学大事记

2016年毕业生名录

附　　录

Contents

Specials

USTB Survey

Organization and Leadership

Schools and Departments

Teaching Methods Overview

Scientific Research and Enterprise Development

Scientific Research Base and Platform for Development

Administration and Service

The CCP Construction and Ideology Education

Profiles

Catalogue of USTB Party Documents and School Documents in 2016

Chronicle of Major Events at USTB in 2016

Lists of Graduates in 2016

Appendix

特　　载

北京科技大学认真开展“两学一做”学习教育

按照中共中央、教育部党组和北京市委的统一部署，北京科技大学于2016年4月起在全体党员中开展“学党章党规、学系列讲话，做合格党员”学习教育（以下简称“两学一做”学习教育）。学校党委高度重视，认真贯彻“两学一做”学习教育要求，始终把思想教育作为第一任务，坚持用党章党规规范党组织和党员行为，用习近平总书记系列重要讲话精神武装头脑、指导实践、推动工作，教育引导广大党员切实增强政治意识、大局意识、核心意识、看齐意识，充分发挥先锋模范作用，推动基层党组织充分履行职能、发挥战斗堡垒作用，切实推动全面从严治党向基层延伸。

认真组织实施、精心部署学习教育安排。一是提早行动，制订方案。学校党委提前着手研究学校实施方案，并于4月形成下发了《北京科技大学开展“学党章党规、学系列讲话，做合格党员”学习教育的实施方案》，对学习教育的总体要求、基本原则、学习教育内容、重点解决的问题、学习方法措施和组织领导等提出明确要求。二是全面动员部署，推进学习教育向基层延伸。5月初学校组织召开“两学一做”学习教育动员部署会，时任学校党委书记罗维东作了动员部署讲话。随后全校25个二级党组织按要求完成了学习教育实施方案的制订和报备，并在本单位范围内组织召开学习教育动员部署会。各支部根据动员部署及方案要求制订了本支部的学习教育计划。

强化制度保障，搭建学习教育长效机制。一是落实支部书记培训制度化。学校以强化支部书记培训工作为抓手，坚持落实每月第三周周四下午为支部书记的集中培训时间，制订系统的培训计划，提高支部书记队伍整体的思想政治素质。自学习教育开展以来，已开展7次支部书记集中培训，培训支部书记、党委秘书等党务工作骨干1300余人次。二是确保支部组织生活和理论学习高质量开展。学校将每周四下午作为师生支部组织生活、理论学习及活动的固定时间，统一安排学习专题，并要求支部结合实际自主制订学习计划，同时不定期检查走访，确保制度严格落实。学习教育开展以来，每月一次的全校党支部组织生活学习已进行9次，配合举办集中辅导报告会、讲座等10余场。

创新载体方式，搭建学生党员学习教育平台。一是全面开展学生党员述责测评工作。学校充分运用网络信息技术，深入开展学生党员“承诺、践诺、评诺”活动，扎实推进学生党员述责测评工作。截至目前，活动已在全校学生党员中全面推开，在激发学生党员党性意识、促进党员作用发挥、自觉接受监督等方面收到了良好效果。该项工作已入选2016年北京市基层党建创新项目孵化工程项目。二是寓教于乐，积极开展“一站到底”党史知识竞赛活动。学校党委将前期试点成熟的“一站到底”党史知识竞赛模式，以开展学习教育为契机，推广到所有学院、研究生培养单位进行。该活动在学生党员中取得良好反响，形成了以赛促学、以学促行的良好氛围。

精心组织安排，稳步推进党课教育。一是实现讲党课全覆盖。各基层党组织重点围绕党章党规、习近平总书记系列重要讲话开展专题学习讨论和支部书记、党员讲党课活动。截至目前，学校基层党支部书记讲党课近600人次；组织思政课教师、专家学者、先进模范、讲师团及理论宣讲团成员等到基层党支部讲党课近170人次；党员领导干部到所在党支部、预备党员培训班、党员发展对象培训班、入党积极分子培训班上讲党课近250人次，其中校领导班子成员到基层党支部讲党课16人次。二是积极创新党课教育形式。学校党委充分发挥基层党组织的创造力，培育和树立党课先进典型模式。学校选送的“党员开讲了”主题党课学习新模式案例，由教育工委推荐入选中组部“三会一课”创新工作案例集，并获《北京支部生活》杂志报道；学校制作选送的“小博士谈‘两学一做’微动漫”和“让‘红本本’走进我们的头脑和心灵——共产党员要牢固树立党章意识”党课分别获得北京高校“两学一做”微动漫一等奖、精品党课二等奖。

严格督促检查，确保学习教育扎实推进。学习教育开展以来，学习教育领导小组及办公室成员多次深入基层党组织督导学习教育推进落实情况。累计迎接北京市委“两学一做”学习教育第五巡回督导组来校调研6次，学校党委领导班子成员及“两学一做”办公室成员走访督导基层党支部组织生活会、党课活动等近90人次，组织二级党组织和基层党支部开展学习教育专项自查1次。严格的督促检查为保证学习教育活动的顺利开展和学习效果提供了有力的保障。

稳步有序推进，扎实做好“五项专项”工作。根据上级有关要求，在开展学习教育过程中，学校党委认真组织各级党组织开展了党员组织关系集中排查、党代会代表和党员违纪违法未给予相应处理情况排查、基层党组织按期换届情况专项检查、党费收缴工作专项检查、集中推进非公有制企业和社会组织“两个覆盖”五项重点工作，并建立相关信息台账。“五项专项”工作的推进，有力地配合了学习教育的开展，促进了党员教育管理和基层党组织建设。

圆满完成第十六届海淀区人大代表换届选举工作

按照北京市海淀区选举委员会关于区人大代表换届选举的工作部署，海淀区第十六届人民代表大会代表的换届选举工作在2016年下半年进行，投票日为11月15日。2016年5月开始，北京市各区县正式启动了人大代表换届选举工作，北京科技大学作为海淀区选举委员会学院路街道分会第二选区牵头单位，自换届选举工作开展以来，在各级领导关怀与带领下，积极响应海淀区及学院路街道的各项工作安排，分工协作、密切配合，保证了选举工作的顺利进行。

（一）选区选举基本情况

根据学院路地区的实际情况，学院路以东、四环路以北、志新西路以西、志新路以南地域的单位（不含北京科技大学附中）组成学院路街道选举分会第二选区，北京科技大学为选区牵头单位。同时，经学院路街道选举分会讨论，决定分配给北科大选区3个人大代表名额。经过选民登记、复查审核，选区共登记选民25561人，划分为261个选民小组。同时，设立25个选举投票站、1个流动票箱。经过选民十人以上联名推荐，选区共产生初步代表候选人80人。在此基础上，经过选民充分酝酿、讨论，反复民主协商，选区确定王维才、左鹏、申亚男、李淳（姓氏笔画为序）4人为正式代表候选人。11月15日，广大选民踊跃参加投票选举，参加投票的选民共有25419人，占登记选民人数的99.44%。经统计，王维才、左鹏、申亚男得票数超过投票选民总数的一半且得票数较多，当选为海淀区第十六届人大代表。

（二）选举工作进程

在选举筹备工作阶段，选区成立了以学校党委副书记权良柱为组长，党办、校办主任张卫冬为副组长，选区内有关单位负责人为成员的选区工作组，并从学校有关单位和部分学院抽调了16名工作人员组建了选区工作组办公室（以下简称“选区办”）。党办、校办副主任吴豪伟任选区办公室主任，全面负责选区办公室工作；社区居委会主任杨峰任副主任，负责与政府街道对接，传达上级文件精神；学生工作处副处长丁煦生任副主任，负责综合组和联络组；数理学院副院长刘雨芙任副主任，负责文秘组；校工会副主席张娟任副主任，负责宣传组。在筹备阶段中，选区办重点进行了选民预登记工作。对学校社区、离退休干部、在校师生进行了初步摸排、核查，建立了相对完备的选区选民数据库，为后续工作的开展奠定了坚实的基础。

在选举准备工作阶段，召开学校二级党组织负责人会议，划分了29个选民登记组。各选民登记组又分别成立了工作组，并确定工作组组长、副组长、组员、联络员，便于后续工作的开展。在本阶段，重点完成了选举工作实施方案、选举工作宣传计划、选举工作手册、选区办工作制度等相关制度和工作流程的制订，建设了选区选举专题网站、专题微信平台，各选民登记组对选民再次进行调查摸底，核实选区单位、人口等相关信息。

在选举宣传和选民登记阶段，选区办和各选民登记组采取多种有效形式加强宣传，广泛动员选区选民积极参加本次选举，把宣传工作贯穿始终。在选举宣传日（9月19日），选区办联合各选民登记组，进行了集中宣传，取得了良好效果。同时，从实从细作好选民登记工作，10月25日对外公布了本选区选民名单。选民复查、核对工作一直持续到投票前，经过认真核查，至投票前在本选区登记的选民实有25561人。

在提名推荐、酝酿协商和确定正式代表候选人阶段，北科大选区工作组和选区办严格按照法定程序，加强工作指导，加强代表构成的引导。选民十人以上联名，推荐初步代表候选人，在10月30日前，依法公布了提名推荐的80名初步代表候选人名单及其基本情况。采取“三上三下”的原则，各选民小组反复酝酿、讨论、协商，并召开了选民代表座谈会，民主党派、无党派代表座谈会。选区工作组与各个方面反复民主协商，经学校党委常委会研究通过，确定王维才、左鹏、申亚男、李淳（姓氏笔画为序）4名正式代表候选人，并于11月8日前依法公布了正式代表候选人名单及其基本情况。此后，选区工作组、选区办召开了正式代表候选人与选民见面会，在学校新闻网、闭路电视、大屏幕、选举工作网站、官方微信等宣传媒体对代表候选人进行了广泛宣传。

在投票选举阶段，北科大选区工作组

和选区办对25个投票站工作人员和流动票箱工作人员进行了培训，指导、检查、督促各投票站的准备、布置工作。再次做好投票选举前的宣传工作，发动选民积极参加投票选举。11月15日为投票选举日，投票选举时间为当日8时30分至24时。组织选民前往投票站投票或通过流动票箱投票。11月15日24时，各投票站把票箱集中到学校建龙报告厅，在1名总监票人、2名副总监票人、15名监票人的监督下，统一开箱计票。计票结果于16日4时左右统计完成，选区总监票人夏秀芹进行宣读，选区工作组部分领导，选区办全体工作人员，各投票站计票、监票负责人等现场见证了这一重要时刻，3名人大代表顺利选举产生。

（三）选区工作取得的经验

学校高度重视，领导深入一线调研指导工作。一是加强了对选举工作的领导，学校党委确定由党委副书记权良柱负责选举工作；党委常委会、校长办公会多次听取关于选举工作的汇报；各学院、各单位均由其党组织负责人担任各选民登记组组长，并选派得力人员从事选举工作。二是为选举工作提供了人力、财力和物力保证。学校从党校办、宣传部、校工会、校团委、后勤集团、社区居委会等各职能部门及各学院抽调了16名一线工作人员组成选区办，并在办公楼设立选区办办公室。三是将选举工作纳入到学校日常工作中，作为校党委、各学院、机关党委下半年一项重要的工作开展。四是领导亲自挂帅，深入一线指挥、检查、指导选举工作。选区工作组组长、学校党委副书记权良柱在选举工作重要时期都及时主持召开工作会议，研究、决定有关问题，亲自作工作动员部署，提出工作具体要求。

三项工作“贯穿始终”，确保选举工作顺利进行。宣传工作贯穿始终：北科大选区工作组、选区办利用丰富的媒体形式，在北科大选区形成了立体宣传网络，覆盖北科大校园及选区内的其他单位。宣传工作内容丰富、重点突出，做好与选民的沟通与交流，及时回答选民和各单位提出的问题，吸引广大选民参与选举、了解选举、配合选举，保证了选举工作的顺利进行。统计工作贯穿始终：北科大选区坚持统计工作主动、超前、认真、严谨，坚持信息资料电子化、统计工作岗位化、统计工作规范化，克服了选区单位多、选民多、人员复杂等困难，按时、准确地做好了选举统计工作，受到街道重点表扬。审核工作贯穿始终：北科大选区工作组及选区办严格按照要求，一是对全体选民进行认真细致、规范严谨的选民登记和审核，保证做到不重登、不漏登、不错登；二是充分考虑代表候选人的政治素质、个人素质和代表候选人结构，高度重视代表候选人的综合素质，对联名推荐的初步代表候选人进行一一审核，始终严把代表候选人素质关和代表候选人结构关，在确定4名正式代表候选人后，又委托学校组织部及上级部门对个人事项进行严格查核。北科大选区选出的3名人大代表有1名女同志，有1名副校级领导，有中共党员，也有无党派人士；有一线教师，也有行政管理人员，具有广泛的代表性。

依法开展工作，充分尊重民意，加强工作指导，精心组织投票。北科大选区工作组、选区办认真学习《中华人民共和国全国人民代表大会和地方各级人民代表大会选举法》《北京市区、县、乡、民族乡、镇人民代表大会代表选举实施细则》及市、区、街道关于此次区人大代表换届选举工作有关文件，结合选区实际情况，坚持以法律为准绳，严格按照法定的程序，认真做好选举工作。在产生正式代表候选人工作中，选区工作组提出了充分尊重选民意愿、广泛进行民主协商的工作要求，召开各选举单位负责人、选民代表会议，各民主党派座谈会等各方代表参加的会议，民主协商正式代表候选人上报学院路街道选举分会审核后，在全选区予以公告。选区办重视工作人员的培训，多次召开选举工作人员、选举站工作人员培训会，印发工作要点并提供全天候电话指导，在选民登记、布置选举站、投票等环节到一线指导工作，现场解答工作人员疑问，及时、有针对性地指导工作，把握选举工作方向，保证选举工作依法顺利进行。

高质量完成《北京科技大学“十三五”事业发展规划》编制工作

学校高质量圆满完成了《北京科技大学“十三五”事业发展规划》编制工作，并按要求报送教育部。

根据《中共中央关于制定国民经济和社会发展第十三个五年规划的建议》《国家中长期教育改革和发展规划纲要（2010—2020年）》《统筹推进世界一流大学和一流学科建设总体方案》和《京津冀协同发展规划纲要》的重要精神，以及教育部关于“十三五”规划编制工作的统一部署，学校自2015年3月正式启动规划的编制起草工作。规划与学科建设办公室根据通知具体要求，周密部署，组建专门的规划编制工作组，明确规划编制的任务及分工。通过解放思想和广泛调研，2015年8月，形成了《北京科技大学“十三五”事业发展规划（草稿）》，各学院形成院级规划初稿。

经2015年10月北京科技大学第十一次党代会和2015年12月北京科技大学第八届教代会暨第十六次工代会讨论，认真听取各参会代表提出的意见和建议，进行整合归纳和修订完善，形成了《北京科技大学“十三五”事业发展规划（初稿）》。

在此基础上，规划与学科建设办公室与学校各二级单位多次进行意见征求和沟通反馈，进一步修改完善规划文本。2016年寒假，经北京科技大学党委扩大会充分研讨，形成了《北京科技大学“十三五”事业发展规划（征求意见稿）》。

2016年，编写组分批次、分组再次与学校各二级单位交换意见，形成《北京科技大学“十三五”事业发展规划（审议稿）》并提交北京科技大学第八届教代会第二次会议进行审议。

2016年6月，综合全校各方意见，与相关部门进行协商确定，《北京科技大学“十三五”事业发展规划》最终定稿，并报送教育部。

《北京科技大学“十三五”事业发展规划》分析了学校“十三五”时期和“三步走”战略第二阶段面临的形势、机遇和挑战，提出了学校事业进一步发展的总体思路和主要目标，并从深化基本职能改革、优化办学支撑条件、完善现代大学制度、全面加强党的建设、推进重大项目建设五个方面明确了主要任务，并提出了具体的组织实施措施。《北京科技大学“十三五”事业发展规划》是指导学校“十三五”时期（2016—2020年）发展的纲领性文件，也是编制各类专项规划、年度工作计划及制定相关政策的重要依据，对全面推进学校建成特色突出、国内一流、国际知名的高水平多科性研究型大学，提升整体实力和办学水平，加快各项事业发展进程具有重大而深远的指导意义。

附　录

北京科技大学“十三五”事业发展规划

为全面推进学校建成国内一流、国际知名的高水平研究型大学，提升整体实力和办学水平，加快各项事业发展进程，根据《中共中央关于制定国民经济和社会发展第十三个五年规划的建议》《国家中长期教育改革和发展规划纲要（2010－2020年）》《统筹推进世界一流大学和一流学科建设总体方案》《京津冀协同发展规划纲要》及《北京科技大学章程》、学校第十一次党代会综合改革方案精神，特制定本规划。本规划是指导学校“十三五”时期（2016–2020年）发展的纲领性文件，也是编制各类专项规划、年度工作计划及制定相关政策的重要依据。

一、发展环境

（一）成绩回顾

“十二五”以来，学校各项事业发展成就显著，既定主要发展目标基本实现，为“十三五”时期学校事业的进一步发展和“三步走”战略第二阶段任务的最终完成奠定了坚实基础。

学科布局更加合理，总体实力显著提升。学科涵盖工、理、管、文、经、法、哲、教、艺9个门类，科学技术史、材料科学与工程、冶金工程及矿业工程等传统优势学科继续保持全国前列，进入全国排名前30%的学科为11个，材料科学、工程学、化学3个学科领域跻身ESI全球排名前1%。

师资队伍建设取得新进展，人事制度更加健全。逐步实行教师岗位分类管理，教师职务晋升与聘任考核制度趋于完善。新增中国工程院院士2人，形成涵盖两院院士、千人计划、长江学者、国家杰青等高端人才在内1400余人规模的师资队伍。师资队伍的年龄、学历和学缘结构更趋合理，总体水平进一步提升。

育人能力继续提高，人才培养水平迈上新台阶。材料学科的教学改革继续在全国高校保持领先地位，卓越工程师计划、黄昆班等特色人才培养模式成效显著，研究生学术型和应用型人才分类培养体系不断完善，其他各层次办学活动稳步开展，学生的生源质量、创新能力和实践能力培养、毕业生就业率及就业质量始终保持较高水平。

科技创新能力全面提升，社会服务范围进一步拓展。围绕国家重大战略需求和科技前沿，全面提升原始创新和协同创新能力。学校牵头的“钢铁共性技术协同创新中心”进入国家“2011计划”，新增国家级科研基地2个，获国家级科技奖19项，形成与115家企业和地方政府开展合作的格局，科技产业集团现代企业治理模式更加规范。

大学文化建设不断深化，国际交流合作广泛开展。校徽、校训等学校标识得到规范，形成了一批总结历史、彰显特色的原创性校园文化作品。新与50余所海外大学和科研机构建立合作关系，合作建立孔子学院1所，入选全国来华留学示范基地，留学生教育和学生国际化培养工作取得较大突破。

现代大学制度建设稳步推进，治理模式日趋完善。《北京科技大学章程》经教育部核准发布，党委领导下的校长负责制更加完善，以学术委员会为核心的学术组织构架初步确立，师生参与民主管理的机制更加健全，理事会、校友会和基金会支持学校事业发展的能力不断增强。

综合保障能力全面提升，办学条件得到改善。购置了西三旗校区，沙河创新园建设进展顺利，初步形成了以学院路校区为主体，以沙河校区、管庄校区、西三旗校区为重要组成部分的办学格局。学校整体收入水平不断提升，2015年为24.40亿元，是2010年的1.8倍；教职工和离退休人员平均收入翻了一番，仪器设备、图书等的经费投入不断增加，校园公共服务体系建设得到显著加强。

全面从严治党，党建科学化水平不断提高。校院两级党委中心组理论学习和教职工理论学习制度进一步完善，宣传思想政治工作、干部队伍建设、基层组织建设得到加强。通过开展党的群众路线教育实践活动和“三严三实”专题教育，提高了干部队伍的整体素质。始终把反腐倡廉工作摆在突出位置，认真落实党委党风廉政建设主体责任和纪委监督责任。连续两次获得北京高校党建和思想政治工作优秀成果一等奖和创新奖。2013年被评为首都“平安校园”示范校。

“十二五”时期，学校各项事业的快速发展得到了教育行政部门、用人单位、合作伙伴、毕业生及第三方评价机构的广泛认可，国内外声誉显著提升。在国际四大“大学排行榜”中，学校排名显著提升，2015年进入QS世界大学前600强，并列大陆高校第26位。

（二）形势分析

“十三五”时期，是国家实现“两个一百年”中第一个一百年奋斗目标、全面建成小康社会的决胜阶段，是落实“一带一路”、京津冀协同发展和长江经济带三大战略规划的重要时期，是加快推动创新驱动发展、统筹推进世界一流大学和一流学科建设的关键时期，也是学校建成国内一流、国际知名的高水平研究型大学的决胜时期，学校事业发展面临着前所未有的机遇和挑战。

从党和国家事业的高度看，中共十八大以来，以习近平为总书记的党中央提出了“全面建成小康社会、全面深化改革、全面依法治国、全面从严治党”的战略布局，确立了新的历史条件下党和国家各项工作的战略目标和战略举措，为实现“两个一百年”奋斗目标和中华民族伟大复兴的中国梦提供了理论指导和实践指南。中共十八届五中全会首次提出的“创新、协调、绿色、开放、共享”五大发展理念，集中体现了今后五年乃至更长时期我国的发展思路、发展方向、发展着力点，深刻揭示了实现更高质量、更有效率、更加公平、更可持续发展的必由之路。

从高等教育改革发展的角度看，在中国从高等教育大国向高等教育强国转变的历史进程中，教育质量尤其是人才培养质量越来越成为高校办学声誉的载体和生存发展的生命线。当前高等教育改革进入“深水区”，针对人才发展体制机制、人才培养质量提升、教育公平、大学生就业创业、现代大学制度建设等一系列社会关注的难点和重点问题，国家加大了改革力度。2010年，国家发布《国家中长期教育改革和发展规划纲要（2010－2020年）》，对于在新的历史起点上加快推进教育改革和发展，对于建设人力资源强国、满足群众接受良好教育的需求、全面建成小康社会具有重大战略意义。2015年，国务院出台了《统筹推进世界一流大学和一流学科建设总体方案》，明确提出引导和支持具备一定实力的高水平大学和高水平学科瞄准世界一流加快建设。

从服务区域经济社会发展的角度看，中央提出了推进“京津冀协同发展”的重大国家战略，将京津冀作为唯一一个跨省级试验区，开展系统性、整体性、协同性改革的先行先试，明确了京津冀的整体定位和三省市的全新功能定位，强调在生态环境保护、产业升级转移等领域率先突破。京津冀协同发展战略的实施为学校拓展办学空间、争取外部资源、发挥学科优势、开展创新改革提供了良好的政策环境和发展机遇。此外，“一带一路”重大战略决策的出台，也为推动学校同亚欧各国高校和科研机构开展更大范围、更高水平、更深层次的合作提供了更广阔的舞台。

从国家产业升级转型的角度看，中央做出了加快创新驱动发展的重大战略决策，“大众创业万众创新”“中国制造2025”“互联网+”“节能减排”等系列重大政策出台，顺应世界范围内正在孕育兴起的新一轮科技革命和产业变革，将有力推动我国科技创新和产业结构升级转型。学校作为一所以工为主，以矿冶、材料等学科见长的知名大学，有责任有义务进一步发挥学科优势，积极对接国家重大战略需求，优化学科布局与转型，促进学科交叉与融合，加强与行业及地方合作，服务国家创新驱动发展战略和新型工业化进程，加速推进建设世界一流的冶金与材料教育科研中心。

从学校事业发展的角度看，在各项事业取得显著成绩的同时，距离国内一流、国际知名的高水平研究型大学建设目标还有较大的差距，主要包括：学校治理体系还不够健全，治理能力不足，整体办学活力还需要进一步激发；一级学科博士点数量不足，优势学科结构相对单一；转型过程中，传统优势学科没能培育出新的优势方向，新兴学科和交叉学科发展缓慢，文、理等基础学科的支撑作用有待提高；师资队伍总量不足，院士级领军人物、中青年后备人才及高水平创新团队相对缺乏；办学空间和资源在进一步支撑学校可持续发展和改善教职工待遇等方面面临巨大压力；各级党组织和干部队伍的活力需要进一步激发等。这些都是学校做好“十三五”时期各项工作的现实出发点。

综上所述，“十三五”时期将是北京科技大学大有作为的重要战略发展机遇期，同时学校也面临着高校间竞争日趋激烈、自身改革逐步进入深水区的现实挑战。学校必须准确把握外部形势的深刻变化，不断探寻高等教育发展的内在规律，坚持走内涵式发展道路，以求实鼎新的精神、敢为人先的气魄、时不我待的态度，沿着既定的目标去直面困难、砥砺前行、迎接挑战、再创辉煌。

二、总体思路

（一）指导思想

高举中国特色社会主义伟大旗帜，全面贯彻中共十八大和十八届三中、四中、五中全会精神，深入学习贯彻习近平总书记系列重要讲话精神，贯彻落实国家教育、人才和科技规划纲要，坚持“以人为本”的办学理念，坚持“特色化、国际化、精品化”的办学思路，坚持以培养一流人才为主线，坚持深化改革、依法治校、特色发展、从严治党，统筹推进人才培养、科学研究、社会服务和文化传承创新，在学科布局调整与建设、师资队伍建设、国际交流与合作、条件保障与资源配置等方面实现显著突破，加快完善治理结构，加强和改进党的建设，确保学校“十三五”期间办学目标如期实现，为“双一流”建设奠定更加坚实的基础。

（二）基本原则

坚持以人为本，充分依靠师生。师生是推动学校发展的根本力量。践行党的群众路线，充分尊重师生的办学主体地位和首创精神，加强和改进调查研究，强化校园民主管理，保障师生基本权利，充分调动起师生参与学校发展的积极性、主动性、创造性。

坚持深化改革，鼓励大胆探索。改革是学校发展的强大动力。持续深入推进学校综合改革，围绕中心工作正确处理规模、结构、质量、效益的关系。解放思想，实事求是，鼓励开展探索和分类试点，通过改革让学校工作的活力竞相迸发。

坚持依法治校，强化自律约束。依法治校是学校发展的重要保证。在大学章程统领下，进一步优化内部治理结构，加快建设完善的现代大学制度体系，处理好学校同政府、社会等外部关系，形成依法自主办学的良好态势，把学校治理纳入法治轨道。

坚持上下联动，注重实施效果。责任落实是规划完成的关键。在做好顶层设计的基础上，实现上下分工协作并形成合力，充分发挥基层一线在推进落实中的主体作用，确保任务分工明确，责任落实到人，目标如期实现。

坚持党委领导，把握正确方向。党委是学校的领导核心，是学校发展的根本政治保障。必须全面贯彻从严治党要求，坚持和完善党委领导下的校长负责制，不断提高党委决策的能力和水平，提高各级党组织的创造力、凝聚力、战斗力，确保各项工作沿着既定目标奋勇前进。

（三）发展目标

1.总体目标

实现“三步走”战略第二阶段发展目标，基本建成特色突出、国内一流、国际知名的高水平多科性研究型大学，成为国内一流的新型工业化教育科研中心，为建设有特色的世界一流大学和世界冶金、材料教育科研中心奠定基础。

2.主要目标

基本办学职能发展目标。有效落实人才培养目标，初步建成体现办学特色的人才培养体系，输送人才得到社会和行业的高度认可，一批校友成长为相关领域的拔尖人才。具有国际影响力、服务国家战略发展的重大科研成果显著增加，科研实力居国内高校前列。基本形成紧盯国家战略需求、引领和支撑经济社会发展的科技成果转化体系，社会服务贡献度大幅提升。具有“北科特质”的大学文化进一步凝练，国内外声誉等软实力显著增强。

办学支撑条件发展目标。传统优势学科达到世界一流水平，主干学科达到国内一流水平，国际学术影响力明显提高，为建设世界一流大学奠定学科基础。初步建成能够充分调动教职工积极性、主动性和创造性的人事制度体系，培养和引进一批学术大师，汇聚更多拔尖人才和青年才俊。构建起与开放办学相适应的国际化教学科研体系、管理服务体系和支持保障体系，塑造良好国际形象。争取外部资源的能力显著提升，经费、资产、后勤、办学空间等能够支撑学校的可持续发展。

现代大学制度建设目标。初步建成完善的现代大学制度体系和运行机制，治理结构更加科学完善，形成学术权力和行政权力相对独立、各司其职、协调发展的局面，校院两级权责更加明确，依法自主办学的模式趋于成熟。

党的建设目标。党的建设科学化水平进一步提高，党委领导下的校长负责制更加完善，统揽全局的能力显著增强，干部队伍素质整体提升，基层党组织建设更加完备，党风廉政建设开创新局面。

三、主要任务

（一）深化基本职能改革

1.人才培养

坚持立德树人的根本要求，贯彻落实学校人才培养目标，全面推进素质教育，培养学生的创新精神、创业意识和实践能力，巩固人才培养的中心地位。

坚持内涵发展，优化人才培养结构。保证人才培养经费投入年均增长10%。“十三五”期间，稳定本科生规模，研究生数量占比逐步上升到50%。

制订新版本科人才培养方案，以提升学生综合素质为抓手，以加强实践教学和实施完全学分制为重点，深化本科教学改革。继续深化“卓越工程师计划”等人才培养模式改革，全面推进本科专业工程教育认证。积极推动基于慕课（MOOCS）的课程建设。

持续推进“本科教学工程”，力争获得国家级教学成果奖2～3项，获评国家教学名师2～3人、北京市教学名师8～10人，出版高质量教材150部（国家规划教材10～15部、北京市精品教材25～30部）。进一步加强体育、人文、艺术教育，发挥其在培养学生综合素质方面的重要作用。

以推进研究生分类培养模式改革、统筹构建质量保障体系为着力点，深化研究生分类培养、导师责权等方面的机制改革。强化学术型研究生知识更新、学术创新和国际竞争能力的培养；对全日制专业学位研究生，突出产学结合，强化知识运用，解决实际问题和培养职业胜任能力。实行博士资格考试制度，加大博士学位论文开题报告和中期报告的考核力度，充分发挥学科专家小组和指导教师对博士生培养潜质和攻读博士资格等的评价及决定作用。

抓住高考招生制度改革的机遇，探索考试综合评价和多元录取机制，进一步提高生源质量；加强和中学的联系互动，建立健全多元化的本科招生选拔机制；实施大类招生，逐步实现入学一年后学生自主选择专业。探索以规范并充分发挥指导教师招生自主权为核心的研究生招生选拔机制。加强就业工作，提高毕业生就业质量，毕业生就业率保持在95%以上。

坚持“规范办学、提高质量”的工作思路，办好成人和远程教育，积极发展继续教育。以建设国内一流的独立学院为目标，进一步加强天津学院的规范化管理。

2.科学研究

聚焦国家、区域、行业重大需求和科学前沿，着力开展原始创新和协同创新，努力使学校成为国家知识创新和技术创新的重要基地。坚持战略谋划和创新发展，加强对重大问题和发展方向的研究和分析。整合全校资源，完善重大项目工作组机制，注重重大、重点、人才等项目的组织，注重多学科交叉、全链条项目的策划，开拓新兴科研发展方向。力争形成一批标志性成果，作为第一完成单位获国家科学技术奖5～10项。加大科技经费的筹措和投入强度，争取年科技经费达到11～13亿元。

加强国家实验室、国家重点实验室、国家工程（研究）中心等国家级基地的建设和筹划，形成由国家、省部级重点实验室构成的基础研究体系，以及由国家、省部级工程（研究）中心组成的高新技术研发体系。围绕节能环保、新材料、高端装备制造等，构建若干以市场需求为导向的协同创新中心。积极争取北京高校高精尖创新中心，推进深地岩体工程科学国家重点实验室、弱磁检测国防科技重点实验室等国家基地和环保领域创新基地、钛合金技术创新平台等的申请筹备工作。全面加强依托学校的相关智库建设，在产业政策制定与咨询等领域，发布钢铁行业景气指数，加强全国学校共青团研究中心、“一带一路”发展研究院、京津冀协同发展研究院等建设。到“十三五”末期，建成8～10个国家级研究基地、3～5个交叉学科研究中心、2～3个协同创新中心，国家级科研基地数量与水平位居全国高校前列。

创新科研组织模式，构建校—院—项目组三级管理体系，落实三级管理职责。完善科研评价机制，突出科研能力、创新成果和社会贡献，构建分类、多元、科学的科技评价体系，动态调整科研绩效评价和科技奖励政策。加强和规范科研经费管理，探索项目直接成本以外的经费管理与激励政策，完善科研项目间接费用管理制度。

3.社会服务

进一步深化科技产业体制改革，促进成果转化。整合资源，培育具有良好前景的高新技术企业。加强国家大学科技园能力建设，营造良好的创新创业环境，提升服务师生创业的能力。推进新兴产业技术研究院实体化建设。推动5～10项重大科技成果的转化和产业化，科技产业年产值达10亿元以上。

理清科技成果转移转化流程不同环节中相关部门的主体责任，解决各阶段的实施和衔接问题，打通转移转化全流程，建立健全相关配套政策和管理办法，鼓励科技成果转移转化；对科技成果进行梳理筛选，建立科技成果储备库；探索建立科技成果转移转化信息网络系统；拓宽科技成果宣传推广渠道。联合地方政府、骨干企业、金融部门，构建政、产、学、研、资合作新模式，大力推进沿海研究院建设，组建具有影响力的行业创新联盟。

4.文化传承创新

加强大学文化建设，不断提升学校软实力。进一步明确办学理念，凝聚学校文化精神，分层次、分阶段开展各类文化建设的研究，努力建设具有中国风格、体现时代要求、彰显学校特色的大学文化。重点推进大学文化的传承、创新、传播和服务工作。挖掘学校光辉历史，梳理发展脉络，加大校史校情及爱校荣校的宣传教育。创新校园文化，实施大学文化精品战略，努力培育反映学校师生价值追求的优秀文化品牌，打造8～10部思想深刻、内涵丰富、影响深远、体现学校核心价值和育人理念的校内文艺精品。积极构建学校文化传播体系，拓展渠道、空间和覆盖面，不断增强大学文化的感染力与影响力。

完善和修建文化服务设施，加强校史馆、博物馆、出版社、知名学者塑像等物质文化建设，全面提升学校物质载体的功能和品位。

（二）优化办学支撑条件

1.学科布局与建设

坚持"突出特色优势，凝练领域方向，优化结构布局，注重内涵发展"的方针，构建起"传统优势学科世界一流、工科主干学科国内一流、理科特色鲜明、人文社科在国内具有一定影响力"的学科布局。

冶金、材料、矿业、安全、科技史5个一级学科保持国内领先，打造国际一流的材料、大冶金和大安全学科。围绕"中国制造2025""互联网+""节能环保"和"大数据"等国家战略，推进学科交叉，促进控制科学与工程、机械工程、计算机科学与技术等一批工科学科进入全国前15%或20%；进一步加强对基础学科的支持，工理协同，建设特色鲜明的"数、理、化、生"理科群；通过国际认证，提升管理和经济学科的国际竞争力和影响力；培育法学（知识产权）、公共管理、语言、马克思主义理论等学科方向，建设"精品文科"；通过国际合作办学等模式发展新的学科，力争在生物和医学领域有所突破。

材料科学、工程学、化学3个学科领域保持ESI全球排名前1%，其中材料科学进入全球前1‰，物理学进入全球排名前1%，环境与生态学、计算机科学、数学等进一步接近全球前1%。

推进学科评估、统筹资源配置并实施动态调整。坚持分类发展原则，明确学科建设责任人。围绕学科水平评估和学位点合格评估，建立校内学科评估工作机制。优势学科积极引入国际化评估，打造世界一流学科。建立学科建设投入与评估考核结合的管理模式，以学科规划内容、建设目标和评估结果为依据，统筹学科建设资源配置。坚持有所为、有所不为，严格学科和学科方向的准入和淘汰标准，强化学科建设目标任务的落实检查和成效分析。建立预警和退出机制，根据学位授权点合格评估和专项评估结果，对学科实力整体较弱、研究生培养质量较低、学科建设成效不大的学位授权点，依据规则进行调整。

2.师资队伍建设

继续实施"人才振兴工程"。坚持培养和引进并重的原则，加大高水平人才及学术团队的培养和引进力度，投入不少于5亿元用于师资队伍建设。到“十三五”末期，汇聚一批具有突出创新能力的优秀人才。

继续深化以岗位聘任为核心的教师人事制度改革。构建由教学、教研、研究、工程四个岗位系列组成的教师队伍分类管理和合理流转体制；包括准聘和长聘两类岗位的聘任晋升体系；以教师基本工作量为基础，教学质量评价、科研水平评价和社会服务工作评价为核心的教师考核体系。进一步调动中青年教师的积极性和创造性。

探索实践灵活多样、高效实用的用工制度，深化非教学科研岗位人事管理改革，建立非教学科研岗位分类设岗、分类培养、分类考评、分类激励和有利于专职管理服务人员职业发展的管理体系，切实提高学校实验技术队伍和管理队伍整体水平。探索构建以岗位工资、绩效工资为主体，协议工资、项目工资等并存的薪酬体系，稳步提高教职工待遇。

加快人才工作环境建设，设立高端人才特区，探索建立基于企业用工制度的工程特区，构建符合国际惯例的人才选聘、管理、评价、激励和流动机制。在部分单位试行“四自主”的人事管理制度，即学校根据工作发展需要核定总体人事编制及相应经费预算，由试点单位自主设岗、自主选聘、自主考核、自主定酬。

通过机制改革增强对国内外优秀人才的吸引力和凝聚力，造就一批对接国家和区域重大战略需求、具有国际一流水平的领军人物和创新团队。“十三五”期间，新增两院院士、千人、杰青、长江等领军人才25人，形成具有国际影响的学科领军人才10人、学术领军人才50人、青年学术骨干200人、卓越教学科研团队20个。具有海外学位教师和外籍教师的人数为专任教师总数的20%。教师队伍总量超过1700人。

3.国际交流与合作

全面规划与国际接轨的人才培养方案。完善“内外双驱”相结合的国际化人才培养模式，构建多层次、多途径的学生海境外学习交流体系，加强校内国际理解教育课程体系建设。加强实施“鼎新北科”国际化平台建设计划，打造开放型示范学院。新增与世界知名高校的交流合作项目20～30个。赴海境外高水平大学进行长期学习研修的学生比例为25%。在学校、学院、指导教师及其他社会资源共同支持下，博士研究生参加国际交流和国际学术会议比例超过80%。

推进“留学北科计划”。加强来华留学示范基地建设，优化结构，提高质量，稳步扩大留学生规模。实施留学生杰出青年人才培养计划，争取建设国家级来华留学英语授课品牌课程2～3门。加强留学生校友工作，做好在华毕业留学生的服务工作。

建立多维度的国际科研合作机制，加强科研项目的国际化管理模式，建立若干国际联合研究中心或联合实验室，推进项目—基地—人才相结合的国际合作模式。面向世界科技前沿及国家重大战略需求，整合优势力量和创新要素，汇聚国际高端创新型人才，打造具有重要影响力的高水平科技创新平台。加大海外宣传力度，提升学校的国际形象与知名度。

4.条件保障与资源配置

调整优化布局，积极拓展办学空间。继续加强校园基本建设，完成工程实践基地等建设项目，新增教学科研可用面积20万m^2。明确各校区的使用定位和建设规划：学院路校区为学校主校区，沙河校区成为科技创新基地，管庄校区成为融合创新研究和创意人才培养基地。抓住京津冀协同发展契机，力争新校区建设有所突破。推进西三旗校区的功能转变。

加强国有资产管理，进一步优化公共用房资源配置。加强实验室管理，构建实验室安全体系。成立大型仪器设备评审委员会、仪器设备开放共享管理委员会，提高仪器设备的采购及使用效率，完善大型仪器设备开放共享机制。建立由学校主导、校院两级管理的公共用房资源管理体系。按使用功能加强对公共用房的分类管理，探索教学科研用房有偿使用制度，加强商业用房的规范化管理。研究建立校园管理和环境美化的长效机制，建设平安校园和节约型校园。

保持办学经费持续增长。积极开拓多元化筹集办学资源方式，推动办学经费每年增加10%。积极推进财务监管体制改革，以内部控制为核心加强财务管理制度建设。成立经费预算委员会，探索建立中长期财务规划，实施三年滚动预算管理。加强收支管理和审计监督，完善审计结果使用和责任追究制度，完善校院两级财务公开制度。提高财务管理水平和服务质量，推进财务信息化建设。

深化后勤管理体制和运行机制改革，提高服务水平。继续加强图书馆建设，构建与高水平研究型大学相匹配的文献信息资源保障体系。依托大数据，大力推进智慧校园建设，促进信息化与教学、科研、管理等工作相互融合。

（三）完善现代大学制度

围绕落实《北京科技大学章程》，深入推进学校治理结构改革，完善现代大学制度建设。落实办学自主权，推进依法治校。探索推动政府对学校实行“负面清单”管理方式。进一步健全和完善党委领导、校长负责、教授治学、民主管理的法人治理结构，系统推进学校内部规章制度的“立、改、废、释”等工作，初步构建起以章程为核心，健全、规范、统一的制度体系。

推进“行政管理”与“学术决策”的相对分离。健全以学术委员会为核心的学术管理体系、组织架构，明确学术委员会及其他专业委员会职责、组织形式和运行规则，建立必要的运行机构。充分发挥学术组织在学科建设、教学管理、科学研究、学术评价、学术资源配置和学风建设中的作用，明确学术权力和行政权力的范围和边界，实现“行政管理”与“学术决策”相对独立、各司其职、协调发展。

进一步扩大学院自主权，建立健全配套机制。推动学院内部治理结构改革，构建以党政联席会议决定学院重大事项、学术委员会或教授会决策学术事项、学院教职工代表大会监督的基本治理结构。进一步加强系所作用，探索依托系所管理学术梯队的模式。改革实行学院领导任期目标责任制，并根据目标完成情况进行考核。明确学院在学科建设和学科方向上的选择自主权，重点推进学院人事自主权改革，扩大学院财务预算、经费使用等方面的自主权，稳步推进学院资源调配和其他事务管理的自主权下放。

构建社会参与的和谐外部关系。加强信息公开。更好地发挥理事会在密切社会联系、扩大决策民主、拓展办学资源、强化外部监督等方面的作用。加强校友工作，依托校友会搭建联系服务校友平台，促进校友和学校的共赢发展，依托基金会积极争取社会捐赠，拓宽学校收入来源渠道。

（四）全面加强党的建设

加强宣传思想工作和意识形态工作。全面贯彻落实党委意识形态工作责任制，把思想理论建设作为学校党建的首要任务。不断完善校院两级党委中心组理论学习制度、党支部“三级联动”学习机制。改进完善教职工集体学习制度。改革学生思想政治教育工作模式，加强思想政治理论课建设，推进中国特色社会主义理论体系进教材、进课堂、进头脑，创新网络思想政治教育工作，深入开展“中国梦”和“社会主义核心价值观”主题教育。坚定广大师生和党员群众的理想信念，坚定对中国特色社会主义的道路自信、理论自信、制度自信。

加强领导班子和干部队伍建设，造就一支高水平干部队伍。不断完善党委领导下的校长负责制，加强学校党委班子自身建设，切实提高把握学校发展方向、决定重大问题、监督重大决议执行等方面的能力，践行党的群众路线。加强干部队伍建设，使“三严三实”成为干部修身、做人、用权、律己的基本遵循及干事、创业的行为准则。完善干部选拔任用工作，严格标准条件，规范选拔任用，从严管理监督，为优秀人才脱颖而出、健康成长、施展才干创造条件。

改进基层党组织建设工作，提升基层党建科学化水平。深入开展“两学一做”学习教育，加强学习型、服务型、创新型党组织建设，优化基层党组织设置，拓展基层党建阵地，规范和严格党内组织生活。加强党员队伍建设，扎实做好学生党员发展工作，重视在青年教师中发展党员，制订党员分类教育培训规划，提高教育的针对性和实效性。加强党内民主建设，完善党的代表大会制度，完善党代会代表任期制和提案制度，健全党内民主评议机制，拓展党内民主监督渠道，加强党务公开。

深入开展党风廉政建设和反腐败斗争。坚持从严治党、依纪依规治党，严明党的政治纪律和政治规矩。切实落实党委党风廉政建设的主体责任和纪委的监督责任，落实“一岗双责”。推进纪检工作转职能、转方式、转作风，用好监督执纪“四种形态”，强化监督执纪问责。加强反腐倡廉制度建设，健全制约和监督机制。持之以恒落实中央“八项规定”精神，防止“四风”反弹。加强重点部位和关键环节监管，加强廉政风险防控。做好干部经济责任审计。加强廉政教育和廉政文化建设。

做好统一战线工作。继续加强党外代表人士队伍建设，协助民主党派加强基层组织建设，引导各民主党派组织及成员、无党派人士为学校的改革和发展建言献策、建功立业。继续做好群团、离退休职工等工作。

（五）推进重大项目建设

完成国家重大科技基础设施项目——“重大工程材料服役安全研究评价设施”暨“国家材料服役安全科学中心”项目建设，通过国家验收，将其建设成为相关领域的国际协同创新示范区。“十三五”期间的建设目标：完成重大科技基础设施项目建设，高质量通过国家验收，实现对外开放共享科学实验研究；创新国家科学中心特区体制机制，积极推进国际国内协同创新，建设国际化人才培养模式，牵头打造大安全学科，承担一批重大科技任务，取得一批重大科技创新成果，将其建设成为具有重要影响力的国际协同创新示范区。

继续推进“国家2011计划——钢铁共性技术协同创新中心”建设。把“钢铁共性技术协同创新中心”打造成钢铁行业创新人才培养基地和技术研发转移平台，引领钢铁行业转型升级和钢铁材料关键共性技术的发展。“十三五”期间的建设目标：围绕钢铁行业绿色转型战略需求，汇聚各种创新要素，从理论研究、工艺创新、装备研发、产品开发、服务理念等方面开展协同创新，成为钢铁行业技术创新体系的重要组成部分，形成钢铁技术创新和人才培养双中心。以钢铁智能制造关键技术为重点研发内容，开发海洋、交通、能源等新兴产业急需的绿色材料，支撑钢铁行业绿色转型；汇聚钢铁行业杰出人才，建设国际一流水平的创新团队；构建协同创新人才培养体系，培养创新拔尖人才和行业领军人物；建立多团队协同的联合研发平台，形成多元、融合、开放、流动的运行机制。

积极争取“北京材料基因工程高精尖创新中心”项目建设，培养一批熟悉材料基因工程，具有计算模拟技能、材料数据和材料设计研发能力的高层次人才。“十三五”期间的建设目标：构建高通量计算、高通量制备与表征、专用数据库三大平台；通过引进与培养相结合，建设若干国际一流的“材料基因工程”研究团队。

落实第六轮中美人文交流联合成果，积极推进与威尔康奈尔医学院的合作，在争取上级相关部门支持、医学院和附属医院建设、相关学科发展规划等方面取得实质性进展。“十三五”期间的建设目标：合作完成医学院、附属医院、医学研究中心专项发展与建设规划，积极争取中央政府相关部门和北京市支持；合作办学审批通过后，强化中外合作伙伴的协作，按照专项发展与建设规划完成相关任务，推进生命与生物学科的建设。

借助京津冀协同发展国家战略的实施，积极争取中央政府或地方政府的支持，在天津、河北等地谋划新校区建设，拓展学校办学空间。

四、组织实施

（一）加强组织领导

成立领导机构。成立“十三五”规划实施领导小组（以下简称“领导小组”），全面负责规划的实施。设立规划监督落实办公室，统筹协调，抓好规划各项任务的分解、实施和评估工作。

明确责任分工。加强规划责任分工与各二级单位（机关部处、直属单位、学院和其他教学科研单位等）间的有效衔接。各二级单位要结合落实本规划的总体思路和主要任务，制定本单位“十三五”规划及分工落实方案，经领导小组审核同意后，在一定范围内公开，并按年度、分项目、有步骤地组织实施，确保目标任务按时完成。

（二）落实监督宣传

强化信息公开。加大权威信息发布力度，定期向师生和社会发布规划实施进展状况和落实动态，及时总结经验教训，积极推广成功做法。开辟多种师生参与渠道，引导师生关心和支持学校事业发展，为规划的实施奠定坚实群众基础。

加强监测考评。对规划实施情况进行年度跟踪监测，并在2018年进行中期检查评估，2020年年底进行全面考评。完善考评机制和问责制度，将规划落实完成情况作为各单位和分管干部考核的重要内容。科学运用考评结果，将其作为调整完善规划、落实相关政策的基本依据。

做好舆论宣传。充分依托学校的立体化宣传网络，广泛开展规划宣传相关工作，及时回应广大师生的关切和期盼。校内各级宣传部门要切实提高组织策划能力，深入挖掘、大力宣传规划落实中涌现出的先进典型人物、事迹和经验，营造良好的校园舆论氛围。

实现学校“十三五”时期事业发展目标，前景光明，使命艰巨。全校师生要在学校党委的正确领导下，凝神聚力，锐意进取，共同夺取把北京科技大学建成国内一流、国际知名高水平研究型大学宏伟目标的伟大胜利！

学校概况

北京科技大学概况

北京科技大学于1952年由天津大学（原北洋大学）、清华大学等6所国内著名大学的矿冶系科组建而成，现已发展成为以工为主，工、理、管、文、经、法等多学科协调发展的教育部直属全国重点大学，是全国首批正式成立研究生院的高等学校之一。1997年5月，学校首批进入国家“211工程”建设高校行列。2006年，学校成为首批“985工程”优势学科创新平台建设项目试点高校。2014年，学校牵头的，以北京科技大学、东北大学为核心高校的“钢铁共性技术协同创新中心”成功入选国家“2011计划”。

建校六十多年来，学校逐步形成了“学风严谨，崇尚实践”的优良传统，为社会培养各类人才20余万人，大部分已成为国家政治、经济、科技、教育等领域尤其是冶金、材料行业的栋梁和骨干。党和国家领导人罗干、刘淇、徐匡迪、黄孟复、范长龙、郭声琨、刘晓峰等都曾在校学习，另有38名校友当选为中国科学院或中国工程院院士，一大批校友走上了省长、市长的领导岗位，一大批校友担任宝武集团、鞍钢集团、中国铝业、神华集团和新兴际华等国家特大型企业的董事长或总经理。学校被誉为“钢铁摇篮”。

学校位于高校云集的北京市海淀区学院路，占地约80.39万平方米（包括管庄校区），校舍建筑总面积97万平方米（包括管庄校区）。学校现有1个国家科学中心，1个“2011计划”协同创新中心，2个国家重点实验室，2个国家工程（技术）研究中心，2个国家科技基础条件平台，2个国家级国际科技合作基地，49个省、部级重点实验室、工程研究中心、国际合作基地、创新引智基地等。特别是2007年，学校作为第一所教育部直属高校牵头承担了国家重大科技基础设施项目——重大工程材料服役安全研究评价设施，并负责筹建国家材料服役安全科学中心。图书馆藏书超过213万册。定期出版《工程科学学报》《北京科技大学学报（社会科学版）》，*International Journal of Minerals, Metallurgy and Materials*，《思想教育研究》《物流技术与应用》《金属世界》《粉末冶金技术》等重要学术刊物。

学校由土木与资源工程学院、冶金与生态工程学院、材料科学与工程学院、机械工程学院、能源与环境工程学院、自动化学院、计算机与通信工程学院、数理学院、化学与生物工程学院、东凌经济管理学院、文法学院、马克思主义学院、外国语学院、高等工程师学院，以及研究生院、体育部、管庄校区、天津学院、延庆分校组成。现有18个一级学科博士授权点，73个博士学科点，128个硕士学科点，另有MBA（含EMBA）、MPA、法律硕士、会计硕士、翻译硕士、社会工作、文物与博物馆和20个领域的工程硕士专业学位授予权，16个博士后科研流动站，48个本科专业。学校冶金工程、材料科学与工程、矿业工程、科学技术史4个全国一级重点学科学术水平蜚声中外（据教育部一级学科评估结果，科学技术史排名全国第一，冶金工程、材料科学与工程排第二，矿业工程排第三）；安全科学与工程、控制科学与工程、机械工程、动力工程及工程热物理、土木工程等学科享有盛誉；计算机科学与技术、力学、物理学、化学、数学、管理科学与工程、工商管理、思想政治教育、外国语言文学等一批学科具有雄厚实力；一批新兴和交叉学科，如环境科学与工程、信息与通信工程、纳米材料与器件、光电信息材料与器件等焕发出勃勃生机。

至2016年年底，全日制在校生2.4万余人，其中本专科生13615人，各类研究生9937人（其中硕士生6915人、博士生3022人），外国留学生892人；成人教育学院学生4628人，远程教育学生51339人。在站博士后228人。已形成研究生教育、全日制本专科、高职教育、成人教育、继续教育和远程教育多层次、较完整的人才培养体系。

学校拥有一支治学严谨的师资队伍。教职工总数3384人，具有正高级专业技术职务的教职工489人，具有副高级专业技术职务的教职工773人，其中专任教师1741人。现有中国科学院院士4人，中国工程院院士5人（双聘2人），国务院学位委员会委员1人，国务院学位委员会学科评议组成员5人，国家973项目首席科学家3人，国家“千人计划”（含“青年千人计划”）入选者18人，国家级有突出贡献专家15人，省部级有突出贡献专家13人，“长江学者奖励计划”特聘教授15人、讲座教授4人、青年学者1人，国家杰出青年科学基金获得者18人，“万人计划”领军人才4人、青年拔尖人才3人，国家级教学名师2人，国家百千万人才工程人选18人，国家优秀青年科学基金获得者8人，北京市教学名师28人，教育部跨世纪/新世纪优秀人才106人。

学校的科研实力十分雄厚。1978年至2016年12月底，共申请专利5990项，授权专利3439项；有2000余项科研成果获国家级、省级、部委级等各种奖励，其中国家级奖励169项。1999年教育部编辑的《中国高等学校科技50年高校获奖重大成果一览表》中收录北京科技大学12项重大科研成果，在全国高校中名列前茅。据教育部统计，1978－2011年，学校获国家科技进步一等奖4项，列全国高校第四。近几年学校“大型深凹露天矿安全高效开采关键技术研究”“流射沸腾冷却强化多功能淬火控冷装备与工艺开发及创新”“钢铁材料及制品大气腐蚀数据积累、规律和共享服务”“宽带钢热连轧生产成套关键技术与应用”“复杂破碎条件下露天－地下联合高效开采关键技术”“特低渗透油藏有效开发渗流理论和开发方法研究及应用”“大型铝合金型材挤压成套工模具设计制造技术与应用”“高性能铜铝复合材料连铸直接成形技术与应用”“大型深采矿山资源开发风险防控关键技术与应用”等大批科研成果在国民经济建设中发挥了重要作用，获得了巨大的经济效益和社会效益。据2016年发布数据，2015年学校师生发表论文被SCIE和EI收录数量分别居全国高校第28位和16位。

学校不断拓展社会服务领域和发展空间，与国内130多个省市区政府、大型企事业单位签署了全面合作协议。同时，学校瞄准世界前沿，加强国际合作，先后与德国亚琛工业大学、美国橡树岭国家实验室、英国牛津大学等160多所著名大学和科研机构建立了合作关系，并开展了实质性的合作。

以培养社会主义现代化事业的建设者和接班人为根本任务，学校注重学生综合素质的培养和提高，学校学生在历年国家及北京市的各种竞赛中多次获得殊荣，特别是学校每年被评为全国高校社会实践先进单位；学生代表队在全国第一至六届机器人电视大赛中稳居前三甲，两次获得冠军，于2005年参加亚太地区大学生机器人大赛获得亚军，首批入选“小平科技创新团队”。学生原创校史话剧《燃烧》《绽放》等先后获得校园戏剧最高奖。学校同时高度重视学生思想品德教育，努力营造培养学生爱国主义、集体主义和社会主义精神的校园文化氛围，先后被授予“北京市文明校园”“北京市党建和思想政治工作先进普通高校”及“首都文明单位标兵”等光荣称号。

学校的体育竞技水平和群众性体育活动在北京乃至全国享有盛誉，涌现了一批以李敏宽、楼大鹏为代表的国家优秀运动员、教练员和体育官员。学生田径代表队在全国及北京市高校竞赛中数度摘桂；女篮代表队在北京市高校联赛中连续12次夺冠，并于2005年挺进CUBA全国八强。学校目前拥有约8.2万平方米的现代化体育场地。学校体育馆作为2008年奥运会、残奥会竞赛场馆，圆满完成了北京奥运会柔道、跆拳道，残奥会轮椅篮球、轮椅橄榄球四项赛事，学校体育馆团队被党中央国务院授予“北京奥运会、残奥会先进集体”荣誉称号。

今天，北京科技大学全体师生正满怀信心，迈着坚定的步伐，向着“把北京科技大学建设成为以工为主，工、理、管、文、经、法等多学科协调发展，规模适度，特色突出，国内一流，国际知名的高水平研究型大学”的目标而奋进。

附　录

2016年主要工作

2016年，是学校“十三五”教育事业发展的开局之年，也是学校深化综合改革的重要一年。一年来，在教育部的正确领导和北京市的关心支持下，在学校党委的领导下，学校按照既定目标要求和年度计划，顺利完成了各项工作任务，事业发展呈现良好势头。

（一）党建与思想政治工作进一步加强

2016年，学校扎实推进了“学党章党规、学系列讲话，做合格党员”学习教育，做好了学习教育动员、师生员工的理论学习、专题党课讲授及“学做改”结合等相关工作。通过学习教育，学校基层党组织的活力进一步得到激发，党员的党性意识和理论水平得到了有效提升。

学校坚持用党的最新理论成果武装师生头脑。全年，围绕中共十八届六中全会、全国高校思政会精神等组织开展校级理论中心组学习14次；将每周四下午作为教职工集体理论学习时间，持续做好教职工理论学习工作；创新学生理论学习模式，计算机与通信工程学院“党员开讲了”主题党课新模式入选中组部“三会一课”创新工作案例。继续抓好意识形态工作，成立意识形态工作领导小组，出台了学校意识形态工作责任制实施细则，进一步推进意识形态工作的规范化、制度化。宣传方面以树立形象、凝聚人心为目标，全年在中央电视台、《人民日报》等主流媒体上播出或刊登报道520条次，有效提升了学校的社会影响力。

学校以纪念建党95周年为契机，扎实做好基层组织建设和党员管理工作。明确二级党组织书记作为基层党建工作第一责任人，建立了学校基层党建工作述职评议制度，有效推动述职评议考核的经常化、制度化、规范化。2016年，学校党建工作进宿舍项目荣获“北京高校党的建设和思想政治工作优秀成果一等奖、创新成果奖”，学生党员“承诺、践诺、评诺”项目入选北京市基层党建创新项目孵化工程（北京高校唯一）。

学校继续做好干部选拔、培养和调整工作，修订了学校《处级干部选拔任用工作规定》，年内共调整处级干部82人次，其中提任处级干部33人次，任期届满换届或处级职务调整40人次，不再担任处级领导职务9人次，以公开选聘的形式确定3个学院院长人选。进一步完善了单位及干部考核制度，将单位考核结果、干部个人考核结果与岗位津贴挂钩，有效调动党员干部谋事创业的积极性。

学校持续巩固党风廉政建设成效，坚持把纪律和规矩挺在前面，进一步加强对重点领域制度执行情况的监督检查，强化各级党组织和领导干部对党员干部的日常监督，继续保持反腐败的高压态势。组织中央八项规定精神回头看活动，开展办公用房、小金库等专项检查，全面落实八项规定精神，学校作风建设取得了显著成效。积极推进审计工作建设，在促进学校及各二级单位规范内部管理、防范经济风险、提高资金使用效益等方面发挥了重要作用。

学校坚持文化育人。年内，中国材料名师讲坛、名家讲坛、“星期四人文讲座”“啡常时光”校长面对面等活动持续开展。原创校史剧《奔流》反响强烈。礼敬中华优秀传统文化项目“培育·弘扬中国精神在我心中”被评为“第九届高校校园文化建设优秀成果一等奖”。年内，邀请了徐匡迪、毛新平两位校友参加院士回母校活动；成功举办了柯俊先生百岁华诞庆祝活动，全国政协副主席刘晓峰等出席。借此契机，学校还发起成立了“柯俊教育基金”。

学校大力推动民主治校进程，着力发挥以教代会为基本形式的民主管理与监督制度的作用，学校的“十三五”事业发展规划、《学术委员会章程》、岗位聘任指导意见等先后通过教代会审议。学校坚持做好党外人士对学校重大事项与决策意见征求工作，完善离退休职工的思想教育、文化活动与立体帮扶机制，先后成立二级关工委组织3个。

2016年下半年，学校作为牵头单位圆满完成了本地区2万余名选民参与的海淀区人大代表换届选举工作，王维才、左鹏、申亚男3人当选为海淀区第十六届人大代表。

（二）“十三五”事业发展规划编制完成

2016年，学校全面推进“十三五”规划编制工作，经充分研究、论证，并提交教代会审议，最终形成了《北京科技大学“十三五”教育事业发展规划》，经学校常委会讨论定稿后上报教育部。《规划》从深化基本职能改革、优化办学支撑条件、完善现代大学制度、全面加强党的建设和推进重大项目建设5个方面对学校的事业发展提出了具体目标。学校相关部门和各教学科研单位分别完成了专项规划及二级单位规划的编制工作，实现了与学校总体规划的有机衔接。

结合学科发展目标，学校成立了能源与环境工程学院，撤销软件工程博士学位授权一级学科，增设信息与通信工程博士学位授权一级学科，进一步优化了学科布局。年内，学校组织25个一级学科参加教育部学科评估，其中博士一级学科17个、硕士一级学科8个。

（三）人才培养质量不断提升

2016年，学校制定并发布了《2017版人才培养方案原则意见》，进一步强化因材施教、分级教学和分类指导的思想，为学生自主选择、自主学习和独立思考留出足够的时间与空间。

学校继续推动示范课程与教材建设。年内，5门精品资源共享课程被确定为第一批"国家级精品资源共享课"，作为第一主编单位正式出版各类教材45部。顺利完成了安全工程等4个专业的工程教育专业认证。全年本科生立项科技创新创业项目706项，参与学生2653人；组织7069名学生参加各类竞赛，获省部级以上奖励1187人次，学校被评为北京市首批深化创新创业教育改革示范高校。

研究生培养方面，学校试点实行博士生资格申请考核制度，进一步扩大了培养单位招生自主权；启动了2017版研究生培养方案修订工作；开展超长年限学生学籍清理工作；优化博士学位论文盲审和学位论文查重工作流程，提升博士研究生培养质量标准。

2016届毕业生整体就业率96.74%，其中研究生就业率98.68%，本科生就业率95.07%，用人单位对学校毕业生的总体满意度为98.32%。

年内，成人高等教育、继续教育和国际合作教育稳步开展，管庄校区综合改革方案通过审议。天津学院各项工作进展顺利，荣获"2016回响中国教育年度总评榜综合实力独立学院"称号。

（四）人事制度改革和师资队伍建设持续深化和加强

2016年，学校本着"普惠全员、鼓励拔尖"的人事制度改革思路，完成了新一轮岗位聘任工作，广大教职员工收入得到稳步提升，人均年增幅达到1万元。

学校深化教师队伍分类管理，细分教师岗位为教学、教研、研究、工程四个系列，试点开展了高级讲师和工程型专业技术职务评聘。坚持培养与引进并重，利用专业机构和媒体加大引才宣传力度，加快融合创新研究院建设。

2016年，学校新增"千人计划"入选者（含青年千人）6人、国家杰出青年科学基金资助获得者3人、长江学者特聘教授1人、万人计划领军人才4人、长江学者青年项目1人、优青1人，新世纪优秀人才1人。教师获北京市师德榜样1人、先锋3人，获全国青年教师教学基本功比赛一等奖1人。

（五）科学研究与产业工作再上台阶

学校立足创新驱动发展战略，联合校内外优势院校和企业，推进以学科交叉为特色的重大科技项目工作组模式，组织跨专业、跨学科的学术科研团队。2016年，学校到校科研经费6.84亿元，较2015年增长6.38%；获得国家科技进步二等奖3项、何梁何利科技进步奖1项、省部级科技奖59项；新增北京市重点实验室3个；授权专利496件。2015年学校SCIE论文收录1718篇，排名全国高校第28位，SCI学科影响因子前1/10论文68篇，排名第47位。

学校持续推进企业规范化建设，完成有关企业的股权退出和改制工作。进一步推进西三旗中试基地建设，新建怀柔中试基地。天工大厦整体出租率99%以上，上缴学校1.4亿元，有力支撑了学校事业发展。

（六）国际化进程不断加快

2016年，学校出台"2020全球拓展战略"，实施"2016国际化年"建设工作，推动创新与国际及港澳台地区的合作交流模式。

与日本东北大学等知名高校成立联合实验室；与比利时鲁汶大学等合作建设博士生培养项目，实现了国家创新型人才国际合作培养项目“零的突破”；与美国马里兰大学等13所全球知名高校新（续）签协议。建设国家级“111”学科创新引智基地5个、国家级引智项目11个。

年内，共执行公派交流项目104项，选派学生689人；接收海境外学生106人来校交流。至2016年年底，在校国际学生人数892人，生源国为117个，研究生占比48.8%。与英国德蒙福特大学合作设立的孔子学院着力打造“创意产业技术”办学特色，大力推广汉语国际教育和中华文化。

（七）学生综合素质稳步提高

学校围绕“立德树人”根本任务，强化精准引领，注重协同育人，以社会主义核心价值观为统领，着力提高课堂教育、学生活动、网络引领的亲和力和针对性，打造了一批精品育人品牌。

2016年，学校成立学习与发展指导中心，强化学业帮扶；创新搭建“贝壳学术汇”等新的研究生思想政治教育平台，着力提升研究生综合能力；开发《形势与政策》《大学生心理健康》等慕课并投入使用；累计为5410名学生发放助学贷款和各类助学金共计2557.84万元。

学校成立了创业中心与人文素质教育中心，全面推进素质教育，学校获评首批“全国高校实践育人创新创业基地”。年内，组织416支社会实践团队深入全国31个省、市、自治区及12个境外国家和地区开展实践活动，学校获2016年全国大学生志愿者“三下乡”暑期社会实践优秀单位；学生创业团队在2016年中国“互联网+”大学生创新创业大赛中获1金1银的好成绩；学生艺术团在北京大学生音乐节获金奖4项。学校群众体育与竞技体育蓬勃发展，田径代表队成绩稳居首都高校前三甲，女篮、跆拳道等代表队成绩优异。

（八）办学条件逐步改善

2016年，学校进一步强化预算执行管理，推进内控体系建设，实现全口径收入239216.32万元，年初预算217629.17万元，完成率为109.92%。全年完成全口径支出202232.24万元，年初支出预算233020.07万元，完成率为86.79%。校友会、基金会全年接受捐赠1436.5万元，争取教育部配比资金901万元，为学校增加收入2300余万元。

学校加大投入，完善公共服务体系建设。全年新增仪器设备、家具、软件10309台（套），价值20777.99万元，仪器设备共享管理体系建设取得良好进展。进一步完善工程建设管理模式，全面推进昌平创新园建设，确保工程实践基地、冶金楼加固等工程进度。不断强化门户网站建设，开展中英文主页重建工作。继续做好校园安全防范与综合治理工作，维护了良好的校园环境秩序。此外，学校进一步提升后勤、图书馆、档案馆、基础教育、校医院、体育馆、社区的服务质量和效能。

机 构 与 干 部

学校领导

（2016.1－2016.4）

党 委 书 记　罗维东
校　　　长　张欣欣
党委副书记　权良柱　戴井岗　薛庆国
副 校 长　孙冬柏　王维才　王　戈　薛庆国　吴爱祥　何民庆
纪 委 书 记　戴井岗（兼）

（2016.4－2016.12）

党 委 书 记　武贵龙
校　　　长　张欣欣
党委副书记　权良柱　戴井岗　薛庆国
副 校 长　孙冬柏　王维才　王　戈　薛庆国　吴爱祥　何民庆
纪 委 书 记　戴井岗（兼）

中共北京科技大学第十一届委员会常务委员会委员名单

（2016.1—2016.4）

罗维东	张欣欣	权良柱	戴井岗	薛庆国	孙冬柏	王维才	王　戈
吴爱祥	何民庆						

（2016.4—2016.12）

武贵龙	张欣欣	权良柱	戴井岗	薛庆国	孙冬柏	王维才	王　戈
吴爱祥	何民庆						

中共北京科技大学第十一届委员会委员名单

（按姓氏笔画排序）

（2016.1—2016.4）

于成文	马　飞	王　戈	王维才	尹兆华	尹怡欣	权良柱	刘杰民
孙冬柏	孙景宏	吴爱祥	何　进	何民庆	宋　波	张　颖	张卫冬
张欣欣	张学记	罗维东	金龙哲	彭庆红	臧　勇	薛庆国	戴井岗
戴淑芬							

（2016.4—2016.12）

于成文	马　飞	王　戈	王维才	尹兆华	尹怡欣	权良柱	刘杰民
孙冬柏	孙景宏	吴爱祥	何　进	何民庆	宋　波	张　颖	张卫冬
张欣欣	张学记	武贵龙	罗维东	金龙哲	彭庆红	臧　勇	薛庆国
戴井岗	戴淑芬						

中共北京科技大学第十一届纪律检查委员会组成人员名单

（按姓氏笔画排序）

书　记	戴井岗（兼）					
副书记	曲　雁	章东辉				
委　员	王小力	曲　雁	刘　立	杨　平	张俊燕	张敬源	季淑娟
	赵　雨	贾水库	曹光远	章东辉	韩　经	戴井岗	

北京科技大学第十六届工会委员会组成人员名单

（按姓氏笔画排序）

主　　席	戴井岗（兼）					
常务副主席	贾水库					
专职副主席	赵智杰	张　娟（2016.4－）				
兼职副主席	刘明珠					
委　　员	马永春	王小宁	艾　茹	朱宝善	刘　焱	刘雨芙
	刘明珠	李　芊	张　娟	张百年	张武军	陈　旭
	邰永红	罗明刚	赵智杰	段晓芳	耿倩男	贾水库
	郭　强	章东辉	景志红	曾　芳	戴井岗	

工会经费审查委员会

（按姓氏笔画排序）

主　　任	王小力				
副 主 任	孙亚东				
委　　员	王小力	孙亚东	邰永红	韩伯涛	薛雨石

共青团北京科技大学第二十二届委员会名单

（按姓氏笔画排序）

书　　记　　李　磊
副 书 记　　王　鹂（女）　马　聪　董俊杰　闫奎铭　杜嘉庆（－2016.6）
　　　　　　张　剑（－2016.6）
常　　委　　马　聪　王　鹂（女）　王海波　闫奎铭　李　磊
　　　　　　张晓媛（女）　邵丽华（女）　郭东旭　崔　睿　董俊杰

学校党群系统组织机构及负责人

序　号	单　位	正　职	副　职
1	党委办公室	张卫冬	赵　萌　郭志恒 吴豪伟 都基辉（－2016.12） 苏　栋（2016.12－）
2	组织部	孙景宏	武　森
3	党校办公室	孙景宏（兼）	
4	宣传部	何　进（－2016.11） 于成文（2016.12－）	沈　崴　李　洁
5	统战部	张卫冬（兼）	刘　晋（－2016.4） 郝　媛（2016.4－）
6	学生工作部	于成文	丁煦生　盛佳伟　史立伟
	武装部		陈大鹏
7	研究生工作部	张　颖	宗燕兵
8	保卫保密部	刘兴德	王文刚 田　斌（综合治理办公室副主任）
9	土木与环境工程学院党委（－2016.7） 土木与资源工程学院党委（2016.7－）	金龙哲	耿倩男（2016.4－） 邓　波（2016.4－）
10	冶金与生态工程学院党委	张建良	张百年　王春义
11	材料科学与工程学院党委	李　帅	李　磊（－2016.1） 邰永红（2016.9－） 张　毅（2016.9－）
12	机械工程学院党委	马　飞	张　杰　董春阳
13	能源与环境工程学院党委（2016.6－）	林　海	孔德雨
14	自动化学院党委	尹怡欣	李　擎　景　鹏

续表

序号	单位	正职	副职
15	计算机与通信工程学院党委	黄武南	韩伯涛　苏　栋
16	数理学院党委	耿小红	牛　珩　刘雨芙（2016.9－）
17	化学与生物工程学院党委	郑安阳	曾　芳　曹艳秋
18	东凌经济管理学院党委	戴淑芬	刘明珠　温　雅
19	文法学院党委	赵　雨	魏增产　杨　雄（2016.10－）
20	马克思主义学院党总支	彭庆红	段晓芳
21	外国语学院党委	张秋曼	朱宝善　武冠雄
22	管庄校区党委	纪永先（－2016.11） 何　进（2016.11－）	纪永先（常务，2016.11－） 马永春
23	高等工程师学院党总支	李京社	王小宁
24	机关党委	章东辉	曲　雁（－2016.7） 孟兆磊（2016.7－）
25	离退休职工党委	乔　哲	刘淑红　段凤英　胡尧和
26	后勤党委	张俊燕	艾　茹　张东平（兼）
27	科技产业集团党委	王会中	
28	体育部直属党支部	张孔军	
29	冶金工程研究院党委（－2016.6）	陈雨来	何安瑞　米振莉
	工程技术研究院党委（2016.6－）	陈雨来	梁治国　米振莉（2016.12－）
30	新金属材料 国家重点实验室党委	吕昭平（兼）	周香林
31	天津学院党委	王　斌	白　亮（兼）　孟菲菲（兼） 叶振楠
32	国家材料服役安全科学中心党总支	徐文超	
33	新材料技术研究院党委	吴春京（2016.6－）	李　芊（2016.6－）

学校行政机构及负责人

序号	单位	正职	副职
1	校长办公室	张卫冬	赵　萌　郭志恒　吴豪伟 都基辉（－2016.12）　苏　栋（2016.12－）
2	规划与学科建设办公室	乔　兰	胡晓军
3	人事处	臧　勇	蒋　韬　袁文霞　刘　伟
4	教务处	宋　波	申亚男　尚新生　林　海　张　甜
5	教师（教学）发展中心	薛庆国（兼）	宋　波

续表

序　号	单　　位	正　职	副　　职
6	科学研究与发展部	刘杰民	赵冲冲　邢　奕　李　林　蔡爱惠 张　超（－2016.11）　王文瑞（2016.12－） 佟建国（期刊中心主任）
7	研究生院	王　戈（兼）	杜振民（常务） 韩　经（正处级） 宁晓钧　班晓娟
8	财务处	曹光远	陈雪松　孙亚东（－2016.1） 管　耘（2016.3－）　严冬梅（2016.3－）
9	监察室	曲　雁	夏秀芹
10	审计室	孙亚东	王小力
11	学生工作处	于成文	丁煦生　盛佳伟　史立伟
12	学生学习与发展指导中心	于成文（兼）	盛佳伟（兼）　尚新生（兼）
13	招生就业处	尹兆华	王占奎　孙长林
14	国际合作与交流处	郭侃俊	李　贝
15	留学生中心	赵立英	李宝铭
16	保卫保密处	刘兴德	王文刚 田　斌（综合治理办公室副主任）
17	后勤基建管理处	林　林（2016.11－） 金仁东（－2016.11）	冯建明　仇安兵　张东平　周文海
18	资产管理处	金仁东（2016.11－） 林　林（－2016.11）	孟兆磊　柯红岩
19	离退休职工工作处	乔　哲	刘淑红　刘　晋
20	校友会、基金会办公室	吕朝伟	杨志国（2016.1－）
21	学校共青团研究中心	薛庆国（兼）	秦　涛

学校直属机构及负责人

序　号	单　位	正　职	副　职
1	后勤服务集团	张文平	孟祥国　鲍　博　赵宝永
2	科技产业集团	王会中（主持工作）	刘俊友　刘　焱
3	图书馆	季淑娟	王　瑜　张　涛
4	校医院	褚　洪	李素君
5	新金属材料国家重点实验室	吕昭平	林均品　张济山　隋延力　周香林
6	钢铁冶金新技术国家重点实验室	郭占成	李　晶　刘　青　王春义（2016.10－）

续表

序　号	单　位	正　职	副　职
7	冶金工程研究院（–2016.6） 工程技术研究院（2016.6–）	何安瑞	米振莉　郭　强（–2016.6） 张勇军（2016.5–）梁治国（2016.6–）
8	新材料技术研究院	曲选辉	孙建林　张深根　李　芊 董超芳 张志豪
9	广东研究院（–2016.6）	孙冬柏（兼）	何新波（常务）
	沿海协同创新研究院（2016.6–）	何新波	
10	重大工程材料服役安全研究评价设施项目指挥部	孙冬柏（兼）	汪林兵（主持工作）　徐文超 冯　强（–2016.12） 金　莹（2016.12–） 陆永浩（2016.12–）
11	钢铁共性技术协同创新中心	徐金梧（兼）	徐　科　孙彦辉
12	国家板带生产先进装备工程技术研究中心	徐金梧（兼，2016.6） 杨　荃（2016.6–）	杨　荃（常务，–2016.6） 梁治国　臧　勇（兼） 张清东（兼） 冯俊小（兼）
13	生物工程与传感技术研究中心	张学记	苏　磊　董海峰
14	科技史与文化遗产研究院	潜　伟	章梅芳　陈坤龙
15	一带一路发展研究院	张欣欣（兼）	罗勇（执行院长）
17	中国教育经济信息网管理中心	何民庆（兼）	高　杰（常务）　雷雪梅 杨绮雯
18	信息化建设与管理办公室	杨德斌	钱大益
19	天工科技服务有限公司	张卫钢	
20	档案馆	罗明书（副处）	
21	体育馆管理中心	邹华东（副处）	
22	居民管理委员会、社区服务管理中心	杨　峰（副处）	殷官朝（副处） 李秀兰（正科）
23	基础教育管理中心（2016.4–）	张　娜	宋玉梅（正科）　李广民（兼）
24	创业中心（2016.4–）	戴淑芬（兼）	倪　宇　马　聪（兼） 胡　枫（兼）
25	绿色创新中心（2016.10–）	刘焕明	

学院行政机构及负责人

单　位	院　长	副院长
土木与环境工程学院（－2016.7） 土木与资源工程学院（2016.7－）	王　媛	纪洪广　胡乃联　李长洪　耿倩男 姚　俊（－2016.2）
冶金与生态工程学院	张立峰	陈　骏　李宏煦　王成彦（2016.3－） 张百年　王春义
材料科学与工程学院	姜　勇	于广华　刘雪峰　王鲁宁　郃永红 李　磊（－2016.1）
机械工程学院	王　立（－2016.4） 马　飞（主持工作，2016.4－2016.6） 乔　红（2016.6－）	张　杰　夏德宏　景志红　董春阳
自动化学院	孙长银（－2016.11） 尹怡欣（主持工作，2016.11－）	张朝晖　李　擎　刘德荣　陈　旭　景　鹏 胡广大（－2016.3）
计算机与通信工程学院	隆克平	张晓彤　张德政　王建萍　宁焕生　韩伯涛 苏　栋
数理学院	王荣明	陈章华　丁红胜　陈艳萍　刘雨芙　牛　珩
化学与生物工程学院	郑安阳（主持工作，－2016.11） 李正平（2016.11－）	范慧俐　温永强　胡继业　曾　芳　曹艳秋
东凌经济管理学院	闫相斌（2016.9－）	何　枫（主持工作，－2016.9）　魏　钧 胡　枫　刘明珠　温　雅
文法学院	陆　俊	魏增产　冯　英　张武军　许　斌（2016.3－） 俞文华（2016.3－）
马克思主义学院	彭庆红	李晓光　刘丽敏　段晓芳
外国语学院	张敬源	何　伟　陈红薇　朱宝善　武冠雄
管庄校区	石　岩（－2016.11） 何　进（2016.11－）	石　岩（常务，2016.11－）　马永春　赵桂娟 徐新华　张满银 杨　勇
高等工程师学院	刘　立（－2016.11） 李京社（主持工作，2016.11－）	赵志毅　王小宁
天津学院	郭景文	白　亮（综合办公室主任） 孟菲菲（人事处处长） 叶振楠（学生处处长）
体育部	赵　雨（－2016.10） 张孔军（2016.10－）	董　苹　宋一涛（－2016.3） 张孔军（－2016.10） 罗明刚（2016.3－）　窦海波（2016.3－）

学院（研究院）系、所、中心设置及负责人

学院	系、所、中心	正　职	副　职
土木与环境工程学院（2016.7更名为土木与资源工程学院）	资源工程系	宋卫东	李克庆　王贻明　李翠平
	土木工程系	谢谟文	刘　洋　刘彩平　谭文辉
	环境工程系（2016.6转出）	宋存义	朱维耀　汪群慧　陈月芳
	安全科学与工程系	张英华	黄国忠　黄志安　刘　建
	矿物加工工程系	孙春宝	孙体昌　邹安华
	建筑环境与设备工程系（2016.6转入）	曲世琳	张　舸
	实验中心	胡乃联（兼）	谢玉玲（常务）　张延凯 张　磊（2016.3－）
	应用力学研究所	朱维耀	
	环境可持续排水技术研究中心（2016.6转出）	宋存义	
冶金与生态工程学院	钢铁冶金系	张家泉	贺东风　唐海燕　左海滨
	物理化学系	邢献然	沈少波　侯新梅
	有色金属冶金系	薛济来	邹　兴　曹战民
	生态科学与工程系	李素芹	刘晓明
	实验中心	陈骏（兼，－2016.9） 王成彦（兼，2016.9－）	冯根生（常务） 程　锦（－2016.9） 祁成林（－2016.9） 何　涛（2016.9－）
	冶金与材料史研究所	潜　伟	李秀辉　章梅芳
	科学技术与文明研究中心	权良柱（兼）	梅建军
材料科学与工程学院	材料学系	刘国权（－2016.3） 强文江（2016.3－）	叶荣昌 龙　毅（－2016.4） 董建新（－2016.4） 李长荣（－2016.4） 郑　磊（2016.4－） 郭翠萍（2016.4－）
	材料加工与控制工程系	刘雪峰（兼，－2016.7） 宋仁伯（2016.7－）	宋仁伯（－2016.7） 李静媛 石章智（2016.7－） 陈树海（2016.7－）
	无机非金属材料系	孙加林（－2016.7） 曹文斌（2016.7－）	曹文斌（－2016.7） 赵海雷 陈俊红（2016.10－）

续表

学院	系、所、中心	正　职	副　职
	材料物理与化学系	尚成嘉（－2016.4） 刘泉林（2016.4－）	刘泉林（－2016.4） 高克玮　李立东 王学敏（－2016.5） 齐俊杰（2016.5－） 庞晓露（2016.5－）
	核能与新兴能源系统材料研究所	葛昌纯	燕青芝　周张健
机械工程学院	机械工学系	韩建友	俞必强　曹　彤
	机械电子工程系	朱超甫	周晓敏　冯　明
	机械装备及控制工程系	张清东	秦　勤　闫晓强　曹建国
	机械制造及自动化系	刘北英	唐　英　黄明吉
	物流工程系	李苏建	冯爱兰　赵　宁
	热科学与能源工程系（2016.6转出）	温　治	冯俊小　冯妍卉　童莉葛
	工业设计系	陶　晋	郑　阳
	车辆工程系	杨　珏	范让林　杨耀东
	建筑环境与设备工程系（2016.6转出）	曲世琳	张　舸
	零件轧制中心	胡正寰	张康生　王宝雨
	实验中心	范　云	李　烽 俞爱辉（－2016.6）
能源与环境工程学院（2016.6－）	热科学与能源工程系	温　治（－2016.11） 姜泽毅（2016.11－）	冯俊小（－2016.12） 冯妍卉（－2016.12） 童莉葛 刘训良（2016.12－） 尹少武（2016.12－）
	环境工程系	宋存义（－2016.11） 李子富（2016.11－）	汪群慧（－2016.12） 陈月芳（－2016.12） 段小丽（2016.12－） 宋　波（2016.12－）
	环境可持续排水技术研究中心	李子富	
自动化学院	控制科学与工程系	彭开香	邵立珍　王丽君
	仪器科学与技术系	蓝金辉	侯庆文　肖文栋　赵小燕
	电工电子技术系	张　兰	刘磊明　伍春洪
	智能科学与技术系	谷　宇	王粉花　曾　慧
	自动控制研究所	陈先中	李江昀
	导航与控制研究所	孙长银（兼）	余　瑶
	教学实验中心	李　擎（兼）	鲁亿方　王尚君

续表

学院	系、所、中心	正　职	副　职
计算机与通信工程学院	计算机科学与技术系	罗　熊（2016.9－）	罗　熊（常务，－2016.9） 王昭顺　殷绪成 朱　岩（2016.9－）
	通信工程系	阳小龙	陈月云　马忠贵　王丽娜
	物联网与电子工程系	王志良	解　仑　石志国
	信息基础科学系	姚　琳	汪红兵
	软件工程系（－2016.9） 软件工程与网络空间安全研究所（2016.9－）	孙昌爱	陈红松（－2016.9） 朱　岩（2016.9－）
	教学实验中心	王建萍（兼）	金　波　王　睿　郑　榕 于　泓
东凌经济管理学院	管理科学与工程系	李铁克	王海凤
	工商管理系	张　剑	贾振全
	经济贸易系	何维达（－2016.9） 冯　梅（2016.9－）	邓立治
	财务与会计系	肖　明	李晓静
	金融工程系	刘　澄	王未卿
	工程管理与技术经济系	马风才	王震勤
	实验信息中心	张俊光	
	管理科学与工程研究所	张　群	
	电子商务研究所	李铁克（兼）	
	企业与产业发展研究所	何维达	
	教育部工程研究中心	李铁克	
	期货证券研究中心	闫相斌	
	复杂系统故障预测和管理研究所	闫相斌	
	MBA中心	楼　园	
	公共关系办公室	秦艺芳	
数理学院	应用数学系主任	马万彪（－2016.4） 刘　宇（2016.4－）	胡志兴（－2016.4） 刘　宇（－2016.4） 朱　婧（2016.4－） 司新辉（2016.4－） 魏海瑞（2016.4－）

续表

学院	系、所、中心	正　职	副　职
数理学院	信息与计算科学系	汪飞星（－2016.4） 张志刚（2016.4－）	张志刚（－2016.4） 侯书会（－2016.4） 赵鲁涛（2016.4－） 臧鸿雁（2016.4－） 徐　岩（2016.4－）
	物理系	马星桥（－2016.4） 顾　强（2016.4－）	吴　平（－2016.4） 王凤平（－2016.4） 郑新和（－2016.4） 倪晓东 刘丽华（2016.4－） 钱　萍（2016.4－）
	应用力学系	尚新春（－2016.4） 魏培君（2016.4－）	陈学军 魏培君（－2016.4） 肖久梅（2016.4－）
	应用物理系（2016.4－）	陈　娣	郑新和　王云良　宋玉军
	现代物理技术研究中心	丁红胜（－2016.4） 王荣明（兼，2016.4－）	潘礼庆（－2016.4） 于广华（兼）　宋玉军
	应用物理研究所	陈难先	申　江
	应用数学研究所	林　平	
	实验中心（2016.10－）	吴　平	张孝芳、刘秀芹、阴津华
化学与生物工程学院	高分子科学与工程系		党智敏（－2016.11）
	化学与化学工程系	陈飞武	李新学　车　平　李建强
	生物科学与工程系	闫　海	魏　巍　罗　晖　杜宏武
文法学院	公共管理系	吴群芳	何晓前　黄耀杰
	法律系	侯登华	张家盛　张佳华
	社会学系	时立荣	郇建立　许　斌
	艺术教育中心	张　健	
	MPA教学管理中心	孙雍君	唐德龙
	实验中心	米　浩	
	法律硕士教育管理中心	魏增产（兼）	崔俊贵
	专业学位办公室	王　伟	
	教育经济与管理研究所	曲绍卫	
	知识产权研究中心	徐家力	张武军（兼）

续表

学院	系、所、中心	正　职	副　职
马克思主义学院	思想政治教育研究所	左　鹏	鲁春霞
	马克思主义基本理论研究所	马晓燕	
	马克思主义中国化研究所	杨彦强	赵　静
	历史与文化研究所	张北根	
	科技与社会研究所	刘文霞	
外国语学院	英语语言文学系	杨英军	范一亭
	大学英语系	张　虹（–2016.4） 王　娜（2016.4–）	王　娜（–2016.4） 何中清　陈娟文
	研究生英语系	曹红晖	
	亚欧语系	庄凤英	王绪梅
	外国语言文学研究所	杨英军（兼）	
	培训中心	孙　浩	
	实验中心	张敬源（兼） 张秋曼（兼）	朱宝善（兼）　陈光浦
	功能语言学研究中心	何　伟（兼）	
	当代语言科学研究中心（2016.9–）	张敬源（兼）	
	世界文学文化研究中心（2016.9–）	陈红薇（兼）	
新材料技术研究院	腐蚀与防护中心	乔利杰	孟惠民　王德仁
	功能材料研究所	张深根（兼，–2016.7） 田建军（2016.7–）	李成明 田建军（–2016.7）
	先进制备与加工技术研究所	张志豪（兼）	
	粉末冶金研究所	郭志猛	林　涛　秦明礼
	教育部金属电子信息材料工程研究中心	曲选辉（兼）	张深根（兼）
	实验测试中心	孙建林（兼）	熊小涛（常务）　毛璟红 薛润东　胡学晟
高等工程师学院	工程训练中心	张欣欣（兼）	王建武　周　珂　王　旭
体育部	第一教研室	陈　孺（2016.12–）	
	第二教研室	楔德群（2016.12–）	
	体质健康测试中心	曹庆雷	
	器材室	孔祥林	

院系情况

土木与资源工程学院

【概况】2016年4月，环境工程系整编制划出，与原机械工程学院热科学与能源工程系合并成立能源与环境工程学院。6月，机械工程学院建筑环境与设备工程系整编制转入原土木与环境工程学院，与流体力学专业整合。7月，经学校批准原土木与环境工程学院正式更名为土木与资源工程学院。土木与资源工程学院下设5个系：资源工程系、土木工程系、矿物加工工程系、安全科学与工程系、建筑环境与设备工程系；1个实验中心；4个研究所：空间遥感与GIS应用研究所、矿井避险技术研究中心、尾矿膏体处置技术研究中心、应用力学研究所；1个省部级重点实验室：金属矿山高效开采与安全教育部重点实验室；1个北京市重点实验室：城市地下空间工程北京市重点实验室。

2016年，学院共招收本科生9个班298人，其中采矿工程56人、矿物加工工程59人、土木工程122人、安全工程61人。招收学术型普通硕士研究生155人（含外国留学生5人），应用型专业学位硕士研究生118人，非全日制工程硕士87人，博士研究生70人（含外国留学生7人）。毕业本科生308人，深造率49.68%，综合就业率94.81%；毕业硕士研究生302人，毕业博士研究生64人，综合就业率98.09%。至年底，学院共有在校生2395人，其中本科生1133人（含外国留学生38人）、硕士研究生844人（含专业学位硕士359人）、博士研究生418人。

（耿倩男、邓　波）

【师资队伍】2016年，学院共有教职工157人，其中专任教师124人（教授43人、副教授40人、讲师22人、教师博士后19人）。有博士生导师51人，其中兼职博导12人。具有博士学位110人，占教师总数的94%。有中国工程院院士1人，国务院学位委员会学科评议组成员2人，长江学者2人，国家杰出青年科学基金获得者2人，全国教学名师1人，全国模范教师1人，人社部“新世纪百千万人才工程”国家级人选4人，中国青年科技获奖得者2人，全国优秀科技工作者2人，教育部“跨世纪优秀人才培养计划”入选者2人，教育部“新世纪优秀人才支持计划”入选者7人，教育部创新团队1个，北京市教学名师3人，北京市优秀教学团队1个，北京市优秀教师2人，北京市高等学校青年学科带头人2人，北京市优秀青年骨干教师4人，“宝钢教育基金”优秀教师4人。宋洪庆副教授获“北京市科技新星”称号。新进教学科研岗8人，其中人才引进1人。8名教师获批出国访学，5名教师博士后通过出站考核。学院4个博士后流动站全年进站24人、出站21人，至年底，在站博士后共有52人。尹升华入选教育部

2016年度“长江学者青年学者”。成立院级“青年教师联谊会”，促进了青年教师间的沟通交流。

（耿倩男）

【人才培养】本科生教学方面。①学院共开设课程203门，上课优秀率25%，优良率90%，教授上课率100%。②土木工程、安全工程、矿物加工工程3个专业顺利通过工程教育专业认证，实现了学院原有的5个专业全部通过工程教育专业认证。5个专业分别制订了2017版本科生培养方案，全部通过了校内外专家委员会的评审。③306人参加毕业设计，优良率70%；15人的毕业设计被评为优秀毕业设计，优秀率5%。④学院“岩石力学与工程”入选国家精品资源共享课，获校教材出版奖4项；获第27届校“教育教学成果奖”一等奖2项、二等奖5项；获校级本科教育教学改革重点项目1项、面上项目3项；获研究型教学示范课程批准立项3项；获优秀班导师奖2项；获北京市级本科生创新创业项目立项5项。

研究生教学方面。①继续深化培养机制改革，扩大专业硕士培养比例，专业硕士与普通硕士的招收比例为1：1。加强与企业培养合作，新招收中电建路桥班建筑与土木工程研究生15人。招生录取工作进一步规范，硕士研究生复试实行考场座位实名制。②通过“创新人才培养”派出学生参加国际学术会议4人次、短期出国访学7人次。通过“国家建设高水平大学公派研究生项目”赴国外攻读学位2人，联合培养9人。招收外国留学生12名，较上一年度招生规模扩大了20%。③博士论文实行100%查重，全部盲评，23篇论文获校级优秀学位论文，其中博士论文7篇、硕士论文16篇。④系统修订研究生培养方案，推动博士阶段课程与硕士阶段课程相统一，各专业在教学内容、教学要求、课堂组织、教材建设方面，区分学术型研究生与应用型研究生培养目标和培养方案，开展相应教学研究和配套改革。新增了“工程伦理学概论”“高等流体力学”等课程，对硕士中期考核、答辩和论文发表作出了明确规定。继续推行实践教学模块，使研究型课程与应用型课程的界限更加明确。⑤共承担了6项研究生教育发展基金项目，涉及课程建设、教材建设和教育创新研究领域，总金额18万元。6个项目已全部通过中期审查。

（李长洪、纪洪广）

【学科建设】学院设有5个本科专业：采矿工程、土木工程、安全工程、矿物加工工程、建筑环境与能源应用工程；17个普通硕士学科点：工程力学、流体力学、一般力学与基础、采矿工程、矿物加工工程、安全科学与工程、矿物学、矿产普查与勘探、地质工程、地球探测与信息技术、岩土工程、结构工程、桥梁与隧道工程、市政工程、供热供燃气通风及空调工程、防灾减灾工程及防护工程、生物化工工程；4个工程硕士授权领域：矿业工程、建筑与土木工程、地质工程、安全科学与工程；12个博士学科点，其中包含4个一级学科博士点：矿业工程、安全科学与工程、土木工程、力学；4个博士后流动站：矿业工程、力学、安全科学与工程、土木工程。

以教育部第四轮一级学科评估为契机，进一步调整和优化学科布局，凝练学科方向，强化矿业、安全科学传统优势，统筹力学、地质等基础学科和土木、建筑环境等新兴学科的协同发展，顺利完成了四个一级学科的评估申报工作。打造创新平台和创新团队，完成了“城市地下空间工程”北京市重点实验室的申报工作。撤销“地质资源与地质工程（一级学科）”，增列“地质学”硕士学位授权一级学科，已获批。

（纪洪广）

【科学研究】①学院年到款科研经费总额10420万元，其中纵向经费5670万元，横向经费4750万元，纵向经费首次超过横向经费，占总到款额的55%；新增科研合同144项，合同金额10559万元，其中纵向合同45项，合同金额6995万元，横向合同99项，合同金额3564万元。申请国家自然科学基金58项，获批18项，批准金额1116万元。获“十三五”重大专项项目11项，其中项目牵头1项，课题牵头3项，课题参加1项。获中国博士后科学基金第58批面上资助6项，总金额53万元。②学院获省部级二等奖以上科技奖励12项，其中省部级一等奖5项、二等奖7项。申请发明专利35项，授权发明专利30项；申请实用新型21项，授权16项。发表SCIE论文73篇。

（胡乃联）

【国际交流】①学院执行高端外国专家项目1项，执行2015年申请批复的引智项目4项，申请批复2016年引智项目9项，执行其中3项。②积极响应并参与学校与台北科技大学的专题联合研究计划，申报2016年专题联合计划5项，批复资助3项。③和部分兄弟学院共同实施与日本东北大学的学生互访交流项目，采矿、矿加、土木、环境、安全选拔大一学生5人，参与3月日方来访及9月回访交流。④邀请外国专家学者来院交流讲学共28场次。⑤承办“第234场中国工程科技论坛——深部矿产资源高效开发与利用”“第五届岩土多场耦合理论及应用国际学术会议”“2016城市防灾国际学术研讨会”3个国际会议，赴加拿大主办“第三届矿山安全科学与工程国际专题研讨会”。⑥分别接待了澳大利亚新南威尔士大学、英国邓迪大学、英国伯明翰大学、加拿大麦吉尔大学、加拿大卡尔加里大学、加拿大女王大学、日本北海道大学、日本横滨国立大学、美国北达科他州大学、台湾国立屏东大学、台湾国立台北科技学校等大学的来访交流。严格短期因公出国出访的计划申报手续，年内执行29人次。

（耿倩男）

【实验室管理】①学院实验中心下设土木实验室、资源实验室、安全实验室、矿物加工实验室、建筑环境与能源实验室，在编在岗教师16人，管理40间实验室，实际使用面积3500m^2，10万元以上大型设备100余台（套），普通设备4000余台，设备总价值9000余万元。②承担实验教学课程23门次，开设教学实验项目数为87个，同时承担本科生科技创新项目，毕业（课程）设计等试验教学内容。③使用建设经费600余万元，完成“双一流”引导专项建设项目2项。④加强安全教育工作，细化安全制度，落实安全责任，建立“以查促改，以查促进”的安全巡查制度。⑤配合院系调整，环境专业实验室及实验室人员与本院实验中心脱离，建筑环境与能源实验室划归学院实验中心管辖。⑥以实验中心为主体申请并获批地下空间与工程北京市重点实验室。

（胡乃联）

【党建和学生工作】基层党组织建设方面。①4月28日召开中国共产党土木与环境工程学院第五届党员代表大会，选举产生新一届的党委委员、党委书记、党委副书记。②深入开展“两学一做”学习教育，严格保证每月一次的组织生活，定期组织教职工理论学习。举办第255期积极分子党校，培训入党积极分子174人；举办党员系列培训4期，培训党支书100余人次、预备党员150余人。③年内共发展学生党员119人，转正预备党员44人，转出组织关系567人。至年底，学院共有党员718人，其中学生党员603人、教师党员115人。④学院共39个党支部申报基层党组织立项活动，活动覆盖面为100%，其中1个支部获校优秀基层党组织活动一等奖、1个支部获二等奖、1个支部获三等奖，学院获优秀组织奖。⑤10支学生党支部参与红色“1+1”支部共建活动，本科生支部参与率及完成率为100%，本151党支部获北京市一等奖。⑥开展“助学零距离”活动，3个本科生支部组建“学风引领团”44个，帮扶学生83人，实现帮扶后不及格科目学分由394分减至194分。

学生工作方面。①成立院级学生学习与发展指导中心，成立“沃土”学生素质发展辅导员工作室，开展辅导课等活动40余场。组织专业见面会、成长对话课、教授面对面等活动，增强新生的专业认知及实践感悟能力。推进研究生学术论坛，开展学术三分钟、学术论坛征文、最美科研瞬间等活动10余场，参与人数300余人次。组织学术会议、讲座100余场，增强学术交流。举办2场“博学汇”学术沙龙。2人获北京市三好学生，1个团支部获首都大学、中职院校“先锋杯”优秀团支部。②组织35支暑期社会实践团，募集捐助物资价值2.3万元，累计支教700余学时。通过雷锋日、志愿者日、十佳志愿者评选等活动，引导学生开展公益行动，年度志愿服务5600工时。坚持新生早操、积极配合学校体测工作，通过趣味运动会等赛事培养学生体育精神。学院年度共获得学科竞赛国家级比赛奖6项、省部级奖3项，其中混凝土设计大赛获得全国特等奖，首次参加全国大学生结构设计竞赛获三等奖。③组织开展“工作坊进班级”活动，帮助低年级学生树立生涯规划意识。组织第一届大学生生涯规划演讲比赛。组织第八届模拟求职大赛。组织“教授面对面”“校友话就业”等活动，每周四定时开展学生与就业教师一对一生涯咨询活动。院长带队利用暑期对长沙、成都、重庆三地的七家企业进行走访，了解企业发展及用人需求。

宣传工作方面。①丰富学院网站内容，建立健全学院及各年级新媒体平台，与学院宣传栏、大屏幕等形成学院全媒体群。②全年在学校新闻网发表新闻103篇，其中12条新闻进入学校新闻网的新闻导读。朱维耀教授当选学校十大新闻人物。

（邓　波、姜琳婧）

冶金与生态工程学院

【概况】冶金与生态工程学院下设4个系：钢铁冶金系、物理化学系、有色金属冶金系、生态科学与工程系；1个研究院：科技史与文化遗产研究院；3个省部级实验平台：冶金工程国家级实验教学示范中心、稀贵金属绿色回收与提取北京市重点实验室、金属与矿冶文化遗产研究国家文物局重点科研基地；1个实验技术中心：冶金实验技术中心。

2016年，学院共招收学生434人，其中本科生6个班188人，学术型普通硕士研究生88人、应用型专业学位硕士研究生77人、非全日制工程硕士研究生16人、博士研究生65人（含外国留学生3人）。毕业本科生220人，深造率38.72%，综合就业率98.43%；毕业全日制硕士研究生141人、非全日制工程硕士研究生100人、博士研究生53人，综合就业率97.25%。至年底，学院共有在校生1895人，其中本科生687人、硕士研究生841人、博士研究生367人。

（张立峰、张百年）

【师资队伍】学院共有教职工113人，其中专任教师88人（正高级专业技术职务37人，副教授及副高级专业技术职务21人，讲师、中级专业技术职务及以下30人）；有博士生导师41人，其中兼职博导7人；具有博士学位73人，占教师总数的93.6%。实验中心16人，行政办公人员9人，专兼职辅导员9人。有中国科学院院士2人，国务院学位委员会学科评议组成员1人，国家级突出贡献专家2人，“国家五一劳动奖章”获得者1人，省部级突出贡献专家2人，“长江学者奖励计划”特聘教授3人，“国家杰出青年科学基金”获得者2人，国家“百千万人才工程”入选者2人，中组部“青年千人”2名；北京市教学名师2人，教育部新世纪优秀人才13人，北京市科技新星2人，冶金青年科技奖获得者3人；“宝钢教育基金”优秀教师特等奖1人、优秀奖3人，魏寿昆科技教育奖获得者1人。

（张立峰、张百年）

【人才培养】本科生培养方面。①学院共开设课程88门，上课合格率100%；开设纯英文课4门（冶金传输原理、冶金物理化学、有色金属生物冶金、钢铁冶金学），邀请国外教授讲授2门；教授讲课总时数为610学时以上，平均上课时数为32学时以上。在岗教师均有课堂教学任务并顺利完成。②指导23组本科生科技创新项目，其中国家级3组、市级3组、院级23组；组建冶金工程专业6个实习队，分赴宝钢、唐钢、日照、金川、安阳开展生产实习，生态学专业2个实习队，分别开展城市生态（城郊）认识实习及唐钢工业园区工业生态实习。

研究生培养方面。①制订2017版冶金工程及科学技术史研究生培养方案。硕士、博士学位论文盲审全部合格，查重合格率99.5%。②与攀钢、青钢、韶钢、宣钢、承钢等合作培养工程硕士研究生。继续开展与赞比亚谦比希公司跨境联合培养有色金属冶金专业硕士研究生工作，招收学员11名。③加强国际化培养与交流，研究生参加国际会议6人、博士生短期访学1人、3位外国专家来院短期讲学，公派留学生7人（2名攻读博士学位），5名博士生进行联合培养。④组织国务院学位办冶金学科评议组2016年全国冶金研究生课程体系建设研讨会。

（陈　骏、李宏煦）

【学科建设】学院设有1个本科专业：冶金工程；2个普通硕士学科点：冶金工程、科学技术史；2个工程硕士授权领域：冶金工程、文物与博物馆；2个一级学科博士点：冶金工程、科学技术史；2个博士后流动站：冶金工程、科学技术史。科学技术史和冶金工程两个学科在全国排名分列第一位、第二位。开展了冶金工程及科学技术史两个学科学术学位授权点及专业学位授权点自评估；参加2016年教育部学科评估。通过“引导专项”（“双一流”）建设项目建设了高温冶金过程及光电材料研究平台。成立修购及学科建设设备验收委员会。

（张立峰、陈　骏）

【科学研究】①学院年到款科研经费总额5282.02万元，其中纵向经费3105.21万元，横向经费2176.81万元；新增科研项目103项，合同金额3521.84万元，其中纵向项目20项，项目经费1099.4万元，横向合同83项，合同金额2422.44万元。新增纵向科研项目包括国家自然科学基金14项，总金额665万元（面上项目9项、青年科学基金项目5项）；国家重点研发计划（重点专项）课题项目1项、北京市各类科研项目2项。②获省部级科技奖8项，其中一等奖1项、二等奖3项。申请专利57项（发明专利49项、实用新型8项），授权专利36项（发明专利31项、实用新型5项）。出版专著1部。发表SCIE、EI、CPCI-S论文共455篇，其中SCIE论文236篇、EI论文190篇、CPCI-S论文13篇、CSSCI论文16篇。

（王成彦）

【实验室管理】①加强国家级实验教学示范中心建设，初步完成构建虚拟实验课程，进一步加大实验课程信息化。②实验中心成立了高温、表征和综合三大实验室，强化高温实验室的整合与改革，规划成立一个高水平的化学分析检测平台。③完成了学院实验室固定资产的清查工作，提高实验室大型设备的管理水平，学院设备使用网络预约系统运行良好。④按教学计划完成实验课教学内容，新增本科实验教学项目两项，保证实验开出率100%。⑤实验中心进一步完善人员制度的考核建设，明确了岗位职责和考核指标；制定了一系列的管理措施，从多方面加强实验中心的规范化建设；加强学院实验室各级安全教育和管理，开设实验室安全教育课程。

（王成彦、何　涛）

【国际交流】①年内学院教师出国55人次，占教师人数的67%；张立峰教授在欧洲会议上的“Made in China or Made for China”的报告被国际媒体报道。②联合其他兄弟学院派出学院18名本科生参加中国北京科技大学与日本东北大学学术交流。学院每年输送硕士生到国外知名大学深造及博士毕业生从事博士后研究，输送学生占毕业生的10%。主办“北京科技大学第一届国际青年学者论坛”，积极引进海外优秀人才。③引进冶金学科国际著名教授来校授课及学术交流30余人次，“冶金大讲堂”举办高水平讲座2次，举办首届英国皇家化学学会会士论坛，英国华威大学Seetharaman教授一行5人来校访问，中色集团赞比亚亚谦比希铜冶炼来访合作。④建设学院英文网站，从学院环境、师资资源、课程设置及教学形式等多方面形成多元化国际化文化特色。

（张新房）

【党建和学生工作】基层党组织建设方面。①学院党委严格党员培养程序，组织4次全院党支书培训，举办2期学生业余党校，参加培训学员人数近500人，培养入党积极分子203人。②年内共发展党员70人，其中教师党员1人、本科生党员44人、研究生党员25人。至年底，学院共有党员686人，其中教职工党员103人、学生党员567人。共有党支部43个，其中教职工党支部8个、梯队党支部5个、学生党支部30个。③冶金新技术国家重点实验室党支部、炼铁新技术研究梯队党支部获“先进党支部”称号；张建良、焦树强、闫柏军、武文合、郭凯等5人获“优秀共产党员”称号；白皓获“优秀党务工作者”称号。④基层党组织活动立项中参与比例为100%。冶金本科14党支部“立足学习实践，构筑党建阵地”活动获得学校优秀基层党组织活动三等奖。⑤学院科学技术史团队获“全国教育系统先进集体”称号；钢铁冶金系获“北京科技大学先进集体”称号。

学生工作方面。①加强学生学风建设，继续开展“钢铁摇篮文化节”、钢铁模拟冶炼大赛等活动。鼓励学生提前进入实验室参与科研课题，引导学生做好职业生涯规划。不断完善“班导师制”“院长接待日”“钢铁摇篮奖助学金”等制度。加强社会主义核心价值观教育，对学生加强学习方法、职业生涯发展方面的引导。组织了第二十一届师生综合运动会、“振冶杯”足球赛、纪念“129运动”接力等体育赛事。②学院共有542人获得优秀学生干部、优秀三好学生、优秀团干部及“学术十佳之星”“宝钢优秀学生奖”等各类荣誉称号，261人荣获各类奖学金共计183万元。3个班级被评为校“先进班集体、优秀团支部”标兵，5个班级被评为校“先进班集体、优秀团支部”。③学院降低危害合理使用化肥实践团获全国大学生“千乡万村”环保科普行动优秀小分队称号，钢铁去产能调研实践团获首都大学生暑期社会实践优秀团队称号。炼铁新技术实验室获得2016年研究生优秀集体建设项目。西宁特钢科技服务团队获得2016年研究生科技服务与挂职锻炼标兵团队称号等。④在全国数学竞赛中，学生获三等奖2项。⑤在第55届运动会获乙组男子团体第四名、乙组男女总团体第五名，校乒乓球赛获第二名，校新生杯排球赛获第四名，校新生运动会获乙组男子团体第四名、乙组男女总团体第四名。

（王春义、王　斌）

材料科学与工程学院

【概况】材料科学与工程学院下设4个系：材料物理与化学系、材料学系、材料加工与控制工程系、无机非金属材料系；1个研究所：核能与新能源系统材料研究所。2016年，学院共招收学生727人。招收本科生14个班364人，其中材料科学与工程304人、纳米科学与技术30人、材料科学与工程（国际班）30人；招收研究生363人，其中学术型普通硕士研究生147人、应用型专业学位硕士研究生123人、非全日制工程硕士10人、博士研究生83人。毕业本科生439人，就业率95.22%；毕业研究生415人，就业率99.28%。至年底，学院共有在校生3156人，其中本科生59个班1696人、硕士生858人、博士生602人（含外国留学生8人）。

（姜　勇、李　帅）

【师资队伍】学院共有教职工156人，其中专任教师135人（教授66人、副教授37人、讲师14人），师资博士后18人；具有博士学位130人，占教师总数的96%；45岁以下的教师71人，100%具有博士学位。教师中本校毕业26人，国内外校76人，国外高校33人。有中国科学院院士2人，中国工程院院士2人（含双聘1人），国务院学位委员会学科评议组成员1人，“长江学者”2人，“国家自然科学基金杰出青年基金”获得者3人，国家“973”项目首席科学家1人，国家级教学名师1人，“千人计划”入选者1人，“青年千人计划”入选者1人。王守国获评国家自然科学基金杰出青年基金，刘雪峰入选科技部“中青年科技创新领军人才”并荣获第七届“全国优秀科技工作者”称号，庞晓露入选北京市科技新星计划，于广华获得宝钢优秀教师奖。成立学院“遴选委员会”，为学院人才引进工作建立组织依托，新引进各层次高水平人才18人，其中国家“千人计划”入选者1人（牛康民）、专职外籍教授2人。年内晋升正高3人、副高4人；完成了全院各类人员的岗位聘任工作。国家留学基金全额资助1人，3名教师通过学校青年骨干1∶1配套资助。强文江获“北京市师德先进个人”荣誉称号。

（姜　勇、邰永红）

【人才培养】本科生教学方面。①秉持“高水平、创新型、国际化”的人才培养目标，稳步提升人才培养质量。继续推进“本科生导师制”，为2016级每一名本科新生配备导师，细化办法出台《本科生导师手册》。②提升生源质量，组织学院领导班子全员、知名教授参与本科、研究生招生报告、咨询10余次；举办首届优秀大学生夏令营，招收50名优秀推免生。③召开2017版本科专业培养方案讨论会，邀请校内外专家及用人单位代表共同确立强化基础、突出特色的本科培养方案。④搭建实践育人平台，学生申报本科生创新创业项目109项；参与第十三届“北京科大科技园杯”学生创业竞赛，分获银奖1项、铜奖4项，首都“创青春”学生课外创业竞赛获银奖1项，“互联网+”大学生创新创业大赛获北京市二等奖2项、三等奖3项。成功举办第六届金相实验技能大赛，创新开展首届国际文化交流月活动。

研究生教学方面。年内举办学术活动50场，累计参加人数超过5000人次，共评选优秀学术论文15篇，国家奖学金获奖人数33人，评出院级学术之星11人，5名研究生入围“学校研究生十佳学术之星”20强，其中廖新勤、魏亮2名博士获校级“十佳学术之星”荣誉称号，1名博士获“校长奖章”。

（王鲁宁、于广华）

【学科建设】学院设有2个本科专业：材料科学与工程、纳米与技术；1个普通硕士一级学科点：材料科学与工程；3个普通硕士二级学科点：材料物理与化学、材料学、材料加工工程；1个工程硕士授权领域：材料工程；1个一级学科博士点：材料科学与工程；3个二级博士学科点：材料物理与化学、材料学、材料加工工程；1个博士后流动站：材料科学与工程。材料科学学科在ESI评估中各指标持续增长，论文发表数量排名继续居世界前1‰。

6月完成了教育部第四次学科评估的全部工作，牵头对涉及材料科学与工程一级学科的6个二级单位中的所有学科材料进行梳理和统计。召开“北京科技大学材料学科建设发展专家咨询会”，邀请国内10余所知名高校材料学科专家对材料学科的发展进行研讨。组织召开“知名高校材料学院院长沙龙暨第七届高水平材料学科建设和研究生创新能力培养工作研讨会”，来自全国28所高校的50余名院长及专家与会。举办中国材料名师讲坛6讲，材料青年科学家论坛13讲。举办柯俊院士百岁华诞座谈会、章守华先生百岁华诞座谈会、首都高校材料文化节等活动。

（姜　勇、王鲁宁）

【科学研究】①学院年到款科研经费总额9336.33万元，同比增长19%，其中纵向科研经费7322.27万元、横向科研经费2014.06万元；新立项171项，合同额近1.3亿元。②获批国家自然科学基金23项，直接经费合同总额为1516万元。6位教师作为课题负责人获批重点研发计划专项，经费总额2543.3万元。申请国家专利97项，授权国家发明专利113项。与企业签订专利转让和实施许可合同共5项，其中1项转让合同金额达到800万元。发表论文700余篇，包括*Advanced Materials*（《先进材料》，影响因子18.960）、*Angewandte Chemie International Edition*（《德国应用化学》，影响因子11.261）等国际著名学术期刊论文多篇。获省部级自然科学一等奖2项，科技进步一等奖1项，科学技术一等奖1项、三等奖2项，其中王戈主持的项目获得高等学校科学研究优秀成果奖（科学技术）自然科学一等奖。与10多家大中型企业达成了合作意向，与天津华明高新区、山东临沂等地方政府和企业共建了研发平台、研究院。

（姜　勇、刘雪峰）

【国际交流】①以“认识、交流、融合”为主题开展“首届国际文化交流月”系列活动，向学生呈现多个国家的人文、教育、科研等领域及中外文化差异等。②学院英文版网站8月正式改版上线，成为展现最新科研成果、招生宣传、吸引海外高校合作交流的国际化窗口。③组织学生与海境外高校进行交流（美国特拉华大学、澳大利亚昆士兰科技大学、香港理工大学、法国里昂中央理工学院等）。学院共有15项引智项目，其中2项为高端外国专家项目，先后共6名海外院士、知名学者通过中国材料名师讲坛、材料青年科学家论坛等平台进行学术专题报告。④成立国际化工作办公室，招聘外事专员German负责学院对外宣传、海外合作交流、学生国际化培养工作，打造品牌活动“German Time”“Let's talk”英语角平台，形成长期持续性“Native Speaker”培养计划。⑤组织高端外国专家Michael Kraft教授在小学期进行了16学时的专业选修课授课。组织师生参加第十五届北科大－日本东北大学交流项目。

（姜　勇、曹文斌）

【党建与学生工作】基层党组织建设方面。①围绕打造“凝聚力强、创新力足、执行力高”的领导班子，召开学院第五次党代会，选举产生新一届学院党委班子。按照学校、学院“两学一做”学习教育方案精神，认真开展学院党委中心组集体理论学习9次。建立了以“党政联席会”“党委全委会”“教授会”“教代会”和“遴选委员会”为核心的学院决策运行机制，做到重大事项集体决策，进一步提升了学院决策的科学性、民主性、公开性，年内共召开党政联席会议23次、党委全委会4次，教授会5次、教代会5次、遴选委员会6次。经充分酝酿、民主选举，推动完成学院所有系所班子的按期换届，为各学科方向的发展提供了组织保障。②成立“材料学院党风廉政建设领导小组”，制定《材料科学与工程学院党风廉政建设责任制实施细则》，完成学院领导班子、机关办公用房调整工作。召开全院教师大会传达中央八项规定精神，明确整改工作路线图和时间表。③推进“两学一做”学习教育，开展“五有五表率”党支部特色立项、党员“亮身份、做承诺、促履责、树形象”等活动，开展“跨越时空的对话”主题微党课等学习形式，推进学习教育学有成效、做有成果。

学生工作方面。①构建“全院育人、全过程育人、全方位育人”的思想政治教育格局，获评“2015－2016年度北京高校德育工作先进集体”，材料1308班等13个本科生班获“87级校友基金最佳团队”“北京科大学先进班集体”“优秀团支部标兵”等荣誉称号。②推进新生教育的“1136”模式，推行“引航学长”计划，建立学习与发展指导中心。③年内共组建34支团队、410人参加暑期社会实践，打通大学生社会实践与研究生科技服务与挂职锻炼界限，组建了“赴山东亿康科技服务团”等4支研究生社会实践团队，其中2个团队获首都大中专学生暑期社会实践优秀团队称号，1篇论文获首都高校思政课社会实践优秀论文一等奖，1人获首都大中专学生社会实践先进个人称号。④本科生一次深造率超过70%，达到71.3%，创历史最高水平；出国深造率22%，再创新高，两项指标均位列全国材料类学院前三甲。

（李　帅、郃永红、张　毅）

机械工程学院

【概况】机械工程学院下设7个系：机械工学系、机械制造及自动化系、机械电子工程系、机械装备与控制工程系、车辆工程系、物流工程系和工业设计系；2个中心：实验中心和零件轧制研究中心；1个国家级工程中心：国家板带生产先进装备工程技术研究中心；3个省部级工程中心和重点实验室：教育部零件近净轧制成形工程研究中心、教育部先进板带生产装备及控制工程研究中心和金属轻量化成形制造北京市重点实验室；3个北京市高等学校人才培养基地：北京现代校外人才培养基地、北京二七轨道交通装备有限责任公司校外人才培养基地和机械与能源科技创新实践基地校内人才培养基地；4个研究所：机械工程研究所、冶金机械研究所、物流工程研究所和车辆工程研究所；以及大型工业机械仿真、监测与控制实验室等48个实验室。5月，原隶属于学院的热科学与能源工程系划入能源与环境工程学院，建筑环境与设备工程系划入土木与资源工程学院。

2016年，学院共招收本科生16个班408人，其中机械工程类273人、物流工程61人、工业设计39人、视觉传达设计35人；招收全日制硕士研究生242人，其中学术型普通硕士生126人、应用型专业学位硕士生116人；招收全日制博士研究生31人。毕业本科生406人，就业率94.30%，深造率44.3%；毕业研究生268人，授予学术型硕士学位143人，专业型硕士学位110人（其中全日制93人、非全日制17人），工学博士学位15人，研究生综合就业率为99.42%。至年底，学院共有在校学生2655人，其中本科生1690人（含留学生39人）、研究生965人（含留学生7人）。研究生包括全日制硕士生507人、非全日制专业硕士生283人、博士研究生175人。

（景志红）

【师资队伍】学院共有教职工163人，其中专任教师124人（正高级职称27人、副高级职称59人、讲师38人，讲师中有5人为教师博士后），教辅和行政人员38人。有博士生导师23人。有中国工程院院士1人，“千人计划”入选者1人，国家级突出贡献专家3人，北京市突出贡献专家3人，教育部“新世纪优秀人才”4人，北京市教学名师3人，北京市“科技新星”1人，“宝钢优秀教师”特等奖1人、优秀奖5人，享受政府特殊津贴人员11人，国家优秀教学团队1个，北京市优秀教学团队1个。新进教职工11人，调出57人，退休6人；2人晋升正高级职称，通过教师资格认定青年教师7人。

（景志红）

【人才培养】本科生教学方面。①学院共开设课程177门，其中教授开课率为100%。获学校第27届教学成果奖一等奖3项、二等奖2项，4本教材（讲义）获校级规划教材建设立项，4个项目获批学校教育教学改革项目建设立项，申报获批研究型教学示范课建设项目2项，已完成和在建项目共计17项，全英文示范课在建项目共计2项。②分别建成北京现代高等学校校外人才培养基地和北京高等学校示范性校内创新实践基地（机械与能源科技创新实践基地）。③针对大一新生开设11门新生研讨课，帮助新生度过专业迷茫期，拓宽学科视野与思维。动员各专业教师进行国内外高校调研，为2017版本科生培养方案修订做准备。

研究生教学方面。①学院共开设研究生课程54门，在职工硕班校外授课32门。②获学校第27届教学成果奖一等奖1项、二等奖3项。③完成2015年度学校研究生教育发展基金课程建设项目中期检查5项，申报全国工程专业学位研究生教育指导委员会自选研究课题（教改项目）1项。

（张　杰）

【学科建设】学院设有5个本科专业：机械工程、车辆工程、物流工程、工业设计、视觉传达设计；3个学术型硕士学科点：机械工程、物流工程、设计艺术学；3个工程硕士授权领域：机械工程、车辆工程、物流工程；2个博士学科点：机械工程、物流工程，其中机械工程为一级学科博士点；1个博士后流动站：机械工程。完成650万元的“中央级普通高校改善基本办学条件专项资金”和“优势学科创新平台”项目的建设任务。

（张　杰）

【科学研究】①学院年到款

经费总额4508万元，其中纵向经费3051万元，横向经费1457万元；申报各类纵向科研项目89项，获批22项，新增纵向经费1167万元，其中国家自然科学基金5项、国家重点研发计划课题牵头1项、军工项目2项、其他省部级项目14项；新增横向合同70项，合同金额1895万元。②获省部级以上奖励3项，“ACM-1大型智能液压圆锥破碎机”获冶金科学技术奖二等奖，“年产百万件楔横轧轿车轴类件技术研究与应用”获安徽省科学技术奖二等奖，《机械优化设计方法》（第4版）获中国机械工业科学技术奖三等奖。获中国专利奖优秀奖1项，申请国家专利49项，授权发明专利15项，授权实用新型28项。申请软件著作权4项。发表检索论文145篇，其中SCI论文54篇、EI期刊论文91篇。SCI论文中，影响因子大于1的34篇、大于5的1篇、JCR-1区3篇、JCR-2区18篇。

（曹建国）

【实验室建设】①新增省部级科研基地1个：金属轻量化成形制造北京市重点实验室。完成“金属加工制造与性能检测试验平台”“零件轧制技术与装备研究开发平台（一期）”“特殊加工与精密测量试验平台”建设，新购置设备560万元。完成2017－2018年度中央高校改善基本办学条件项目申报，申报平台建设项目2项，金额455万元。规划顺德研究生院的实验室建设，完成2500万元建设计划的校内申报。②至年底，学院实验中心拥有实验教学设备总值8876万元，其中10万元以上设备146台（套），价值40万元以上大型设备27台（套）。③年内，实验教学中心面向全校10个专业，接待实验学生3000余人，实开本科生实验课程30门，实验项目133个，全年完成实验3.34万人时。

（曹建国）

【国际交流】①学院邀请来自美国密歇根大学、伊利诺伊大学、宾夕法尼亚州立大学，澳大利亚昆士兰科技大学，英国萨里大学、拉夫堡大学、邓迪大学、帝国理工学院，加拿大维多利亚大学、女王大学、麦克马斯特大学、阿尔伯塔大学医学院、塔斯马尼亚大学等海外高校、研究机构的16位专家学者进行讲学和学术交流。②教师20人次赴美国、德国、加拿大、新加坡、英国、瑞士等国从事合作研究或参加学术会议、交流考察等，6位教师以访问学者身份到美国、荷兰、英国等国进行半年至一年研修，完成访学任务按期回国14人。③学院派出赴明志科技大学进行半年研究访学研究生2人，派出研究生分别赴美国、中国香港、中国台湾参加国际国内会议6人。赴亚利桑那州立大学、昆士兰大学、邓迪大学、利莫瑞克大学参加国际交流学习项目本科生5人。赴英国、中国台湾参加暑期交流实习项目本科生2人。赴台湾大学、台湾科技大学、华梵大学、朝阳科技大学、台北科技大学等参加中国台湾高校交换生项目本科生13人。

（张　杰）

【党建和学生工作】基层党组织建设方面。①学院党委扎实推进“两学一做”学习教育，狠抓“三会一课”制度建设，领导班子、支部书记和理论学习导师上党课率为100%，基层支部活动立项率为100%。开展“亮身份、做承诺、促履责、树形象”、学生党员“承诺、践诺、评诺”和“党员行为标准”大讨论等活动，强化师生党性意识。对基层党组织按时换届选举进行指导督促，在9月底完成了学院所有基层党支部换届工作，12月初完成学院党委换届选举工作。②学院党委切实履行党委在党风廉政建设方面的主体责任，严格执行中央“八项规定”精神，认真履行“主体责任”和“一岗双责”，健全廉政制度，组织专题学习10余次。③至年底，学院设有党支部41个，其中教职工党支部10个、研究生党支部22个、本科生党支部9个。共有党员706人，其中教职工党员134人、学生党员572人（研究生党员367人、本科生党员205人）。年内举办第261、267、276期学生业余党校暨机械工程学院入党积极分子培训班，172名学生通过党校学习和考核，获得结业证书，考试通过率54%；共发展党员127人，其中研究生36人、本科生91人；预备党员转正113人。④开展“学风引领计划”，以党员和入党积极分子为主要引导者组建30支学习团队，帮扶167名学业困难学生。⑤学生党支部共申报红色“1+1”活动9项，机本15党支部获北京市三等奖，机本133、141党支部获北京市优秀奖。学生党总支制作的“《机械工程学院学生党员行为规范》微党课”入选全国高校“两学一做”支部风采展示活动微党课精品作品。

学生工作方面。①完成2016年度立项的本科生科技创新项目验收，市级以上项目25项通过验收，其中国家级14项；院级项目23项通过验收。2017年本科生创新创业训练完成立项，总计46项，其中拟推国家级项目8项、市级项目7项。②学生在各类学科竞赛获奖总数598人次（国家级114人次、省部级170人次、其他314人次）。获2016年全国大学生物理竞赛一等奖1人、二等奖3人、三等奖8人；获2016年全国大学生英语竞赛一等奖1人、二等奖1人、三等奖3人；获2016年全国大学生数学竞赛一等奖1人、二等奖3人、三等奖3人。获第九届全国大学生节能减排科技创新与社会实践竞赛特等奖1项、一等奖2项、二等奖2项、三等奖4项及优秀组织奖。获第九届“全国大学生先进成图技术与产品信息建模创新大赛”团体二等奖，其中机械类尺规一等奖2项、机械类建模一等奖3项、机械类全能一等奖1项和个人全能二等奖3项。在第十五届全国大学生机器人大赛中，获全国三等奖18人次。获2016年科研类全国航空航天模型锦标赛一等奖2项、二等奖3项、三等奖2项。获第五届北京市大学生动漫设计大赛一等奖1项、二等奖2项、三等奖4项。在第十一届全国大学生“恩智浦”杯智能汽车竞赛全国总决赛中，摄像头组、光电组、双车追逐组、电轨组、电磁组均获全国一等奖，创意组获得全国二等奖，其中摄像头组、光电组、双车追逐组获得冠军，电轨组、电磁组获得亚军。③学院本科生共获国家奖学金及各类特种奖学金共计573人，金额75.15万元。学院研究生获国家奖学金22人，其他各类特种奖学金10人，金额60.25万元。④学院团委获2016年度“全国钢铁行业五四红旗团委”称号。视传1302团支部获2016年度“北京市五四红旗团支部”；物流1402团支部、物流1502团支部荣获首都大学、中专院校“先锋杯”优秀团支部。

宣传工作方面。①全新改版学院网站，形成了学院网站、微信公众号、学院宣传栏、大屏幕等学院媒体群。②加强新闻宣传，在学校新闻网发表新闻80篇，其中14条新闻入选“新闻导读”栏目；在学校“两学一做”专题学习网发表新闻11篇，其中发表简报1篇。

（马　飞、董春阳）

能源与环境工程学院

【概况】能源与环境工程学院下设2个系：热科学与能源工程系、环境工程系；3个省部级工程中心和重点实验室：北京市高校节能与环保工程研究中心、冶金工业节能减排北京市重点实验室、工业典型污染物资源化处理北京市重点实验室；2个研究中心：北京科技大学新能源研究中心、北京科技大学智慧能源研究中心；4个基地：教育部新和外专局工业节能与能效经济创新引智基地、国家能源与环境国际科技合作基地、城市和生活污染物处理与资源化北京市国际科技合作基地、北京市校外人才培养基地。

2016年，学院共招收本科生8个班253人，其中能源动力类162人、环境工程91人；招收全日制硕士研究生142人，其中学术型普通硕士生81人（含留学生13人）、应用型专业学位硕士生61人；全日制博士研究生27人（含留学生6人）。毕业本科生186人，就业率为91.89%，深造率为52.97%；毕业研究生121人，授予学术型硕士学位66人、专业型硕士学位46人、工学博士学位9人，研究生综合就业率为100%。至年底，学院共有在校学生1327人（含留学生51人），其中本科生802人（含留学生13人），研究生525人（含留学生38人），包括全日制硕士研究生370人、博士研究生155人。

（王　立、耿　华）

【师资队伍】学院共有教职工89人，其中专任教师74人（正高级职称26人、副高级职称26人、讲师13人、教师博士后9人），教辅和行政人员15人。有博士生导师20人。有国家“973”首席科学家1人、“863”主题专家1人、国家优秀青年基金获得者1人、教育部新（跨）世纪优秀人才计划入选者4人、中科院“百人计划”入选者1人、北京市高等学校教学名师3人、北京市科技新星获得者2人、中青年科技创新领军人才1人、北京市优秀教学团队1个。学院新增教职工10人，其中新进教学科研岗位教师8人、校聘劳动合同实验人员1人、辅导员1人；调出1人；3人晋升正高级职称，4人晋升副高级职称；通过教师资格认定青年教师9人；4名师资博士后通过考核入职。

（耿　华）

【人才培养】本科生教学方面。①申办“新能源科学与工程”和“环境科学”2个本科专业。结合本科教学评估及专业认证要求，制订完善了学院4个专业2017版本科生培养方案。环境工程专业成功申报进入第二次工程教育专业认证。②夏德宏教授获评“北京市教学名师”。获评校27届教学成果奖特等奖1项、二等奖1项。③获批“2016年高等学校能源动力类专业教育教学改革项目”4项，其中重点项目2项。获批校教育教学改革项目立项5项，其中重点专项1项。完成研究型教学示范课建设项目结题验收4项，目前已结题研究型示范课项目共计7项，在建项目2项。获批全英文教学示范课程建设项目1项。④针对2016级能源类和环境工程专业9个班新生开设9门新生研讨课，有效帮助新生度过专业迷茫期。组织学生参加学科竞赛与海境内外校际交流，获得包括“第九届全国大学生节能减排大赛”特等奖在内的国家和省部级科技竞赛奖95项，获奖人数为

120人次。17名学生参加各类海境内外交流生项目，招收外国留学生24名，接收受国外短期交流访学学生4名。获“校长奖章”1人。

研究生教学方面。①学院申报2016年北京市高等教育教学成果奖1项。②获“校长奖章”2人、“十佳学术之星”1人，4位博士研究生获校级优秀博士论文，7位硕士研究生获校级优秀硕士论文。

（冯妍卉、唐晓龙）

【学科建设】学院设有4个本科专业：能源与动力工程、环境工程、新能源科学与工程（暂未招生）、环境科学（暂未招生）；2个普通硕士学科点：动力工程及工程热物理、环境科学与工程，均为一级学科硕士点；2个工程硕士授权领域：动力工程、环境工程；2个博士学科点：动力工程及工程热物理、环境科学与工程，均为一级学科博士点；2个博士后流动站：动力工程及工程热物理、环境科学与工程。

完成了学科评估和学位点自评估工作。院系逐级讨论拟定了“动力工程及工程热物理”和“环境科学与工程”两个学科“十三五”建设方案（2016－2020年）。其中，动力工程及工程热物理学科将重点支持多场协同与跨尺度热科学、复杂热力系统与新能源两个新学科方向的建设和发展，环境科学与工程新增工业污染土壤治理与修复、环境暴露与健康风险评价、生态环境管理与信息化、流域水污染防治与生态恢复四个专业方向。平台基地建设方面，完成了国家环境与能源国际科技合作基地、北京市级实验教学示范中心（环境工程）负责人及管理人员优化调整。积极创建申报国家级科研平台，与神华国华（北京）电力研究院有限公司、浙江大学、哈尔滨工业大学、国电科环集团、京津冀钢铁联盟等单位联合申报“烟气多污染物控制技术与装备国家工程实验室”。

（唐晓龙）

【科学研究】①学院年到款经费总额5803万元，其中纵向经费5130万元，横向经费673万元；新增科研合同69项，合同金额8962万元，人均科研经费为118万，其中纵向项目37项，项目经费7942万元，占合同总金额88.6%，横向项目32项，项目经费1020万元。②成功申报重点专项课题牵头1项，参与6项；获批国家自然科学基金9项；获中国博士后科学基金第60批面上资助2项（一等资助1项、二等资助1项）；全面组织2017年度重点研发计划预申报工作，项目牵头4项，课题牵头6项、参加5项；组织全院非限制教师申报2017年国家自然科学基金，预申报率为91%。③发表SCIE论文126篇，其中SCI论文93篇（JCR-1区论文20篇、2区论文31篇）。申请发明专利23项，授权发明专利22项。计算机软件著作权2项。主持完成国家标准1项。参与编写国家能源领域“十三五”科技创新规划和国家“十三五”重点专项指南。

（夏德宏）

【实验室建设】①“中央高校教育教学改革专项”建设项目通过验收，新购置30万元设备。完成“能源动力类热工测试与检测实验平台项目”建设任务，新购置215万元设备。完成2017－2019年度中央高校改善基本办学条件项目中环境工程专业本科实验教学平台建设申报，申报建设项目3项，金额250余万元。②至年底，学院拥有实验教学设备总值7355万元，其中10万元以上设备123台（套）、价值40万元以上大型设备27台（套）。③学院面向全校11个专业，接待实验学生1100余人，实开本科生实验课程20门、实验项目91个，完成实验2.8万人时。④完成63台（套）大型设备的开放共享工作。⑤完成4572台仪器设备的固定资产清查工作，盘亏72台。

（夏德宏）

【国际交流】①学院于10月21－23日在天工大厦B座第

六会议室举行了2016（北京）环境技术国际会议。参会人员共计160人，其中包括来自美国、德国、法国、加拿大、奥地利、瑞典、日本、布基纳法索等10余个国家32名代表，汇集了美国加州理工学院、美国伊利诺伊大学香槟分校、德国生物质能研究中心、加拿大麦吉尔大学、德国亥姆霍兹国家研究中心联合会、瑞典斯德哥尔摩环境研究院、奥地利生物质能研究所、清华大学、中国人民大学、中国农业大学等国内外知名高校、科研机构的学者代表。会议有1场主旨报告及4个分会场。②邀请来自美国加州理工大学、哥伦比亚大学、伊利诺伊大学香槟分校，加拿大女王大学城市规划学院、麦克马斯特大学，俄罗斯自然科学院，日本九州大学、东北大学等海外高校、研究机构的16位专家学者进行讲学和学术交流。③学院招收来华留学本科生1人、硕士研究生14人、博士生7人。④学院共有教师14人次赴美国、德国、加拿大等国从事合作研究或参加学术会议、交流考察等；8位教师以访问学者身份到美国哥伦比亚大学、美国辛辛那提大学、美国劳伦斯伯克利国家实验室、美国圣母大学、美国普度大学卡鲁梅特分校、美国马里兰大学、英国伯明翰大学和韩国浦项理工大学进行半年至一年研修。⑤学院派出赴加拿大西安大略大学进行一年研究访学研究生1人，派出研究生分赴比利时、美国、中国台湾参加国际国内会议5人。赴韩国、日本参加暑期交流项目本科生2人，赴法国图尔/奥尔良大学、滑铁卢大学参加国际交流学习项目本科生2人，赴东海大学、朝阳科技大学、高雄第一科技大学、中兴大学、屏东科技大学等中国台湾高校参加交换生项目本科生5人。

（唐晓龙）

【党建和学生工作】基层党组织建设方面。①6月7日，筹备召开能源与环境工程学院第一届党员大会，完成了第一届党委委员的选举工作，王立等9位同志当选学院党委委员，林海同志当选党委书记，孔德雨同志当选党委副书记。②至年底，学院共有党员332人，其中教职工党员76人、学生党员256人（硕士研究生党员154人、本科生党员57人、博士研究生党员45人）。设有党支部21个，其中教职工党支部3个、研究生党支部14个、本科生党支部4个。年内共发展党员56人，其中研究生19人、本科生37人；预备党员转正42人。③扎实开展“两学一做”学习教育，共组织教职工集中理论学习4次，中心组理论学习4次，学院书记讲党课1次，其他班子成员讲党课6人次，教职工支部平均开展理论学习和专题讨论12次，18个学生党支部累计开展全体党员组织生活会120余次、支部委员会50余次、党小组会20余次，支部书记讲党课18次，党员参与活动总计3万余人次，平均出勤率为92%，支部邀请入党积极分子参与活动共计1万余人次。④“七一”前夕开展“第一届能源与环境工程学院优秀教师共产党员”评选，13位教师获“学院优秀共产党员”称号。⑤举办第267期、第273期学生业余党校暨学院入党积极分子培训班，共有160名学生通过党校学习和考核获得了结业证书。共组织党支部书记培训会4期。⑥学院基层党支部活动立项达到100%；学生党支部积极参与红色“1+1”活动，与京郊支部手拉手促进农村建设，为村民开展电脑知识讲座、农村环境保护及社会主义核心价值观讲座，获得北京市三等奖。“助学零距离”活动参与学生党员68人，涵盖3个本科生党支部，组建“学风引领团”51个、“课程答疑室”5个，结对帮扶同学51人，帮扶后不及格率降低25.5%。

学生工作方面。①完成2016年度立项本科生科技创新项目验收，市级以上项目6项通过验收，其中国家级4

项；院级项目9项通过验收。2017年本科生创新创业训练完成立项，总计21项，其中拟推国家级项目5项、市级项目2项。②学生参加科技竞赛获得国家和省部级奖项95项，获奖人数为120人次。获2016年全国大学生物理竞赛一等奖1人、二等奖1人、三等奖1人，获2016年全国大学生英语竞赛一等奖1人、二等奖2人、三等奖3人，获2016年全国大学生数学竞赛二等奖1人，获2016年第九届全国大学生节能减排科技创新与社会实践竞赛特等奖1项、一等奖1项、二等奖1项、三等奖3项，学校获得优秀组织奖。③学院共有4支团队分获北京科技大学2015年暑期社会实践金、银、铜奖团队，1位教师获暑期社会实践“先进工作者”称号，1位教师获暑期社会实践“优秀指导教师”称号，59名学生被评为2015年学生暑期社会实践“先进个人”。④学生获各类奖学金187人。袁璐凌、郑天龙获校长奖章。⑤学院获辅导员队伍建设工作专项奖，学院团委获创新创业工作专项奖。环境1302班被推荐为北京市优秀班集体。

（林　海、孔德雨）

自动化学院

【概况】自动化学院下设4个系：控制科学与工程系、仪器科学与技术系、电工电子技术系、智能科学与技术系；3个研究所：自动控制研究所、导航与控制研究所、机器人研究所；2个中心：教学实验中心、智能机器人研究中心；2个省部级科研基地：钢铁流程先进控制教育部重点实验室、北京市工业波谱成像工程技术研究中心；1个省部级教学示范中心：北京高等学校实验教学示范中心；1个共建省部级创新实践基地：信息工程北京市高等学校示范性校内创新实践基地。

2016年，学院共招收本科生12个班331人，其中自动化专业148人、测控技术与仪器专业63人、智能科学与技术专业89人、U培班31人。招收全日制学术型普通硕士研究生70人，专业学位硕士研究生77人，非全日制专业学位硕士研究生42人，博士研究生25人。毕业本科生235人，深造率57.81%，综合就业率94.09%；毕业全日制硕士研究生132人（其中学术学位硕士研究生71人、专业学位硕士研究生61人），非全日制专业学位硕士研究生37人，博士研究生10人，综合就业率99.29%。至年底，学院共有在校学生1674人，其中本科生1203人、硕士研究生382人、博士研究生89人。

（陈　旭、王振花）

【师资队伍】学院共有教职工102人，其中专任教师80人（正高级专业技术职务19人、副高级专业技术职务40人），实验人员11人，行政人员11人。有客座教授1人、兼职教授4人、非在编职工2人、兼职辅导员9人。具有博士学位教师68人（获得国外博士学位10人），占教师总数的85%；45岁以下教师46人，占教师总数的58%。有博士生导师19人。有国家“千人计划”特聘专家3人（其中2人为兼职教授），国家“杰出青年科学基金”获得者2人，“863”首席专家1人，国家“优秀青年科学基金”获得者1人，教育部“新世纪优秀人才”2人。年内，聘请日本科学院院士、日本名古屋大学福田敏男教授为客座教授，引进特聘副教授4

人，新增讲师和师资博士后4人，晋升副教授3人、高级讲师1人、高级工程师1人，推荐青年拔尖人才1人、北京市科技新星1人，通过师资博士后出站考核1人、回国考核5人、期满考核6人，完成教师资格认定3人，获得本科课堂主讲资格1人。

（陈　旭、王振花）

【人才培养】本科生教学方面。①10月，测控技术与仪器专业申请“工程教育专业认证”，认证申请书撰写工作顺利完成，提交中国工程教育认证协会秘书处，12月得到受理通知。②出台《自动化学院关于进一步加强本科教学管理工作的意见（2017执行版）》，从平时成绩评定标准、试卷分析表填写等环节进一步细化管理规定。③李擎、刘蕴络、景鹏作为负责人各自申报的项目分获本科教育教学成果奖特等奖1项、二等奖2项。④为2014级3个专业学生分别开设了1门国外专家讲学课程。⑤学院本科生科技创新共立项39项，其中国家级4项、北京市级5项、院级30项。验收41项：国家级7项，其中一等奖2项、二等奖2项；北京市级5项，其中二等奖1项；院级29项，其中一等奖2项、二等奖3项。⑥加强班导师管理工作，共召开7场分年级班导师工作述职和研讨会。王丽君副教授、赵小燕副教授获“优秀班导师”称号。⑦获批各类本科教学工程项目20项，资助经费61.5万元。其中青年教学骨干人才计划1项，资助经费10万元；教育教学改革与研究项目9项，包含校级重点1项、面上8项，资助经费26万元；研究型教学示范课程建设项目2项，资助经费4万元；全英文教学示范课程建设项目1项，资助经费3万元；校级“十三五”规划教材建设一般项目6项、讲义1项，资助经费18.5万元。共完成校级各类本科教学工程项目结题验收24项，中期检查17项。年内共发表教改论文9篇，出版教材3部。

研究生教学方面。①讨论制定《硕士研究生申请提前答辩条件》《研究生工作有关费用的规定》。②上线使用学院硕士研究生论文盲审自动化办公化系统。③3位老师申请全国工程专业学位研究生教材（讲义）、在线课程使用项目，2位老师申报北京市教育教学成果奖，第四届“工程硕士实习实践优秀成果获得者”评选中仪器仪表工程专业、控制工程专业获奖52人。④与台北科技大学共建双学位合作项目，满足双方学校的课程学分与毕业要求后，可获双方学校硕士学位。⑤招收首钢、承钢工硕班2班共42人。

（李　擎、张朝晖）

【学科建设】学院设有3个本科专业：自动化、测控技术与仪器、智能科学与技术，自动化专业是教育部CDIO特色专业，测控技术与仪器专业获北京市教委共建项目资助；2个普通硕士一级学科点：控制科学与工程、仪器科学与技术；2个工程硕士授权领域：控制工程、仪器仪表工程；1个一级学科博士点：控制科学与工程；5个二级博士学位授权点：控制理论与控制工程、检测技术与自动化装置、模式识别与智能系统、系统工程、导航制导与控制；1个博士后流动站：控制科学与工程；1个国家重点（培育）学科和北京市重点学科：控制理论与控制工程。

学院依托“钢铁流程先进控制教育部重点实验室”和“北京市工业波谱成像工程技术研究中心”两个省部级平台，重点建设“控制科学与工程”和“仪器科学与技术”两个学科。

（贺　威）

【科学研究】①学院年到款科研经费总额1871.15万元，其中纵向经费1126.55万元，横向经费744.60万元；共申请国家自然科学基金各类项目26项，获批12项，其中面上项目6项、青年项目6项，参与重点项目1项，获资助经费总额454万元。②获省部级科技奖励2项，参与的“单兵背负式燃料电池电源系统”

获中国人民解放军科学技术进步二等奖，“材料环境腐蚀数据信息系统创新与工程应用”获高等学校科学研究优秀成果奖科技进步一等奖。发表高水平学术论文174篇，其中SCIE检索65篇（其中TOP期刊论文23篇），EI检索95篇，CPCI检索14篇。申请发明专利17项、实用新型专利13项；授权发明专利6项、实用新型专利15项；申请软件著作权29项。

（彭开香、王振花）

【国际交流】①获英国皇家学会牛顿高级学者基金1项。②3名教师在美国达特茅斯大学、内华达大学，香港城市大学等高校做访问学者；11名教师前往美国、英国、法国、德国等国参加国际会议或进行短期学术访问，邀请15位国外知名学者访问学院开展学术交流，2名博士研究生赴日本北海道大学、美国俄克拉何马州立大学参加公派研究生联合培养项目，13名本科生赴美国伊利诺伊大学芝加哥分校、澳大利亚昆士兰大学、英国邓迪大学、英国斯旺西大学、法国图尔大学、法国奥尔良大学、台湾逢甲大学等学校参加国际交流学习项目，10名本科生赴华东理工大学、华南理工大学、中南大学、湖南大学等学校参加国内交换生项目。

（贺　威、陈　旭）

【实验室管理】①与计算机与通信工程学院联合申报，并成功获批“北京高等学校示范性校内创新实践基地”。②11月，申报学校第十二届实验技术成果奖5项，其中《自动化生产线实训》教材获得二等奖。③试行《自动化学院实验系列教学工作当量计算办法》，并用于新一轮岗位聘任工作，效果良好。④认真落实执行实验室技术安全管理各项规章制度，继续坚持开展每周一次的安全、卫生检查，发现事故隐患及时整改。

（李　擎）

【党建与学生工作】基层党组织建设方面。①扎实推进“两学一做”学习教育工作。完善述责测评网络系统与手机客户端，以“公开承诺、履职践诺、述责述诺、民主评诺、选树典型”为途径，推动学生党员发挥先锋模范作用。②开展教工理论学习，开展“党委委员、支部书记讲党课”和支部书记培训，召开民主生活会，不断提高全院党员同志的理论水平，年内共召开支部书记培训2次，党委委员讲党课9次。③举办第262期学生业余党校，重点培育入党积极分子132名。年内共发展党员72名，转正预备党员51人。至年底，学院共有党员317人，其中学生党员246人、教职工党员71人。④全体学工办辅导员参与滞留党组织关系排查，共联系毕业生党员900余人。⑤通过申报党建课题、专题研讨等方式提升党性修养，基层组织活动立项覆盖率与完成率均为100%；自硕1501、自硕1502党支部获红色“1+1”北京市优秀奖。⑥实施“先锋工程计划”，开展“助学零距离”活动，本科生党员参与率为100%，帮扶学业困难学生14人。

学生工作方面。①开设专业基础知识大讲堂，并实例分析基础课程与专业、科技竞赛的关系，强化团系合作，充分发挥“班导师+辅导员+优秀学长”联动作用，开展新生成长对话课。②467人次获各类科技竞赛奖项，其中市级及以上获奖204人次，学生获奖比例达到39%。刘冰等人获“西门子”杯中国智能制造挑战赛全国一等奖，宋凯、王昊等人获“恩智浦”杯全国大学生智能汽车竞赛全国总决赛冠军，郑烨等人获全国计算机博弈大赛一等奖。③与北京亚控科技有限公司共建工业自动化实验室，与北京万集科技有限公司共办模拟面试大赛，与7家企业签署实习基地协议。④开展第十二届研究生学术论坛暨“赛博论坛”活动，举办专家报告会20余场、学术讲座和博士生沙龙等学术活动共计40多次，覆盖全院研究生1500余人次；开展学术道德与学术诚信教育，举办首届“学术三分钟”演讲比赛和科研中的最美瞬间活动。组建6支研究生科技服务团，奔赴鞍山、杭州、西安等地开展服务。⑤关注学生心理变化情况，建立动态信息档案；做好学生安全教育及统计登记工作；认真完成春秋两季排查及新生普查，推进“阳光行动”，由学院领导与重点对象一对一约谈；建设并不断完善“暖心自动化”心理素质教育微信平台，强化网络心理健康教育的影响力。⑥申请家庭经济困难学生认定共266人，受资助覆盖率连续三年为100%，优先提供勤工助学岗位，减轻学生的经济负担。⑦举办丰富多彩的科技文体活动。依托索奥科技中心联合校外公司、校内科技团队开展科技文化月。在第五十五届北京科技大学师生运动会中获乙组男子项目总成绩第一、女子项目总成绩第一、综合总成绩第一；在本科新生运动会中获得新生乙组男团第一、女团第三、总成绩排名第一。⑧2人获“北京市三好学生”称号，2个团支部获首都大学、中专院校“先锋杯”优秀团支部称号，2人分获“优秀团干部”“优秀团员”称号，测控1302获北京市“先进班集体”称号，赵君伟和刘冰同学获北京科技大学第十一届校长奖章。20人获国家奖学金，其中本科生9人、硕士研究生9人、博士研究生2人。通过校友赞助设立“超越奖学金”，奖励本科生、研究生共计15人。⑨辅导员开展集体学习20余次。派出1人到研究生工作部挂职锻炼，2人次参加教育部和北京市的专题学习，景鹏荣获2015－2016年度“北京市高校优秀德育工作者”称号。

（尹怡欣、景　鹏）

计算机与通信工程学院

【概况】计算机与通信工程学院下设4个系：计算机科学与技术系、通信工程系、物联网与电子工程系、信息基础科学系；1个教学实验中心；4个研究所：计算机与系统科学研究所、知识工程研究所、先进网络技术与新业务研究所、软件工程与空间网络安全研究所；2个省部级科研基地：材料领域知识工程北京市重点实验室、北京市融合网络与泛在业务工程技术研究中心；1个合作基地：赛博（网电空间）北京市国际科技合作基地。

2016年，学院共招收本科生12个班362人，全日制硕士研究生219人（其中学术型研究生120人、专业型研究生99人），博士生26人。毕业本科生363人，就业率为97.59%，深造率为50.60%。毕业硕士研究生220人、博士研究生19人，综合就业率为100%。至年底，学院共有在校学生2522人，其中本科生1651人（含留学生60人）、硕士研究生684人（含留学生53人）、博士研究生187人（含留学生33人）。

（隆克平、韩伯涛）

【师资队伍】学院共有教职工134人，其中专任教师97人（教授28人、副教授43人）。有博士生导师26人。有“长江学者”特聘教授1人、国家杰出青年科学基金获得者1人、教育部新世纪优秀人才4人、北京市教学名师1人。引进特聘教授1人，新进专任教师（含教师博士后）4人。拥有院士、千人计划、万人计划等兼职教师21人。获批“海外高层次文教专家重点支持计划”和“高校重点引智项目”3项。1人晋升教授职称，5人晋升副教授职称，1人获得博士生导师资格。

坚持代表性业绩与工作量考核相结合，通过教援会、教代会讨论审议新一轮岗位竞聘条件和聘任办法，研究落实教职工提出的合理化建议，顺利完成了聘期考核和新一轮岗位聘任工作。

（隆克平、韩伯涛）

【人才培养】本科生教学方面。①11月，通信工程专业完成工程教育专业认证专家组入校考察。以认证标准为指导，学院形成具有特色的专业人才培养体系和实践创新能力培养体系。②低年级学生必修课一次通过率73%。学生获国际计算机博弈锦标赛金牌等国际奖项5人次、国家级奖项150余人次、省部级奖项270余人次。③2项教改项目获批校级重点，1项教学成果获校级教育教学成果奖一等奖。

研究生教学方面。①2016年毕业博士生共发表论文48篇，SCI/EI检索论文38篇。硕士研究生各专业考录比为5.07∶1。②硕士研究生推免生“211工程”院校生源为72.6%，同比增加4.1%。③作为博士生资格考试制度改革两所试点学院之一，全面实行博士生招生“申请—考核制”。

（王建萍、张晓彤）

【学科建设】学院设有5个本科专业：计算机科学与技术（首批国家级特色专业）、信息安全、通信工程、物联网工程(国家级特色专业)、电子信息工程（2014年停止招生）；2个普通硕士一级学科点：计算机科学与技术、信息与通信工程；2个工程硕士授权领域：计算机技术、电子与通信工程；2个一级学科博士点：计算机科学与技术、信息与通信工程；4个二级学科博士点：计算机系统结构、计算机应用技术、计算机软件及理论、通信与信息系统；2个博士后流动站：计算机科学与技术、信息与通信工程；2个北京市重点学科：计算机系统结构、通信与信息系统。

制定学院“十三五”规划，优化调整学科布局，根据学科动态调整政策，撤销软件工程一级学科博士点、电子科学技术一级学科硕士点，集中力量建设计算机科学与技术、信息与通信工程两个学科，重点发展系统结构与智能计算、面向行业专用软件、融合网络技术三个方向。完成学位授权点合格评估和第四轮学科水平评估材料申报。计算机学科首次进入“QS世界大学学科排名”，位列401－500之间（国内并列第24）。信息与通信工程学科获批一级学科博士点。计算机学科IEEE Transactions级别论文数较上一轮学科评估增幅达10倍，两个学科的ESI高被引论文均实现突破。

（隆克平、张晓彤）

【科学研究】①学院年到款科研经费总额2314.37万元，其中纵向经费1625.74万元，横向经费688.63万元，较去年增幅为13%。申报国家自然科学基金38项，立项11项，较去年增长120%；申报或参与国家重点研发计划重点专项44项（项目牵头1项，课题牵头12项、参与31项），第一批立项3项；新增北京市自然科学基金立项2项；新增横向科研项目38项，其中5项合同额超过50万、2项超过200万；获批港澳台合作基金1项，军委科技委基金项目1项，配合学校申报“大数据”“互联网医疗”国家工程实验室，在教育部“国防重点实验室（B类）”培育项目方面获得突破。②SCIE/EI收录论文168篇（增长24%），其中，SCIE检索论文82篇（增长21%），EI检索论文86篇（增长28%），JCR-I/II区论文15篇（增长114%），影响因子1.0以上的43篇（增长79%）。申请发明专利44项，授权发明专利12项，授权实用新型7项。③“北京市融和网络与泛在业务工程技术研究中心”成为继“材料领域知识工程北京市重点实验室”之后第二个通过三年建设期考核的省部级科研基地。两个基地分别在5G技术研发、物联网及其行业应用，在材料大数据研究与知识工程应用等方面取得较大进展。

（宁焕生、张德政）

【国际交流】①培养拥有海外学习经历的本科生和研究生31名，接收来华留学生147名，接收台湾本科交换生2名。②获批教育部“国家重点项目——引进海外高层次文教专家重点支持计划”项目1项，建立起与美国辛辛那提大学教授的长期交流合作（3年期）；完成“高校重点引智项目”2项，与美国佛罗里达大学、福德汉姆大学等5所大学计算机领域知名学者建立不少于30天的交流合作；常规引智项目3项（执行3项）；新申报教育部学校重点引智项目3项、常规项目5项，引进海外名师文教专家重点支持计划2项。③新增1项国家自然科学基金海外及港澳台学者项目，与美国亚利桑那州立大学计算机专业黄迪江教授建立了为期2年的合作研究。与台北科技大学联合专题研究计划项目在研3项，新申请2项。参与芬兰国家科学院牵头申报的欧盟地平线项目。④全年出国（境）参加各类国际学术会议或进行合作研究的教师人数25人次。⑤学生组成的代表队在第41届ACM-ICPC国际大学生程序设计竞赛亚洲区中国竞赛中获银牌，是学校参加此竞赛以来所取得的最高级别奖项。在ICGA 2016国际计算机博弈锦标赛中，共获得1枚金牌、2枚铜牌。⑥举办北京科技大学－北海道大学双边学术研讨会“机械与信息科技分论坛”，承办学校国际化年系列活动之北京科技大学－加拿大女王大学双边学术研讨会。⑦组织2016年北科大－台北科大学大学生夏令营学术交流活动。接待美国西北大学、英国斯旺西大学、日本北海道大学、台北科技大学等多所大学的合作来访。

（宁焕生）

【党建和学生工作】基层党组织建设方面。①年内共发展学生党员105人。至年底，学院共有党员580人，其中学生党员493人、教师党员87人。②深入开展“两学一做”学习教育，实行“领导干部讲政策、专家教授讲理论、党员标兵讲事迹”的“三类三讲”教职工学习模式，打造学生“党员开讲了”党课学习新模式，被市教育工委确定为“两学一做”先进案例并在北京市委《支部生活》做经验推广，入选中组部“三会一课”创新工作案例。以“五比五提”为载体，在全体党员和入党积极分子中比思想、比业务、比服务、比追求、比担当，引导师生党员立足岗位作贡献。③开展“两规范”大讨论，优化调整党支部设置，认真开展党员组织关系集中排查和党费清缴工作。④成立学院“关心下一代工作委员会”。⑤学生班级连续三年获北京高校十佳示范班集体，6个党支部被推荐参评北京市红色“1+1”示范活动。

学生工作方面。①通过“七学机制”“研究生学术论坛”“1024程序员文化节”等品牌活动，助力学生成长成才。依托学生学业发展中心，自主研发学业辅导网上预约系统，开放9门学业辅导课程供学生自主选课。②不断完善“3（基础学科竞赛）+6（专业竞赛）+3（摇篮杯、科技园杯、SRTP）”竞赛体系，各类科技竞赛累计有5人次获国际奖项，150余人次获国家级奖项、270余人次获省部级奖项、680余人次获校级奖项。③打造“满井谷‘互联网+’创新创业平台”，开展前沿技术讲座24讲，引入企业资金50余万元支持学生创业项目。④持续加大就业指导与服务工作力度，全年开展“IT名企行”活动十余次，举办专场招聘会33场，为毕业生提供1100余个岗位。

（黄武南、苏　栋）

数理学院

【概况】 数理学院下设5个系：应用数学系、信息与计算科学系、物理系、应用物理系和应用力学系；3个中心：现代物理技术研究中心、绿色创新中心和实验中心；1个国家教学平台：国家工科物理课程教学基地；4个省部级教学科研平台：弱磁检测及应用北京市工程技术研究中心、实验教学（物理）北京市示范中心、磁光电复合材料与界面科学北京市重点实验室、科技部材料模拟设计实验室；还有应用数学研究所、应用物理研究所等教学科研机构。

2016年学院共招收本科生8个班239人、硕士研究生104人、博士研究生22人。毕业本科生226人，深造率57.06%，就业率96.08%；毕业硕士研究生237人，毕业博士研究生11人，就业率94.59%。至年底，学院共有在校生1187人，其中本科生881人、硕士研究生212人、博士研究生94人。

（王荣明）

【师资队伍】 学院共有教职工136人，其中专任教师119人(含教授34人、副教授44人)，名誉教授2人，兼职教授4人。具有博士学位98人，占教师总数的82%，其中12人具有海境外博士学位。有中国科学院院士2人（双聘）、美国科学院院士1人（名誉教授）、亚太材料科学院院士1人（兼职教授）、国家“千人计划”特聘专家2人、国务院政府特殊津贴专家3人、“青年千人”1人、北京市教学名师5人、教育部“新世纪优秀人才”4人、北京市科技新星1人。年内，新进青年教职工13人，其中包括特聘教授3人，调入副教授1人，引进国家“千人计划”特聘专家刘焕明教授团队1个。3人晋升副高级专业技术职务职称，1人特聘为副教授。聘请国家“千人计划”特聘专家罗华耿教授为兼职教授。吴平荣获“2016年北京市师德先锋”荣誉称号。

（刘雨芙）

【人才培养】 本科生培养方面。①推进本科教学与专业建设改革，制订符合大类招生的2017版培养计划，②“黄昆班”毕业学生进入中科院半导体所，“闵嗣鹤数学精英计划”推荐2名学生进入中科院深造，2名学生获得闵嗣鹤奖学金。理科试验班进行课程改革，调整师资配备。③李娜获全国青年教师基本功大赛理工组一等奖第一名。廖福成教授获宝钢优秀教师奖。申亚男教授获“北京市教学名师”称号。赵东红获推青年教学骨干人才。成立以陈章华教授为主任的教学委员会，并制定章程。在岗位聘任中，设置了要求完成每年288学时的专任教学岗。④3人获批2016年研究型教学立项，2人获批全英文示范课立项，1人获批素质教育课。完成校、院两级公共课负责人选聘。吴平教授领衔的“基于创新型人才培养的互联网+环境下的大学物理实验教学探索与实践”和赵鲁涛副教授领衔的“学以致用、以用促学、创新高校课堂教学”申报了北京市教学成果奖。

公共基础课教学方面。①承担全校约31%的本科生课程及约24%的研究生公选课程。②指导学生参加2016年美国大学生数学建模竞赛，5支参赛队获一等奖，19支参赛队获二等奖。指导学生参加第33届全国部分地区大学生物理竞赛北京地区竞赛，共有128人获奖，其中特等奖1名、一等奖16名、二等奖34名、三等奖77名。

（陈章华、丁红胜、卫宏儒）

【学科建设】学院设有4个本科专业：应用数学、信息与计算科学、应用物理、理科试验班；2个一级学科硕士点：数学、统计学；3个二级学科硕士点：物理电子学、固体力学、系统工程；1个一级学科博士点：物理学；2个二级学科博士点：固体力学、一般力学与力学基础。共建纳米材料与器件物理学、光电信息材料与器件2个北京市重点学科。

（王荣明）

【科学研究】①学院年到款纵向经费1031.98万元，获批国家自然科学基金11项。论文质量稳步提升，SCI论文170篇，JCR-I/II区论文68篇，16篇入选2006－2016年ESI高被引论文，3篇入选2014－2016年ESI热点论文。于明鹏在*Energy & Environmental Science*（影响因子25.4）杂志发表论文，张孝芳在*Advanced Functional Materials*（影响因子11.38）杂志合作发表论文。②组织“理学之美”名师讲坛4次、前沿论坛22次、青年论坛8次。邀请中科院院士郑厚植、谢毅等4位专家做客“名师讲坛”，邀请“长江学者”“国家杰出青年基金”获得者姜勇、孙文昌、段慧玲、苗长兴、李泓、韩秀峰、白雪冬、刘军、冯兆生等30位专家做客前沿论坛、青年论坛。

（王荣明、陈艳萍）

【国际合作与交流】①推动校际交流，邀请冯元平等10余位新加坡国立大学和南洋理工大学教师为学生开设“先进物质基础与应用”课程。获批1项引智项目海外名师项目、1项重点引智项目、5项常规项目，经费35万元。聘请哈佛大学刘军为客座教授，邀请美国得克萨斯大学、德国洪堡大学、澳大利亚昆士兰大学、奥地利拉兹医科大学等4名教授进行学术交流，指导学生，18名学生出境交流。推进与英国邓迪大学、斯旺西大学，日本岛根大学，爱尔兰都柏林大学圣三一学院合作交流。②加强留学生课程建设，郑连存、赵立英、王丹龄等5位教师主讲的“高等数学”入选教育部来华留学全英文授课品牌课程。

（王荣明、陈艳萍）

【党建与学生工作】基层党组织建设方面。①开展“两学一做”学习教育，制订《数理学院“两学一做”学习教育细化方案》，推动从严治党要求向基层延伸。②加强思想政治工作。学院理论中心组学习10次，坚持党支部的“三会一课”制度和周四下午全体教职工学习制度。③9月29日召开数理学院第五次党员大会，选举产生丁红胜、马万彪、王荣明、牛珩、刘雨芙、陈学军、赵金玲、耿小红、钱萍等9名同志任第五届党委委员，耿小红任书记，刘雨芙、牛珩任副书记。对系班子进行换届和党支部进行改选。④举办北京科技大学第257期学生业余党校积极分子培训班，141名学员结业。年内发展党员47名，其中教工党员1名。至年底，共有18个党支部，227名党员，其中学生支部12个、党员140名；教工支部6个、党员87名。⑤建立党风廉政院、系三级责任体系；对学院各种经费的使用全面自查自纠；修改《数理学院贯彻落实党风廉政建设责任制实施细则》，制定《党委会议事规则》和《二级教代会实施细则》等文件。⑥加强统战工作，建立党委委员联系党外代表人士制度；支持成立以王荣明为主委的民进北科大支部。⑦全部参与基层党支部立项申报和党日活动，以及红色“1+1”和“助学零距离”活动。数理本科13级第二党支部获红色“1+1”示范活动北京市级三等奖。⑧成立6个院级安全工作组，建立责任制；坚持月度安全检查；开展教育讲座及消防演练。⑨学院第五届教代会暨工代会代表换届选举产生51名代表。

学生工作方面。①学院

获“北京高校优秀德育工作先进集体”。②做好学业辅导工作，获批学校首个大学生学业辅导工作室——“学业帮棒堂”，年内累计授课超过500小时。设立院长奖学金，发放金额为13.5万，奖励学生19名。③搭建创新及实践平台，近200名同学申报创新项目，校级以上项目19个、院级项目28个。暑期社会实践组建15支队伍。6人在2016第九届全国大学生节能减排社会实践与科技竞赛中获奖，1支团队在“创青春”首都大学生创业大赛获铜奖。④组织学生参加各类学科竞赛。8人在2016年全国英语竞赛获奖，4人在2016年第八届全国大学生数学竞赛获奖，15人在2016年全国大学生数学建模竞赛获奖，1人在第七届“蓝桥杯”全国软件和信息技术专业人才大赛获一等奖，10人在2016年北京市大学生物理实验竞赛获奖。⑤举办第十二届研究生学术论坛，组织开展“理学之美”名师讲坛、青年论坛、学术沙龙活动等专业讲座35场，参与学生逾2000人次。评选产生了8位国家奖学金获者、3位学院学术之星，1人获北京科技大学“十佳学术之星”提名奖。

宣传工作方面。在北科大新闻网发布新闻79篇，其中新闻导读9篇。建设学院英文网页，维护“数理动态”学院微信平台、“学业帮棒堂”学业辅导发布平台，总关注人数为4038，全年共发布推送413篇，总阅读量305263次，转发39878次，WCI（微信传播力指数）为366.32。

（耿小红、牛　珩、刘雨芙）

化学与生物工程学院

【概况】化学与生物工程学院下设2个系：化学与化学工程系、生物科学与工程系；3个省部级重点实验室：生物工程与传感技术北京市重点实验室、功能分子与晶态材料科学与应用北京市重点实验室、北京科技大学农药残留与环境毒理实验室（农业部农药登记残留试验认证单位）；1个挂靠单位：生物工程与传感技术研究中心。

2016年，学院共招收本科生4个班117人，其中应用化学59人，生物技术58人。招收硕士研究生106人，博士研究生19人。毕业本科生99人，深造率57.58%；毕业硕士研究生185人，毕业博士研究生10人，综合就业率97.95%。至年底，学院共有在校生714人，其中本科生429人，硕士研究生207人，博士研究生78人。

（曾　芳、曹艳秋、何文书）

【师资队伍】学院共有教职工87人，其中专任教师75人（正高职称29人、副高职称26人）。有博士生导师21人。有俄罗斯工程院外籍院士1人、英国皇家化学学会会士1人、美国医药与生物工程院院士1人、国家“千人计划”项目特聘教授1人、“长江学者奖励计划”特聘教授1人、国家杰出青年科学基金获得者2人、“万人计划”领军人才2人、国家百千万人才工程人选1人、国家优秀青年科学基金获得者1人、教育部新世纪人才8人、北京市科技新星6人、中国化学会理事1人。范慧俐获“我爱我师——我心目中最优秀的老师金质奖章”。年内晋升正高职称3人，晋升副高职称2人。

（曾　芳、何文书）

【人才培养】本科教学方面。①制订《2017版本科生培养计划》，建立教学委员会议事制度，制定学院本科教学管理办法。②投入12万元经费支持教师进行科研成果向教学转化的科教结合探索，资助学生参加国际及国内专业竞赛。多名学生获得全国和北京市学科竞赛大奖。

研究生教学方面。组织第十二届研究生学术论坛系列活动。开展研究生暑期社会实践与挂职锻炼活动，获2016年“研究生社会实践与挂职锻炼”优秀组织奖。开展研究生招生录取及本科生推免。博士生张少青获校研究生“十佳学术之星”称号。

（范慧俐、胡继业、曹艳秋）

【学科建设】学院设有2个本科专业：应用化学、生物技术；4个硕士学科点：化学、化学工程与技术、生物、生物工程；1个博士学科点：化学；1个牵头共建北京市重点交叉学科：光电信息材料与器件；1个博士后流动站：化学。化学学科自2012年起连续5年进入ESI排名世界前1%，排名逐年上升，与2012年比较，发表论文总数和总被引次数均实现翻番。学院凝练学科方向，加强工理协同，促进化学、生物、冶金、新材料、信息、新能源、环境等学科技术交叉融合。生物化学与分子生物学二级硕士点提升为生物学一级硕士点。引进生化分析与分子诊断、生物育种与生物医药两个高水平研究团队，开拓新的学科研究方向。在管庄校区融合创新学院成立生物前沿技术与应用研究中心。组织参加第四轮学科评估。较上一轮学科评估在师资队伍与资源、人才培养质量、科学研究水平、社会服务与学科声誉等方面均有大幅提高。3月，化学一级学科博士授权点通过了国务院学位办组织的专项评估。

（郑安阳、范慧俐）

【科学研究】①学院年到款科研经费总额2646.9万元，同比增长43.4%，其中纵向经费2280.4万元、横向经费366.5万元。②申报国家自然科学基金28项、北京市自然科学基金10项，获国家自然科学基金资助7项，其中重点项目1项、优青1项。科技部重点研发计划重大专项获批牵头项目1项、参与子课题4项，组织申报2017年度重大专项项目子课题5项。③多篇论文在*Advanced Materials*（影响因子18.96）*ACS Nano*（影响因子13.334）、*Advanced Energy Materials*（影响因子15.23）、*Nano Energy*（影响因子11.553）、*Biomaterials*（影响因子8.387）、*Small*（影响因子8.315）等化学领域高水平期刊发表。④申请发明专利25项、实用新型专利5项，授权发明专利12项、实用新型授权3项，两项专利获转化。

（温永强）

【国际交流】①学院加强国际化平台建设，努力推动特色理科建设，邀请程和平、席振峰、李永舫等国内外知名科学家做客“理学之美”名师讲坛、前沿论坛、青年论坛，共举办讲座18场，参与学生人数超过1600人次。②资助研究生参加国际、国内学术交流4人次。资助学生参加国际遗传工程的机器设计竞赛（iGEM）。③积极举办国际国内学术研讨会，举办2016届国际金属卟啉与酞菁学术研讨会、第七届全国物理无机化学学术会议等国际国内研讨会会议5次。④申报“鼎新北科”“海外专家短期访学”“外国文教专家引智项目”，全年师生出国交流12人次，境外8名专家来校讲学。

（胡继业）

【实验室管理】①学院推进实验室药品管理、规程建设、隐患排查工作，不断加强实验室安全管理，继续为本科生开设“实验室安全”课程。②大力推进科研资源共享，建设总面积近500m^2，拥有扫描电镜、透射电镜、液质联用等74台（套），价值2000余万元的学院仪器共享平台，制定《化生学院仪器设备共享管理平台管理办法》。

（温永强）

【党建和学生工作】基层党组织建设方面。2016年，学院共发展学生党员31人，转正预备党员39人，转出组织关系69人。至年底，学院共有党员227人，其中学生党员183人、教师党员44人。举办1期党校，培训入党积极分子56人。认真履行学院党委主体责任，贯彻落实民主集中制，充分发挥党政联席会、学术委员会、教代会等民主管理、民主监督作用，做好院务公开和党务公开工作。认真开展“两学一做”学习教育，重点抓好“三会一课”制度、学习讨论、上党课、组织生活会、民主评议党员、立足岗位做贡献等关键环节，继续开展“三上三有”（即“专家上讲台、干部上讲台、基层同志上讲台”“有计划、有主题、有收获”）理论学习计划。全体党员教师设立“党员示范课”，做法作为典型案例纳入学校组织生活学习材料。重视意识形态工作，努力做好统战工作。注重落实责任制，成立学院意识形态工作领导小组，落实意识形态责任分工。持续加强党外代表人士队伍建设，加强对学生的民族宗教宣传教育工作。

学生工作方面。贯彻落实全国高校思想政治工作会议精神，启动“鼎新德育工程”思想政治教育计划。在学院党委成立关心下一代工作委员会，设立了党建工作指导组、文化宣传指导组、思政教育指导组、教学督导组四个工作组。开展学生党员先锋工程、“两航工程”“优加计划”等品牌活动，培育和弘扬社会主义核心价值观。以“中国梦”为主题，以“社会主义核心价值观”为主线，深入开展大学生主题教育活动，举办庆祝建党95周年、长征胜利80周年、纪念一二·九运动第三届“化生最强音”合唱比赛。生技1301班团支部获首都高校“先锋杯”优秀团支部，本13级党支部获学校优秀基层党组织活动三等奖，本14党支部、本13党支部获得北京市红色“1+1”活动优秀奖。

宣传工作方面。维护学院新网站和平安校园官方网站，建设“花生小驻”学院微信平台、“贝壳花生仁”就业信息发布平台。在学校新闻网发表新闻稿82篇，导读新闻18篇。通过微信推送文章329篇，其中向学校“北科新媒体联盟”报送优质文章40篇。张学记、李建地等一批先进师生事迹获中央电视台新闻频道、News频道、《人民日报》《科技时报》等媒体报道。

（郑安阳、曾芳、曹艳秋、何文书、李慧）

东凌经济管理学院

【概况】东凌经济管理学院下设6个系：管理科学与工程系、工程管理与技术经济系、工商管理系、财务与会计系、经济贸易系、金融工程系；2个研究中心：教育部工程研究中心、期货证券研究中心；1个研究基地：北京企业低碳运营战略研究基地；4个研究所：复杂系统故障预测和管理研究所、管理科学研究所、电子商务研究所、企业与产业发展研究所；5个办公室：学院办公室、公共关系办公室、教学办公室、学生工作办公室、国际认证与质量提升办公室；3个中心：MBA中心、EMBA教育中心、实验信息中心。

2016年，学院共招收本科生13个班339人、学术型普通硕士研究生127人、工商管理硕士研究生（MBA）197人、会计学专业硕士研究生（MPAcc）35人、工程硕士研究生16人、高级管理人员工商管理硕士研究生（EMBA）93人、中美合作高级管理人员工商管理硕士研究生（EMBA）100人、博士研究生22人。毕业本科生492人、学术型普通硕士研究生130人、工商管理硕士研究生（MBA）163人、会计学专业硕士研究生（MPAcc）13人、工程硕士研究生13人、高级管理人员工商管理硕士研究生（EMBA）31人、中美合作高级管理人员工商管理硕士研究生（EMBA）42人、博士研究生25人。至2016年年底，学院有在校本科生1065人、学术型普通硕士研究生428人、工商管理硕士研究生（MBA）497人、会计学专业硕士研究生（MPAcc）65人、工程硕士研究生67人、高级管理人员工商管理硕士研究生（EMBA）197人、中美合作高级管理人员工商管理硕士研究生（EMBA）130人、博士研究生215人。

（闫相斌）

【师资队伍】至2016年年底，学院共有教职工135人，其中专任教师94人（含教授24人、副教授41人、讲师29人），行政、教辅和辅导员41人。年内，学院完成10位教学科研岗教师招聘，对新教师安排培训计划，收到明显效果。学院教师具有博士学位的人数占87%，1位副教授晋升为教授，1位讲师晋升为副教授。学院在聘任新教师时，加强思想政治方面的考查与了解，把好“政治关”，扎实推进教师队伍管理和师德师风建设。学院工会围绕民主管理、小家建设、教师队伍建设、关爱教工和文体活动等方面，落实全心全意为教职工服务理念。

（刘明珠）

【人才培养】本科生教学方面。学院圆满完成2017版本科生培养方案修订，在本科生教材建设、教学改革、教师教学能力培养和课程建设等方面取得良好成果，获得校级教学成果奖特等奖、一等奖和二等奖各1项，校级重点教改项目2项、校级一般教改项目3项，校级研究型教学示范课程建设项目3项，校级重点/一般教材建设项目各3项，校级通识教育核心课程建设项目1项，校级教学骨干人才计划项目1项。

研究生教学方面。学院认真组织研究生教学工作，顺利完成学位评估。荣获校级第七届“研究生教育奖”先进集体，连续5年获此殊荣。积极推进案例教学，共有6篇案例入选中国管理案例共享中心，其中1篇获全国百篇优秀案例。扩大招生宣传，MBA网报人数首次超过1000人，同比增长46.64%，创历史新高。EMBA教育中心不断创新教学和招生策略，EMBA招生达到历史最佳，持续改进EMBA课程体系，将新元素引入传统课堂（“学道”讲坛、“格物”企业课堂、“笃行”移动课堂），重视品牌宣传，推动班级和联合会建设，搭建校际交流平台。

（胡　枫、魏　钧、何　枫）

【学科建设】学院设有6个本科专业：信息管理与信息系统、国际经济与贸易、金融工程、工商管理、会计学、工程管理；1个博士后流动站：管理科学与工程；3个一级学科：管理科学与工程、工商管理、应用经济学，其中，管理科学与工程、工商管理2个学科具有一级学科博士点授予权，可以招收管理科学与工程、企业管理、技术经济及管理和会计学4个专业的博士生，应用经济学具有一级学科硕士点授予权；7个普通硕士点：管理科学与工程、企业管理、会计学、金融学、国际贸易学、产业经济学、技术经济及管理；5个专业学位点：会计学专业硕士（MPAcc）、工商管理硕士（MBA）、高级管理人员工商管理硕士（EMBA）、工业工程、项目管理。学院继续与美国得克萨斯大学阿灵顿商学院合作培养高级管理人员工商管理硕士（EMBA）。

结合学校整体规划，基于学院愿景，编制完成

“十三五”发展规划，三个一级学科（管理科学与工程、工商管理、应用经济学）分别制订出各自学科发展的任务和目标。学院先后完成工商管理硕士（MBA）专业、三个一级学科（管理科学与工程、工商管理、应用经济学）的合格评估与教育部第四轮学科评估。在学校规划办学科建设整体布局下，顺利完成2016年度修购项目计划，以及2016年“引导专项”学科建设项目，有效地改善了管理学科的研究条件，特别是提升了学院案例研究和开发能力。

（闫相斌、何　枫）

【科学研究】结合学院愿景，学院积极倡导和激励教师发表标志性和高水平研究成果，科研成果质量显著提升，标志性成果不断产生。①国家级项目和科研经费总额保持稳定。学院全年纵向项目累积获批立项29项，其中有国家自然科学基金5项、教育部人文社会科学规划项目1项；合同总经费749万元，到账经费（软件）692.3万元，其中纵向经费485.5万元，横向经费206.8万元。②标志性论文持续产生。新增UTD24种期刊论文1篇，在第四轮学科评估中有ESI论文4篇；全年发表论文210篇，其中有SCI/SSCI期刊29篇、CSSCI期刊45篇、学院18种重点奖励期刊7篇；出版著作9部。③学院的科研声誉有力提升。王文彬和黄晓霞两位教授连续两年入选Elsevier中国高被引学者榜单。④在政策咨询方面取得突破性成绩。学院教师陈光华博士借调国务院研究室，所撰写的某研究报告获李克强总理和张高丽副总理的重要批示。

（何　枫）

【国际认证】基于AMBA、AACSB国际认证标准，学院进一步完善人才培养体系、强化师资队伍建设。①AMBA再认证方面。2016年6月，学院AMBA初次认证三年有效期限已满。2016年6月27－28日，学院圆满通过AMBA再认证访视，获得最高期限的五年（无条件）认证。②AACSB国际认证方面。在AACSB认证导师的指导下，学院严格按照AACSB标准对全部学位项目的培养计划进行不同程度的修订和调整。基于AACSB标准的精神，学院依据师资分类标准已调整研究生导师指导资质，并计划提交首轮AOL（学习质量保障）完整报告。

（闫相斌）

【国际交流】在北科鼎新工程和引智计划支持下，学院积极开展不同形式的国际合作与交流活动，国际化程度进一步提升。至2016年年底，学院在册留学生473名，其中有本科生267名、研究生206名；全年共有83名学生获得海外学习机会，40余名MBA、EMBA学生赴英国访学；全年共接收海外交换生、研修生26名，较2015年大幅提升；全年共有教师14人次赴国外参加学术会议和交流访问，6位教师获得资助赴国外访学，全院教师出国访学率为80%；举办国际会议1次，学院老师申报学校重点、常规引智项目7项，接待外国专家来访19人次。

（闫相斌）

【公共关系】学院策划并组织学院三十五周年院庆系列活动，印制《纪念画册》，召开纪念大会；举办2016年度（校友）论坛、5期“经管校友讲坛”“投资行业校友沙龙”；继续开展“经管创业实践营”项目，2016年支持创业团队5支；持续推进“校友联络员”“校友成长导师”制度；组织、协助7个班次校友集体返校；组织“MBA校友代表大会”，推动MBA校友会换届工作；完善学院捐赠方案，启动“青春留芳”毕业生捐赠项目，建立“经管发展基金”。

（戴淑芬）

【党建和学生工作】基层党组织建设方面。①深入学习贯彻党的理论，推动学院事业科学发展。学院党政领导班子认真学习中共十八届五中、六中全会精神，中心组先后围绕“落实党风廉政建设主体责任之高校党风廉政建设”“党委会的工作方法”“落实意识形态工作责任制”“两学一做党课”“纪念建党95周年大会讲话”“严明党内纪律和严守政治规矩”等主题内容组织开展专题学习和交流研讨，不断增强自身的思想理论水平，切实提高党政领导班子的治院能力。②抓好基层党组织和党员队伍建设，夯实学院党建工作的基础和水平。学院党委指导基层党组织以“三会一课”为基本形式开展学习活动，认真贯彻落实每月第四周周四组织生活会制度，已全部完成8次组织生活的学习讨论；开展基层党组织活动立项，不断促进基层党组织和党员的共同成长和进步，达到专题讨论学、立足岗位做、创先争优行，推动学习教育取得实效的活动目标；全年学院发展学生党员78人，其中本科生70人、研究生8人。③坚持“学用结合、知行合一”，推进“两学一做”学习教育。学院党委扎实开展专题党课、学习研讨、立足岗位做贡献、民主生活会、整改落实等关键环节活动，开展“党员榜样在经管”系列宣传活动，制定学院学生共产党员行为规范，充分发挥党支部的战斗堡垒作用和党员的先锋模范作用；学院党员领导干部和党委委员从自身做起，带头参加所在系所和党支部的学习讨论和组织生活，带头讲党课，模范遵守党章，模范执行《准则》和《条例》，为全院师生员工发挥好示范表率作用。④落实全面从严治党主体责任，健全维护安全稳定工作体系。学院党委切实落实好党风廉政建设和意识形态工作主体责任，形成一级对一级负责、逐层落实的工作机制；按照选举法律法规和法定程序，圆满完成人大代表换届选举工作，学院荣获“先进组织单位”称号；继续坚定推进“平安校园”创建，组织安全知识培训、开展消防演习，落实安全工作责任制。

学生工作方面。①把学风导向贯穿学生工作的全过程，以“三率”（四级一次通过率、考研率、就业率）作为考核学生工作的重要指标。英语四级一次通过率为94.84%，多年来稳居全校第一；2012级本科生上研率为29.01%，出国率为17.68%，本科生深造率为46.69%；综合就业率为96.88%，其中本科生为95.58%，研究生为97.79%，学院获“2016年度总就业率优胜奖”；全年共有456人次获得各类奖学金，17个班级、8支团队、667人次荣获北京市级、学校级荣誉称号；年内16个班级荣获北京市级、学校级荣誉称号，其中，2个班级荣获“北京市先锋团支部”称号、2个班级荣获“87级校友基金最佳团队”称号；年内1名研究生获得“十佳学术之星”称号，1名研究生获得“十佳学术之星提名奖”，学院连续六年获“学术论坛优秀组织奖”。②坚持以赛促学，鼓励学生积极参加全国大学生英语竞赛、高等数学竞赛、数学建模大赛、物理竞赛、创业计划大赛、学术科技作品竞赛等，全年共有134人次获得国家级、北京市级和学校级奖励。③强化实践环节，推进素质教育。学院统筹设计暑期社会实践重点项目，承接“甘肃秦安精准扶贫”“京津冀协同发展青年观察专题行动”等主题，组建院级团队52支，荣获“首都大中专学生暑期社会实践优秀团队”2个，校级金奖2个、银奖1个、铜奖3个，实践十佳标兵2人，精品成果6项，特等奖2项；甘肃秦安农产品电商扶贫实践团被秦安政府网新闻报道2次，拍摄的《印象秦安》纪录片播放量超过1.2万次；“第一书记”与精准扶贫调查实践团受到广泛关注，《广西日报》以《加快破解制约第一书记履职难题》进行专题报道。④积极开展丰富多彩的文体活动。学院举办“三走”系列体育活动并在各项比赛中屡获殊荣；开展多姿多彩、形式多样的新生“晨光早操”活动；举办新生晚会、毕业生晚会、MBA年会等；打造“经管牛”卡通形象，在学生迎新、毕业生“红毯秀”等场合运用人偶增强互动性，传递奋斗、踏实、坚韧的文化理念。⑤加强辅导员队伍建设，提高履职能力。构建学习型组织，实施“科研能力提升计划”，参与省部级课题3项、校级课题2项；开拓网络思政平台，“经管小核”“大冰辅导员”“升升导语录”等实时关注与教育引导学生；学院获评“2015－2016年度北京高校德育工作先进集体”称号。⑥不断深化学院宣传工作。开展宣传人才培训，专人指导新闻宣传队伍，有效实现全媒体覆盖，年内向学校供稿75篇，其中新闻导读7篇；建立师生联动机制，实现实时关注与教育引导；通过微信公众号“经管小核”“纵览经管”“贝壳经管研究生”“北科大经管就业”等，传递重要通知，凝聚学生感情，教育引导学生。

（戴淑芬、温　雅）

文法学院

【概况】文法学院设有法律系、公共管理系、社会学系和教育经济与管理研究所。学院的教学科研机构有：教育部（及北京市）大学生文化素质教育基地、公共管理硕士（MPA）教学与管理中心、法律硕士（JM）教学与管理中心、社会工作硕士（MSW）教学与管理中心、法律与公共政策研究中心、知识产权研究中心、人文素质教育中心及度学院。此外，学院拥有8个人文社会科学教学与科研实验室：社会调查与统计分析实验室、社会工作实验室、艺术鉴赏实验室、电子政务实验室、公共管理数据分析与决策实验室、情景模拟实验室、法律诊断室和模拟法庭。

2016年学院招收本科生186人，硕士研究生171人，其中学术型硕士研究生65人（硕士含单考生10人），专业学位硕士研究生106人（含MPA单证50人），社会工作专业硕士（MSW）2016年开始招生；科技与教育管理专业招收博士研究生4人。学院开展“引导、指导、疏导”为重点的就业工作，2016年就业率为95.53%。

（陆　俊、张武军）

【师资队伍】2016年，学院有法学、管理学、社会学、文艺学等学科专任教师57人（包含1名博士后），其中教授11人（含博士生导师4人）、副教授29人，90%以上教师有硕士、博士学位。2016年，1人参加北京市哲学社会科学教学科研骨干研修教师，1人获“北京科技大学师德先进”称号。本年度社会学系引进副教授1人（张瑞凯），1名教师博士后顺利出站转为正式教师，2名讲师晋升为副教授（社会学系张娜和公共管理系杨志云），在优化科研队伍的年龄结构、职称结构的基础上，进一步增强了科研水平。

（陆　俊、张武军）

【学科建设】2016年，学院设有法学、行政管理、社会工作3个本科专业；设有公共管理一级学科硕士点（含行政管理、教育经济与管理等5个二级学科硕士点）和民商法学、经济法学、社会学、高等教育学、文艺学、科技与教育管理等6个二级学科硕士点；设有科技与教育管理二级学科博士点；设有公共管理硕士（MPA）、法律硕士（JM）、社会工作硕士（MSW）3个专业硕士学位点。此外，学院3个本科专业还招收双学位本科生。至2016年年底，文法学院的专业涉及文学、法学、教育学、管理学4个学科门类，公共管理、法学、社会学、教育学、中国语言文学5个一级学科，已形成从本科到博士研究生的人才培养体系。2016年学院法律硕士学位点通过教育部学位中心评估；同时，公共管理一级学科学位授权点与公共管理（MPA）和法律硕士（JM）参加全国学位点评估工作，并以此为契机，进一步凝练学科建设方向与特色。

（陆　俊）

【人才培养】①制订2017版本科教学计划。根据2017年文法学院本科文科实验班招生计划，在学校教务处的指导下，学院在各个系的反复论证和学院本科教学委员会讨论的基础上，初步制订了行政管理、法学和社会工作专业的2017版本科教学计划。

②严把毕业论文质量关。重点对行政管理专业本科生毕业论文进行了抽查和预答辩，对行政管理专业本科生毕业论文写作中存在的共性问题进行了重点检查，并要求存在问题的论文需根据预答辩的意见进行认真修改，确保本科生毕业论文质量。加强研究生论文撰写过程管理，严格查重、盲审、答辩程序等，使研究生培养进一步规范化。

③激发教师教学热情。积极组织青年教师参加学院及学校的“青年教师基本功比赛”。赛前，学院组织督导组和教学经验丰富的优秀教师为青年教师进行培训，深入交流、传授经验，并针对性开展一对一辅导和探讨。两名教师分获校级“青年教师基本功比赛”二等奖。

④加大青年教师培养力度。积极发挥学院本科教学督导组的作用，根据学科发展的需要，重点对年轻教师安排学院督导组老师随堂听课，并针对课堂的实际教学效果，及时请督导组教学经验丰富的老教师给予点评和帮辅。

⑤教学研究工作。学院教师积极组织申报本科教育教学改革与研究项目、研究型教学示范课建设项目等。同时，根据学校要求，面向全校的半开放式课程、课堂及全校公共选修课，积极开设新生研讨课。另外，根据文科慕课的特点，积极鼓励老师参与慕课的建设。

教学交流。继续推进本科生到台湾高校、国外高校和其他国内高校进行交流。对行政管理、法学和社会工作三个专业的、符合申报到校外交流的学生，在严格执行各项教学要求下，积极鼓励其到台湾、香港的高校甚至国外大学交流。另外，学院还积极利用小学期，由行政管理、法学和社会工作三个系分别邀请台湾政治大学、英国伦敦政治经济学院和英国邓迪大学的教授来院授课。

（俞文华、魏增产）

【科研活动】2016年，文法学院共承担科研项目26项，总科研经费为308.42万元。其中，纵向科研项目11项，科研经费共156.42万元；横向科研项目15项，科研经费共152万元。积极组织申报高水平的科研项目，取得良好效果。其中，国家社科基金项目2项，国家自然科学基金项目1项，教育部人文社会科学规划项目1项，北京市哲学社科规划项目1项。2016年，文法学院教师发表高水平学术论文（CSSCI、SSCI、SCIE）21篇，出版学术专著4部。

（冯　英、马胜强）

【学术交流】本年度学院共组织国际、国内交流和论坛等学术活动4项，参与国内外学术交流活动30项。在国内交流方面，2016年1月11日，温耀原参加了凤凰国际智库“从中国中小企业到世界级中小企业”研讨会。1月16日，温耀原参加了“国研智库论坛·新年论坛2016——新发展理念指导下的中国”学术论坛。4月16－17日，时立荣参加2016“全面建成小康社会背景下的社会治理创新与社会协调发展”高层论坛。4月21－23日，韩学周参加中国高等教育学会大学素质教育研究分会2016年年会暨第五届大学素质教育高层论坛。5月21－22日，李莉参加“第二届担保法理论与实践国际研讨会”上提交论文《论动产抵押权善意取得及构成要件》，并在“中国担保物权法律制度的理解与适用（上）”这一单元作了10分钟的主题报告。6月，曲绍卫参加济南市举办的“高等教育供给侧研究”学术研讨会。7月8－10日，冯英参加上海交通大学举办的中国专业学位教学案例中心第九期案例教学培训暨2016年全国MPA核心课程“社会研究方法”教学与案例研讨会。7月17日，张娜参加中国社会学年会，并提交《网络对个人行为的影响》相关学术论文。7月17－18日，时立荣参加2016中国社会学学术年会暨“新发展理念与全面建成小康社会”研讨会。7月21－22日，马胜强参加芝加哥大学与中国人民大学社会学系联合举办的“第六届中国政治社会学讲习班”。8月，张武军参加“科技进步论坛暨第四届中国产学研合作论坛”。8月26－27日，冯英参加中国人民大学承办的2016年全国MPA院长论坛工作会议。9月1－26日，冯英参加教育部等六部委及中央党校举办的全国高校骨干教师培训班。9月5－6日，时立荣参加“新生态、新公益”世界公益慈善论坛。9月24－26日，时立荣、张瑞凯参加第八届中国社会学会社会福利研究专业委员会年会。9月27－29日，韩学周参加中国高等教育学会美育专业委员会2016学术年会。10月11日，韩学周参加北京市学校中华传统文化促进会成立大会。10月14－16日，王竹青参加中国法学会婚姻家庭法研究会年会。10月15－16日，时立荣参加2016教育部高等学校社会学类专业教学指导委员会会议。10月25日，冯英参加中国政法大学“北京市城市管理综合执法网格化服务管理体系建设”及“深入推进城管执法体制改革”结项会。10月30日至11月1日，时立荣参加中国社会工作教育协会2016年会暨加快我国社会工作学科体系建设研讨会。11月，张武军参加“丰台强国知识产权高峰论坛”。11月5－6日，邢朝国参加日常生活研究论坛并发表报告《私房钱的道德评价：兼论中国农村家庭的个体化》。11月11－12日，时立荣参加2016年“社会组织发展与城市治理”城市国际化论坛。11月13日，时立荣参加“2016全面建成小康社会背景下中国社会学学科体系、学术体系和话语体系建设”研讨会。12月，曲绍卫参加“大学生创业与教育资源配置”学术研讨会。12月2－3日，韩学周参加首届中华优秀传统文化与校园文化建设论坛。12月12日，冯英参加国家文物局督查司及中国行政管理学会“省级文物行政执法评估试点”项目结项会。12月27－28日，冯英参加2016年民盟北京市委理论研究会年会。

在国际交流方面，2016年4月，张武军参加了“知识产权保护与强国建设”国际研讨会。11月5－6日，温耀原参加了“第十届东亚法哲学大会暨中国法理学研究会2016年年会”。11月10日，温耀原参加了由中国国际经济交流中心和联合国开发计划署共同主办的“2016全球治理高层政策论坛”。11月14日，杨志云参加了第11届北京科技大学—屏东科技大学论坛，并宣读了《制度环境、激励约束与区域政府间合作：京津冀协同发展的个案追踪》的论文。11月21－25日，时立荣参加了台湾政治大学举办的题为“两岸学者共话·社会学论坛·把社会找回来”交流研讨会。12月3－4日，王竹青参加了“亚太地区老年人权利保护国际论坛”。

（冯　英、魏增产、马胜强）

【党建和学生工作】2016年，在学校党委行政的正确领导下，文法学院围绕学校总体工作要求，以培育和践行社会主义核心价值观为契机，以服务全院师生为出发点和落脚点，注重工作的系统性、整体性、协同性和创新性，带领全院师生团结一致、坚定信心、凝聚共识、统筹谋划、协同推进，不断提高党建与思想政治工作的科学化水平，为学院各项事业的开展提供了坚实的组织保障。

学院认真落实党政同责、一岗双责，严格执行“三重一大”制度，全年召开党政联席会、院务会、全院教职工大会共计37次，持之以恒纠正“四风”，贯彻“八项规定”。制订《学院2016年教师理论学习计划》，指导党支部开展专题学习，全年开展领导上讲台活动4次、专题组织生活会25次、教师理论学习30余次，教师党支部围绕学科建设，为学院的发展建言献策。学院党委坚持“一个宗旨、双重指导、多方联动”方针，严格发展学生党员96名。以基层党组织立项活动和红色“1+1”基层党支部共建活动为依托，结合专业特点、围绕专业优势，长效化、系统化做好学生党建工作。本年度共申报基层党支部立项活动11项，红色“1+1”共建活动9件，党员参与率为100%，各党支部开展了一系列主题鲜明、内容丰富、形式新颖、富有实效的组织活动。其中本2014级党支部在基层党组织活动评选中荣获2016年优秀基层党组织活动一等奖，其与北京市第三聋人学校党支部合作开展的共建活动在北京市红色“1+1”示范活动评选中荣获三等奖，在校级红色“1+1”示范活动评选中荣获一等奖。同时，发挥学生业余党校的主渠道作用，组织开展入党积极分子党校1期，培训学员113名。扎实开展“两学一做”学习教育，做到党员学习教育全覆盖，践行合格党员全覆盖。设立“两学一做”学习教育专栏，建立“贝壳文法相聚信仰下”党支部微信群，多途径开展线上线下活动和专题培训；设立党员活动月，开展“我是党员，我先行”活动，组织合格党支部和合格党员大讨论，形成勤学、文明、诚信、和谐、爱校、尊师、友善、法治及励志“九大行为规范”；开展“树理想、长才干、做表率”活动，组织全体党员“亮身份”。

学院以新生成长与发展小组工作为一体旗舰，以新生研讨课和主题班会为两翼补充，树立三个维度的目标教育，充分发挥辅导员、班导师、优秀学长学姐及优秀校友四类群体的作用，通过“1234”工作模式，推进新生教育的专业化、深刻化、精实化、全员化。全年开展5类主题小组活动共30余次、“我与社会主义核心价值观”主题班会24场、主题班团日必修活动50余次、选修活动100余次，累计产生原创微电影3部、原创情景剧3个、原创绘画作品5件。学院围绕“助学、励志、育人”的目标，坚持“完善资助机制，提高育人质量”核心理念，积极构建“以促进学生全面发展为中心，以制度建设为出发点、经济资助为立足点、能力培养为切入点、文化培育为突破点”的“一心四点”多维资助模式和“精准扶贫”式的资助育人方式，规范化、精细化、精准化地推进资助工作。学院积极引导学生学习奖助学金中励志典型的优秀事迹，拍摄先进事迹微电影1部，将“励志自强”“诚实守信”“感恩回报”“责任使命”等文化培育贯穿于资助工作全过程，并荣获最佳组织奖。

学院扎实开展学风建设，成立学院学生学习与发展中心，并在此基础上成立三大专业队伍——以专业性较高的任课老师组成学业咨询队伍，依托“贝壳青年社工”“薪火讲师团”等社团成立学生社团队伍，以特等奖学金获得者为基础组建个性辅导队伍，共同建立联合培养机制。全年共组建8个“学风引领团”，对存在学业困难的同学进行“1+1”结对，推动不及格人次下降69%。学生保研率为22%（推免研究生共42人，其中保送本校9人，保送北京大学、清华大学、中国政法大学等高校33人）。学生学术创新、创业水平不断提高，在2016年北京高校思政课学生社会实践优秀论文评选中，由公共管理系马胜强指导、邹璐漪等撰写的《史密斯模型下的少数民族地区精准扶贫执行问题探究——以湖北省恩施州巴东县为例》获特等奖，由社会学系邢朝国指导、李世晨等撰写的《“医漂”群体医患信任问题的是社会心理机制研究——基于对外地人员来京就医情况的调查》获一等奖。在第十三届“科技园杯”创业竞赛中，北京吾星文化传媒有限公司获得创业计划竞赛银奖，“阿怪设计”团队获创业实践挑战赛银奖，丁丁停车社区错时分享停车管理平台团队、益心衣意公益创业组织分别获公益创业赛金奖和铜奖。

2016年，学院共举办“星期四人文讲座”13期，讲座内容涉及时政热点、中国古典文学、传媒文化等方面；以“追忆峥嵘、守望理想、拥抱时代”为话题开展吾肆赛诗会，围绕“中国共产党成立95周年”等多个征集主题，收到全校各学院参赛作品共120余件。学院系统设计职业生涯规划系列讲座和培训活动，完善就业创业指导服务体系，合理引导、分类指导、有效疏导，2016年本科生就业率为94.94%，硕、博研究生就业率95%。

2016年，学院党建和学生工作队伍获得多项荣誉。学院团委荣获“全国钢铁行业五四红旗团委”和“北京科技大学五四红旗团委”荣誉称号，并获组织建设工作、网络新媒体工作专项奖。学院学生工作队伍获资助工作、国防教育工作专项奖。杨刚老师获“北京高校优秀辅导员”荣誉称号，杨雄老师的《小组工作式主题班会在高校的实践与探索》在2016年度全国高校辅导员工作优秀论文评选活动中获三等奖。

（赵　雨、杨　雄）

马克思主义学院

【概况】 马克思主义学院下设5个研究所：思想政治教育研究所、马克思主义原理研究所、马克思主义中国化研究所、历史与文化研究所、科技与社会研究所；3个研究中心：北京科技大学廉政研究中心、北京科技大学高校学生事务研究中心、北京科技大学思想政治教育研究中心；《思想教育研究》编辑部挂靠学院。北京高校辅导员培训研修基地、北京高校思想政治理论课教学信息中心（筹）、北京高校思想理论动态研究中心（筹）、北京市高等教育学会形势与政策教育研究会秘书处设在学院。

学院承担全校本科生“思想道德修养与法律基础”“毛泽东思想与中国特色社会主义理论体系概论”“马克思主义基本原理概论”“中国近现代史纲要”4门必修思想政治理论课，承担全校本科生科学精神与人文素质教育类部分课程、材料国际班部分人文社科类课程及对外汉语部分课程的教学任务；承担全校研究生“中国马克思主义与当代”“中国特色社会主义理论与实践”“马克思主义与社会科学方法论”“自然辩证法”4门思想政治理论课的教学任务。与学生处、团委合作开展面向全校学生的“形势与政策”“大学生社会实践”等课程。除公共基础课程外，学院承担了3个硕士专业、1个博士专业的学科课程及全校工程硕士等非全日制研究生思想政治理论课的教学任务。学院及时调整充实教学专题，推动马克思主义中国化最新理论成果“进教材、进课堂、进头脑”。

学院继续推进思想政治教育专业双学位学生培养，并招收14名学生。“马克思主义理论”一级学科硕士点共招收硕士生31名，其中思想政治教育二级学科招收23名，马克思主义基本原理、马克思主义中国化、国外马克思主义三个二级学科招收8名。科学技术哲学二级学科招收硕士生3名。思想政治教育专业招收博士生5名。毕业硕士生28名、博士生5名。至2016年年底，学院在读博士生52名、硕士生64名。

（段晓芳、夏　欢）

【师资队伍】学院共有教职工38人，其中专任教学科研人员32人（含教授5人、副教授16人），校内专兼职教授及导师9人。学院引进副教授1名、博士后4名、“985”工程高校毕业博士1名。学院大力加强中青年骨干教师的培养与培训，资助15名教师参加各类学术会议，派遣2人次赴美国杜肯大学等高校访学研修，8人次参加全国哲学社会科学教学科研骨干培训、北京市哲学社会科学骨干教师培训等。

在北京市委教育工委开展的首批北京高校思想政治理论课特级教授、特级教师评聘工作中，彭庆红、左鹏被评聘为北京高校思想政治理论课特级教授，刘丽敏、赵静被评聘为特级教师。

（段晓芳、夏　欢）

【教学改革】学院继续以实践教学与研究型教学为切入点，以新媒体平台建设为突破口，大力推进教学改革与教学研究，形成了独具特色的思政课教育教学模式，包括“三位一体”（课程的课堂实践、校园的社团实践、假期的社会实践）的实践教学模式、“教（师）辅（导员）结合”模式，“形势与政策”课立体化教学模式等。

“三位一体”的实践教学模式全面拓展。四门本科生课程的课堂实践教学更加系统、完善，切实提升了思政课的教学实效；在校园的社团实践中，学院重点指导求是学会等理论社团，以“走好大学第一步”“中国精神”等为主题，举办演讲、朗诵和宣讲比赛等活动；在暑期社会实践活动中，学院以“红军长征胜利80周年”为契机，组织18支“寻访中国精神　弘扬核心价值观”暑期实践团200余名学生分赴全国各地开展深度社会实践，全面发掘长征精神、抗战精神，实践团总行程62333千米，发放问卷5000余份，完成200余万字的调研报告。形成微电影20余部和大量学生原创文化作品，如歌曲MV《中国精神》、手绘八米长卷《征途》、快闪舞蹈《新长征路上》、历史短剧《长征，我们一直在路上》等。举办以“牢记红军丰功伟绩　弘扬伟大长征精神”为主题的《长征长征》新书发布会暨北京科技大学“大学生重走长征路”社会实践总结活动。《人民日报》、新华社、《光明日报》、北京电视台、《中国情报》、人民网等20余家新闻媒体对有关活动进行了报道。实践团荣获2016年全国大中专学生志愿者暑期“三下乡”社会实践活动全国优秀团队，首都大中专学生暑期社会实践百强团队等，相关活动得到了《人民日报》、新华网、北京电视台等主流媒体的关注报道，产生了广泛的社会影响。“形势与政策”课立体化教学模式扎实推进。学院邀请李稻葵等知名专家到校作形势政策专题报告近50场，面向研究生专门开设“中国与国际发展前沿”系列报告6场。“形势与政策”课堂理论教学共开设14个课堂，其中2个“慕课”课堂，覆盖2014级、2015级本科生近3500

人。作为北京市高等教育学会形势与政策教育研究分会的秘书处单位，学院本年度先后举办了3次北京高校形势与政策教育教学研讨会（含专题培训班）活动，承办北京高校形势与政策教育教学2次备课会、1次学术年会及首届全国高校“形势与政策”课巡回教学展示活动北京赛区选拔赛，覆盖北京高校上千名思政课教师，得到北京市委教工委和兄弟高校的一致好评。

学校牵头的“形势与政策”慕课在国家级慕课平台“爱课程”网中国大学MOOC（http://www.icourses.cn/imooc/）正式发布，这是在教育部社科司指导下，高等教育出版社与学校马克思主义学院联合开发的首批“形势与政策”课程相关的慕课，是教育部思政课教学方法改革择优资助计划的重要组成部分。本课程由胡鞍钢、王炳林、陈凤英等知名专家担任主讲人。作为北京市形势与政策教学改革示范基地，学校形势与政策慕课课程同时在部分高校中进行试点推广，其中上线选课人数为2万余人。

北京市委教育工委对学校思想政治理论课建设开展专项督查，督查结果优秀。

配合北京市委教育工委做好“名家领读经典”活动。著名经济学家李稻葵来校讲授中国经济发展展望的专题报告。选派100余名学生赴清华大学、北京大学、中国人民大学、北京师范大学等聆听名家报告十余场，修完4个学分的课程。

（刘丽敏、夏　欢）

【社会服务】依托北京高校辅导员培训研修基地，学院主办了3个专题培训班，来自北京60余所高校及广西各高校的200余名辅导员参加了培训研修。北京高校思想理论动态研究中心（筹）、北京高校思想政治理论课教学信息中心（筹）运行正常，先后召开北京市级研讨会4次，定期向中宣部、教育部、北京市委宣传部、北京市委教育工委等上级部门提供教育决策咨询与信息服务。

依托廉政研究中心师资力量，承担相关课题，研究成果得到上级纪委、监察部门的关注与肯定。

（李　萌）

【人才培养】研究生培养方面。结合马克思主义理论专业的特点，将研究生职业能力提升培训计划常态化。2016届毕业生就业率达到100%，获得了学校“2016年度就业率优胜奖”。组织研究生经典著作读书会20场、开展职业技能培训讲座10场，学生勤工助学岗位覆盖率为100%。2015级思政研班级获北京科技大学“研究生优秀集体建设项目标兵集体”称号。

学院重点支持求是学会等理论社团进行理论学习、开展社会实践，将理论社团作为青年马克思主义理论人才培养的重要阵地。设立北京高校第一个学生理论社团奖学金——时代凌宇·求是理论奖学金。该奖学金由北京时代凌宇科技股份有限公司捐资设立，捐赠金额共计30万元，用于支持学校“求是学会”理论社团建设。

学院涌现出一批先进典型，2人获国家奖学金，8人获北京高校马克思主义理论“双百奖学金”，1人获建龙二等奖学金，1人获北京市“三好学生”荣誉称号，4人获北京科技大学“优秀三好研究生”荣誉称号。

（段晓芳、刘明言）

【科学研究】学院年到账科研经费总额300余万元，立项及获批课题24项。教师出版教材专著1本，发表论文50余篇。

李晓光教授获批承担国家社会科学基金项目“马克思恩格斯对错误社会思潮的分析批判及其当代价值研究”，该项目将学界热点的社会思潮研究与马恩著作解读进行了有机结合，对于认识马克思主义经典理论的基本内涵和研究社会思潮形态演变均具有较大的指导意义。

彭庆红教授获批教育部

人文社会科学项目“思想政治理论课实践教学研究”课题。该项目在论证了思想政治理论课实践教学的必要性和可行性的基础上，对思想政治理论课实践教学的可行性模式进行了深入研究，对于指导思想政治理论课教学开展和确立思想政治理论课在高校教育体系内的地位和作用具有重大意义。

（刘丽敏、毕　丞）

【学术交流】按照学科规划发展方向，学院有效依托各类平台，共举办1次国际学术会议、4次全国性学术会议、10余次学术交流研讨活动，参会人员千余人次，有效地提升了学校思想政治教育学科的综合实力和声誉。

依托高校学生事务研究中心及《思想教育研究》编辑部，继续主办高校学生事务管理国际报告会，美国俄克拉何马州立大学学生管理中心主任Leon McClinton.Jr和领导力与校园生活中心主任John Mark Day担任主讲嘉宾，有效地提升了思想政治教育学科的国际化水平。

依托《思想教育研究》编辑部，学院在教育部相关司局的指导下先后主办了“全国高校实践育人与创新创业专题研讨会”“全国思想政治理论课实践教学研讨会”及“长征精神座谈会”三个全国性会议，在实践育人和创新创业、思想政治理论课实践教学、长征精神研究方面起到了示范作用。

依托北京高校思政课马克思主义宗教观名师（左鹏）工作室，举办多场专题报告会，周新城、习五一、刘书林等知名教授分别就马克思主义政治经济学与当前经济问题研究，境外宗教渗透的新特点、新趋势，《共产党宣言》与全面从严治党等问题作了专题报告。

依托廉政研究中心，召开“廉政理论创新与全面从严治党”学术研讨会，目前廉政研究已经逐渐成为马克思主义学院学科建设中一个重要的学术增长点。

（李晓光、李　萌）

【党建和思想政治教育】理论学习机制建设方面。学院常年坚持教师理论学习，先后邀请中国社会科学院等单位的10余名专家学者针对全面从严治党、马克思主义理论的研究与宣传等领域作理论报告，提升教师的思想理论水平。学院积极探索理论学习的长效机制，加强师德建设，逐步形成“一次高层次理论学习报告，一次支部学习、一次系所业务学习、一次青年教师培训”的理论学习模式，推动学院理论学习制度化、常态化。

基层党支部建设方面。以“到基层去”为主题，推动教师、学生党支部赴顺义区赵全营镇开展调研，继续与镇党委合作开展党建。学院承担了全校学生党员发展对象的集中培训，全年累计举办培训班6期，全校1200余名本科生及研究生参与。

“两学一做”学习教育扎实开展。全院2个教师党支部、8个学生党支部累计开展活动近百次。党员们认真学习《中国共产党章程》和习近平总书记系列重要讲话精神，争做合格共产党员。

学院领导班子严格遵守学校关于党政联席会的管理规定及“三重一大”决策的规定，定期召开党政联席会，按照“三严三实”专题民主生活会的要求，深入师生，开展调研，及时将学院工作向全体教师通报。校友联络工作及离退休人员工作稳步推进。

（段晓芳、李　萌）

附　录

2016年度“形势与政策”教育专题报告

序号	讲座内容	主讲人	时间
1	2008年以来全球金融危机及中国经济趋势	蔡万焕*	2016年3月4日
2	十八大以来党的统一战线工作的新思想、新举措	李桂华*	2016年3月11日
3	所谓“西藏问题”的由来及现状	穆阿妮*	2016年3月18日
4	当下马克思主义的热点问题	唐纪宇	2016年3月25日
5	2008年以来全球金融危机及中国经济趋势	蔡万焕*	2016年4月1日
6	中国发展新理念——创新协调绿色开放共享	史为磊*	2016年4月8日
7	中国共产党指导思想的哲学核心：实事求是	周　振*	2016年4月15日
8	中国特色社会主义生态文明建设	李　娉	2016年4月23日
9	2008年以来全球金融危机及中国经济趋势	蔡万焕*	2016年4月29日
10	中国共产党指导思想的哲学核心：实事求是	周　振*	2016年5月6日
11	关于供给侧结构改革的思考	蔡万焕*	2016年5月13日
12	社会主义核心价值观的法治思想	高　超*	2016年5月20日
13	中国特色社会主义外交：中印关系	穆阿妮*	2016年9月6日
14	毛泽东与海外中共学	禚明亮*	2016年9月13日
15	十八大以来党的统一战线工作的新思想、新举措	李桂华*	2016年9月20日
16	中国发展新理念：五大发展理念解读	史为磊*	2016年9月27日
17	社会主义核心价值观	高　超*	2016年10月11日
18	南海问题与背后的国际力量角逐	朱小龙*	2016年10月18日
19	全面深化改革的实践分析	南储鑫	2016年10月25日
20	毛泽东与海外中共学	禚明亮*	2016年11月2日
21	新常态下中国经济形势与政策的政治经济学分析	蔡万焕*	2016年11月8日
22	南海问题与背后的国际力量角逐	朱小龙*	2016年11月15日
23	十八大以来习近平总书记系列重要讲话精神	王　静	2016年11月22日
24	中国国家安全问题	周　振*	2016年11月29日

注：带*号主讲人为一人讲授同一专题的多个课堂。

2016“中国与国际发展前沿”系列讲座(研究生)

序号	主讲人	主题	时间	地点
1	邵景均	廉政治理创新发展	2016年10月12日	逸夫楼305
2	刘金程	国家发展与发展观	2016年10月19日	逸夫楼305
3	王　梅	社会保障与国家发展	2016年10月26日	逸夫楼305
4	高宇宁	全球新常态与中国经济发展	2016年10月31日	逸夫楼307
5	杜治洲	信息化与国家治理现代化	2016年11月2日	逸夫楼305
6	庄德水	政党转型与政治发展	2016年11月9日	逸夫楼305

外国语学院

【概况】外国语学院下设4个系：英语语言文学系、大学英语系、研究生英语系、亚欧语系；1个研究所：外国语言文学研究所；2个教学中心：外语实验教学中心、外语培训中心；3个研究中心：北京科技大学功能语言学研究中心、北京科技大学当代语言科学研究中心、北京科技大学世界文学文化研究中心；2个办公室：党委行政办公室、学生工作办公室。

2016年，学院共招收本科生5个班151人，其中英语61人、日语60人、德语30人；招收学术型普通硕士研究生19人，应用型专业学位硕士研究生25人，博士研究生6人。毕业本科生142人，深造率64.78%，综合就业率97.18%；毕业硕士研究生39人，综合就业率100%；毕业博士研究生3人，综合就业率100%。至2016年年底，学院共有在校生635人，其中本科生533人，博士和硕士研究生102人。

按照学校"三步走"发展战略，根据学校"十三五"发展规划思路和综合改革配套方案中关于大学制度、学科建设、人才培养、师资队伍建设、资源配置和党建工作的顶层设计，学院深入思考自身在学校总体发展战略中的定位、目标与任务，为更好地培养符合新时期国家战略发展需求的外语人才，建设具有北京科技大学特色的精品文科，向高水平教学研究型学院不断迈进，制定了学院的"十三五"事业发展规划。

（朱宝善、王春丽）

【师资队伍】学院共有教职工101人，其中专任教师86人（含教授6人、副教授33人），外籍教师13人。客座教授和兼职教授队伍15人。94%的教师具有硕士及以上学位，37.6%的教师获得或正在攻读博士学位。有教育部"新世纪优秀人才计划"入选者2人、北京市教学名师3人。本年度接收事业编制人员3人，其中博士2人、硕士1人；接收非事业编制人员3人，其中博士1人、硕士2人。2016年，学院共有4人晋升高一级专业技术职务，其中1人晋升教授、3人晋升副教授。学院多举措、全方位助力教师发展，努力提高师资队伍整体水平。选派1位教师参加北京市哲学社会科学骨干教师研修班，推荐2位教师参加学校优秀青年骨干培训班，推荐2位教师报考博士研究生，有13位教师在英、美、德、日等国家从事专业研修，先后邀请4位专家举办教学研究系列报告及座谈交流会，并支持教师外出参加教研培训17人次。

2016年，大学英语系的工作经验入选教育部"师德建设优秀工作案例"，亚欧语系被评为北京科技大学先进工作集体，王娜、周荣娟、陈光浦荣获北京科技大学"先进工作者"称号，杨英军荣获北京科技大学"师德先锋"及北京科技大学"2016年十大新闻人物"称号，千龙网以"把论文写就在学生成才征途上的教书匠"为题报道了杨英军的先进事迹。

2016年，按照学校工作安排，学院以"按需设岗、择优聘任，严格考核、合同管理"为原则，结合学院的实际情况，制定了《外国语学院2016年各类岗位聘期考核实施办法》《外国语学院2016年各类教师岗位聘任实施办法》《外国语学院2016年实验技术岗位聘任实施办法》和《外国语学院2016

年党政管理岗位聘任实施办法》等文件，并秉承“公平、公正、公开”的原则，严格遵守工作程序，顺利完成新一轮岗位聘任，其中教师岗位聘任85人（其中A岗6人、B岗36人、C岗43人），实验技术岗位聘任4人，党政管理岗位聘任8人。

（朱宝善、康军艳）

【人才培养】基础教学方面。大学英语系以MOOCs时代的高等外语教育为背景，继续推进并不断深化大学英语教学改革，实践“SPOC在线课程+小课堂”的翻转课堂实验教学，进行课堂教学深度研究，提高课堂效率；探索基于翻转课堂的通用学术英语教材开发和教学实践；优化分级，合理安排师资，进一步提高基础外语必修的课堂教学质量；加强过程管理，提升学生的英语综合应用能力；拓宽选修课的开课思路，丰富开课类型，着重提高学生跨文化意识，从技能型课程向通识教育课程转变。大学英语系在教育部“爱课程”平台开设慕课《大学英语自学课程》，首轮注册学习者逾18万人；建立独具特色的“贝壳英语”移动微学习平台，关注用户已超3万人。小学期继续打造高端化、实效性强的“北科语言与文化交流夏令营”品牌活动，进一步拓宽学生的国际视野，提升学生的跨文化交流意识和能力。大学英语四级考试一次通过率为91.12%，1人获全国大学生英语竞赛特等奖，11人获一等奖；教师中，1人被评为北京科技大学第二届教学名师，1人入选“北京科技大学青年教师教学骨干人才培养计划”；获批1项以大学英语教学改革为研究主题的国家社科基金项目，获得北京科技大学第27届教育教学成果奖二等奖1项；多位教师代表学院受邀与多所高校进行教学改革经验交流，本年度共7所高校前来学习学院的教学模式。

本科生培养方面。全员参与，广泛调研，科学制订2017版本科人才培养方案。英语、日语、德语三个专业在不断推进“强化输出能力的多维一体创新实践型外语专业人才培养模式”的基础上，积极探索多路径、多专业并重、具有真正内在质量和国际视野的多样化复合型外语专业人才培养模式。英语专业采用“以内容为主导”的课程体系构建原则，日语专业突出国际化办学特色，德语专业打造具有经贸特色的专业培养体系。三个专业在夯实专业基础的同时，立足学生兴趣，适时启发学生辅修其他专业或攻读双学位，培养复合型人才。全年学院攻读双学位学生的比例为34.67%，毕业生跨专业深造比例为58.43%。同时，依托校院国际化平台，全方位推进暑期游学、短期留学、与国外大学联合培养等国际化人才培养模式，给学生提供更加多样化和个性化的留学选择，使学校外语专业人才的培养质量进一步提升。全年学院共有90名在校生赴境外10个国家的27所学校进行了交流学习。英语、日语、德语专业四级考试通过率分别为97.87%、90.20%和100%，专业八级考试通过率分别为98.04%、90.63%和78.95%。日语专业两名同学代表学校参加全国“中华杯演讲比赛”，分获特等奖和三等奖；德语专业15级学生参加了京津地区高校德语专业微剧大赛获得三等奖。在本科专业建设方面，学院获得北京科技大学第27届教育教学成果奖特等奖1项、二等奖1项。

研究生培养方面。依托学校精品文科政策，进行多方位学科交流，提升人才培养质量。①持续推动国际化培养。2016年，7名硕士生赴日本学习，3名博士生分别赴新加坡等国参加国际学术会议，2名博士生分别赴英国、美国短期交流和联合培养。留学生培养也实现了突破，1名蒙古国留学生哈西来学院攻读英语语言文学研究生，成为学院首位硕士留学生。②研究生教育教学培养情况良好。2016年，结合外国语言文学一级博士点和MTI专业学位点的专项评估结果，根据学校布置，对学校外语专业研究生2017版人才培养方案进行修订，顺利完成了全校研究生英语公共课程、英语语言文学、英语MTI及日语MTI培养方案的调研、研讨、汇报、学院审核、初稿撰写等环节。MTI翻译硕士专业在专项评估基础之上，形成了工科特色的MTI教学模式。③研究生学术成果良好，共发表学术论文17篇，其中CSSCI论文9篇，A&HCI和ISTP（CPCI）论文2篇；在研究生教育方面，获得北京科技大学第27届教育教学成果奖特等奖1项、一等奖1项、二等奖1项。

外语类保送生及高考招生宣传方面。学院不断推进外语类保送生及高考招生宣传工作，成立了工作领导小组，制作了专门的宣传材料，通过电话多次与16所具有外语类保送生资格的中学沟通推荐报考情况，同时学院还主动选派了10位教师奔赴广西和天津两省、市的5所高中、3场高考招生宣传会开展高考招生宣传。招生宣传工作效果明显，使更多的学生了解了学校及学院，有效地降低了外语专业第一志愿调剂率和转专业提出率，大幅度提升了2016级学生的入学第一志愿率。

（朱宝善、康军艳、赵姗姗）

【学科建设】学院拥有外国语言文学一级学科博士学位授予权和一级学科硕士学位授予权；设有4个二级学科硕士点：外国语言学及应用语言学、英语语言文学、日语语言文学和翻译硕士学位（MTI）；设有3个本科专业：英语、日语、德语。

2016年，学院在圆满完成外国语言文学一级学科博士点和MTI专业学位点的专项评估基础上，全力准备第四轮全国学科水平评估。在发挥现有优势的基础上，不断挖掘自身潜力，努力培育新的学科增长点，成立了当代语言科学研究中心、世界文学文化研究中心，建立了语言认知与学习科学实验室，在巩固现有的理论语言学学科优势的基础上，注重学科交叉融合，以应用语言学方向对接国家战略需求，扩展语言科学新的重点研究方向。同时，加强外国文学与文化研究作为学科发展和人才培养中的基础作用，从而形成了学校外语学科新的学科布局。贴近社会经济发展需求，组织申报了重大项目3项。

（朱宝善、王　焕）

【科研活动】①依托精品文科资助基金项目和“鼎新北科学者系列著作”项目的实施，积极推进成果产出。2016年，学院教师共获批国家级和省部级科研项目7项，科研经费合计52.5万元；发表学术论文53篇，其中SSCI、A&HCI及CSSCI论文21篇，中文核心、外语类专业期刊和国外相应水平期刊12篇；出版专著8部，签订出版合同4部；出版教材3部。②深化“西方人文之路”学术品牌活动的影响力，组织“西方人文之路——鼎新北科外语学科名师讲坛”24讲；邀请澳大利亚学者Wendy Bowcher教授、香港中文大学Julian Lamb教授、加拿大多伦多大学谢明教授、美国莱斯大学Michel Achard教授、美国匹斯堡大学Alan Juffs教授、美国布朗大学Evelyn Hu-DeHart教授、美国德州奥斯丁大学James Booth教授、南丹麦大学Sune Vork Steffensen教授、英国德蒙福特大学Tracy Cruickshank教授等34名海内外专家来院讲学，内容涉及当代文学文化研究、生态语言学、戏剧研究、类脑科学等领域的最新理论及动向，拓宽了师生的国际化学术视野。③依托精品文科项目，邀请北京外国语大学金莉教授、中国社会科学院陈众议教授、北京大学赵白生教授、清华大学曹莉教授、华中师范大学聂珍钊教授等8位国内顶尖学者，成功举办“碰撞与交流：外国文学与文化前沿话语论坛”。④依托学校国际化年，拓展海外交流合作。

以“莎士比亚400年”全球文化事件为契机，举办“莎士比亚学术周”“莎士比亚之夜”、“英国戏剧学术周”，在校园内掀起莎士比亚热。⑤大力推进学院英文网站建设，年内已完成学院英文网站拓扑结构建设。⑥国际期刊*Journal of World Languages*运行良好。⑦15名教师赴海外交流及参加高水平学术会议。

（朱宝善、王　焕）

【教育教学环境条件建设】按照2016年中央高校改善基本办学条件专项资金学科部分建设内容，完成语言认知与学习科学实验室（一期）建设；完成托福/GRE考点的设备安装及调试；完成大学英语的3门慕课（SPOC）课程视频制作；按照学校工作安排，完成学院资产清查工作；根据学院工作需要，完成部分办公室、实验室装修改造工程。

（朱宝善、陈光湳）

【工会工作】学院工会继续积极开展院务公开和民主监督工作，关注新教师成长，举行“2015、2016新教师交流”暨“2016新教师与导师见面会”；召开第三届第三次、四次、五次及六次教代会，先后对2015－2016学年度学院先进个人和集体进行表彰、向学校学术委员会推选委员候选人、审议通过学院2016年岗位聘任实施办法及向全院教职工汇报学院新一轮岗位聘任结果。本年度共慰问新育子女教师1人、患病教师和离退休教师33人。组织举办学院羽毛球“家”年华活动，参加学校师生运动会、健步走等文体活动，营造出温馨、和谐、蓬勃向上的学院氛围。

（朱宝善）

【校友工作】2016年，学院以学校举办“92级校友毕业20周年值年返校活动”为契机，增进与校友之间的感情，建立校友联系，开拓校友资源。

（朱宝善）

【党建工作】①以能力和作风建设为核心，不断加强干部队伍建设。认真坚持二级理论中心组学习制度、党政联席会议制度、民主生活会制度。通过理论学习，增强“四个意识”，提升政治素质。在学习中将务虚与务实相结合，就学院工作中的一些重点、难点、热点问题充分研讨，增进理解，凝聚共识，形成了务实求真、和谐进取的工作作风。②推进“两学一做”学习教育，坚持全面从严治党。本着“围绕中心工作，突出学院特色，抓在日常、严在经常”原则，遵循三个“有利于”，以发展导向带动教师和党员理论学习，扎实推进党员干部创新方式讲党课、党员组织关系排查与教职工党支部换届工作。依托红色“1+1”、纪念建党95周年主题党日答辩活动，促进服务型、创新型基层党组织建设。③落实党风廉政建设主体责任，扎实推进作风建设。学院党委注重加强党风廉政教育，组织学习八项规定与新财务制度、中纪委六次全会及教育部党风廉政建设会议精神，践行监督执纪四种形态实施办法及《中国共产党问责条例》，认真履行一岗双责，坚持把纪律挺在前面，明确政治规矩，确保学院廉洁透明发展。④学院举办第264期入党积极分子党校，培训入党积极分子73人。年内共发展学生党员30人，转正预备党员12人，转出组织关系67人。至2016年年底，学院共有党员151人，其中学生党员86人，教职工党员65人。

（朱宝善、赵姗姗）

【学生工作】①平安稳定工作方面。努力做好形势研判、信息收集反馈、重要时间节点把握、突发事件处理等工作，建立多维度、全覆盖、高效率的舆情体系，全面掌握学生动态信息。完善突发事件应急预案，强化学生骨干—辅导员—副书记的反馈联动机制，及时应对各种突发情况，形成“重点情况随时交流，日常表现定期沟通”的机制。②学风建设方面。加强与各专业系所的合作，调动学生组织积极性，致力于学院整体学风建设的推进。大力推动学业规划班会，支持学生高水平外语类竞赛与文化活动，发挥榜样作用，积极开展各类交流会。③就业工作方面。起点前移，发挥优势、形成合力，逐步建立有步骤、成系统、高质量的就业工作体系。以生涯发展辅导为主线，分年级、分阶段辅助学生规划未来发展路径。为学生就业提供各类专业指导和优质服务。2016年学院本科生就业率为97.18%，排名全校第三；出国率32.39%，位居全校第一；深造率64.78%，位居全校第二；研究生就业率100%。

（武冠雄）

高等工程师学院

【概况】高等工程师学院下设党委办公室、综合办公室、学生工作办公室、北京科技大学国际工程教育中心、钢铁生产全流程虚拟仿真实践教学平台（简称“虚拟平台”）、工程训练中心。

学院设有6个本科专业：材料科学与工程（卓越计划）、矿物资源工程（卓越计划）、冶金工程（卓越计划）、机械工程及自动化（卓越计划）、能源与动力工程（卓越计划）、自动化（卓越计划）。2016年，学院共招收本科生5个班149人。毕业本科生117人。至年底，学院共有在校本科生629人，教职工52人。

（王小宁、魏　鑫、董　湧）

【人才培养】①学院探索不同类型、不同招生模式的组织管理新模式。2015级首次采用工科试验班模式，构建以先进的金属材料生产全流程为教育背景、以超大型工业生产和工程建设为教育原型的教学体系；依托实施“卓越计划”六个优势学科，建立以工科试验班为载体的运行体系。2015级工科试验班顺利完成了分专业工作，实施了智能制造、机器人应用两个创新班教学方案。2016级沿用工科试验班模式并与2015级采用相同的教学计划及培养方案。

②加强本科生创新创业项目SRTP项目管理。完成2016年SRTP的立项申报工作，通过审批立项项目66项，其中国家级7项、市级12项、院级47项；完成院级项目的中期检查和结题答辩验收。完成2017年SRTP的立项工作，通过审批项目66项，其中国家级项目6项、市级项目11项。

③坚持工程人才培养教育教学研究。赵志毅教授牵头的中国高等教育学会“基于解决复杂工程问题的立体交互式人才培养模式构建与实践”获批重大项目。4项教育部产学合作协同育人项目获批。曾云甫主持的“航空模型理论与实践讲义”获批2016校级“十三五”规划教材（讲义）。获2016年度校级本科教育教学改革与研究项目“重点项目”2项、“重点专项”1项、“面上项目”5项。“钢铁生产全流程虚拟仿真实践教学平台建设与实践”获学校教育教学成果奖特等奖。“MEI机器人大赛团队建设及创新实践人才培养”获一等奖。“钢铁生产全流程虚拟仿真实践教学中心”被评为国家级教学基地。开展校研究型教学示范课《电子技术实习》、教学改革研究面上项目《小型机器人实践教学体系研究及开发》、校级“十二五”规划教材项目《小型智能机器人制作》、素质核心课程

建设项目《机器人技术与竞赛》《创新工程实践》、“基于创新实践导向的《创新工程实践》慕课分层次教学模式研究”等教研项目的工作。

（李欣欣、董　湧）

【工程训练中心】①学生创新创业基地完成“创新创业管理”和“航空模型理论与实践”选修课，开放实验室接待全校SRTP项目申请，共计指导完成SRTP市级及以上项目13项、院级项目31项，覆盖学生300余人。举办2016年机器人校内赛、航模校内赛，参与人数700余人。获第十五届全国大学生机器人大赛Robocon三等奖，获第十五届全国大学生机器人大赛RoboMasters分区赛三等奖，获第十五届全国大学生机器人大赛机器人创业赛二等奖，获科研类全国航空航天模型锦标赛暨国际飞行器设计挑战赛一等奖2项、二等奖3项、三等奖2项，获科研类航空航天模型公开赛(石家庄站)华北赛区团体第一名，获华北五省大学生机器人大赛一等奖2项、二等奖2项、三等奖1项。分别组织参加大学生创新创业成果展、2016-GMIC全球移动互联网大会机器人展。组织举办第十六届全国大学生机器人大赛Robotac培训会。完成2016第十五届全国大学生机器人大赛Robocon及Robotac赛事组织工作。组织全国大学生机器人大赛Robotac盐城邀请赛。参加京津冀大学生机器人大赛。

②电子技术实习基地组织教师完成“电子技术实习”公共必修实践课（35个班，1123人，59336人时）、“机器人技术与竞赛”公共选修课（32学时，50人，1600人时，北京科技大学核心素质教学课）、“机器人创意设计与实践”公共选修课（16学时）课堂教学和材料购置等工作。完成全国大学生电子设计大赛校内培训、选拔及组织工作，指导参赛队获北京市一等奖1项、二等奖8项、三等奖11项，学校获优秀组织奖，周珂获优秀指导教师奖。完成全国大学生计算机博弈大赛的校内培训、选拔及组织工作，指导参赛队获一等奖10项、二等奖3项、三等奖6项，学校获优秀组织奖，周珂获优秀指导教师奖。选拔参赛队参加在荷兰莱顿大学（Leiden University）举办的ICGA国际计算机博弈锦标赛，获金牌1枚、铜牌2枚。参加在台湾国立清华大学主办的TAAI计算机博弈比赛，获得银牌3枚、团体第5名。完成中央级普通高校改善基本办学条件专项资金“电子技术实习基地基础条件建设”工作，开展基本科研业务费资助项目“电子实习类实验室安全准入体系建设研究与实践”（FRF-OT-16-013SY），完成实验室932台（套）教学设备管理及维护，全年无设备事故，获评学校“安全工作先进实验室”。承接了学校的中小学共建系列工作：与北京科技大学附属小学共建“认识电子世界”科技课、“机器人技术”科技特长小组课，与北京科技大学附属中学共建“机器人技术”校本选修课。与艾默生中国（艾默生过程控制有限公司、艾默生罗斯蒙特仪表有限公司）建立全面战略合作伙伴关系，推动落实国家大学生创新创业训练计划。开设“艾默生”实践竞赛奖学金，搭建“艾默生”校企一体化培养体系——企业本科4年全线参与的培养模式。建立“艾智慧”青年教师校企互联工作室，校企共同选拔相关教师前往艾默生的技术培训地参加技术培训，丰富教师实践经验，每年培养青年教师进企业至少2人。

③金工实习基地完成79个班近2500名学生177811学时的“金工实习A”“金工实习I”“金工实习II”的实践教学任务。接待北京大学、中国地质大学（北京）共14个班415人的金工实习，为学校创收近10万元。完成学校500多学时的科研服务工作。实行“基础训练－综合工艺训练－创意设计－创意

制作”的工程教育方法，提升学生解决实际工程问题的能力，调整金工实习课程内容，加大先进、现代加工技术实习比例到28%，降低传统实习比例。申报教改项目2项：基于培养学生基础工程应用能力的项目式训练计划和基于工程素质培养的金工实习教学改革与探索。参与编写了2017版教学大纲和菜单式教学计划，调整金工实习内容。编写教学大纲：《金工实习A》《金工实习B》《金工实习C》《金工实习D》及相应课程内容设置。

（王　旭、周　珂、王建武）

【虚拟平台】①1月，虚拟平台正式被教育部批准为“国家级虚拟仿真实验教学中心”。6月，获评“首都科技条件平台开放实验室”。9月，获评“北京科技大学2015－2016年度先进集体”；10月，参评教育部“科普基地”。②虚拟平台对一二期工程建设的10套虚拟仿真实践教学系统进行全面改版升级和内容更新。三期工程建设的自动化虚拟仿真实践教学系统完成项目招标、合同签订、方案审查与技术开发及项目审查验收工作。③2016年4－10月，与多家制作单位沟通金属矿山采矿虚拟仿真实践教学系统的技术方案，预计2017年4月确定招标技术方案。④编写《工程实践（虚拟平台部分）》教学大纲、《钢铁生产虚拟仿真实践》教学大纲、《虚拟仿真工程实践实验项目手册》等多项教学文件。⑤全面完成虚拟仿真实习实践教学任务。安排“材料成型设备与车间设计”热轧带钢部分的实践课程。配合国际化教学开设CES EduPack工作坊，基于CES EduPack软件开展外国专家课《材料与环境》。为北京八中学生开设科普课程。⑥开展校级重点、面上教研项目及素质教育核心课程建设项目4项，参加教学研讨会5场次。

（吕庆功、牟仁玲、许文婧）

【冶金卓越联盟】完成成员单位走访，健全联盟运行内容和目标，完善联盟运行机制。启动联盟工程营项目、协同改革项目和卓越论坛项目，组织开展联盟教育教学改革研究课题申报工作。7月4－22日举办第二届“卓越工程师培养工程营”，以“工程铸就未来”为理念，以“创新、文化、交流”为主题，为工程营师生举办课程、讲座、参观等一系列学术活动，探索建立联盟内教师、管理人员、学生等各层面沟通平台，共有189名来自17所高校的本科生、教师和辅导员参加。

（王小宁、魏　鑫）

【国际交流】①学期中开设国际工程基础及工程创新与创业课程。增设智能制造基础实验课程。建设智能制造实验室，增设3D打印、激光切割等硬件设备。小学期开设由法国巴黎中央理工学院Jean Hubert Schmitt教授主讲的“材料导论——航空用新合金开发”、法国兰斯大学教授张葵主讲的“资源、材料与环境”、企业家David Bychkov主讲的“战略与危机沟通”、美国克莱斯勒公司资深工程师和美国韦恩州立大学教授Tommy White主讲的“国际工程质量文案”。②与美国国际教育联盟和全球工程教育促进会合作，开发学生工程教育课程及设计课程。引入M.Ashby教授的译著《材料与环境》用于工程教学。6月，英国剑桥工程材料优选软件（CES EduPack）工作坊由学院组织开展，20余所高校的90余名教师和学生参加了学习。③主办2016北京科技大学“可持续性工程教育教学与实践”国际研讨会，英国剑桥大学、加拿大麦克马斯特大学、香港城市大学、台北科技大学、上海交通大学、武汉理工大学、上海大学、常州大学及北京科技大学的11名学者作大会报告，来自35所海内外高校的共100余名学者参会。④8月，学院17名学生赴俄罗斯国家科学技术大学进行为期两周的访学。年内有27名学生参加“学生海境外经历拓展”项目。与美国密西根大学和俄罗斯国家科学技术大学开展硕士层面的联合培养项目。

（李欣欣）

【党建和学生工作】基层党组织建设方面。①至年底，学院共有党员88人，其中教职工党员33人、学生党员55人。有党支部4个，其中教职工党支部2个、学生党支部2个。年内共发展党员38人，其中2名为教职工。不断加强理论学习活动，深入开展“两学一做”学习教育和基层组织立项活动，完成全年党员信息统计和党员组织关系集中排查。②完成党总支换届选举工作，产生新的党总支委员和书记、副书记，分别为书记李京社，副书记王小宁，委员赵志毅、李欣欣、王建武。

学生工作方面。①强化理论与实践相结合。广泛开展基层组织立项活动，成立了11个党建小组进行组织建设和立项实践，成立11个“学风引领团”。②全年评定特种奖学金30人、人民奖学金256人（包括新生人民奖学金）、荣誉称号88人，有校级先进班集体、优秀团支部4个，有校级先进班集体、优秀团支部标兵3个。③举办“修身济世，工程为基”高等工程师学院第二届工程文化节。推进“墨香传递”读书分享活动、“一字一书”年度体悟活动，回收符合要求的读书心得682篇。围绕“建党95周年”“长征胜利80周年”主题设计开展“不忘初心忆峥嵘、继续前进颂青春”班团日活动、图片展。开展两期“学生干部成长工程”主题培训，进行6次学生骨干培训，学生骨干参与中国冶金行业卓越工程师培养联盟“艾智慧”工程营建设。④以行业专业为依托，开展有针对性的思想引领活动，组织30名优秀学生参加工程营，提高专业认知和爱岗敬业意识。开展全覆盖的生涯引领机制：进行大一和大四职业生涯规划课的常规授课工作，并对本院的就业状况进行全面分析，做好学院职业生涯规划全流程学生培养方案的调研和探索。2016届毕业生共有199人，较上届毕业生人数增加57.94%，本科毕业生就业率95.48%，整体深造率62.31%，上研率54.77%；有15人出国，出国深造率7.54%；本科生毕业签约率69.35%。⑤暑期社会实践共申报10个院级项目，组建23支实践团队，180人参与暑期社会实践中。“走近无人机”科技实践团，获评社会实践金奖团队，1人获评学校社会实践十佳标兵。⑥统筹科技创新工作，整合资源提供给学生。完成与2011协同创新中心创新项目的合作，推荐学生60余人参与到2011协同创新中心创新项目的近20项科研项目之中，为学院学生提供了优质科研实践资源。

工会工作方面，组织慰问生病教职工，重阳节探望退休老职工，为困难职工申请补助，推行工间操制度，组织扑克牌比赛和摄影大赛等。组队参观北京世界花卉大观园，参加北科大教职工第三十八届田径综合运动会。

（李欣欣、毕　艳、李昕彤、宋　鹏、尤洋洋、杨美偲、刘　娜）

管庄校区

【概况】2016年是管庄校区强化管理、深化改革的重要一年。校区以中共十八大和十八届三中、四中、五中、六中全会精神为指导，深入学习贯彻习近平总书记系列重要讲话精神，认真落实学校“十三五”事业发展规划要求，进一步凝聚力量，改革创新，规范办学，实现校区各项工作健康有序发展。

校区各类在校生53400人，其中高职学生263人、远程教育学生47309人、成人教育学生4628人（其中业大学生2057人、函授学生2571人），企业培训学员1200人。

（陆春兰、张军凌）

【改革工作】综合改革是事关教职工切身利益和校区长远发展的重要工作。学校、校区领导高度重视、集思广益，从校区实际和发展需求出发，出台了管庄校区改革方案，校区改革的总体思路是：统筹校区资源，实现校区和学校资源共享和互补；强化校区领导班子职责，推进扁平化管理；加强学校对校区业务支持和监管，体现管办分离；校区党政职能实行学校归口管理、统分结合，推进校区和学校管理模式一体化；按需设岗，推进双向交流，逐步减员增效。改革方案既有针对性的顶层设计，又注重基层实践探索；既服务学校发展全局，又充分兼顾校区教职工整体利益，有利于加快校区融入学校发展一体化进程。①全面摸底调研。积极配合学校摸底测算校区资源及教职工人员情况、财务情况等，作为学校评估决策的重要依据。②广泛征求意见。召开校区中层干部、教职工代表座谈会及四届三次教代会等通报解读改革方案的出台背景、形成过程及实质内容，并广泛征求教职工意见建议。同时号召广大教职员工正确处理利益关系，尽快适应新的岗位目标与要求，积极支持、参与校区改革。③强化班子建设。完成领导班子换届工作，配合学校党委组织部完成干部民主推荐工作。④确定业务方向。明确校区作为学校人才培养体系的组成部分，承担远程与成人高等教育、继续教育工作和“融创院”及其他教育、科研与实践基地建设保障任务。⑤调整机构设置。校区下设综合事务部、教务科、财务科、学生工作办公室、总务科、保卫科、图书馆7个党政部门；学校远程与成人教育学院、继续教育学院挂靠管庄校区；设立学校“融创院”建设保障部。⑥启动岗聘工作。成立岗位聘任委员会和聘任申诉受理小组，实行按需设岗、双向交流、减员增效，进一步完善“按劳分配、多劳多得、强化岗位、优劳优酬、激励与保障并重”的津贴办法，并在部分部门建立“双管、双责、双签”的管理模式，修订新的校区岗位聘任实施办法及相关细则。⑦积极协助“融创院”建设，对办公用房等闲置资源进行重新规划布局，配合学校各部门、项目小组、施工单位到校区考察，整理提供所需资料数据，审查施工方案，并与学校多部门沟通制订团队入驻方案，解决入驻团队建设改造问题和其他实际需求。

（盛佳伟、陆春兰）

【基础设施建设】积极配合学校完成“融创院”科研用房的装修改造，完成教学楼、综合办公楼、培训公寓防水改造；认真做好综合办公楼和6号学生公寓修购项目答辩、考察及专家审查等申报工作。加强网络设备维护与管理，完成计算机实验室电力线路与控制系统改造等。完成图书资源实物盘点、账目核对，重点加强了数据库维护等。

（曹建波、艾澍雨、王红艳）

【教学管理与研究工作】加强学生入学资格审核，改革毕业审核模式；推进远程教学平台使用，严格规范学生学籍管理；完成教育部教育事业统计及北京市教委继续教育年报；完成北京市2016年高职升本科考试工作。

进一步加强教学研究管理与服务，组织教职工申报学校规划教材，全年发表论文9篇，主编教材4部，获得自然科学基金科研项目1项。

（张军凌）

【财务管理】重视资金监管，防范财务风险；进一步细化财务审核流程，根据学校采购管理相关规定，实现了校区合同归口管理；在规范远程、函授收费管理的基础上，加大催收与协调力度；加强往来账款管理，提高资金使用效益；实现在编职工工资的网络查询，并为教职工统一办理了公务卡；完成财务专线系统升级改造。

（谢　昕）

【安全稳定】落实“预防为主、防消结合”方针，根据市消防局规定，建立校区微型消防站，严格按标准配备消防头盔、呼救器等消防器材，并组织操作规程培训；对综合楼、教学楼、学生宿舍、食堂和文娱活动中心全面开展消防设备检测，在食堂增设天然气防火防爆报警装置；完成消防设施整改，更换灭火器700个，并安装手报探测器、消防应急灯、指示标志、消防栓、消防报警装置、消防广播功放一体机等，圆满完成“两会”期间校园安保工作；组织“119”消防日灭火实战演练，认真做好门脸房违章建筑及高压电隐患整改工作。

（任乐松）

【人事管理】根据国家养老保险制度改革相关文件精神，完成校区事业编制人员养老保险数据采集工作。坚持“以岗位为基础，依据工作业绩和贡献并重”的分配原则，进一步完善以岗定酬、优绩优酬的分配机制。同时，在前期自查、清理津贴补贴的基础上，制定了《校区津补贴发放办法（暂行）》。严格按照学校专业技术评聘工作规定的程序和要求，完成相关工作等。严格校区非事业编制人员合同管理和录用。

（刘亚宁）

【学生工作】以深入学生、贴近学生、服务学生为宗旨，举办了手机摄影大赛、校园视频自拍大赛、花园音乐会、校园歌王争霸赛、趣味运动会、篮球赛等活动，鼓励和支持学生社团发展。

坚持育人为本、德育为先，以主题活动和德育教学为载体，举办了社会主义核心价值观教育活动和纪念红军长征胜利80周年宣传活动；积极参与“第二届全国大学生5·25心理健康节”系列活动，举办了心理健康宣传月系列活动、心理学趣味闯关活动等。

顺利完成评奖评优和家庭经济困难学生扶助工作，26名学生获各类奖学金，26名学生获校级荣誉称号，27名学生获专项补贴，16名学生获国家助学金，同时提供校内勤工助学岗位20余个。配合学校武装部完成征兵工作，2016年2名学生光荣入伍。

（吴　瑜）

【党群建设】校区党委严格按照学校要求，以“尊崇党章、遵守党规”为目标，以“坚持学用结合，坚持领导带头，坚持问题导向”为原则，全面开展“两学一做”学习教育。学习教育以党支部为单位，以“三会一课”为形式，以落实党员教育管理制度为依托，采取了集中学习讨论、党员民主评议、召开专题组织生活会等方式，查摆问题，边学边改。同时创新学习形式，在普遍按计划自学的基础上，建立微信学习讨论群，开展“学党章、学准则、学条例”答题活动巩固、检查学习效果。落实全面从严治党要求，开展党员组织关系排查工作，进一步完善教工委党内信息平台和党员档案等基础材料。同时，按照学校新标准补齐本年度党员党费，并配合完成所有应补交党费的前期核查工作。召开校区四届三次教代会，通报改革方案并征求意见；完成校区评优工作；认真做好教职工体检、互助保险及走访慰问等。借助短信、微信等通信平台，做好离退休职工档案查证、疏导解释、重阳祝寿及春游活动等管理与服务工作。

（王川让）

体育工作

【概况】2016年，学校体育部下设男生教研室、女生教研室、群体教研室、竞训教研室、学生体质健康测试中心和体育器材室。至年底，共有教职工45人，其中副教授23人、讲师15人、助教2人、教辅和党政管理人员5人。在田径、篮球、足球、网球、乒乓球、羽毛球、冰雪项目上，学校拥有国家级裁判7人，国家一级裁判22人。

2016年，在学校党政的领导下，在市教委、北京市大学生体育协会的指导下，体育部认真落实中共中央国务院提出的“学校教育要树立‘健康第一’的指导思想”精神，以增强学生体质，促进学生健康为工作重点，按照年初制订的年度工作计划和目标，经过师生员工的共同努力，在教学、群体、代表队、学科建设和场地设施管理等方面做了扎实有效的工作，圆满地完成了2016年度的各项工作任务。在学校本科教学学生全员评教中名次列前，体育教学课已成为学生最喜爱的课程之一。

（赵　雨、窦海波）

【课程建设】学校体育课程教学始终坚持“以人为本，健康第一”的指导思想，不断优化课程教育内容，形成了完备的体育课程结构，基本上满足了学生选课需求和兴趣爱好。2016年，学校体育课分男生体育课、女生体育课和男、女混合体育课。为满足广大学生日益增长的体育兴趣，体育部充分挖掘体育师资和体育设施的潜力，不断增设一些学生喜爱的运动项目。为了提高教学质量，进一步端正学风和教风，体育部继续坚持每周一次的集体备课和业务学习制度，组织教师参加说课、看课，互相学习，取长补短，并继续成立教学督导组，对教师的上课情况进行评价，规范了教师教风，对提高教学质量起到了积极的作用。

（赵　雨、窦海波）

【科研及师资建设】学校注重体育师资队伍建设，不断提高教师的业务水平，有计划地选派体育教师进修学习，参加有关体育方面的学术报告会，举办体育部科学论文报告会，使教师的业务水平和科研能力得到提高。2016年，学校体育部教师承担省部级课题及校级课题8个，获得的科研经费资助达到30余万元。此外，2016年体育部教师发表学术论文40余篇，其中包括10余篇第一作者CSSCI、SEI检索期刊及中文核心期刊论文。

（赵　雨、窦海波）

【竞技体育】2016年，学校的竞技体育基本上完成了既定的目标。学校高水平运动代表队积极参加全国和北京市的高校系列赛事并取得优异成绩。田径队在首都高校第54届学生田径运动会上，获得男子团体总分第三名、女子团体第三名、男女团体总分第三名；在第16届全国大学生田径锦标赛中学校运动员获得2项全国冠军；女篮获得北京高校篮球联赛甲组第一名；男篮获得北京高校篮球联赛甲组比赛第七名；跆拳道获北京高校比赛男子团体第一名、女子团体第一名、男女团体第一名；羽毛球队获得首都高校羽毛球联赛女子团体第三名、女子双打第三名、男子团体第三名的成绩；获得第20届全国大学生羽毛球锦标赛女子团体第二名和女子双打第二名的成绩。

（窦海波）

【群众体育活动】2016年，学校的群众体育活动继续保持良好的传统和风气。积极响应“亿万学生阳光体育运动”的号召，使学校的群众体育工作呈现出蓬勃的发展趋势。紧密围绕学校育人核心，努力将群众体育工作打造成为第二课堂和校园文化建设的桥头堡。年内，按照年初制订的学校体育竞赛计划，在体育部的指导下和学校各体育分会和各单项协会的共同努力下，组织了70余次丰富多彩的群体活动，包括组织召开15场学校及学院运动会，举办了包括游泳、羽毛球等新项目在内的40余项校内群体赛事；参加了20余项校外群体竞赛，项目多、覆盖面广、自主性强、参与性高，极大地调动了学生参加体育活动的热情，使阳光体育运动惠及全体学生，做到人人有体育项目、班班有体育活动、院院有体育特色。2016年，学校在北京市大学生体育协会组织的“数字运动会”系列比赛中，取得了优异的成绩，被北京市教委授予北京高校阳光体育联赛优胜奖。

（赵　雨、窦海波）

附　录

2016年北京科技大学体育代表队主要竞赛成绩

比赛名称、时间、地点	领队及教练	运动员姓名(单项成绩)							总成绩
		姓名	项目	成绩	名次	项目	成绩	名次	
首都高等院校第54届学生田径运动会（2016年5月，北京体育大学）	领队：赵　雨 教练：周振平 董宜清 蒋玉跃 章荣江 姜　宏 李仕美 王文海 于　祥 董　斌 郭毅平	吕高阳	1万米竞走	49:49.97	6	2万米竞走	1:50:15.6	6	女子甲A团体总分146； 男子甲A团体总分80.5； 男女团体总分：226.5分/第3名 金牌数：1
		邱伟娜	800米	2:23.50	5				
		李淑婷	铅球	11.66米	4	铁饼	46.54米	3	
		杨济蓬	1万米竞走	46:46.34	4	2万米竞走	1:42:40.95	4	
		谢瑜宸	铅球	13.06米	3	铁饼	55.32米	1	
		潘　童	3000米障碍	12:11.58	7				
		李湘龙	撑杆跳高	4.2米	2				
		王永梅	3000米障碍	12:13.97	8				
		胡尊斌	跳远	7.49米	2				
		吕明镜	5000米	16:13.02	7	3000米障碍	10:20.26	5	
		郑亦言	铁饼	46.62米	5				
		刘功铎	十项全能	4608分	6				

续表

比赛名称、时间、地点	领队及教练	运动员姓名（单项成绩）							总成绩
		姓名	项目	成绩	名次	项目	成绩	名次	
首都高等院校第54届学生田径运动会（2016年5月，北京体育大学）	领队：赵 雨 教练：周振平 董官清 蒋玉跃 章荣江 姜 宏 李仕美 王文海 于 祥 董 斌 郭毅平	王 恒	110米栏	15.24	6				女子甲A团体总分146；男子甲A团体总分80.5；男女团体总分：226.5分/第3名 金牌数：1
		李志珑	400米栏	54.02	6				
		韩冠谊	男4×100	42.46	4				
		孙胜杰	跳高	1.95米	3				
		刘耘壮飞	跳高	1.9米	4				
		王 恒	男4×400	3:21.94	5				
		张雪琳	100米栏	15.22	3				
		董菁晶	跳远	5.41米	7	三级跳远	11.99米	7	
		张乃元	100米	12.85	5	200米	26.02	8	
		邱伟娜	3000米障碍	11:55.93	5				
		杨金娟	1万米	38:33.23	8				
		文天佑	400米栏	1:04.02	2	400米	1:00.12	8	
		张 琪	七项全能	4535分	2				
		李娅静	标枪	45.71米	4				
		关亚欣	5千米	17:27.14	3	1万米	35:16.89	2	
		王永梅	1500米	4:47.02	4				
		王亚卓	1万米竞走	57:39.08	8				
		李晶爽	标枪	39.22米	6				
		汤 萌	七项全能	4063分	5				

*打破北京高校田径运动会纪录

（赵 雨、窦海波）

比赛名称、时间、地点	领队及教练	运动员姓名（单项成绩）			总成绩
		姓名	项目	名次	
第十二届北京大学生跆拳道锦标赛（2016年5月，北京科技高级技术学校）	领队：赵 雨 教练：刘 洋	宋丹黎	北京高校女子53公斤级	1	女子团体总分：第1名 男子团体总分：第1名 男女团体总分：第1名
		申子尧	北京高校男子甲组57公斤级	1	
		张晟传	全国大学生跆拳道锦标赛	2	
		安晓宇	北京高校男子甲组74公斤级	2	
		郑蕴格	北京高校比赛女子62公斤级	3	
		刘 睿	北京高校比赛女子团体品势	3	
		傅璇烨	北京高校比赛女子57公斤级	2	
		陈梦泽	北京高校男子甲组58公斤级	3	
		詹潮晖	北京高校比赛男子甲组54公斤级	1	

续表

比赛名称、时间、地点	领队及教练	运动员姓名（单项成绩）			总成绩
		姓名	项目	名次	
第十二届北京大学生跆拳道锦标赛（2016年5月，北京科技高级技术学校）	领队：赵　雨 教练：刘　洋	闫家政	北京高校男子68公斤级	2	
		郭凡诚	北京高校男子甲组87公斤级	1	
		左　越	北京高校男子甲组80公斤级	1	

比赛名称、时间、地点	领队及教练	项目	运动员姓名	名次
北京高校篮球（甲级）联赛（2016年5月）	领队:窦海波 教练:李海涛	篮球男队	刘雨鑫　张舒扬　王　烁　赵一霖　孙世佳　赖宇航　贺佳祺　杨　帆　徐浩文　孙东阳　杜家豪　胡　越　李怡霖	第7名
	领队:赵　雨 教练:张孔军	篮球女队	孙安琪　付明月　张雪童　吴　佳　宋佳慧　李　赫　张竞冉　刘佳林　胡　黎　徐春颖　刘熙悦　杨荔瑶　张雪琳　姜雅淇　于　莹	第1名
第16届CUBA联赛北京预选赛（2016年11月）	领队:窦海波 教练:李海涛	篮球男队	刘雨鑫　张舒扬　王　烁　赵一霖　孙世佳　赖宇航　贺佳祺　杨　帆　徐浩文　孙东阳　杜家豪　胡　越　李怡霖	第9名
	领队:赵　雨 教练:张孔军	篮球女队	孙安琪　付明月　张雪童　吴　佳　宋佳慧　李　赫　张竞冉　刘佳林　胡　黎　徐春颖　刘熙悦　杨荔瑶　张雪琳　姜雅淇　于　莹	第5名
北京高校羽毛球联赛（2016年4月）	领队：窦海波 教练：胡彦峰	羽毛球队	刘思全　刘秋丽　汤文颖　石明帆　黄钰博　曾　俐　刘相宇	第2名

（赵　雨、窦海波）

北京科技大学田径最高纪录

（至2016年年底）

男子：

项　目	成　绩	日　期	地　点	创造者	院　别	备　注
100米	10.5	1991.06	国家体委	刘玉刚	机械	北京地区田径邀请赛
200米	21.21（电）	1996.08	西　安	扬子江	经管	全国第5届大学生运动会
400米	45.98（电）	2012.05	北　大	李志珑	文法	北京高校第50届田径运动会
800米	1:50.3	1992.06	国家体委	邹华东	采矿	国家体委田径测验赛
1500米	3:49.69	2007.05	北　邮	徐福祥	经管	北京高校第45届田径运动会
5000米	14:23.1	2005.05	北师大	高月志	经管	北京高校第43届田径运动会
10000米	29:50.8	1997.04	上　海	鞠成军	文法	全国第8届运动会达标赛
3000米障碍	9:10.7	2003.10	交　大	高月志	经管	北京高校第41届田径运动会

续表

项　目	成　绩	日　期	地　点	创造者	院　别	备　注
110米栏	13.6	1998.05	体　师	白　勇	文法	北京高校第36届田径运动会
400米栏	49.86（电）	2012.09	天　津	李志珑	文法	全国第9届大学生运动会
4×100米接力	41.38（电）	1999.07	长　春	汤　禹　时宪东 闫二勇　扬子江	校队	全国第7届大学生田径锦标赛
4×400米接力	3:12.04	2012.05	北　大	李志珑　安　京 宋　琛　谢佳楠	校队	北京高校第50届田径运动会
10000米竞走	41:59.51	1995.05	先农坛	奚绍辉	社科	北京市第9届运动会
20000米竞走	1:24:54	1995.05	先农坛	奚绍辉	社科	北京市第9届运动会
跳　高	2.12米	2016.07	福建石狮	孙圣杰	经管	第16届全国大学生田径锦标赛
跳　远	7.90米	1989.05	合　肥	梁　超	经管	全国田径锦标赛
三级跳远	16.33米	2010.09	山　东	蔡文帅	经管	山东省第22届省运动会
撑杆跳高	5.00米	2011.05	清　华	周　博	经管	北京高校第49届田径运动会
铅　球	15.67米	2002.05	科　大	尹作为	信息	北京高校第40届田径运动会
铁　饼	59.14米	1996.05	体　大	李加富	社科	北京高校第34届田径运动会
标　枪	66.72米	1990.03	体　大	马　键	经管	北京体院田径邀请赛
链　球	63.37米	2005.05	北师大	李振华	经管	北京高校第43届田径运动会
十项全能	6546分	2014.05	人　大	任　磊	经管	北京高校第52届田径运动会

女子：

项　目	成　绩	日　期	地　点	创造者	院　别	备　注
100米	11.61(电)	2000.09	成　都	闫　姝	文法	全国第6届大学生运动会
200米	23.8	1998.10	北　体	王　莉	经管	北京高校田径杯赛
400米	56.8	1999.05	首师大	王　莉	经管	北京高校第37届田径运动会
800米	2:08.9	2004.05	北　航	李志梅	经管	北京高校第42届田径运动会
1500米	4:18.0	2006.04	北科大	谢　芳	经管	北京科大第44届学生田径运动会
3000米	10:12.35	1988.08	南　京	李跃明	热能	全国第3届大学生田径运动会
5000米	15:03.95(电)	2007.11	武　汉	谢　芳	经管	第六届全国城市运动会
10000米	31:21.2(电)	2007.11	武　汉	谢　芳	经管	第六届全国城市运动会
100米栏	13.71(电)	2006.05	郑　州	線　红	经管	2006年全国田径大奖赛郑州站
400米栏	59.92（电）	2006.10	北　大	胡雪婧	经管	北京高校田径精英赛

续表

项　目	成　绩	日　期	地　点	创造者	院 别	备　注
4×100米接力	47.3	1998.05	体　师	王　莉　许秋红 齐　媛　闫　姝	校队	北京高校第37届田径运动会
4×400米接力	3:51.03（电）	2008.05	林　大	李　烨　边　迪 胡雪婧　赵莹莹	校队	北京高校第46届田径运动会
5000米竞走	21:52.6（电）	2006.10	北　大	伊　群	经管	北京高校田径精英赛
10000米竞走	45:38.9（电）	2007.05	北　邮	伊　群	经管	北京高校第45届田径运动会
3000米障碍	10:06.43	2010.05	吉　利	翟艳红	经管	北京高校第48届田径运动会
跳　　高	1.88米	2009.10	济　南	乔艳蕊	经管	第十一届全运会
跳　　远	6.24米	2007.05	北　邮	刘亚男	经管	北京高校第45届田径运动会
三级跳远	14.04米	2009.10	济　南	刘亚男	经管	第十一届全运会
铅　　球	20.35米	2009.10	济　南	巩立姣	经管	第十一届全运会
铁　　饼	58.30米	2016.07	福建石狮	谢瑜宸	经管	第16届全国大学生田径锦标赛
标　　枪	47.78米	1995.10	八一队	孙　静	经管	北京高校田径杯赛
七项全能	5189分	1999.05	首师大	王　琳	文法	北京高校第37届田径运动会

（赵　雨、窦海波）

天津学院

【概况】北京科技大学天津学院是2005年4月经教育部批准，由北京科技大学和广东珠江投资有限公司合作举办的本科层次的全日制独立学院，上级主管部门是天津市教育委员会。

学院设有土木工程系、材料科学与工程系、机械工程系、信息工程系、经济系、管理系、法律系、外语系、艺术系、基础部、思想政治工作教育部、体育部12个系（部）；实验室管理中心、图书馆2个教辅部门及艺术教育中心。2016年，学院面向全国30个省、市、自治区网上录取本科生2407人，共涵盖了7个理科专业、2个文科专业、4个文理兼收专业和3个艺术类专业。至2016年年底，在校生共计7575人。

学院下设学院办公室、人事处、教务处、学生处、招生就业处、保卫处、基建后勤处、财务处、现代教育中心。至年底，学院共有教职员工319人，其中北京科技大学派出人员7人，广东珠江投资有限公司派出2人，社会招聘310人。2016年，学院荣获2016回响中国教育年度总评榜“综合实力独立学院”称号。

（白　亮、孙　蕊）

【教学工作】学院依托北京

科技大学优质教育资源，构建并实施以“应用型”理论教学、职业能力培养实践教学、创新创业教育和通识教育为核心的“四位一体”人才培养体系，培养适应经济和社会发展需要的理论基础扎实、实践技能强、综合素质高，具有创新精神的应用型本科人才。结合学院办学定位、服务方向和创新创业教育目标要求，制定教学质量标准，调整、完善《2014版培养方案》（2015执行版）。设置合理的创新创业学分，并纳入毕业资格审核。建立创新创业学分积累与转换等规章制度，明确创新创业教育工作政策措施，完善创新创业教育的保障体系。学院2015年12月启动第二批重点专业、优秀课程建设项目并投入专项经费。《土木工程》《会计学》列为第二批重点专业建设项目；《程序设计基础》等9项列入优秀课程建设项目。2016年9月对第三批教学研究15个面上项目和2个重点项目进行结题验收。10月，天津市教委专家组进校，对《财务管理》《自动化》《视觉传达设计》本科新专业评估暨学位授权审核，且评估合格。材料科学与工程系王洪涛指导的学生刘文进毕业生论文《典型汽车用钢组织控制与彩色金相图谱制备》获第七届天津市普通高等学校优秀毕业设计（论文）；外语系李妍同志获“天津市普通高等学校毕业设计（论文）管理工作先进个人”称号。2016届共有1893名毕业生，获得毕业证书1862名，占毕业生人数的98%；授予学士学位1857名，占获得毕业证书人数的99%；42名毕业生通过研究生入学考试并被录取。

（尹常治）

【师资队伍建设】学院进一步完善人事管理制度，符合学院发展需求的人事制度体系基本形成，一支基本满足学院教学发展的教师队伍已初步建立。年内，学院制定《北京科技大学天津学院实验教师工作管理办法》，重新整理各项人事制度，修订《北京科技大学天津学院人事制度汇编》，已上传至OA系统供教师下载使用，计划于下年度印发。

学院扎实推进“特聘教授”相关工作。学院与特聘教授重新签订了聘任协议，完善了“特聘教授”所承担的教学任务、青年教师培养和专业建设责任等内容。

学院进一步规范青年教师引进、培训工作。年内共录用40人。针对新入职教师制订院级培训方案，以座谈会、讲座、参观、素质拓展等形式开展入职培训，组织37名新教师参加天津市高校师资培训中心举办的高校教师岗前培训，累计选派25人次参加全国会议、专题、网络培训等，继续鼓励青年教师在职攻读学位，年内共有8人获得硕士学位。

学院完成专业技术职务评审、认定工作。1人获得副高级专业技术职务，28人获得中级专业技术职务，其中，讲师24人、工程师1人、助理研究员2人、馆员1人。至2016年年底，学院具有副教授任职资格教师人数占教师总数的15.1%，具有讲师任职资格教师人数占教师总数的52.01%。2016年4月，学院印发《北京科技大学天津学院2016年副教授评审工作的通知》，高级职称评审工作正式启动。共有11人申报，经过严格初审、代表作鉴定、学科评议组评审、学院评审会终审等程序，王洪涛、王邵臻、徐妍、卢秀玲等4名同志通过评审，获得学院副教授任职资格。学院46人次分获指导学生竞赛奖、教学竞赛奖及教育教学成果奖，获省市级教学竞赛一等奖1项，获省市级指导学生竞赛一等奖5项、三等奖1项；上交教研、教改类论文33篇，其中三大检索收录2篇。4人获得“天津市属文保系统安全保卫工作先进个人”称号，1人获得“关心下一代优秀特邀党建组织员”称号，2人获得“华北地区高校图书馆协作委员会2012－2016年度先进个人”称号。

2016年9月至2017年1月，按照教育部与天津市教委要求，采集、整理全院教职工信息，完成教师管理信息系统、高等教育学校（机构）统计报表、全国高校教学基本状态数据统计的填报工作。

（杨　瑛）

【党建工作】学院党委贯彻落实习近平总书记关于高校党建有关精神，落实全面从严治党，深入推进基层党建。履行党建主体责任，坚持中心组理论学习制度、“三重一大”和党政联席会制度、院班子分管部门和联系系部制度，党政领导带头、各系党总支书记为主上讲台讲党课、形势政策课。深入开展“两学一做”学习教育，制订实施方案，成立领导小组，落实各项学习教育内容，做到组织领导到位、理论学习到位、党课开展到位、支部活动到位、党员覆盖到位、检查指导到位。全面完成党员组织关系排查，各级党组织按期换届，党费收缴工作如期完成，未发生党代会代表和党员违纪违法情形。

重视队伍和制度建设，坚持民主选举，配齐配强师生党支部书记，党总支书记、党支部书记参与本单位重大问题的研究和决策。不断提高党务干部思想政治素质，组织党务工作者参加培训5次，共计108人。健全党员培养制度，完善并实施《学生党员发展工作手册》《党员发展工作流程图》，将程序细化到18个程序，坚持做到严把“四关”，完善“八项制度”。至年底，学院共有9个党总支、17个教工党支部和14个学生党支部，共有党员455人，其中教工党员216人、学生党员239人。开展党支部书记讲党课活动，人均讲党课至少1次。开展“基层党支部活动立项”“主题党日”及推广“我爱我家”党支部建设工程、党员模范示范岗。2016年，获得北京科技大学优秀基层党组织活动二等奖2项。坚持每个月最后一周周四召开组织生活会，开展批评与自我批评。关心党员生活，学院党委积极组织做好2016年生活困难党员情况调查及报送工作。

加强宣传思想工作，抓好意识形态，落实党风廉政建设责任制。成立“天津学院宣传思想工作领导小组”，党政联席会每学期研究宣传思想工作至少1次，中心组理论学习中2次学习意识形态工作，全年共审查各类讲座、报告等31场，全面排查全院课堂授课纪律。落实教职工每周三理论学习制度，与业务学习相结合，有学习计划和记录。依托学生社团求是学会开展理论宣讲，基本覆盖全体学生。

建立党风廉政建设责任体系，落实“一岗双责”“党政同责”，接受上级纪委专项检查、年终检查及天津市教育工委“六个专项整治”等督查。召开全体教职工参加的专题教育部署大会；各党总支召开专题工作会和学习研讨会。通过中心组学习、教师业务学习、学生支部生活、个人自学，加强宣传教育；将党风廉政教育和师风师德教育列入教师理论学习内容。

高度重视群团组织建设，以党建带团建，以党建带群建。2016年，荣获“天津市五四红旗团支部”称号1个；在2016年全国大中专学生“三下乡”社会实践“千校千项”成果遴选宣传中获“最具影响好项目”和“匠心传播正能量”荣誉称号；学生艺术团获得天津大学生文艺展演包括4个一等奖在内的8个奖项；加强校园文化建设，如以“孝心社”为依托，弘扬传统孝道文化，开展76场“爱要大声说出来”主题教育。同时，加强学院分工会建设，制定并实施《教职工申诉制度》《劳动人事争议调解委员会工作暂行办法》，涉及教职工切身利益问题的提案，及时答复，限期整改，保障教职工权益；12月初，学院已召开本年度教代会。发挥学代会、学生会权益部、食堂共建委员会等学生组织参与学院建设和监督职能，保障民主权利。

（白　亮）

【学生工作】2016年，学院学生工作坚持立德树人中心环节，抓过程重落实，抓细节突重点，进一步推动学生工作科学化、规范化发展。

以党建为龙头，开展大学生理想信念教育。落实“两学一做”学习教育各项任务，教育引导党员自觉按照党员标准规范言行，进一步坚定理想信念，提高党性觉悟。充分发挥基层党支部的战斗堡垒作用，以基层党组织活动为载体，强化党支部的思想引领和育人功能。各党支部紧紧围绕中共十八大及十八届三中、四中、五中、六中全会精神，“两学一做”学习教育，“中国梦”主题活动，培育和践行社会主义核心价值观等主题开展形式多样、内容丰富的党支部活动，让学生党员在活动中受教育，在生活中作表率，在实践中长才干。

坚持以“孝心社”为依托，充分发挥传统文化在培育和践行社会主义核心价值观中的积极作用，大力弘扬中国传统文化，传承和发扬孝道文化。开展“爱要大声说出来”孝道主题教育活动76场，参与学生为3000多人。举办第二届国学知识竞赛，在师生中掀起国学热。孝心社组织“六朝古都孝道行”社会实践，增强了学生对中国传统孝道文化的深刻认知。

圆满完成2016级迎接新生及新生入学教育工作，引导学生适应大学生活；训教结合，圆满完成年度军训任务；积极开展心理健康教育工作，建立和完善学生心理危机预防工作机制；进一步完善奖助学金工作制度，完成奖助学金评定和发放工作。2016年，发放各级各类奖学金149.1万元，助学金197.37万元，勤工助学金26万元；认真落实相关政策，做好毕业生预征入伍和在校生入伍相关工作；狠抓学生安全教育，确保学生安全稳定；加强学风建设，对辅导员学风工作提出量化要求，狠抓课堂、宿舍、考场三个阵地，落实“学生分类管理”工作，充分发挥评奖评优的激励作用，营造良好的学习氛围。

创新创业工作取得实质性突破，完成创新创业实践平台——“巩瑛创客工厂”一期建设，获得“天津市众创空间”认定挂牌，入驻创业团队19支，汇聚创客230人，创业导师37人，在“天津市众创空间”绩效考评中被评为良好。获得天津市教委创新创业支持和引导资金近400万元。5支学生创业团队晋级全国“互联网+”大学生创新创业大赛天津赛区决赛，获得1个二等奖、4个三等奖，2名学生荣获2016年天津市大学生创新创业奖学金。

共青团工作取得成效，管理系管实1402班级团支部荣获“天津市五四红旗团支部”称号；院学生会社会实践团和经济系2014级学生韩露在2016年全国大中专学生“三下乡”社会实践“千校千项”成果遴选宣传中分获“最具影响好项目”和“匠心传播正能量”荣誉称号；学生艺术团在2016年天津市学校文艺展演中获得包括4个一等奖在内的8个奖项；学生合唱团荣获第十三届中国国际合唱节重唱/小合唱组C级合唱团第一名、成人组混声B级合唱团第三名。

（叶振楠）

【教学辅助】学院根据各专业发展需要和新专业建设需求，不断加强实验室建设。2016年，新建3个专业实验室、1个百座公共机房，更新2个百座公共机房。至目前，学院有基础实验室4个、专业实验（训）室30个，实验室建设初具规模，基本能够满足校内实践教学需求。学院高度重视实验室制度建设与日常管理，先后制定了《北京科技大学天津学院实验室安全管理规定（试行）》《北京科技大学天津学院危险化学品安全管理规定（试行）》《北京科技大学天津学院实验室仪器设备管理办法（试行）》等规章制度，并要求各系部按照相关规定制定实验室制度细则。为规范实验教师队伍管理，学院制定了《北京科技大学天津学院实验教师工作管理办法（试行）》。学院注重交流合作，通过与北京科技大学联合创办共建实验室，为带动学院学科发展，提高师生科研水平起到了积极的促进作用。

学院稳步推进图书馆建设。截至12月31日，共有馆藏纸质图书817625册、电子图书160000种。本年度新增图书40031册、中文期刊498种、外文期刊11种、报纸72种。接待咨询91人次，定题服务7人次，代查代检3人次，查收事务41人次，读者调查2次，读者座谈2次，出版《明德报》4期，开展世界读书日系列活动并成功举办“4·23世界读书日庆典及四月读书征召令发布典礼”。成立社科馆音像制品库并面向读者开放借阅，建立全体馆员消防安全员义务值班制度，为管理系设置专业选修课《财务管理专业检索与论文写作》并顺利开课，协助视觉传达专业建立专业图书资料室。教研课题《重点课程导航库建设研究》顺利结题。1名同学获天津市“书香天津”第二届大学生校园“悦读之星”三等奖，同时被授予市级“悦读之星”称号，4名同学被授予“悦读之星”提名奖，图书馆被授予最佳组织奖；案例《图书精确定位》获第二届全国高校图书馆服务创新大赛优秀奖；图书馆及两名馆员分别被评为华北地区高校2012－2016年度先进集体及优秀个人。

（刘贺平、刘淑娥）

【安全稳定】2016年，学院安全稳定工作在保卫部门不懈努力、各系部密切配合下，持续巩固深化、顺利推进落实。学院不断加强安全稳定工作。把保安、保洁和楼管三支队伍建设放在首位，通过“保学院平安，为师生服务”思想教育，提高其安全服务意识和品质。为强化安全责任、提高师生员工安全意识，学院组织各系部负责人签订安全工作责任书，签订率为100%。学院多次开展消防教育培训和灭火实战演习；9月，联合宝坻区消防支队，对新生开展了消防知识培训；年末，开展了以冬季消防安全专项整治为主题消防自查、普查工作。学院高度重视维稳工作，加强组织领导，依法维稳；建立健全长效反恐机制和联动机制，切实落实责任制，扎实做好各项防御措施；妥善处理校园内突发事件和敏感问题，更注意处理问题的方式、方法和影响；严格防范大规模群体性事件发生，做好应急预案并在实际工作中不断完善。

同时，重点加强安保队伍建设，定期组织培训，贯彻学习各项法律法规理论知识，着重对自身形象、礼节礼仪、礼貌用语、为人处事的方式方法加大培训，做好学院的精神兵。对学院全员组织消防培训，培训率为100%。通过培训使大家熟识消防知识，增强安全意识，达到各个能战斗，人人能灭火的目的，为学院平安保驾护航。为有效预防和处置发生校园暴恐事件，切实保护师生员工的人身和财产安全，维护学院的正常教学秩序，确保学院的安全稳定，我们制订了反恐防暴应急预案和培训方案，组织开展了反恐防暴培训和实战演练及处置各种突发事件能力的教育培训。根据学院的实际情况，在上、下课高峰期采取交通管制，将教学区域的路段封闭，避免出现人车混杂的情况，大大保障了师生的人身安全。

本年度，学院安全工作取得新进展，受到上级肯定，被评为2016年度宝坻区治安先进单位，2名同志受天津市公安局个人嘉奖表彰。

（何国钧）

延庆分校

【概况】2016年，在校生总人数为516人，生源分布在北京市各区县和河北、内蒙古、安徽等9个省、自治区。其中外国语学院303人，土木与环境学院87人，数理学院81人，文法学院45人。

年内，延庆分校停止招生。现有6个专业、9个专业方向，包括英语教育、英语教育（幼儿教育）；文秘（新闻传播、策划与主持）；数字媒体技术；动漫设计与制作；工程造价（建筑工程、市政工程）；建筑经济管理。毕业学生434人，就业率96.98%。54名学生升入本科深造（北京建筑大学12人、北京联合大学42人），录取率80%。

（尤志华、王　盈）

【教学工作】2016年，严格教学运行管理，确保正常教学秩序。一是教务处参照北京科技大学本部教学校历及分校专业人才培养方案，及时制定分校教学校历，落实专业人才教学计划，全年开课249门。二是严格教学工作纪律，教学检查全覆盖，每位教师接受查课不少于8节，累计查课902节。学生出勤率全校平均为98.4%，比2015年提升2.4个百分点。教师严守教学工作纪律，课堂认真考勤，严格管理，按时上下课，课堂讲授效果良好，学生全员评教A等级100%。三是严格调课程序。全年调课80次。四是考务管理严谨有序。全年组织120场考试，圆满顺利，无事故发生。五是教学服务保障及时到位。课表排定发放准确及时，设备维护保养到位，教材、教室保障到位，年内教学秩序井然。

年内，分校认真筹划实践教学组织形式、管理办法。实习前召开动员大会，完善实习规章制度，修订实习考核办法，与学生签订实习协议。组织英语教育、动漫设计与制作、数字媒体技术专业学生实习、实训，组织工程造价、数字媒体技术、动漫设计与制作专业完成毕设论文答辩。

年内，分校组织11名同学参加北京市第27届大学生数学竞赛，其中一名同学荣获大赛三等奖，分校荣获大赛组织奖。组织参加2016年北京市大学生人文知识竞赛预决赛，参赛队伍由英语专业学生和文秘专业学生联合组成，荣获大赛三等奖。

（尤志华）

【师资队伍建设】2016年，分校以学习、担当、提升为主线，实现教师的调整、巩固、充实和提高。年内，有16门课参加集体备课，开发《唤醒党章意识、做合格党员》《论共产党员修养导读》《正确处理人民内部矛盾导读》等10门新课。为组织部干教网提供了《全面从严治党》《条例准则解读》《“十三五”规划解读》《五大理念引领发展》《领导干部的法治思维》《学习老一辈革命家的崇高风范，做合格党员》《加强和改进新形式下的群众工作》等7门课程，供全区干部在线学习。

年内，分校为进一步深化教学督导，全面提升主课主业水平，制定《高级职称教师教学督导管理办法》，充分发挥高级职称教师的传帮带作用；同时制定《外出讲课报告制度》，采取严格的审批制和个人承诺制，自觉维护学校的社会声誉；制定《集体备课制度》，强化教师备教学预案、备教学试讲、备教学反思。

年内，先后有8名教职工遴选到延庆区“十三五”

规划宣讲团、区党代会宣讲团、区纪委宣讲团、区委十八届六中全会宣讲团，到70多个单位宣讲，得到相关单位的肯定。特别是教研室张延艳副教授，应邀为区委领导专题讲授《唤醒党章意识，做合格党员》的专题党课，受到区委主要领导的肯定。分校教师成为活跃在延庆理论宣讲战线上的一支轻骑兵。

（王建军）

【教科研活动】2016年，分校在《关于科研管理工作的规定》的基础上，结合新形势和新任务，制定了《开展蹲点调研工作的实施办法》《科研项目经费管理使用办法》《科研课题结题验收办法》《新课评审办法》《科研课题获得校外资助经费的使用办法》等规范文件，以完善学校科研管理程序。年初，组织对全校课题成果进行总结评审，核定2015年年度科研工作量2325课时。申报市委党校协作课题2项，确定校级重点课题5项、校级一般课题12项。年内，《关于领导干部践行社会主义核心价值观的思考》获得北京市思想政治工作研究会“丹科杯”一等奖，《延庆区委党校“互联网+干部教育培训”模式的探索与思考》获得北京市党建研究会三等奖。全校有18篇文章在《理论导刊》《社会纵横》《决策与信息》《东方教育》等期刊杂志上发表。

（周　瀚）

【基础建设】2016年，以提升整体服务保障效能为核心，加强后勤管理人员管理和工作规范化建设工作。对主楼一阶梯教室进行教学视频设备升级改造，新建情景模拟实训室，对教三楼接待室和四层三个教室进行装修改造，提升教学环境和硬件设施。加强食品检测、监测和食品质量管理，确保师生健康。强化节水节电理念，针对自来水跑、冒、漏、滴现象，对学校老旧自来水管道和水表等设备进行更新，对食堂天然气进行改造，消除安全隐患，确保用气安全。

（纪　楠）

【党团建设工作】2016年，分校有在校生党员27人、团员479人。年内，紧紧围绕“三严三实”专题教育和“两学一做”学习教育活动，进一步落实党建带团建工作机制，促进党团建设科学化；开展分层次理论教育，通过“人人讲党课”“微党课”等活动推进社会主义核心价值观日常化、生活化；党员发展严格把好“德”“能”二关口，充分发挥好学生党员、入党积极分子的先锋引领作用；实施“领头羊”培养工程，完善学生骨干的选拔培养机制，加强学生骨干的培养，开展“了解班级、走进班级”主题活动，学生处老师每月进班与学生谈话，按月召开主题例会；实施辅导员理论素养提升工程，提高辅导员做思想政治工作的能力。

年内，制定了《关于进一步规范业余党校管理的有关规定》《关于发挥入党积极分子先锋引领作用的实施方案》和《团学干部手册》；举办业余党校2期，培训入党积极分子62人，培训课程74学时；发展预备党员27人。

（王　盈）

【学生工作】2016年，学生工作严格遵循校党委要求，以调动学生发挥主体作用为主线，以保平安、抓学风、促发展为目标，统筹推进，重点突出，有条不紊地开展各项工作。年内，开展“微播堂”12次、英语角8次、团课28次、主题班会49次、文娱比赛11次、社团专场晚会8次，公众号共推送260条信息，关注人数为500余人，区级、校级志愿服务1000余人次。评选国家励志奖学金17名、国家助学金名87名、学校奖学金70名、先进团支部2个、优秀班集体2个、文明宿舍13个、优秀学生干部21名、三好学生10名、内务标兵10名。

年内，分校积极搭建展

示平台，充分发挥团委、学生会、12个学生社团的自我教育、自我管理、自我服务的功能作用，开展五月鲜花艺术节、运动会、社团文化节、志愿服务等品牌活动，引导学生在自己设计、自己组织、自己开展、自己感动的知识转化、活动体验中自觉成长。

年内，分校着重做好学生心理辅导工作，制定了《北京科技大学延庆分校大学生舆情信息上报机制》和《行政人员包班制度》，重点解决学生生活矛盾、学习落后、心理亚健康等问题共50余次，帮扶10余名特殊学生做到按时上课、遵守纪律、注重生活安全，学生处行政人员和学生谈话共500余人次。

年内，为94名在校生发放2015－2016学年度家庭经济困难学生饮用水、洗澡、电话补助17390元；为185名在校生发放2015－2016学年度家庭经济困难学生专项补助37000元；培养选拔并发放勤工助学报酬约20600元。发放国家励志奖学金85000元、1－7月国家助学金共355620元；发放学校奖学金18700元；发放服义务兵役学费补偿款276000元。为18名贷款学生办理了助学贷款手续。

（王　盈）

【表彰奖励】2016年，分校党委和学生处党支部均获得“延庆区先进基层党组织”荣誉称号；连续多年保持“首都文明单位”和“全国精神文明工作先进单位”称号；组织参加延庆区直属机关工委系统首届职工运动会获团体总分第三名；“阳光助残——第八节课”项目获得了“北京市金牌志愿服务项目”的称号。

个人获奖方面：张子硕被评为北京市“先锋杯”优秀团干部，周文晓被评为北京市“先锋杯”优秀团员，刘贺春被评为延庆区优秀党务工作者，魏慧梅被评为延庆区优秀共产党员，贾金雨被评为综合治理先进个人，王盈被评为北京市学生资助工作先进个人。

（张　翠、王　盈）

教育教学与学科建设

本科生教育

【概况】2016年，学校共有本科专业48个，按学科划分：工学24个、理学9个、管理学6个、文学4个、经济学2个、法学3个。至年底，全校共有全日制本科生13351人。

年内，顺利完成2016届3266名本科生毕业资格及学士学位资格审核工作，按期毕业3196人，毕业率为97.86%。其中3196人获得学士学位，学位授予率为97.86%；结业学生70人。2016年双学位学生毕业312人，双专业学生毕业2人，新录取657人。

2016年，学校共开设3798门次课程，安排各种考场2761个，组织安排了近500名指导教师带领2014级和2015级43个专业111个队、近7000名学生完成了实习任务，组织76个班、2078名学生参加金工实习，组织并完成本科生3610人毕业论文题目的审查及答辩工作。教务处组织校内外各个学科与科技竞赛48项，7000余人参赛，校级以上获奖学生人数3177人次，其中省部级以上获奖人数1187人次。组织本科生科技创新项目立项573项，其中校级以上项目共计157项，参与学生2292人次，指导教师603人次。

此外，为学院路地区其他21所高校1074人次开设12门次选修课，为两个辅修专业24名学生开设了2门课程。学校学生共有206人次选修了19所高校95门次选修课。

（宋　波）

【教育教学与改革】2016年获批4项北京市共建项目，获批经费276.25万元。根据《北京科技大学2016年度本科教育教学改革与研究项目申报指南》，学校开展了2016年度教育教学改革与研究项目的申报和评审工作，共有6个重点项目、7个重点专项和72个面上项目获准立项，拨付经费137万元。

（袁建美）

【本科教学条件建设（修购项目）】2016年，8个修购项目（本科教学条件建设部分）经教育部审核通过，批复金额2885万元。3月，教务处组织召开项目启动会，布置修购项目的执行工作。在项目执行期间，教务处简化流程，积极协调，通过详细记录修购项目的借款、报销情况，实时掌握项目执行进度。10－12月还多次召开“2016年修购项目执行会议”，确保项目按时完成。

4－5月，教务处组织专家对2014年修购项目在2015年的运行情况进行了绩效考核，先后考查17个项目，涉及金额2130万元。2016年6月，教务处组织相关部门在线申报2017年修购计划17项，申报金额5075万元，经教育部审核通过12项，批复金额3518万元。

（刘仁霖）

【教学奖励】2016年，荣获第二届校级教学名师奖的教师有申亚男教授、张朝晖教授、弓爱君教授、张怡副教授。遴选申亚男教授和夏德宏教授参加北京市教学名师奖的申报，2人双双获奖，为学校争得了荣誉。评选第27届校级教育教学成果奖特等奖8项、一等奖17项、二等奖31项。

（袁建美）

【课程建设】2016年，学校组织开展了第六批研究型教学示范课程建设项目的申报和评审工作，18门课程获准立项，下拨首次建设经费18万元；组织2016年度“全英文教学示范课程”的申报和评审工作，6门课程获准立项，下拨首次资助经费9万元；组织2016年度“素质教育核心课程”的申报和评审工作，10门课程获准立项，下拨首次资助经费10万元。

（王晓晓）

【教材建设】学校积极探索加强精品教材建设的长效机制，注重经典教材的再版修订和优势特色专业教材建设，严格把好教材建设质量关。一方面，继续加强立项项目的过程管理，关注立项教材的编写进度及相关情况；另一方面，继续针对校级规划教材，出版前由教务处在征求编者意见的基础上聘请校内外各1名正高职称同行专家进行严格评审，编者须参考专家提出的意见和建议进行修改，签订三方协议后方可出版。学校组织开展了2016年度校级规划教材（讲义）的申报和评审工作，最终遴选出8个重点项目、33项教材和11项讲义，先期共拨付建设经费92.75万元。本年度，学校作为第一主编单位正式出版的各类教材共45部。

（李　虹）

【专业认证】2016年度，学校顺利完成了土木工程、安全工程、矿物加工工程、通信工程4个专业的工程专业认证工作。至2016年11月，学校已有11个专业接受了专业认证，其中机械工程、环境工程、冶金工程、采矿工程、材料科学与工程、自动化、计算机科学与技术、土木工程8个专业已正式通过认证。本年度，中国工程教育认证协会受理了环境工程、采矿工程、冶金工程、机械工程、测控技术与仪器5个专业的2017年认证申请，其中环境工程、采矿工程、冶金工程和机械工程4个专业为第二轮复评。

（李　虹）

【教学督导】2016年主要工作：①听课800余门次，覆盖全校开课门次约20%，有较大覆盖面和代表性，包括开学第1周第一次课、新入职教师课堂教学助课考查、新教师第一次主讲课准入考查、研究型教学示范课、全英语教学示范课、素质教育核心课等，重点关注提高教学质量和促进教学改革。②对2012级本科生毕业设计（论文）工作进行过程跟踪和阶段检查。工作重点是检查开题报告、跟踪中期检查、参加论文答辩，评选优秀毕业论文。给出各阶段工作的基本数据统计及分析、存在的主要问题及建议，对论文答辩中出现的一些问题提出意见和建议。③完成教务处委托的专项任务，包括对考卷、毕业论文、实习报告等进行抽查，在此基础上进行总结和分析；对教学评价“十项指标”进行统计和分析，为教学研究提供基础数据，督促解决教学环境的改善等问题；巡视期末考试考场秩序和考试纪律。④编印《督导简报》。⑤参加学校各类教育教学项目的立项审查、过程考核、评审验收，各类示范课、教改项目的检查和验收，学生科技创新项目SRTP的立项、中期检查和结题验收，教学设备与修购款项目的立项评审，各学院实验室五年规划建设项目的评审等。⑥参加第八届北京地区高校教学督导工作交流会。⑦参加教学发展中心组织的全校教学观摩课，并对示范教学进行点评，宣传教育教学理念、教师的敬业精神和教学态度，对课程教学设计和教学技能进行分析。⑧与素质教育核心课教师座谈，对学校素质教育提出建设性意见和建议。

（孙　铁、涂传银）

【教学质量监控】学校为保障本科教学质量的不断提升，继续完善以教学检查、学生评教、数据监控、内外部质量评估为基础的多维度教学质量监控体系。

①教学检查。开展期中教学评估、专项抽查、考试工作总结、教学改进、校院两级干部听课查课等常规教学检查工作。期中教学评估工作以学院自查为主，强调及时发现问题，提出解决办法，形成信息反馈机制和持续改进机制。2016年在学院自查基础上，学校组织专家专项抽查试卷65门次、毕业设计110份、实习材料33份。同时，进一步完善了工作办法，强化学院持续改进机制，反馈专家意见进行学院整改后的二次抽查，有效提升了检查效果。教学改进工作由学院每学期提出一两个教学相关问题，重点予以解决。校院系干部听课查课640余门次，检查结果全部反馈给学院，要求学院根据专家意见进行整改。2016年各学院进行试卷分析的课程有2582门次。学校对课程考试的试卷分析情况进行抽查。整体来看，抽查情况良好，大部分试卷能够执行教学大纲、题量适当、难度适当、基本符合规定，个别问题已及时反馈到有关学院。②学生评教。为了提高学生评教的有效性，2016年学校转变评教理念，探索学生评教工作新的组织模式，采取过程性评价与结果性评价相结合的新方式，开发微信评教平台，并在全校推广使用。2016年度实际调查2015－2016第二学期、2016－2017第一学期共3363个课堂，共有203772人次参评。③教学状态监控。完成2015、2016年北京市《本科教学质量年报》，2015年学校《本科教学状态分析报告》及2016年本科教学信息公开报告的汇总、编制工作，及时分析和掌握本科教学质量状况。报告汇集了2015－2016学年度学校本科教育基本情况，重点体现了师资与教学条件、教学建设与改革成果、质量保障体系、教师上课情况、本科课程开设及教学情况、本科生在校及招生情况、学生学习情况等方面的内容。不仅反映了学校本科教学的实际状况，为加强管理，提高人才培养质量提供依据，同时还向社会展示了学校风貌和办学特色，宣传了办学理念和教学成果。④继续与麦可思公司合作，开展毕业生社会需求与培养质量第三方评估，通过电子问卷调查的形式对2015届毕业生进行了调查，发布《北京科技大学社会需求与培养质量年度报告（2016版）》，从培养结果与毕业生评价、教学培养质量评价等方面进行了解读，并根据四届连续调查结果进行了深度分析。⑤围绕教学质量开展毕业生问卷调研工作。开展2016届毕业生对教学工作和学生工作的满意度调研，深入了解本科毕业生对教师教学工作、课程设置、实习实验教学、公共教学设施、专业学习情况、学习收获等方面的评价和建议，为提高工作质量提供参考。

（涂传银）

【教师（教学）发展】2016年继续严格实施“准入+培养”的新教师本科课堂教学准入制度。本年度共有178名新入职教师进入教学准入环节。63人开始助课考查，其中62人通过，通过率98.41%；64人次进行了授课考查，其中62人通过，通过率96.88%；64人完成了教学准入的全过程，授予了主讲教师资格。新教师教学准入工作中，共委派校院两级164名专家听课1007次，学生参与评价3516人次。

2016年中心实施常态化的动态管理，建立多层次教师教学能力培训体系。通过对学校及教师的共性和个性进行分析，针对不同教龄、教学水平、专业等个性化需求，精心制订具有针对性和时效性的多元化、多层次、多维立体化培训方案，在实施过程中通过研究、实践、反思、学习、再研究的不断循环改进，同时全程采取多种渠道进行及时地评估反馈，进一步提升培训效果，进而使教师的专业能力和教学能力得到提升，促进教师和学生的共同发展，教师个体获得稳步发展，教师队伍得到整体提升，教学质量取得根本保障。本年度邀请国内外高水平专家举办讲座36场，组织优秀教师教学示范课12场，参加培训人员903人次。2016年教师（教学）发展中心进行了第五届教学骨干人才的评选，共有6位教师获得2016年“北京科技大学青年教学骨干人才培养计划”立项支持。经过五届评选，共27位教师获得资助。组织了2013年青年教学骨干人才的总结验收和2015年青年教学骨干人才的中期检查验收工作，同时针对骨干人才发展和项目建设遇到的问题，举办了骨干人才专场专家咨询辅导会。

（李　想）

【实践教学】2016年，根据教学计划组织安排了423名指导教师带领2014级和2015级48个专业111个实习队近7000名学生完成了实习任务，提高了学生对专业知识的感性认识和实践能力。为校外实习的师生办理保险7055人次，制作保单27份，花费7万元。安排近2000名学生的暑期计算机实践工作，提高学生计算机应用能力；组织和协调14个专业1100名学生开展电子技术实习；组织和协调4个专业14个班400多名学生开展机械课程设计及机类和非机类76个班2200余名学生的金工实习，提高学生的实践能力，为培养高素质的人才奠定了基础。12月，教务处应邀参加“钢铁行业培训项目推介会暨2016年企业代培和学生实习工作协调会议”，与会期间，与首钢、太钢、宝钢、日钢等企事业单位有关负责人就实习工作安排的相关内容进行了深入沟通，融洽了学校和实习单位的关系，为今后全校实习工作的顺利开展打好基础。

（刘仁霖）

【科技创新】2016年，学校获“国家大学生创新创业计划项目”资助经费80万元，获“北京市大学生科研计划项目”资助经费100万元。本科生科技创新创业项目立项579项，其中国家级74项、北京市级84项，参与学生2427人，指导教师628人次；组织专家完成2015年130个校级以上科技创新创业项目和371个院级科技创新项目的验收工作，共评出校级以上项目一、二等奖52项。

（余　涛）

【成绩管理】2016年，学校共有3119门次课程采用网上模块录入学生成绩，审核成绩数据192949条，收到并处理教师提出的《学生成绩勘误申请》419人次，完成2016届毕业生成绩单和毕业生答辩评语共14000多份的归档工作。完成3900余人次26000余份出国成绩单制作翻译及出国相关证明材料的制作翻译；通过电话、E-Mail及书信等方式完成了国外高校及国内外用人单位对学校172名本科毕业生学历及成绩单的认证；自助打印成绩单系统共为在校本科生提供境内免费成绩单数千人次计12000余份。

（李大宽、曹首军、王丽娟）

【教学管理平台建设】2016年，学校继续完善和优化教学管理平台：①为课程中心运行提供数据与技术支持。②为实验室开放平台运行提供数据与技术支持。③为校内教师提供服务器搭载服务。④组织双培生进行网上选课。⑤继续调整和完善选课程序，为来自华东理工大学、华南理工大学、湖南大学、中南大学、中国海洋大学、北京联合大学、北京信息科技大学和北方民族大学的91名校际交换生提供网上选课及成绩单制作服务。⑥处理了学生在选课时间外的课程调整107份。⑦处理了126名学生206门课程的缓考申请。

（李大宽）

【毕业设计（论文）结业】2016届共有3610名学生参加毕业设计（论文）结业，参与指导教师1232人，生师比为2.93：1。指导教师中，正高级职称428人，占34.74%；副高级职称474人，占38.47%；中级职称330人，占26.79%。从毕业设计题目来源统计，真实题目948个，占26.26%；自拟题目2662个，占73.74%。从学生毕业设计（论文）的结业方式统计，设计性题目占29.76%，论文性题目占70.24%。学校从毕业设计（论文）中评选出优秀论文151篇。

（赵环宇）

【校内转专业与免试研究生】2016年，学校共有436名（其中2014级50名、2015级386名）学生提出转专业申请，经考核批准共有327名（其中2014级36名、2015级291名）学生成功转入新专业学习，占同年级在校生总数百分率为2014级1.08%、2015级8.62%，占申报总人数百分率为2014级72.00%、2015级75.49%。10月，学校选拔推荐2013级本科生免试攻读2017年硕士研究生721名（其中支教团22名、师范类补偿名额3名），经过各招生单位招生考核最终录取715名（其中本校录取376名、外校录取339名）。录取人数占该年级学生总数的21.79%。

（汪　兴）

【本科生国内外交流】学校继续与华东理工大学、华南理工大学、湖南大学、中南大学、中国海洋大学建立合作关系，各校每年互派30名学生，交流学习一个学期。同时接收北京信息科技大学、北方民族大学及北京联合大学三所高校若干名本科学生来校交流一学年。至年底，学校共向华东理工大学、华南理工大学、湖南大学、中南大学、中国海洋大学五所大学选派了138名学生去交流学习，上述八所大学共有91名学生来校交流学习。

（汪　兴）

【四六级外语考试】2016年6月，参加全国大学英语四六级考试的校内考生共有8456人，其中本科生6317人、研究生2139人。12月，参加全国大学英语四六级考试的校内考生共有10103人，其中本科生7200人、研究生2740人、延庆分校专科生163人。

（汪　兴）

【学科竞赛】2016年，教务处组织7000余名学生参加各类竞赛48项，校级以上获奖3177人次，其中省部级以上获奖1187人次。传统优势竞赛如节能减排大赛、智能汽车大赛等均取得了优异的成绩，节能减排大赛获全国特等奖1项、一等奖2项，智能汽车大赛获全国一等奖5项；其他竞赛也有新的突破，如全国大学生数学竞赛初赛共48人获奖，其中7人获一等奖；全国大学生英语竞赛获特等奖1项、一等奖11项；物联网创新创业大赛全国总决赛获一等奖3项、二等奖4项；ACM国际大学生程序设计竞赛获二等奖2项、三等奖1项。

（马瑞芝）

附　录

2016年北京科技大学本科专业目录

序号	学科门类	二级类	专业代码	专业名称	授予学位	增设	备注
1	经济学	经济与贸易类	020401	国际经济与贸易	经济学		
2			020302	金融工程	经济学	2003	
3	法学	法学类	030101K	法学	法学	1996	
4		社会学类	030302	社会工作	法学	2000	
5		马克思主义理论类	030503	思想政治教育	法学		未招生
6	文学	外国语言文学类	050201	英语	文学		
7			050203	德语	文学	2003	
8			050207	日语	文学	2007	
9	理学	数学类	070101	数学与应用数学	理学		
10			070102	信息与计算科学	理学	2000	
11		物理学类	070202	应用物理学	理学		
12		化学类	070302	应用化学	理学		
13		生物科学类	071002	生物技术	理学	2002	
14		环境科学类	071004	生态学	理学	2003	未招生
15	工学	材料类	080401	材料科学与工程	工学		
16			080402	材料物理	工学		
17			080403	材料化学	工学	2003	
18			080404	冶金工程	工学		
19			080406	无机非金属材料工程	工学		
20			080413T	纳米材料与技术	工学	2010	
22		矿业类	081505T	矿物资源工程	工学		
23			081501	采矿工程	工学	2012	
24			081503	矿物加工工程	工学	2012	
25		机械类	080201	机械工程	工学		
26			080203	材料成型及控制工程	工学	2000	
27			080205	工业设计	工学	2000	
28			080207	车辆工程	工学	2004	
29		仪器类	080301	测控技术与仪器	工学		
30		能源动力类	080501	能源与动力工程	工学		
31		自动化类	080801	自动化	工学		

续表

序号	学科门类	二级类	专业代码	专业名称	授予学位	增设	备注
32	工学	电子信息类	080701	电子信息工程	工学	1998	未招生
33			080703	通信工程	工学	2003	
34		计算机类	080901	计算机科学与技术	工学		
21			080904K	信息安全	工学	2004	
35			080905	物联网工程	工学	2010	
36			080907T	智能科学与技术	工学	2007	
37		土木类	081001	土木工程	工学	1997	
38			081002	建筑环境与能源应用工程	工学	2002	
39		环境科学与工程类	082502	环境工程	工学	1998	
40		安全科学与工程类	082901	安全工程	工学	2007	
41	管理学	物流管理与工程类	120602	物流工程	工学	2005	
42		管理科学与工程类	120102	信息管理与信息系统	管理学		
43			120103	工程管理	管理学	2009	
45		工商管理类	120201K	工商管理	管理学		
46			120203K	会计学	管理学		
47		公共管理类	120402	行政管理	管理学	1996	
44		工业工程类	120701	工业工程	工学	2002	未招生
48	艺术学	设计学类	130502	视觉传达设计	艺术学	2004	

（耿悦杰）

“课堂教学质量（学生）评价”各等级比例一览表（按讲台）

学期	>95（含）	比例	95～85	比例	85～70（含）	比例	<70	比例	平均分
2015－2016第二学期	525	32.59%	910	56.49%	154	9.56%	22	1.36%	91.30
2016－2017第一学期	891	50.86%	771	44.01%	80	4.57%	10	0.57%	93.78

（涂传银）

2016年度教育教学奖励明细

序号	奖励类别	项目类别	级别	等级	获奖人	项目名称（获奖项数）	单位	备注
1	教育教学成果奖	教育教学成果奖	校级	特等奖	赵志毅 刘　立 吕庆功 牟仁玲 许文婧 李京社 魏　鑫 李欣欣	钢铁生产全流程虚拟仿真实践教学平台建设与实践	高工学院	
2					李　擎 崔家瑞 杨　旭 栗　辉 阎　群 冯　涛 王粉花 徐银梅 尤　佳 史雪飞	面向解决复杂工程问题的自动化专业实践能力培养体系构建与实施	自动化学院	
3					何　伟 杨英军 陈红薇 范一亭 周荣娟 赵　亮 杨　子 淡晓红 Mark Buck	CBI教学理念下的英语专业多元化人才培养模式的构建与实施	外语学院	
4					陈红薇 范一亭 赵秋荣 赵　亮 满海霞 梁雅梦 赵姗姗	基于工科高校背景下的MTI翻译专业硕士人才培养	外语学院	
5					申亚男 尚新生 耿悦杰 陈　建 李大寛	构建夏季学期教学体系，培养学生国际视野和创新创业能力	教务处	
6					王　立 冯妍卉 夏德宏 温　治 姜泽毅 刘应书 董春阳 童莉葛 尹少武 王静静	加强创新型教师队伍建设，助力创新型精英人才培养	能环学院	
7					邓立治 戴淑芬 李晓静 马　聪 秦艺芳 邓张升	创业课程与创新创业项目相结合的大学生创业能力培养模式与实践	经管学院	
8					宁晓钧 杨　栋 洪　歌 班晓娟 秦　子 孙　丽	“内外双驱”建立健全博士生培养质量保障体系	研究生院	
9				一等奖	李　淳 陶　晋 郑　阳 李亦芒 马　莉 张俊海	基于产学合作的设计专业课程教学模式探索与实践	机械学院	
10					吕　乐 闫　海 张　怀 罗　晖 王铁龙	基于能力培养的微生物实验教学手段与方法的改革研究	化生学院	
11					吴胜利 徐安军 唐海燕 刘征建 寇明银	基于工程型精英育成的钢铁冶金学课程教学模式	冶金学院	

续表

序号	奖励类别	项目类别	级别	等级	获奖人	项目名称（获奖项数）	单位	备注
12	教育教学成果奖	教育教学成果奖	校级	一等奖	吴　平　陈　森　张师平 赵雪丹　王荣明　弓爱君	基于创新型人才培养的“互联网+大学物理实验”信息化教学平台建设	实验中心	
13					邱红梅　尹　红　马星桥 王凤平　孙明明　刘丽华	构建大学物理“视频演示—实物演示—实践活动”相结合的演示实验教学模式	数理学院	
14					李　威　边新孝　俞必强 邱丽芳　史铁军　林　宇	机械设计实践教学创新能力培养与研究	机械学院	
15					陈　平　万　静　夏德宏 林　宇　曹　彤　杨光辉	依托研究型教学示范课程和创新实践基地建设，培养学生综合素质与创新能力	机械学院	
16					张晓丹　郑连存　卫宏儒 丁　军　廖福成	关于《计算方法》教材建设与课程建设（教材）	数理学院	
17					张建良　张家泉　朱　荣 张立峰　李素芹　侯新梅	全日制硕士专业学位研究生培养体系构建及案例教学应用探索	冶金学院	
18					韩学周　张　健　赵　雨 蒋卓晔　闫奎铭	非艺术类大学音乐教育课程与实践相结合的教育模式探索	文法学院	
19					王建萍　隆克平　王志良 于　泓　黄武南　苏　栋	“全过程、阶段式、重实践、促发展”的信息类创新人才培养体系构建与实践	计通学院	
20					王　旭　郗安民　章东辉 刘　颖　刘鸿飞　张卫冬	MEI机器人大赛团队建设及创新实践人才培养	高工学院	
21					王书玮　陈红薇　庄凤英 边　静　朱　琳	国际联合培养模式下的应用研究型人才探索与实践	外语学院	
22					郝红英　孙春宝　李正要	《胶体与表面化学》互动教学方法创新与实践	土资学院	
23					仇卫华　滕向阳　鲁毅强 何　沂　杨　栋　孙　丽	研究生教学督导工作的研究与实践	研究生教学督导组	
24					李晓静　肖　明　刘应文 崔文娟	“财务报表分析”课程教学范式的重构与实践	经管学院	

续表

序号	奖励类别	项目类别	级别	等级	获奖人	项目名称（获奖项数）	单位	备注
25	教育教学成果奖	教育教学成果奖	校级		宋　波　徐怀兵　李吉人　王树和	基于“国际化视野”理念的多渠道研究生培养模式探索与实践	土资学院	
26				二等奖	王成耀　罗　熊　李建江　李　宁	面向工程教育的计算机专业本科人才培养体系	计通学院	
27					赵鲁涛　陈学慧　牛　珩　王荣明	以“崇尚实践”为核心的信息科学应用技能教学体系改革与实践	数理学院	
28					时立荣　邢朝国　许　斌　郇建立	研究型课程教学体系的开发、设计和实践基于《社会工作行政》翻转课堂建设	文法学院	
29					贺可太　黄明吉	面向中国制造2025的增材制造人才培养环境	机械学院	
30					马忠贵	博弈论及其在无线通信网络中的应用（教材）	计通学院	
31					刘白羽　侯书会	高等微分几何（教材）	数理学院	
32					宋　波　李吉人　徐怀兵　王树和	依托国际科技合作基地开展桥梁工程全英文教学新模式的探索与实践	土资学院	
33					周　彤　何　伟　庄凤英　高西峰	语言文化耦合机制下的“专业+”型国际视野人才培养模式	外语学院	
34					鲁春霞	“思想道德修养与法律基础”课中价值澄清法的运用模式研究	马克思学院	
35					陈月芳　陈辉伦　王　飞　董颖博	《环境监测》课程研究型教学改革与实践	能环学院	
36					王　娜　陈娟文　张丹丹　李金玉	MOOCs时代大学生英语应用能力培养体系探索与实践	外语学院	
37					刘蕴络　韩守梅　王　宏　木春梅	基于NI myDAQ硬件平台和Multisim软件仿真的电工电子课程改革	自动化学院	

续表

序号	奖励类别	项目类别	级别	等级	获奖人	项目名称（获奖项数）	单位	备注
38	教育教学成果奖	教育教学成果奖	校级	二等奖	潘旦光　张爱卿	基于独立思考能力培养的《结构力学》课程体系建设（教材）	土资学院	
39					吴延鹏	建筑环境学课程研究型教学的创新与实践	土资学院	
40					张俊光　马风才　杨　青　王震勤	基于“项目管理”的《项目管理》课程体系创新与实践	经管学院	
41					曹红晖　张敬源　张小朋　唐艳军	研究生学术英语系列课程建设与成效	外语学院	
42					朱维耀　宋洪庆　宋智勇　岳　明	基于研究型教学和实践能力培养的《高等渗流力学》课程体系建设与教学实践	土资学院	
43					汪群慧　吴川福　马鸿志　周远松	“环境化学”类本硕课程的有效衔接与持续创新	能环学院	
44					黄志安　张英华　高玉坤　王　辉	基于引智项目构建安全工程专业国际化教学体系的探索与实践	土资学院	
45					王丽萍	有机材料化学的全英文研究型教学	材料学院	
46					景　鹏　李　擎　王　旭　王丽君	自动化学院“第二课堂”科技活动设计与实施	自动化学院	
47					付冬梅　李　擎　杨　焘　李　辉	人工神经网络课程建设成果	自动化学院	
48					刘文霞　宋　琳　钱振华	硕士研究生自然辩证法课程教材编写（教材）	马克思学院	
49					韩建友　邱丽芳　乔小溪　崔光珍	“高等机构学”课程内容体系构建及教学软件系统开发	机械学院	
50					黎　敏　阳建宏　孙　浩　衣红钢	面向专业学位硕士培养的案例教学实践研究	协同创新中心	
51					王志良　付洪威　乔　柱	面向研究生的《物联网工程技术》教材研究（教材）	计通学院	

续表

序号	奖励类别	项目类别	级别	等级	获奖人	项目名称（获奖项数）	单位	备注
52					纪娇云　朝　霞　张秋月　张文瑞	管理学——理论与案例（第二版）	管庄校区	
53					刘晓云　董　苹　王夏媛　张羽葳	北科大男女乙队及篮协一体化教学成果	体育部	
54					李　怡　王立群	基于创新人才培养的人文素质类选修课“中国传统社会与文化”改革与实践研究	文法学院	
55					张立峰　李宏煦　张建良　王春义	基于学生课堂现场打分的大学学生评教改革实践	冶金学院	
56					赵东红　赵向奎　孙玉华　何庆辉	创新型人才培养模式下的《高等工程数学》课程建设（教材）	数理学院	
57	本科教学工程建设项目	教学基地类	国家级		刘　立	钢铁生产全流程虚拟仿真实验教学中心	高工学院	
58			省部级		申亚男	首批北京市深化创新创业教育改革示范高校	教务处	
59					弓爱君	北京市高等学校实验教学示范中心：化学实验教学中心	化生学院	
60					王建萍	北京市高等学校示范性校内创新实践基地：信息工程创新实践基地	计通学院	
61		课程建设类	省部级		肖　明	来华留学英语授课品牌课程《财务管理》	留学生中心	中国教育国际交流协会
62					郑连存	来华留学英语授课品牌课程《高等数学》	留学生中心	中国教育国际交流协会

续表

序号	奖励类别	项目类别	级别	等级	获奖人	项目名称（获奖项数）	单位	备注
63	教学质量奖	教学比赛	国家级	一等奖	李　娜	全国青年教师教学竞赛一等奖	数理学院	
64					刘　艳	全国高等学校青年教师电子技术基础，电子线路课程竞赛全国一等奖	自动化学院	按国家级二等奖奖励
65				三等奖	木春梅　林　颖　韩守梅	第二届全国电工电子基础课程实验教学案例设计竞赛“单管流放大电路的研究”三等奖	自然中心	按省部级二等奖奖励
66		特级教授与特级教师	省部级		彭庆红	北京高校思想政治理论课特级教授	马克思学院	
67					左　鹏	北京高校思想政治理论课特级教授	马克思学院	
68					刘丽敏	北京高校思想政治理论课特级教师	马克思学院	
69					赵　静	北京高校思想政治理论课特级教师	马克思学院	
70		物理实验教学自制仪器评比		二等奖	孙明明　吴　平　陈　森	模块化线圈电磁炮实验仪	自然中心	教育部物理学类教学指导委员会
71				三等奖	陈　森　吴　平　刘　鑫　杨宇犇	非辐射性磁耦合谐振实验仪	自然中心	教育部物理学类教学指导委员会
72				三等奖	孙明明　吴　平　陈　森	可调压缩比的动态P-V图斯特林热机实验仪	自然中心	教育部物理学类教学指导委员会

续表

序号	奖励类别	项目类别	级别	等级	获奖人	项目名称（获奖项数）	单位	备注
73		教学名师奖	校级		申亚男	北京科技大学教学名师奖	数理学院	
74					张朝晖	北京科技大学教学名师奖	自动化学院	
75					弓爱君	北京科技大学教学名师奖	化生学院	
76					张　怡	北京科技大学教学名师奖	外语学院	
77		青年教师教学骨干人才			李江昀	北京科技大学青年教学骨干人才	自动化学院	
78					赵东红	北京科技大学青年教学骨干人才	数理学院	
79					鲁春霞	北京科技大学青年教学骨干人才	马克思学院	
80					李晓静	北京科技大学青年教学骨干人才	经管学院	
81					李　淳	北京科技大学青年教学骨干人才	机械学院	
82					王　娜	北京科技大学青年教学骨干人才	外语学院	
83	教材奖	教材出版	校级		王树和	PKPM建筑结构设计实例详解	土资学院	
84					杜翠凤	职业卫生工程	土资学院	
85					胡文韬	煤炭加工与洁净利用	土资学院	
86					黄志安	安全工程生产实习教程（矿冶类）	土资学院	
87					吴　铿	冶金传输原理（第2版）	冶金学院	
88					常雁红	有机化学	能环学院	
89					杨光辉	计算机绘图实践教程	机械学院	
90					万　静　许纪倩	机械制图及习题集（第2版）	机械学院	
91					王　转	配送中心系统规划课程设计指导	机械学院	

续表

序号	奖励类别	项目类别	级别	等级	获奖人	项目名称（获奖项数）	单位	备注
92	教材奖	教材出版	校级		樊百林	发动机原理与拆装实践教程	机械学院	
93	教材奖	教材出版	校级		李　擎	工业自动化生产线实训教程	自动化学院	
94	教材奖	教材出版	校级		王丽娜	现代通信技术（第2版）	计通学院	
95	教材奖	教材出版	校级		王志良　于　泓等	大学生工程创新	计通学院	
96	教材奖	教材出版	校级		王洪泊	Android高级编程技术	计通学院	
97	教材奖	教材出版	校级		侯书会	高等数学	数理学院	
98	教材奖	教材出版	校级		张曾莲	会计学原理学习指导与习题	经管学院	
99	教材奖	教材出版	校级		谢　湲	金融与财务的游戏	经管学院	
100	教材奖	教材出版	校级		王凡妹	企业文化（Corporate Culture）	经管学院	
101	教材奖	教材出版	校级		薛　琳	中国文化基础教程（英文版）	外语学院	
102	教材奖	教材出版	校级		吕婷婷	译桥之美中西文化比较与翻译	外语学院	
103	教材奖	教材出版	校级		赵东红	高等工程数学	高工学院	
104	教材奖	教材出版	校级		赵立英	留学生入学导向课程	国际处	
105	教材奖	教材出版	校级		秦晓惠	英国历史——从都铎王朝至今	外语学院	
106	教材奖	教材出版	校级		宋　晏	Java程序设计及应用开发	管庄校区	
107	教材奖	教材出版	校级		刘　勇	计算机网络应用基础	管庄校区	
108	教材奖	教材出版	校级		陈永光	普通高等学校军事课教程	武装部	
109	教育教学研究论文奖	教育教学研究论文奖	校级		韦美菊　陈飞武　李旭琴　叶亚平　袁文霞	多组分体系相图中的杠杆原理形式	化生学院	大学化学
110	教育教学研究论文奖	教育教学研究论文奖	校级		刘旭东　范慧俐　肖军平	核磁共振碳谱中的重原子效应	化生学院	大学化学
111	教育教学研究论文奖	教育教学研究论文奖	校级		孙长艳　董　彬　李文军　王明文	配位化学课程中研究型教学模式探讨	化生学院	大学化学
112	教育教学研究论文奖	教育教学研究论文奖	校级		王丽萍	有机材料化学专业课全英文教学的实践与探索	材料学院	大学化学

续表

序号	奖励类别	项目类别	级别	等级	获奖人	项目名称（获奖项数）	单位	备注
113	教育教学研究论文奖	教育教学研究论文奖	校级		赵鲁涛　李　晔　张志刚　王荣明	“学以致用”理念下放球模型教学设计	数理学院	大学数学
114	教育教学研究论文奖	教育教学研究论文奖	校级		艾冬梅　黄若诚　梁晓一　宁晓钧	Poisson回归模型及Lasso变量选择在研究生成绩影响因素分析中的应用	实验中心	大学数学
115	教育教学研究论文奖	教育教学研究论文奖	校级		陈学慧　朱　婧　王荣明	概率公式教学研究与应用探索	数理学院	大学数学
116	教育教学研究论文奖	教育教学研究论文奖	校级		程晓云　胡志兴	一类具有一般发生率的阶段结构传染病模型的稳定性	数理学院	大学数学
117	教育教学研究论文奖	教育教学研究论文奖	校级		李晓静　赵立英	基于产品生命周期的高校国际学生教育成本分担政策的研究	经管学院	高等理科教育
118	教育教学研究论文奖	教育教学研究论文奖	校级		李晓静　赵立英	高校留学生教育成本及测算实例	经管学院	高等理科教育（补）
119	教育教学研究论文奖	教育教学研究论文奖	校级		李晓静　李宝铭	高校留学生学费定价影响因素及定价策略的研究	经管学院	高教探索（补）
120	教育教学研究论文奖	教育教学研究论文奖	校级		臧鸿雁	数学课程中的创新型人才培养方法研究	数理学院	高等理科教育
121	教育教学研究论文奖	教育教学研究论文奖	校级		王国霞	验证性实验教学改革的探索	自动化学院	高等理科教育
122	教育教学研究论文奖	教育教学研究论文奖	校级		左　鹏	共享发展的理论蕴涵和实践指向	马克思学院	思想理论教育导刊
123	教育教学研究论文奖	教育教学研究论文奖	校级		张　颖　刘兴国	大数据时代给研究生思想政治教育带来的启示	学工部	学位与研究生教育
124	教育教学研究论文奖	教育教学研究论文奖	校级		王　娜　张敬源	基于“SPOC+小课堂”的大学英语翻转课堂教学模式设计研究	外语学院	中国大学教学
125	教育教学研究论文奖	教育教学研究论文奖	校级		武贵龙	“双一流”建设中找准定位、特色发展	校办	中国高等教育

续表

序号	奖励类别	项目类别	级别	等级	获奖人	项目名称（获奖项数）	单位	备注
126	教育教学研究论文奖	教育教学研究论文奖	校级		张欣欣　都基辉　彭庆红	将核心价值观教育融入高校育人全过程	校办	中国高等教育
127					李　磊　姜　勇	树立创新人才培养全面素质质量观	材料学院	中国高等教育
128					曲绍卫　纪效珲　魏　力	中央直属高校大学生资助绩效评估研究——基于第三方教育评估机构的数据分析	文法学院	中国高等教育
129					范玉梅	语言文化建设的思考与实践——评《语言与文化》	外语学院	中国教育学刊
130					曹庆雷　赵广涛	对国家帆板队体能大周期训练计划的研究	体育部	北京体育大学学报（补）
131					文秀丽　何元春　刘传海	近代体育发轫于英国的文化学研究	体育部	北京体育大学学报（补）
132					沈　崴　何　进	提高青年教师思想政治工作实效性	宣传部	中国高等教育（补）
133	指导教师奖	青年教师教学基本功比赛指导教师	国家级	一等奖	范玉姝　王　萍　徐　尔　张志刚	全国青年教师教学竞赛一等奖	数理学院	
134			省部级	二等奖	张北根　王蓉霞　王志明	北京高校第九届青年教师教学基本功比赛二等奖	马克思学院	补
135				三等奖	彭庆红	北京高校第九届青年教师教学基本功比赛三等奖	马克思学院	补

（袁建美、李　虹、王晓晓）

2016年北京科技大学各学科竞赛获奖情况

序号	项目	奖项级别	奖项	获奖人数	获奖者	指导教师
1	第九届全国大学生节能减排社会实践与科技竞赛	国家级	特等奖	5	左斯琪 周 全 许志成 王 芃 张 恒	林 海
		国家级	一等奖	14	李悦宁 袁 辉 戴榔凌 牛佳斌 黄琪琪 安 凯 潘 登	汪群慧 吴川福
		国家级	一等奖		杨旭东 曾晓曦 高 洁 王津津 甘 鑫 苏向阳 何兴頔	李 威
		国家级	二等奖	14	窦如强 杜进祥 何 钰 焦敏蕊 杨宇犇 赵 晟 章亚磊	陈 森
		国家级	二等奖		缪吴丽 刘嘉豪 王 颖 唐敏杰 贾 洁 陈文洁 李子薇	夏德宏
		国家级	三等奖	27	缪吴丽 刘嘉豪 王 颖 郭乔轩 陈 璐 唐敏杰 李子薇	黄 志
		国家级	三等奖		谢昕扬 林 晓 李佳玉 李佳奇 孙 硕 刘 继 张清杰	尹少武
		国家级	三等奖		罗 聪 刘 峰 欧阳裕新 张 颖 赵 鹏 曹盛浩 周宇杰	张 辉
		国家级	三等奖		张育康 沈宁扬 吕彤彤 李 伟 黄鹏远 罗绍忱	闫小琴
2	第十一届全国大学生智能汽车竞赛（全国赛）	国家级	一等奖	16	陈营修 高枕岳 马鹏飞	张文明 杨 珏
		国家级	一等奖		宋 凯 万 建 徐海祥	金 纯 杨 珏
		国家级	一等奖		包龙飞 孙嘉宁 吴子越	马 飞 杨 珏
		国家级	一等奖		陈 伟 金 麟 刘 舸	刘 立 杨 珏
		国家级	一等奖		冯富森 余 昉 赵子秋 周程瑜	靳添絮 孟 宇
		国家级	二等奖	5	高伟晋 李新乐 刘庆旭 王 昊 张 硕	孟 宇 杨 珏
3	第十一届全国大学生智能汽车竞赛（华北赛区）	省部级	一等奖	19	陈慧杰 高枕岳 马鹏飞	张文明 杨 珏
		省部级	一等奖		刘宇霏 韩雨麒 徐 斌	王 宏 杨耀东
		省部级	一等奖		宋 凯 徐海祥 赵金阳	金 纯 杨 珏
		省部级	一等奖		孟 岩 孙嘉宁 吴子越	马 飞 杨 珏

续表

序号	项目	奖项级别	奖项	获奖人数	获奖者	指导教师
3	第十一届全国大学生智能汽车竞赛（华北赛区）	省部级	一等奖		金　麟　刘　舸　刘津良	杨　珏 刘　立
		省部级	一等奖		冯富森　廖腾均　王　飒　周程瑜	靳添絮 孟　宇
4	2016年全国大学生数学建模竞赛	国家级	二等奖	12	凌　睿　钱　君　高玉婷	胡志兴
		国家级	二等奖		陈浩贤　刘　芳　胡彬涛	司新辉
		国家级	二等奖		管鹏鑫　卫玲蔚　韩　晔	李卫东
		国家级	二等奖		郑　蕊　赵　鹏　侯明栋	李卫东
5	2016年全国大学生数学建模竞赛（北京赛区）	省部级	一等奖	18	赵鹏菲　唐　源　马冬宁	胡志兴
		省部级	一等奖		劳中杰　罗　聪　张奕雄	赵鲁涛
		省部级	一等奖		艾平华　倪添桢　陈世臻	丁　军
		省部级	一等奖		张佳丽　邱奇粮　庄大伟	于建平
		省部级	一等奖		胡跃光　罗蒙恩　李雅迪	何庆辉
		省部级	一等奖		王　睿　张　雨　杨玉洁	明春英
		省部级	二等奖	33	田鑫源　孙泽茹　谢　君	吕国才
		省部级	二等奖		赵霄汉　张　悦　王琴瑶	吕国才
		省部级	二等奖		荣梦琪　全　威　孙自浩	朱　婧
		省部级	二等奖		冯世豪　张林桐　董一铄	朱　婧
		省部级	二等奖		周其飞　李宏扬　袁　薇	朱　婧
		省部级	二等奖		佘　旭　刘治成　杜之闻	王彩凤
		省部级	二等奖		王海冉　晋红强　王付州	张丽静
		省部级	二等奖		陈　曦　任一龙　周　鑫	张丽静
		省部级	二等奖		汪博扬　周宇杰　胡智宇	于建平
		省部级	二等奖		李博文　余开杭　李慧霖	司新辉
		省部级	二等奖		宋林森　张世学　陈禹嘉	李卫东

续表

序号	项目	奖项级别	奖项	获奖人数	获奖者	指导教师
6	第七届全国大学生数学竞赛决赛	国家级	二等奖	1	周康康	胡志兴 苏永美 赵金玲 司新辉
7	2016年第八届全国大学生数学竞赛（北京赛区）	省部级	一等奖	7	巴光明	胡志兴 李为东 司新辉
		省部级	一等奖		王礼伟	
		省部级	一等奖		鲁智德	
		省部级	一等奖		朱荣培	
		省部级	一等奖		张德鑫	
		省部级	一等奖		詹芳媛	
		省部级	一等奖		吕翔宇	
		省部级	二等奖	17	艾平华	
		省部级	二等奖		高天翔	
		省部级	二等奖		贺铂昌	
		省部级	二等奖		胡治平	
		省部级	二等奖		姜梦祥	
		省部级	二等奖		李　超	
		省部级	二等奖		李清华	
		省部级	二等奖		李子璠	
		省部级	二等奖		刘晓晴	
		省部级	二等奖		毛梁泽	
		省部级	二等奖		欧阳衡	
		省部级	二等奖		邵洪帅	
		省部级	二等奖		王诚鹏	
		省部级	二等奖		魏宗智	

续表

序号	项目	奖项级别	奖项	获奖人数	获奖者	指导教师
7	2016年第八届全国大学生数学竞赛（北京赛区）	省部级	二等奖		叶昌键	
		省部级	二等奖		玉　岩	
		省部级	二等奖		周家士	
		省部级	三等奖	24	董之南	
		省部级	三等奖		管鹏鑫	
		省部级	三等奖		何　强	
		省部级	三等奖		霍传瑞	
		省部级	三等奖		鞠艺伟	
		省部级	三等奖		李加桉	胡志兴 李为东 司新辉
		省部级	三等奖		李彦星	
		省部级	三等奖		梁杏红	
		省部级	三等奖		刘治成	
		省部级	三等奖		陆峰玲	
		省部级	三等奖		马萌萌	
		省部级	三等奖		彭　翀	
		省部级	三等奖		彭景奇	
		省部级	三等奖		茹之钮	
		省部级	三等奖		尚锦奇	
		省部级	三等奖		吴晨瑶	
		省部级	三等奖		邢国光	
		省部级	三等奖		严如岩	
		省部级	三等奖		姚赤云	
		省部级	三等奖		俞　浪	
		省部级	三等奖		张建兴	

续表

序号	项目	奖项级别	奖项	获奖人数	获奖者	指导教师
7	2016年第八届全国大学生数学竞赛（北京赛区）	省部级	三等奖		张　开	
		省部级	三等奖		郑子亮	
		省部级	三等奖		田鑫源	
8	第五届全国大学生金相技能大赛	国家级	二等奖	1	裴　钰	黄　鹏 白嘉伟
9	2016年全国大学生英语竞赛	国家级	特等奖	1	罗裕子	大学英语指导团队
		国家级	一等奖	11	张天妍	
		国家级	一等奖		方诚彦	
		国家级	一等奖		张　琳	
		国家级	一等奖		韩　旭	
		国家级	一等奖		吕　凝	
		国家级	一等奖		郭飞锋	
		国家级	一等奖		陈曼姝	
		国家级	一等奖		李　娜	
		国家级	一等奖		薛　梅	
		国家级	一等奖		陈若琳	
		国家级	一等奖		王海冉	
		国家级	二等奖	30	谢　聪	
		国家级	二等奖		张鸿淦	
		国家级	二等奖		马月婷	
		国家级	二等奖		杨月莹	
		国家级	二等奖		曾晓曦	
		国家级	二等奖		左　娟	
		国家级	二等奖		钟　宬	
		国家级	二等奖		刘　哲	
		国家级	二等奖		刘家岑	
		国家级	二等奖		黄烁源	
		国家级	二等奖		陈瀚东	
		国家级	二等奖		张颖仪	
		国家级	二等奖		俞　婕	

续表

序号	项目	奖项级别	奖项	获奖人数	获奖者	指导教师
9	2016年全国大学生英语竞赛	国家级	二等奖	61	邹　博	大学英语指导团队
		国家级	二等奖		向　皓	
		国家级	二等奖		黄心眉	
		国家级	二等奖		黄　辉	
		国家级	二等奖		许余建	
		国家级	二等奖		刘思琪	
		国家级	二等奖		郭宏轩	
		国家级	二等奖		韦书冲	
		国家级	二等奖		李琛洁	
		国家级	二等奖		柯莎莎	
		国家级	二等奖		谢屹桐	
		国家级	二等奖		王可汗	
		国家级	二等奖		郝琳霞	
		国家级	二等奖		余利景	
		国家级	二等奖		张　楠	
		国家级	二等奖		严明雯	
		国家级	二等奖		丁云培	
		国家级	三等奖		肖书洋	
		国家级	三等奖		吴　迪	
		国家级	三等奖		陈波桥	
		国家级	三等奖		赵崇深	
		国家级	三等奖		鲍卓希	
		国家级	三等奖		马　巍	
		国家级	三等奖		凌　慧	
		国家级	三等奖		李欣蓉	
		国家级	三等奖		韩锦涛	
		国家级	三等奖		赵诗旻	
		国家级	三等奖		陈世臻	
		国家级	三等奖		张天雪	
		国家级	三等奖		李金洋	
		国家级	三等奖		刘一婷	

续表

序号	项目	奖项级别	奖项	获奖人数	获奖者	指导教师
9	2016年全国大学生英语竞赛	国家级	三等奖	61	张家馨	大学英语指导团队
		国家级	三等奖		祖丽娅·卡哈尔	
		国家级	三等奖		张　希	
		国家级	三等奖		马乐琛	
		国家级	三等奖		朱玉洁	
		国家级	三等奖		韩中杰	
		国家级	三等奖		刘人维	
		国家级	三等奖		胡艾琳	
		国家级	三等奖		刘嘉华	
		国家级	三等奖		孙舒宜	
		国家级	三等奖		孙安阳	
		国家级	三等奖		翟展宙	
		国家级	三等奖		曹子璇	
		国家级	三等奖		劳中杰	
		国家级	三等奖		孙　瑜	
		国家级	三等奖		陈　珊	
		国家级	三等奖		李思睿	
		国家级	三等奖		冯　博	
		国家级	三等奖		张瑀涵	
		国家级	三等奖		胡　瑞	
		国家级	三等奖		付易东	
		国家级	三等奖		全　荣	
		国家级	三等奖		杨丽君	
		国家级	三等奖		杨　玲	
		国家级	三等奖		王晓敏	
		国家级	三等奖		王嘉尧	
		国家级	三等奖		李　旭	
		国家级	三等奖		胡子微	
		国家级	三等奖		王　颖	
		国家级	三等奖		张德鑫	
		国家级	三等奖		高婧怡	

续表

序号	项目	奖项级别	奖项	获奖人数	获奖者	指导教师
9	2016年全国大学生英语竞赛	国家级	三等奖		熊雅晴	大学英语指导团队
		国家级	三等奖		周韵致	
		国家级	三等奖		陈敏敏	
		国家级	三等奖		黄琛虹	
		国家级	三等奖		李　照	
		国家级	三等奖		李若繁	
		国家级	三等奖		张毓凡	
		国家级	三等奖		窦如强	
		国家级	三等奖		范堃姝	
		国家级	三等奖		郭　宁	
		国家级	三等奖		李化洋	
		国家级	三等奖		王博琳	
		国家级	三等奖		司培颖	
		国家级	三等奖		张　驰	
		国家级	三等奖		孙天健	
		国家级	三等奖		胡亚昕	
10	第十届全国大学生化学实验邀请赛	国家级	三等奖	2	温　馨	王明文 范慧俐 李建强 刘旭东 叶亚平 姚　喆
		国家级	三等奖		李　渊	
11	2016年中国大学生计算机设计大赛（全国总决赛）	国家级	一等奖	3	曹宇宁　王梧蓉　白思琦	王洪泊 汪红兵
		国家级	二等奖	18	郑智予　陈文聪　姚圣禹	王洪泊 张　敏
		国家级	二等奖		李天柱　马戎君　李学翰	黄晓璐 万亚东
		国家级	二等奖		长孙甜文　马　丽　邱　睿	李　莉 屈　薇
		国家级	二等奖		高艺乘　贾凡茗　金　麟	姚　琳 苏　亚
		国家级	二等奖		张　希　王　曼　苏　伟	姚　琳 汪红兵

续表

序号	项目	奖项级别	奖项	获奖人数	获奖者	指导教师
11	2016年中国大学生计算机设计大赛（全国总决赛）	国家级	二等奖	9	张建达 殷明睿 徐众贤	汪红兵
		国家级	三等奖		李彦星 刘子健 江雨森	姚 琳 李 莉
		国家级	三等奖		方 雅 丁 娜 苏 悦	汪红兵 武航星
		国家级	三等奖		陈丹丹 杜家豪 赵 珍	张 敏 汪红兵
12	2016年中国大学生计算机设计大赛（北京赛区）	省部级	一等奖	6	曹宇宁 王梧蓉 白思琦	姚 琳 汪红兵
		省部级	一等奖		李天柱 马戎君 李学翰	姚 琳 万亚东
		省部级	二等奖	20	郑智予 陈文聪 姚圣禹	姚 琳
		省部级	二等奖		方 雅 丁 娜 苏 悦	姚 琳 汪红兵
		省部级	二等奖		长孙甜文 马 丽 邱 睿	姚 琳 李 莉
		省部级	二等奖		张 希 王 曼 苏 伟	姚 琳 汪红兵
		省部级	二等奖		高艺乘 贾凡茗 金 麟	姚 琳 苏 亚
		省部级	二等奖		陈丹丹 杜家豪 赵 珍	姚 琳 汪红兵
		省部级	二等奖		李彦星 刘子健	姚 琳 李 莉
		省部级	三等奖	15	杨 名 贾钦羽 郝宁宁	武航星 苏 亚
		省部级	三等奖		何哲宇 尹新宇 颜逸伦	姚 琳 李 莉
		省部级	三等奖		王 珂 施 睿 王梦佳	姚 琳 李 莉
		省部级	三等奖		王 萌 张 娇 刘虹晓	汪红兵 李 莉
		省部级	三等奖		李 蒙 刘凯铃 徐 瑞	姚 琳 李 莉

续表

序号	项目	奖项级别	奖项	获奖人数	获奖者	指导教师
13	第七届“蓝桥杯”全国软件专业人才设计与创业大赛个人赛（全国总决赛）	国家级	一等奖	1	董书言	万亚东
		国家级	二等奖	3	陈笑天	汪红兵
		国家级	二等奖		殷斌一	武航星
		国家级	二等奖		张　硕	汪红兵
		国家级	三等奖	5	孙梦瑶	李　莉
		国家级	三等奖		马　腾	汪红兵
		国家级	三等奖		刘正宇	汪红兵
		国家级	三等奖		吴　元	汪红兵
		国家级	三等奖		李志远	张　敏
14	第七届“蓝桥杯”全国软件专业人才设计与创业大赛团体赛（北京赛区）	省部级	三等奖	3	彭晓悦　姚圣禹　陈文聪	姚　琳 武航星 黄晓璐
15	第七届“蓝桥杯”全国软件专业人才设计与创业大赛个人赛（北京赛区）	省部级	一等奖	7	孙梦瑶	李　莉
		省部级	一等奖		陈笑天	汪红兵
		省部级	一等奖		殷斌一	武航星
		省部级	一等奖		马　腾	汪红兵
		省部级	一等奖		董书言	万亚东
		省部级	一等奖		刘正宇	汪红兵
		省部级	一等奖		陶立强	张　敏
		省部级	二等奖	9	张　硕	汪红兵
		省部级	二等奖		吴　元	汪红兵
		省部级	二等奖		李志远	张　敏
		省部级	二等奖		张晓颖	万亚东
		省部级	二等奖		杨益鑫	姚　琳
		省部级	二等奖		彭　跃	屈　薇
		省部级	二等奖		廉文瀚	黄晓璐
		省部级	二等奖		储根深	武航星
		省部级	二等奖		桂　飞	黄晓璐

续表

序号	项目	奖项级别	奖项	获奖人数	获奖者	指导教师
15	第七届“蓝桥杯”全国软件专业人才设计与创业大赛个人赛（北京赛区）	省部级	三等奖	9	周宇杰	黄晓璐
		省部级	三等奖		刘　畅	张　敏
		省部级	三等奖		路青霖	李　莉
		省部级	三等奖		张　茹	张　敏
		省部级	三等奖		李宏扬	屈　薇
		省部级	三等奖		杜一鹏	李　莉
		省部级	三等奖		柴　铎	屈　薇
		省部级	三等奖		徐经纬	武航星
		省部级	三等奖		彭一峰	姚　琳
16	第十届全国大学生计算机博弈大赛	国家级	一等奖	40	周　斌　王　凯　韩家辉	周　珂
		国家级	一等奖		陈　伟　高晶晶　陆艺婧秀	周　珂
		国家级	一等奖		牛星宇　赵亚辉　梁泰琳 苏　伟　郑智予	周　珂
		国家级	一等奖		梁泰琳　赵亚辉　边　畅 牛星宇　左良玉	周　珂
		国家级	一等奖		张　希　苏　伟　王　曼 付　航　刘志成	周　珂
		国家级	一等奖		汪　婧　梁　爽　王晨阳	周　珂
		国家级	一等奖		苏佳林　陈　颖　陈　玙 张金童　陈　诚	周　珂
		国家级	一等奖		席　崟　王立志　汪　洋 孙薪博　娄　奥	周　珂
		国家级	一等奖		陈　伟　高晶晶　陆艺婧秀	周　珂
		国家级	一等奖		聂　溧　毕鹏程　章一洋	周　珂
		国家级	二等奖	11	杨万里　吴通通　成汉林	周　珂
		国家级	二等奖		王　曼　张　希　汪鹏飞	周　珂
		国家级	二等奖		王立志　席　崟　孙薪博 汪　洋　娄　奥	周　珂
		国家级	三等奖	24	孙建鹍　张雨珂　张宇璇	周　珂
		国家级	三等奖		边　畅　太梓钢　付炳豪 王靖儒　金　麟	周　珂
		国家级	三等奖		史文艳　李　腊　边　畅 乔　壮　薛建强	周　珂

续表

序号	项目	奖项级别	奖项	获奖人数	获奖者	指导教师
16	第十届全国大学生计算机博弈大赛	国家级	三等奖		李宏扬 高艺乘 金 麟	周 珂
		国家级	三等奖		陈 玙 陈 颖 苏佳林 朱维忠 陈 诚	周 珂
		国家级	三等奖		高艺乘 李宏扬 金 麟	周 珂
17	第十届iCAN大学生物联网创新创业大赛（全国赛）	国家级	一等奖	15	朱丹阳 胡鹏飞 陈 皓 任晓旭 刘靖宇	李毅萍
		国家级	一等奖		温 鑫 卫玲蔚 范鑫荣 张 鹏 管鹏鑫	冯 涛 白艳茹
		国家级	一等奖		李子源 刘 鑫 马浚洋 杨珮祯 李春燕	邓立治
		国家级	二等奖	18	郎 宸 张海森 邓一兵 魏晓燕 薛博文	王洪泊 白艳茹
		国家级	二等奖		苏 伟 张 希 付 航 柴 铎 刘云飞	王粉花 王基镔
		国家级	二等奖		王京京 李碧薇 李佳亮	曾云甫
		国家级	二等奖		胡金龙 杜一鹏 吕照华 张宇翔 张 亮	
		国家级	三等奖	40	张建达 叶少杰 殷明睿 刘楚妮 陈一斌	王志良
		国家级	三等奖		甄启源 张 培 王子豪 孔 耀 朱闻宇	白艳茹 李毅萍
		国家级	三等奖		胡智宇 孙自浩 全 威 周宇杰 何成园	林 宇
		国家级	三等奖		储根深 陈茂建 张 晶	
		国家级	三等奖		闫云龙 于铭洋 傅盛洁 吴镇伸 刘宜霖	林 宇
		国家级	三等奖		谢天乐 李继璇 柴宇珂	皇甫伟
		国家级	三等奖		肖成创 陈 诚 张海鑫 陈 玙	王先梅
		国家级	三等奖		杨 光 谢婷婷 朱丽娟 陈雨雁 邢 旺	林 宇
		国家级	三等奖		梁思源 丛雨洁 肖九宏 陈丹丹 李华夏	林 宇

续表

序号	项目	奖项级别	奖项	获奖人数	获奖者	指导教师
18	第十届iCAN大学生物联网创新创业大赛（北京赛区）	省部级	一等奖	73	苏　伟　张　希　付　航 柴　铎　刘云飞	王粉花 王基镔
		省部级	一等奖		王京京　李碧薇　李佳亮	曾云甫
		省部级	一等奖		胡金龙　杜一鹏　吕照华 张宇翔　张　亮	
		省部级	一等奖		张建达　叶少杰　殷明睿 刘楚妮　陈一斌	王志良
		省部级	一等奖		郎　宸　张海森　邓一兵 魏晓燕　薛博文	王洪泊 白艳茹
		省部级	一等奖		甄启源　张　培　王子豪 孔　耀　朱闻宇	白艳茹 李毅萍
		省部级	一等奖		胡智宇　孙自浩　全　威 周宇杰　何成园	林　宇
		省部级	一等奖		储根深　陈茂建　张　晶	
		省部级	一等奖		闫云龙　于铭洋　傅盛洁 吴镇伸　刘宜霖	林　宇
		省部级	一等奖		李子源　刘　鑫　马浚洋 杨珮祯　李春燕	邓立治
		省部级	一等奖		谢天乐　李继璇　柴宇珂	皇甫伟
		省部级	一等奖		朱丹阳　胡鹏飞　陈　皓 任晓旭　刘靖宇	李毅萍
		省部级	一等奖		温　鑫　卫玲蔚　范鑫荣 张　鹏　管鹏鑫	冯　涛 白艳茹
		省部级	一等奖		肖成创　陈　诚　张海鑫 陈　玙　李华夏	王先梅
		省部级	一等奖		杨　光　谢婷婷　朱丽娟 陈雨雁　邢　旺	林　宇
		省部级	一等奖		梁思源　从雨洁　肖九宏　陈丹丹	林　宇
		省部级	二等奖	48	姜　丽　周其飞　周娅祥 赵冠晨　王文章	刘　健
		省部级	二等奖		吴佳豪　许思凡　张雨蒙 张梦波　李奥林	殷绪成
		省部级	二等奖		牛　康　黄国强　刘子健 张婉婷　朱维忠	胡四泉
		省部级	二等奖		谭　龙　邓相舟　冉　艾	于　泓

续表

序号	项目	奖项级别	奖项	获奖人数	获奖者	指导教师
18	第十届iCAN大学生物联网创新创业大赛（北京赛区）	省部级	二等奖		王子奕　葛慧林　姜灵之　杨　焘　黄悦骅	林　宇
		省部级	二等奖		林安祺　荣培杉　丁晔澎　王智琦　李　童	王志良
		省部级	二等奖		刘志成　梁　爽　周祥聪　赵亚辉　薛建强	王　旭
		省部级	二等奖		刘华峥　王锡哲　张璐艺　何泽洋	林　宇
		省部级	二等奖		和梦霞　傅茗萱	张　磊
		省部级	二等奖		彭一峰　张世学　宋林森　王　顺　刘海波	王小姝
		省部级	二等奖		李　鑫　王　欢　曹宇宁　田　浩	王志良　于　泓
		省部级	三等奖	15	杨　博　谷　铮　张　琦　周佳扬　唐　锦	
		省部级	三等奖		李庆超　李欣蓉　赵王麒麟　杨丽君　宋宇骅	
		省部级	三等奖		章一洋　聂　溧　梁杨晓　李远冬　郭熙辰	王洪泊　李毅萍
19	第41届ACM国际大学生程序设计竞赛亚洲区域赛	国家级	二等奖	6	殷斌一　陈笑天　孙梦瑶	洪　源
		国家级	二等奖		殷斌一　袁兆麟　陈笑天	洪　源
		国家级	三等奖	3	李宏扬　刘正宇　徐经纬	洪　源
20	第六届全国高等学校采矿工程专业学生实践作品大赛	国家级	一等奖	6	杨轶茗　庞中华　王郅源	周　喻
		国家级	一等奖		王紫薇　万　昕　肖　疆	谭玉叶
		国家级	三等奖	9	辜　珏　王　莹　左二宁　王增辉　崔柔杰	周　喻
		国家级	三等奖		陈博恩　周玉成　张大光	周　喻
		国家级	三等奖		阿尔达·塔布斯	吴顺川
21	第十届全国大学生结构设计竞赛	国家级	三等奖	3	陈杨明　李晨旭　牟　洁	谭文辉　刘彩平
22	第四届全国大学生混凝土材料设计大赛	国家级	特等奖	1	刘　宇	刘娟红
		国家级	特等奖	3	刘　宇　童翊轩　贺　铮	刘娟红
		国家级	三等奖	3	呼延辰昭　董致宏　谷书晗	韩方晖

续表

序号	项目	奖项级别	奖项	获奖人数	获奖者	指导教师
23	第九届“高教杯”全国大学生先进成图技术与产品信息建模创新大赛（个人）	国家级	一等奖	6	于宪元	杨光辉 陈　平 许　倩
		国家级	一等奖		宫盛瀚	
		国家级	一等奖		刘　继	
		国家级	一等奖		胡生国	
		国家级	一等奖		江　敏	
		国家级	一等奖		凌　晨	
		国家级	二等奖	3	凌　晨	
		国家级	二等奖		宫盛瀚	
		国家级	二等奖		江　敏	
	第九届“高教杯”全国大学生先进成图技术与产品信息建模创新大赛（团队）	国家级	一等奖	5	宫盛瀚　刘　继　胡生国 于宪元　江　敏	杨光辉 陈　平 许　倩
		国家级	二等奖	5	宫盛瀚　刘　继　胡生国 于宪元　江　敏	
24	第十届“西门子杯”中国智能制造挑战赛	国家级	特等奖	6	刘慕雅　李岚鑫　陈东阳	张笑菲
		国家级	特等奖		庄建凯　王正阳　孙永坤	董冀媛
		国家级	一等奖	6	吴佳彬　张　然　张　聪	董冀媛
		国家级	一等奖		黄　凯　刘　冰　高若飞	徐银梅
25	第十届“西门子杯”中国智能制造挑战赛（华北赛区）	省部级	特等奖	6	赵君伟　刘　岩　陈天傲	李　擎
		省部级	特等奖		黄　凯　刘　冰　高若飞	徐银梅
		省部级	一等奖	6	庄建凯　王正阳　孙永坤	董冀媛
		省部级	一等奖		廖泽华　刘　琦　张瑀涵	王　玲
		省部级	二等奖	26	孙鸿儒　杨柳青　邓博炜	王　玲
		省部级	二等奖		邓盈盈　左良玉　刘云飞	李　擎
		省部级	二等奖		李　颖　刘华宇	阎　群
		省部级	二等奖		齐恬婧　吴　燃　王　媛	崔家瑞
		省部级	二等奖		宋宇骅　鲁思凯　赵王麒麟	徐银梅
		省部级	二等奖		阚艺铎　孟　玥　李远冬	张笑菲
		省部级	二等奖		吴佳彬　张　然　张　聪	董冀媛

续表

序号	项目	奖项级别	奖项	获奖人数	获奖者	指导教师
25	第十届“西门子杯”中国智能制造挑战赛（华北赛区）	省部级	二等奖	5	阳宇翔 周务员 王雨澄	董冀媛
		省部级	二等奖		梁 爽 杜一鹏 汪 婧	董冀媛
		省部级	三等奖		孙自浩 全 威	董冀媛
		省部级	三等奖		皮彦婷 王海龙 陈小乐	董冀媛
26	2016年中国国际飞行器设计挑战赛暨科研类全国航空航天模型锦标赛	国家级	一等奖	8	乔腾飞 张人杰 蒲 浩 王言任	曾云甫
		国家级	一等奖		王郅源 张昌玲 巩诗航 胡华清	曾云甫
		国家级	二等奖	11	王皓晴 黄雨佳 张梦渊 王浩丞	曾云甫
		国家级	二等奖		贾彦昌 刘 继 主 力 李朝闻	曾云甫
		国家级	二等奖		石志钢 蒋牧曦 刘炳辉	曾云甫
		国家级	三等奖	7	黄子帅 张敬涛 费玥姣	曾云甫
		国家级	三等奖		王冠雄 牛子天 安琳琳 马胜鹏	曾云甫
27	2016年全国大学生机器人大赛（Robocon）	国家级	三等奖	39	刘志成 梁 爽 牛星宇 李兴胜 赵亚辉 李 维 张希琛 王卫峰 廖学知 周祥聪 阴鹏艳 左良玉 汪婷婷 王正阳 董亚飞 薛建强 梁泰琳 贺 博 刘云飞 刘旺太 冯佳丽 郑 烨 付 航 苏 伟 谢 涛 王敬香 张 鹏 崔梦嘉 解乃颖 储若慧 曾日芽 万元宇 王 植 陈文斌 俞杲杰 任晓文 许 焱 林晓波 李勇翔	王 旭
28	2016年全国大学生机器人大赛RoboMaster（北部赛区）	省部级	三等奖	15	王 雷 李 颖 白飞龙 张庭华 张 然 占翔南 马胜鹏 王祺正 王冠雄 蔡潇瀚 岳宁宁 郭祖旭 李 军 杨 乔 边 远	王 旭
29	2016年华北五省（市、自治区）机器人大赛	省部级	二等奖	4	刘明亮 马宝忠	王 旭
		省部级	二等奖		黄国强 储华珍	王 旭
		省部级	三等奖	2	刘宏星 田震松	曾云甫
30	2016年北京市大学生机器人大赛	省部级	一等奖	4	刘明亮 马宝忠	王 旭
		省部级	一等奖		黄国强 储华珍	王 旭
		省部级	三等奖	6	刘宏星 田震松	曾云甫
		省部级	三等奖		康远一 刘舜禹 管鹏鑫 薄鑫宇	王 旭 曾云甫

续表

序号	项目	奖项级别	奖项	获奖人数	获奖者	指导教师
31	2016年北京市第二十七届大学生数学竞赛	省部级	一等奖	4	胡艾琳	胡志兴 李为东 司新辉
		省部级	一等奖		黎　琼	
		省部级	一等奖		刘　娜	
		省部级	一等奖		全　超	
		省部级	二等奖	6	陈维勤	
		省部级	二等奖		高　欢	
		省部级	二等奖		何　莹	
		省部级	二等奖		刘浩楠	
		省部级	二等奖		马展泽	
		省部级	二等奖		师　涵	
		省部级	三等奖	7	李　柯	
		省部级	三等奖		倪　鑫	
		省部级	三等奖		杨　帆	
		省部级	三等奖		衣芳青	
		省部级	三等奖		赵用雯	
		省部级	三等奖		郑曹歌	
		省部级	三等奖		左　娟	
32	2016年首届北京市大学生生物学竞赛（个人）	省部级	一等奖	1	马　鑫	宋　青
		省部级	二等奖	5	陈　楠	
		省部级	二等奖		李　奇	
		省部级	二等奖		冯　卓	
		省部级	二等奖		郝得厚	
		省部级	二等奖		莫雨轩	
		省部级	三等奖	13	陈　然	
		省部级	三等奖		胡艺蓝	
		省部级	三等奖		李　爽	
		省部级	三等奖		云　超	
		省部级	三等奖		张泽龙	
		省部级	三等奖		张益龙	
		省部级	三等奖		苏静宜	
		省部级	三等奖		张毓凡	
		省部级	三等奖		李　卉	

续表

序号	项目	奖项级别	奖项	获奖人数	获奖者	指导教师
32	2016年首届北京市大学生生物学竞赛（个人）	省部级	三等奖		陶文静	宋　青
		省部级	三等奖		刘　唱	
		省部级	三等奖		李　卉	
		省部级	三等奖		浦绍韬	
	2016年首届北京市大学生生物学竞赛（团队）	省部级	三等奖	4	张　晗　王正伟　马　艳　夏　伦	宋　青
33	2016年北京市大学生物理实验竞赛	省部级	一等奖	3	李叔伦　宁　超　赵雪丽	吴　平 孙明明
		省部级	二等奖	6	杨　涛　吴孟德　颜　一	孙明明 吴　平
		省部级	二等奖		武健宇　周其飞　张国栋	陈　森 吴　平
		省部级	三等奖	9	林海龙　徐国印　李润泽	赵雪丹 孙明明
		省部级	三等奖		姚礼健　齐文博　鲁梦薇	孙明明 赵雨霄
		省部级	三等奖		邓小龙　刘佳慧　孙晨昊	孙明明 张师平
34	2016年北京市大学生英语演讲比赛	省部级	三等奖	1	黄心眉	张丹丹
35	第五届北京市大学生建筑结构设计竞赛	省部级	一等奖	12	刘　宇　刘培宇　王含笑　张朝俊 陈　群　张华振	谭文辉 刘彩平
		省部级	一等奖		孙　阳　王　谦　任晓辉　刘梦佳 陈雪瑞　甄欣悦	张举兵
		省部级	二等奖	6	陈杨明　牟　洁　张改改　薛巧蕊 李晨旭　管炎坤	谭文辉
36	2016年首都高校第八届机械创新设计大赛	省部级	一等奖	5	陈　璐　田超然　郭建强　侯泽昊 张中豪	邱丽芳
		省部级	二等奖	15	刘佳澄　王冠雄　李　明　周嘉诚 杜德渝	马　飞
		省部级	二等奖		刘倩男　王岳茹　刘志彪　许桐晖 邓　洋	唐　英
		省部级	二等奖		朱冠伦　王锡哲　何泽洋　张世学 杨　光	林　宇

续表

序号	项目	奖项级别	奖项	获奖人数	获奖者	指导教师
37	第二届北京市大学生工程设计表达竞赛（团队）	省部级	一等奖	15	刘建泽 许仕杰 周昭丞 叶靖宇 汪晗	许倩
		省部级	一等奖		侯彦朋 张堃 夏正 李子继 聂昆	杨光辉
		省部级	一等奖		江敏 凌晨 上官泽钰 李化洋 刘瑞雪	杨光辉
		省部级	二等奖	5	潘发明 刘铁柱 张晏齐 李方时 韩玺	万静
	第二届北京市大学生工程设计表达竞赛（个人）	省部级	一等奖	6	江敏	杨光辉
		省部级	一等奖		刘瑞雪	杨光辉
		省部级	一等奖		叶靖宇	许倩
		省部级	一等奖		张堃	杨光辉
		省部级	一等奖		许仕杰	许倩
		省部级	一等奖		周昭丞	许倩
		省部级	二等奖	9	李化洋	杨光辉
		省部级	二等奖		刘铁柱	万静
		省部级	二等奖		张晏齐	万静
		省部级	二等奖		李方时	万静
		省部级	二等奖		凌晨	杨光辉
		省部级	二等奖		夏正	杨光辉
		省部级	二等奖		侯彦朋	杨光辉
		省部级	二等奖		刘建泽	许倩
		省部级	二等奖		汪晗	许倩
		省部级	三等奖	5	上官泽钰	杨光辉
		省部级	三等奖		韩玺	万静
		省部级	三等奖		潘发明	万静
		省部级	三等奖		李子继	杨光辉
		省部级	三等奖		聂昆	杨光辉
38	第八届北京市大学生化学实验竞赛	省部级	二等奖	3	赵振江 赵用雯 张超	郑裕东
		省部级	三等奖	9	赵鹏 罗裕子 李金明	何万里
		省部级	三等奖		李京京 栾益锋 王金石	宋波
		省部级	三等奖		史雅囡 洪伟祥 毕舒鑫	曹艳秋

续表

序号	项目	奖项级别	奖项	获奖人数	获奖者	指导教师
39	第三十三届全国部分地区大学生物理竞赛	省部级	特等奖	1	马展泽	大学物理指导团队
		省部级	一等奖	16	陈御川	
		省部级	一等奖		王天放	
		省部级	一等奖		张少静	
		省部级	一等奖		李加桉	
		省部级	一等奖		郭佳龙	
		省部级	一等奖		胡治平	
		省部级	一等奖		张静乔	
		省部级	一等奖		蒋章程	
		省部级	一等奖		李子璠	
		省部级	一等奖		张灏泽	
		省部级	一等奖		彭宝莉	
		省部级	一等奖		刘弘历	
		省部级	一等奖		全　超	
		省部级	一等奖		鹿　瑶	
		省部级	一等奖		陈雨露	
		省部级	一等奖		王若茜	
		省部级	二等奖	34	陆　阳	
		省部级	二等奖		孙阳天	
		省部级	二等奖		泮壹标	
		省部级	二等奖		王乾宇	
		省部级	二等奖		张英超	
		省部级	二等奖		赵英男	
		省部级	二等奖		陈少华	
		省部级	二等奖		张曼曼	
		省部级	二等奖		魏学源	
		省部级	二等奖		陈　前	
		省部级	二等奖		王汝意	
		省部级	二等奖		何宇晖	
		省部级	二等奖		刘逸群	
		省部级	二等奖		吕东辉	

续表

序号	项目	奖项级别	奖项	获奖人数	获奖者	指导教师
39	第三十三届全国部分地区大学生物理竞赛	省部级	二等奖	34	金俊腾	大学物理指导团队
		省部级	二等奖		赖薪宇	
		省部级	二等奖		高博航	
		省部级	二等奖		裴权炳	
		省部级	二等奖		梁杏红	
		省部级	二等奖		蔡　旺	
		省部级	二等奖		刘冬雨	
		省部级	二等奖		钱　昂	
		省部级	二等奖		张傲萱	
		省部级	二等奖		黄心眉	
		省部级	二等奖		吉天成	
		省部级	二等奖		王　翼	
		省部级	二等奖		吴柏华	
		省部级	二等奖		连　博	
		省部级	二等奖		尚子昂	
		省部级	二等奖		谭彩萍	
		省部级	二等奖		肖勇贵	
		省部级	二等奖		程卢程	
		省部级	二等奖		巩诗航	
		省部级	二等奖		赵子璇	
		省部级	三等奖	77	鲁智德	
		省部级	三等奖		曹智耀	
		省部级	三等奖		衣芳青	
		省部级	三等奖		郭　宁	
		省部级	三等奖		鲍卓希	
		省部级	三等奖		李婉睿	
		省部级	三等奖		肖沛桐	
		省部级	三等奖		曹　玲	
		省部级	三等奖		罗子健	
		省部级	三等奖		窦　安	
		省部级	三等奖		陈嘉俊	

续表

序号	项目	奖项级别	奖项	获奖人数	获奖者	指导教师
39	第三十三届全国部分地区大学生物理竞赛	省部级	三等奖	77	钟冰洁	大学物理指导团队
		省部级	三等奖		朱锐雪	
		省部级	三等奖		田　琳	
		省部级	三等奖		贺铂昌	
		省部级	三等奖		崔鑫跃	
		省部级	三等奖		郝　昕	
		省部级	三等奖		邢国光	
		省部级	三等奖		吕克轩	
		省部级	三等奖		刘魏魏	
		省部级	三等奖		邢哲宁	
		省部级	三等奖		孙宏利	
		省部级	三等奖		王鹏玉	
		省部级	三等奖		张国栋	
		省部级	三等奖		朱庆春	
		省部级	三等奖		张思贤	
		省部级	三等奖		张家豪	
		省部级	三等奖		亓东林	
		省部级	三等奖		朱兴亚	
		省部级	三等奖		贾梦蕾	
		省部级	三等奖		樊梦涵	
		省部级	三等奖		田晨昕	
		省部级	三等奖		曾寒雪	
		省部级	三等奖		杨柳岸	
		省部级	三等奖		王皓晴	
		省部级	三等奖		巴光明	
		省部级	三等奖		崔吉哲	
		省部级	三等奖		彭　翀	
		省部级	三等奖		张洁琼	
		省部级	三等奖		杨泽森	
		省部级	三等奖		李　帅	
		省部级	三等奖		谢亮军	

续表

序号	项目	奖项级别	奖项	获奖人数	获奖者	指导教师
39	第三十三届全国部分地区大学生物理竞赛	省部级	三等奖		刘泽京	
		省部级	三等奖		李清华	
		省部级	三等奖		王　健	
		省部级	三等奖		胡华清	
		省部级	三等奖		茹之钮	
		省部级	三等奖		叶昌键	
		省部级	三等奖		吕芳霞	
		省部级	三等奖		武健宇	
		省部级	三等奖		王　涛	
		省部级	三等奖		范维莹	
		省部级	三等奖		陶洪达	
		省部级	三等奖		詹芳媛	
		省部级	三等奖		刘子晗	
		省部级	三等奖		鲍祎楠	
		省部级	三等奖		曹腾心	
		省部级	三等奖		徐艺玮	
		省部级	三等奖		田　雨	
		省部级	三等奖		汪　涵	
		省部级	三等奖		尚　进	
		省部级	三等奖		罗卓尔	
		省部级	三等奖		鲁毅鹏	
		省部级	三等奖		王一鸣	
		省部级	三等奖		陈泽权	
		省部级	三等奖		欧阳衡	
		省部级	三等奖		马萌萌	
		省部级	三等奖		胡超群	
		省部级	三等奖		杜松墨	
		省部级	三等奖		王罂蕙	
		省部级	三等奖		刘宏星	
		省部级	三等奖		张德鑫	
		省部级	三等奖		田鑫源	
		省部级	三等奖		李彦星	
		省部级	三等奖		吕绪泉	
		省部级	三等奖		邢泽溶	
		省部级	三等奖		黄智榕	

续表

序号	项目	奖项级别	奖项	获奖人数	获奖者	指导教师
40	2016北京市大学生电子设计竞赛	省部级	一等奖	2	黄一锟　杜一鹏	刘　涛
		省部级	二等奖	16	冯佳丽　薛建强	吕　振
		省部级	二等奖		高枕岳　刘津良	吕　振
		省部级	二等奖		苏　伟　张　希	吕　振
		省部级	二等奖		刘云飞　左良玉	吕　振
		省部级	二等奖		冯富森　周程瑜	吕　振
		省部级	二等奖		王　颖　刘继文	吕　振
		省部级	二等奖		孟　岩　吴子越	吕　振
		省部级	二等奖		廖泽华　刘　琦	吕　振
		省部级	三等奖	22	陈营修　李新乐	吕　振
		省部级	三等奖		周宇杰　李国科	吕　振
		省部级	三等奖		宋林森　张世学	吕　振
		省部级	三等奖		陈天傲　赵君伟	吕　振
		省部级	三等奖		皮彦婷　羊　铸	吕　振
		省部级	三等奖		刘宇霏　张　硕	吕　振
		省部级	三等奖		陈志龙　邱中炜	吕　振
		省部级	三等奖		解靖怡　孙自浩	吕　振
		省部级	三等奖		胡智宇　全　威	白艳茹
		省部级	三等奖		李欣蓉　李庆超	白艳茹
		省部级	三等奖		张瑀涵　赵家兴	周　珂
41	2016北京市大学生工程训练能力综合竞赛	省部级	一等奖	6	陈书清　陆业衡　秦德浩	王　旭 徐立业
		省部级	一等奖		郝李子翼　谌能杰　王英凡	王　旭 王建武
		省部级	二等奖	9	陈培豪　周昭丞　王　优	王　旭 贾志新
		省部级	二等奖		靳光胤　吕锦铭　李东东	王　旭 贾志新
		省部级	二等奖		卫玲蔚　张志鹏　蔡肖建	王　旭 王建武
		省部级	三等奖	3	王　浪　魏宗智　甄晓阳	王　旭 徐立业

（马瑞芝）

2016年度本科课程表

冶金工程专业

年级	课程设置
2016级	思想道德修养与法律基础，基础外语I，体育I，军事理论，大学生职业发展与就业指导I，大学生心理健康I，大学计算机基础，高等数学AI，无机化学B，无机化学实验BI
2015级	中国近现代史纲要，基础外语II，体育II，大学生心理健康II，C语言程序设计，高等数学AII，大学物理AI，无机化学实验BII，新生研讨课，冶金工程概论
	马克思主义基本原理概论，基础外语III，体育III，金工实习I，线性代数A，大学物理AII，工科物理实验I，工程力学C，机械设计制图AI
2014级	毛泽东思想和中国特色社会主义理论体系概论I，体育IV，工科物理实验II，冶金传输原理，机械设计制图AII，电工技术实验，电工技术，物理化学BI
	毛泽东思想和中国特色社会主义理论体系概论II，概率论与数理统计A，数学实验，冶金物理化学（冶金热力学与动力学），冶金电化学，金属学原理，电子技术实验，电子技术，物理化学BII，物理化学实验B，工业生态，煤与焦化工艺，铁矿石造块工艺，有色冶金设备，相结构基础及研究方法，铁基材料冶金工程基础（英文），无机非金属材料，能源工程，冶金环境工程与资源循环利用，湿法冶金方法，专业英语阅读与写作，铁合金，功能材料
2013级	经济与管理，实验室安全基础，金属材料及热处理，钢铁冶金学I，冶金工程实验技术，钢铁冶金学II，有色金属冶金学，冶金单元设计与操作，铁水预处理，炉外精炼（双语），特种冶金，连铸工艺与设备，铅锌冶金学，稀土冶金学，硅冶金学，高纯金属冶金方法，冶金物理化学前沿讲座，表面工程，相图在冶金中的应用，高温熔体物性，冶金热力学（英文），冶金过程检测与自动控制，特殊钢冶金过程工程，纯净钢生产工艺，功能材料，稀贵金属冶金学，钢铁生产与生态环境，工业污染与生态修复
	大学生职业发展与就业指导IV，冶金工程实验技术，现代冶金工程设计与实践，微机原理与应用，现代冶金工程设计原理，耐火材料，非高炉炼铁，钢铁材料成形加工，有色冶金新工艺，活度的测量与计算，固体电解质在冶金中的应用，材料结构和性能：相冶金（双语），冶金流程工程学，有色生物冶金（双语），电磁冶金原理与工艺，工业废水处理与回收，冶金过程节能减排
2012级	毕业设计（论文）

生态学专业

年级	课程设置
2012级	毕业设计（论文）

材料科学与工程类专业

年级	课程设置
2016级	中国近现代史纲要，基础外语I，体育I，军事理论，大学生职业发展与就业指导I，大学生心理健康I，大学计算机基础，高等数学AI，无机化学B，无机化学实验BI，材料科学与工程导论（名师课堂）

续表

年　级	课 程 设 置
2015级	思想道德修养与法律基础，基础外语II，体育II，大学生心理健康II，C++程序设计，高等数学AII，线性代数A，无机化学实验BII，大学物理CI
	毛泽东思想和中国特色社会主义理论体系概论I，基础外语III，体育III，工程力学B，概率论与数理统计A，工科物理实验I，大学物理CII，专业概述
2014级	马克思主义基本原理概论，体育IV，金工实习I，数学实验，工科物理实验II，大学物理CIII，机械设计制图BI，电工技术，物理化学D，材料中的微观世界

无机非金属材料工程专业

年　级	课 程 设 置
2016级	中国近现代史纲要，基础外语I，体育I，军事理论，大学生职业发展与就业指导I，大学生心理健康I，大学计算机基础，高等数学AI，无机化学B，无机化学实验BI，材料科学与工程导论（名师课堂）
2015级	思想道德修养与法律基础，基础外语II，体育II，大学生心理健康II，C++程序设计，高等数学AII，线性代数A，无机化学实验BII，大学物理CI
	毛泽东思想和中国特色社会主义理论体系概论I，基础外语III，体育III，工程力学B，概率论与数理统计A，工科物理实验I，大学物理CII，专业概述
2014级	马克思主义基本原理概论，体育IV，金工实习I，数学实验，工科物理实验II，大学物理CIII，机械设计制图BI，电工技术，物理化学D
	毛泽东思想和中国特色社会主义理论体系概论II，数理方法，无机材料结晶学基础，无机材料制备化学，无机材料热工基础，固体材料结构基础I，固体材料结构基础II，电工技术实验，物理化学实验B，无机材料物理化学I
2013级	经济与管理，无机材料物理性能，无机材料现代研究方法I，无机材料现代研究方法II，特种陶瓷工艺学，功能陶瓷材料及应用，新能源材料，耐火材料，无机材料物理化学II，计算机在材料科学中的应用，固体电解质（双语）
	大学生职业发展与就业指导IV，无机材料科学与工程试验I，无机材料科学与工程试验II，涂层材料及其应用，环境材料，MEMS材料及微细制备技术，物理电源，复合材料，结构陶瓷材料及应用，玻璃与新型建筑材料，半导体材料导论，无机纳米材料制备技术
2012级	毕业设计（论文）

材料物理专业

年　级	课 程 设 置
2016级	中国近现代史纲要，基础外语I，体育I，军事理论，大学生职业发展与就业指导I，大学生心理健康I，大学计算机基础，高等数学AI，无机化学B，无机化学实验BI，材料科学与工程导论（名师课堂）
2015级	思想道德修养与法律基础，基础外语II，体育II，大学生心理健康II，C++程序设计，高等数学AII，线性代数A，无机化学实验BII，大学物理CI
	毛泽东思想和中国特色社会主义理论体系概论I，基础外语III，体育III，工程力学B，概率论与数理统计A，工科物理实验I，大学物理CII，专业概述

续表

年　级	课程设置
2014级	马克思主义基本原理概论，体育IV，金工实习I，数学实验，工科物理实验II，大学物理CIII，机械设计制图BI，电工技术，物理化学D
	毛泽东思想和中国特色社会主义理论体系概论II，数理方法，材料科学基础实验，材料物理基础，原子物理及量子力学，理论力学（双语），电工技术实验，理科物理实验BI，物理化学实验B
2013级	经济与管理，材料物理实验I，统计物理A，理科物理实验BII，X射线晶体学，材料物理，固体物理基础A，有机光电功能材料，合金化原理及应用（英语），有机分子与纳米器件，薄膜材料与技术，功能材料基础，无机非金属材料，先进功能材料与技术
	大学生职业发展与就业指导IV，材料物理实验II，电子显微学，微束分析，低维材料学
2012级	毕业设计（论文）

材料成型及控制工程专业

年　级	课程设置
2016级	中国近现代史纲要，基础外语I，体育I，军事理论，大学生职业发展与就业指导I，大学生心理健康I，大学计算机基础，高等数学AI，无机化学B，无机化学实验BI，材料科学与工程导论（名师课堂）
2015级	思想道德修养与法律基础，基础外语II，体育II，大学生心理健康II，C++程序设计，高等数学AII，线性代数A，无机化学实验BII，大学物理CI
	毛泽东思想和中国特色社会主义理论体系概论I，基础外语III，体育III，工程力学B，概率论与数理统计A，工科物理实验I，大学物理CII，专业概述
2014级	马克思主义基本原理概论，体育IV，金工实习I，数学实验，工科物理实验II，大学物理CIII，机械设计制图BI，电工技术，物理化学D
	毛泽东思想和中国特色社会主义理论体系概论II，材料科学基础A，传热学基础，电工技术实验，电子技术，物理化学实验B，固态成形理论基础
2013级	经济与管理，金属材料及热处理A，自动控制理论，机械设计制图BII，电子技术实验，材料成形自动控制基础，固态成形工艺学，材料焊接冶金原理与工艺，液态成形理论与工艺，轧制工程学，材料成形摩擦与润滑，电弧物理与弧焊方法，铸造合金及制备工艺
	大学生职业发展与就业指导IV，专业课程设计，现代特种液态成形工艺，连铸工艺与质量控制，材料成形过程质量性能控制（双语），实验测试技术，材料成形设备与车间设计，锻压工艺学，材料成形计算机辅助工程，固态成形模拟与仿真，模具设计与制造，钎焊与电子组装技术，特种连接技术，焊接结构力学，材料短流程近终形成形技术
2012级	毕业设计（论文）

材料科学与工程专业

年　级	课程设置
2016级	中国近现代史纲要，基础外语I，体育I，军事理论，大学生职业发展与就业指导I，大学生心理健康I，大学计算机基础，高等数学AI，无机化学B，无机化学实验BI，材料科学与工程导论（名师课堂）

续表

年级	课程设置
2015级	思想道德修养与法律基础，基础外语II，体育II，大学生心理健康II，C++程序设计，高等数学AII，线性代数A，无机化学实验BII，大学物理CI
	毛泽东思想和中国特色社会主义理论体系概论I，基础外语III，体育III，工程力学B，概率论与数理统计A，工科物理实验I，大学物理CII，专业概述
2014级	马克思主义基本原理概论，体育IV，金工实习I，数学实验，工科物理实验II，大学物理CIII，机械设计制图BI，电工技术，物理化学D
	毛泽东思想和中国特色社会主义理论体系概论II，数理方法，材料科学基础I，材料科学基础实验I，电工技术实验，电子技术，物理化学实验B，冶金工程概述，生物材料导论，电化学基础，固体物理基础B
2013级	经济与管理，材料科学基础II，材料科学基础实验II，统计物理B，电子技术实验，材料物理性能A，材料分析方法，材料制备与加工，功能材料，粉末冶金原理，计算材料学与材料模拟技术，高分子材料，金属腐蚀学
	大学生职业发展与就业指导IV，金属材料学，材料力学性能，复合材料，薄膜材料制备技术，粉末冶金材料，粉末冶金实验技术，无机非金属材料，航空航天材料概述，金属腐蚀实验方法，耐蚀材料与防护技术
2012级	毕业设计（论文）

材料化学专业

年级	课程设置
2016级	中国近现代史纲要，基础外语I，体育I，军事理论，大学生职业发展与就业指导I，大学生心理健康I，大学计算机基础，高等数学AI，无机化学B，无机化学实验BI，材料科学与工程导论（名师课堂）
2015级	思想道德修养与法律基础，基础外语II，体育II，大学生心理健康II，C++程序设计，高等数学AII，线性代数A，无机化学实验BII，大学物理CI
	毛泽东思想和中国特色社会主义理论体系概论I，基础外语III，体育III，工程力学B，概率论与数理统计A，工科物理实验I，大学物理CII，专业概述
2014级	马克思主义基本原理概论，体育IV，金工实习I，数学实验，工科物理实验II，大学物理CIII，机械设计制图BI，电工技术，物理化学D
	毛泽东思想和中国特色社会主义理论体系概论II，数理方法，材料科学基础B，电化学原理，电工技术实验，物理化学实验B，分析化学，有机化学，结构化学，生物材料导论
2013级	经济与管理，有机化学实验，分析化学实验，高分子化学，有机材料化学（双语），材料分析与表征方法，高分子复合材料，光电功能材料，胶体与表面化学，纳米材料与技术，材料合成与制备化学，材料性能，先进功能材料与技术
	大学生职业发展与就业指导IV，高分子物理，材料化学基础，材料化学失效与控制，材料表面技术，涂料化学，材料化学前沿概述
2012级	毕业设计（论文）

纳米材料与技术专业

年级	课程设置
2016级	中国近现代史纲要，基础外语I，体育I，军事理论，大学生职业发展与就业指导I，大学生心理健康I，大学计算机基础，高等数学AI，力学，无机化学B，无机化学实验BI，材料科学与工程导论（名师课堂）

续表

年　级	课程设置
2015级	思想道德修养与法律基础，基础外语II，体育II，大学生心理健康II，C++程序设计，高等数学AII，线性代数A，理科物理实验I，电磁学，无机化学实验BII
	毛泽东思想和中国特色社会主义理论体系概论I，基础外语III，体育III，概率论与数理统计A，理科物理实验II，光学，热学
2014级	马克思主义基本原理概论，体育IV，金工实习I，电子技术，热力学与统计物理，原子物理，物理化学D
	毛泽东思想和中国特色社会主义理论体系概论II，数理方法，理科物理实验IV，材料物理基础，材料化学基础，量子力学，X射线晶体学，纳米材料制备与表征，物理化学实验B，生物材料导论，磁电子学，纳米半导体材料
2013级	经济与管理，表面与界面，固体物理，电子显微学，微纳加工技术，光电功能材料，有机光电功能材料，有机分子与纳米器件，薄膜材料与技术，无机非金属材料，先进功能材料与技术
	大学生职业发展与就业指导IV，半导体物理，材料物理性能B，计算材料学，纳米器件基础，纳米磁性材料
2012级	毕业设计（论文）

材料科学与工程（实验班）专业

年　级	课程设置
2016级	国际理解，国史与国情，工程伦理与思想道德，基础外语I，体育I，大学生职业发展与就业指导I，大学生心理健康I，计算机基础-原理与应用，高等数学I，材料科学与工程导论（名师课堂）
2015级	基础外语II，体育II，大学生心理健康II，C++程序设计，化学实验II，高等数学II，大学物理CI
	中国与世界文化引论，工程法学，基础外语III，体育III，线性代数A，工程力学D，工科物理实验I，大学化学，化学实验I，大学物理CII
2014级	体育IV，金工实习I，概率论与数理统计A，数理方法，工科物理实验II，大学化学，大学物理CIII，材料热力学与化学，晶体学与材料结构，电工技术
	材料科学基础实验I，材料概论，材料动力学（传热传质界面偏析等），材料相变，材料变形与再结晶，工程制图，机械设计，电工技术实验，电子技术，物理化学实验C，陶瓷材料及工艺导论，航空航天材料概述，生物材料导论，能源材料，纳米材料与微纳加工，信息材料与技术
2013级	经济与管理，数学实验，材料科学基础实验II，界面与表面，材料电子理论，电子技术实验，金属材料学I，材料实验研究方法（X线、电镜及其他）I，材料力学性能，材料制备与加工（含钢铁冶金）I，计算材料学，粉末冶金材料，高分子材料，功能陶瓷与器件，低维材料与制备技术，复合材料，电子功能材料导论，先进功能材料与技术
	大学生职业发展与就业指导IV，材料物理性能B，金属材料学II，金属材料学实验，材料实验研究方法（X线、电镜及其他）II，材料制备与加工（含钢铁冶金）II，金属腐蚀实验方法，耐蚀材料与防护技术，材料表面技术，环境材料学，材料选用，制造工程学

机械类专业

2016级	思想道德修养与法律基础，基础外语I，体育I，军事理论，大学生职业发展与就业指导I，大学生心理健康I，大学计算机基础，高等数学AI，机械制图AI

续表

年　级	课程设置
2015级	中国近现代史纲要，基础外语II，体育II，大学生心理健康II，C++程序设计，高等数学AII，线性代数A，大学物理AI，机械制图AII
	毛泽东思想和中国特色社会主义理论体系概论I，基础外语III，体育III，理论力学A，概率论与数理统计A，数学实验，大学物理AII，工科物理实验I

工业设计专业

年　级	课程设置
2016级	思想道德修养与法律基础，基础外语I，体育I，军事理论，大学生职业发展与就业指导I，大学生心理健康I，大学计算机基础，高等数学BI，艺术赏析，结构素描，素描（工设），设计导论
2015级	中国近现代史纲要，基础外语II，体育II，大学生心理健康II，C++程序设计，高等数学BII，机械制图B，色彩写生，平面构成（工设），建筑概论
	毛泽东思想和中国特色社会主义理论体系概论I，基础外语III，体育III，金工实习I，大学物理B，立体构成，色彩构成，摄影，效果图，计算机辅助二维设计（工设），传统工艺
2014级	马克思主义基本原理概论，体育IV，人机工程学，电子产品实用电路和结构，设计方法学，设计基础，计算机辅助三维设计（工设），视觉传达设计，信息图表设计
	毛泽东思想和中国特色社会主义理论体系概论II，设计工程基础I，计算机辅助动画设计（工设），交互设计技术，模型设计与制作，产品设计I，商业空间形象设计，数字影像设计
2013级	经济与管理，设计工程基础II，界面设计（双语），产品设计II，文化创意产品设计，导视系统设计
	大学生职业发展与就业指导IV，设计实践，毕设选题，交互原型设计，游戏设计，品牌数字化推广
2012级	毕业设计（论文）

物流工程专业

年　级	课程设置
2016级	思想道德修养与法律基础，基础外语I，体育I，军事理论，大学生职业发展与就业指导I，大学生心理健康I，大学计算机基础，高等数学AI，机械制图AI
2015级	中国近现代史纲要，基础外语II，体育II，大学生心理健康II，C++程序设计，高等数学AII，线性代数A，大学物理AI，机械制图AII
	毛泽东思想和中国特色社会主义理论体系概论I，基础外语III，体育III，概率论与数理统计A，数学实验，大学物理AII，工科物理实验I，工程力学C，物流学
2014级	马克思主义基本原理概论，体育IV，工科物理实验II，机械设计基础，信息系统开发技术，数据库应用基础，电工技术实验，电工技术，应用统计学
	毛泽东思想和中国特色社会主义理论体系概论II，金工实习I，机械课程设计，计算机网络，机械制造工程基础，物流学，应用运筹学，系统工程，生产计划与控制，控制工程基础，供应链管理（双语）
2013级	经济与管理，设施规划与设计，现代制造系统，物流技术装备，配送与配送中心，离散系统建模与仿真，计算机辅助设计及应用，物流信息系统，可行性研究，PLC控制技术及应用，企业物流管理，质量管理与控制，包装与流通加工技术
	大学生职业发展与就业指导IV，专业课程设计II（设施规划），专业课程设计III（生产系统仿真），冶金生产工艺及装备，物流系统集成技术，自动识别技术，ERP原理与应用，国际物流（双语），物流运作与实践，人因工程

续表

年　级	课 程 设 置
2012级	毕业设计（论文）

车辆工程专业

年　级	课 程 设 置
2016级	沟通与交流，思想道德修养与法律基础，基础外语I，体育I，军事理论，大学生职业发展与就业指导I，大学生心理健康I，大学计算机基础，高等数学AI，机械制图AI
2015级	中国近现代史纲要，基础外语II，体育II，大学生心理健康II，C++程序设计，高等数学AII，线性代数A，大学物理AI，机械制图AII
	毛泽东思想和中国特色社会主义理论体系概论I，基础外语III，体育III，理论力学A，概率论与数理统计A，数学实验，大学物理AII，工科物理实验I
2014级	马克思主义基本原理概论，体育IV，金工实习I，材料力学，工科物理实验II，机械原理，热工学，电工技术实验，电工技术
	毛泽东思想和中国特色社会主义理论体系概论II，电子技术实习，微机原理与应用B，工程流体力学，工程材料及成形工艺，机械设计，电子技术实验，电子技术，汽车构造（双语），发动机原理
2013级	经济与管理，机械课程设计，机械制造工艺基础，自动控制理论，汽车理论，汽车设计，汽车试验学，现代设计法概论，机电传动控制，汽车电子与电气技术，嵌入式系统，机械工程专题，机械振动
	大学生职业发展与就业指导IV，车辆人机工程，专用车辆，车辆可靠性工程，汽车造型设计，CAD/CAM技术及应用，汽车安全技术，汽车检测与诊断，智能交通概况，车辆液压传动与控制，电动汽车，汽车新技术，随机振动
2012级	毕业设计（论文）

视觉传达设计专业

年　级	课 程 设 置
2016级	思想道德修养与法律基础，基础外语I，体育I，军事理论，大学生职业发展与就业指导I，大学生心理健康I，大学计算机基础，色彩构成，素描，平面构成，艺术赏析，色彩，设计导论
2015级	中国近现代史纲要，基础外语II，体育II，大学生心理健康II，立体构成，摄影，计算机辅助二维设计（艺设），图案设计，字体设计，建筑概论
	毛泽东思想和中国特色社会主义理论体系概论I，基础外语III，体育III，标志设计，图形设计，计算机辅助三维设计（艺设），综合材料表达，视听语言，插图设计，传统工艺
2014级	马克思主义基本原理概论，体育IV，数字摄像，人因设计，设计思维与方法，数字媒体前期创作，动画造型基础，书籍装帧设计，信息图表设计
	毛泽东思想和中国特色社会主义理论体系概论II，形态设计与模型制作，计算机辅助动画设计（艺设），界面设计（双语），包装设计，网页设计与制作，动画设计，商业空间形象设计
2013级	经济与管理，广告设计，数字媒体设计，视觉形象设计，文化创意产品设计，导视系统设计
	大学生职业发展与就业指导IV，设计实践，专业记录与表达，毕设选题，游戏设计，品牌数字化推广

艺术设计专业

年 级	课 程 设 置
2012级	毕业设计（论文）

机械工程专业

年 级	课 程 设 置
2016级	沟通与交流，思想道德修养与法律基础，基础外语I，体育I，军事理论，大学生职业发展与就业指导I，大学生心理健康I，大学计算机基础，高等数学AI，机械制图AI
2015级	中国近现代史纲要，基础外语II，体育II，大学生心理健康II，C++程序设计，高等数学AII，线性代数A，大学物理AI，机械制图AII
	毛泽东思想和中国特色社会主义理论体系概论I，基础外语III，体育III，理论力学A，概率论与数理统计A，数学实验，大学物理AII，工科物理实验I
2014级	马克思主义基本原理概论，体育IV，金工实习I，材料力学，工科物理实验II，机械原理，热工学，电工技术实验，电工技术
	毛泽东思想和中国特色社会主义理论体系概论II，电子技术实习，微机原理与应用B，工程流体力学，工程材料及成形工艺，机械设计，电子技术实验，电子技术
2013级	经济与管理，机械课程设计，自动控制理论，机械制造工艺基础，互换性与测量技术，液压与气压传动，测试技术，机电传动控制，机械工程专题，机械创新设计，机械振动
	大学生职业发展与就业指导IV，机械制造装备设计，现代制造系统，计算机辅助制造，液压控制系统，冶金生产工艺及装备，轧制过程控制，工程数值计算，现代设计方法，CAD/CAM技术及应用，微机电系统，数学模型，塑性加工技术，机电一体化技术，生物机械工程，冶金机械设计与制造，现代传感技术，模具设计与制造，现代加工技术，机电系统原理及应用，计算机控制技术，数控机床，机械质量管理分析与控制

机械工程及自动化专业

年 级	课 程 设 置
2012级	毕业设计（论文）

工商管理类专业

年 级	课 程 设 置
2016级	大学语文与应用写作B，思想道德修养与法律基础，基础外语I，英语口语I，体育I，军事理论，大学生职业发展与就业指导I，大学生心理健康I，大学计算机基础，高等数学AI，高等数学BI，化学与社会
2015级	中国近现代史纲要，基础外语II，英语口语II，体育II，大学生心理健康II，数据库与VF程序设计，高等数学AII，高等数学BII，宏微观经济学，经济法
	马克思主义基本原理概论，基础外语III，英语口语III，体育III，线性代数A，大学物理B，管理学原理（双语），市场营销学，人力资源管理B，会计学原理

国际经济与贸易专业

年　级	课 程 设 置
2016级	大学语文与应用写作B，思想道德修养与法律基础，基础外语I，英语口语I，体育I，军事理论，大学生职业发展与就业指导I，大学生心理健康I，大学计算机基础，高等数学BI，化学与社会
2015级	中国近现代史纲要，基础外语II，英语口语II，体育II，大学生心理健康II，数据库与VF程序设计，高等数学AII，高等数学BII
	马克思主义基本原理概论，基础外语III，英语口语III，体育III，线性代数A，大学物理B，管理信息系统，管理学原理（双语），会计学原理，宏微观经济学I
2014级	毛泽东思想和中国特色社会主义理论体系概论I，英语口语IV，体育IV，概率论与数理统计A，数学实验，财政金融学，国际贸易原理，财务管理，宏微观经济学II，国际商务英语（英语）
	毛泽东思想和中国特色社会主义理论体系概论II，运筹学，应用统计学，经济法，电子商务，国际金融（英语），国际贸易实务，国际市场营销（双语），大数据应用
2013级	国际商法，国际商务谈判，国际技术贸易概论，信息资源管理，财务报表分析，国际贸易地理，国际经济与贸易专业发展前沿概述，国际经济合作
	大学生职业发展与就业指导IV，市场竞争模拟，国际结算，WTO贸易规则，人力资源管理实务，国际投资实务（双语）
2012级	毕业设计（论文）

会计学专业

年　级	课 程 设 置
2016级	大学语文与应用写作B，思想道德修养与法律基础，基础外语I，英语口语I，体育I，军事理论，大学生职业发展与就业指导I，大学生心理健康I，大学计算机基础，高等数学BI，化学与社会
2015级	中国近现代史纲要，基础外语II，英语口语II，体育II，大学生心理健康II，数据库与VF程序设计，高等数学AII，高等数学BII，宏微观经济学，经济法
	马克思主义基本原理概论，基础外语III，英语口语III，体育III，线性代数A，大学物理B，管理学原理（双语），市场营销学，人力资源管理B，会计学原理
2014级	毛泽东思想和中国特色社会主义理论体系概论I，英语口语IV，体育IV，概率论与数理统计A，数学实验，管理信息系统，项目评价与管理，市场营销学（双语），金融学概论，中级财务会计
	毛泽东思想和中国特色社会主义理论体系概论II，运筹学，运营管理，企业战略管理，应用统计学，会计电算化原理与实务，成本会计，高级会计学，投资学原理
2013级	审计学，财务管理（英语），会计理论与实务前沿，Excel在财务管理中的应用，企业财务风险管理，国际会计，财务分析，会计研究数据处理
	大学生职业发展与就业指导IV，管理会计（双语），政府与非营利组织会计，资本市场会计研究，财务管理案例分析
2012级	毕业设计（论文）

工商管理专业

年　级	课程设置
2016级	大学语文与应用写作B，思想道德修养与法律基础，基础外语I，英语口语I，体育I，军事理论，大学生职业发展与就业指导I，大学生心理健康I，大学计算机基础，高等数学BI，化学与社会
2015级	中国近现代史纲要，基础外语II，英语口语II，体育II，大学生心理健康II，数据库与VF程序设计，高等数学AII，高等数学BII，宏微观经济学，经济法
	马克思主义基本原理概论，基础外语III，英语口语III，体育III，线性代数A，大学物理B，管理学原理（双语），市场营销学，人力资源管理B，会计学原理
2014级	毛泽东思想和中国特色社会主义理论体系概论I，英语口语IV，体育IV，概率论与数理统计A，数学实验，管理信息系统，项目评价与管理，市场营销学（双语），金融学概论
	毛泽东思想和中国特色社会主义理论体系概论II，运筹学，运营管理，企业战略管理（双语），应用统计学，人力资源管理，市场竞争模拟，组织行为学，组织理论与实务
2013级	财务管理，管理会计，品牌战略，消费者行为学，管理沟通，心理测量与甄选，绩效与薪酬管理，管理技能开发与培训，企划文案设计，创业管理，广告与营销策划（英文）
	大学生职业发展与就业指导IV，劳动关系法律实务，企业文化（英语），财务报表分析，国际营销原理与实务，国际贸易原理与实务，电子商务
2012级	毕业设计（论文）

信息管理与信息系统专业

年　级	课程设置
2016级	大学语文与应用写作B，思想道德修养与法律基础，基础外语I，英语口语I，体育I，军事理论，大学生职业发展与就业指导I，大学生心理健康I，大学计算机基础，高等数学AI，化学与社会
2015级	中国近现代史纲要，基础外语II，英语口语II，体育II，大学生心理健康II，数据库与VF程序设计，高等数学AII，宏微观经济学
	马克思主义基本原理概论，基础外语III，英语口语III，体育III，线性代数A，大学物理B，管理信息系统，管理学原理（双语），运营管理
2014级	毛泽东思想和中国特色社会主义理论体系概论I，英语口语IV，体育IV，概率论与数理统计A，数学实验，离散数学，信息资源管理，财务与会计学基础，计算机组成原理，C++语言程序设计，数据库原理，信息系统分析与设计
	毛泽东思想和中国特色社会主义理论体系概论II，运筹学，决策支持系统，项目评价与管理，应用统计学，操作系统（双语）
2013级	数据结构，计算机网络，电子商务，办公自动化，软件工程学，专业发展前沿技术，信息安全技术，企业系统建模，管理系统工程
	大学生职业发展与就业指导IV，供应链管理基础，ERP原理与应用，面向对象技术，数据仓库与数据挖掘（双语），Oracle 应用技术，CRM原理与应用，Java程序设计，信息系统运作与管理，电子商务及网络开发技术，MES原理与应用
2012级	毕业设计（论文）

金融工程专业

年　级	课程设置
2016级	大学语文与应用写作B，思想道德修养与法律基础，基础外语I，英语口语I，体育I，军事理论，大学生职业发展与就业指导I，大学生心理健康I，大学计算机基础，高等数学AI，化学与社会
2015级	中国近现代史纲要，基础外语II，英语口语II，体育II，大学生心理健康II，数据库与VF程序设计，高等数学AII
	马克思主义基本原理概论，基础外语III，英语口语III，体育III，线性代数A，大学物理B，管理信息系统，管理学原理（双语），会计学原理，宏微观经济学I
2014级	毛泽东思想和中国特色社会主义理论体系概论I，英语口语IV，体育IV，运筹学，概率论与数理统计A，数学实验，财政金融学，国际贸易原理，财务管理，宏微观经济学II，国际投资（双语）
	毛泽东思想和中国特色社会主义理论体系概论II，随机过程，应用统计学，经济法，电子商务，国际金融（英语），投资学，商业银行经营学，金融营销学，投资基金，税收概论
2013级	计量经济学，金融工程学，金融市场（双语），保险学，信用管理，金融产品设计与应用，金融监管，投资银行，期货实务，固定收益证券，金融数据处理
	大学生职业发展与就业指导IV，风险管理，风险投资，证券交易分析，金融理论与实践专题，财富管理，实验金融学，金融案例分析
2012级	毕业设计（论文）

工程管理专业

年　级	课程设置
2016级	大学语文与应用写作B，思想道德修养与法律基础，基础外语I，英语口语I，体育I，军事理论，大学生职业发展与就业指导I，大学生心理健康I，大学计算机基础，高等数学AI，化学与社会
2015级	中国近现代史纲要，基础外语II，英语口语II，体育II，大学生心理健康II，数据库与VF程序设计，高等数学AII，宏微观经济学
	马克思主义基本原理概论，基础外语III，英语口语III，体育III，线性代数A，大学物理B，管理信息系统，管理学原理（双语），运营管理
2014级	毛泽东思想和中国特色社会主义理论体系概论I，英语口语IV，体育IV，工程力学C，概率论与数理统计A，数学实验，信息资源管理，财务与会计学基础，土木工程概论，房屋建筑学，工程制图基础
	毛泽东思想和中国特色社会主义理论体系概论II，运筹学，决策支持系统，项目评价与管理，应用统计学，施工技术与组织设计，工程项目管理（双语），工程造价，BIM概论
2013级	工程合同法律制度，工程监理，工程项目风险与安全管理，工程项目质量管理，招投标管理，房地产开发与经营，工程咨询概论，国际信贷，投资经济学
	大学生职业发展与就业指导IV，国际工程承包与合同管理（双语），工程保险学，项目融资分析，国际贸易实务
2012级	毕业设计（论文）

工商管理（体育班）专业

年　级	课程设置
2016级	大学语文与应用写作B，思想道德修养与法律基础，基础外语I，英语口语I，体育I，军事理论，大学生职业发展与就业指导I，大学生心理健康I，大学计算机基础，高等数学BI，化学与社会
2015级	中国近现代史纲要，基础外语II，英语口语II，体育II，大学生心理健康II，数据库与VF程序设计，高等数学BII，宏微观经济学，经济法
	马克思主义基本原理概论，基础外语III，英语口语III，体育III，线性代数A，大学物理B，管理学原理，人力资源管理B，市场营销学B，会计学原理
2014级	毛泽东思想和中国特色社会主义理论体系概论I，英语口语IV，体育IV，概率论与数理统计A，数学实验，管理信息系统，项目评价与管理，市场营销学，金融学概论，人力资源管理
	毛泽东思想和中国特色社会主义理论体系概论II，运筹学，运营管理，企业战略管理，应用统计学，市场竞争模拟，组织行为学，组织理论与实务
2013级	财务管理，管理会计，品牌战略，消费者行为学，管理沟通，心理测量与甄选，企划文案设计，创业管理
	大学生职业发展与就业指导IV，劳动关系法律实务，财务报表分析，国际贸易原理与实务，电子商务
2012级	毕业设计（论文）

管理科学与工程类专业

年　级	课程设置
2016级	大学语文与应用写作B，思想道德修养与法律基础，基础外语I，英语口语I，体育I，军事理论，大学生职业发展与就业指导I，大学生心理健康I，大学计算机基础，高等数学AI，化学与社会
2015级	中国近现代史纲要，基础外语II，英语口语II，体育II，大学生心理健康II，数据库与VF程序设计，高等数学AII，宏微观经济学
	马克思主义基本原理概论，基础外语III，英语口语III，体育III，线性代数A，大学物理B，管理信息系统，管理学原理（双语），运营管理，人力资源管理B，市场营销学B

经济与贸易类专业

年　级	课程设置
2016级	大学语文与应用写作B，思想道德修养与法律基础，基础外语I，英语口语I，体育I，军事理论，大学生职业发展与就业指导I，大学生心理健康I，大学计算机基础，高等数学AI，高等数学BI，化学与社会
2015级	中国近现代史纲要，基础外语II，英语口语II，体育II，大学生心理健康II，数据库与VF程序设计，高等数学AII，高等数学BII
	马克思主义基本原理概论，基础外语III，英语口语III，体育III，线性代数A，大学物理B，管理信息系统，管理学原理（双语），人力资源管理B，市场营销学B，会计学原理，宏微观经济学I

法学专业

年 级	课 程 设 置
2016级	思想道德修养与法律基础，基础外语I，体育I，军事理论，大学生职业发展与就业指导I，大学生心理健康I，大学计算机基础，现代生命科学导论，法理学，心理学概论
2015级	大学语文与应用写作A，中国近现代史纲要，沟通与交流，基础外语II，体育II，大学生心理健康II，民法学I，刑法学I，社会学概论
	马克思主义基本原理概论，基础外语III，体育III，多媒体基础及应用，现代科学技术概论，社会调查方法，经济学原理，法理学，民法学II，刑法学II，国际法学
2014级	毛泽东思想和中国特色社会主义理论体系概论I，体育IV，民事诉讼法学，刑事诉讼法学（双语），形式逻辑，政治学概论，侵权行为法学，婚姻家庭法，社会公益组织专题研究，西方思想史专题，社会科学研究简论
	毛泽东思想和中国特色社会主义理论体系概论II，行政法与行政诉讼法学，商法学I，合同法学，模拟法庭实务，经济法学，证据法学，房地产法，中国思想史专题，伦理学，电子政务，服务管理与营销
2013级	SPSS软件运用，国际私法学（双语），国际经济法学，商法学II，中国法制史，知识产权法学，证据法学，劳动法，经济刑法，当代中国社会问题研究，中国行政改革概论
	大学生职业发展与就业指导IV，金融法学，律师实务（双语），学术论文写作，当代中国社会保障，公共关系学，后现代西方社会思潮
2012级	毕业设计（论文）

行政管理专业

年 级	课 程 设 置
2016级	思想道德修养与法律基础，基础外语I，体育I，军事理论，大学生职业发展与就业指导I，大学生心理健康I，大学计算机基础，高等数学C，现代生命科学导论，心理学概论
2015级	大学语文与应用写作A，中国近现代史纲要，沟通与交流，基础外语II，体育II，大学生心理健康II，线性代数B，概率论与数理统计B，经济学原理，政治学原理（双语），社会学概论
	马克思主义基本原理概论，基础外语III，体育III，多媒体基础及应用，现代科学技术概论，社会调查方法，行政公文写作，西方行政思想史，政府经济学（双语），公共行政学，形式逻辑
2014级	毛泽东思想和中国特色社会主义理论体系概论I，体育IV，法学概论，当代中国政府与政治，比较政治制度，行政法与行政诉讼，管理心理学，管理学原理，公共财政学，交易成本政治学，婚姻家庭法，西方思想史专题，社会科学研究简论
	毛泽东思想和中国特色社会主义理论体系概论II，秘书学，管理哲学，行政组织学，西方行政思想史，社会保障概论，行政领导与决策（双语），电子政务，府际关系研究，中国思想史专题，服务管理与营销
2013级	SPSS软件运用，当代中国政府与政治，现代城市管理学，公共政策学，人力资源开发与管理（双语），劳动法，行政伦理学，中国行政改革概论，学术论文写作，政府绩效评估，制度经济学，公共政策分析方法，后现代西方社会思潮，非营利组织管理
	大学生职业发展与就业指导IV，公共危机管理，当代中国社会问题研究，公共部门的全面质量管理，公共关系学，社会科学研究导论
2012级	毕业设计（论文）

社会工作（社会管理）专业

年级	课程设置
2016级	思想道德修养与法律基础，基础外语I，体育I，军事理论，大学生职业发展与就业指导I，大学生心理健康I，大学计算机基础，高等数学C，现代生命科学导论，社会学概论
2015级	大学语文与应用写作A，中国近现代史纲要，沟通与交流，基础外语II，体育II，大学生心理健康II，线性代数B，概率论与数理统计B，社会工作概论，社会调查方法I
	马克思主义基本原理概论，基础外语III，体育III，多媒体基础及应用，现代科学技术概论，社会统计学，人类行为与社会环境，个案工作
2014级	毛泽东思想和中国特色社会主义理论体系概论I，体育IV，SPSS软件应用，经济学原理，法学概论，政治学概论，社区概论，社会心理学，小组工作，家庭社会工作，西方思想史专题
	毛泽东思想和中国特色社会主义理论体系概论II，网络与办公自动化，组织社会学，西方社会学理论，现代社会福利思想，女性社会工作，服务管理与营销，社会学原著选读
2013级	组织社会学，当代社会学理论，社会政策概论，社会保障原理，社会工作行政，当代中国社会问题研究，发展社会学，老年社会工作，科学社会学，健康社会学，农村社会工作，企业社会工作
	大学生职业发展与就业指导IV，社会服务机构实践与督导I，人力资源开发与管理，公共关系学，中国思想史专题，人口社会学，青少年社会工作，社会项目评估，转型社会学
2012级	社会服务机构实践与督导IV，毕业设计（论文），中国社会学史，学术论文写作

英语专业

年级	课程设置
2016级	中国近现代史纲要，体育I，军事理论，大学生职业发展与就业指导I，大学生心理健康I，大学计算机基础，现代生命科学导论，初级英语视听I，口语训练1（新闻与报道），英语泛读与课外必读I（时事新闻），基础英语I，学术写作基础，语言基础训练，高等数学C
2015级	沟通与交流，思想道德修养与法律基础，体育II，大学生心理健康II，多媒体基础及应用B，初级英语视听II，英语泛读与课外必读II（网络阅读），基础英语II，初级英语听力II，圣经与希腊罗马神话，口语训练2（模仿与演讲），学术写作方法与体裁，人文学科专题
	毛泽东思想和中国特色社会主义理论体系概论I，体育III，高级英语视听I，英语泛读与课外必读III（文学经典），高级英语听力I，基础英语III，跨文化交际，口语训练3（访谈与辩论），学术写作与创作，英国和大洋洲社会与文化，英美报刊选读，名篇翻译鉴赏，国际工程基础（英语）
2014级	马克思主义基本原理概论，体育IV，高级英语视听II，英语泛读与课外必读IV（欧美历史），英语新闻写作，高级英语听力II，基础英语IV，英语口语：演讲面试，北美社会与文化，英美短篇小说，德语（二外）I，日语（二外）I，法语（二外）I，俄语（二外）I，实用文体翻译，英语词汇学，欧洲文化概论
	毛泽东思想和中国特色社会主义理论体系概论II，英国文学史与作品选读，高级英语阅读I，当代语言学导论I，外贸函电写作，英译汉理论与实践，劳动关系法律实务，企业文化（英语），电子商务，人力资源管理实务，德语（二外）II，日语（二外）II，英美诗歌选读，英汉语言对比分析，语义学基础，法语（二外）II，俄语（二外）II，英汉对比与翻译

续表

年 级	课 程 设 置
2013级	口译理论与实践，高级英语阅读II，高级英语写作，美国文学史与作品选读，当代语言学导论II，汉译英理论与实践，概率论与数理统计B，品牌战略，消费者行为学，管理沟通，企划文案设计，创业管理，国际商务函电（双语），德语（二外）III，日语（二外）III，法语（二外）III，俄语（二外）III，语篇分析，英美文学与电影
	经济与管理，大学生职业发展与就业指导IV，交传与同传，学术论文写作，德语（二外）IV，日语（二外）IV，法语（二外）IV，俄语（二外）IV
2012级	毕业设计（论文）

日语专业

年 级	课 程 设 置
2016级	中国近现代史纲要，体育I，军事理论，大学生职业发展与就业指导I，大学生心理健康I，大学计算机基础，基础外语I，基础日语I，日语初级视听说I，日语会话与实践I，高等数学C
2015级	沟通与交流，思想道德修养与法律基础，体育II，大学生心理健康II，日语综合能力实践I，多媒体基础及应用B，基础外语II，基础日语II，日语初级视听说II，日语会话与实践II，日语朗读技巧与实践
	毛泽东思想和中国特色社会主义理论体系概论I，体育III，基础外语III，基础日语III，日语初级视听说III，日语会话与实践III，日语初级阅读I，国际工程基础（英语）
2014级	马克思主义基本原理概论，体育IV，日语综合能力实践II，基础日语IV，日语初级视听说IV，日语会话与实践IV，日语初级阅读II，日本概况，日语初级写作I
	毛泽东思想和中国特色社会主义理论体系概论II，日语口译I，日语笔译I，日语高级视听说I，日语高级阅读I，日本文学史与作品选读I，日语初级写作II，日语高级精读I，劳动关系法律实务，企业文化（英语），电子商务，人力资源管理实务，日本外事礼仪，外贸函电写作，经贸日语，日语报刊选读
2013级	日语综合能力实践III，日语高级写作，日语口译II，日语笔译II，日语高级视听说II，日语高级阅读II，日本文学史与作品选读II，日语高级精读II，品牌战略，消费者行为学，管理沟通，企划文案设计，创业管理，国际商务函电（双语），中日比较文学概论，日本社会历史与文化，名著翻译鉴赏，日语面试指导，日本历史名人谈，古典日语语法
	经济与管理，大学生职业发展与就业指导IV，学术论文写作，日语高级精读III，日语语言学概论，同声传译
2012级	毕业设计（论文）

德语专业

年 级	课 程 设 置
2016级	中国近现代史纲要，体育I，军事理论，大学生职业发展与就业指导I，大学生心理健康I，大学计算机基础，现代生命科学导论，德语精读I，德语会话I，基础德语I，高等数学C
2015级	沟通与交流，思想道德修养与法律基础，体育II，大学生心理健康II，多媒体基础及应用B，德语精读II，德语会话II，德语视听I，基础德语II
	毛泽东思想和中国特色社会主义理论体系概论I，体育III，德语泛读I，德语精读III，德语视听II，基础德语III，初级德语写作I

续表

年　级	课 程 设 置
2014级	马克思主义基本原理概论，体育IV，德语翻译训练，德语泛读II，德语精读IV，德语视听III，基础德语IV，英语（二外）I，初级德语写作II，德语国家国情
	毛泽东思想和中国特色社会主义理论体系概论II，德语视听IV，英语（二外）II，笔译I，高级德语I，经贸德语I，德语文学导论，高级德语写作I，劳动关系法律实务，企业文化（英语），电子商务，人力资源管理实务，德国历史与文化，德国影视鉴赏
2013级	德语视听V，笔译II，高级德语II，口译I，经贸德语II，语言学导论，高级德语写作II，概率论与数理统计B，品牌战略，消费者行为学，管理沟通，企划文案设计，创业管理，国际商务函电（双语），德国报刊选读，德语文学选读
	经济与管理，大学生职业发展与就业指导IV，高级德语III，口译II，学术论文写作，德国外交与文化
2012级	毕业设计（论文）

理科留学生专业

年　级	课 程 设 置
2016级	科技汉语，综合汉语，国际学生入学导向课，大学计算机基础，高等数学AI，大学物理AI，普通化学
2015级	中国概况，C语言程序设计，高等数学AII，线性代数A，概率论与数理统计A，数学实验，大学物理AII

文科留学生专业

年　级	课 程 设 置
2016级	科技汉语，综合汉语，国际学生入学导向课，大学计算机基础，高等数学BI，大学物理B，化学与社会
2015级	中国概况，数据库与VF程序设计，高等数学BII，线性代数A，概率论与数理统计A，数学实验，宏微观经济学，财政金融学

工科试验班类（卓越计划）专业

年　级	课 程 设 置
2016级	思想道德修养与法律基础，基础外语I，体育I，军事理论，大学生职业发展与就业指导I，大学生心理健康I，大学计算机基础，高等数学AI，无机化学B，普通化学实验，机械制图AI
2015级	中国近现代史纲要，基础外语II，体育II，大学生心理健康II，C语言程序设计，高等数学AII，线性代数A，大学物理AI，机械制图AII，现代钢铁生产导论

矿物资源工程（卓越计划）专业

年　级	课 程 设 置
2016级	思想道德修养与法律基础，基础外语I，体育I，军事理论，大学生职业发展与就业指导I，大学生心理健康I，大学计算机基础，高等数学AI，无机化学B，普通化学实验，机械制图AI

续表

年　级	课程设置
2015级	中国近现代史纲要，基础外语II，体育II，大学生心理健康II，现代钢铁生产导论，C语言程序设计，高等数学AII，线性代数A，大学物理AI，机械制图AII
	毛泽东思想和中国特色社会主义理论体系概论I，基础外语III，体育III，金工实习A，概率论与数理统计A，大学物理AII，工科物理实验I，工程力学AI，电工学，现代加工技术，国际工程基础（英语），智能制造基础（国际课），航空模型实践与创新训练，工业机器人应用与实践
2014级	马克思主义基本原理概论，高级英语写作，体育IV，数学实验，工科物理实验II，工程力学AII，工程流体力学，弹性力学与数值模拟，地质学基础，机械设计制图AII，电工技术实验，电工技术，工程创新与创业（国际课）
	毛泽东思想和中国特色社会主义理论体系概论II，矿山岩石力学，矿山地质学，电子技术实验，电子技术，矿山运输与提升，爆破工程（双语），现代传感器技术，资源、环境与可持续发展，边坡工程，矿物加工与利用，矿产经济学，煤与焦化工艺，专业英语阅读与写作，泡沫冶金学，机电传动控制，节能评估基础，热能工程进展，能源工程管理，太阳能与风能，气体资源学，工程导论，可编程控制器及应用，智能制造基础（国际课）
2013级	高级英语写作，生产运作管理，矿业系统工程基础（双语），地下工程施工技术，矿床开采工程（露天开采）（双语），矿床开采工程（地下开采）（双语），矿山安全工程，数字矿山技术，现代充填技术，散体动力学与放矿，冶金单元设计与操作，铁水预处理，炉外精炼（双语），特种冶金，连铸工艺与设备，冶金环境工程与资源循环利用，冶金过程检测与自动控制，铁合金，特殊钢冶金过程工程，纯净钢生产工艺，材料成形摩擦与润滑，机械创新设计，节能评估案例分析，压缩机械，流体机械，动力机械A（内燃机），动力机械B（涡轮机），机械振动，钢铁生产全流程专题课程I，钢铁生产全流程专题课程II，钢铁生产全流程专题课程III
	质量管理，大学生职业发展与就业指导IV，矿山开采设计，通风防尘与空气调节，矿山设计原理，矿山机械与自动化，矿产资源法基础，教授专题：采矿工程新技术及发展方向，特殊采矿技术，采矿专业英语，矿山现代测试技术，地质统计学与矿床建模，非高炉炼铁，冶金流程工程学，电磁冶金原理与工艺，材料成形过程质量性能控制（双语），实验测试技术，锻压工艺学，材料成形计算机辅助工程，固态成形模拟与仿真，工程数值计算，现代设计方法，CAD/CAM技术及应用，数学模型，机电一体化技术，气体分离工程，热工过程模化与控制，能源系统优化基础，热能动力装备，空气调节，暖通工程，现代传感技术，模具设计与制造，现代加工技术，机械质量管理分析与控制，流程工业过程控制，系统工程导论，工业企业供电及节能技术，分布式控制系统，DSP原理及应用，可编程逻辑器件及应用，虚拟仪器，冶金企业一体化管理，钢铁生产全流程专题课程IV，钢铁生产全流程专题课程V
2012级	工程实践与毕业设计

冶金工程（卓越计划）专业

年　级	课程设置
2016级	思想道德修养与法律基础，基础外语I，体育I，军事理论，大学生职业发展与就业指导I，大学生心理健康I，大学计算机基础，高等数学AI，无机化学B，普通化学实验，机械制图AI
2015级	中国近现代史纲要，基础外语II，体育II，大学生心理健康II，现代钢铁生产导论，C语言程序设计，高等数学AII，线性代数A，大学物理AI，机械制图AII
	毛泽东思想和中国特色社会主义理论体系概论I，基础外语III，体育III，金工实习A，概率论与数理统计A，大学物理AII，工科物理实验I，工程力学C，电工学，现代加工技术，国际工程基础（英语），智能制造基础（国际课），航空模型实践与创新训练，工业机器人应用与实践

续表

年　级	课程设置
2014级	马克思主义基本原理概论，高级英语写作，体育IV，数学实验，工科物理实验II，冶金传输原理B，机械设计制图AII，电工技术实验，电工技术，物理化学BI，工程创新与创业（国际课）
	毛泽东思想和中国特色社会主义理论体系概论II，冶金物理化学（卓越计划），金属学，电子技术实验，电子技术，物理化学BII，物理化学实验B，现代传感器技术，资源、环境与可持续发展，边坡工程，矿物加工与利用，矿产经济学，工业生态，煤与焦化工艺，专业英语阅读与写作，泡沫冶金学，机电传动控制，节能评估基础，热能工程进展，能源工程管理，太阳能与风能，气体资源学，工程导论，可编程控制器及应用，智能制造基础（国际课）
2013级	高级英语写作，生产运作管理，金属材料及热处理，金属学实验，冶金工程实验技术，钢铁冶金学I，钢铁冶金学II，有色金属冶金学，耐火材料，数字矿山技术，现代充填技术，散体动力学与放矿，冶金单元设计与操作，铁水预处理，炉外精炼（双语），特种冶金，连铸工艺与设备，冶金环境工程与资源循环利用，冶金过程检测与自动控制，冶金反应工程学，铁合金，特殊钢冶金过程工程，纯净钢生产工艺，材料成形摩擦与润滑，机械创新设计，节能评估案例分析，压缩机械，流体机械，动力机械A（内燃机），动力机械B（涡轮机），机械振动，钢铁生产全流程专题课程I，钢铁生产全流程专题课程II，钢铁生产全流程专题课程III
	质量管理，大学生职业发展与就业指导IV，现代冶金工程设计与实践，轧钢生产工艺，矿产资源法基础，教授专题：采矿工程新技术及发展方向，特殊采矿技术，采矿专业英语，矿山现代测试技术，地质统计学与矿床建模，非高炉炼铁，冶金流程工程学，电磁冶金原理与工艺，材料成形过程质量性能控制（双语），实验测试技术，锻压工艺学，材料成形计算机辅助工程，固态成形模拟与仿真，工程数值计算，现代设计方法，CAD/CAM技术及应用，数学模型，机电一体化技术，气体分离工程，热工过程模化与控制，能源系统优化基础，热能动力装备，空气调节，暖通工程，现代传感技术，模具设计与制造，现代加工技术，机械质量管理分析与控制，流程工业过程控制，系统工程导论，工业企业供电及节能技术，分布式控制系统，DSP原理及应用，可编程逻辑器件及应用，虚拟仪器，冶金企业一体化管理，钢铁生产全流程专题课程IV，钢铁生产全流程专题课程V
2012级	工程实践与毕业设计

材料科学与工程（卓越计划）专业

年　级	课程设置
2016级	思想道德修养与法律基础，基础外语I，体育I，军事理论，大学生职业发展与就业指导I，大学生心理健康I，大学计算机基础，高等数学AI，无机化学B，普通化学实验，机械制图AI
2015级	中国近现代史纲要，基础外语II，体育II，大学生心理健康II，现代钢铁生产导论，C语言程序设计，高等数学AII，线性代数A，大学物理AI，机械制图AII
	毛泽东思想和中国特色社会主义理论体系概论I，基础外语III，体育III，金工实习A，概率论与数理统计A，大学物理AII，工科物理实验I，工程力学AI，电工学，现代加工技术，国际工程基础（英语），智能制造基础（国际课），航空模型实践与创新训练，工业机器人应用与实践
2014级	马克思主义基本原理概论，高级英语写作，体育IV，数学实验，工科物理实验II，工程力学AII，机械设计基础，电工技术实验，电工技术，物理化学D，工程创新与创业（国际课）
	毛泽东思想和中国特色社会主义理论体系概论II，金属学，电子技术实验，电子技术，物理化学实验B，控制理论基础，固态成形理论基础，现代传感器技术，资源、环境与可持续发展，边坡工程，矿物加工与利用，矿产经济学，煤与焦化工艺，专业英语阅读与写作，泡沫冶金学，机电传动控制，节能评估基础，热能工程进展，能源工程管理，太阳能与风能，气体资源学，工程导论，可编程控制器及应用，智能制造基础（国际课）

续表

年　级	课 程 设 置
2013级	高级英语写作，生产运作管理，金属材料及热处理，金属学实验，热工学，材料焊接原理与工艺，轧制原理，轧制工艺，轧钢过程自动控制，数字矿山技术，现代充填技术，散体动力学与放矿，冶金单元设计与操作，铁水预处理，炉外精炼（双语），特种冶金，连铸工艺与设备，冶金环境工程与资源循环利用，冶金过程检测与自动控制，铁合金，特殊钢冶金过程工程，纯净钢生产工艺，材料成形摩擦与润滑，机械创新设计，节能评估案例分析，压缩机械，流体机械，动力机械A（内燃机），动力机械B（涡轮机），机械振动，钢铁生产全流程专题课程I，钢铁生产全流程专题课程II，钢铁生产全流程专题课程III
	质量管理，大学生职业发展与就业指导IV，轧钢车间设计，钢铁冶金学，材料成形设备与车间设计，矿产资源法基础，教授专题：采矿工程新技术及发展方向，特殊采矿技术，采矿专业英语，矿山现代测试技术，地质统计学与矿床建模，非高炉炼铁，冶金流程工程学，电磁冶金原理与工艺，材料成形过程质量性能控制（双语），实验测试技术，锻压工艺学，材料成形计算机辅助工程，固态成形模拟与仿真，工程数值计算，现代设计方法，CAD/CAM技术及应用，数学模型，机电一体化技术，气体分离工程，热工过程模化与控制，能源系统优化基础，热能动力装备，空气调节，暖通工程，现代传感技术，模具设计与制造，现代加工技术，机械质量管理分析与控制，流程工业过程控制，系统工程导论，工业企业供电及节能技术，分布式控制系统，DSP原理及应用，可编程逻辑器件及应用，虚拟仪器，冶金企业一体化管理，钢铁生产全流程专题课程IV，钢铁生产全流程专题课程V
2012级	工程实践与毕业设计

机械工程及自动化（卓越计划）专业

年　级	课 程 设 置
2016级	思想道德修养与法律基础，基础外语I，体育I，军事理论，大学生职业发展与就业指导I，大学生心理健康I，大学计算机基础，高等数学AI，无机化学B，普通化学实验，机械制图AI
2015级	中国近现代史纲要，基础外语II，体育II，大学生心理健康II，现代钢铁生产导论，C语言程序设计，高等数学AII，线性代数A，大学物理AI，机械制图AII
	毛泽东思想和中国特色社会主义理论体系概论I，基础外语III，体育III，概率论与数理统计A，大学物理AII，工科物理实验I，理论力学A，现代加工技术，国际工程基础（英语），智能制造基础（国际课），航空模型实践与创新训练，工业机器人应用与实践
2014级	马克思主义基本原理概论，高级英语写作，体育IV，金工实习A，数学实验，工科物理实验II，材料力学，机械原理，电工技术实验，电工技术，工程创新与创业（国际课）
	毛泽东思想和中国特色社会主义理论体系概论II，电子技术实习，微机原理与应用B，工程流体力学，工程材料及成形工艺，机械设计，电子技术实验，电子技术，控制理论基础，现代传感器技术，资源、环境与可持续发展，边坡工程，矿物加工与利用，矿产经济学，煤与焦化工艺，专业英语阅读与写作，泡沫冶金学，机电传动控制，节能评估基础，热能工程进展，能源工程管理，太阳能与风能，气体资源学，工程导论，可编程控制器及应用，智能制造基础（国际课）

续表

年级	课程设置
2013级	高级英语写作，生产运作管理，机械课程设计，热工学，机械制造工艺基础，互换性与测量技术，液压与气压传动，测试技术，轧钢过程自动控制，数字矿山技术，现代充填技术，散体动力学与放矿，冶金单元设计与操作，铁水预处理，炉外精炼（双语），特种冶金，连铸工艺与设备，冶金环境工程与资源循环利用，冶金过程检测与自动控制，铁合金，特殊钢冶金过程工程，纯净钢生产工艺，材料成形摩擦与润滑，机械创新设计，节能评估案例分析，压缩机械，流体机械，动力机械A（内燃机），动力机械B（涡轮机），机械振动，钢铁生产全流程专题课程I，钢铁生产全流程专题课程II，钢铁生产全流程专题课程III
	质量管理，大学生职业发展与就业指导IV，冶金装备设计应用实训，冶金生产工艺及装备，冶金机械设计与制造，矿产资源法基础，教授专题：采矿工程新技术及发展方向，特殊采矿技术，采矿专业英语，矿山现代测试技术，地质统计学与矿床建模，非高炉炼铁，冶金流程工程学，电磁冶金原理与工艺，材料成形过程质量性能控制（双语），实验测试技术，锻压工艺学，材料成形计算机辅助工程，固态成形模拟与仿真，工程数值计算，现代设计方法，CAD/CAM技术及应用，数学模型，机电一体化技术，气体分离工程，热工过程模化与控制，能源系统优化基础，热能动力装备，空气调节，暖通工程，现代传感技术，模具设计与制造，现代加工技术，机械质量管理分析与控制，流程工业过程控制，系统工程导论，工业企业供电及节能技术，分布式控制系统，DSP原理及应用，可编程逻辑器件及应用，虚拟仪器，冶金企业一体化管理，钢铁生产全流程专题课程IV，钢铁生产全流程专题课程V
2012级	工程实践与毕业设计

能源与动力工程（卓越计划）专业

年级	课程设置
2016级	思想道德修养与法律基础，基础外语I，体育I，军事理论，大学生职业发展与就业指导I，大学生心理健康I，大学计算机基础，高等数学AI，无机化学B，普通化学实验，机械制图AI
2015级	中国近现代史纲要，基础外语II，体育II，大学生心理健康II，现代钢铁生产导论，C语言程序设计，高等数学AII，线性代数A，大学物理AI，机械制图AII
	毛泽东思想和中国特色社会主义理论体系概论I，基础外语III，体育III，概率论与数理统计A，大学物理AII，工科物理实验I，工程力学C，电工学，现代加工技术，国际工程基础（英语），智能制造基础（国际课），航空模型实践与创新训练，工业机器人应用与实践
2014级	马克思主义基本原理概论，高级英语写作，体育IV，数学实验，工科物理实验II，机械设计制图AII，工程热力学，工程流体力学（双语），热工实验I，物理化学D，工程创新与创业（国际课）
	毛泽东思想和中国特色社会主义理论体系概论II，微机原理与应用B，金属材料及热处理B，传热传质学（双语），工程燃烧学，热工实验II，冶金工艺概论，环境工程，现代传感器技术，资源、环境与可持续发展，边坡工程，矿物加工与利用，矿产经济学，煤与焦化工艺，专业英语阅读与写作，泡沫冶金学，机电传动控制，节能评估基础，能源系统优化基础，热能工程进展，能源工程管理，太阳能与风能，气体资源学，工程导论，可编程控制器及应用，智能制造基础（国际课）

续表

年 级	课 程 设 置
2013级	生产运作管理，高级英语写作，制冷与低温原理，热工自动检测与控制（双语），工业热工基础，热工过程及设备，数字矿山技术，现代充填技术，散体动力学与放矿，冶金单元设计与操作，铁水预处理，炉外精炼（双语），特种冶金，连铸工艺与设备，冶金环境工程与资源循环利用，冶金过程检测与自动控制，铁合金，特殊钢冶金过程工程，纯净钢生产工艺，材料成形摩擦与润滑，机械创新设计，节能评估案例分析，压缩机械，流体机械，动力机械A（内燃机），动力机械B（涡轮机），机械振动，钢铁生产全流程专题课程I，钢铁生产全流程专题课程II，钢铁生产全流程专题课程III
	质量管理，大学生职业发展与就业指导IV，热过程模拟软件实训，热工专业课程设计实训，微机原理与应用B，低温工艺及装置，矿产资源法基础，教授专题：采矿工程新技术及发展方向，特殊采矿技术，采矿专业英语，矿山现代测试技术，地质统计学与矿床建模，非高炉炼铁，冶金流程工程学，电磁冶金原理与工艺，材料成形过程质量性能控制（双语），实验测试技术，锻压工艺学，材料成形计算机辅助工程，固态成形模拟与仿真，工程数值计算，现代设计方法，CAD/CAM技术及应用，数学模型，机电一体化技术，气体分离工程，热工过程模化与控制，热能动力装备，空气调节，暖通工程，现代传感技术，模具设计与制造，现代加工技术，机械质量管理分析与控制，流程工业过程控制，系统工程导论，工业企业供电及节能技术，分布式控制系统，DSP原理及应用，可编程逻辑器件及应用，虚拟仪器，冶金企业一体化管理，钢铁生产全流程专题课程IV，钢铁生产全流程专题课程V

自动化（卓越计划）专业

年 级	课 程 设 置
2016级	思想道德修养与法律基础，基础外语I，体育I，军事理论，大学生职业发展与就业指导I，大学生心理健康I，大学计算机基础，高等数学AI，无机化学B，普通化学实验，工程制图基础，机械制图AI
2015级	中国近现代史纲要，基础外语II，体育II，大学生心理健康II，现代钢铁生产导论，C语言程序设计，高等数学AII，线性代数A，大学物理AI，机械制图AII
	毛泽东思想和中国特色社会主义理论体系概论I，基础外语III，体育III，复变函数与积分变换B，概率论与数理统计A，大学物理AII，工科物理实验I，电路分析基础I，电路实验技术，模拟电子技术A，模拟电子技术实验，现代加工技术，国际工程基础（英语），航空模型实践与创新训练，工业机器人应用与实践
2014级	马克思主义基本原理概论，高级英语写作，体育IV，工程优化数学基础，信号分析基础，数学实验，工科物理实验II，自动控制理论，数字电子技术（双语），数字电子技术实验，微机原理及接口技术A，工程创新与创业（国际课）
	毛泽东思想和中国特色社会主义理论体系概论II，现代控制理论，过程控制，电机及其运动控制I，电力电子技术，现代传感器技术，资源、环境与可持续发展，边坡工程，矿物加工与利用，矿产经济学，煤与焦化工艺，专业英语阅读与写作，泡沫冶金学，机电传动控制，节能评估基础，热能工程进展，能源工程管理，太阳能与风能，气体资源学，工程导论，可编程控制器及应用，智能制造基础（国际课）

续表

年级	课程设置
2013级	高级英语写作，生产运作管理，控制网络技术，电机及其运动控制II，计算机控制技术A，嵌入式控制系统，数字矿山技术，现代充填技术，散体动力学与放矿，冶金单元设计与操作，铁水预处理，炉外精炼（双语），特种冶金，连铸工艺与设备，冶金环境工程与资源循环利用，冶金过程检测与自动控制，铁合金，特殊钢冶金过程工程，纯净钢生产工艺，材料成形摩擦与润滑，机械创新设计，节能评估案例分析，压缩机械，流体机械，动力机械A（内燃机），动力机械B（涡轮机），机械振动，钢铁生产全流程专题课程I，钢铁生产全流程专题课程II，钢铁生产全流程专题课程III
	质量管理，大学生职业发展与就业指导IV，冶金自动化系统设计应用实训，矿产资源法基础，教授专题：采矿工程新技术及发展方向，特殊采矿技术，采矿专业英语，矿山现代测试技术，地质统计学与矿床建模，非高炉炼铁，冶金流程工程学，电磁冶金原理与工艺，材料成形过程质量性能控制（双语），实验测试技术，锻压工艺学，材料成形计算机辅助工程，固态成形模拟与仿真，工程数值计算，现代设计方法，CAD/CAM技术及应用，数学模型，机电一体化技术，气体分离工程，热工过程模化与控制，能源系统优化基础，热能动力装备，空气调节，暖通工程，现代传感技术，模具设计与制造，现代加工技术，机械质量管理分析与控制，流程工业过程控制，系统工程导论，工业企业供电及节能技术，分布式控制系统，DSP原理及应用，可编程逻辑器件及应用，虚拟仪器，冶金企业一体化管理，钢铁生产全流程专题课程IV，钢铁生产全流程专题课程V

应用物理学专业

年级	课程设置
2016级	中国近现代史纲要，基础外语I，体育I，军事理论，大学生职业发展与就业指导I，大学生心理健康I，大学计算机基础，高等数学AI，力学
2015级	思想道德修养与法律基础，基础外语II，体育II，大学生心理健康II，C++程序设计，高等数学AII，线性代数A，理科物理实验I，电磁学
	马克思主义基本原理概论，基础外语III，体育III，概率论与数理统计A，数学实验，理科物理实验II，光学，原子物理，热学
2014级	毛泽东思想和中国特色社会主义理论体系概论I，体育IV，数理方程，模拟电子技术B，模拟电子技术实验，热力学与统计物理，分析力学，数据库原理及网页制作
	毛泽东思想和中国特色社会主义理论体系概论II，电子技术实习，理科物理实验IV，数字电子技术（双语），数字电子技术实验，电动力学，固体物理I，量子力学，物理效应及应用
2013级	固体物理II，光电子技术，真空技术与薄膜物理，物理学前沿专题，JAVA程序设计，信息科学原理，传感器原理，计算物理（双语），专业近代物理实验，单片机原理与技术，材料物理导论（双语），物理学史，固体微结构与衍射物理学
	经济与管理，大学生职业发展与就业指导IV，固体光学性质，微机接口技术，微机接口技术实验，材料物理学，传感测试技术实验，无损检测技术，半导体物理（双语），铁磁学与磁性材料基础（双语），超导物理（双语），天体物理
2012级	毕业设计（论文）

数学与应用数学专业

年级	课程设置
2016级	中国近现代史纲要，基础外语I，体育I，军事理论，大学生职业发展与就业指导I，大学生心理健康I，大学计算机基础，数学分析AI，解析几何，高等代数I，现代生命科学导论

续表

年　级	课 程 设 置
2015级	思想道德修养与法律基础，基础外语II，体育II，大学生心理健康II，C++程序设计，数学分析AII，高等代数II，常微分方程
	马克思主义基本原理概论，基础外语III，体育III，数学分析AIII，大学物理AI，工科物理实验I，概率论与数理统计，数据库及其应用，专业发展前沿概述
2014级	毛泽东思想和中国特色社会主义理论体系概论I，体育IV，大学物理AII，工科物理实验II，数据结构，复变函数与积分变换A，数学模型
	毛泽东思想和中国特色社会主义理论体系概论II，运筹学，实变函数，近世代数，随机过程，偏微分方程，图形与图象处理（双语），离散数学，多元统计分析，信息安全与密码学
2013级	经济学，数值分析（双语），泛函分析（双语），数学物理方程，组合数学，现代控制理论，人工智能原理及应用，金融统计，微分方程数值解，运筹学通论，计量经济学
	大学生职业发展与就业指导IV，数学建模设计，微分几何，数学方法综合应用，微分方程稳定性理论，拓扑学，分形理论，通讯中的数学基础理论
2012级	毕业设计（论文）

信息与计算科学专业

年　级	课 程 设 置
2016级	中国近现代史纲要，基础外语I，体育I，军事理论，大学生职业发展与就业指导I，大学生心理健康I，大学计算机基础，数学分析AI，解析几何，高等代数I，现代生命科学导论
2015级	思想道德修养与法律基础，基础外语II，体育II，大学生心理健康II，C++程序设计，数学分析AII，高等代数II，常微分方程
	马克思主义基本原理概论，基础外语III，体育III，数学分析AIII，大学物理AI，工科物理实验I，概率论与数理统计，数据库及其应用，专业发展前沿概述
2014级	毛泽东思想和中国特色社会主义理论体系概论I，体育IV，大学物理AII，工科物理实验II，数据结构，复变函数与积分变换A，数学模型
	毛泽东思想和中国特色社会主义理论体系概论II，运筹学，离散数学，信息系统导论，多元统计分析，信息安全与密码学，图形与图象处理（双语），实变函数，近世代数，随机过程，偏微分方程
2013级	经济学，数值分析（双语），人工智能原理及应用，泛函分析（双语），数学物理方程，组合数学，现代控制理论，金融统计，微分方程数值解，运筹学通论，计量经济学
	大学生职业发展与就业指导IV，生产实习，软件工程设计，数学方法综合应用，通讯中的数学基础理论
2012级	毕业设计（论文）

理科试验班专业

年　级	课 程 设 置
2016级	中国近现代史纲要，基础外语I，体育I，军事理论，大学生职业发展与就业指导I，大学生心理健康I，大学计算机基础A，高等代数与解析几何I，数学分析BI，基础物理I

续表

年 级	课 程 设 置
2015级	国际理解，思想道德修养与法律基础，基础外语II，体育II，大学生心理健康II，高等代数与解析几何II，数学分析BII，基础物理Ⅱ，无机化学B
	马克思主义基本原理概论，基础外语III，体育III，微分方程，基础物理III，基础物理实验Ⅰ，无机化学实验BI，机械设计制图AI，电工技术实验，电工技术，物理化学BI
2014级	毛泽东思想和中国特色社会主义理论体系概论I，体育IV，C语言程序设计A，概率论与数理统计C，基础物理实验Ⅱ，无机化学实验BII，工程力学C，机械设计制图AII，电子技术实验，电子技术，数学建模与最优化方法，物理化学实验B

应用物理学（黄昆英才班）专业

年 级	课 程 设 置
2016级	中国近现代史纲要，基础外语I，体育I，军事理论，大学生职业发展与就业指导I，大学生心理健康I，大学计算机基础，高等数学AI，力学
2015级	思想道德修养与法律基础，基础外语II，体育II，大学生心理健康II，C++程序设计，高等数学AII，线性代数A，电磁学
	马克思主义基本原理概论，基础外语III，体育III，概率论与数理统计A，数学实验，理科物理实验I，理科物理实验II，光学，热学
2014级	毛泽东思想和中国特色社会主义理论体系概论I，体育IV，数理方程，理科物理实验II，模拟电子技术B，模拟电子技术实验，热力学与统计物理，原子物理，分析力学，数据库原理及网页制作
	毛泽东思想和中国特色社会主义理论体系概论II，电子技术实习，理科物理实验IV，数字电子技术（双语），数字电子技术实验，电动力学，固体物理I，量子力学，物理效应及应用
2013级	固体物理II，半导体物理基础，半导体物理实验，半导体前沿讲座，JAVA程序设计，信息科学原理，光电子技术，传感器原理，计算物理（双语），专业近代物理实验，真空技术与薄膜物理，单片机原理与技术，材料物理导论（双语），物理学史
	经济与管理，大学生职业发展与就业指导IV，半导体器件与工艺，微机接口技术，微机接口技术实验，传感测试技术实验，无损检测技术，半导体物理（双语），铁磁学与磁性材料基础（双语），超导物理（双语），天体物理，固体光学性质
2012级	毕业设计（论文）

应用化学专业

年 级	课 程 设 置
2016级	中国近现代史纲要，基础外语I，体育I，军事理论，大学生职业发展与就业指导I，大学生心理健康I，大学计算机基础，高等数学BI，现代生命科学导论，实验室安全基础，无机化学AI，无机化学实验AI
2015级	沟通与交流，思想道德修养与法律基础，基础外语II，体育II，大学生心理健康II，高等数学BII，大学物理AI，无机化学AII，无机化学实验AII，化学研究进展讲座
	马克思主义基本原理概论，基础外语III，体育III，线性代数A，大学物理AII，工科物理实验I，分析化学A，分析化学实验A，化学信息学（双语），科研方法入门

续表

年　级	课程设置
2014级	毛泽东思想和中国特色社会主义理论体系概论I，体育IV，VB程序设计，工科物理实验II，物理化学AI，有机化学AI，现代分离科学与技术（双语），现代仪器分析I，胶体化学
	毛泽东思想和中国特色社会主义理论体系概论II，物理化学AII，有机化学AII，有机化学实验A，化工原理，化工制图，环境化学（双语），生物化学（双语），环境监测与分析技术，功能分子材料化学进展
2013级	物理化学实验A，结构化学，高分子化学，材料化学导论（双语），有机合成，谱学导论，固体化学，药物化学，应用电化学（双语），当代药物合成方法，配位化学，精细化工工艺学，金属有机化学
	经济与管理，大学生职业发展与就业指导IV，大学综合化学实验，现代仪器分析II，商品检验，化工新技术（双语）
2012级	毕业设计（论文）

生物技术专业

年　级	课程设置
2016级	中国近现代史纲要，基础外语I，体育I，军事理论，大学生职业发展与就业指导I，大学生心理健康I，大学计算机基础，高等数学BI，无机化学B，无机化学实验BI，实验室安全基础，现代生物技术导论，基础生命科学
2015级	沟通与交流，思想道德修养与法律基础，基础外语II，体育II，大学生心理健康II，C语言程序设计，高等数学BII，大学物理AI，无机化学实验BII，微生物学，微生物学实验
	马克思主义基本原理概论，基础外语III，体育III，大学物理AII，工科物理实验I，分析化学B，有机化学实验B，有机化学B
2014级	毛泽东思想和中国特色社会主义理论体系概论I，体育IV，工科物理实验II，分析化学实验B，生物化学，生物化学实验，生物技术制药基础，生物芯片，病毒生物学，医学生物学，生物质谱分析导论
	毛泽东思想和中国特色社会主义理论体系概论II，物理化学基础，细胞生物学（双语），遗传学（双语），遗传学实验，生化分离工程，环境化学（双语），蛋白质化学，现代生命科学前沿进展，生化传感器
2013级	细胞生物学实验，基因工程（双语），现代生物技术导论，发育生物学，发酵工程，生化分析，分子免疫学（双语），酶工程，植物生物技术（双语），病毒生物学，毒理学（双语），农药残留与食品安全，生理学，生物信息学，微生物遗传学
	大学生职业发展与就业指导IV，遗传学（双语），遗传学实验，生物技术专业实验，生物工程综合实验，生物色谱学，生物技术大实验，仪器分析技术
2012级	毕业设计（论文）

自动化专业

年　级	课程设置
2016级	中国近现代史纲要，基础外语I，体育I，军事理论，大学生职业发展与就业指导I，大学生心理健康I，程序设计基础，工科数学分析I，大学物理AI，工程制图基础

续表

年　级	课程设置
2015级	思想道德修养与法律基础，基础外语II，体育II，大学生心理健康II，线性代数A，工科数学分析II，大学物理AII，电路分析基础I，电路实验技术
	马克思主义基本原理概论，基础外语III，体育III，复变函数与积分变换B，概率论与数理统计A，数学实验，工科物理实验I，电路分析基础II，模拟电子技术A，模拟电子技术实验
2014级	毛泽东思想和中国特色社会主义理论体系概论I，体育IV，工程优化数学基础，信号分析基础，数学实验，工科物理实验II，自动控制理论，数字电子技术（双语），数字电子技术实验，微机原理及接口技术A，控制系统仿真，面向对象程序设计I
	毛泽东思想和中国特色社会主义理论体系概论II，金工实习I，课程设计（微机原理），EDA课程设计，现代控制理论，过程控制，工程导论，电机及其运动控制I，电力电子技术，现代传感器技术，面向对象程序设计II，数据库技术及应用，可编程控制器及应用，模式识别基础
2013级	工业组态软件设计，自动化生产线实训，控制网络技术，电机及其运动控制II，计算机控制技术A，嵌入式控制系统，人工智能基础，单片机原理与应用，管理信息系统概论，工业企业信息管理系统概论，非线性控制基础，系统辩识与参数估计，智能控制理论基础，最优化与最优控制，多媒体通信技术
	经济与管理，大学生职业发展与就业指导IV，课程设计（软件设计），运动控制系统设计，先进控制技术导论，电力系统设计与优化，智能电网技术基础，流程工业过程控制，系统工程导论，工业企业供电及节能技术，分布式控制系统，DSP原理及应用，智能机器人控制，可编程逻辑器件及应用，虚拟仪器
2012级	毕业设计（论文）

测控技术与仪器专业

年　级	课程设置
2016级	中国近现代史纲要，基础外语I，体育I，军事理论，大学生职业发展与就业指导I，大学生心理健康I，工程制图基础与计算机辅助设计，程序设计基础，工科数学分析I，大学物理AI
2015级	思想道德修养与法律基础，基础外语II，体育II，大学生心理健康II，线性代数A，工科数学分析II，大学物理AII，电路分析基础I，电路实验技术
	马克思主义基本原理概论，基础外语III，体育III，复变函数与积分变换B，概率论与数理统计A，数学实验，工科物理实验I，电路分析基础II，模拟电子技术A，模拟电子技术实验
2014级	毛泽东思想和中国特色社会主义理论体系概论I，体育IV，误差理论与数据处理，应用力学基础，数学实验，工科物理实验II，数字电子技术（双语），数字电子技术实验，信号处理，微机原理及接口技术A
	毛泽东思想和中国特色社会主义理论体系概论II，金工实习I，电子技术实习，控制工程基础C，工程光学基础，自动检测技术（双语），单片机原理及应用，参数检测及仪表，控制微电机，医学成像原理与技术
2013级	传感器课程设计，过程控制系统，自动控制装置，智能仪器，机械设计基础，嵌入式系统及应用，数字图像处理，仪器与系统可靠性，可编程控制器及应用（双语），单片机程序设计实验，微机电系统概论，虚拟仪器，光电子技术，低功耗系统设计，无人机技术
	经济与管理，大学生职业发展与就业指导IV，过程控制系统课程设计，智能仪器课程设计，高频电子电路，DSP原理及应用，光学测试技术，专业发展研讨，可编程逻辑器件及应用，工业组态软件
2012级	毕业设计（论文）

智能科学与技术专业

年 级	课 程 设 置
2016级	中国近现代史纲要，基础外语I，体育I，军事理论，大学生职业发展与就业指导I，大学生心理健康I，程序设计基础，工科数学分析I，大学物理AI，工程制图基础
2015级	思想道德修养与法律基础，基础外语II，体育II，大学生心理健康II，线性代数A，工科数学分析II，大学物理AII，电路分析基础I
	马克思主义基本原理概论，基础外语III，体育III，离散数学B，复变函数与积分变换B，概率论与数理统计A，数学实验，工科物理实验I，电路分析基础II，电路实验技术，模拟电子技术B，模拟电子技术实验
2014级	毛泽东思想和中国特色社会主义理论体系概论I，体育IV，应用力学基础，数学实验，工科物理实验II，控制工程基础A，数字电子技术（双语），数字电子技术实验，数字信号处理，信息论与编码A，面向对象程序设计I，数据库技术及应用
	毛泽东思想和中国特色社会主义理论体系概论II，金工实习I，电子技术实习，微机原理课程设计，数据结构与算法分析，微机原理及应用，计算机网络（双语），脑科学与认知科学概论，人工智能基础A，现代传感器技术，电机控制技术，面向对象程序设计II，DSP原理及应用
2013级	嵌入式系统，机器人组成原理，计算智能基础，现代通信技术，机械设计基础，智能控制理论基础，数字图像处理，可编程控制器及应用（双语），模式识别基础
	经济与管理，大学生职业发展与就业指导IV，过程控制系统设计，机器感知基础，机器学习基础，智能监控系统，分布式控制系统，可编程逻辑器件及应用，工业组态软件，虚拟仪器，智能游戏开发
2012级	毕业设计（论文）

电子信息工程专业

年 级	课 程 设 置
2013级	Linux操作系统，物联网工程概论，网络安全与管理，网络通信实验，JAVA程序设计，DSP处理器及应用，Web开发技术，智能机器人控制，数据库系统原理（双语），软件工程，高级编程技术，模式识别基础，通信原理概论，无线传感器网络，人机交互，大学生工程创新
	经济与管理，大学生职业发展与就业指导IV，电子信息综合实训，算法设计基础，数据仓库与数据挖掘（双语），软件测试，应用软件系统设计与案例分析，通信网基础，语音信号处理，大规模集成电路设计（VLSI）（双语），Oracle
2012级	毕业设计（论文）

计算机科学与技术专业

年 级	课 程 设 置
2016级	中国近现代史纲要，基础外语I，体育I，军事理论，大学生职业发展与就业指导I，大学生心理健康I，工科数学分析I，大学物理AI，程序设计及面向对象方法
2015级	思想道德修养与法律基础，基础外语II，体育II，大学生心理健康II，线性代数A，工科数学分析II，大学物理AII，电路分析基础I，计算机科学导论
	马克思主义基本原理概论，基础外语III，体育III，离散数学A，概率论与数理统计A，工科物理实验I，电路分析基础II，电路实验技术，模拟电子技术B，数字电子技术（双语），模拟电子技术实验，可编程逻辑器件及应用

续表

年　级	课程设置
2014级	毛泽东思想和中国特色社会主义理论体系概论I，体育IV，电子技术实习，数值计算方法，数学实验，工科物理实验II，数字电子技术（双语），模拟电子技术实验，计算机组成原理，数据结构A，电子工程中的计算方法
	毛泽东思想和中国特色社会主义理论体系概论II，数字电子技术实验，操作系统，算法设计与分析，计算机网络，微机接口技术，微机接口技术实验，数据库系统原理（双语），信号与系统概论，计算机图形学，计算机控制技术B，面向对象技术及应用，数字签名与身份认证技术，C#程序设计语言
2013级	软件工程课程设计，计算机网络课程设计，数据库系统原理（双语），编译原理，Linux操作系统，物联网工程概论，算法设计基础，网络安全与管理，JAVA程序设计，计算机体系结构，软件工程，嵌入式计算，信息隐藏技术，并行计算导论，高级编程技术，模式识别基础，通信原理概论，数字信号处理B，网构软件服务（双语），人机交互，大学生工程创新
	经济与管理，大学生职业发展与就业指导IV，数据仓库与数据挖掘（双语），软件测试，应用软件系统设计与案例分析，通信网基础，虚拟现实技术，大规模集成电路设计（VLSI）（双语），数字图像处理，Oracle，计算机系统安全，信息对抗与网络攻防技术，电子商务
2012级	毕业设计（论文）

通信工程专业

年　级	课程设置
2016级	中国近现代史纲要，基础外语I，体育I，军事理论，大学生职业发展与就业指导I，大学生心理健康I，程序设计基础，工科数学分析I，大学物理AI，工程制图基础
2015级	思想道德修养与法律基础，基础外语II，体育II，大学生心理健康II，线性代数A，工科数学分析II，大学物理AII，电路分析基础I
	马克思主义基本原理概论，基础外语III，体育III，面向对象程序与设计，复变函数与积分变换B，概率论与数理统计A，工科物理实验I，电路分析基础II，电路实验技术，模拟电子技术A
2014级	毛泽东思想和中国特色社会主义理论体系概论I，体育IV，金工实习I，电子技术实习，随机过程，数学实验，工科物理实验II，数字电子技术（双语），模拟电子技术实验，微机原理及接口技术B，信号与系统，电子工程中的计算方法
	毛泽东思想和中国特色社会主义理论体系概论II，课程设计（通信原理），离散数学B，数字电子技术实验，通信原理，通信电子电路，电磁场与天线，信号系统与信号处理综合实验，数字信号处理，数据库技术及应用，数据结构C，DSP原理及应用
2013级	光纤通信原理（双语），现代交换技术，数字通信系统，移动通信（双语），多媒体通信技术，卫星通信系统（双语），现代通信保密基础，物联网技术，通信控制器设计与应用，通信调制新技术应用，大学生工程创新
	经济与管理，大学生职业发展与就业指导IV，现代通信技术，通信网理论，光同步传送网和波分复用系统，通信软件设计，通信网安全，现代通信网监控与管理，空间通信概论，无线电定位导航原理及应用，通信系统仿真，通信中的语音信号处理，通信网络综合实验
2012级	毕业设计（论文）

信息安全专业

年 级	课 程 设 置
2016级	中国近现代史纲要，基础外语I，体育I，军事理论，大学生职业发展与就业指导I，大学生心理健康I，程序设计基础，工科数学分析I，大学物理AI，工程制图基础
2015级	思想道德修养与法律基础，基础外语II，体育II，大学生心理健康II，线性代数A，工科数学分析II，大学物理AII，电路分析基础I
	基础外语III，体育III，离散数学A，概率论与数理统计A，工科物理实验I，电路分析基础II，电路实验技术，模拟电子技术B，信息安全导论
2014级	毛泽东思想和中国特色社会主义理论体系概论I，体育IV，电子技术实习，信号与系统概论，数学实验，工科物理实验II，数字电子技术（双语），模拟电子技术实验，数据结构A，信息安全的数学基础，计算机组成原理，现代密码学，信息论与编码B，电子工程中的计算方法
	毛泽东思想和中国特色社会主义理论体系概论II，马克思主义基本原理概论，微机原理与应用，数字电子技术实验，现代通信技术，操作系统，计算机网络，人工智能，面向对象技术及应用，计算机系统安全，数字签名与身份认证技术，C#程序设计语言，数字签名与身份认证课程设计
2013级	软件工程课程设计，计算机网络课程设计，网络安全与管理，数据库系统原理（双语），数值计算方法，Linux操作系统，JAVA程序设计，多媒体通信技术，计算机体系结构，软件工程，嵌入式计算，信息隐藏技术，模式识别基础，物联网安全，网构软件服务（双语），信息内容安全，大学生工程创新
	经济与管理，大学生职业发展与就业指导IV，应用软件系统设计与案例分析，网络通信实验，大规模集成电路设计（VLSI）（双语），数字图像处理，Oracle，信息对抗与网络攻防技术，计算机病毒原理，软件体系结构，高级编程技术，电子商务安全
2012级	毕业设计（论文）

物联网工程专业

年 级	课 程 设 置
2016级	中国近现代史纲要，基础外语I，体育I，军事理论，大学生职业发展与就业指导I，大学生心理健康I，程序设计基础，工科数学分析I，大学物理AI，工程制图基础
2015级	思想道德修养与法律基础，基础外语II，体育II，大学生心理健康II，线性代数A，工科数学分析II，大学物理AII，电路分析基础I
	马克思主义基本原理概论，基础外语III，体育III，离散数学B，复变函数与积分变换B，概率论与数理统计A，工科物理实验I，电路分析基础II，电路实验技术，模拟电子技术B，模拟电子技术实验，物联网工程导论，可编程逻辑器件及应用
2014级	毛泽东思想和中国特色社会主义理论体系概论I，体育IV，电子技术实习，数学实验，工科物理实验II，信号与系统概论，数字电子技术（双语），数字电子技术实验，现代通信技术，微机原理及接口技术B，数据结构A，现代密码学，电子工程中的计算方法
	毛泽东思想和中国特色社会主义理论体系概论II，嵌入式系统课程设计，操作系统，计算机网络，现代传感器技术，嵌入式系统与单片机，物联网技术及应用，云计算与物联网，人工智能，数据通信网，网络安全技术，.NET应用开发，PHP应用开发

续表

年　级	课程设置
2013级	软件工程课程设计，计算机网络课程设计，网络安全与管理，无线传感器网络，RFID技术，Linux操作系统，JAVA程序设计，DSP处理器及应用，现代交换技术，移动通信（双语），多媒体通信技术，智能机器人控制，数据库系统原理（双语），计算机体系结构，软件工程，嵌入式计算，高级编程技术，模式识别基础，通信原理概论，数字信号处理B，物联网控制基础，人机交互，大学生工程创新
	经济与管理，大学生职业发展与就业指导IV，物联网体系结构及综合实训，数据仓库与数据挖掘（双语），通信网基础，大规模集成电路设计（VLSI）（双语），Oracle，信息对抗与网络攻防技术，通信网安全，无线电定位导航原理及应用，物联网系统模型，冶金工业4.0技术与应用
2012级	毕业设计（论文）

能源动力类专业

年　级	课程设置
2016级	沟通与交流，思想道德修养与法律基础，基础外语I，体育I，军事理论，大学生职业发展与就业指导I，大学生心理健康I，大学计算机基础，高等数学AI，普通化学，普通化学实验，机械设计制图AI
2015级	中国近现代史纲要，基础外语II，体育II，大学生心理健康II，C++程序设计，高等数学AII，线性代数A，大学物理AI
	毛泽东思想和中国特色社会主义理论体系概论I，基础外语III，体育III，金工实习I，概率论与数理统计A，数学实验，大学物理AII，工科物理实验I，电工学

能源与动力工程专业

年　级	课程设置
2016级	沟通与交流，思想道德修养与法律基础，基础外语I，体育I，军事理论，大学生职业发展与就业指导I，大学生心理健康I，大学计算机基础，高等数学AI，普通化学，普通化学实验，机械设计制图AI
2015级	中国近现代史纲要，基础外语II，体育II，大学生心理健康II，C++程序设计，高等数学AII，线性代数A，大学物理AI
	毛泽东思想和中国特色社会主义理论体系概论I，基础外语III，体育III，金工实习I，概率论与数理统计A，数学实验，大学物理AII，工科物理实验I，电工学
2014级	马克思主义基本原理概论，体育IV，工程力学C，工科物理实验II，机械设计制图AII，工程热力学，工程流体力学（双语），热工实验I，物理化学D
	毛泽东思想和中国特色社会主义理论体系概论II，金属材料及热处理B，传热传质学（双语），工程燃烧学，热工实验II，环境工程，能源系统优化基础，能量转换与利用，太阳能与风能，气体资源学
2013级	经济与管理，微机原理与应用B，制冷与低温原理，热工自动检测与控制（双语），工业热工基础，热工过程及设备，冶金工艺概论，工业生态学，压缩机械，流体机械，动力机械A（内燃机），动力机械B（涡轮机）
	大学生职业发展与就业指导IV，专业课程设计，热过程模拟软件实训，低温工艺及装置，热工过程模化与控制，热能工程进展，热能动力装备，空气调节，暖通工程，能源工程管理

热能与动力工程专业

年 级	课程设置
2012级	毕业设计（论文）

环境工程专业

年 级	课程设置
2016级	思想道德修养与法律基础，基础外语I，体育I，军事理论，大学生职业发展与就业指导I，大学生心理健康I，大学计算机基础，高等数学AI，无机化学B，无机化学实验BI
2015级	中国近现代史纲要，基础外语II，体育II，大学生心理健康II，工程测量实习，VB程序设计，高等数学AII，大学物理AI，无机化学实验BII，环境学导论，新生讨论课
	马克思主义基本原理概论，基础外语III，体育III，线性代数A，工程力学C，大学物理AII，工科物理实验I，机械制图B
2014级	毛泽东思想和中国特色社会主义理论体系概论I，体育IV，金工实习I，工科物理实验II，工程制图，工程流体力学，电工技术实验，电工技术，物理化学CI，环境工程技术经济，环境化学，生物化学
	毛泽东思想和中国特色社会主义理论体系概论II，环境工程微生物学实验，工程制图（实践），概率论与数理统计A，环境工程微生物学，有机化学，环境工程原理，物理化学CII，分析化学，生态恢复技术，环境规划与管理，环境工程施工技术，环境工程仪表及自动控制，地下水污染导论，环境毒理学，能源与环境（双语），环境生物技术（双语），清洁生产与循环经济，高浓度有机工业废水处理技术，环境催化原理及应用
2013级	经济与管理，环境监测，有机化学，物理化学实验B，大气污染控制工程，水污染控制工程，物理污染控制，固体废弃物处理与处置，地下水环境与地下空间工程，环境GIS系统导论，环境材料学，环境生态学，生态卫生排水系统（双语），环境影响评价，化学反应工程，流体能源开发与环境保护，冶金工艺与环境保护，清洁生产与循环经济，危险废物管理与处理技术
	大学生职业发展与就业指导IV，工程训练，研究方法训练，环境工程研究与设计，废水处理新技术（双语），环境土壤学，环境工程CAD辅助设计

土木工程专业

年 级	课程设置
2016级	经济与管理，思想道德修养与法律基础，基础外语I，体育I，军事理论，大学生职业发展与就业指导I，大学生心理健康I，大学计算机基础，高等数学AI，线性代数A，普通化学，普通化学实验
2015级	中国近现代史纲要，基础外语II，体育II，大学生心理健康II，C++程序设计，高等数学AII，大学物理AI
	马克思主义基本原理概论，基础外语III，体育III，工程力学AI，概率论与数理统计A，数学实验，大学物理AII，工科物理实验I，工程制图基础
2014级	毛泽东思想和中国特色社会主义理论体系概论I，体育IV，金工实习I，工程力学AII，数学实验，工科物理实验II，工程测量，工程地质学，土木工程制图，流体力学，房屋建筑学，土木工程CAD
	毛泽东思想和中国特色社会主义理论体系概论II，结构力学I，土力学，混凝土结构原理，土木工程项目管理，土木工程材料，电工技术实验，电工技术，地下工程中的岩石力学（全英语），砌体结构

续表

年　级	课程设置
2013级	钢筋混凝土结构课程设计，专业方向课程设计I（房屋建筑学、边坡工程），结构力学II，岩石力学与工程，工程结构荷载与可靠度设计原理，土木工程施工，钢结构基本原理，工程概预算与招投标，基础工程，建筑工程（双语），高层建筑结构，工程爆破，混凝土结构设计，边坡工程，岩土工程（双语），土木工程数值计算方法，地下结构设计，地下空间规划与设计
	大学生职业发展与就业指导IV，基础工程课程设计，专业方向课程设计II（钢结构、地下结构），毕业实习（论文），土木工程测试方法与技术，城市规划，道路工程，结构抗震，桥梁工程，隧道工程，防震减灾，土木工程勘测，地下工程施工技术，建筑钢结构设计

安全工程专业

年　级	课程设置
2016级	思想道德修养与法律基础，基础外语I，体育I，军事理论，大学生职业发展与就业指导I，大学生心理健康I，安全生产与安全生活，大学计算机基础，高等数学AI，无机化学B，无机化学实验BI
2015级	中国近现代史纲要，基础外语II，体育II，大学生心理健康II，工程测量实践，VB程序设计，高等数学AII，大学物理AI，安全科学与工程导论
	马克思主义基本原理概论，基础外语III，体育III，金工实习I，线性代数A，工程力学C，大学物理AII，工科物理实验I，机械制图B
2014级	大学语文与应用写作A，毛泽东思想和中国特色社会主义理论体系概论I，体育IV，工科物理实验II，安全学原理，安全法律法规，岩石力学，热工学，电工技术实验，电工技术
	毛泽东思想和中国特色社会主义理论体系概论II，概率论与数理统计A，数学实验，工程流体力学，工业通风（双语），采矿工程概论，电子技术实验，电子技术，地下工程中的岩石力学（全英语），环境工程概论，分析化学基础，安全工程专业英语
2013级	经济与管理，安全工程实验，安全系统工程，燃烧与爆炸，安全人机工程，安全经济与管理学，防震减灾，职业卫生工程（双语），机电安全工程，特种设备安全，计算机辅助设计及应用，工伤保险，安全监测监控原理及应用，化工概论与安全工程，事故调查与分析，产品安全工程，研究方法训练
	大学生职业发展与就业指导IV，安全工程训练，矿山安全技术，安全评价技术应用，事故应急救援，矿井通风设计，防灭火系统设计，建筑概论与安全工程

采矿工程专业

年　级	课程设置
2016级	经济与管理，思想道德修养与法律基础，基础外语I，体育I，军事理论，大学生职业发展与就业指导I，大学生心理健康I，大学计算机基础，高等数学AI，线性代数A，普通化学，普通化学实验
2015级	中国近现代史纲要，基础外语II，体育II，大学生心理健康II，VB程序设计，高等数学AII，大学物理AI，工程测量
	马克思主义基本原理概论，基础外语III，体育III，工程力学AI，大学物理AII，工科物理实验I，机械设计制图AI

续表

年　级	课程设置
2014级	毛泽东思想和中国特色社会主义理论体系概论I，体育IV，金工实习I，工程力学AII，工科物理实验II，工程流体力学，弹性力学与数值模拟，地质学基础，机械设计制图AII，电工技术实验，电工技术
	毛泽东思想和中国特色社会主义理论体系概论II，矿山运输与提升设计，概率论与数理统计A，数学实验，矿山岩石力学，矿山地质学，电子技术实验，电子技术，矿山运输与提升，爆破工程（双语），资源、环境与可持续发展，边坡工程，矿物加工与利用
2013级	矿业系统工程基础（双语），地下工程施工技术，矿床开采工程（露天开采）（双语），矿床开采工程（地下开采）（双语），矿山安全工程，数字矿山技术，矿山现代测试技术，现代充填技术，散体动力学与放矿，矿产经济学
	大学生职业发展与就业指导IV，露天采矿设计，矿山机械与自动化，矿山企业管理，通风防尘与空气调节，矿山设计原理，矿产资源法基础，教授专题：采矿工程新技术及发展方向，特殊采矿技术，采矿专业英语，地质统计学与矿床建模，深井开采技术

矿物加工工程专业

年　级	课程设置
2016级	经济与管理，思想道德修养与法律基础，基础外语I，体育I，军事理论，大学生职业发展与就业指导I，大学生心理健康I，大学计算机基础，高等数学AI，线性代数A，普通化学，普通化学实验
2015级	中国近现代史纲要，基础外语II，体育II，大学生心理健康II，工程测量实践，VB程序设计，高等数学AII，大学物理AI
	马克思主义基本原理概论，基础外语III，体育III，工程力学C，大学物理AII，工科物理实验I，机械设计制图AI
2014级	毛泽东思想和中国特色社会主义理论体系概论I，体育IV，矿物加工试验技能训练，金工实习I，工科物理实验II，工艺矿物学，有机化学基础，机械设计制图AII，电工技术实验，电工技术，物理化学CI
	毛泽东思想和中国特色社会主义理论体系概论II，概率论与数理统计A，数学实验，工程流体力学，岩石矿物学基础，电子技术实验，电子技术，物理化学CII，矿石粉碎工程（双语），采矿工程概论，矿物材料学，非金属矿深加工，分析化学基础
2013级	矿物加工实验，矿物生物工程，物理化学实验B，矿物物理分选，矿物界面分选（双语），矿物化学处理，二次资源利用，固液分离，矿业环境工程，矿物加工技术经济，煤炭加工与洁净利用
	大学生职业发展与就业指导IV，研究方法训练，矿物加工课程设计，矿物加工工程设计，矿物加工研究方法，矿物加工过程检测与控制，复杂金属矿石利用实例，计算机辅助设计及应用，矿物加工工程施工技术，矿物加工工程设计实例

建筑环境与能源应用工程专业

年　级	课程设置
2016级	沟通与交流，思想道德修养与法律基础，基础外语I，体育I，军事理论，大学生职业发展与就业指导I，大学生心理健康I，大学计算机基础，高等数学AI，普通化学，普通化学实验，机械设计制图AI

续表

年　级	课 程 设 置
2015级	中国近现代史纲要，基础外语II，体育II，大学生心理健康II，C++程序设计，高等数学AII，线性代数A，大学物理AI
	毛泽东思想和中国特色社会主义理论体系概论I，基础外语III，体育III，金工实习I，概率论与数理统计A，数学实验，大学物理AII，工科物理实验I，传热学，电工学
2014级	马克思主义基本原理概论，体育IV，工科物理实验II，工程力学C，工程热力学，建筑环境与设备工程基础（双语），机械设计制图AII，工程流体力学（双语），热工实验I，可靠性工程基础，建筑概论
	毛泽东思想和中国特色社会主义理论体系概论II，微机原理与应用，建筑设备工程制图，建筑环境学，传热传质学（双语），流体输配管网，燃气工程（双语），热质交换原理与设备
2013级	经济与管理，空调用制冷技术，供热工程，空调工程，建筑自动化，建筑节能技术，现代物业管理，建筑电气，建筑给排水，通风工程，流体机械
	大学生职业发展与就业指导IV，暖通空调课程设计，建筑环境测试技术，建筑环境与设备进展，热泵，室内净化技术，建筑环境模拟，能量转换与利用，能源工程管理

建筑环境与设备工程专业

年　级	课 程 设 置
2012级	毕业设计（论文）

（耿悦杰）

研究生教育

【第四轮学科评估工作】2016年，学校参加了教育部学位中心开展的第四轮学科评估工作，共有25个一级学科［17个博士一级学科，8个硕士一级学科（含2个博士二级学科）］参加了本次评估，研究生院通过文件发布、政策解读、数据梳理、资源整合、学科沟通、数据审查、材料上报等各个环节的组织，先后召开了五次专题会议，协调各学科高效严谨完成本次学科评估工作。目前已经完成了材料申请报送、信息公示与核查工作。第四轮学科评估工作的结果预计在2017年下半年公布。

（杜振民、宁晓钧、洪　歌）

【招生工作】2016年，学校全面完成了研究生招生计划，共招收博士研究生563人，硕士研究生2583人，在职人员专业学位研究生410人（其中工程硕士360人、MPA50人）。

2016年，博士生报名982人，录取563人，考录比约1.7:1。其中硕博连读、学士直攻博学生共219人，占录取总数的38.9%；来自“211工程”高校的毕业生共378人，占总录取人数的67.1%；与科研院所联合培养38人，占总录取人数的6.7%。

2016年，硕士生报名8085人，录取2583人，考录比约3.1:1。其中推荐免试生562人，占录取总数的21.76%；

来自“211工程”高校的毕业生共1230人，占总录取人数的47.6%。

2016年，在职人员攻读专业学位研究生报名922人，录取410人，考录比约为2.2:1。学校与宣化钢铁公司、承德钢铁公司、攀枝花钢铁公司、青岛钢铁公司及中国民航公司等24家单位签订了联合培养在职人员专业学位研究生协议，为在职专业学位研究生生源稳定增长提供了有力保障。在国务院学位委员会办公室公布的在职人员攻读硕士专业学位录取结果排序中，北京科技大学工程硕士招生质量较好。此外，经国务院学位办公室批准，学校招收高级管理人员工商管理硕士研究生（EMBA）95人。

（韩　经、何志巍、王筱静）

【研究生招生改革举措】 2016年，研究生招生工作以“确保考试安全，提高生源质量”为核心，完善招生管理办法，为进一步提高研究生培养质量奠定基础。

保证国家级考试安全，加强制度建设和过程管理。①按照教育部和北京考试院的要求，加强保密制度建设，落实和细化《北京科技大学研究生招生考试安全保密工作规定》（校研发〔2015〕19号）工作流程。②完善自命题科目命题管理，制定了《2016年博士学位研究生入学考试命题工作规定》（校研发〔2016〕3号）、《2016年硕士学位研究生复试（专业课）命题工作的规定》（校研发〔2016〕6号）、《2017年硕士学位研究生招生考试命题工作规定》（校研发〔2016〕13号）等文件，对硕士招生考试中超过200人选考的自命题科目实行A、B卷命题。③强化监考和考务人员培训管理和涉密人员管理，细化考务组织工作。

落实学校改革精神，完善各项招生制度。落实《北京科技大学关于深化研究生教育改革的意见》（校发〔2014〕18号）精神，以提高研究生生源质量为核心，加强制度建设，出台了《北京科技大学研究生招生计划分配办法》（校发〔2016〕63号）、《北京科技大学2016年硕士研究生招生复试与录取工作规定》（校发〔2016〕15号）、《北京科技大学2016年博士学位研究生招生录取规定》（校发〔2016〕24号）、《北京科技大学2017年硕博连读选拔博士研究生工作通知》（校研发〔2016〕14号）等文件，进一步完善了各项招生制度。

完善推免生接收政策，优化生源结构。推免生是优质生源的核心构成部分，增加推免生接收人数，是提高学校生源质量和优化生源结构的有效方式和手段。2014年，教育部发布有关推免生制度改革的通知，要求充分给予学生选择权。在此新形势下，2016年学校通过提高接收推免生在招生计划中的比例，优化复试环节，暑期夏令营优秀营员同等条件下优先录取等措施，提高了推免生接收比例，优化了生源结构。同时，推动与高水平高校间的“校际推免生交流与合作”，吸引优质生源。

坚持A1岗博士生导师实行“申请考核制”招收博士研究生的制度，进一步扩大导师招生自主权；同时，结合教育部新规定，加强博士研究生报考材料审核、复试考核等环节的规范与管理。

积极贯彻“走出去、请进来”的方针，开展研究生招生宣传。研究生院组织各培养单位积极开展校内外招生咨询活动和暑期夏令营活动；同时通过与知名研究生教育信息网站的合作，完善学校招生宣传网站和开通研究生招生微信公众号、手机网站功能等方式，大力开展网络宣传。

（韩　经、何志巍、王筱静）

【研究生教育发展基金的中期检查工作】 2016年9月，研究生院组织专家对2015年研究生发展基金面上项目中的课程建设和研究生教育创新类项目进行了中期检查，20

项课程建设、3项研究生创新项目通过了中期检查，出版了21本教材和讲义。

（班晓娟、周　涛）

【规范研究生课程教学管理】根据校发〔2011〕29号的文件精神规定，研究生院于2016年5月和11月，组织了2次“第一次讲授研究生课程讲师”的试讲工作，全校26名教师报名参加试讲，经过专家及督导的评议，17名讲师获得了讲授研究生课程的资格。

（班晓娟、周　涛）

【教务管理】①校内教学。落实校内研究生教学计划、排课、选课等校内教学工作，完成《研究生开课信息一览表》，打印、发放任课教师《授课时间表》，负责落实日常教学管理的调课、借教室等工作。2016年，校内计划开设910门次研究生课程，因选课人数不足5人或者教师相关原因停开39门次，实际开课数为871门次。组织校内研究生公共课程考试19门。②校外教学。2016级招收10个专业学位课外班，完成了各个教学点的教学计划制订和公共课程安排，以及与办班点的联系沟通工作，组织了校外11个班级的研究生外语考试。

（班晓娟、周　涛）

【学籍管理】①2016年，春夏两季毕业研究生2887人（含留学生78人），其中，博士生375人（含留学生3人）、硕士生2512人（含留学生75人），完成毕业生数据上报工作，制作和发放毕业证书。②完成2016级新生3058人（其中博士生报到547人、硕士生2511人）的学籍电子注册工作。③完成2016级360人工程硕士、105人EMBA、50人MPA的报到工作。④办理学籍变动手续669人次。

（班晓娟、陶国银）

【成绩管理】①完成2016年1月和6月申请毕业/学位各类研究生培养环节的审核工作，完成各类毕业研究生签约、答辩及人事档案成绩单自助打印相关工作，办理学生个人中英文成绩单1100余份。②完成2015－2016年度全校课程旁听费、公共课任课教师酬金及专业课调节酬金核算工作。③完成2015－2016学年度教学资料整理归档工作。

（班晓娟、姜志诚）

【博士生导师队伍建设】根据学校学科建设和人才培养的需要，进一步加强博士生指导教师队伍建设，保证博士生培养质量，开展博士生指导教师选聘工作，本次共22名教师增列为博士生导师，其中校内博导17人，校外兼职博导5人。申请人员中三层次以上引进人才共12人。共56名教师增列为硕士生导师。

（杜振民、宁晓钧、洪　歌）

【学位授予工作】2016年1月和6月共召开两次校学位委员会，共授予378名研究生博士学位，授予2966名研究生硕士学位；评选出38篇优秀博士学位论文，103篇优秀硕士学位论文。对389名博士的学位论文进行论文盲评。

（杜振民、宁晓钧、洪　歌）

【优化调整博士研究生申请学位流程】优化博士学位论文匿名送审流程，增设小学期论文送审环节，同时增加论文送审频度（由每周送审一次增加为每周送审多次），提高论文送审速度（实现当日通过审核，次日完成送审）。加快博士学位论文评审信息化建设，在“研究生信息管理系统”中开发“论文评审结果查询”模块，学生可以在论文评审结果返回后第一时间查询到相关信息。进一步优化论文查重工作程序，发布了《关于规范研究生学位论文查重工作流程的通知》。明确学位办与各培养单位的责任，简化了查重结果的反馈流程，提高了工作质量和效率。

（杜振民、宁晓钧、洪　歌）

【继续全面实行博士学位论文全盲审工作】2016年，学校继续与教育部学位与研究生教育发展中心合作，对389名博士研究生的学位论文进行了匿名评审。其中，24人因未能通过匿名评审而需半年或一年后重新申请学位，全校的匿名评审通过率为94%。全盲审的实施起到了质量预警的积极作用，进一步提高了导师和学生对学位论文质量的重视程度。

（杜振民、宁晓钧、洪　歌）

【实施“创新人才培养”项目】根据《北京科技大学继续实施研究生“创新人才培养”项目的通知》（校研发〔2012〕7号）文件精神，继续实施研究生“创新人才培养”项目。2016年，资助海外学者短期讲学7项，博士生参加国际学术会议40项，博士生短期出国访学17项。

（杜振民、宁晓钧、杨　栋）

【“国家公派研究生项目”选拔申报工作】2016年3月，学校组织了“国家公派研究生项目”申报工作，有攻读博士（硕士）学位研究生和联合培养博士生（硕士生）四大类，涉及15个研究生培养单位21个学科专业。采取“个人申请，单位推荐，专家评审，择优录取”的方式进行选拔，本着“公开、公平、公正”的原则，组织专家对联合培养博士生申请者进行了面试，面试内容为本人学习经历、科研经历和出国学习研究计划，从而选拔出综合素质较高，具有竞争力的研究生。2016年，共有79人申请该项目，选拔并上报61人，国家留学基金委录取47人，录取率约为77%。

（杜振民、宁晓钧、杨　栋）

【研究生教育教学成果奖评选工作】2016年4月，根据《北京科技大学教育教学成果奖励办法》（校发〔2006〕67号）和《关于申报北京科技大学第27届教育教学成果奖的通知》（校发〔2016〕20号）的文件精神，组织了第27届教育教学成果奖（研究生教育教学类）的申报和评审工作，包括报奖材料组织及评审、特等奖项目预答辩等环节。最后，学校共遴选出各级各类奖项56项，其中特等奖8项、一等奖17项、二等奖31项。研究生教育教学成果获奖总数为20项，其中特等奖2项、一等奖6项、二等奖12项。

（杜振民、宁晓钧、杨　栋）

【相关考务工作】2016年5月29日，作为北京市考点之一，学校承担了2016年同等学力人员申请硕士学位全国统一考试工作，完成了136个考场共4059人次的考务工作。

（杜振民、韩　经）

高等职业教育

【综述】2016年，完成高职招生计划99人，实际报到86人。至年底，高职3个专业共有在校生264人。2016年高职合作交流班赴国外学习学生共25人，其中12人进入美国田纳西大学马丁分校学习，13人通过文京学院大学、大阪电气通信大学等日本院校编入考试。

（徐　屹）

【教学与学生工作】全年总计开课128门，计划学时8128学时，专职教师工作量约5709学时，组织各类考试约68场，完成教学检查2次。完成高职专业管理平台申报及高职合作办学评估总结等。强化学风建设和学生干部管理，积极开展有特色的学生活动。坚持“务实、节俭、友好”的原则，做好外籍教师管理、合作院校面试及日本MG专家授课等外事工作。

（徐　屹）

继续教育

【成人学历教育】坚持规范办学，积极开拓生源市场，远程与成人教育在校生规模首次达到5万。积极推进教育教学改革，课程在线考试系统完成试点，已有33万人次的在线考试顺利进行；选择优秀学习中心（北京密云），进行课程复合模式考核试点。加强课程资源建设，新录制28门课程的课件，补充及完善了30门课程的题库，保证了网上教学和在线考试的顺利进行。移动学习APP已有86门课程上线，为学生进行多样化学习提供条件。首次对微课件进行了验收及评比，目前已建设微课件16门，其中8门已上传学院远程教育网，面向全体远程教育学生开放。依托河北省深州市职业技术教育中心设立远程教育深州校外学习中心，并于2016年秋季开始招生，恢复酒钢校外学习中心招生。

完成了北京市教育委员会组织的2016年度在京现代远程教育学习中心实地专项检查工作。计算机专业组指导业大学生参加北京市教育委员会主办的2016年暨第二届北京高等学校继续教育大学生计算机设计应用竞赛，并荣获组织奖。纪娇云主编的《管理学——理论与案例》荣获学校第27届教育教学成果二等奖。宋晏主编的《Java程序设计及应用开发》和刘勇主编的《计算机网络基础》列入学校“十二五”规划教材。远程与成人教育学院荣获中教全媒体评选的“2016中国最具社会影响力高校网络教育学院”称号。

（赵桂娟、高　航）

【非学历教育】继续开展高层次企业管理培训，全年举办各类培训班共20期，来自鞍钢、宝武钢、首钢、河北钢铁、山东钢铁等的中高级专业技术和管理人员参加了培训学习。以品牌建设为目标，以质量管理为核心，增加培训环节与交流平台，推动了培训教学和管理服务改革。进一步加强项目研发，制订20多个培训方案，其中“‘一带一路’战略与钢铁工业国际化经营管理高级研修项目”被列入人社部“2016年国家专业技术人才知识更新工程高级研修项目计划”，并得到了国家专项资金支持。同时积极拓展培训空间，首次为中铁十九局集团公司举办了矿山工程项目安全管理培训，实现了非钢行业培训的突破。

（张军凌、王玉敏）

国际学生培养

【概况】2016年，学校贯彻落实新时期教育对外开放的要求，提高来华留学生教育质量和效益，国际学生规模稳中有升，层次结构继续优化，质量建设扎实推进，国际学生培养工作取得新进展。2016年年底，来自117个国家的892名国际学生在全校13个学院（中心、所）的54个专业学习，其中本科生389人、硕士研究生294人、博士研究生142人、非学历生67人。41个“一带一路”沿线国家的478名国际学生在校学习。2016年，共有272名国际学生结束学习离校，颁发毕业和结业证件272份，其中本科毕业生83人、硕士毕业生75人、博士毕业生3人、进修生9人 、汉语生102人。

（赵立英）

【国际学生招生工作】2016年，学校创新国际学生招生方式，提升拓展生源能力。努力拓宽招生渠道，加强与驻外使馆联系，推进招生工作信息化，招生手段更加多样。提高招生服务质量，重新修订招生简章，制作简明全面的招生手册，及时解答国际学生的邮件、电话及现场咨询，招生服务更加细致、规范、主动、及时。做好获得奖学金资助的国际学生服务管理，按时完成年度评审、延期申请及回国机票申请等日常管理工作，完成总金额近1500万元的奖学金发放，处理773次情况异动，保质保量完成了各项奖学金管理工作。

2016年，学校共招收国际学生395人，新生报到率提升至83.3%。其中本科生103人，硕士生146人，博士生37人，汉语进修生61人，其他各类专业进修生12人，到天津大学、北京语言大学等学校进行预科学习的“中国政府奖学金项目”本科生共计33人。利用校长奖学金项目和教育部自主招生项目共录取新生99人，数量呈继续增长态势。学校着力提高国际学生生源质量，制定了本科国际学生入学考试大纲，首次举办了本科国际学生入学考试。同时，学校奖学金类型更加丰富，成为孔子学院奖学金项目院校并开始招生。

（李宝铭、刘　焱、佟秋石）

【国际学生培养工作】2016年，学校继续致力于提升国际学生培养质量，加强学风建设，加强英文授课专业与课程建设，来华留学教育教学改革成果丰硕。

①注重国际学生学风建设工作。做好国际学生出勤检查，对国际学生的学习态度和学习效果进行跟踪，促进了国际学生学业水平的提升。每学期开展针对国际学生教学的教学评估，定期抽查，利用调查问卷、听课、座谈等形式进行调查，发现问题，及时解决，督促国际学生学风好转。国际学生学业指导中心作用不断显现，有针对性地安排学业辅导223学时。设立学业警示制度，警示作用明显。及时维护国际学生学信网数据，全年共报送学生学籍学费相关信息1681条。

②继续深化来华留学教育教学改革，推进质量发展和内涵发展。以入学导向课程为依托的国际学生跨文化适应新模式，受到全国同行广泛关注。国际学生基础课程教学改革取得明显成效，出版或推动出版6部国际学生专用教材，使用效果良好。注重发挥授课教师在提高国际学生培养质量中的作用。赵立英教授主持的北京科技大学教育教学改革重点课题“留学生基础课程教学实践与改革”顺利结项，取得良好成效。每学期组织国际学生任课教师、指导教师研讨会，共同探讨国际学生教学方式改革、教学方法改进，促进新老教师交流，改进教学质量。进行国际学生毕业生满意度调查，了解国际学生对教学手段和方法、教师师德等方面的建议和意见，并反馈给教师。设立教学督导制度，促进教学水平提高。开展了“我爱我师——留学生心目中的好老师”“北京科技大学优秀留学生指导教师”等活动，影响力逐渐提升。发挥优秀国际学生的正向引领和带动作用，增强国际学生荣誉感、归属感和凝聚力。5位国际学生获得教育部优秀来华留学生奖学金，62人获得北京市政府外国留学生奖学金，98人获得北京科技大学优秀留学生奖学金，其中一等奖4人、二等奖18人、三等奖76人。

③重点推进全英文授课

专业与课程建设，丰富国际学生课程与专业选择，提高来华留学教育核心竞争力。新开设英文授课环境工程专业（本科）并开始招生。数理学院郑连存教授主持建设的《高等数学》课程入选教育部“2016年度来华留学英语授课品牌课程”。2016年年底，全英文授课研究生人数增加到241人，占全体国际研究生人数的55.3%。

（郝建鸿、刘　焱）

【国际学生管理工作】2016年，学校更加注重国际学生管理工作，国际学生事务管理体系建设日臻完善。

①制度建设方面：制度建设更加完善，新制定了《北京科技大学留学生公寓管理规定》和《北京科技大学国际学生校外住宿管理规定》，修订了《北京科技大学国际学生管理规定》等多项制度。国际学生自我管理与服务取得新成绩，留学生会影响力显著扩大，国际社团活动能力明显提高。信息化建设取得新成绩，留学生中心网站建设完成，微信公众平台影响力持续扩大，招生报名系统建设进展顺利。完善班主任工作制度，耐心、细致、及时地解决国际学生在学习和生活遇到的各种问题。编译了《留学生入学导向教程（英文版）》和《国际学生（研究生）申请学位指导手册》，帮助国际学生更加清晰地进行学业规划。有针对性地开展就业指导工作，举行华为等企业宣讲会6场次。继续推行全员保险制度，全年完成保险理赔34次，保障了国际学生合法权益。

②安全管理方面：扎实做好“平安留学”工作，保持了安全稳定工作良好局面。邀请北京市公安局出入境管理局和海淀区高校交通安委会警官为国际学生举行法规宣传和安全知识讲座7场，举行留学生公寓消防演习1次。高度重视禁烟禁毒工作，组织全体国际学生参观北京市禁毒教育基地，效果良好。做好敏感时期和节假日的安全工作，安排专人值班，确保不发生安全类突发事件。继续加强车辆管理，国际学生非法骑乘摩托车、电动车行为得到有效遏制。做好出入境管理工作，完善重点人群信息库，加强对重点人群管理，协助出入境管理部门核查学生情况32人次，全年共完成975人次的居留许可申请或延期工作。编印“国际学生签证常见问题”“校外住宿注意事项”等材料，方便了国际学生办理有关事项，工作成效受到北京市出入境管理部门高度肯定。提高留学生公寓服务水平，从硬件设施与服务能力两方面着手为国际学生提供温馨舒适的住宿环境，定期举行留学生公寓例会，对公寓服务人员进行工作培训，定期开展留学生公寓排查工作，消除安全隐患；制定校外住宿管理办法，完善了校外住宿管理。

③文化活动方面：文化活动体系建设更加丰富。Utsho Shayer Shabab同学获得CCTV“汉语桥”2016全球外国人汉语大会团体铜牌并晋级个人赛全球12强。泰国籍国际学生朱先忠晋级2016年第三届《中国汉字听写大会》外籍参赛组决赛。暑期社会及文化实践活动、毕业季系列活动卓有成效，外语游园会、汉语生中国文化行、新年招待会、歌手大赛、迎新舞会等活动精彩纷呈。足球队包揽学校七人制足球赛冠亚季军，男子及女子篮球队成功组建，展示了国际学生风采。中外学生融合平台搭建取得新进展，“感知中国——环保行”成为国家留学基金委资助的特色项目，国际文化节影响力持续扩大，外交官大讲堂、印象世界系列活动、平板支撑大赛等活动吸引中外学生广泛参与，效果良好。

2016年，学校国际学生管理工作效果显著。与有关学院在国际学生日常管理及培养过程中及时沟通，助力学院国际化发展。与教务处、研究生院在招生录取、教学培养等各环节各方面密切配合，推动来华留学教育教学改革取得丰硕成果。学习型、专业化留管干部队伍建设取得新进展。积极参与北京市及全国学会活动，组织留管干部参加教育部组织的业务培训；加强与有关国家驻华使馆联系，就国际学生管理中遇到的问题保持经常性沟通。留学生中心荣获2016年北京高校来华留学生管理优秀团队奖，1人获2016年北京高校来华留学生管理优秀干部个人奖，1人荣获2016年北京市高校青年留管干部业务技能大赛三等奖，1人获“教育部国际司组织的留管干部培训班优秀学员”称号。

（贾兆义、高佳佳、郭凯琳）

【非学历国际学生工作】2016年，对外汉语教学中心着力内涵发展，创新教学模式，提高对外汉语教学质量。大力推进第二课堂教学，采用实地访问、参观、座谈等形式，丰富教学手段，打造课堂内外联动机制。实现汉语教室多媒体教学设备的全覆盖，使课堂教学手段更加丰富，提升教学质量。2016年，首次接收孔子学院奖学金汉语研修生，奖学金体系日渐丰富，学生来源逐步多样化。为学生安排辅导课程，针对汉语学习的问题集中进行辅导；组织76名汉语生参加HSK考试，并在考前安排了HSK辅导、模拟考试等环节，提高了汉语生的学习热情和HSK考试通过率，也为其日后在中国的升学和就业提供了帮助。

留学生中心积极拓展来华留学短期项目，丰富项目课程设置及活动形式，扩大学校国际培养的影响力和灵活性。成功举办中美人文短期交流班，并与美国莫尔豪斯学院签订框架合作协议。依托中美人文交流项目、孔子学院奖学金等多个渠道，全年共有来自美国、英国、日本等多个国家的80余名学生来校短期学习，丰富了学生类别及生源国别。

（刘邦宇、佟秋石）

附　录

北京科技大学2016年度国际学生情况一览表

单位：人

类别	本科	硕士	博士	普进	高进	汉语生	合计
毕业生	75	75	2				152
结业生	4			9	4	77	124
9月份在校生	389	294	142	4	4	59	892
英文授课学生	2	152	89	2	1		246
中国政府奖学金学生	124	210	99	3	4	26	466
校长奖学金学生		48	30				78
外国政府奖学金学生	23	9	6			1	39
自费生	242	27	7			30	306
交换生				1		2	3

（郭凯琳）

学科建设工作

【概况】2016年，北京科技大学学科建设工作以“十三五”规划为蓝本，坚持“突出特色优势、凝练领域方向、优化结构布局、注重内涵发展”的方针，按照分类发展和支持的原则，重点支持了一批学科建设项目，为学校的“双一流”建设夯实基础。

（胡晓军）

【改善基本办学条件专项经费项目】规划与学科建设办公室加强了用于学科建设部分的专项经费使用的过程管理，及时与项目负责人沟通协调，按照经费使用政策严格掌控专项经费使用过程，督促项目按计划实施，实现精准投入，以学科分类发展为原则保障项目运行成效的最大化。2016年，共组织完成了2015年5个项目（学科建设部分）的验收工作，共计775万元，并认真总结了项目执行情况；针对2016年改善基本办学条件专项经费项目（学科建设部分）工作，从项目启动、执行到收尾等各个环节，进一步强化项目负责人的责任，协调资产管理、财务等相关部门，保证了16个项目（学科建设部分）共计3155万元经费的顺利完成。

（胡晓军）

【引导专项经费项目】“引导专项经费”2016年开始启动，规划与学科建设办公室共承担学科建设经费3800万元。专项资金使用力争通过项目的设置构建起“传统优势学科世界一流、工科主干学科国内一流、理科特色鲜明、人文社科在国内具有一定影响”的学科布局。专项资金支持优势学科建设1400万元，支持基础理科建设500万元，支持主干学科900万元，支持文科建设200万元，支持交叉学科建设800万元。该部分经费全部用于设备和软件购置。

（胡晓军）

科学研究与产业开发

科研工作

【概况】2016年，学校主动适应国家深化体制机制改革、科技计划和科研项目资金管理模式发生重大变化的新形势，立足创新驱动发展战略，加强有组织的科研创新，推动交叉协同融合，放管结合，优化服务，通过顶层设计、制度创新、平台建设等切实推进了学校科学研究的可持续发展。

（郝晓云）

【科研项目与经费】2016年，全校科研经费稳中有升，全年实到科研经费总额68424.81万元，其中，纵向经费50257.64万元，横向经费18167.17万元。新增合同经费59952.57万元，其中，新增纵向合同经费36364.39万元，新增横向合同经费23588.18万元。

①纵向科研课题。2016年新增纵向科研项目297项。一是国家自然科学基金项目145项，总经费7271万元。二是国家重点研发计划（项目）5项，总经费13150万元。三是重大专项(课题）2项，总经费337.12万元。四是国家科技创新合作重点专项4项，总经费695.03万元。五是北京市纵向项目（含北京市自然科学基金）59项，新增合同经费3146.68万元。六是人文社科项目43项，总经费550.28万元。

②横向科研课题。2016年新增横向合同757项。一是由国家政策引导，高技术企业认定需要而签订专利许可合同的数量持续增加，共签订3份专利实施许可合同，总金额为259万元。二是横向合同经费100万元以上的合同为48项，合同经费8678.21万元。三是与战略合作钢铁企业保持了良好、持续的合作关系。与宝钢集团共签订14项合同，经费773.9万元；与首钢集团共签订14项合同，经费总额574.98万元；与山东莱钢共签订5项合同，经费总额380万元；与青岛特钢共签订2项合同，经费总额336万元；与马鞍山钢铁签订4项合同，经费209万元；与山东日照钢铁签订3项合同，经费总额190万元；与安阳钢铁签订2项合同，经费总额178.25万元；与柳钢签订2项合同，经费总额141万元；与中天钢铁签订1项合同，经费总额120万元；与南京钢铁签订3项合同，经费总额105.5万元。

（郝晓云）

【科研水平与成果】2016年，学校获得国家科学技术奖3项，省部级科学技术奖59项（一等奖20项、二等奖23项、三等奖14项、其他2项）。其中，朱荣教授主持完成的“电弧炉炼钢复合吹炼技术的研究应用”项目荣获国家科学技术进步二等奖。该项目针对长期困扰电弧炉生产的冶炼周期长、能量利用率低、质量不稳定及生产成本高等重大关键问题，结合我国电弧炉生产特点，对电弧炉冶炼技术进行了系统、全面的自主创新和集成创新，在装备、控制和生产工艺以及品质控制、安全环保等方面都作出了重大创造性贡献，形成了代表未来发展方向的新一代电弧炉冶炼技术——“电弧炉炼钢复合吹炼技术”，成功实现了电弧炉炼钢复合吹炼技术的工程化应用。该项目具有国际领先水平，对电弧炉炼钢技术进步起到了重大推动作用。2011年项目开始应用推广，整体及单元技术已覆盖全国30%以上电炉钢产能。2014年该技术被中国金属学会列为“冶金与新材料产学研协调创新平台”重点推广项目。李晓刚教授主持完成的“材料海洋环境腐蚀评价与防护技术体系创新及重大工程应用”项目荣获国家科学技术进步二等奖。该项目在科技部国家科技基础条件平台建设项目和科技基础性工作专项的支持下，构建了覆盖我国典型海域环境的国家材料海洋环境腐蚀野外试验研究新体系，持续开展材料在海洋环境中的曝露试验工作，积累了数百种材料在我国典型海洋环境下大量的腐蚀数据，广泛开展了各种典型材料在海洋环境下的腐蚀规律和机理研究，建立了完善的材料海洋腐蚀试验规范和评价标准体系，研究开发了系列化海洋环境腐蚀评价和防护技术，有力地推动了我国材料腐蚀与防护学科发展，整体提高了该领域的试验、研究和应用水平。该项目研究成果在海洋工程、航空航天、舰船、武器型号等领域获得广泛的应用，直接为荔湾3-1等三十余座海洋平台和超大型海工装备提供技术支撑，产生了重大的经济效益。张建良教授等人参与完成的“高效低耗特大型高炉关键技术及应用”项目荣获国家科学技术进步二等奖。该项目针对特大型高炉实现稳定高效低耗所面临的世界性重大技术难题，经过20余年自主创新，取得了一整套覆盖特大型高炉工艺理论、设计体系、核心装备、智能控制的关键技术成果，首创了4000立方米以上特大型高炉高效低耗的工艺理论及设计体系，为高炉大型化发展奠定了基础，开发了新型无料钟炉顶控制技术、高风温顶燃式热风炉等核心装备技术及高炉智能生产管理系统，为实现高效低耗生产提供了装备和控制技术保障。该项目成果已推广到国内外21座4000立方米以上特大型高炉，产生了巨大的经济效益和社会效益。所应用的特大型高炉取得了利用系数2.37吨/立方米·天、焦比300千克/吨、燃料比485千克/吨的高效低耗指标，达到世界领先水平，节能减排效果显著。项目成果已推广到台塑越南河静钢铁公司、印度JSW公司和印度TATA公司等五座海外特大型高炉项目，最大高炉容积5870立方米，树立了全球领先地位。

2016年，学校共申请发明专利570项、实用新型专利110项；授权发明专利378项、实用新型专利118项。另外，获软件著作权401项。有5件发明专利提交了PCT国际申请，2015年学术论文被SCIE收录1718篇，在同类机构排名第28位；EI收录论文2447篇，在同类机构排名第16位；CPCI-S收录202篇，在同类机构排名第33位。

（郝晓云）

【科研基地建设】2016年，学校组织申报和参加认定了包括工业大数据应用技术等2个国家工程实验室在内的国家级和省部级科研基地共9个，最终获批4个省部级科研基地：轻量化成形制造北京市重点实验室、城市地下空间工程北京市重点实验室、磁光电复合材料与界面科学北京市重点实验室和材料基因工程学科创新引智基地。

此外，还组织16个国家级和省部级科研基地完成上一年度年报报送工作，4个北京市科研基地参加绩效考评。

（郝晓云）

【产学研合作交流】2016年，学校产学研合作交流进一步深化。先后与宝钢、首钢、邯钢、攀钢、太钢、武钢等钢铁冶金企业开展科技交流及新一轮合作，探寻

“十三五”期间服务钢铁企业提质增效的新途径；先后与政府和多个大中型企业签订了15项产学研合作协议，在智能装备制造、新材料、节能环保、生物工程与传感技术等领域开展密切合作。

此外，组织召开了钢合组织“第八届钢铁冶金新技术发展论坛”，探索了将行业企业科技发展和地方经济有效结合的新模式，对企业的科研开发及企业间的沟通交流起到了重要作用；利用首都高校科技信息联盟等平台，围绕新材料、新能源、装备制造等战略新兴产业，在长三角、京津冀鲁等国家重点发展区域，组织产学研对接活动120余次，服务区域经济发展。科技成果转移转化工作成效卓著。2016年，新增技术转让合同15项、金额1204.35万元，合同数及金额双双创历史新高。此外，获得第八届中国技术市场金桥奖突出贡献集体奖，还入选了“2012－2014中国高校产学研合作科技创新十大推荐案例”。

沿海协同创新研究院始终围绕科技成果转化和产业化这一核心，以创新创业人才培养为主线，坚持体制机制创新，坚持人才培养和技术创新“双驱动”和“双转移”，着力构建人才—科研—产业三位一体的科技创新体系，实现科研—产业的有效对接。2016年，不仅起动了广州新材料研究院和烟台工业技术研究院的建设，同时启动了与乌鲁木齐产业技术研究院的对接。沿海协同创新研究院整体布局已见雏形，为学校沿海区域经济发展协同创新带的建设奠定良好基础。

（郝晓云）

【军工科研生产】2016年，学校国防科研水平不断进步。共签订国防科研合同54项，合同额6191.8万元。获批两项军委科技委前沿科技创新项目，项目建议经费分别为9500万元和2000万元。某弱磁领域实验室建设取得了重要进展，拟建成国家级国防科技重点实验室，获批教育部科学事业费重大项目“×××GF科技重点实验室培育”1项，是教育部事业费本年度立项的唯一一个基地培育类项目。某钛合金产品成功应用于我国大型军用运输机（Y-20）及歼10等我国主战机型装备。

（郝晓云）

【基本科研业务费】依据学校新修订的《北京科技大学基本科研业务费资助项目管理实施办法》及资助方案，从新教师资助计划到青年拔尖人才资助计划，做到了青年教师科研成长的全阶段覆盖，为学校遴选和培育学术领军人才提供了有力的保障。2016年学校基本科研业务费立项资助246项，立项金额2016.55万元，其中人才类项目116项，立项金额1125万元，实现了对35岁以下青年教师持续的科研支持。同时，通过专家评价及目标核查等方式，对170项课题进行了中期检查和结题验收。

（郝晓云）

【科技期刊】2016年出版《矿物冶金与材料学报（英）》《工程科学学报》（原《北京科技大学学报》）、《北京科技大学学报（社会科学版）》《物流技术与应用》《粉末冶金技术》和《金属世界》共54期，载文990篇。其中自然科学研究论文810篇，社会科学研究论文180篇，SCI收录论文169篇，EI收录论文409篇，中文核心期刊论文240篇。《矿物冶金与材料学报（英）》再次获得“中国科技期刊影响力提升计划”C项目资助，2016年被评为“中国最具影响力学术期刊”和“中国高校杰出科技期刊”。《工程科学学报》荣获“中国高校百佳科技期刊”称号，在最新出版的《中文核心期刊要目总览（2014年版）》中，《工程科学学报》在自然科学综合类排名第19，比上一版有很大进步。《金属世界》被评为2016年中国高校优秀期刊。

（郝晓云）

【人才培育】2016年，学校高水平领军人才队伍建设取得新进展。材料科学与工程学院王守国获得国家自然科学基金委国家杰出青年科学基金项目资助立项，化学与生物工程学院查俊伟获得国家自然科学基金委优秀青年科学基金项目资助立项，新金属材料国家重点实验室吕昭平入选中组部“万人计划”科技创新领军人才，材料学院刘雪峰、能源与环境工程学院邢奕入选科技部“创新人才推进计划”中青年科技创新领军人才，材料科学与工程学院庞晓露、新材料技术研究院张达威、土木与资源工程学院宋洪庆入选“北京市科技新星计划”。

（郝晓云）

【科协、学会、学术交流】2016年，学校主办国际会议18次；参加国际会议1134人次，交流论文630篇，特邀报告192篇；派遣77人次、接收18人开展合作研究。学校科协组织学生科协举办了第九届百科知识竞赛，普及科学知识，受到师生欢迎；组织20件专利参加了第五届首都大学生科技创新作品与专利成果展示推介会，荣获科技创新成果金奖1项，并荣获北京市科协“第五届首都大学生科技创新作品与专利成果展示推介会”最佳组织奖。

（郝晓云）

【科研管理】围绕体制机制深化改革，落实科研项目资金管理，放管结合，优化服务。修订了《北京科技大学科研经费管理办法》《北京科技大学科研项目间接费用管理暂行办法》《科研经费劳务性支出管理办法》《北京科技大学知识产权管理办法》，出台了《关于财政性科研项目结余经费安排的通知》《北京科技大学技术转让收益管理实施细则》等，对学校落实科研项目和资金管理“放管服”起到了良好的支撑作用，也进一步推进了科研经费管理的规范化。

（郝晓云）

附　录

2016年科研成果统计表

单位	成果鉴定（项）	获奖数（项）	申请专利（件）			授权专利（件）			软件著作权（项）	国际PCT申请（件）
			发明	实用新型	合计	发明	实用新型	合计		
土木与资源工程学院	2	18	54	22	76	28	24	52	1	0
冶金与生态工程学院	1	8	49	8	57	31	5	36	2	0
材料科学与工程学院	1	10	107	5	112	114	1	115	0	1
机械工程学院	0	4	35	19	54	24	35	59	4	0
能源与环境工程学院	0	0	12	2	14	0	0	0	3	0
自动化学院	0	1	17	13	30	6	15	21	29	0
计算机与通信工程学院	0	0	50	5	55	19	8	27	345	0
数理学院	0	0	6	0	6	4	0	4	1	0
化学与生物工程学院	0	0	24	5	29	14	3	17	0	0
东凌经济管理学院	0	0	0	0	0	1	0	1	1	0
文法学院	0	1	0	0	0	0	0	0	0	0
新金属材料国家重点实验室	0	0	55	1	56	31	1	32	0	1

续表

工程技术研究院	0	3	33	10	43	22	2	24	3	0
新材料技术研究院	1	13	67	5	72	70	4	74	0	0
国家材料服役安全科学中心（筹）	0	0	14	8	22	7	9	16	1	0
钢铁冶金新技术国家重点实验室	1	4	38	6	44	7	7	14	6	3
钢铁共性技术协同创新中心	0	3	9	0	9	0	0	0	2	0
其　他	0	0	0	1	1	0	4	4	3	0
合　计	6	65*	570	110	680	378	118	496	401	5

*注：有成果为多个学院合作完成

2016年科研获奖项目一览表

序号	项目名称	奖励名称	奖励单位	获奖等级	完成人	完成单位	所在单位
1	电弧炉炼钢复合吹炼技术的研究应用	国家科学技术进步奖	国务院	二	朱　荣（1） 刘润藻（2） 董　凯（9）	北京科技大学、中国钢研科技集团有限公司、天津钢管集团股份有限公司、莱芜钢铁股份有限公司、新余钢铁集团有限公司、西宁特殊钢股份有限公司、衡阳华菱钢管有限公司、山东省冶金设计院股份有限公司、北京荣诚京冶科技有限公司	冶金学院
2	材料海洋环境腐蚀评价与防护技术体系创新及重大工程应用	国家科学技术进步奖	国务院	二	李晓刚（1） 吴俊升（4） 程学群（6） 肖　葵（7）	钢铁研究总院青岛海洋腐蚀研究所、北京科技大学、海洋石油工程股份有限公司、青岛钢研纳克检测防护技术有限公司、钢铁研究总院	新材料研究院
3	高效低耗特大型高炉关键技术及应用	国家科学技术进步奖	国务院	二	张建良（3） 杨天钧（6）	中冶赛迪集团有限公司、北京科技大学、安阳钢铁股份有限公司、清华大学	冶金学院
4		何梁何利科学技术进步奖	何梁何利基金会		谢建新	北京科技大学	新材料研究院
5	功能复合材料的结构设计、多级构筑与性能定制研究	高等学校科学研究优秀成果奖自然科学奖	教育部	一	王　戈（1） 董文钧（2） 高鸿毅（3） 杨　穆（6）	北京科技大学、吉林大学、清华大学、中国科学院理化技术研究所、浙江理工大学	材料学院
6	手性液晶材料的多层次结构与光学性能调控	高等学校科学研究优秀成果奖自然科学奖	教育部	一	曹　晖（2） 何万里（3） 杨　洲（4）	北京大学、北京科技大学	材料学院

续表

序号	项目名称	奖励名称	奖励单位	获奖等级	完成人	完成单位	所在单位
7	材料环境腐蚀数据信息系统创新与工程应用	高等学校科学研究优秀成果奖科技进步奖	教育部	一	李晓刚（1） 董超芳（2） 杜翠薇（3） 肖　葵（4） 高　瑾（5） 付冬梅（6） 张达威（7） 吴俊升（8） 程学群（9） 刘智勇（10）	北京科技大学	新材料研究院
8	多场耦合作用下铁电材料的环境断裂机理研究	高等学校科学研究优秀成果奖自然科学奖	教育部	二	乔利杰（1） 白　洋（2） 黄海友（3） 李金许（4） 宿彦京（5）	北京科技大学	新材料研究院
9	钛的电化学提取与提纯	高等学校科学研究优秀成果奖技术发明奖	教育部	二	焦树强（1） 朱鸿民（2）	北京科技大学、宁夏德运特种冶金有限公司	冶金国重
10	高质量硬线钢低成本生产的关键技术	高等学校科学研究优秀成果奖科技进步奖	教育部	二	陈伟庆（1） 闫　威（5）	北京科技大学、青岛钢铁有限公司、首钢总公司、岳阳通海炉窑电磁设备有限公司、新余钢铁集团有限公司、宣化钢铁集团有限责任公司、河南济源钢铁（集团）有限公司	冶金国重
11	高品质热镀锌、合金化镀锌汽车板质量性能控制关键技术及应用	北京市科学技术奖	北京市人民政府	二	康永林（2） 赵征志（9）	首钢总公司、北京科技大学、中国钢研科技集团有限公司、北京首钢股份有限公司、北京首钢冷轧薄板有限公司、首钢京唐钢铁联合有限责任公司	材料学院协同中心
12	管线钢土壤应力腐蚀机理与关键环境影响因素作用规律基础研究	北京市科学技术奖	北京市人民政府	三	李晓刚（1） 刘智勇（2） 杜翠薇（3） 董超芳（4） 程学群（5） 肖　葵（6）	北京科技大学	新材料研究院
13	微生物催化铁循环转化过程的研究及应用	北京市科学技术奖	北京市人民政府	三	冯雅丽（3）	中国科学院过程工程研究所、北京科技大学	土资学院
14	无氰全湿成套工艺绿色回收废旧电路板的方法	北京市发明专利奖	北京市人民政府	二	张深根（1） 李　彬（2） 潘德安（3） 田建军（4） 刘　波（5）	北京科技大学	新材料研究院

续表

序号	项目名称	奖励名称	奖励单位	获奖等级	完成人	完成单位	所在单位
15	兰炭、提质煤在炼铁领域应用技术研究与开发	冶金科学技术奖	中国钢铁工业协会、中国金属学会	一	张建良（1） 刘征建（10）	北京科技大学、中钢集团鞍山热能研究院有限公司、神木县兰炭产业服务中心、包头钢铁(集团)有限责任公司、西安建筑科技大学、甘肃酒钢集团宏兴钢铁股份有限公司、新兴铸管股份有限公司、河南龙成集团有限公司、辽宁科技大学	冶金学院
16	高质量钢轨及复杂断面型钢轧制数字化技术开发及应用	冶金科学技术奖	中国钢铁工业协会、中国金属学会	一	康永林（1） 朱国明（3）	北京科技大学、攀钢集团攀枝花钢钒有限公司、山东钢铁股份有限公司	材料学院
17	冷轧硅钢边部减薄控制核心技术开发与工业应用	冶金科学技术奖	中国钢铁工业协会、中国金属学会	一	刘华强（10）	鞍钢股份有限公司、一重集团大连设计研究院有限公司、东北大学、北京科技大学	工程技术院
18	低成本生产高质量钢绞线和帘线用钢的关键技术和产业化	冶金科学技术奖	中国钢铁工业协会、中国金属学会	二	陈伟庆（1） 闫　威（8）	北京科技大学、青岛钢铁有限公司、首钢总公司、岳阳通海炉窑电磁设备有限公司、江西省新余钢铁集团有限公司、宣化钢铁集团有限责任公司、河南济源钢铁(集团)有限公司	冶金国重
19	AMC-1大型智能液压圆锥破碎机	冶金科学技术奖	中国钢铁工业协会、中国金属学会	二	石博强（3） 马　飞（4）	鞍钢集团矿业公司、北京科技大学	机械学院
20	高品质中高碳合金钢热轧卷板关键工艺技术与系列产品开发	冶金科学技术奖	中国钢铁工业协会、中国金属学会	二	蔡庆伍（4）	太原钢铁(集团)有限公司、山西太钢不锈钢股份有限公司、钢铁研究总院、北京科技大学、黑旋风锯业股份有限公司	协同中心
21	大型铁矿山崩落法开采致灾演化规律与防治技术	冶金科学技术奖	中国钢铁工业协会、中国金属学会	三	宋卫东（1）	武钢资源集团有限公司、北京科技大学、武汉科技大学	土资学院
22	宽幅高碳马氏体不锈钢卷板关键工艺技术及产品开发	冶金科学技术奖	中国钢铁工业协会、中国金属学会	三	赵志毅（3）	太原钢铁(集团)有限公司、北京科技大学、山西太钢不锈钢股份有限公司	材料学院
23	低成本高性能系列冷轧高强超高强DP钢开发及成形应用技术	冶金科学技术奖	中国钢铁工业协会、中国金属学会	三	康永林（2） 朱国明（5）	鞍钢股份有限公司、北京科技大学	材料学院

续表

序号	项目名称	奖励名称	奖励单位	获奖等级	完成人	完成单位	所在单位
24	热轧高精度超平材控制技术研究与应用	冶金科学技术奖	中国钢铁工业协会、中国金属学会	三	王晓晨（3）	首钢总公司、北京首钢股份有限公司、北京科技大学、北京首钢自动化信息技术有限公司	工程技术院
25	单兵背负式燃料电池电源系统	中国人民解放军科学技术进步奖	中国人民解放军总装备部	二	阎　群（4）	总装备部军械技术研究所、北京科技大学	自动化学院
26	大气腐蚀研究、试验技术新体系及其工程应用	湖北省科学技术奖	湖北省人民政府	一	李晓刚（1） 董超芳（3） 肖　葵（4） 程学群（5） 吴俊升（6） 高　瑾（7）	武汉材料保护研究所、北京科技大学、襄阳博亚精工装备股份有限公司、神龙防腐保温工程集团有限公司	新材料研究院
27	材料海洋环境腐蚀数据积累、规律和共享服务	山东省科学技术奖	山东省人民政府	一	李晓刚（1） 吴俊升（3） 程学群（5） 肖　葵（7） 杜翠薇（9） 董超芳（10） 高　瑾（12）	钢铁研究总院青岛海洋腐蚀研究所、北京科技大学、青岛钢研纳克检测防护技术有限公司	新材料院
28	深井岩爆灾害动态监测与危险性分析技术开发应用	山东省科学技术奖	山东省人民政府	三	纪洪广（2）	中矿金业股份有限公司、北京科技大学、北京矿冶研究总院	土资学院
29	攀钢2050mm热连轧装备功能提升及关键工艺技术集成与应用研究	四川省科学技术进步奖	四川省人民政府	一	康永林（10）	攀钢集团西昌钢钒有限公司、攀钢集团研究院有限公司、钢铁研究总院、北京科技大学	材料学院
30	高抗腐蚀油气用管高效冶炼关键技术研究及产品开发	四川省科学技术进步奖	四川省人民政府	三		攀钢集团研究院有限公司、攀钢集团攀枝花钢钒有限公司、北京科技大学	冶金学院
31	年产百万件楔横轧轿车轴类件技术研究与应用	安徽省科学技术奖	安徽省人民政府	二	胡正寰（1） 张　巍（3） 张康生（5） 王宝雨（7）	安庆市振发汽车锻件有限责任公司、北京科技大学	机械学院
32	高性能锅炉容器用钢板开发及关键技术研究	江西省科学技术进步奖	江西省人民政府	二	武会宾（5）	新余钢铁股份有限公司、北京科技大学	协同中心
33	金属材料酸性土壤腐蚀数据积累与规律研究及其工程应用	江西省科学技术进步奖	江西省人民政府	二	李晓刚（1） 杜翠薇（3） 刘智勇（5）	南昌航空大学、北京科技大学、国网江西省电力科学研究院	新材料研究院

续表

序号	项目名称	奖励名称	奖励单位	获奖等级	完成人	完成单位	所在单位
34	低成本高性能DP490—DP780冷轧双相钢及超低硅热镀锌双相钢关键技术及应用	辽宁省科学技术奖	辽宁省科学技术奖励委员会	二	康永林（2） 朱国明（8）	鞍钢股份有限公司、北京科技大学	材料学院
35	金属矿床地下开采技术创新及工程应用	辽宁省科学技术奖励	辽宁省科学技术奖励委员会	二	任奋华（4）	鞍钢集团矿业公司、辽宁科技大学、东北大学、北京科技大学	土资学院
36	高原非煤矿井通风防尘技术及应用	青海省科学技术奖	青海省人民政府	二	吕文生（1）	青海西部矿业科技有限公司、北京科技大学、北京联合大学	土资学院
37	天钢高炉侵蚀模型与在线监测预警系统	天津市科学技术奖	天津市人民政府	三	张建良（2） 左海滨（3） 黄冬华（5）	天津钢铁集团有限公司、北京科技大学	冶金学院、冶金国重
38	电弧炉炼钢复合吹炼技术的研究及应用	天津市科学技术进步奖	天津市人民政府	二	朱　荣（2） 杨树峰（6） 马国宏（8）	天津钢管集团股份有限公司、北京科技大学、北京荣诚京冶科技有限公司	冶金学院
39	基于铁矿粉烧结特性互补的天钢烧结优化配矿技术研究与实践	天津市科学技术进步奖	天津市人民政府	三	张建良（2）	天津钢铁集团有限公司、北京科技大学	冶金学院
40	无氰全湿成套工艺绿色回收废旧电路板的方法	中国专利奖	国家知识产权局	优秀奖	张深根（1） 李　彬（2） 潘德安（3） 田建军（4） 刘　波（5）	北京科技大学	新材料研究院
41	一种方扁材生产线喷射冷却系统	中国专利奖	国家知识产权局	优秀奖	边新孝（1） 朱冬梅（2） 刘国勇（3） 李谋渭（4） 张少军（5）	北京科技大学	机械学院
42	谦比希铜矿破碎缓倾斜矿体开采及膏体充填关键技术研究	中国有色金属工业科学技术奖	中国有色金属工业协会	一	吴爱祥（1） 王贻明（4） 韩　斌（9） 王洪江（11）	中色非洲矿业有限公司、北京科技大学、中国有色矿业集团有限公司、北京金诚信矿山技术研究院有限公司	土资学院
43	宽幅铜铝复合板带连续铸造半熔态轧制成形技术及应用	中国有色金属工业科学技术奖	中国有色金属工业协会	一	孙建林（5）	洛阳铜一金属材料发展有限公司、河南科技大学、北京科技大学	材料学院
44	IGCT大功率高性能电气传动关键技术研究及应用	中国有色金属工业科学技术奖	中国有色金属工业协会	一	张勇军（3）	南车株洲电力机车研究所有限公司、北京科技大学、广西柳州银海铝业股份有限公司	工程技术院
45	废杂铝再生目标成分铝合金产业化技术	中国有色金属工业科学技术奖	中国有色金属工业协会	一	张深根（1） 刘　波（3） 潘德安（4）	北京科技大学、中北大学、肇庆市大正铝业有限公司	新材料研究院

续表

序号	项目名称	奖励名称	奖励单位	获奖等级	完成人	完成单位	所在单位
46	高性能金属软磁制品近终形制造技术（发明）	中国有色金属工业科学技术奖	中国有色金属工业协会	一	秦明礼（1） 曲选辉（2） 章　林（3） 麻季冬（4） 李　平（5） 鲁慧峰（6）	北京科技大学	新材料研究院
47	绿色充填胶凝材料开发与废石粗骨料资源化利用（发明）	中国有色金属工业科学技术奖	中国有色金属工业协会	一	高　谦（2）	金川集团股份有限公司、北京科技大学	土资学院
48	青藏高原非煤矿井安全监测与通风防尘技术集成及应用	中国有色金属工业科学技术奖	中国有色金属工业协会	二	吕文生（1）	青海西部矿业科技有限公司、北京科技大学、北京联合大学、江西理工大学	土资学院
49	废铝易拉罐绿色保级再利用技术	中国有色金属工业科学技术奖	中国有色金属工业协会	二	张深根（1） 刘　波（3） 潘德安（4）	北京科技大学、中北大学、肇庆市大正铝业有限公司	材料学院
50	露采顺层复杂边坡失稳机理与处治关键技术开发及应用	中国有色金属工业科学技术奖	中国有色金属工业协会	二	吴顺川（2） 高永涛（4） 胡乃联（6） 刘　洋（8） 周　喻（9）	中色卢安夏铜业有限公司、北京科技大学	土资学院
51	超大规模金属矿大流量高浓度充填安全控制技术研究	中国有色金属工业科学技术奖	中国有色金属工业协会	二	王少勇（8）	北京矿冶研究总院、西藏华泰龙矿业开发有限公司、北京科技大学、华北理工大学、河北钢铁集团矿业有限公司	土资学院
52	材料自然环境腐蚀野外科学观测平台建设与试验技术工程应用	中国机械工业科学技术奖	中国机械工业联合会	一	李晓刚（1） 董超芳（4） 杜翠薇（5） 肖　葵（7） 吴俊升（8） 程学群（9） 刘智勇（11）	北京科技大学、武汉材料保护研究所、钢铁研究总院青岛海洋腐蚀研究所	新材料研究院
53	基于人工智能的矿热炉综合节能系统	中国机械工业科学技术奖	中国机械工业联合会	三	张建良（2）	许继集团有限公司、北京科技大学、宁夏英利特化工股份有限公司	冶金学院
54	《机械优化设计方法》（第4版）	中国机械工业科学技术奖	中国机械工业联合会	三	俞必强（2）	北京科技大学、冶金工业出版社	机械学院
55	生物氧化氰化浸渣的资源化技术研究与应用	中国黄金协会科学技术奖	中国黄金协会	一	李正要（1） 马巧焕（4） 邹安华（6） 徐承焱（7） 王培龙（10）	江西一元再生资源有限公司、北京科技大学	土资学院

续表

序号	项目名称	奖励名称	奖励单位	获奖等级	完成人	完成单位	所在单位
56	西藏甲玛高海拔多金属矿产资源清洁高效最大化利用技术集成与应用	中国黄金协会科学技术奖	中国黄金协会	一	孙春宝（2） 寇 珏（5） 王培龙（9） 李根壮（15） 张 炜（17） 邹安华（18）	西藏华泰龙矿业开发有限公司、北京科技大学	土资学院
57	大型黄金矿山深部开采地压显现监测预警及控制技术研究及应用	中国黄金协会科学技术奖	中国黄金协会	一	付建新（5） 宋卫东（9）	招金矿业股份有限公司、北京科技大学、东北大学、招金矿业股份有限公司夏甸金矿	土资学院
58	复杂条件下三山岛金矿技术经济指标协同优化	中国黄金协会科学技术奖	中国黄金协会	二	胡乃联（2） 李国清（4） 张延凯（6）	山东黄金矿业（莱州）有限公司三山岛金矿、北京科技大学	土资学院
59	大型深部复杂金矿床安全高效采矿方法研究及应用	中国黄金协会科学技术奖	中国黄金协会	二	宋卫东（3） 付建新（12） 谭玉叶（14）	招金矿业股份有限公司、北京科技大学、招金矿业股份有限公司大尹格庄金矿、招金矿业股份有限公司技术中心	土资学院
60	煤矿事故预防的个人行为控制技术与信息系统	中国职业安全健康协会科学技术奖	中国职业安全健康协会	一	殷文韬（4）	中国矿业大学（北京）、山东泰山能源有限责任公司协庄煤矿、北京科技大学、北京全安泰和科技咨询有限责任公司、山西焦煤集团有限责任公司	土资学院
61	深厚表土综放工作面大面积异常来压控制技术研究	中国职业安全健康协会科学技术奖	中国职业安全健康协会	三	朱斯陶（4）	华北科技学院、山东能源集团有限公司、北京科技大学	土资学院
62	薄互层低渗油田整体压裂开发技术	中国石油和化学工业科学技术奖	中国石油和化学工业联合会	二	朱维耀（1） 岳 明（5） 宋智勇（8）	北京科技大学、中国石化胜利油田石油工程技术研究院、中国石油吐哈油田勘探开发研究院、中国石油勘探开发研究院	土资学院
63	高校大学生资助管理绩效评估研究	第五届全国教育科学研究优秀成果奖	全国教育科学规划领导小组办公室	三	曲绍卫 范晓婷 曲垠姣	北京科技大学	文法学院

2016年知识产权成果明细表

发明专利		实用新型		软件著作权	PCT
申请数	授权数	申请数	授权数		
570	378	110	118	401	5

2016年科研成果鉴定项目明细表

序号	鉴定号	成果名称	组织鉴定单位	成果水平	完成（承担）单位	完成人	单位
1	鉴字[2015]第W96号	特厚煤层分层工作面冲击地压事故后复产及安全回采研究	中国煤炭工业协会	国际领先	北京科技大学、黑龙江龙煤鹤岗矿业有限责任公司、黑龙江龙煤鹤岗矿业有限责任公司峻德煤矿	姜福兴（1） 史先锋（3） 杨淑华（5） 王存文（7） 朱斯陶（9） 杨光宇（11）	土资学院
2	中国金属学会评字[2016]第08号	消失模工艺铸铁冷却壁制造与应用	中国金属学会	国际先进	河北天宇高科冶金铸造有限公司、北京科技大学	张建良（2） 焦克斯（4） 刘征建（8） 王广伟（10） 郭光胜（14） 邓　勇（15）	冶金学院
3	川科鉴字[2015]第207号	高质量钢轨轧制CAD-CAE-CAM集成系统开发与应用	四川省科学技术厅	国际先进	攀钢集团攀枝花钢钒有限公司、北京科技大学	康永林（1） 朱国明（3） 李　波（9）	材料学院
4	中国金属学会评字[2016]第07号	高质量低成本车桥用管20Mn2钢的关键冶金技术	中国金属学会	国内领先	河南凤宝特钢有限公司、北京科技大学	王　敏（2） 包燕平（3） 林　路（5） 安航航（8） 李　翔（11） 王　睿（14）	冶金国重
5	鉴字[2015]第056号	高性能金属软磁材料的粉末注射成形技术	教育部	国际先进	北京科技大学	秦明礼（1） 曲选辉（2） 李　平（3） 章　林（4） 麻季冬（5） 鲁慧峰（6） 田璐莎（7） 丁向莹（8）	新材料研究院
6	中矿科鉴字[2015]第06号	程潮铁矿西区－500米水平以上矿体崩落法与充填法联合开采技术研究	中国冶金矿山企业协会	国际先进	武钢资源集团有限公司、北京科技大学、武钢资源集团有限公司程潮铁矿	宋卫东（1） 付建新（3） 谭玉叶（5） 羊羽翔（7）	土资学院

2016年北京科技大学出版学术专著奖励明细表

序号	专著名称	作者	出版社	所属单位
1	深部硬岩开采岩爆倾向性分析与防治技术	苗胜军编著	冶金工业出版社	土资学院
2	复杂岩体边坡变形与失稳预测研究	苗胜军编著	冶金工业出版社	土资学院
3	硬岩矿山采空区损伤失稳机制与稳定性控制技术	付建新等著	冶金工业出版社	土资学院
4	薄互层低渗透油藏压裂开发渗流理论与技术	朱维耀等著	科学出版社	土资学院
5	钢筋混凝土结构设计计算	由　爽编著	中国建材工业出版社	土资学院
6	能源热交换桩理论与技术应用	由　爽编著	中国建材工业出版社	土资学院
7	企业社会责任动态理论与评价技术	赵怡晴等著	煤炭工业出版社	土资学院
8	尾矿库隐患与风险的表征理论及模型	赵怡晴等著	冶金工业出版社	土资学院
9	炼铁记——古代冶铁竖炉复原与模拟试验	潜　伟著	冶金工业出版社	冶金学院
10	轴向移位变凸度技术	杨光辉等编著	冶金工业出版社	机械学院
11	薄板坯连铸连轧和薄带连铸关键工艺技术	杨光辉等编著	冶金工业出版社	机械学院
12	厌氧发酵原理和沼气工程技术	李子富等编著	中国环境出版社	能环学院
13	沼气提纯技术原理与应用	李子富等编著	中国环境出版社	能环学院
14	非线性分布参数系统模糊PDE建模与分布控制方法	王俊伟等著	科学出版社	自动化学院
15	最经济控制理论及其应用	涂序彦等著	国防工业出版社	计通学院
16	我国政府会计准则制定的动因、路径、内容与效果研究	张曾莲著	经济科学出版社	经管学院
17	高等教育经费监管研究	张曾莲著	经济管理出版社	经管学院
18	上市公司年报风险信息披露研究	张曾莲著	清华大学出版社	经管学院
19	高校财务管理创新研究	张曾莲著	经济管理出版社	经管学院
20	全球化背景下国家产业安全与经济增长	何维达等著	知识产权出版社	经管学院
21	关键链项目动态缓冲管理	张俊光著	化学工业出版社	经管学院
22	互联网、性及其关系的主体建构	张　娜著	中国社会科学出版社	文法学院
23	中国高校大学生资助绩效评估研究	曲绍卫等著	中国社会科学出版社	文法学院
24	日本近代小说中的知识分子	高西峰等著	中国文联出版社	外国语学院
25	罗伯特库弗的元小说创作	李　琳著	清华大学出版社	外国语学院
26	大学生廉洁教育的理论与实践	段晓芳编著	光明日报出版社	马克思主义学院
27	现代科技伦理意识探析与养成	钱振华等著	知识产权出版社	马克思主义学院
28	棒线材生产创新工艺及设备	程知松编著	冶金工业出版社	工程技术研究院
29	热轧电气自动化与计算机控制技术	张勇军等编著	冶金工业出版社	工程技术研究院
30	热轧钢材的组织性能控制——原理、工艺与装备	余　伟等编著	冶金工业出版社	工程技术研究院
31	异步电动机变频调整控制技术	张勇军编著	机械工业出版社	工程技术研究院

续表

序号	专著名称	作者	出版社	所属单位
32	板形控制理论与实践	何安瑞等编著	冶金工业出版社	工程技术研究院
33	金属表面质量在线检测技术	徐　科等编著	冶金工业出版社	协同创新中心
34	高品质热轧板带钢理论基础及品种开发	唐　荻等编著	冶金工业出版社	协同创新中心
35	汽车用先进高强板带钢	唐　荻等编著	冶金工业出版社	协同创新中心
36	海洋大气环境腐蚀寿命	李晓刚等著	科学出版社	新材料技术研究院
37	典型材料油气田腐蚀实验评价方法	刘智勇等著	科学出版社	新材料技术研究院
38	海洋工程材料腐蚀行为与机理	李晓刚编著	化学工业出版社	新材料技术研究院
39	重金属固废处理及资源化技术	张深根等编著	冶金工业出版社	新材料技术研究院

2001—2015年学校SCIE、EI、CPCI-S在全国高校排序表

年份	SCIE	排名	EI	排名	CPCI-S	排名
2001	197篇	23名	223篇	16名	32篇	48名
2002	287篇	22名	206篇	22名	64篇	40名
2003	255篇	24名	254篇	22名	56篇	49名
2004	241篇	31名	347篇	25名	34篇	71名
2005	383篇	26名	571篇	27名	156篇	42名
2006	376篇	34名	618篇	27名	147篇	54名
2007	441篇	33名	838篇	25名	296篇	36名
2008	552篇	33名	981篇	22名	373篇	42名
2009	577篇	37名	941篇	29名	335篇	36名
2010	680篇	39名	1156篇	26名	608篇	30名
2011	816篇	33名	1137篇	28名	473篇	13名
2012	911篇	36名	1225篇	25名	520篇	13名
2013	1234篇	33名	1606篇	23名	342篇	25名
2014	1445篇	32名	1911篇	17名	363篇	23名
2015	1718篇	28名	2447篇	16名	202篇	33名

数据来源：中国科学技术信息研究所

科技产业

【概况】2016年，是全面建成小康社会决胜阶段的开局之年和推进结构性改革的攻坚之年，是学习贯彻习近平总书记系列重要讲话精神之年，也是北京科技大学科技产业谋求转型发展之年。科技产业在学校党政班子的正确领导下，克服整体行业形势低迷的情况，以全面推进科技与经济紧密结合、教育与产业高效联动为核心，在企业规范化建设、促进科技成果转化、整合实验室资源服务社会、助力京津冀一体化、优化中试环境、服务学校大局方面积极创新，有所作为。至2016年12月，学校科技产业全口径统计现共有企业43家，其中：一级企业5家，包括全资1家、参股4家；二级企业28家，包括全资及控股11家、参股企业17家；三级企业10家，包括全资及控股2家、参股企业8家。职工总计500余名，其中学校事业编制职工35名。至2016年12月底，学校科技产业可取得统计数据的34家企业资产总额合计15.77亿元，同比下降11.7%；学校实际占有净资产3.83亿元，同比上升19.68%；实现净利润2916.01万元。资产公司单户总资产1.64亿元，净资产1.52亿元，总产值1511万元。全年税后利润589.5万元，同比增长36.5%。

（刘　焱、李嘉芷、郑包林）

【资产公司发展概况】①完善体制机制，全面促进制度化建设。年内，资产公司完善了所属企业的企业经营绩效考核、董监事派出制度、企业领导人员管理、收入分配、产权转让、资产评估、审计、收益收缴等相关制度。全面构建国有资产监管的制度体系，推进国有资产监管工作科学化、制度化、规范化。此外，还进一步完善各类管理制度，共修订制度6项，起草2项，截至目前，资产公司共有经营管理类制度12项、财务管理类制度6项、行政人事类制度16项。

②重大事项集中发力，推进企业管理规范化。为进一步规范投资企业管理，确保国有资产安全，资产公司严格按照国有资产管理的各项规定，继续开展规范化建设，完成了以下重点工作：一是圆满解决方兴加油站合作方矛盾纠纷，通过洽谈续签合同使学校年收益增长52%，并就收购加油站自然人股东股权事项进行沟通协商和调研。二是完成鑫冶机电、科大京科和首科兴业等4家企业股权退出及华科公司改制的资产评估备案，同时继续申报科大中冶股权减资退出事项，预计收回投资约1500万元。三是协助办理北京赛能杰高新技术股份有限公司上市事项，扩大了赛能杰公司与资产公司影响力。四是配合完成32家公司产权登记证申报工作。

③结合国资管理专项整改，推进产业难点问题解决。针对2015年国资检查专项整改报告中由资产公司牵头的17条及辅助其他部门的8条整改事项形成整改方案，并对涉及资产公司层面无法单独解决的3项重点问题，在8所兄弟院校进行了调研，经营性资产管理委员会审议形成相应的决议，并落实相关工作。

④落实上级文件精神，明确企业清理整顿思路。按照教育部2016年10月下发的《关于进一步清理规范所属企业全面加强企业国有资产管理的通知》（教财司函

〔2016〕595号）下发的整改要求，召开了清理规范专题会议，摸清所属真实情况，制订出清理规范方案。

⑤日常管理规范化，配合完成各项科技统计。年内，资产公司认真落实财政部、教育部、北京科技大学等上级部门的文件精神，积极开展和完成16项统计工作的上报。一是完成了财政部和教育部下发的包括财务会计决算、财务月度快报、国有资本收益、校办产业统计在内13项统计工作的上报。二是完成了北京市教委下发的《北京工业年鉴》北科大部分的上报工作。三是完成了北京科技大学下发的包括社科统计、学校对外投资、教育信息公开等在内的4项统计工作的上报。

（郑包林、李嘉芷）

【全资控股企业】①科技园和孵化器公司在继续做好企业房屋租赁的基础上，不断加强自身能力建设，提升管理与服务水平，在高新技术企业孵化、科技成果转化、创新创业人才培养等方面均取得一定成绩。在孵化服务方面，至年末，方兴大厦在园企业59家，年内新注册企业15家，新注册海归创业企业7家；为园区6家初创留创企业申请政府扶持、奖励资金合计106万元；联合兄弟园区共同举办"中关村留学人员精品项目推介会"，我园10家留创企业项目入选精品项目集、2家企业进行现场路演并获得天使投资100万元；提供资质认定、项目申报、人事、法律、知识产权、投融资等各类咨询及服务累计300余人次，累计咨询服务费收入4.2万元，开展各类培训、宣讲、交流等累计100余人次。在科技成果转移转化方面，产业技术研究院协助资产公司投资经营部起草编制了《北京科技大学科技成果作价入股管理办法》。新建11亩怀柔郭家坞中试基地，与西三旗新材料基地、沙河节能环保基地共同构建平台抓手。推进"生物质吸附材料治理重金属污染技术""生物质纳米零价铁吸附材料治理土壤残留农药污染技术"等创新项目的中试转化，通过创新技术转移商业模式，助推科技成果与市场对接。在校地企对接和京津冀协同创新方面，与天津华明高新区签署合作协议，共建北科大智能装备产业技术研究院（磁园），与河南洛宁政府、洛阳蓝思泰晶新材料科技有限公司三方签署年产10万吨功能复合材料及硅基新材料合作协议，促进军民深度融合，服务地方与行业发展。

②宏洁物业公司：全面提升方兴大厦和西三旗中试基地物业服务水平。区域资产管理运营良好，无投诉、无纠纷、无安全责任事故。重点调研周边房屋租金情况，适时调整房屋租赁价格，确保国有资产获得良好收益。全面落实各项物业管理制度和管理措施，加强物业管理培训，在费用收缴、日常维护保养、客户报修服务、外包管理、突发事件处理、重点客户服务等方面取得良好效果，管理区域运行平稳，客户满意率高。西三旗校区全年除去学校自用，其余各项费用收取率为100%。

③分析检验中心：2016年，继续加强自身能力建设，完善实验检测服务体系，努力打造"北科检测"服务品牌，取得了可喜的成绩。一是继续加快推进西三旗实验基地建设，大力发展特色检测业务和资质建设。至2016年年底，西三旗3号车间全面投入使用，逐步形成了四个领域材料性能参数检测体系，以及近20种产品的检测服务项目。目前，分析检验中心共获得了24大产品领域300多项检测项目的CNAS、CMA认证认可资质。2016年累计发出规范的"科测"报告848份，CNAS、CMA资质报告300份。二是积极争取政府的科技项目支持，依托首都科技条件平台和中关村海淀园公共技术服务平台，获得政府资金支持254万元。三是继续与学校材料国家级教学示范中心开展"北科标样"联

合开发工作，充分发挥材料学科优势，服务材料实验教学，“北科标样”推广成效显著，已累计面向全国130余所高校，推广使用近17000块实验教学样品，业内认可度日益增加，同时，也提升了学校材料学科影响力。四是学校仪器设备开放共享服务平台建设，因其在探索发展过程中采取了诸多新机制、新模式，而始终受到了外界的广泛关注和高度评价。2016年12月15日，北京电视台《北京新闻》播出了北京科技大学实验室开放共享、助力企业技术创新的采访报道，学校科技条件平台建设社会影响力提升。

（张慧秋、黄　瑛、陈兴禹、刘亚东）

【天工大厦】2016年，天工公司根据学校对天工大厦年度工作的总体要求，重点在严格履行房屋租赁合同、保证安全稳定、提升服务质量、顺利完成“营改增”过渡调整四个方面开展工作。通过公司全体员工的共同努力，比较好地完成了公司全年的工作计划和任务指标，也为今后继续保持长期稳定的经济收益和提高公司规范化管理水平奠定了良好的基础。全年大厦签约进驻企业107家，出租面积65655.25m^2，出租率99.43%；商业配套签约进驻服务企业11家，出租面积11907m^2，出租率为100%；大厦整体出租率99.52%，完成全年财务收支预算，超额完成年度上缴经济任务指标。大厦资产管理运营良好，无安全责任事故，固定资产账物相符率100%，设备设施运行维护及完好率为100%，客户满意率99.8%。2016年，“中关村高端人才创业基地”进入共建最后一年，各项工作按计划稳步进行：全年“创业基地”重点企业总产值超过32亿元，纳税超过1.7亿元，研发投入3.61亿元，新申请并授权各类专利、软件著作权192件，企业融资、重组涉及资金超过18亿元。

（刘　临、孙　桐）

【京津冀钢联】依托“京津冀钢铁行业节能减排产业技术创新联盟”与京津冀三地政府科技资源，资产公司代表学校与北京市科委、迁安市政府合作，创新合作模式和工作机制，投入550万元，共建北京鼎鑫钢联科技协同创新研究院（注册资金800万元，占股50%）和京津冀钢铁联盟（迁安）协同创新研究院（注册资金1000万元，占股15%），作为联盟“三平台一示范区”的建设载体，打造京津冀协同创新共同体，重点开展共性关键技术联合研发、科技成果转化和产业孵化。研究院在迁安市拥有3000m^{2}办公场地、2000m^{2}中试试验基地和500万元研究院年度运行经费支持；建设了1个中试试验基地和2个技术研究中心，引入3个专家团队，申报北京市科技计划课题4项，共获科技经费支持356万元；开展烧结烟气深度净化处理、耐腐蚀高强度抗震钢材开发等6项技术研发和示范应用，落地迁安钢铁生产企业。

（刘育松）

【参股企业】2016年，钢铁行业仍处于转型升级的“阵痛期”，企业面临的生产经营形势依然严峻，学校科技产业80%以上的企业主营业务围绕钢铁行业开展。从取得统计数据的21家参股企业来看，16家净利润为亏损，仅有3家企业净利润较2015年有所增加。各企业在困境中求发展，不断探索转型发展的新途径和新方向。其中赛能杰公司积极开展环保节能燃烧技术的国际合作，引进美国和日本的先进技术和设备，并于2016年8月在新三板上市；北科麦思科自动化公司克服严峻的行业形势，向资产公司分红300万元，为学校科技产业的发展作出了突出的贡献。

（郑包林、于　伟）

【党建和行政工作】2016年，科技产业集团党委按照学校的工作要求，认真贯彻中共十八大精神，以邓小平理论、“三个代表”重要思想、科学发展观为指导，深入学习习近平总书记系列重要讲话精神，进一步加强思想理论建设、领导班子和基层党组织建设，认真贯彻落实“两学一做”学习教育，为科技产业转型发展和持续健康发展提供坚强的思想和组织保证。

①理论学习和政治纪律方面。认真学习贯彻中共十八大和十八届五中、六中全会精神，学习党章党规、习近平总书记系列重要讲话精神，重点学习研讨关于在国企中加强党的领导和党的建设的有关政策文件精神，以推动科技产业持续健康发展；加强集团党风廉政建设，营造风清气正的工作氛围，深入贯彻落实中央改进工作作风、密切联系群众的各项规定，形成作风建设的长效机制；认真梳理廉政风险点，完善和规范各项企业管理制度，统筹管理，确保国有资产保值增值。

②基层党支部建设方面。以“两学一做”为主线，统筹推进基层党建工作，认真组织各党支部开展学习教育；以主题党日活动和基层党组织活动立项为抓手，引导各支部开展多种形式的党建活动；完善和落实“三会一课”制度，针对支部的薄弱环节进行整顿，增强党支部的凝聚力和战斗力，发挥基层党组织的战斗堡垒作用；党委也注重加强党员队伍建设，严格党员发展教育管理，认真贯彻执行党内组织制度；产业集团党委也深入开展调查研究，抓好基层党建工作，力争协调好企业在业务发展和基层党建的共同发展。

集团进一步改进工作作风，求真务实，做好各项工作。领导班子严格遵守学校规定，注重民主决策机制，共召开经理办公会31次、经资委会5次；建立健全各项制度，共起草修订《产业集团受托经营管理学校房产办法》等6项制度；加强“三公”经费和办公经费管理，厉行节约，防止浪费，同时注重通过网络等渠道加强信息公开；全年，科技产业集团无因公出国（境）计划；严格公车管理，杜绝了公车私用；组织落实海淀区人大代表换届选举工作。

（刘　焱、李嘉芷）

附　录

北京科技大学企业一览表

单位：万元

序号	公司名称	法人代表	注册资本
1	北京科大资产经营有限公司	王维才	4500
2	北京科大科技园有限公司	刘俊友	1000
3	广东北科科技发展有限公司	何新波	600
4	北京科大天工科技服务有限公司	张卫钢	500
5	北京科技大学设计研究院有限公司	唐　荻	1500
6	北京科大恒兴高技术有限公司	唐　荻	500
7	北京宏洁物业管理有限公司	刘　焱	100
8	北京科大分析检验中心有限公司	张明忠	100
9	北京科大永兴科技有限公司	张深根	500

续表

序号	公司名称	法人代表	注册资本
10	北京科大印刷有限公司	张文平	200
11	北京科大华科高新技术有限公司	郭　俊	100
12	北京科大方兴加油站有限公司	张　岩	200
13	北京鼎鑫钢联科技协同创新研究院有限公司	陈兴禹	800
14	京津冀钢铁联盟（迁安）协同创新研究院有限公司	陈兴禹	1000
15	北京科大方兴科技孵化器有限责任公司	刘　临	100
16	北京科大华冶工程技术有限公司	王满元	300
17	北京中渣冶金技术有限公司	牛四通	50
18	北京科大博联科技发展有限公司	黄重国	50
19	北京科大机翔科技有限公司	胡正寰	100
20	北京科大方兴高新技术有限公司	王剑军	100
21	北京科大京都高新技术有限公司	刘　勇	108
22	北京北科麦思科新材料技术有限公司	刘伟嶂	1000
23	常熟中科创管理有限公司	李　军	200
24	北京科大国泰能源环境工程技术有限公司	李士琦	200
25	北京科大和兴科技有限公司	刘　钊	50
26	莱芜钢铁冶金生态工程技术有限公司	姜　雷	1000
27	赛能杰高新技术股份有限公司	刘　洪	5000
28	北京科大朗涤环保工程技术有限公司	黄钢汉	1000
29	亿源科大磁性材料有限责任公司	丁穆源	5000
30	北京科大森浪信息技术有限公司	王宗杰	501
31	北京新材料孵化器有限公司	王　兵	500
32	北京科大联创冶金技术有限公司	刘京山	220
33	北京北科威斯迈技术发展有限公司	向永清	200
34	时光科技有限公司	杜宏斌	3000
35	蓝天科大新材料有限责任公司	朱明龙	7500
36	北京北科麦思科自动化工程技术有限公司	刘伟嶂	3334
37	北京银河昊星置业投资有限公司	洪　亮	1000
38	北京联力源科技有限公司	苏庆泉	100
39	北京科光磁性材料有限公司	黄光南	50（美元）
40	北京首钢中冶机电设备有限公司	鲍生旭	500
41	中联先进钢铁材料技术有限责任公司	才　让	11000
42	新冶高科技集团有限公司	张启富	7500
43	北京中关村海归文化发展有限公司	周树鑫	140

科研基地及研发平台

"重大工程材料服役安全研究评价设施"暨"国家材料服役安全科学中心（筹）"

【概况】"国家材料服役安全科学中心（筹）"（以下简称NCMS）于2008年12月由国家发展和改革委员会批复组建，依托于我国重大科技基础设施"重大工程材料服役安全研究评价设施"（以下简称MSAF），由"重大工程材料服役安全研究评价设施"项目建设指挥部（以下简称指挥部）负责相关筹建工作。NCMS位于国家自主创新基础能力建设"十一五"规划研究实验体系的最高层，是首个由教育部直属高校牵头承建的国家科学中心，位于北京市昌平区的中关村国家工程技术创新基地，共占地475亩，建设总投资约12亿元，建成后将达到研究人员（含客座研究员、访问学者、博士后）500人、研究生（含博士、硕士研究生）2000人的规模。

NCMS建设内容包括力学－化学多场耦合环境结构材料实验装置、多相流环境结构材料实验装置、高温高压水汽环境结构材料实验装置等8套具有公共性、通用性、开放共享、世界领先水平的大型工程结构材料服役安全科学研究实验装置。建设目标是通过设施建设，全面提升大尺寸/全尺寸构件及材料的实验研究能力和安全评价技术的整体实力，建立我国自主的工程材料安全服役标准和规范。在建设世界先进水平的大型工程结构材料服役安全科学研究实验装置基础上，NCMS大力推进国际化建设进程，积极创新管理体制和运行机制，创造汇聚一流人才的学术环境，立足为解决制约经济社会发展的重大科技问题提供科技支撑。

（于龙洋）

【人员状况】NCMS本着"以我为主、按需引进、为我所用"的原则，在建设期注重人才的汇集，有计划、多层次、多渠道地引进国内外各类专业科学、技术和管理人才，注重复合型人才的吸纳和培养，使师资队伍结构不断优化。2016年，NCMS共有建设人员82人（包括北京科技大学48人、中科院沈阳金属研究所9人、西北工业大学10人、哈尔滨工业大学15人），其中专职在编人员39人，具有博士学位教师比例为72%，具有高级专业技术职务教师比例为41%，海外毕业及外校毕业教师比例为49%，35～45岁教师占44%，现有院士1人、国家千人/外专"千人计划"特聘教授2人、荣誉教授4人、客座教授4人、高级顾问3人及10余位长期在NCMS工作的国外知名专家，初步形成了一支结构合理、学科交叉、人员精炼、整体水平较高的科研管理团队。

（贺诗淇）

【装置建设工作】高温高压实验平台、自然大气实验平台搭建完成，并进行了调试，各子装置均达到任务书规定的技术指标。搭建多相流实验平台，完成了4英寸试验环路等设备的现场安装工作，优化了气液分离及气相支路的连接与介质脱氧排气流程、DCS控制系统的组态设计等，提高了装置使用的友好程度和系统功能的市场认可度。力学化学实验平台在可加载环境箱设计中突破了加载大载荷（1000kN）的技术瓶颈，为大型构件长周期腐蚀环境下的力学性能测试装置建设提供了保证；完成了3000t试验机的详细设计方案和设备基础要求。蠕变持久实验平台完成了94台常规、长时和电子式蠕变持久试验机的制造、安装和试调试工作，6台近服役环境下的蠕变持久机也已基本制造完成，形成的技术专利将满足关键高温结构件蠕变持久性能测试，尤其是10万小时以上长时和近服役环境下的蠕变持久性能测试分析需求。特殊地域子项目完成了加速加载试验装置的招标工作，部分设备及关键结构件已制造完成，开始动工建设。多相流、自然大气、高温高压、公共分析检测四个子项目共完成22台（套）一般设备的指挥部、学校验收与资料归档。2016年围绕装置建设工作共申请国家专利15项。

（陆永浩、于龙洋）

【装置招标与园区建设工作】招投标工作方面，完成了特殊地域环境结构材料实验装置的招标工作，完成了高温高压环境结构材料实验装置、自然大气环境结构材料实验装置和力学－化学环境结构材料实验装置等子项目的辅助设备招标工作，完成投资额2700余万元。

园区建设方面，在基建处和指挥部的共同努力下，昌平创新园的主楼土建工程已进入收尾阶段。主楼B的3～5层办公区域装修已基本完成，力学化学试验厂房已完成封顶和外立面工程，主楼A、B的实验室装修工程已完成招标工作。厂房区、生活区已提供正式用电，专家公寓的精装修已基本完成；动力中心开始运行供暖，保障了整个园区冬季施工和设备安装调试等工作的正常开展；园区的外线工程已完成施工，道路、绿化工程已开始施工，并完成主要道路的施工和大株绿植的栽种工作；四大实验厂房完成设备基础和设备配电系统施工，高温高压、自然大气、多相流、飞行器厂房基本完成设备安装，已启动设备调试工作。

（杨　斌、王志强）

【国际化进程推进工作】在教育部“111”学科创新引智计划，“鼎新北科”，海外高层次文教专家引智项目、校重点、校常规项目等外专项目的大力支持下，NCMS持续开展国际学术交流，进一步扩大和巩固与海内外工程服役相关专家及机构的深入合作。

①召开与材料服役相关海内外研讨会2次（NCMS-OAS双边研讨会，NCMS-壳牌双边闭门研讨会），成立了北京科技大学－日本东北大学联合实验室。②协办大型国际学术会议2次（首届世界交通研究峰会、土木工程石基材料基因组国际研讨会），加强互识与交流，制定合作路线，提升国家科学中心国际影响力。③聘请壳牌公司高级主管Lene Hviid博士作为科大客座教授，对中心未来多相流试验的开展、用户群汇聚、相关领域基础课题设立等起到推动作用。④积极接触材料服役安全相关国际知名专家4名，其中2名依托国家科学中心申报国家“千人计划”。⑤广泛邀请海外知名专家20余人次来华进行短期讲学、访问，加强国家科学中心的引智力度，促进前沿知识传播，推动青年学者、科研人员和研究生出访交流15人次。⑥与海外知名专家及其团队成员开展科研合作，发表共同署名文章，提升国家科学中心科研实力。⑦国际知名专家参与装置的安装、调试与试运行。例如：Shoji教授在中国及日本积极参与指导高温

高压水汽环境结构材料实验装置的装配、调试及相关初步验收工作。Honda教授在海外高层次专家项目支持下多次来华指导多相流环境结构材料实验装置的建设，并在后期参与该装置的调试与验收。Yagi博士协助中心科研人员完成了百台蠕变试验机的制造及在厂调试，为装置未来装配使用奠定基础。

（金　莹、常　海）

【预研工作与用户拓展】2016年，高质量地完成了国家“973”计划课题“高温高压水中的材料微动损伤的规律和机制研究”、国家“863”计划课题“基于物联网的区域桥梁自供电分布式智能监测与诊断技术”等为代表的一批科研项目。依托NCMS在工程材料研究领域的优势，跟踪国际科学发展前沿，作为共建单位参与了“十二五”国家重大科技基础设施——北京先进光源预研项目的创新研究开发，已获国家发改委批复，项目建设经费3500万元。该项目的实施将为工程材料服役研究提供更为精细的原位检测分析手段，进一步提升国家科学中心的科研实力。申请获批“十三五”国家重点研发计划专项“科研实验室大尺寸工程样品试验数据失效模型和控制技术研究”1项，获得国家自然科学基金，科技部、教育部、博士后科学基金项目等科研项目资助10余项，本年度已到款经费1000余万元。同时中心牵头申报了重点研发计划专项项目2项：“复杂环境下材料服役行为的多尺度高通量评价与预测技术”和“基于激光扫描和三维映射技术的路面桥梁关键计量测试技术与装备研究”。此外作为课题承担单位申报3项，参与申报9项，共提出国家重大需求和国家自然科学基金等项目建议40余项。

（蒋立武、于龙洋）

【研究生培养】NCMS践行国际化教育理念，完善国际化培养长效机制，培养创新型人才。邀请知名学者开设海外名师精品课程3门，组织大型国际学术会议4次、国际知名学者学术报告20余次，派出3名研究生赴美国、欧洲、日本进行短期访学与联合培养，以及多种形式的国际知名学者指导研究生工作。2个学生班级获“北京市先进班集体”“校研究生十佳标兵集体”等称号。5人获国家奖学金，1人获海天特种奖学金，75人次获校级以上奖项或称号。同时，NCMS积极探索多学科交叉国际化创新培养模式，获推申报北京市教育教学成果奖，完成中国学位与研究生教育学会研究课题结项。

为吸引研究生优质生源，组织各学科教授赴全国多地开展招生宣传工作，并于7月举办了第三届暑期学术夏令营，效果较为明显，硕士研究生报考人数约为上一年度的3倍。此外，从海外招收了1名博士留学生，继续拓展中心研究生国际化培养的外延。为推进研究生学风建设，举办研究生学术论坛、“学术三分钟”演讲比赛、贝壳学术汇、学术微沙龙等活动；修订研究生奖助学金评审细则，规范开展研究生评奖评优。为促进毕业生高质量就业，组织30余名研究生前往知名企业开展实习实践，举办模拟求职大赛、校友话就业讲座、生涯工作坊等就业指导活动，定期为毕业生精准推送招聘、实习信息，积极向用人单位推荐毕业生。2016届毕业生就业率为100%，签约率为86%，连续五年实现全就业，再次荣获学校就业率优胜奖。

（艾轶博、蒋灵斌）

【党建工作】NCMS发挥党组织政治引领作用，协助教育部成立了教育部国家重大科技基础设施专家委员会，学校为秘书处所在单位；牵头组织成立了包括清华大学、北京大学等20余所高校在内的重大科技基础设施战略联盟。目前，学校在高校大科学工程领域的领头羊格局基本形成，“党建搭台、学术唱戏”的高校重大科技基础设施建设模式初见成效。

成立NCMS团总支并下设相应部门，完成NCMS研究生会换届，进一步健全基层组织体系。NCMS党总支全年发展18名中共预备党员，另有17名预备党员如期转正，组织50余名入党积极分子、预备党员参加业余党校学习。以开展“两学一做”学习教育为主线，结合多学科交叉特色，组织各党支部与中科院高能物理研究所、学校土木与资源工程学院等联合开展“1+N”跨学科交流活动，分享学术、科研、实验等方面经验与资源，探索研究生联合培养，共同开展科研实验。创新设计“国科公园”主题系列活动，各党支部累计开展形式多样的理论学习和实践活动100余次，组织参观全国“双创周”科技成果展、廉洁主题国画展、焦庄户地道战遗址、昌平创新园等。组织7个党支部参与学校基层党组织活动立项，实现100%参与并结项，其中2个党支部获学校优秀党组织活动一等奖，1个党支部获北京高校“红色1+1”活动三等奖、校级二等奖。NCMS获学校“学生日常管理与安全教育”专项奖，完成和获批学校党建研究课题各1项。

钢铁共性技术协同创新中心

【概况】“钢铁共性技术协同创新中心”（以下简称“中心”）是北京科技大学牵头，以北京科技大学和东北大学两所冶金特色高校为核心，联合宝钢、鞍钢、武钢、首钢等国内龙头企业，钢研集团、中科院金属所等研究院所，上海大学、武汉科技大学等高校共同组建。中心于2014年10月成功入选国家“2011计划”，成为钢铁领域唯一国家“2011协同创新中心”。中心围绕钢铁工业“绿色制造”“制造绿色”两大战略主题，聚焦“关键共性工艺与装备研发、重大工程高端产品开发”两大协同创新任务，坚持“同一个目标、同一个任务、同一支队伍、同一个机制”的协同创新模式，建立可持续发展的协同创新体制机制，为国民经济发展和钢铁工业转型作出重大贡献。

（徐　科）

【人员状况】中心团队建设按照人才的能力和专业分布，本着“为我所用、德才兼备、协调互补、按需引进”的原则，有计划、多层次、多渠道地引进和培养国内外各类相关专业的科研和管理人才，不断优化师资队伍和团队结构，注重复合型人才的吸纳和培养，全面提高师资队伍整体素质。至2016年，中心校内平台共有人员57人（包括北京科技大学40人、其他外聘人员17人），其中专职在编人员35人，具有博士学位的教师比例为86%，具有高级专业技术职务的教师比例为54%。中心人员中有院士2人、国家“千人计划”特聘教授1人、国家杰青2人、长江学者2人，初步形成了一支结构合理、学科交叉、人员精炼、整体水平较高的科研创新团队。

中心成员正式入职的一年半以来，根据每个团队的研发方向及发展规划，各团队从自身承担的重大任务需求出发，积极优化师资结构，推进各团队以负责人、骨干、一般研究人员、教辅人员互为补充的建设方案。2016年，共入职新教工2名，中心组织了5次共计20人次的面试；2017年，已向学校提交人员补充计划共10人，其中教学科研岗7人，其他岗位3人。中心积极构建以事业编制、全职非事业编制、兼职、学生勤工助学、新教工补充等多种聘用方式以缓解中心缺编制情况。

（王　翊）

【协同创新任务进展】2016年，中心在材料设计理论与方法、在线检测与质量保障、洁净钢及冶金节能环保、海洋工程用钢、现代交通用钢、先进能源用钢、特殊钢等领域都取得了实质性的进展与科研成果。

材料设计理论与方法方向：初步构建了钢铁材料设计平台，实现基于微观组织的材料性能预测，实现构件性能场的预测，以及缺陷对构件使用性能的影响研究。基于材料集成计算思路，研究了多层次跨尺度的材料设计方法，并结合设计材料服役性能要求，进行组织和工艺设计。完成材料数据共享平台架构建设，基于材料基因组思想，针对数据的产生、归档、查询、应用提供全生命周期服务。目前，成果已在大型水电站用高强度易焊接厚板与配套焊材焊接技术开发应用，研究得出金属块状多晶体中三维晶粒的实验观测及行为规律研究，《材料大辞典》第二版于2016年9月由化学工业出版社出版发行，刘国权教授担任该辞典材料科学技术基础分支编委会的主编。

洁净钢及冶金节能环保方向：系统研究了高端油井管用不锈钢洁净化控制机理，开发了大流量低浓度氮氧化物烟气低温无氨催化脱硝脱硫、多功能微孔陶瓷，烧结源头控制排放和烟气无氨脱硫脱硝集成技术，转炉煤气分离CO_2富集CO和多污染物协调控制技术，控制不锈钢冶炼粉尘及重金属与资源高值化利用技术，研发出多工序高温烟气余热梯级利用技术装置与微孔陶瓷过滤器的集成技术。

在线检测与质量保障技术方向：新增表面缺陷在线检测项目8项，合同经费近1000万元，国家科技支撑计划课题“金属板带表面三维在线检测分析仪”完成课题验收。基于超声波技术的材料内部缺陷检测与装备开发，研究成果已形成多篇高水平期刊论文，5项发明专利，其中1项已经获得授权，并与南钢、大连特钢等企业达成合作意向。织构与晶粒尺寸的二维X射线衍射在线检测研究，成果已申请3项发明专利，并不断加强与相关企业交流沟通。面向产品质量保障的工艺制度和设备运行状态研究完成了钢铁智能制造顶层设计，分别联合首钢、新疆众和铝业申请了工信部智能制造专项，并获批。

海洋工程用钢研究方向：完成国家科技支撑课题“高性能膨胀套管产业化研究”的年度研究工作，实现了四个规格新型膨胀套管的产业化；完成科技部ITER项目“核聚变堆结构材料钒合金基础研究”，以及自然科学基金项目“素体基Ti-Mo微合金钢单位纳米析出机制及控制方法”“高性能钢中温协变相便的晶体学特征及对韧性影响机理研究”“残余奥氏体重的纳米Cu析出演变规律及其对奥氏体稳定性影响的研究”“修成损伤对低合金耐候钢大气腐蚀行为的影响”的年度研究工作；完成了与鞍钢关于YP40和YP47两个等级集装箱船止裂船板的开发和认证工作，实现超大型集装箱船用高强韧钢的首次国产化应用，成果已申报冶金科技进步奖。

现代交通用钢研究方向：完成了北京市科技重大项目“1200－1500MPa超高强热成形汽车钢开发”，顺利通过北京市科委组织的专家组验收。成功开发了1200－1500MPa级别热成形钢，完成了1800MPa、2000MPa级热成形钢的研发。开展了QP钢、中锰钢和轻质钢的组织性能控制研究。获得了抗拉强度达到1500MPa以上、延伸率为15％的QP钢。设计制备了5.0Al（wt·％）的低密度高强度汽车用钢。获得了δ铁素体和奥氏体的双相组织，其强塑积可以达到40GPa·%以上。

先进能源用钢团队成员参与了“十三五”科技重点研发计划能源用钢领域的撰写工作。团队多次与南钢、马钢、邯钢、柳钢、莱钢及下游用户吉林油田等国内典型钢铁生产及钢铁用户企业进行多层次全方位关键共性技术的交流与科研项目合作，团队开拓了第四代核电系统钠冷快堆用半键材料的研究方向；深入开展了经济型耐CO_2腐蚀管线钢的组织调控技术研究；研究了Cu元素对CGO硅钢不同变形机制的影响及气氛退火中Goss取向晶粒的产生条件、位置及分布特征等。

高品质特殊钢方向：完成了国家自然基金“超细晶相变诱导塑性钢的组织控制与TRIP效应的多尺度分析”“超细晶相变诱导塑性钢的组织控制与TRIP效应的多尺度分析”年度研究任务；完成“十三五”国家重点研发计划“含Cu抗菌不锈钢”课题的立项、开题和部分实验研究，确定5年研究计划和合作单位分工；完成了电科院和国网富达委托的输电铁塔用大型角钢力学性能和低温韧性研究，提出在低温条件下采用逆变奥氏体的组织控制方法来提高低温韧性，确保输电铁塔在强风、寒冷地区使用的安全性。

（刘国权、孙彦辉、徐　科、尚成嘉、唐　荻、武会宾、赵爱民）

【科研工作】2016年，中心共签订国家重点研发计划重点专项、国家自然科学基金、北京市科技计划项目、北京市教委共建项目和北京市自然科学基金等12项纵向研究项目，此外还签订34项企业合作项目，合同经费为2765.77万元。唐荻教授主持的北京市教委共建项目“2016北京实验室——高铁用关键材料与制备技术”课题获得573.7万元经费支持，尹海清教授主持的北京市科技计划项目“材料基因工程关键技术及其在镍基高温合金、金属锂负极中的应用研究”课题获得199.5万元经费支持，徐科、吴华杰分别获得国家自然科学基金委员会面上项目和联合基金项目。2016年度，中心人员共发表SCI论文175篇，EI论文148篇，申请发明专利10项，授权发明专利5项，获得省部二等奖3项。

（孙彦辉）

【国际化进程推进工作】2016年，中心成员累计参加大型国际会议30余人次，中心邀请日本Enomoto教授、徐一斌教授、美国得克萨斯大学R. D. K. Misra教授、宾州州立大学刘梓葵教授、北卡罗来纳州州立大学朱运田教授、德国图宾根大学K. G. Nickel教授、瑞典查尔莫斯大学刘昉教授、中国台湾杨哲人教授、新加坡新耀大学Susan Xu Yun博士等国内国际知名专家学者来中心进行学术交流，并与英国南安普顿大学的Michal Brennan教授、加拿大女王大学的Chris Mechefske教授等故障诊断专家团队长期保持学术交流。

中心联合德国弗劳恩霍夫学会制造技术研究所、鞍钢等单位共同合作申报2017年政府间国际科技创新合作重点专项“智能制造（工业4.0）可重构生产系统－智能工厂资产可靠性数据采集与预防性维护”项目；中心与德国西门子公司签订了“工业4.0框架下的钢铁智能制造关键技术”项目合作协议，经费为200万元；中心还与荷兰壳牌公司合作研究“新型膨胀套管”项目。

中心主办了北京科技大学—日本东北大学“先进材料和制造”双边交流研讨会，作为主要承办单位组织召开了“第五届海峡两岸绿色材料及绿色制程论坛”，中心首席科学家唐荻教授作为技术委员会主席组织了“第一届国际汽车用钢大会（ICAS2016）”和“第三届高锰钢国际会议（HMnS2016）”。

选派交通用钢团队赵征志研究员赴美国俄亥俄州立

大学做访问学者，并选派能源钢团队李志超到美国北得克萨斯大学做访问学者。中心博士研究生分别赴美国得州大学阿尔帕索分校，加拿大麦克马斯特大学、美国阿贡国家实验室、韦恩州立大学等国际知名学府进行访问学习。

（侯超刚）

【研究生培养】中心以创新人才培养体制机制为核心，以提高人才培养质量为目标，突出“寓教于研”的特点，构建协同创新人才培养体系。目前，中心在籍学生共128人，其中4人在国外进行交流学习，18人为“2011专项计划”博士生。2016年度，中心共有4人获得国家奖学金，1人获十佳学术之星，1人获得铌钢特种奖学金，14人获得“优秀三好研究生”“优秀学生干部”等荣誉称号，2015级学生党支部获校级优秀集体。在2016年中心组织的十余场国内外专家学者的学术讲座中，学生累计参加为300余人次。

为吸引优质生源，结合往届生源分布，组织各学科专业教师赴多地开展招生宣传工作。中心于7月举办了首届优秀大学生暑期夏令营，挖掘和培养致力于在钢铁材料、智能制造等领域建功立业的年轻人才。同时，中心面向本科生设立科技创新课题15项，共吸引报名本科生50余人。2016年，中心招收“2011专项”计划博士研究生8人，为企业培养创新型领军人才。为了推进研究生学风建设，中心将进一步修订研究生奖助学金体系，规范开展研究生评奖评优工作。为推动毕业生高质量就业，中心组织指导10余名研究生前往大型企业开展实习实践，2名研究生进行实体创业。

（侯超刚）

【党建工作】中心于2015年11月起组建党支部，目前共成立5个支部，其中包括1个教工支部和4个学生支部。现有党员78人，其中教工党员25人、学生党员53人。本年度共参加学生党校培训一期，参加培训2人。本年度转为正式党员3人。完成了2个支部的委员选举，共有1人参加支部书记培训、3人参加“红色钢铁摇篮”研究生骨干培训。

中心以团队为单位成立了学习小组，向各党员同志发放了《廉洁自律准则及纪律处分条例》，并对“准则条例”进行了学习讨论，开展了为期一周多的小组内深入学习研讨。各学习小组分别陆续展开案例教育、组内讨论等多次深入的学习活动，之后中心支部召开了各团队联系人会议，会上各学习小组对于各自的学习活动及学习成果进行了整体汇报。中心将继续坚持及时建章立制，完善防控措施，全面贯彻执行党风廉政建设责任制，不断建立健全预防和惩治腐败体系。充分发挥党支部的战斗堡垒作用，按照校党委的要求，进一步强化理论学习，提高党风廉政建设重要性的思想认识，更好地推动中心各方面的工作。

（王　翊）

新金属材料国家重点实验室

【概况】新金属材料国家重点实验室（以下简称“重点实验室”）按照开放、流动、联合与竞争的运行机制，坚持前沿性、创新性、系统性、深入性和长期性的研究特色，学术研究立足于金属材料科学的前沿问题和我国国民经济建设中的重大金属材料科学的应用基础问题，注重新材料的模拟设计－制备技术－组织结构－服役性能－安全服役行为之间关系的研究，在金属材料的科学规律、计算模拟与设计、制备技术与工艺、服役行为与评价以及实验测试分析技术等方面进行系统深入探索。目标是发展以新金属间化合物结构材料与新金属功能材料为主的新型金属材料、新金属能源材料及其先进制备技术。

重点实验室具有材料科学与工程一级学科博士学位授予权，涵盖材料物理与化学、材料学和材料加工3个二级学科，并与凝聚态物理、冶金学、力学等学科相交叉。目前已建设有5个公共检测平台：材料性能测试、物理模拟系统、物质结构分析、材料制备与加工及高性能计算模拟平台；构建了多个重点研究基地：国家111创新引智基地、国家军工实验基地、中广核联合实验基地、中国铝业联合研发基地等。重点实验室同时通过中国计量认证（CMA）及中国合格评定国家认可委员会（CNAS）实验室认证及认可评价。建立了党政联席会、教授会和教代会三会协同工作模式，重点发挥教授会作用，在涉及学科建设和人才引进等方面进行咨询决策；教代会征求教师意见和建议，涉及教职工利益的决定均通过教代会表决，从制度上保证科学决策。近年来重点实验室在学科建设、队伍素质、科研装备、科技创新和开放交流等方面都得到了很大发展。

（隋延力）

【学术梯队建设】以国家重大需求为导向，以顶层设计为核心，以学科前沿为支撑，调整学科布局，凝练学科方向；在强化原有学术方向和学术梯队的同时，形成新的学术方向和学术梯队。整合成立了新材料的计算机模拟与辅助设计研究方向，对新一代基础金属材料的研究方向进行部分调整，更加瞄准高性能新材料的快速开发和实际应用。在此基础上规范梯队管理制度，完善学术创新及奖励机制，建设学科团队，遴选、引进和培养学科带头人和青年骨干教师。

健全高端人才与青年人才互动提升机制。新教师入职都由梯队负责人负责，制订培养计划，为其提供教学科研方面的咨询和建议。每年自然科学基金申报前，积极组织有经验的教师向青年教师传授经验，2016年已有3位青年老师获得国家自然科学基金资助，人均在研基金项目1.4项。利用自主课题、青年基金等多种模式支持青年教师主持课题研究、参加国际交流；启动了“1+1”开放交流项目，鼓励青年学者向国际知名学者和学术大师求学，大力支持高层次合作研究。

重点实验室充分发挥自主课题和开放课题在高端人才引进、重大项目申请立项及扩大国内外影响力等方面的作用。2016年重点实验室两项教育部“青年英才”计划项目顺利通过验收。重点实验室在人才培养方面取得突破，吕昭平教授入选国家第二批“万人计划”领军人才。

（吕昭平）

【科研工作】重点实验室在科研工作中继续坚持前沿性、创新性、系统性、深入性和长期性的研究特色，并不断地追求和探索新的学科领域和方向，强化学科和科学研究的交叉与融合；在科研工作中重视国家在材料领域的重大需求，积极组织和争取国家重大科技计划，注重自主课题的重点布局和国家重大科技计划的培育，同时加强了产学研合作，促进科研工作稳步发展和突破。承揽国家重大重点科研项目的能力和科研水平稳步提升。2016年度共计承担科研项目257项，比2015年增加1项。纵向课题共176项，其中“973”课题10项，“863”课题5项，国家重点研发计划重点专项课题10项（新增10

项），国家自然科学基金课题55项（新增13项），军工课题17项（新增3项），国际合作课题7项（新增1项），其他省部级项目69项（新增23项）；横向课题共81项，新增31项。科研经费到款11992.4万元，比2015年增加1863.5万元，提高了18.4%。其中纵向经费11002.6万元，增加1991.8万元，提高了22.1%，横向经费989.8万元。

重点实验室承揽科研项目，特别是国家重大科研计划的数量得以持续提升。在军工项目稳步发展的同时，国家重点研发计划重点专项执行的第一年就承担10项，其中作为项目执行首席单位1项，合同经费为3350万元，作为课题牵头单位2项，共计合同经费1190万元；一年首次获得2项国家基金委重点仪器专项和1项重点基金，合同经费共计1933.54万元，新增国家自然基金共他10项，创历史新高。同时，由于加大了与大型国有企业的产学研合作，横向课题数量也大幅度提升，新增31项。科研产出继续攀升，成果突出。本年度获国家科技进步奖二等奖1项，省部级一等奖7项、二等奖3项，其他奖1项，成果转让2项，转让费215万元。发表期刊论文310篇，比2015年提高15.7%，其中国外期刊214篇，比2015年提高8.6%，国内核心期刊96篇。SCI收录257篇，比2015年提高8.9%，EI收录25篇。*Advanced Materials* 1篇（IF：18.96），*Advanced Energy Materials* 1篇（IF：15.23），*Nano Letters* 1篇（IF：13.779），*ACS Nano* 1篇（IF：13.334），*Angewandte Chemie-Internationl Edition* 1篇（IF：11.709），*Nano Energy* 4篇（IF：11.553），*Advanced Functional Materials* 3篇（IF：11.382），*Chemistry of Materials* 1篇（IF：9.407），*Nano Research* 8篇（IF：8.893），影响因子大于10的12篇，10～5的有34篇，5～4的有5篇，4～3的有47篇，3～2的有67篇，2～1的有34篇。Top 期刊106篇，比2015年提高43.2%，占比34.2%；1区论文55篇，比2015年提高34.1%，占比17.7%。文章在数量提高的基础上，质量在稳步上升。出版英文专著1部、中文专著4部。授权国家发明专利96项（比2015年提高39.1%）、实用新型2项，申请国家发明专利134项。承办学术会议11次，其中国际会议8次。作学术报告83篇，比2015年提高36.1%，其中特邀报告54篇，比2015年提高68.8%，国际会议报告57篇。

（张来启）

【实验室建设】重点实验室在实验室建设方面的方针是：紧紧围绕主要任务和研究方向，致力于公共实验平台和基地的软、硬件的不断提升。继续完善重点实验室质量管理体系，确保了试验的规范化、量值的溯源化，以及检测结果的公正性、准确性和可靠性，提高了为科研教学服务的质量。作为同时取得CNAS和CMA资质的国家重点实验室，为维持管理体系的正常运行，不断持续改进和提升检测技术能力与管理水平，逐步完善质量管理体系。2016年在体系建设方面主要有两项工作，一是继续贯彻执行国家质量监督检验检疫总局163号令，认真学习《检验检测机构资质认定管理办法》和《检验检测机构资质认定准则》，并将新的要求逐步落实在日常的检验检测活动中。二是为顺利通过2017年1月实验室认可（CNAS）和资质认定（CMA）“二合一”现场换证复评审做好一切准备工作。重点实验室在公共实验平台软件建设的同时，积极、稳妥地进行实验仪器设备升级改造工作等硬件建设。重点实验室注重建立管理有序、运行高效的仪器设备公用和科研平台，并优化布局实验场地，仪器设备集中放置，采用按功能划分的方法，将所有仪器设备按功能集中放置，统一管理，专人负责，大大地提高了实验空间的利用率。至2016年年底，重点实验室拥有仪器设备共1700余台（套），设备原值近一亿元，其中100万元以上设备16台（套），30万元以上设备48台（套），具备了较完整的从材料合成与制备、相关组织结构分析、性能测试与服役评价到计算与模拟的各种精密仪器设备和装置。

重点实验室为了充分利用仪器设备，在完成学校的教学科研和实验任务的同时，重点实验室的大型精密仪器与设备均向社会开放，积极为科研院所、大专院校和工矿企业提供优质服务。同时利用基地与平台的优势开展相关技术培训，培养研究生的技术创新能力。

（王建国、刘斌斌）

【开放交流与合作】2014年度批准的开放课题正在进行结题验收，据初步统计，该年度开放课题研究成果继续保持良好的发展势头：发表论文50篇，其中影响因子大于10的文章1篇，影响因子介于3和10之间的文章14篇，影响因子介于1和3之间的文章26篇，论文发表刊物包括*Advanced Materials*、*Advanced Energy Materials*、*Nature Communications*等国际知名刊物。2015开放课题中期评估工作正在进行中，初步检查统计结果表明：本年度开放基金资助课题进展基本顺利，发表学术论文13篇，其中：影响因子大于3的论文1篇，影响因子介于1和3的论文8篇，发表论文期刊包括*Acta Materials*等国际知名期刊。2016年度，重点实验室共收到开放课题课题申请19份，研究内容涉及高熵合金、功能材料、先进制备成形技术、高性能金属新材料等，申请者所在机构包括哈尔滨工业大学、中科院金属研究所、法国国家科学研究院和University of Western Ontario等国内外知名高校和研究机构。经形式审查、评审和主任会议讨论，资助各种课题共计13项，其中包括新资助重点研究项目3项，一般研究项目8项，“1+1”国际合作项目2项，资助总金额为180万元。这些开放课题的开展促进了我室与相关单位的合作与交流，同时对我室在相关领域的研究工作的开展也是一个极大的推动。

重点实验室继续有计划地邀请了相关材料领域的知名学者来学校讲学，并深入合作。全年组织学术报告17场。多位国际知名大学教授在重点实验室作讲座，累计出席各类人员800余人次。来访者中有许多国际知名的学者，如Kim博士（国际TiAl材料专家、ASM Fellow）、孙学良教授（加拿大院士），其中孙院士应邀做客学校“中国材料名师讲坛”，为学校师生作了题目为《新型纳米结构材料在能源转换和能源储存中的应用》的精彩学术报告。校长张欣欣教授出席本场讲坛，并向孙学良教授颁发名师讲坛纪念牌。邀请荷兰代尔夫特理工大学名誉退休教授Laurens Katgerman来学校进行短期讲学，期间面向全校师生作了题为*Aluminum Cast Alloy and Aluminum Wrought Alloy*（铸造铝合金与变形铝合金）的讲学，课程长达25学时。2016年10月20－24日，国际材料联合会亚洲材料大会暨中国材料大会2016年会在中国青岛举行。本次国际会议中有3个分会，由重点实验室参与承办。

（蔡元华、叶　丰、乔　祎）

【党建、工会与研究生工作】深入学习贯彻中共十八届六中全会精神及习近平总书记系列重要讲话精神。根据学校的部署和要求，深入开展“两学一做”等各项工作。完成了廉政风险防控管理工作的验收、中组部的党员集中排查工作、核查党费补缴工作、第十六届海淀区人大代表换届选举工作、党支部立项工作等。党委积极开展多种形式的教育活动，集中学习、参观、重温入党誓词等。分工会按照校工会要求开展好在职教职工互助保障计划、服务月及送温暖等活动，完善生活困难教职工档案，形成帮扶长效机制，特别关注有困难职工群体。分工会紧紧围绕中心工作，按照年初制订的分工会工作计划，组织开展了一系列丰富多彩的文体活动。组织参观延庆古崖居活动、北京农业嘉年华春季踏青活动及登山比赛，组织教职工参加北京科技大学第38届师生综合运动会和学校轻体运动会，棋牌协会组织“庆五一拖拉机友谊赛”，组织代表队参加校工会举办的2016年教职工羽毛球比赛和拔河比赛，拔河比赛获得季军。

秉承本单位“严谨、求是、笃行、创新”的精神，克己奉献，师德建设成绩显著。重点实验室连续8年4次荣获“北京科技大学研究生教育管理先进集体”称号，2016年惠希东教授荣获“校师德先锋”称号。2016年重点实验室研究生管理工作立足于理想信念教育和科研创新能力提升，突出党建和学风建设，充分利用民主生活会、基层党支部立项、研究生学术论坛、暑期科技服务与挂职锻炼、职业生涯规划月、新材料点子大赛等平台，全面做好集体建设，推进党员教育、重点实验室安全教育、科研能力教育、心理健康教育、生涯规划教育等多项主题教育，提升研究人员科研创新能力、责任意识和担当精神，经过重点实验室全体师生的共同努力，重点实验室多个集体和个人获得了国家奖学金、北京市三好学生、“先锋杯”优秀团干部、校十佳学术之星、优秀班集体等各项奖励。进一步提高研究生培养质量，做好博士生导师申请考核制试点工作，建立申请考核制博士生录取规章制度。各个环节，尤其是复试宣讲、迎新培养方案、开题报告、论文答辩等关键环节均开会用PPT讲解，确保管理质量。2016年招收博士生37人、硕士生62人。

（孙学辉、王海骊、刘斌斌）

钢铁冶金新技术国家重点实验室

【概况】2016年，钢铁冶金新技术国家重点实验室（简称“冶金国重“）在学校大力支持和全体教职工努力下，在安全管理、国内外科技合作建设、国家重大专项科研课题和教师队伍建设等方面均取得了很大的发展，实验室整体建设和运行良好。冶金国重目前共有专职科研人员、实验人员及行政管理人员39人。其中，科研人员27人（教授15人、副教授4人、讲师8人），具有博士学位研究人员达到了94%；实验技术人员5人，行政管理人员7人。科研工作取得了良好的效果：与国内永锋集团签订了合作协议，建立了冶金国重永锋研发中心；举办2016年全国熔盐化学与技术研讨会；承担“十三五”重大专项项目1项，参与课题1项，正在积极申请“十三五”重大专项项目3项。完善了相应的考核聘任管理制度，岗位考核聘定工作做到了公平、公正、公开，形成了较为完善的管理体系。此外，2016年度完成了总价值1400多万元仪器设备建设任务，同时完善了相关设备的配套条件。

（郭占成）

【科研工作】2016年，冶金国重承担国家重大、重点科研项目的能力得到突破和提升。截至目前，承担“十三五”重大专项项目1项，参与课题1项；正在申报“十三五”重大专项项目2项，参与课题1项。承担纵向课题在研项目43项、横向在研项目35项，实到科研经费总计2731万元。发表SCI

收录论文154篇、EI收录论文42篇、中文核心期刊论文55篇，获授权国家发明专利31项、实用新型专利7项，获得国家科技进步二等奖2项（朱荣、张建良）和省部级奖10项。2016年冶金国重根据现有的研究工作基础，对自主研究课题重点项目进行年度检查。4个重点项目包括洁净钢熔渣电化学脱氧基础研究、高铁轴承用钢冶炼关键技术的基础研究、基于半包合水合物法的煤气高质化技术基础及超重力冶金关键技术基础。组织专家对4个重点项目从科研工作进展，科研工作成果，科研后续深入工作计划及项目经费使用情况等方面进行了年度检查。2016年与优势高校和企业合作，执行了4项开放课题，对实验室建设起到了良好的促进作用。例如与德国亚琛工业大学合作的开放课题，推进了实验室汽车钢板塑性和断裂方面研究；与中冶京诚工程技术有限公司合作的开放课题，加强了超高富氧大喷煤理论的应用。

（刘锦周）

【师资队伍建设与研究生培养】冶金国重本着循序渐近、宁缺勿滥、择优录取的原则，新增1名科研教师、3名教师博士后、1名实验员。1人晋升为教授，1人晋升为副教授。另外，冶金国重还引进了一名海外人才做访问教授，为今后国际化科研项目合作和人才引进提供了良好的开端。2016年在学博士研究生109人、硕士研究生139人；毕业博士研究生19人、硕士研究生37人，其中3人被评为北京市优秀毕业生、9人被评为校优秀毕业生。

（刘长鑫）

【学术交流与合作】2016年，由中国金属学会主办，冶金国重承办的2016熔盐化学与技术研讨会暨中国金属学会熔盐化学与技术分会第一届委员会会议在北京召开。此外，在学校国际交流与合作处的大力支持下，老师及学生应邀赴澳大利亚墨尔本参加了第六届澳－中－日炼铁炼钢学术会议及在澳大利亚伍伦贡大学举办的首届海外大学日。2016年，进一步深化了与加拿大麦克马斯特大学、澳大利亚伍伦贡大学、加拿大麦吉尔大学等校际学术交流与合作。在博士研究生公派交流和青年教师访学等方面都取得了实质性的进展，其中经过学校层层选拔只公派实验室1名博士研究生参加第二届“Sino-EU Engineering Education Platform (SEEEP) High Level Summer School（中欧工程教育联盟国际高水平博士生夏季学校）”。此外，实验室一直积极致力于开展社会公益服务活动，承接了全国青少年科技夏令营，积极向青少年宣传科学思想和科学方法，普及冶金科学知识。

（刘锦周）

【实验平台建设与管理】冶金国重紧紧围绕主要研究方向，加强科研条件建设。至2016年年底，实验室拥有仪器设备超过400台（件），总价值7000多万元，其中30万以上的大型仪器设备51台，价值4000多万元。为了充发挥大型仪器设备的作用，实现资源共享，冶金国重成为全校最早开始安装并投入使用“北京科技大学仪器设备共享管理系统”的二级单位，迄今为止，经过实验室授权的仪器用户及师生（包括校外的研究机构及厂矿企业）已达到1000多人次。2016年购置了30万以上大型仪器设备12台，购置30万以下仪器设备91台（如下表所示）。除了在硬件方面持续投入，冶金国重在实验安全管理方面高度重视，针对自身特点制订了实验安全准入管理制度，并以“能源高效利用与链接”实验室为试点，建立了专业实验室安全管理规范。

（程慧静）

【支部建设】冶金国重党支部现有党员31名，其中女党员4名，党小组3个。2016年冶金国重党支部在学校党委领导下，积极贯彻落实《国家中长期教育改革和发展规划纲要》（2010－2020），紧密围绕“两学一做”教育活动这一中心学习任务，组织开展了内容丰富的学习教育活动。结合中心工作，大力推进学习型党组织建设，制订了“两学一做”学习计划、方案，不断提高党员干部的思想理论水平。党支部规定每周四下午为组织生活时间，结合实际工作情况，开展“两学一做”学习教育，规范自身言行。党支部坚持党员管理制度和民主测评制度，增强党员树立自我约束意识，不断提高党员的素质。全年召开党员民主生活会22次，全体党员及入党积极分子、部分群众参加了党支部书记讲党课培训班。2016年6月实验室党支部响应上级党委号召，组织全体职工党员及群众积极参与“共产党员献爱心”活动，全体党员参加了捐献活动，捐款总数1320元。党支部注重党员发展工作，把入党积极分子的培养工作落到实处，对确定为入党积极分子的同志，支部指定支委成员作为培养联络人，及时了解思想动态，年内发展一名入党积极分子成为预备党员。

（李　晶）

附　录

钢铁冶金新技术国家重点室新增主要仪器设备表

实验室名称	主要仪器、设备	主要检测项目
物相分析实验室	电感耦合等离子体质谱仪	测定超痕量元素和同位素的比值
	X射线荧光光谱仪	能分析B(5)～U(92)之间所有元素
	直读光谱仪	可稳定、快速、准确的分析Fe、Al、Cu等多种基体合金的成分
测试分析实验室	高温粘度计	超高温液/固间接触角测试、非接触式超高温液体粘度、表面张力与密度测试
	高温快速淬火与形变相变仪	测定连续冷却相变点、恒温相变点及cct、ttt图的制作，测定ss曲线，进行高温延展性、拉伸－破坏实验
	三维PIV测速仪系统	可进行气流、液流场内部流动测量和结构研究，得到流场的2D2C和2D3C数据，也可得到多相流的PTV数据，可扩展为3D3C系统
	钢连铸过程淋水雾化及冷却检测系统	能够较为全面检测地检测连铸冷却喷淋系统多项指标
	探伤仪	不同材料，不同深度工件缺陷的检测、定位、评估及诊断
制样实验室	三离子束切割仪	用于样品的截面制备及平面抛光的桌面型制样设备
	自动金相制样系统	制作表面均匀平整光亮的样品，同时，无划痕、浮凸、颗粒嵌入等缺陷

（程慧静）

固体电解质冶金测试技术国家专业实验室

（新能源材料与技术北京市重点实验室）

【概况】原固体电解质冶金测试技术国家专业实验室，自2005年11月批准成立“新能源材料与技术北京市重点实验室”（以下简称“重点实验室”）以来，其学术研究立足于功能材料，特别是新能源材料的学科前沿问题及纳米材料和技术在能源材料方面的应用基础问题，主要进行微纳能源与传感系统、锂离子电池、燃料电池、混合导体透氧材料、太阳能电池关键材料，以及核能、热电、介电等新材料及纳米技术的研究。重点实验室的目标是建设成为北京地区新能源材料的研究基地，进而加强北京地区在新能源理论、技术与应用上的研究，促进北京地区能源、电力、交通、电子等相关行业的迅猛发展，同时成为立足北京、面向全国的培养博士和硕士学位研究生的先进育人基地。

目前，重点实验室拥有注射成型机、磁控溅射仪、热压炉、热分析仪、表面性质分析仪、电化学工作站、热膨胀仪、冷等静压机、高温X射线仪、多功能热分析仪、红外分析仪、真空烧结炉、交流阻抗频谱仪、手套箱、显微拉曼光谱仪、热场发射扫描电子显微镜等30万元以上设备60台（套），设备原值为4500万元，具备开展诸如高能锂（钠）离子电池、燃料电池、太阳电池、热电材料、核材料、薄膜传感器、纳米材料及器件等较高水平的研究能力。实验室现有专职人员36人，其中正高职、博士生导师22人，副高职5人。实验室高层次人才不断扩大，其中中科院院士2人，国家重大科学研究计划首席科学家1人，（海外）杰出青年基金获得者3人，长江学者奖励计划特聘教授1人，优秀青年基金获得者1人，教育部跨（新）世纪优秀人才12人，北京市科技新星3人。2016年培养本科生100余人、硕士研究生62人、博士研究生26人。

（赵海雷）

【科研活动】重点实验室承担各类科研项目90余项，其中国家级项目37项，省部级项目30余项，军工厂协项目20余项；2016年新增科研项目14项，经费到位1775万元；发表SCI学术论文93篇；申报专利8项，获授权专利16项。

（赵海雷）

【对外交流】重点实验室按照开放、联合与交流的方针，利用设备及技术上的优势，实行对外开放，承担了国内外高校、科研单位和企业的科学研究、性能测试、检验及分析等技术服务与咨询工作。实验室加强了与国际材料科学领域的学术交流与合作，承办大型国际学术会议2次，在国内外学术会议上作特邀报告30余次，邀请国外学者访问10次，合作发表文章10篇，申请项目1项。获批成为北京市先进绿色微纳能源国际科技合作基地。

（赵海雷）

材料科学数据共享网

【概况】材料科学数据共享网项目于2009年10月由国家科技部批复建设，由教育部担任牵头部门。项目承担单位包括北京科技大学、中国科学院金属研究所和西北工业大学等16家高校和科研院所，项目管理办公室设在北京科技大学。

材料科学数据是工程与装备设计、制造与服役安全评估，新材料研发等活动不可缺少的重要信息。材料科学数据共享网项目建设的总体目标是：以满足国家经济与国防建设和材料科学技术创新研究与快速发展需求为目标，以现有较为成熟的材料科学数据资源为基础，结合国家重大工程、支柱产业发展、国防建设等实际应用需求，评价、整合、重构材料科学数据资源，建立跨部门、跨地区、多层次、异构、分布、有序共享的材料科学数据体系。形成数据齐全完整、存储安全可靠、使用灵活方便的材料数据服务体系和共享网，最大限度地发挥数据信息的效益，满足国家建设、社会发展与科技创新的迫切需要。研究制定符合材料数据特点的共享机制和数据共享相关的标准规范体系。构建面向社会的网络化、智能化的材料科学数据共享服务平台，形成数据采集提交、质量控制、数据存储、安全保障、资源共享、面向应用与数据重构的管理体系。按照统一的标准规范对材料数据进行整合集成，形成材料领域专门化数据共享资源结点，在此基础上建设数据管理服务中心，初步构建成材料科学数据共享网。

至2016年年底，材料科学数据共享网项目已完成了全部10个材料数据共享资源结点和2个面向应用的主体库的结构建设，即材料基础、有色金属材料及特种合金、黑色金属材料、复合材料、有机高分子材料、无机非金属材料、生物医用材料、能源材料、信息材料、天然材料及制品数据共享资源结点，以及建筑材料、道路交通材料应用主体库。制订了形成26个标准规范草案，形成了5项相关技术软件，并已登记，形成1个名词术语对照词典，5项规章制度，3个材料数据的环境、收集整理及质量分析的分析评价方法。完成了材料科学数据共享网的网站建设，建成了共享网管理与服务中心，纳入中心的数据为26.1万条，其中新增数据近5000条，分布数据源的数据约为44.5万条，其中新增1.5万余条，合计70.6万条，涉及材料24250余种。向科技基础条件平台中心信息技术中心提交了共享网运行日志，提交元数据236条。通过搜索引擎的多种检索方式，可以实现对各类材料数据的检索。

（尹海清）

【科研活动】2016年5月19－21日，项目组成员尹海清参加了在韩国召开的CJK2017材料大会，并就材料基因组工程作了邀请报告。7月4－8日，尹海清参加了在新加坡召开IUMRS-ICEM2016（国际材联计算电子材料国际大会）大会，并作为分会召集人之一，同时就MGI数据作分会邀请报告。6月30日，材料科学数据共享网项目组成员组织了面向全国材料数据研究者的材料数据培训会，邀请了北京法律界知名律师讲解数据的知识产权问题，请中科院网络中心的黎建辉主任讲解数据出版问题，得到了与会人员的好评。8月3日和12日，项目组成员尹海清分别参加了面向军工领域的材料工作者的培训会、面向国际科学数据研究人员的培训会，并作邀请报告。8月25日，项目组成员尹海清、姜雪等人参加了科学数据大会，承办了材料数据分会。

（尹海清）

【队伍建设与人才培养】2016年，共有40余名学者参与了材料科学数据共享网项目的建设，其中教授23人、副教授14人、讲师或博士后4人，全部具有博士学位，50岁以下的中青年教职工占95%。共有15人参与项目的建设中，其中教授9人、副教授4人。材料科学数据共享网项目已经基本建成一支稳定的建设队伍。年内共培养硕士生2人。

（尹海清）

环境断裂教育部重点实验室

【概况】环境断裂研究室（以下简称“研究室”）具有30多年的发展历史，长期从事结构材料特别是钢铁材料的腐蚀、断裂和环境敏感断裂的基础和应用基础研究，获得了丰硕的研究成果，在国内外具有重要影响。几十年来，环境断裂研究室培养了一批高水平的研究型人才，他们在国内外知名研究单位，大学和首钢、宝钢等国家大型企业从事科研工作，取得了重要成绩。近年来，研究室在保持原有优势的基础上，开展铁电、铁磁等新型功能材料的制备和性能研究，以及纳米材料的性能研究。

经过近十年的发展和积累，1990年研究室被正式批准为教育部开放实验室；1999年更名为环境断裂教育部重点实验室。2016年，环境断裂教育部重点实验室有固定人员34人，其中教授18人、副教授14人，博士生导师18人，长江学者奖励计划特聘教授2人、讲座教授1人，国家杰出青年基金获得者1人，跨（新）世纪优秀人才5人，新世纪百千万创新人才1人，北京市科技新星6人，中组部拔尖人才1人，国家自然科学基金优秀青年基金获得者1人。实验室拥有原子力显微镜、高分辨率电镜、透射电镜、俄歇电子能谱仪、场离子显微镜、宏－微摩擦磨损测试系统、纳米力学探针仪等较为先进的仪器设备149台（套），设备价值2200万元，其中30万元以上设备21台（套）。

（李金许）

【科研活动】2016年，实验室承担国家科技重大专项2项，“973”项目2项，“863”项目1项，“十二五”国家科技基础条件平台建设重点任务和其他研究各1项，国家自然科学基金重点项目4项、面上项目21项、青年项目3项，军工课题3项，其它省部级项目多项，合同额30万以上厂协项目14项。在国内外核心期刊上发表论文约70篇，其中SCI收录约40篇。

（李金许）

【人才培养】实验室采取加强国内外交流、培养和引进高层次人才、创造有利的学术环境等措施，积极建设高水平研究队伍，拓宽研究领域，已经培养出一支年龄结构合理、专业方向有机结合、学术气氛浓厚、凝聚力强的研究队伍。2016年，实验室研究生与往年基本相同，约160人在读，其中硕士生100余人，博士生近60人；毕业硕士生51人、博士生10人。

（李金许）

【学术交流】2016年，实验

室进一步加强材料科学领域的学术合作与交流。3月，实验室7名研究人员参加了在美国举办的NACE年会。9月，实验室6名教授和副教授参加了在法国举办的2016欧洲腐蚀大会（EUROCORR 2016）。本年度邀请了来自美国、加拿大、英国、日本及中国香港等国家和地区的多位知名学者到实验室讲学和交流。8月，实验室大部分研究人员参加了在北京举办的国际海洋腐蚀大会。12月，实验室大部分研究人员参加了在宁波举办的2016第三届海洋材料腐蚀与防护大会。

（李金许）

附　录

环境断裂教育部重点实验室2016年在研课题一览表

项　目　名　称	项目来源	负责人	起止年限	经费（万元）
国家材料环境腐蚀野外科学观测研究平台（2015年度）	科技部	李晓刚	2015.7.29–2016.7.29	2900
材料基因工程专用数据库和材料大数据技术（合作单位外拨经费）	国家重点研发计划重点专项	宿彦京	2016.7.1–2020.6.30	1221
多重动态海洋环境因素作用下材料腐蚀损伤的机理与规律	国家“973”计划	李金许	2014.1.1–2018.12.31	186
基于纳米材料及结构力学新理论的表征方法和测量原理	国家“973”计划	宿彦京	2012.7.1–2016.12.31	160
基于材料基因工程的高性能材料设计、制备与表征技术	“863”计划	乔利杰	2015.1.1–2017.12.31	1131
中国材料腐蚀现状及材料腐蚀对自然环境污染情况调查	科技部	李晓刚	2012.4.1–2017.4.30	919
高温高压核电水环境中材料腐蚀的痕量效应及防护机理研究	国家自然科学基金重点项目	乔利杰	2015.1.1–2019.12.31	355
高强度管线钢土壤腐蚀的关键影响因素及机理研究	国家自然科学基金重点项目	李晓刚	2012.1.1–2016.12.31	300
大气环境中材料薄液膜腐蚀的电化学基础理论研究	国家自然科学基金重点项目	李晓刚	2012.1.1–2016.12.31	90
压水堆核电站蒸汽发生器用690合金传热管的应力腐蚀行为及机理	国家自然科学基金联合基金项目	李晓刚	2013.1.1–2016.12.31	240
Nb(C, N)纳米析出相对X80管线钢深海应力腐蚀的影响规律及机理研究	国家自然科学基金面上项目	黄运华	2015.1.1–2018.12.31	80
地铁杂散电流干扰下埋地管道材料的腐蚀机理研究	国家自然科学基金面上项目	路民旭	2015.1.1–2018.12.31	85
高强管线钢土壤环境应力腐蚀裂纹尖端非稳态电化学行为与机理	国家自然科学基金面上项目	刘智勇	2015.1.1–2018.12.31	85
严酷海洋大气环境中冷轧板在非稳态薄液膜下的腐蚀行为与机理研究	国家自然科学基金面上项目	卢　琳	2016.1.1–2018.12.31	67.2
高强钢的氢脆机理和抗氢脆设计研究	国家自然科学基金-面上项目	宿彦京	2016.1.1–2019.12.31	89.4

续表

项　目　名　称	项目来源	负责人	起止年限	经费（万元）
晶界特征对氢致延迟开裂过程的影响	国家自然科学基金面上项目	李金许	2016.1.1–2019.12.31	80
酸性湿气腐蚀中O_2与H_2S交互作用机制	国家自然科学基金面上项目	柳　伟	2016.1.1–2019.12.31	73.8
液相脉冲放电合成Ni-P合金纳米粉机理的原位XAFS/SAXS研究	国家自然科学基金面上项目	俞宏英	2014.1.1–2017.12.31	80
深海等静压对应力腐蚀的影响规律和机理研究	国家自然科学基金面上项目	宿彦京	2014.1.1–2017.12.31	82
油套管丝扣塑性变形促进腐蚀加速机理和控制措施研究	国家自然科学基金面上项目	路民旭	2014.1.1–2017.12.31	80
交流电/应力场耦合对X80钢SCC裂纹萌生与发展的影响机理	国家自然科学基金面上项目	杜翠薇	2014.1.1–2017.12.31	80
准同型相界铁电材料电卡效应影响规律及机理研究	国家自然科学基金面上项目	白　洋	2014.1.1–2017.12.31	80
磁场、环境耦合作用下Fe-Ga合金应力腐蚀的规律及机理	国家自然科学基金面上项目	李金许	2014.1.1–2017.12.31	80
高强铝合金搅拌摩擦焊内部残余应力分布的多因素关联研究	国家自然科学基金面上项目	张　津	2013.1.1–2016.12.31	79
氧阴极法节能环保制备二氧化锰电解规律研究	国家自然科学基金面上项目	孟惠民	2013.1.1–2016.12.31	80
弥散贵金属微粒增韧复合热障涂层的结构与特性研究	国家自然科学基金面上项目	何业东	2013.1.1–2016.12.31	80
低维纳米尺度金属（Cu、Ni）的腐蚀行为及电化学特征研究	国家自然科学基金面上项目	吴俊升	2013.1.1–2016.12.31	80
深水及阴极保护下双相不锈钢氢致应力开裂的氢行为与临界电位研究	国家自然科学基金面上项目	张　雷	2013.1.1–2016.12.31	80
双相不锈钢的相腐蚀及应力腐蚀裂纹萌生发展机制研究	国家自然科学基金面上项目	程学群	2013.1.1–2016.12.31	80
非稳态薄液膜下PCB微纳米尺度环境损伤机制	国家自然科学基金面上项目	肖　葵	2013.1.1–2016.12.31	80
疏水/超疏水防腐涂层物理屏障作用与自修复机制的研究	国家自然科学基金青年基金项目	张达威	2017.1.1–2018.12.31	25
2016100050101	军工课题	张　津	2015.1.1–2018.12.31	300
2011150080101	军工课题	乔利杰	2010.1.1–2016.12.31	100
2011150130101 /201115030010 /2011150550101	军工课题	李晓刚	2010.1.1–2016.12.31	220
海洋链应力腐蚀性能测试及服役安全性评估	厂　协	李金许	2014.5.1–2017.12.31	65

续表

项目名称	项目来源	负责人	起止年限	经费（万元）
大气环境下金属材料腐蚀寿命研究项目	厂 协	李晓刚	2013.11.30–2016.6.30	90
规整填料在减压条件下的腐蚀机理及失效预防2012-865	厂 协	岩 雨	2012.12.19–2017.12.30	100
直流输电接地网及附近金属构件腐蚀规律及预防控制关键技术研究	厂 协	杜翠薇	2015.1.1–2016.12.31	146
多元热流体注采对防砂筛管挡砂性能影响研究2015-434	厂 协	柳 伟	2015.8.1–2016.9.30	103
直流输电接地网及附近金属构件腐蚀规律及预防控制关键技术研究	厂 协	杜翠薇	2015.1.1–2016.12.31	146
气化炉内夹套材料腐蚀机理及防腐对策研究2015-007	厂 协	王德仁	2015.1.5–2016.6.30	48.5
多元热流体注采对防砂筛管挡砂性能影响研究2015-434	厂 协	柳 伟	2015.8.1–2016.9.30	103
伊朗雅达油田生产进油套环空防腐技术评价与优化2015-631	厂 协	路民旭	2015.11.1–2016.5.1	39.8
固网T500机柜拼装底座玻璃钢埋地测试2015-688	厂 协	杜翠薇	2015.12.10–2025.11.9	44.9
镍基合金涡轮叶片和不锈钢导向叶片阴极等离子电解沉积陶瓷涂层研究2016-165	厂 协	王德仁	2016.1.1–2017.6.30	65
冷轧产品仓储防锈工艺优化研究2016-108	厂 协	卢 琳	2016.3.12–2016.12.31	48
金风海上型与陆地型机组内环境腐蚀情况对比研究及新型机组内环境腐蚀情况研究2016-230	厂 协	杜翠薇	2016.5.1–2017.8.31	34.3
冷轧基板及镀锌层缺陷对前处理工艺的影响研究2016-437	厂 协	卢 琳	2016.7.22–2017.6.30	43.5

（李金许）

金属矿山高效开采与安全教育部重点实验室

【概况】金属矿山高效开采与安全教育部重点实验室于2003年经教育部批准建立，2004年开始建设，2012年通过教育部评估。实验室涵盖5个二级学科博士点，即：采矿工程（国家重点学科）、安全科学及工程（国家重点学科）、岩土工程（北京市重点学科）、工程力学（北京市重点学科）、防灾减灾工程及防护工程。实验室现有固定研究人员53人，其中中国工程院院士1人、长江学者1人、青年长江学者1人、国家杰出青年基金获得者2人。实验室围绕金属矿山采矿系统优化与地压控制、金属矿床高效开采理论与方法、矿山人工环境研究及采动灾害预测与防治、“数字矿山”理论与应用等四个研究方向建设了相应的实验区，共计建筑面积6400m²。实验室拥有MTS岩石力学实验机、电液伺服岩石三轴试验机、ASC声发射监测系统、台式扫描电子显微镜、EH-4大地连续电导率成像系统、矿山减灾结构综合试验系统、数字开采模拟实验系统等一大批性能先进的现代化实验设施，均对实验室研究人员、在校学生开放，在条件允许的情况下，部分设备也面向社会提供服务。

至2016年12月31日，实验室设备总值7658万元，设备总数3632台（套），其中10万元以上大型设备107台（套），40万元以上大型设备36台（套）。

（吴顺川）

【科研活动】实验室以岩石力学理论研究为基础，以金属矿山安全高效开采为目标，形成了金属矿山采矿系统优化与地压控制、金属矿床高效开采理论与方法、矿山人工环境研究及采动灾害预测与防治、“数字矿山”理论与应用等4个研究方向。2016年度，实验室研究人员主持承担了多项科研项目，其中包括国家重点研发计划重点专项项目1项及课题3项、国家“973”计划课题1项、国家自然科学基金重点项目2项，同时还承担了大量省部级和厂矿企业的相关科技项目，新增获批纵向课题13项、经费3575.6万元，横向课题32项、经费1896万元。同时，2016年度实验室在采矿与安全工程领域取得了一批创新研究成果，发表论文62篇，其中SCI收录12篇、EI收录50篇，授权发明专利13项，获省部级（或行业协会）科学技术奖一等奖3项、二等奖6项。

（吴顺川）

【学术交流】通过积极与国内外同行开展广泛的学术交流活动，努力提高实验室在国内外科研领域的学术影响力。2016年度，实验室成功举办了“中国工程科技论坛——深部矿产资源高效开发与利用”“中国矿冶学科121周年学术研讨会”“深部固体矿产资源流态化开采关键技术”专家咨询研讨会、“第三届矿山安全科学与工程国际专题研讨会”“数值流形2016学术研讨会”“第五届岩土多场耦合理论及应用国际学术会议”等国际、国内学术会议，其他学术交流30余次。实验室研究人员积极参加各种国内外学术会议，其中，蔡美峰院士、朱维耀教授、吴爱祥教授、何学秋教授、吴顺川教授等在相关学术活动上作了特邀报告。

（吴顺川）

钢铁流程先进控制教育部重点实验室

【概况】自获批立项建设以来，钢铁流程先进控制教育部重点实验室（以下简称“实验室”）面向国家重大需求与学科发展前沿，整合学校相关学科优势资源，形成数据驱动的工业过程监控理论与方法、钢铁流程先进控制理论与方法、高精高速控制系统实现技术、高性能过程控制系统与技术、恶劣工业环境下信息获取方法与技术等主要研究方向。构建了虚拟数字冷轧机、转炉和带钢热连轧过程控制、高炉雷达等多个研究平台。在保持传统优势和行业影响力的基础上，拓展新方向、注入新活力，在知识领域自动化、机器人控制等特色新方向初见成型，人才队伍不断壮大。实验室瞄准支撑国家和钢铁工业新建和改造工程的国家级重大项目，解决钢铁工业中信息与控制领域的重大科学与技术问题，在突破关键技术、发展交叉学科方面取得重要进展。2016年6月17日，教育部办公厅关于教育部重点实验室通过验收的通知正式下文（教技厅函〔2016〕64号）。

（刘德荣）

【科研活动】目前，实验室成员主要在以下纵向项目开展研究：①国家自然科学基金优青项目：柔性结构振动控制。②国家自然科学基金重点项目：面向指标优化的高炉布料过程建模与控制。③国家自然科学基金面上项目：中立型分布延时微分方程可计算的稳定性判据，互联云环境中基于效用模型的跨云协同服务优化研究，纳米钢材料无损穿透通信中的信号传输技术研究，二维系统的有限频设计方法研究，质量相关的多工况动态间歇过程建模及故障诊断方法研究，基于增量学习的演化模糊系统的解释性问题研究。④国家自然科学基金青年项目：太赫兹波在固态有机物中的散射特性分析及建模，复变非线性系统自学习最优控制理论与方法研究，基于多源监测数据融合的剩余使用寿命预测关键问题研究，不确定非线性分布参数过程模糊非同位控制方法研究，基于量化输出和信道通信的系统辨识与状态估计。⑤教育部新世纪优秀人才支持计划：丁大伟副教授负责的“二维系统的滤波与故障检测研究”。另外，各科研梯队发挥实验室传统优势并不断取得新成就。例如，彭开香教授负责的“转炉智能液态金属成份检测与分析系统”，徐正光教授负责的“加热炉红外测温装置与燃烧空燃比智能控制系统”，肖文栋教授负责的“基于大数据挖掘的用户行为分析”等重要科研项目。

（刘德荣）

【人才培养】2016年，实验室培养毕业博士生5人，学术学位硕士及专业学位硕士83人。

（刘德荣）

【学术交流】2016年6月12－15日，由中国科学院自动化研究所主办，钢铁流程先进控制教育部重点实验室承办The 12th World Congress on Intelligent Control and Automation (WCICA 2016)，大会主席刘德荣。同时，组织教师、研究生积极参加国内外高水平学术交流活动，推动学院与国外大学科研合作或联合培养。此外，实验室相继有6位研究人员作为访问学者对美国、英国、德国、日本等著名大学和研究机构进行交流与合作，有5位研究人员参加了国际学术会议等短期对外交流，扩大了实验室的国际学术影响。

（刘德荣）

科技部材料模拟设计实验室

【概况】科技部材料模拟设计实验室前身是国家“863”计划新材料模拟设计实验室。实验室结合北京科技大学在材料学科方面的优势，依靠独创的晶格反演方法建立起固体材料体系（如复杂化合物、多主元合金）、界面系统、层状材料、纳米材料的第一性原理计算到原子级计算机模拟的桥梁，在材料模拟计算方面进行了多方面的探索，积极拓展新的学科发展方向。自成立以来，实验室先后承担了国家“973”计划——“材料计算设计与性能预测基础问题”（2000－2005年）及“面向性能的材料集成设计的科学基础问题”（2006－2010年）项目中的课题研究。2011年，实验室承担国家“973”计划项目“基于集成计算的材料设计基础科学问题”（2011－2015年）项目中课题。2016年度，参与国家重点研发计划重点专项“高通量材料计算大数据处理技术”，并获批国家“十三五”科学挑战专题项目“×××”，实验室有研究人员6人，其中中国科学院院士1人、教授2人、副教授3人。

（陈难先、申　江、钱　萍、田付阳）

【科研活动】2016年，实验室重点工作继续围绕国家重点计划项目开展工作，集中开展了数据库建设及复杂合金的模拟。本年度实验室进行的主要研究进展有：①晶格反演EAM合金势的深入探索，对二元合金的力学及热力学性质进行了原子级模拟计算。②提出并发展了等效原子势，基于晶格反演方法，发展了Ni-Al、Cu-Au、Ta-W合金的等效原子势，研究了有序无序转变及相应的势力学性质。③结合数据挖掘和深度学习方法，初步对复杂的原子间相互作用势进行研究。④根据合金晶格畸变的本征性质，构建了面向对象的固溶体模型，有效处理了合金的局域晶格畸变。⑤稀土与锕系金属间化合物研究。⑥初步探索了基于格林函数求解的多重散射理论的计算方法。

（陈难先、申　江、钱　萍、田付阳）

【科研展望】材料中原子势库是材料基因组工程的一个重要组成部分。精确、可靠的原子势是当前材料学科发展的重大瓶颈。发展有效的势场，将大大促进材料设计的发展。在研究中实验室尽力发掘常规第一原理难以解决，而原子势和经典分子动力学模拟能够回答的问题。实验室的办法是将理论分析结合中等规模的原子级模拟计算来解决问题。选择适当的模型，控制计算时间，结合理论分析和合适的唯象模型能够解答一些材料科学中的基本问题。下年度实验室一方面要结合新的数据处理方法，继续进行探索性研究；另一方面要在推广应用上加大力度。根据当前研究进展情况，深入研究晶格反演嵌入原子势，同时拓展到不同领域中加以应用。在晶格反演对势有应用优势的稀土与锕系金属间化合物及其他复杂金属间化合物中继续拓展应用领域。深入研究多组元合金的固溶体建模及大规模计算。同时，通过等效原子势的概念研究复杂合金的热力学性质。实验室将加强与中科院半导体所、中科院物理所、中科院金属所、中国工程物理究北京计算科学研究中心、瑞典皇家工学院及匈牙利固体物理与光学研究所Winger-Seitz研究中心等研究机构交流合作。

（陈难先、申　江、钱　萍、田付阳）

北京市先进粉末冶金材料与技术重点实验室

【概况】2016年，北京市先进粉末冶金材料与技术重点实验室（以下简称“实验室”）有固定研究人员22人，其中教授12人、副教授8人，博士生导师12人，具有博士学位的教师22人，长江学者特聘教授1人，国家杰出青年科学基金获得者1人，教育部跨/新世纪人才培养计划入选者5人，教育部青年骨干教师1人，北京市科技新星6人。此外，实验室聘请了兼职教授6人，接收访问教授4人。“材料先进制备加工与成形研究团队”先后入选教育部“长江学者创新团队”、国防科技工业局“国防科技创新团队”和科技部“国家‘863’计划高技术创新团队”。主要学术骨干均有在国外留学和工作的经历。

实验室下设4个研究室：①反应合成与纳米材料研究室。研究方向：自蔓延高温合成技术、射频等离子体球化制粉技术、纳米及超细粉末制备技术、金属粉末凝胶注模成形技术、弥散强化材料、超细晶硬质合金、硬面涂层、医用钛合金、金刚石工具、磁性纳米粉末及磁流体技术、粉末冶金新材料和新工艺。②先进粉末冶金成形技术研究室。研究方向：粉末注射成形、高速压制、热等静压以及熔渗技术等，同时，研究高性能铁基粉末冶金材料与零件、粉末高温合金、粉末高速钢、粉末冶金TiAl及Ti合金、高导热电子封装材料、新型电池材料等先进材料和粉末冶金过程模拟技术等。③先进复合材料研究室。研究方向：高性能金属基和陶瓷基复合材料及粉末冶金成形新技术等，通过材料、冶金、物理、化学、计算机与电子技术等多学科的融合与集成，重点开展粉末冶金金属基复合材料及其近终形成形、高性能电子封装复合材料设计与制备、超高温陶瓷基和钨基复合材料的制备、高速压制成形、3D打印及熔渗与强化烧结等技术的基础与应用研究。④清洁能源材料研究室。研究方向：清洁能源材料及器件，以基础研究和应用问题的解决为目标，研究清洁能源材料的理论基础和材料制备中的若干科学问题，解决清洁能源材料在应用中存在的相关重要基础科学问题。具体研究方向有：锂离子电池关键材料、超级电容器关键材料、储氢材料、新型碳材料、功能纳米复合材料、轻质热传导材料、电磁屏蔽材料、介电与微波吸收材料、磁性材料等。

（曲选辉）

【科研活动】2016年，实验室共承担各类科研课题29项，包括国家重点研发计划子课题2项、国家自然科学基金项目7项、国防军工项目2项，其余为省部级项目和各类厂协（横向）等项目，在研项目合同经费总计2429.8万元。发表学术论文66篇；申请国家发明专利25项，获专利授权6项。

（曲选辉）

【师资队伍】2016年，实验室师资队伍得到进一步加强。7月，路新副研究员晋升研究员，同时，吴昊阳、刘婷婷两位博士留校任助理研究员。

（曲选辉）

【人才培养】2016年，32名博士生、38名硕士生和25名本科生在实验室进行毕业论文等相关研究工作。年内，实验室毕业博士生4名、硕士生21名。

（曲选辉）

【学术交流与合作】2016年，实验室继续与美国、英国、澳大利亚等国家及海峡两岸暨香港地区的学校、科研机构和企业保持紧密的合作关系，学术交流活动频繁。研究室师生参加国内外重要学术会议85人次。2016年，任淑彬副研究员和路新副研究员分别赴澳大利亚进行为期一年的访学研究。

（曲选辉）

附　录

2016年北京市先进粉末冶金材料与技术重点实验室主要在研项目

序号	负责人	项目／课题名称	类别	起始年	截止年	经费（万元）
1	任淑彬	水下采油系统特殊耐蚀合金产业化技术开发	国家科技支撑计划（课题）	2015	2017	70.0
2	何新波	粉末冶金铜碳复合材料制备与应用技术基础	国家重点研发计划重点专项	2016	2020	495.0
3	曲选辉	2014150010101与09910036同题	JG	2016	2016	80.8
4	秦明礼	卫星2016150320101	JG	2015	2018	280.0
5	何新波	高导热Diamond/SiC复合材料近终形成形的基础研究	国家自然科学基金（面上项目）	2013	2016	80.0
6	曲选辉	粉末冶金超合金近终形制造相关基础问题研究	国家自然科学基金（面上项目）	2014	2017	81.0
7	任淑彬	熔渗法制备二维散热用（鳞片状石墨+金刚石颗粒）/铜复合材料的相关基础问题研究	国家自然科学基金（面上项目）	2014	2017	80.0
8	李　平	聚合物/储氢合金复合材料用于氢气回收的基础问题研究	国家自然科学基金	2015	2018	40
9	秦明礼	低温燃烧合成稀土氧化物掺杂钨基粉末的研究	国家自然科学基金（面上项目）	2016	2019	75.6
10	曲选辉	铁基粉末冶金高密度压坯成形与烧结行为及其控制	国家自然科学基金（面上项目）	2016	2019	80.4
11	章　林	粉末冶金铁素体超合金中纳米析出相演变与协同强化机制	国家自然科学基金（面上项目）	2016	2019	75.6
12	任淑彬	北京高校“青年英才计划”	北京市教委	2013	2016	5.0
13	李　平	铁氧体催化剂对$NaAlH_4$-MgH_2储氢材料热力学及动力学性能的作用机理	北京市自然科学基金	2015	2017	18.0
14	路　新	高铌TiAl合金粉末瞬时液相烧结过程与致密化机理	北京市自然科学基金委员会	2016	2017	6.0
15	曲选辉	材料基因工程关键技术及其在镍基高温合金、金属锂负极中的应用研究	北京市科技计划项目	2016	2017	199.5
16	秦明礼	溶液燃烧合成稀土氧化物掺杂钨基粉末的研究	北京市自然科学基金委员会	2016	2018	18.0
17	李　平	高性能铁基软磁合金近终形制备关键技术研究	北京市教委	2016	2016	49.9
18	曲选辉	2016北京实验室－高铁用关键材料与制备技术	北京市教委	2016	2016	80.0
19	曲选辉	扬州海昌粉末冶金有限公司－北京科技大学粉末冶金工程技术研究中心建设	扬州海昌粉末冶金有限公司	2011	2016	25.0
20	曲选辉	以粉末为原料制备发动机涡轮增压器用调喷嘴叶片的方法——专利实施许可	扬州海昌粉末冶金有限公司	2011	2016	10.0
21	曲选辉	一种径轴向两用磁场注射成形机——专利实施许可	江门协立磁业高科技有限公司	2010	2016	10.0

续表

序号	负责人	项目/课题名称	类别	起始年	截止年	经费（万元）
22	曲选辉	制备高体积分数碳化硅颗粒增强铝基复合材料零件方法	河北五维航电科技有限公司	2011	2016	10.0
23	曲选辉	粉末冶金摩擦材料研究	北京天宜上佳新材料有限公司	2015	2020	200.0
24	李平	电网氢储能储氢材料测试技术研究	国网智能电网研究院	2015	2016	39.0
25	章林	末端执行器用钢丝绳组件研制	北京卫星制造厂	2016	2016	11.0
26	曲选辉	山东银光钰源轻金属精密成形有限公司-北京科技大学产学研合作协议	山东银光钰源轻金属精密成形有限公司	2016	2017	100.0
27	曲选辉	粉末冶金铁基软磁复合材料研究与开发	山东京科新材料有限公司	2016	2018	20.0
28	曲选辉	上海富驰高科技有限公司-北京科技大学产学研合作协议	上海富驰高科技有限公司	2016	2020	150.0
29	曲选辉	铝合金粉末注射成形研究	常州精研科技有限公司	2016	2018	40.0

北京市腐蚀、磨蚀与表面技术重点实验室

【概况】北京市腐蚀、磨蚀与表面技术重点实验室（以下简称“实验室”）设材料表面化学与技术、腐蚀控制系统工程、电化学工程与材料、环境敏感断裂、环境损伤评估与控制研究共5个学术梯队。实验室有固定人员32人，其中国家级突出贡献专家1人，博士生导师12人，教授12人、副教授17人、讲师2人。50岁以下的中青年研究人员中，有长江学者1人、全国优秀教师1人、教育部跨世纪人才2人、北京市科技新星4人、国家自然科学基金优秀青年基金获得者1人、北京高校青年英才计划4人、科技北京百名领军人才培养计划1人。

实验室拥有一系列世界水平的成套仪器和设备，包括在研究开发新测试技术基础上研制的一系列新型实用研究设备和测试装置，总计1262台（套），总价值11782万元。在硬件建设方面，建设了具有国际先进水平的材料环境腐蚀研究中心，拥有开展材料环境腐蚀基础研究的环境扫描电子显微镜、X射线光电子能谱、傅立叶红外光谱、M370微区电化学工作站、多通道电化学工作站等先进的分析检测设备，原子力显微镜、纳米力学压痕仪、UMT摩擦磨损仪及Atlas综合腐蚀试验箱、Atlas氙灯老化和紫外老化等加速腐蚀设备，并拥有自主知识产权的多种类型的自然环境腐蚀加速模拟试验设备，如用于模拟管道腐蚀和在多相流环境工作的高压釜装置等，在保证材料环境腐蚀基础研究工作的同时，还可以为国内外的企事业单位提供材料环境腐蚀试验。

腐蚀、磨蚀与表面技术涉及材料科学、化学、电化学、力学、表面科学和生物、生命科学等众多学科领域。实验室主要从事基础、应用基础和高新技术研究。

基于科学、经济和社会的发展，实验室形成了独具特色的研究方向：①腐蚀与防护机理研究，包括环境敏感断裂、高温腐蚀与防护机理研究、煤化工腐蚀机理与控制技术研究、油气田腐蚀与控制、电化学腐蚀机理研究、腐蚀防护系统工程。②磨蚀机理及其控制研究，包括生物、医用材料研制、磨蚀机理及控制，材料微振腐蚀机理及控制研究，多相流中材料的腐蚀及控制研究，摩擦条件下金属材料的电化学行为。③高新表面技术研究与应用，包括锌溴电池电极材料表面修饰处理、磁性材料防蚀技术、电子器件抗磁干扰处理等高新功能表面技术研究与应用。

（张　津、王德仁）

【科研活动】实验室在腐蚀、磨蚀与表面技术领域开展了大量的科研工作，获得一批重要的成果，其中一些具有创新性的成果达到了世界先进水平或国内领先水平。重点实验室在材料环境腐蚀观察平台建设、燃气管道安全评估、国家高新国防工程等领域开展了大量的研究，开展了卓有成效的工作，取得了较为突出的成果。2016年负责承担了国家重点研发计划项目2项、国家科技部“973”项目2项、国家科技重大专项4项、科技支撑计划项目3项、国家自然科学基金20项、北京市教委项目2项、其他各部委项目3项、厂协项目65项，累计科研经费5882万元。实验室加强自身条件建设，2016年新增各类设备68台（套），增加设备费546万元，申请国家发明专利26项，获得国家发明专利授权14项。获得国家科技进步二等奖1项、省部级一等奖3项，出版专著13部。发表EI收录论文108篇、SCI收录论文115篇、核心期刊收录论文27篇、其他6篇。

（王德仁）

【人才培养】实验室所属学科专业在国内高校中首批获得硕士、博士学位授予权，是当时该学科专业的唯一的博士点和设立博士后流动站的单位。2016年实验室共培养博士生13人、硕士生64人、本科生56人。

（张　津、王德仁）

【对外交流】2016年，实验室邀请国际知名教授学者来校讲学15次，并派出26人次到国外进行短期访问交流，与国外相关单位进行联合研究，实验室教师应邀在国际学术会议作报告45次，国内学术会议作报告55次。

（张　津、王德仁）

金属与矿冶文化遗产研究国家文物局重点科研基地

【概况】金属与矿冶文化遗产研究国家文物局重点科研基地（北京科技大学）简称“基地”是国家文物局批准设立的22个重点科研基地之一，总体定位于开展全国范围内的金属与矿冶文化遗产研究与保护工作。基地目前有全职研究人员24名，其中教授10名、副教授6名、讲师3名（其中外籍讲师1名），师资博士后3名、实验员1名、图书资料室管理员1名；兼职研究人员16名，其中教授（研究员）6名、副教授（副研究员）9名。

（李延祥、陈坤龙）

【队伍建设】2016年，新引进人才2人，包括韩向娜博士和中国台湾的黄明玉副研究员。

（李延祥、陈坤龙）

【实验室建设】新增大型设备约150万元，主要购置了一批先进的仪器设备，包括扫描电镜－能谱仪器等。文物保护修复实验室已初具规模，并根据实际需要进行了实验室改造，加强了实验室管理制度建设。

（李延祥、陈坤龙）

【科学研究】潜伟教授主编的《炼铁记》以国家文物局“指南针计划”项目为依托，综合田野调查、出土器物分析和模拟实验等综合研究结果，展示了中国古代竖炉炼铁的技术工艺。

在论文发表上，据不完全统计，基地专职研究人员发表的学术论文共60余篇，其中数篇发表在顶级期刊*Journal of Archaeological Science*和《文物》等上。

在田野工作方面，金属与矿冶文化遗产研究国家文物局重点科研基地（北京科技大学）新疆工作站在新疆阿勒泰地区开展了为期两周的田野考察，参与尼勒克县吉仁台遗址的田野发掘工作，确认了圆头山等处古代矿冶遗址，取得了丰硕成果；基地参与的“铜绿山四方塘遗址”入选2015年度全国十大考古新发现。

（李延祥、陈坤龙）

【人才培养】2016年9月新入学学生27名，其中博士研究生6名、硕士研究生21名，比去年入学人数略有下降。目前在校就读的学生总数为93名。2016年1月和6月毕业的学生共计18名，其中博士研究生3名、硕士研究生15名。

（李延祥、陈坤龙）

【学术交流】2016年，基地积极组织和参与各类国际和国内学术活动：北京科技大学与故宫博物院签订战略合作协议，双方将在文物保护、科学研究与人才培养等多方面继续加强合作；“绿色博物馆——文物保护中的风险管理与可持续发展国际研修班”在北京耶鲁中心成功举办，这是继2015年“博物馆展示用光及微褪色检测技术国际研讨会”后中心在文物保护领域举办的又一次国际会议；首届古代材料研究专题研讨会在北京科技大学成功召开，来自英国牛津大学、伦敦大学及国内多个高校研究所的师生参加了此次会议；北京高校研究生考古论坛在北京科技大学成功召开，国内多个大学考古专业的师生参会；英国伦敦大学学院Thilo Rehren教授访问我研究院，并为研究院师生讲授了“古代材料研究方法”短期课程；梅建军教授、潜伟教授、章梅芳副教授赴新加坡参加美国技术史学会年会（SHOT），并作学术报告；魏书亚教授、马泓蛟博士、刘思然博士赴希腊卡拉马塔参加第四十一届世界科技考古大会，并作学术报告。

举办了16次“科学技术史论坛”的学术讲座活动。应邀来我校进行学术讲演的专家不仅有国内各重要学术机构的知名学者，如中国科学院大学孙小淳教授、敦煌研究院王进玉研究员，而且还有来自国外的重量级嘉宾，如瑞士苏黎世大学Heinz Berke教授和巴黎第六大学Michael Sablier教授。专家们的演讲论题广泛、内容丰富，不仅引起基地师生的极大兴趣，而且吸引了很多外单位的学者和学生前来听讲，极大地充实并活跃了基地的学术氛围。

（李延祥、陈坤龙）

冶金工业节能减排北京市重点实验室

【概况】冶金工业节能减排北京市重点实验室（以下简称“重点实验室”）主要建设单位是能源与环境工程学院热科学与能源工程系，主要依托学科是动力工程及工程热物理。重点实验室拥有动力工程及工程热物理一级学科博士学位授予权，其中热能工程学科是国家重点学科，动力工程及工程热物理一级学科是北京市重点学科，还设立了动力工程及工程热物理学科博士后流动站。重点实验室自2011年获北京市科委认定以来，在人才队伍建设、实验平台建设、科学研究和成果转化、管理机制及产学研合作等方面取得长足进步，2014年年底通过了北京市科委组织的三年绩效考评。

（姜泽毅、刘训良）

【人才队伍建设】重点实验室作为冶金工业节能减排领域科学研究和成果转化平台，在人才资源管理探索过程中，紧密结合实验平台和管理机制建设，不断总结经验，吸引和稳定了一大批该领域高水平人才。2016年委派苏福永和杨雄两位教师到国外交流访学，乐恺和刘训良两位副教授晋升教授，豆瑞锋讲师晋升副教授，成功引进邱琳副教授进入重点实验室工作。重点实验室现有研发人员55人，其中副高级（含）以上职称人员39人，取得博士学位人员48人。

（姜泽毅、刘训良）

【研究生培养】2016年度重点实验室毕业硕士研究生52人、博士研究生6人。至年底，在读硕士和博士研究生人数为121人。

（姜泽毅、刘训良）

【实验平台建设】2016年重点实验室获得来自中央级普通高校改善基本办学条件专项资金的重点资助，总计投入550万元，其中包括传热传质及流动过程实验平台、能源动力类热工测试与检测实验平台项目。

（姜泽毅、刘训良）

【科学研究】重点实验室长期为钢铁、有色、化工、建材等流程工业开展科技研发和服务，其建设宗旨是源于首都、服务首都、辐射全国。重点实验室在热工理论及节能技术领域保持显著的学科优势，获得国家“973”计划、自然科学基金、科技支撑计划及相关机构的大力支持，2016年度获得国家重点研发计划课题4项、国家自然科学基金项目6项，总计到款科研经费1044万元。

（姜泽毅、刘训良）

【交流与合作】2016年北京科技大学与英国伯明翰大学联合成立“能源和环境研究与教育联合中心（CEERE）”，获得国家留学基金委“储能与环境功能材料创新及拔尖人才培养项目”立项，为重点实验室博士生培养创造了更先进的平台。重点实验室邀请美国亚利桑那大学Lin Yuesheng教授、美国劳伦斯伯克利国家实验室Lynn Price研究员、加拿大麦克马斯特大学Andrew Phillion教授等人进行学术交流或短期讲学。

（姜泽毅、刘训良）

高效零件轧制技术研究推广中心

（零件近净轧制成形教育部工程研究中心）

【概况】高效零件轧制技术研究推广中心（以下简称“轧制中心”）主要从事轴类零件轧制（楔横轧与斜轧）技术的研究、开发与推广工作。总体技术水平与实验条件处于国内领先水平，并达到国际先进水平。2007年经教育部批准建设成立“零件近净轧制成形教育部工程研究中心”。

2016年，轧制中心下设：①研究与开发室：主要从事理论研究、模具设计、设备设计、新产品开发等。②轧制实验室：主要从事实验研究、新产品试制，拥有楔横轧与斜轧机6台及其相关设备与仪器等。③模具制造车间：主要从事楔横轧与斜轧模具的制造，每年开发并生产300副左右的模具供生产厂使用。至2016年年底，中心共有数控机床7台，其中大型数控车床3台，高速铣床1台；大型模具专用加工机床4台；共有工作人员20余人，其中中国工程院院士1人、国家“千人计划”特聘教授1人、具有高级技术职称人员8人。

（王宝雨、郑振华）

【科研活动】轧制中心与工厂合作，在北京、重庆、山东、湖北等27个省市建成零件轧制生产线近300条，其中有10余条生产线出口美国、日本、俄罗斯、印尼等国家，建成零件轧制专业化工厂10余家。累计开发并投产的零件500余种，如红旗轿车的输出轴、玉林柴油机六缸凸轮轴、东风与解放载重车变速箱传动轴等。已累计生产轴类零件500余万吨，产值260余亿元，直接经济效益30余亿元。由于推广工作成绩显著，该项技术被国家科委评为“全国十大典型推广项目”之一。项目先后获国家级奖5项、省部级奖14项。

2016年，轧制中心承担的主要任务有：国家科技部重点研究与推广项目，平均每年推广零件轧制生产线6～10条；国家自然科学基金项目“重载大模数齿轮精密轧制成形与微观组织演变规律研究”；国家自然科学基金重点项目“高性能车身覆盖件用铝合金板材组织性能调控与成形性研究”；国家自然科学基金青年科学基金项目“耐热合金21-4N楔横轧成形的高温损伤机制与控制研究”；北京市实验室项目“高铁用关键材料与制备技术”；以及厂协项目太原重工轨道交通设备有限公司“铁道车辆车轴快锻－楔横轧高效近净成形技术研究、开发与产业化（第二阶段）”等。年内，轧制中心发表期刊论文9篇，其中SCI检索论文5篇，EI检索论文3篇，申请发明专利8项，获授权发明专利3项，完成课题10余项，经费收入800余万元。

（王宝雨、郑振华）

【人才培养与对外交流】轧制中心从1995年开始招收研究生。2016年，共有近30名研究生在轧制中心就读和从事科研工作，主要研究零件轧制成形机理、轧制工艺模具CAD/CAM、轧制设备控制与自动化技术等。年内，轧制中心派出数人次参加科技合作交流和访问研究等活动，并与英国帝国理工学院合作开展零件近净轧制成形项目的研究。

（王宝雨、郑振华）

附 录

高效零件轧制研究推广中心2016年科研项目

编号	性 质	项 目 名 称	年 度	经费（万元）
1	国家自然科学基金项目	重载大模数齿轮精密轧制成形与微观组织演变规律研究	2014－2017年	80
2	国家自然科学基金重点项目	高性能车身覆盖件用铝合金板材组织性能调控与成形性研究	2016－2019年	288
3	国家自然科学基金青年科学基金项目	耐热合金21-4N楔横轧成形的高温损伤机制与控制研究	2016－2018年	24
4	北京市教委	北京实验室——高铁用关键材料与制备技术	2016年	80
5	民用飞机专项科研	轻质合金薄壁构件高速冷模热成形工艺与装备技术	2016－2018年	35
6	太原重工轨道交通设备有限公司	铁道车辆车轴快锻——楔横轧高效近净成形技术研究、开发与产业化（第二阶段）	2016年	49

北京表面纳米技术工程研究中心

【概况】北京表面纳米技术工程研究中心（简称“中心”）于2002年4月由北京市科委批复成立，依托北京科技大学建设，集中北京地区表面纳米科技优势，吸纳优秀成果和杰出人才，开发具有自主知识产权的表面纳米工程技术和产品，形成一流的研发平台、技术转移平台和信息服务平台，成为推动国家表面纳米产业发展的重要节点。中心设有中心建设管委会，下设学术委员会及战略研究委员会，具体包括3个专业实验室、1个管理办公室及1个信息服务中心。2015年，中心有研究人员11人，其中教授8人、副教授3人；长江计划特聘教授2人，国家杰出青年基金获得者1人，跨世纪优秀人才1人，新世纪百千万创新人才1人，北京市科技新星2人。中心拥有宏观－微观摩擦磨损测试系统、纳米力学探针、超音速火焰喷涂设备、金属纳米粉末制备系统等10余套先进的仪器设备，条件建设经费1500万元，建设面积1000m²；建立了表面纳米摩擦磨损检测平台，表面纳米微观性能测试平台。

（孟惠民）

【科研活动】中心以国家和北京市项目为基础，围绕纳米功能涂层材料与制备技术、纳米催化净化材料与制备技术、纳米光电（能源）材料与制备技术、表面纳米检测、分析、表征及标准4个研究方向，建设了3个专业研究实验室。2016年，中心在研项目23项，其中省部级以上项目16项，包括国家重大专项1项、“973”项目1项、国家自然科学基金项目7项。在先进武器装备，海洋腐蚀与装备制造，京沪、京深等高铁建设，南水北调工程等国家重大工程中均作出了贡献。授权国家发明专利3项，在国内外学术期刊上发表论文45篇，其中SCI/EI收录25篇；参加国际学术交流会议4次、国内学术交流会议6次；培养毕业博士生9人、硕士生36人、本科生32人。至2016年，在读硕士研究生56人，博士研究生17人。

（孟惠民）

【对外交流】中心利用设备和技术优势，积极加强与国内外企业的合作，承担了性能测试、检验及分析等技术服务与咨询工作。同时，中心与国内外表面纳米技术研究机构建立了广泛的合作关系，通过主办和联合举办国际国内学术研讨会，积极加强表面纳米技术领域内的学术交流与合作。

（孟惠民）

北京高校节能与环保工程研究中心

【概况】北京高校节能与环保工程研究中心（以下简称"工程研究中心"）始建于1997年，2010年获北京市教委认定。工程研究中心建设单位为能源与环境工程学院热科学与能源工程系和环境工程系，依托动力工程及工程热物理学科和环境科学与工程学科，拥有动力工程及工程热物理一级学科博士学位授予权和环境工程二级学科博士学位授予权，其中热能工程学科是国家重点学科，动力工程及工程热物理一级学科是北京市重点学科，还设立了动力工程及工程热物理和环境科学与工程两个博士后流动站。工程研究中心长期致力于节能与环保技术研发和推广，已形成"能量转换与梯级利用""清洁燃烧与污染治理""节能新工艺、新设备和新材料""新能源技术""气体制备与处理"等多个有特色的研究方向，已建设成为学科队伍齐整、科研业绩突出、成果转化畅通、综合效益显著的科研开发和技术推广平台。

（姜泽毅、童莉葛）

【研究生培养】2016年度工程研究中心毕业硕士研究生43人、博士研究生6人，目前在读硕士和博士研究生71人。

（姜泽毅、童莉葛）

【实验室建设】2016年度工程研究中心获北京科技大学双一流学科建设项目重点资助，总计投入440万元，用于建设复杂热力过程与系统节能研究平台。

（姜泽毅、童莉葛）

【科研成果】工程研究中心在脱硫脱硝、CO_2捕集处理、垃圾及废弃物焚烧、污水处理、天然气重整制氢、分布式能源、建筑节能、建筑材料和低谷电利用等方面开展了卓有成效的推广与示范工作，近期典型成果包括蓄热式有机废气焚烧炉关键技术研究与应用示范、低谷电蓄能供暖技术、脱硫技术成果转化、煤矿乏气瓦斯分离富集与氧化作用关键技术与设备、干熄焦成套技术、新一代辐射管研发、炉顶煤气循环氧气鼓风高炉炼铁技术等。

（姜泽毅、童莉葛）

【产学研合作】工程研究中心保持与生产企业和研究机构的密切合作，共同申报完成国家级、省部级及生产企业自主立项的科技研发项目，2016年获得研发经费1300余万元，其中包括纵向经费342.65万元、横向科研经费1005.7万元，项目委托和合作单位包括Air Procucts and Chemicals, Inc.及宝山钢铁股份有限公司、首钢京唐钢铁联合有限责任公司、中冶京诚（扬州）冶金科技产业有限公司、北京神雾环境能源科技集团股份有限公司、北京北科欧远科技有限公司、龙净环保股份有限公司等。

（姜泽毅、童莉葛）

【交流与合作】由北京科技大学发起成立的“中国工业节能减排大学联盟”已有80余家联盟单位，并与美国劳伦斯伯克利国家实验室、美国橡树岭国家实验室等国际著名研究机构签署了合作协议。2016年度工程研究中心邀请来自美国奥克兰大学、夏威夷大学，澳大利亚迪肯大学、新南威尔士大学，日本东北大学等的知名学者进行专题讲座和报告。

（姜泽毅、童莉葛）

国家环境与能源国际科技合作基地

【概况】国家环境与能源国际科技合作基地（以下简称“基地”）于2010年11月由国家科技部国际合作司批复成立，依托北京科技大学建设，集中国内外环境与能源研究领域的一流优势科研院所，吸纳优秀成果和杰出人才，开发具有自主知识产权的环境与能源领域技术与产品，形成了一流的研发平台、技术转移平台和信息服务平台，达到国内领先及国际先进水平。

基地现有固定人员81名，流动人员80名。其中教授27人（全部为博士研究生导师）、副教授28人，外聘中国工程院院士1人，中国科学院院士1人，外籍院士1人，著名国外学者客座教授5人。拥有国家“千人计划”入选者2人、国家自然科学基金优秀青年1人、科技部中青年科技创新领军人才1人、中科院“百人计划”入选者1人、新世纪百千万人才工程北京市人选1人、北京市教学名师2人、北京市科技新星培养计划2人、教育部新世纪优秀人才2人。基地的国际科技合作与学术交流十分活跃，先后与美国、德国、英国、加拿大、俄罗斯、瑞典、挪威、意大利、法国、日本、韩国、欧盟和联合国环境规化署（UNEP）等国家和组织的同行建立了长期稳定的科研合作关系，主持、参加过多次国际学术会议，形成了“基地－项目－人才培养－成果”的循环模式，有力地推动了基地的科研水平。

（李子富）

【科研活动】基地以国际合作、国家级、省部级、厂协项目为基础，围绕水污染控制与资源化治理、固体废物处理及资源化、工业废气污染控制与治理、环境生物技术、工业节能和可再生能源、环境生态毒理学及环境健康、环境规划管理等7个研究方向，建设有7个专业研究实验室。2016年，基地在研项目80项。新申请国际合作项目5项。申请并授权专利20余项，在国内外学术期刊发表学术论文200余篇，其中SCI检索论文100篇以上。

（李子富）

【对外交流】基地积极与国内外一流的科研院所及知名公司合作。目前已经与基地建立良好合作关系的科研单位有：美国加州理工学院、耶鲁大学、哥伦比亚大学、约翰霍普金斯大学、辛辛那提大学、伊利诺伊大学香槟分校、杜克大学、哈佛大学、麻省理工、俄克拉何马大学、德国国家UFZ环境研究中心、德国汉堡科技大学、德国沼气与生物质能源中心、瑞典斯德哥尔摩环境研究院、英国帝国理工、伦敦大学、伯明翰大学、西英格兰大学、法国巴黎第十一大学、挪威科技大学、加拿大国家生物技术中心、加拿大麦吉尔大学、卡尔加里大学、匈牙利罗兰大学、日本九州大学；国外机构和公司有：美国比尔及梅琳达盖茨基金会、德国技术合作公司、德国KFW开发银行、法国ACF公益组织、挪威SOBY公司、亚洲开发银行（ADB）等。2016年，基地人员参加国际会议60人次，进行国际学术交流与讲座45人次。于2016年主办了“2016北京国际环境技术大会”。

（李子富）

北京企业低碳运营战略研究基地

【概况】北京企业低碳运营战略研究基地是学校申请建立的第一个哲学社会科学基地。基地以学校优势学科为基础，整合生产管理、战略管理、生态经济等相关学科，紧密围绕北京企业低碳运营中出现的亟待解决的重大理论与现实问题，确定研究主题，开展研究项目。基地2016年的重点研究领域为低碳供应链管理与优化、建筑行业低碳运营模式研究及京津冀协同低碳发展问题。研究基地以课题研究为纽带，以研究基地公共办公与科研资源为支撑，以研究方向为主线，汇聚校内外在低碳经济、生产运作管理、管理科学与工程、企业管理等研究方面的骨干力量，建设了一支年轻、高素质、有活力的研究队伍。目前，基地队伍中共有核心成员32人，专家委员会成员13人，分别来自政府部门、高校及北京市企业。基地核心研究成员中具有副高级以上职称者28人，其中教授共17人、副教授8人、讲师7人。另外有参与基地项目的博士研究生10人、硕士研究生15人。为了突破单一学校力量、资源的限制，通过引进来、走出去的方式，积极谋求与其他高校、科研院所的科研合作。利用学院的MBA资源，积极与企业人员合作，从实践中发掘问题，将科研成果运用到实践当中去，使现实问题得到科学的解决，又能使科学研究的实际应用效果得到检验。

（朱晓宁）

【队伍建设与人才培养】2016年，共有9名博士生、15名硕士生参与了基地相关项目的研究，提升了研究水平。2016年基地引进1名哈尔滨工业大学知名学者，1名北京理工大学讲师参与基地研究，并邀请了北京航空航天大学张晶教授、对外经贸大学张杰教授、中国地质大学安海忠进行学术交流。进一步加深与现有合作研究结果的科研合作程度，并积极联系了中国环境协会，尝试开始建立合作关系，开展项目合作。基地安排2名骨干人员到企业进行实践，加强科研成果转化和应用。同时，加强科研团队建设的开放性，立足学校，面向业务部门和研究单位、企业公开招投标项目，以此推动基地建设，提升基地的学术影响力。

（朱晓宁）

【学术交流与社会公益】基地与韩国首尔大学合作共同筹办了2016年管理与运筹学国际会议，于2016年8月12－14日在北京举行，张群教授担任大会主席。会议期间，与韩国首尔大学工业工程领域的著名学者Yoo S. Hong教授，以及清华大学经济管理学院管工系主任、运筹学领域的著名学者陈剑教授进行了学术交流，并有4位基地主要研究人员进行了会议口头报告，与国际学者进行了交流和学习。基地一名年轻老师到英国曼彻斯特大学进行了短期访学。与北京麋鹿生态实验中心暨北京南海子麋鹿苑博物馆、北京生物多样性保护研究中心开始探讨未来合作，预计在低碳生态园方面开展一些科普宣传。

（朱晓宁）

【资料信息与网站建设】 2016年购买了最新版的中国低碳年鉴和中国循环经济年鉴，并与年鉴编撰单位建立了合作关系，继续完善了“冶金工业经济分析与预测平台”。根据冶金行业的特点，建立一套以真实生产管理数据为依托，以行业内所有参与企业为对象，集基础数据操作、数据分析、评价、预测和生产数据统计功能为一体的综合管理信息系统。为各企业信息查询，信息交流和风险预测提供电子化平台，并计划于2016年开展钢铁企业智库系统的开发与建设工作。

（朱晓宁）

【运行机制与管理制度】 基地老师参加了北京市哲社办主办的研修班，并就基地建设和项目管理方面的问题进行过交流，研修班结束后基地召开了会议，结合基地的具体情况，出台了《加强课题申报及实施阶段的过程管理制度》，进一步发挥基地的作用，及时发现问题，分析原因，多方协调，及时解决，保证项目顺利进行，为科研成果的诞生奠定基础。

（朱晓宁）

材料领域知识工程北京市重点实验室

【概况】 材料领域知识工程北京市重点实验室（以下简称“实验室”）围绕材料领域的材料设计与新材料开发所需智能化信息技术开展理论与技术研究，力争创建一个具有一定规模、先进、开放、共享的材料知识工程创新性实验基地，深化学科交叉，研发新理论、新技术、新设备、拓展应用服务，全面促进北京市材料科学与智能技术发展。针对当前材料领域高度活跃的材料信息技术、技术创新等前沿支撑技术需求，瞄准材料领域中信息技术应用的共性需求；通过深化材料设计与新材料开发所涉及的知识工程理论与技术，为国家及北京市材料领域技术创新方法建立与推广应用提供支撑技术，为材料设计以及新材料开发提供理论与技术支撑。

重点实验室技术成果与北京科技大学的材料科学与工程等优势学科及相关领域应用形成汇聚效应。①推动材料领域知识工程理论与技术研究的不断深入，形成了知识获取、知识库、仿真等技术。②通过“新材料开发技术创新方法”“材料设计支撑技术”的实现与应用，加速成果的转化，使知识工程领域的研究成果与材料领域的应用实践紧密结合。

（张德政）

【科研工作】 在北京市科委和北京科技大学的支持下，实验室在深化原有在智能技术与知识发现、机器翻译与自然语言处理、智能控制与智能管理系统、创新方法与知识管理、大系统智能管理与控制、高性能计算技术与数据工程等方面研究基础的同时，针对北京市重点发展的材料领域对信息技术与创新支撑技术的重大需求，实验室依托于北京科技大学智能科学与技术优势、材料科学与工程的学科优势与资源优势，定位于面向高性能金属的材料设计与开发需求，研究材料科学工程知识工程理论与技术，服务北京材料领域产业化发展与技术创新。以解决材料领域的知识工程、材料创新方法及支撑技术等共性关键问题为研究重点，以材料领域创新知识工程技术体系的形成、发展与产业化为目标，研发切实满足材料科学与工程发展需要的智能技术，形成一批具有自主知识产权的技术成果。

2016年，重点实验室新增45项国家“973”计划、国家“863”计划、国家自然科学基金、国家科技攻关、国家科技基础平台等国家级以及省部级与企业的重大课题。新增经费总计5601.25万元，其中获得国家科技计划项目（科技部项目）、国家自然科学基金委员会等项目4291万元，其他项目1310.25万元。申请专利17项，发表论文89篇。

（张德政）

【学术梯队建设】实验室现有专职人员69人，其中教授18人、副教授30人，具有副高级技术职称以上人员占72%，2016年培养硕士生128人、博士生9人。实验室学术委员会由18位国内著名专家组成，其中中国工程院院士2人、中科院长江学者特聘教授1人、国家杰出青年科学基金获得者1人、教育部新世纪优秀人才2人、北京市教学名师1人。另外有部分兼职、流动研究人员和200多名博士、硕士研究生参与重点实验室的项目研究工作。2016年，重点实验室引进2名高水平人才，晋升职称7名，更加充实了重点实验室的科研队伍。

重点实验室设主任1名、副主任3名，其中专职管理副主任1名，负责重点实验室日常行政管理与对内对外协调工作。重点实验室下设1个办公室、4个研究室。学术委员会负责重点实验室建设目标、发展规划、学科建设和发展、科研方向和学术活动、人才培养和开放课题等重大问题的研究、制定和控制。

（张德政）

【交流与合作】开放和交流是重点实验室的基本特征之一。2016年，重点实验室对开放与交流的认识不断升华。不断加大重点实验室的开放力度，通过参加国际会议、邀请讲学、聘请兼职研究人员等方式，吸引国内外高水平研究人员进行交叉研究，制度化与国际同行的实质性交流与合作，并选派部分中青年教师到国外进行访问交流。2016年，聘请10余位国际、国内著名教授和学者来学院讲学；积极组织人员参加高水平国际学术会议，加强与同行的学术联系，扩大重点实验室的学术影响，2016年参加高水平学术会议30余人次，同时实验室成员积极承办优秀学术会议（“CAAI模式识别专家讲坛”第五期）；选派2名优秀中青年研究人员到国外高水平高等院校如南佛罗里达大学等进行访问交流；积极与高等院校、科研院所、骨干企业或者其他单位建设长效稳定的产学研联盟，与国内大型钢铁企业如宝钢、鞍钢建立紧密的合作关系，合作承担项目。

（张德政）

北京市弱磁检测及应用工程技术研究中心

【概况】北京市弱磁检测及应用工程技术研究中心（以下简称“中心”）成立于2012年5月。中心针对现代先进智能测量技术及控制系统、电子通信设备、工业测试设备以及军事应用领域中对新型小尺寸、高灵敏度、高热稳定性、低功耗磁敏传感器的巨大需求，以北京科技大学已有的低维磁性材料、磁敏芯片的制备技术、磁敏传感器的设计制造技术为基础，以特殊功能IC芯片的设计与开发、传感器通用结构设计及磁路优化为手段，研究系列磁敏旋转和线性位移传感器制造技术、高灵敏度隧道结巨磁电阻（TMR）器件制造技术、高灵敏度高温超导量子干涉器件（SQUID）制造技术、高灵敏磁光和磁激发拉曼散射器件制造技术，建立完整的弱磁检测技术框架、知识库和工程技术标准。开发出能实现高精度、轻量化、多用途的系列无触点磁敏传感，用于恶劣工业环境下的自动控制系统、军事惯性导航系统和地磁匹配制导领域；研制弱磁无损检测装置，解决特殊行业大型金属工程构件的无损检测难题，设置应力集中容限，实时检测并警报从而为金属工程结构延寿。联合中国科学院空间科学与应用研究中心，建立空间三维正交磁场测量系统，解决影响弱磁检测器件的温度稳定性和噪声，研制出先进磁敏载荷，服务国家深空探测重大专项。

（张　超）

【管理运行】北京市弱磁检测及应用工程技术研究中心整体并入学校GJB 9001B－2009版认证体系管理，产品生产获得武器装备科研生产许可授权。中心设主任1名，常务副主任1名。北京科技大学弱磁检测及应用技术工程技术中心实行主任负责制，主任由学校聘任和考核。主任负责中心全面工作，包括技术开发、科研计划的制定、新项目开展、项目的组织落实和监督管理、协调与共建单位的合作事宜等。常务副主任负责日常管理，包括研究生培养、各学术梯队的科研协调、技术推广、技术培训、产品开发及市场协调等工作。

（张　超）

【人才队伍培养和建设情况】至2016年年底，中心有研究人员总数26人，包括固定研究人员23人，客座人员3人。其中高级职称16人，中级职称10人。工程技术研究中心有技术管理人员1人，工程技术人员5人。中心主任姜勇教授获得国家杰出青年基金；徐晓光教授先后获得“北京市科技新星”和“北京市优秀人才”称号；苗君教授获得“教育部新世纪优秀人才”称号，在低维功能材料领域获得创新成果。为提升中心对磁检测半导体器件的研发能力，中心引进了郑新和教授加入了研发团队。中心有在读博士研究生10人、硕士研究生32人。

（张　超）

【科研活动】2016年中心重点开展了基于垂直磁各向异性材料的反常霍尔效应和自旋轨道转矩研究。①系统研究了垂直磁各向异性金属材料MnGa和拥有强自旋轨道耦合的重金属材料Ta、Pt等组成的双层膜材料的反常霍尔效应，通过探讨反常霍尔电阻率和纵向电阻率之间的关系，讨论了自旋轨道耦合对磁性材料反常霍尔效应产生的影响。相关结果发表在*Physical Review B*（*Rapid Communications*）上。②近年来，一种利用自旋极化的电流来控制磁性材料磁矩的方法得到了广发关注，被称作自旋轨道转矩（SOT: Spin Orbit Torque）效应。在STT-MRAM中，电流需要通过两层铁磁性材料来转移自旋角动量，与此不同，SOT主要是由强自旋轨道耦合材料通过自旋霍尔效应产生自旋极化电流，此自旋流扩散至相邻的磁性层中，通过转移自旋角动量对磁矩施加转矩。因此，利用SOT翻转磁性材料的磁矩从而进一步制作自旋存储器件方法更为简单。但是，这种效应在实际应用中有一个缺陷就是需要外加辅助磁场。如何降低甚至消除外界辅助磁场是研究自旋轨道转矩效应的一大关键。我们利用在MnGa/IrMn中IrMn同时具有强自旋轨道耦合及可以提供交换偏置场的特点，实现了能够在几乎零外界磁场的条件下翻转MnGa磁矩的效果。相关结果发表在*Physical Review B*上。③如何降低自旋轨道转矩器件的翻转电流密度，同样是一个需要解决的难题。我们在MnGa/Ta中插入超薄铁磁性金属Co或者Co_2FeAl，这两种磁性材料的饱和磁化强度接近，但是两者与MnGa可以形成不同的耦合作用，Co与MnGa形成的是反铁磁耦合，而Co_2FeAl与MnGa形成的是铁磁耦合，因此两者形成的有效各向异性磁场不同，从而可以达到调节翻转电流密度的效果。相关结果发表在*Scientific Reports*上。

（张　超）

【学术交流】通过依托单位、合作企业、相关学会等机构与国际相关学术组织、科研机构、高等学校及先进企业建立长期交流合作，中心定期举办相关领域的学术交流和人员互访，及时跟踪掌握国外相关技术发展方向，积极组织力量，引进、消化吸收国外先进技术成果，同时互派研究人员合作进行项目研究开发。在产业化领域，中心学习国外先进的产业化经验、跟踪业界先进技术并开发出了自主知识产权产品，走出国门，进行广泛的技术交流与服务。对整个工程中心的技术深度、服务领域的拓展都产生了重大的积极影响。

（张　超）

附　录

2016年中心参加国内外学术交流情况一览表统计

序号	会议名称	会议类别	参与情况（主办/参与）	时间	地点	主要议题/内容
1	2016中国国际功能材料大会	国内	参与	2016.07.25	重庆	纳米晶软磁、永磁和纳米复合磁性材料
2	中国物理学会2016年秋季学术会议	国内	参与	2016.09.01	北京	垂直磁各向异性薄膜及其自旋输运行为研究
3	2016年新材料国际发展趋势高层论坛	国内	参与	2016.09.24	南京	垂直磁各向异性薄膜及其自旋输运
4	2016先进结构材料国际论坛及第五届金属间化合物会议	国内	参与	2016.10.10	北京	重金属/锰镓多层膜中的自旋输运
5	61 st Annual Conference on Magnetism and Magnetic Materials 第61届磁性与磁学材料会议	国外	参与	2016.10.31	新奥尔良	自旋塞贝克与磁振子输运

北京市融合网络与泛在业务工程技术研究中心

【概况】北京市融合网络与泛在业务工程技术研究中心（以下简称“工程中心”）依托北京科技大学通信与信息系统北京市重点学科、计算机科学与技术国家一级学科与矿业工程国家一级重点学科，同时结合中国移动设计院的工程化优势，面向北京市建设智慧城市的重大需求，结合5G移动通信技术发展趋势，瞄准融合网络与泛在业务领域亟待解决的关键问题，重点开展光网络和无线网络、电信公网与行业专网的融合与技术创新，重点研发融合网络体系结构、互通机理和业务模型，融合网络的组网、路由、管控等关键技术，以及融合网络与泛在业务的应用与工程化。未来三年工程中心的研发内容符合北京市“十三五”规划信息领域重点支持方向，工程中心将进一步建设成集技术研发、成果转化、工程应用、标准制定和人才培养于一体的基地，对提升北京市信息领域技术创新与工程应用能力具有重要推动作用。

（隆克平）

【管理运行】工程中心的组织结构包括技术委员会、理事会、中心主任等，工程中心下设融合网络体系架构技术研发部、无线网络技术研发部、光网络技术研发部、泛在业务及应用工程部5个技术部门，在北京科技大学和中国移动设计院分别设置办公室。

工程中心实行理事会领导、技术委员会指导下的主任负责制。理事会由各上级主管部门和依托单位的主要领导组成，旨在确定工程中心产业发展方向，引导工程中心成果规模转化、技术持续创新和产业化推广。技术委员会由本领域的院士、“973”计划首席科学家及具有引领作用的企业高级技术专家组成，指导工程中心技术发展方向，确保核心技术创新的前瞻性。工程中心主任负责和主持日常工作。

工程中心的运行以北京科技大学为依托，同时与中国移动通信集团联合。高校在关键技术攻关、设备研发初试、行业应用（冶金、工矿等）和成果的小规模运行具有优势，而中国移动设计院处于产业链前端，在通信建设和业务部署方面具有引领作用。工程中心为这两者合作、联合提供了良好的平台，有助于学术界和工业界实现优势互补、合作共赢。在此基础上，工程中心将积极参与首都科技条件平台开放资源，实现资源共享，大力推动北京市产业联盟建设，促进产学研联合，通过设立国际国内企业合作基地、博士后流动站等方式加强人才的流动和交流，通过采取灵活的人才聘用制度和激励机制引入竞争机制、提高研发水平。

（隆克平）

【科研工作】2016年度工程中心进行三年建设期间的绩效考评并顺利通过。根据绩效报告数据：工程中心自2013年建设以来，累计在*IEEE Trans.*系列、*IEEE Wireless Commun.*等国际国内重要期刊和国际学术会议上发表/录用论文105篇，其中SCI/EI检索论文73篇，3篇论文入选ESI高引论文，最高影响因子9.2；累计承担国家自然科学基金等纵向项目88项，累计科研经费3056万元，申请发明专利132项，授权31项，授权软件著作权65项；制定行业标准74项；累计13项成果得到转化，总直接经济效益7490万元；获得省部级奖2项、行业协会奖14项；累计经费投入6682万元；工程中心团队人员发展至73人，培养硕士、博士研究生近300名，形成一支理论研究、技术攻关和工程应用人才组成的结构合理的队伍。

（隆克平）

【师资队伍与研究生梯队培养建设】工程中心人员队伍规模持续扩充。工程中心在2013年认定时期，固定人员填报61人，其中高级职称为48人（占79%）。经过3年的发展，2016绩效考评期间，工程中心固定人员规模为73人，其中高级职称为54人（占74%），包括“香江学者”2人，为通信领域的人才培养作出了一定的贡献。工程中心的人员数量和队伍结构有良好的发展。

（隆克平）

【成果转化】工程中心典型成果包括无线网络规划仿真云和先进无线网络规划软件(ANPOP)，其最高直接经济效益均为3000万元。此外，物联网技术在冶金企业污染物排放监测中的应用、小型化模测终端(AIST/AISR)、室分规划设计工具(AIDP)、无线网络规划仿真云、先进无线网络规划软件(ANPOP)、网络评估分析与诊断系统、网络专项优化产品、LTE网络结构优化分析平台在首都得到广泛应用。

以精细化无线网络规划仿真平台为例，具有强大的仿真预测及方案审核功能。基于设计院多年的网络规划设计经验，同时依托精细化无线网络规划仿真平台，对无线网络规划方案的合理性进行科学评估。应用精准的射线跟踪传播预测、科学的业务建模方法、动态仿真机制，不仅能够应用于网络规划阶段的无线网络规划方案的制定与评估，同时也可应用于无线网络优化阶段，优化方案的制订与评估；同时应用平台中对于MR等现网实测数据的处理与分析，还能够应用于当前中国移动十分关注的深度覆盖的评估及弱覆盖发现等工作中。主要功能包括：基于传统经验模型的路损计算、基于三维射线跟踪的路损计算、公共信道覆盖预测、分层覆盖预测、传播模型校正、PCI规划、邻区规划、异构网络等的规划仿真等。本产品已经应用于中国移动各期LTE网络的规划与建设，其合理性与鲁棒性得到了充分的验证。

（隆克平）

【应用示例】工程中心的成果应用示例包括：①射频器件及天馈系统的干扰耦合研究及应用，主要针对5G移动通信大规模天馈系统中射频器件、天线单元、天馈系统内部干扰等问题进行建模。这是由于在5G移动通信系统中，将采用大规模阵列天线进行信号的接收与发射，而大规模阵列天线集成度较高，功放、T/R组件等有源射频器件直接集成于天线阵子背后，使得天馈系统内部射频干扰问题更加突出；此外，由于大规模阵列天线阵子数目急剧增加，天线振子之间的干扰也更为明显；再加上5G通信系统的工作频段也在进一步扩充，低频段和高频段都存在应用的潜力，这使得不同系统的设备之间工作频率更为接近，因此干扰和耦合问题亟待解决。相关技术应用内容紧密联系5G通信技术发展的现状和未来趋势，具有重要的价值。②5G系统的三维精确覆盖仿真和产业验证推进。Massive MIMO技术作为5G移动通信的关键技术，能够大幅地提升系统容量和频谱利用率、降低干扰、增强覆盖，已成为移动通信研究的热点。5G移动通信系统的精确化、智能化三维覆盖研究极为重要。因此，该研究内容主要针对5G系统的三维精确覆盖仿真和产业验证推进展开研究。截至目前，工程中心承担了“5G射频关键技术实验室评估及外场验证”“5G大规模阵列天线技术研究、评估与测试验证”“5G移动通信技术评估与测试验证技术研究”等多个5G相关的国家重大专项、集团重大重点课题研究，已取得了一定的技术积累和成果。③智慧城市。工程中心承担的张家口智慧城市项目从企业、个人着手，分别通过企业App平台和移动积分兑换平台进行对接服务。具体内容包括企业App平台、移动积分兑换平台等。

（隆克平）

教育部金属电子信息材料工程研究中心

【概况】教育部金属电子信息材料工程研究中心（以下简称“中心”）于2001年4月经教育部批准成立，依托于北京科技大学建设，是由教育部和北京市共建的技术创新和高新技术产业化基地。中心采用现代企业制度进行管理，实行多元化投资，与注册成立的具有独立法人资格的北京科大永兴科技有限公司为同一个实体。中心设有粉末冶金事业部、高技术薄膜材料事业部、微电子辅助材料事业部、有色加工事业部，另设有办公财务部、投资发展部。

（雷　诺）

【粉末冶金事业部】粉末冶金事业部成立于2001年，至2016年年底，有教师和研究人员16名，其中教授5名。2016年8名博士生、18名硕士生和26名本科生在实验室进行毕业论文等相关研究工作。年内，实验室毕业博士生3名、硕士生6名。事业部拥有较为先进的专用仪器设备，设备原值近800万元，其中进口设备日本岛津烧结炉一台，价值205万。10万元以上设备10台（套），如永磁材料测量系统、磁滞回线仪、磁场注射机、粉末冶金注射机、转矩流变仪、高效混炼挤出造粒机、热等静压烧结炉等。

事业部主要业务范围是高技术新材料的研究、开发与生产，新材料制备与加工设备的制造，新型电子信息元器件的开发与制造，计算机控制系统集成、机电一体化技术开发，铁基合金、不锈钢、高比重合金、硬质合金、磁性材料、金属陶瓷、高温合金、难熔合金、低合金钢、钛合金等产品的生产与销售。产品广泛应用于医疗器械、电子通讯、办公机械、仪器仪表、纺织机械、食品饮料机械、计算机工程、汽车工业、机械武器、体育娱乐器械等领域。

近期重点研究与产业开发方向有：①纳米粉体及材料的研究。超细和纳米粉体制备技术、机械合金化技粉技术、雾化制粉技术、磁屏蔽材料、纳米硬质合金、钨基高比重合金、难熔金属与合金、高温合金。②反应合成技术与复合材料的研究。自蔓延高温合成技术、陶瓷/钢复合管制造技术、核废料处理技术、粉末冶金多孔材料、粉末冶金层状与梯度结构材料、AlN-BN复合陶瓷、耐热及抗氧化涂层粉末与涂层技术、高性能SiC和Si_3N_4陶瓷、C/SiC陶瓷基复合材料、超高温陶瓷基复合材料、高性能粉末冶金金属基复合材料。③先进成形与烧结技术的研究。粉末注射成形技术及其智能化、粉末微注射成形技术、温压成形技术、高速压制成形技术、等静压成形技术、胶态成形技术、放电等离子烧结技术、粉末冶金材料设计与工艺过程模拟。④功能材料的研究。NdFeB粘结磁体、Sm-Co合金、磁温度补偿合金、超磁致伸缩材料、电工合金、新型电子封装材料、能源材料、储氢合金、光电信息材料、功能陶瓷。⑤钴基高温合的研究等。

（雷　诺）

【微电子辅助材料事业部】微电子辅助事业部成立于2002年，至2016年年底，有教授1人、副教授2人、技术员2人、在读博士生和硕士生2人。事业部具有较完备的材料制备和组织性能检测的设备，如100kg真空熔炼下拉式连续定向凝固设备、50kg下拉式连续定向凝固设备，反重力铸造设备及完整的拉丝设备等，能生产各种规格的高性能有色金属丝材。主要业务集中在微电子超细丝材的研究、开发与生产，高性能铜及铜合金、铝及铝合金超细丝材制备与加工成套设备及产品的研制和开发。产品主要有：直径为100μm、75μm、50μm、32μm和25μmAl-Si合金集成电路用键合丝，具有单晶或连续纤维晶组织的各种规格的高性能铜及铜合金线材等。广泛应用于电线电缆、集成电路、仪器仪表、纺织机械、汽车工业、航空航天、高级音响等领域。近期重点研究与产业开发方向有：①航空航天用特种电线电缆。②高性能无氧铜杆。③25μmAl-Si合金集成电路用键合丝。④高性能铂金丝。⑤微细Ag包Al丝。⑥高性能铜及白铜管等。

（雷　诺）

【高技术薄膜材料事业部】高技术薄膜材料事业部至2016年年底有教授2人、副教授3人、技术人员2人、在读博士生15人、硕士生12人。事业部拥有包括100kW直流电弧等离子体喷射、10kW直流电弧等离子体喷射、5kW微波等离子体化学气相薄膜沉积系统和强电流直流伸展电弧（HCEDCA）等离子体CVD系统等多种金刚石薄膜制备设备，拥有电子束真空蒸镀机、磁控溅射仪、射频等离子体CVD装置、金刚石膜研磨机、金刚石膜抛光机及光学材料砂蚀试验机、金刚石膜力学性能试验机等常规薄膜材料制备手段。固定资产总价值约300万元。主要业务集中于以金刚石厚膜、薄膜为主的各种高技术薄膜材料、各种硬质涂层材料与技术、各种非常规的等离子体化学沉积设备等。

近期重点研究和产业开发方向有：①大面积金刚石光学窗口材料。②金刚石薄膜光学涂层。③声表面波器件金刚石薄膜基片。④金刚石膜热沉材料及其在微电子和光电子器件或系统中的应用。⑤掺硼金刚石膜（BDD）及其在废水处理和生物医学中的应用。⑥高性能粒子探测器、紫外探测器、X射线探测器用高质量（探测器级）金刚石膜材料。⑦金刚石涂层硬质合金工具。⑧金刚石膜基探测器和传感器。⑨类金刚石硬质防护涂层。⑩金刚石薄膜化学气相工业化生产技术和设备开发等。

（雷　诺）

工程技术研究院

（高效轧制国家工程研究中心、国家板带生产先进装备工程技术研究中心）

【概况】工程技术研究院（以下简称“工研院”），以原北京科技大学冶金工程研究院为主体，下辖两个国家级科技创新平台：高效轧制国家工程研究中心和国家板带生产先进装备工程技术研究中心，以及一个国家级高新技术企业：北京科技大学设计研究院有限公司。工研院于2016年6月12日由学校批准正式更名。其中，高效轧效轧制国家工程研究中心成立于1996年，依托于北京科技大学建设，是原国家计委第一批批复设立的47家国家工程研究中心之一，也是轧制技术领域唯一的国家级工程中心，获得“国家工程研究中心杰出贡献奖”。2014年荣获“全国钢铁工业先进集体”。国家板带生产先进装备工程技术研究中心是国家科技部批复依托北京科技大学组建的工程技术研究中心。2009年7月学校成立专门机构正式启动相关建设工作。2012年11月通过国家验收，并获得优秀，在同批27个国家工程技术研究中心验收总成绩中排名第二，是全国第一个冶金装备领域建成的国家工程技术研究中心。

2016年，工研院共有教职员工48人，其中正高职称6人，副高职称17人，中级职称23人，博士生导师6人。另外工程技术研究院有特聘专家6人，其中中国工程院院士2人。

（郭　强）

【科研工作】2016年，由工研院牵头的新增科研合同24项，共计1646.4万元。其中，新增纵向科研项目9项，专项合同经费415.4万元，包括国家重点研发计划专项2项、科技部创新方法专项1项、国家自然科学基金项目2项、其他纵向项目4项；新增横向科研项目合同15项，合同金额1231万元。工研院全年到校科研经费总额达到1447万元，其中，纵向经费到款573万元，横向经费到款874万元。

2016年，以工研院为第一完成单位共计公开发表科技论文73篇，其中SCI/EI检索论文收录38篇；申请发明专利45项，获得专利授权26项，申请及授权数量大幅上升；申请软件著作权4项，出版学术著作9部。

通过积极组织凝练和申报科技成果，与邯钢共同申报获得河北省科技进步奖一等奖1项，另有3项成果分别获2016年度冶金科技一、二、三等奖各1项。“热轧带钢密集型快冷关键技术开发与应用”（冀科成转鉴字〔2016〕第9-181号）通过了河北省科技局组织的鉴定，鉴定结果为整体达到国际先进水平。

在课题申报方面，积极组织和动员，尤其是调动青年员工的课题申报积极性，共计撰写各类纵向项目申报书25项。其中包括申请国家自然科学基金15项、北京市自然科学基金2项、“十三五”重点研发计划项目3项、科技部创新方法工作专项1项、教育部基本科研业务基金4项。在课题申报过程中，除立足传统领域外，积极开展面向中国制造2025及智能制造方面的探索，协助首钢、新疆众和申报工信部智能制造专项并获支持，并作为牵头单位获批科技部基于大数据的钢铁服务型制造质量管控方法项目。

在成果转化方面，积极应对去产能、调结构的冶金行业现状，在科技成果转化及工程服务方面努力开拓，2016年累计获得工程服务合同总额1.86亿元，并成功完成马钢CSP二级系统改造、涟钢全流程质量采集及分析平台等重点项目的实施与验收工作。

2016年也是学院发展的一个重要节点。6月，北京科技大学正式宣布原“冶金工程研究院”正式更名为“工程技术研究院”，同时，国家板带生产先进装备工程技术研究中心并入工程技术研究院，此次更名对研究院的长远发展有着重要的意义。张欣欣校长也对工程技术研究院寄予了厚望，希望研究院全体师生团结一致，共克时艰，迎难而上，把研究院办成高水平有特色的大学研究院，打造属于北科大的科技品牌。2016年是“十三五”的开局之年，随着板带中心的并入，工研院也积极调整布局，制订了“十三五”事业发展规划及工研院学科建设方案，开启了研究院良好发展的开端。同时，经认真总结和悉心准备，于2016年6月和12月分别顺利通过了轧制中心创新能力建设项目验收与板带中心第五次评估考核。

2016年10月26日由高效轧制国家工程研究中心主办的高效轧制新技术论坛（2016）在北京科技大学逸夫科技馆召开。二十年来，轧制中心已经形成了一整套有利于工程推广和转化的良好的机制，在业界有了很大的影响力，探索出了一条具有多学科优势、全流程特色的团队化发展道路，同时在发展过程中取得了很多优秀成果，并为学校各方面的发展作出了突出的贡献。

近年来随着宏观经济增速放缓，政府加大了淘汰落后产能和推动实施环保政策的力度，在政策引导和市场倒逼机制下钢铁生产企业仍然面临较大的经营压力，钢铁产能退出和结构调整是未来发展方向。对应新的钢铁形势，工研院唯有坚持智能、绿色、引领、可持续的发展方向，加强技术创新，促进各业务领域的创新与协作，促进学科之间的交叉与融合，将材料、工艺、装备、检测、控制、管理整合起来，并加强科研与工程的融合，才能走在技术的前沿。

（张勇军）

【工程技术领域】艰苦努力，终有回报。2016年，钢铁行业仍旧面临压缩产能和更严格的环保要求。但是国家通过宏观调控取得了一定的效果，从春节后钢铁价格开始上涨，给各个钢企带来扭亏为盈的局面，给工程技术研究院（北京科技大学设计研究院有限公司）也带来一定的机遇。通过努力，工研院先后承接了安丰1780热连轧三电系统、恒祥钛合金生产线调整、日照1580二级升级改造等项目，2016年合同额达到1.86亿元。轧制自动化、表面缺陷检测领域的项目实施人员克服项目多、出差任务重等问题，发扬自我牺牲、乐于奉献的优良传统，圆满完成设计和调试任务，为学校、工研院和公司都赢得了业内的高度评价。

①宽幅热连轧最快投产纪录。东海1450热连轧三电控制系统项目是2014年12月底签订的合同，于2016年1月9日生产线全线一次热试成功，并且只用1周就使生产线转入正常生产状态，前后只用了13个月，创造了国内宽幅热连轧新建工程最快投产的纪录，使得东海特钢公司比国内同期的1580热连轧工程至少多生产了70万吨钢，按每吨利润500元计算，多赚取3.5亿元利润，基本收回生产线投资，该生产线得到东海特钢公司上下一致好评。

②热轧带钢极薄规格突破。日钢1580生产线的自动化系统是我们单位在2006年实施的，已运行了10多年，为日钢创造了巨额利润。但随着设备老化、备件匮乏以及日钢产品大纲的调整，原系统逐渐不能满足需要，日钢在2015年年底提出升级需求。我单位于2016年5月签订升级合同，经过3个多月的精心设计，新系统于2016年9月6日上线运行。项目经过细致的准备和周密的调试组织，新旧系统的升级切换只用了12个小时，系统所有功能的调试只用了3天时间，实现日达产目标。2016年11月11日，工研院和日钢共同在新系统上进行了1.2mm花纹板的试生产，并一次成功；11月17日，又进行了1.1mm花纹板的试生产，同时批量生产1.2mm花纹板200吨。两次试生产，过渡规格少、生产过程稳定性高、产品质量好。日钢1580极薄规格花纹板的批量化生产标志着学校热连轧自动化系统在薄规格稳定轧制和质量控制方面又一次占据到国内领先地位，实现了新的突破。

③热轧钢卷质量在线综合判定系统工程化应用。邯钢2250mm热连轧生产线质量在线综合判定系统是工研院实施的第一套多功能智能质量判定系统，其上线标志着热连轧质量判定系统从科研攻关到工程实现的巨大突破。质量判定系统基于热轧带钢轧制过程中的各项测量数据，对卷取完成后的钢卷从厚度、宽度、凸度、楔

度、CTC、FDT、高低次浪及局部高点的角度进行质量在线判定、分析，及时发现质量问题并提供切实可靠的质量追溯数据和分析图表，为现场质量评定提供了准确详尽的信息。通过对轧制过程中的数据，如RDT温度、中心线跑偏、精轧横向温度的数据采集跟踪，为优化过程控制提供了数据的支撑和分析手段，从而更好地保证产品质量。2016年12月28日，系统结束一个月的调试正式上线运行，在系统功能的完善性和使用的便捷性等方面均获得厂里的一致好评。

④新一代超密集快冷装置投入使用。工研院组织人员进行新一代热轧带钢超密集快冷装置的研发。首次采用Solid Works 3D绘图软件进行新一代超密集快冷装置的结构设计，在设备加工厂对新型超密集快冷集管进行了多次结构优化与水型测试，相关设计人员对集管结构对流体的影响规律有了深入的研究。实现了新一代超密集快冷装置在邯钢2250热轧厂试用，使用效果良好，随着河北安丰1780热连轧生产线超密集快冷装置项目的签订，超密集快冷集管将在1780热连轧产线得到进一步的推广与应用。

⑤新材料的研发和科技合作稳步推进。开发完成0Cr5抗二氧化碳腐蚀管线钢用于吉林油田；完成“863”高品质耐磨钢的开发，实现NM500、NM550、NM600的系列产品工业化生产及应用；进行Fe-Cr-Al不锈钢及TWIP钢等先进钢材的凝固特性与调控机制研究，与钢研总院、东北特钢、南京亿达等联合组建了“汽车尾气净化器载体用Fe-Cr-Al不锈钢工业化试制及应用推广”产学研用联盟；参与新能源汽车重点研发计划，获得两个子课题“超高强度钢汽车零部件成形与应用关键共性技术”和“多材料连接建模分析、疲劳设计与性能评价方法”，与奇瑞、国汽、云南神州航天、东风汽车开展技术合作；在安钢、柳钢、马钢、邯钢等开展技术攻关，推广热、冷轧板表面质量缺陷的成因分析及其控制技术；由邯钢、北科大共同完成的《高级别汽车板关键技术创新及应用》项目荣获河北省科技进步奖一等奖。

（郭　强）

【合作交流】2016年，工研院先后派出5名教职工出国参加各类国际会议及交流培训。其中，3名青年教师进行为期半年的交流访问，1名研究员成为留学基金委项目派出高级访问学者，1名教授赴奥地利进行为期1周的访问交流。冶金工程专业博士生张杰、张开天、刘洪波赴奥地利莱奥本大学参加为期6个月的联合培养及短期访学；控制科学与工程专业博士生肖雄赴澳大利亚伍伦贡大学为期3个月的短期访学；机械工程专业博士生何建鹏赴英国华威大学进行为期6个月的短期访学；机械工程专业博士生冯夏维赴奥地利参加第十届国际轧钢会议暨第七届欧洲轧钢会议。

（刘云清）

【实验室管理和建设】建设高水平的实验室和实现安全的实验室管理一直是工研院努力的目标。2016年，工研院在实验室管理和建设方面重点做了以下几项工作：①遵照学校资产处管理规定，配齐了实验室药品箱、紧急洗眼器、危化品中间储存柜，保障实验室的安全平稳运行。②为更好地为科研服务，多渠道筹措资金，多功能热轧实验室配齐安全帽、工作服等劳保用品，落实规范了实验室的安全制度。③不断完善实验平台的建设，新增XRD实验，提供XRD的全天候科研服务。④为满足校内外不断增加的实验需求，统筹协调，除大型实验设备全部对外开放外，增加每周对外开放时间，并因此实现对外实验收入100多万元。

（胡水平）

【研究生培养】2016年，工研院在校研究生共276人，其中：博士89人，学术型硕士71人，全日制专业学位硕士116人。2016年毕业研究生77人，其中：博士11人，学术型硕士25人，全日制专业学位硕士41人。2016年共招收研究生57人，其中博士招收11人，学术型硕士招收17人，全日制专业学位硕士29人。除了积极做好招生、培养、毕业全过程的管理外，重点做好以下几方面的工作：①继续推进研究生培养基地建设。2016年，由学院牵头，学校与新疆众合股份公司新签订了研究生培养基地协议；继续推荐2名专业硕士研究生到首钢京唐公司实习。得益于学院多年来专业实践积累的经验，学院培养的全日制专业硕士研究生辛彩萍获得2016年第三届“工程硕士实习实践优秀成果获得者”荣誉称号（全国共评100名）。②积极落实导师责任制。通过召开导师工作会、举办“工研家话”活动，加强研究生的过程管理等手段，提高研究生的培养质量。2016年博士生学位论文盲审最终通过率100%。

③加强党团和班级建设。在充分调研的基础上，细化入党工作流程，合理分配党员发展名额，指导各学生支部完成发展工作。加强入党资料检查，严把“入党关”，本年度共发展预备党员15人。此外，全体学生党支部均以不同形式开展红色“1+1”活动、基层党支部立项活动。其中工艺设备党支部与苏家坨镇柳林村党支部共建项目综合表现优异，本年度再次被推选到北京市参加红色“1+1”评选。本着促进交流、树立典型的目的，继续开展院优秀集体答辩会。本年度，被评为校级研究生标兵集体1个、校级优秀集体1个、院级标兵集体4个、院级优秀集体3个。④加强毕业生就业指导。年内共举办院内就业相关大型讲座及活动8场，参与校级就业相关活动1场。学院2016届研究生整体就业率100%，已连续五年实现全就业，再次荣获学校颁发的“年度就业率优胜奖”。此外，有3名毕业生荣获北京市颁发的“志愿服务西部奖”，2名毕业生荣获学校颁发的“启航奖励金”，其中博士毕业生巨彪同学志愿服务西部的个人事迹在同年8月18日登上《人民日报》18版文章《当代青年学子的“大格局”》。⑤开展科技服务与挂职锻炼工作。发挥工研院实践育人特色，组织并指导各梯队开展科技服务与挂职锻炼活动。本年度工研院申报7支团队全部获得研究生工作部的立项，总资助金额达到3万元。立项团队数、总资助金额、学生参与率在2015年基础上再创新高，连续四年稳步增长。该项目逐步形成良好的传帮带氛围，逐步成为工研院研究生暑期传统活动。在学校评选中，品种开发二支部组建的实践团队获得“校级标兵”称号，工研院连续三年获得科技服务与挂职锻炼专项工作奖。⑥做好评奖评优工作。在优秀集体建设方面，获校级标兵集体1个、校级优秀集体1个、院级标兵集体4个、院级优秀集体3个。在特种奖学金评选方法方面，经研究生本人申请，导师推荐，专业内初选、公开答辩，共有2人获博士研究生国家奖学金、4人获硕士研究生国家奖学金，1人获山西建邦奖学金；此外，还有1名博士生获评五年级校长奖学金，实现历史性突破。在个人荣誉的评定方面，经研究生本人申请，各班级初步评定后，由工研院最后审核，共评出北京市三好学生1人、校级优秀三好研究生9人、三好研究生28人、优秀研究生干部9人、优秀共青团干部5人、优秀共青团员12人。在2016年工研院研究生奖学金评选中，博士研究生3人获一等奖学金、6人获二等奖学金；硕士研究生10人获一等奖学金、20人获二等奖学金。在优秀毕业生的评定方面，根据毕业生答辩成绩和在读期间表现采用研究生自愿申请、梯队内评定、工研院审核择优推荐的方式，评出2016届春季优秀毕业生13

人，其中市级优秀毕业生3人，校级优秀毕业生10人。在宿舍评优方面，1个宿舍被评为标兵宿舍，3个宿舍被评为文明宿舍；1人为标兵宿舍长，9人为优秀宿舍长。

（米振莉、刘云清、王泽汉、赵晶晶）

【党建与工会工作】①为全面落实从严治党责任，切实解决基层党组织和党员队伍存在的突出问题，根据学校“两学一做”学习教育整体部署安排，配合研究院党委对教职工学生14个支部做好学习教育的安排，并督促各支部做好每次的支部学习记录及个人学习笔记。②组织第三届党委委员候选人的“三下三上”提名和酝酿工作，完成工研院第三次党员大会筹备工作，上报准备工作报告。工程技术研究院于2016年11月10日召开了中共北京科技大学工程技术研究院第三次党员大会，经过之前的“三下三上”反复酝酿及讨论候选人名单，会上采用无记名投票直接选举的办法，选举产生了中共北京科技大学工程技术研究院第三届委员会书记、副书记及委员。③贯彻执行中央“八项规定”精神和党规党纪，将党风廉政建设纳入党委工作计划，修订了《工程技术研究院贯彻落实党风廉政建设责任制实施细则》，对学院制度进行梳理，进一步明晰程序，建章立制。按照《北京科技大学关于中秋、国庆期间开展“四风”问题监督检查的通知》要求，开展了“四风”问题的自查自纠工作，未发现相关问题。④2016年3－8月，组织开展了党员排查工作，完成了核实党员组织关系介绍信、确定转出党员已被接受、核实党员信息、查找失联党员、排查不合格党员、制作党员名册等工作。⑤加强宣传工作。2016年在与板带中心合并后，及时对工研院网站进行改版，并配合轧制中心成立20周年学术论坛制作了院宣传册。本年度向学校新闻网站投稿22篇，完成宣传观测点指标。加强新媒体建设，以“北科工研传媒”微信平台为抓手，推送了系列宣传稿件。平台关注人数达到1012人，基本覆盖了工研院全体师生。根据图文统计数据，累计发布图文消息182篇，各类图文页阅读92756人次，分享转发2823人次。⑥积极参与校工会组织的“教职工乒乓球赛”“教职工羽毛球赛”、第38届校教职工田径运动会、校跳绳比赛等活动。在领导的支持、同志们的积极配合和共同努力下，取得了目前乒乓球团体进入复赛、跳绳比赛获二等奖的好成绩。⑦关心职工的生活，年内慰问教职工及家属10余人次。在校工会为教职工办实事的工作中，将购物通知单发到每个部门，做好登记、购买和发放工作，对于老教师和出差在外的尽量安排统一领取，解决他们的后顾之忧。年内安排111人体检，116人参加了意外伤害保险。组织全体教职工秋游活动及摄影大赛，年终还要组织系列文体比赛活动，极大地丰富了教职工业余文化生活。⑧开展公司员工入会工作，2016年61名公司员工上交了工会会费，正式加入了工会组织，9名员工办理了京卡。

（刘云清、彭笑艳）

附　录

2016年新增纵向科研项目表

序号	项目名称	项目编号	项目分类
1	冷轧平整界面三维表面形貌转印过程跨尺度研究	E041604	国家自然基金
2	基于全幅宽残余应力分布的大宽厚比板带热轧板形基础模型研究	51674028	国家自然科学基金
3	基于大数据的钢铁服务型制造质量管控创新方法及应用	2016IM010300	科技部创新方法专项
4	基于SIFT图像匹准的毛化轧辊三维形貌磨损过程实验及建模研究	SKLTKF16B11	实验室开放、自主课题
5	基于信息融合的高温铸坯表面缺陷在线检测方法	FRF-TP-16-018A1	中央高校基本科研业务费
6	六辊轧机快速辊系变形模型研究	FRF-IC-16-001	中央高校基本科研业务费
7	含钙稀土镁合金织构演变、成形性及腐蚀机理研究	FRF-IC-16-003	中央高校基本科研业务费
8	超高强度钢汽车零部件成形与应用关键共性技术	2016YFB0101605	重点研发计划
9	多材料连接建模分析、疲劳设计与性能评价方法	2016YFB0101606	重点研发计划

2016年新增横向科研项目表

序号	合同号	合同名称	合同类别	甲方名称
1	2016-041	高性能车身覆盖件用铝合金板材成形技术	技术开发	烟台南山学院
2	2016-076	法兰轧制及成型技术开发	技术开发	天津荣合盛商贸有限公司
3	2016-077	Q345B热轧板表面氧化皮控制与工艺优化	技术开发	福建三钢闽光股份有限公司
4	2016-082	（有预算）铝箔表面缺陷在线检测技术开发	技术开发	新疆众和股份有限公司
5	2016-088	高性能耐磨钢的开发	技术开发	山东一品矿山机械制造有限公司
6	2016-091	（有预算）新疆众和电子铝箔尺寸精度改进研究	技术开发	新疆众和股份有限公司
7	2016-188	精密带钢控制模型技术开发	技术开发	北京伟世杰液压设备有限公司
8	2016-213	马钢宽规格冷轧带钢板形控制及连退机组跑偏预防控制改进研究	技术开发	马鞍山钢铁股份有限公司
9	2016-228	一种防止逆变颠覆的智能过流保护装置及其控制方法	专利实施许可	北京科技大学设计研究院有限公司
10	2016-280	天物众强工业技术研发中心技术服务	平台	唐山天物众强高科精密管业有限公司
11	2016-308	沙钢中厚板表面缺陷检测仪	技术开发	张家港沙景宽厚板有限公司
12	2016-376	首钢迁钢1580热连轧高强钢板形攻关	技术开发	首钢股份公司迁安钢铁公司
13	2016-538	高品质冷轧家电与汽车用钢板研究与开发	技术开发	安阳钢铁股份有限公司
14	2016-560	大口径钛合金无缝管轧制工艺研究与试制	技术开发	江苏宏宝集团有限公司
15	2016-582	铝合金6061及碳烯复合板材轧制成形工艺的研发	技术开发	青岛海源实业有限公司

2016年新增工程项目表

序号	合同编号	合同名称	甲方单位
1	SJY-1601	EBSD微观织构	南京工学院
2	SJY-1602	小方坯轧制工艺技术开发	唐山市贺新金属制品有限公司
3	SJY-1603	1780热连轧三电系统	河北安丰钢铁有限公司
4	SJY-1604	1780热连轧生产线超快速冷却装置	河北安丰钢铁有限公司
5	SJY-1605	激光源系统，表面检测仪	重庆钢铁股份有限公司
6	SJY-1606	950mm带钢层流冷却系统版权工程	福建吴航不锈钢制品有限公司
7	SJY-1607	年产2.5万吨高强度耐磨钢专用油井管生产线补充合同（原SJY-1332、SJY-1404）	河北恒祥钛合金制品有限公司
8	SJY-1608	第二热轧厂L2精轧模型升级改造	日照钢铁轧钢有限公司板材制造部
9	SJY-1609	4000mm热轧生产线技术服务	银邦金属复合材料股份有限公司
10	SJY-1610	TC4钛合金无缝管试制及性能评价	河北恒祥钛合金制品有限公司
11	SJY-1611	薄规格HiB钢的工艺技术开发	新万鑫（福建）精密薄板有限公司
12	SJY-1612	南钢中板喷码在线识别跟踪系统开发	江苏金恒信息科技有限公司
13	SJY-1613	3#卷取机电气自动化订货	河北东海特钢集团有限公司
14	SJY-1614	SCR脱硝催化剂无害化处理项目的钢球低成本轧制工艺技术开发	马鞍山迈世纪工程咨询有限公司
15	SJY-1615	硅钢全流程板形控制技术	新余钢铁股份有限公司
16	SJY-1616	禹城市大型养殖场粪污利用	蓝色气候（北京）能源有限公司
17	SJY-1617	一钢CSP热轧HMI升级改造	安徽马钢自动化信息技术有限公司
18	SJY-1618	挂梁式起重机等订货总包	河北恒祥钛合金制品有限公司
19	SJY-1619	中厚板表面检测仪-31L供货	新余钢铁股份有限公司
20	SJY-1620	0Cr21A16箔材高温氧化增重实验	山西太钢不锈钢股份有限公司
21	SJY-1621	880中宽带加热炉HMI升级改造	凌源钢铁股份有限公司第二轧钢厂
22	SJY-1622	线激光光源	福建鼎信科技有限公司
23	SJY-1623	线激光光源	福建鼎信科技有限公司
24	SJY-1624	激光源维修	北海诚德金属压延有限公司
25	SJY-1625	CSP热轧板形闭环控制升级改造软件开发合同	安徽马钢自动化信息技术有限公司
26	SJY-1625	CSP热轧板形闭环控制升级改造设备供货合同	安徽马钢自动化信息技术有限公司
27	SJY-1626	平台井监控系统	吉林油田集团有限责任公司
28	SJY-1627	工控机（HP）	河北东海特钢集团有限公司
29	SJY-1628	新建年产30万吨PC钢棒生产线工程可行性研究	陕西涵宝工贸有限公司
30	SJY-1629	型钢轮廓在线测量技术开发	天津中重科技工程有限公司
31	SJY-1630	4000mm单机架热轧铝二级升级改造合同及技术方案	银邦金属复合材料股份有限公司

续表

序号	合同编号	合同名称	甲方单位
32	SJY-1631	泥浆泵电气控制系统BK-F1300-01采购技术协议	宝鸡石油机械有限责任公司
33	SJY-1632	冷轧热镀锌建设2号卷取机项目设备采购	河钢股份有限公司邯郸分公司
34	SJY-1634	LED光源	北海诚德金属压延有限公司
35	SJY-1635	2000mm1+4热连轧粗轧立辊自动化控制系统改造	河南明泰铝业股份有限公司
36	SJY-1636	上海鼎信1780mm热轧工程生产碳钢改造及新增F8轧机项目自动化系统	中国第一重型机械股份有限公司
37	SJY-1637	千兆光纤通讯模块订购合同	南京天亨电子科技有限公司
38	SJY-1638	LED高强光源订购合同	南京天亨电子科技有限公司
39	SJY-1639	重钢1780热轧生产线表面检测系统技术服务合同	重庆钢铁集团电子有限责任公司

2016年专利申请

内部编号	专利名称	第一发明人	专利类型	申请号	申请日期
2016-077	一种基于外混合磨料射流的线材除鳞装置	王　尚	发明专利	201610007200.9	2016.01.06
2016-085	兼顾浪形和断面的热轧高次曲线工作辊窜辊策略控制	邵　健	发明专利	201610023972.1	2016.01.14
2016-087	一种卷取温度偏差引起的高强钢不对称收缩控制方法	邵　健	发明专利	201610024494.6	2016.01.14
2016-088	一种冷轧基料的断面质量判定方法	邵　健	发明专利	201610023955.8	2016.01.14
2016-089	一种与高次曲线工作辊配合的支撑辊辊形通用设计方法	邵　健	发明专利	201610023974.0	2016.01.14
2016-111	一种铝热轧粗轧自动压头的控制方法	裴红平	发明专利	201610032623.6	2016.01.18
2016-121	一种防止连铸坯表面开裂的冷却装置	余　伟	发明专利	201610057028.8	2016.01.28
2016-122	一种连铸坯冷却处理方法	余　伟	发明专利	201610057001.9	2016.01.28
2016-123	一种对热轧过程温度实测值进行修正的方法	宋　勇	发明专利	201610058645.X	2016.01.28
2016-132	一种冷轧带钢无酸除鳞系统及除鳞方法	王　尚	发明专利	201610073660.1	2016.02.02
2016-135	一种具有良好室温成形性的变形镁合金板材及其制备方法	江海涛	发明专利	201610115197.2	2016.03.01
2016-138	基于磨料水射流切割的运动轨迹控制装置	任云鹤	发明专利	201610103932.8	2016.02.25
2016-197	一种适用于沙漠及干砂质土地的植树系统	徐言东	实用新型	201620269983.3	2016.04.01
2016-198	一种适用于沙漠及干砂质土地的植树系统及植树方法	徐言东	发明专利	201610202447.6	2016.04.01
2016-199	一种适用于沙漠及干砂质土地的植树装置	徐言东	实用新型	201620271128.6	2016.04.01

续表

内部编号	专利名称	第一发明人	专利类型	申请号	申请日期
2016-200	一种适用于沙漠及干砂质土地的植树装置及植树方法	徐言东	发明专利	201610203528.8	2016.04.01
2016-201	一种适用于沙漠及干砂质土地的植树车	赵正义	实用新型	201620271150.0	2016.04.01
2016-202	一种适用于沙漠及干砂质土地的植树车及植树方法	赵正义	发明专利	201610202470.5	2016.04.01
2016-209	一种带编码器运卷小车的水平位置精确定位控制方法	张　飞	发明专利	201610203077.8	2016.03.31
2016-253	一种动态实时监测森林砍伐的方法及其系统	张勇军	发明专利	201610244034.4	2016.04.18
2016-259	一种加热钢液的方法	刘建华	发明专利	201610285621.8	2016.05.04
2016-387	一种具有良好室温成形性的变形镁合金板材及其制备方法	江海涛	发明专利	201610476387.7	2016.06.24
2016-424	一种全流程产品质量在线管控系统	徐　钢	发明专利	201610496297.4	2016.06.29
2016-426	一种双锥度工作辊及其辊形设计方法	杨　荃	发明专利	201610420822.4	2016.06.13
2016-454	一种板带钢控制冷却超密集冷却器	何春雨	实用新型	201620730968.4	2016.07.12
2016-455	一种板带钢控制冷却超密集冷却器	何春雨	发明专利	201610547328.4	2016.07.12
2016-465	一种汽车座椅安全销轴高速扭转检测装置	胡水平	实用新型	201620775791.X	2016.07.21
2016-466	一种汽车座椅安全销轴高速扭转检测装置	胡水平	发明专利	201610580798.0	2016.07.21
2016-492	一种基于轧件定位的运输辊道节能方法	张勇军	发明专利	201610617937.2	2016.07.29
2016-511	一种型材与管材连续镀锌的装置及方法	张勇军	发明专利	201610717643.7	2016.08.24
2016-513	一种在钢液中生成微小气泡的方法	刘建华	发明专利	201610675825.2	2016.08.16
2016-515	一种用于轧制圆形板的纺形组合轧辊	程知松	发明专利	201610742037.0	2016.08.26
2016-523	一种型材与管材连续镀锌的装置及方法	张勇军	实用新型	201620933790.3	2016.08.24
2016-524	一种用于轧制圆形板的纺形组合轧辊	程知松	实用新型	201620962772.8	2016.08.26
2016-532	一种无酸除鳞生产配套除尘与清理装置	王　尚	发明专利	201610829655.9	2016.09.18
2016-565	一种多工位自动注水装置及其控制方法	张勇军	发明专利	201610806705.1	2016.09.06
2016-566	一种多工位自动注水装置	张勇军	实用新型	201621040520.6	2016.09.06
2016-613	一种基于热轧中间坯平面形状的镰刀弯分段控制方法	徐　冬	发明专利	201610841613.7	2016.09.22
2016-614	对轧钢加热炉用煤气进行冷冻脱湿的设备及方法	徐言东	发明专利	201610839693.2	2016.09.21
2016-615	一种钢丝绳升降棒材及中厚板机械定尺设备及方法	徐言东	发明专利	201610835069.5	2016.09.20
2016-619	对轧钢加热炉用煤气进行冷冻脱湿的设备	徐言东	实用新型	201621070591.0	2016.09.21
2016-620	一种钢丝绳升降棒材及中厚板机械定尺设备	徐言东	实用新型	201621066021.4	2016.09.20
2016-645	一种带钢酸洗前破鳞机组控制系统	张勇军	发明专利	201610911522.6	2016.10.19

续表

内部编号	专利名称	第一发明人	专利类型	申请号	申请日期
2016-690	一种硅钢断面厚差质量图形化区域分析方法	邵　健	发明专利	201611155837.9	2016.12.14
2017-053	一种钢管在线喷淋式淬火设备	姚发宏	发明专利	201610922047.2	2016.10.26

2016年专利授权

内部编号	专利名称	第一发明人	专利类型	申请号	授权公告日
2013-187	一种1000MPa超级铁素体钢及其制备方法	赵爱民	发明专利	201310119753.X	2016.01.06
2013-397	一种2100MPa纳米贝氏体钢及其制备方法	赵爱民	发明专利	201310423172.5	2016.05.25
2013-437	一种高淬透性大直径65MnCr磨球及其制备方法	耿志达	发明专利	201310455888.3	2016.06.15
2013-473	一种高强度高塑性TWIP钢电渣重熔生产方法	刘建华	发明专利	201310499144.1	2016.01.20
2014-001	1400MPa级低屈强比高延伸率冷轧超高强汽车用钢的制备方法	赵征志	发明专利	201310733931.8	2016.06.29
2014-176	一种多信息融合的高温铸坯表面缺陷在线检测方法	徐　科	发明专利	201410137362.5	2016.04.20
2014-181	一种连铸坯预处理方法	余　伟	发明专利	201410141738.X	2016.09.07
2014-183	一种2400MPa级低成本纳米贝氏体钢的制备方法	赵爱民	发明专利	201410135887.5	2016.04.13
2014-196	兼顾热轧带钢轧制稳定性和质量的平坦度分段控制方法	邵　健	发明专利	201410166103.5	2016.01.13
2014-263	一种高强钢通过热轧及在线热处理的制备方法	陈银莉	发明专利	201410265459.4	2016.08.24
2014-280	一种加铜网复合高硅铁基合金电极板及其制造方法	赵爱民	发明专利	201410279502.2	2016.04.13
2014-284	一种棒磨机钢棒的制备方法	赵爱民	发明专利	201410305661.5	2016.02.03
2014-309	一种超纯铁素体抗菌不锈钢及制造方法	赵爱民	发明专利	201410315472.6	2016.01.20
2014-310	一种具有TRIP效应的超细结构贝氏体钢及其制备方法	赵爱民	发明专利	201410328892.8	2016.04.27
2014-427	一种基于动态分段冷却技术的热轧铝板凸度控制方法	邵　健	发明专利	201410562045.8	2016.05.11
2014-524	一种中碳超高强贝氏体钢及其制备方法	余　伟	发明专利	201410729877.4	2016.08.24
2015-009	一种1000MPa级高铝热镀锌双相钢及其制备方法	江海涛	发明专利	201410827950.1	2016.08.17
2015-041	基于多段辊形曲线拟合的热轧平整机工作辊辊形设计方法	孙文权	发明专利	201510013237.8	2016.08.24
2015-046	一种减少铝卷由于头部卷径厚跃造成表面起折粘伤的方法	宗胜悦	发明专利	201510024009.0	2016.08.17
2015-105	一种压力容器用低温钢板及其生产方法	武会宾	发明专利	201510068091.7	2016.08.24
2015-123	一种基于磨料射流的带钢脱脂控制装置	王　尚	发明专利	201510104711.8	2016.08.24

续表

内部编号	专利名称	第一发明人	专利类型	申请号	授权公告日
2015-439	一种车辆	徐言东	发明专利	201310751127.2	2016.05.25
2015-557	一种适合轧制中小规格钢板的试验装置	徐言东	实用新型	201520872484.9	2016.05.25
2016-001	一种钢材表面机械式清洗方法及设备	徐言东	发明专利	201410043560.5	2016.03.30
2016-197	一种适用于沙漠及干砂质土地的植树系统	徐言东	实用新型	201620269983.3	2016.11.23
2016-201	一种适用于沙漠及干砂质土地的植树车	赵正义	实用新型	201620271150.0	2016.08.24

新材料技术研究院

【概况】2016年，新材料技术研究院全体教职工不忘初心，凝心聚力，团结奋进，本着“组织大项目、出标志性成果、推进成果转化”的定位和目标，精心培育和发展新的学科方向；着力提升人才培养质量；积极创建产学研合作基地，着力打造国际一流大学研究院而扎实工作。这一年，新材料技术研究院硕果累累，成绩斐然，圆满完成学校下达的各项任务。

（曲选辉、吴春京）

【党建及党风廉政建设】围绕研究院发展定位，积极完成研究院党委建设工作，提高基层党组织的战斗力。完成党委第一次全体党员大会，进一步扩大党内民主，改进和完善基层选举制度，提高基层党组织的凝聚力；落实中央“八项规定”，坚持反“四风”，促进党风廉政建设；研究院依“法”建院完善决策体制，并且严格依“法”行使其职权，使院内各项工作正常、有序、平稳、高效推进；实行院务公开，极大地促进了研究院的改革和发展，取得了明显的效果。

（曲选辉、吴春京）

【师资队伍建设】加强师资队伍建设和师德建设，着力提高青年教师的培养力度。顺利完成114人的各类人员岗位聘任工作，公派出国留学8人，回国留学人员考核合格6人；引进“国家千人计划”专家曹国忠教授；李晓刚教授获2016年“北京市师德榜样”“教育部优秀教师宣传典型”“宝钢优秀教师奖”“全国冶金教育系统年度杰出人物”奖；张达威教授入选2016年“北京市科技新星”；刘永畅博士入选2016年“博士后创新人才支持计划”；贾宝瑞博士获“2016年度优秀博士后”称号；李晓刚教授、张深根教授、黄鹏老师获校2016年“先进个人”称号。

（曲选辉、李　芊）

【学科建设】凝聚共识，团结协作，出色完成学科建设任务。坚守定位，为建设世界一流学科，取得标志性成果。坚守“传统学科做精、新兴学科做强”的学科建设目标，做精“材料制备加工、粉末冶金、新型功能材料、材料服役与评价”传统学科，做强“材料基因组、3D打印、海洋腐蚀、量子点太阳能材料、材料循环再利用”新兴学科。在传统学科方面，“国家环境腐蚀平台”获NACE2016年度国际杰出机构奖，为建世界一流学科提供强力支撑。作为项目牵头单位，“高性能高精度铜及铜合金板带制造技术”获批国家重点研发计划并立项。在新兴学科方面，“材料基因组工程北京重点实验室”批准建设，为新兴学科的发展搭建平台。同时，“材料基因工程学科创新引智基地”批准建设（国家111引智计划），建设5年，总经费900万元，为学科国际化发展创造条件。作为项目牵头单位，“材料基因工程专用数据库及大数据技术”，获批国家重点研发计划并立项。

（曲选辉、张深根）

【科学研究】积极组织重大项目，开展基础研究和技术创新工作，出标志性成果。在“十三五”首批重点研发计划项目中，谢建新院士负责的“高性能高精度铜及铜合金板带材制造技术”和宿彦京教授负责的“材料基因工程专用数据库和材料大数据技术”2个项目获批，取得了“十三五”重大科研项目的开门红；在基金申请方面，积极开展了申报动员工作，获批国家自然科学基金7项。全年（截至12月25日）科研到款1.089145亿元，连续5年超亿元，其中纵向经费8650.59万元，横向经费2240.86万元。发表SCI/EI论文356篇，影响因子大于3以上的52篇，出版专著3部，申请专利55项（其中发明专利51项，实用新型4项），授权专利77项（其中发明专利74项，实用新型3项）。获国家级二等奖1项，省部级一等奖3项、二等奖3项、三等奖2项。“高性能铜铝复合材料连铸直接成形”项目荣获“2016中国好设计”银奖。

（曲选辉、董超芳）

【人才培养】不忘初心，坚持人才培养，以学生为本，加强服务管理，完善培养机制。出色完成本科教学任务，未发生任何教学事故。主讲33门本科生课程，指导59名学生进行本科生毕业设计（论文），产生校级优秀学士论文3篇。研究生生源质量名列前茅，培养质量显著提升。主讲22门研究生课程。2016年招收博士研究生56名，招收硕士研究生150名，其中推免生37名，“211”及以上院校生源占50%。授予博士学位14名，硕士学位131名。获得校级优秀博士论文4篇、校级优秀硕士论文7篇。学生徐俊的专利（导师谢建新院士）“一种高铁白铜合金管材及其短流程生产方法”，获第五届大学生科技创新作品与专利成果创新金奖；周丹博士（导师范丽珍教授）获校研究生十佳学术之星。67名研究生获得“肖纪美－安科”“精研”“优秀新生”3个专项奖学金，共资助57万元，为吸引和培养一流人才提供支持。10名硕士和9名博士获国家奖学金，4名硕士和1名博士获凤铝奖学金。奖学金人数占招生人数的35%。高质量就业签约率为100%。

（曲选辉、张深根）

【国内外学术交流工作】加强与国际合作，增加国际化成果。国内外学术交流活动活跃，进一步提升了研究院的国际影响力。2016年研究院组织国际交流出访47人次，特邀报告24人次，主办国内会议3次，参加国内会议56人次，其中特邀报告26人次，校外讲学22人次。其中学院田建军教授受瑞典隆德大学化学物理系主任Tonu教授邀请参加国际先进材料加工与制备大会并作报告，与瑞典隆德大学进行合作交流，在此基础上Tonu教授以学校为依托单位申请了外国专家“千人计划”项目；张深根教授受邀参加2016可持续工业过程峰会和展览会（SIPS2016）暨第四届可持续有色金属冶金国际会议，并作报告；张深根教授、刘波博士赴美参加TMS年会并作报告；同时还邀请美国马里兰大学张建祺教授，瑞典皇家工程科学院院士、瑞典查尔姆斯理工大学Christian Ekberg教授来学校作学术报告。

（曲选辉、张深根）

【实验室工作】加强安全管理，促进平安校园建设。把“安全稳定”放到第一位，编写了《实验室安全》教材，为每位新入学的学生开设《实验室安全》课程，结合理论学习，增强师生的安全意识和防护意识。坚持研究院月查、实验中心和研究院办公室周查的实验室安全检查制度，保证研究院全年未发生较大安全责任事故。配合及时处理废弃化学品及废液空瓶，协助工程实践基地建设拆迁和新建房屋工作，对各楼冷却循环水站进行日常维护和维修，确保教学、科研、实验顺利进行。

（曲选辉、孙建林）

【其他工作】提高服务质量，共建和谐院所。组织教职工去北京大学第三医院体检，给教职工办理各类保险，组织教职工参加学校师生运动会，参加校工会组织的各项比赛，走访看望离退休、患病职工和德高望重的院士、老教授。

无论人事管理、财务报账、网络宣传、国际交流，还是频繁琐碎的日常工作，办公室人员始终以笑脸相迎，为教师所思、替教师所想，以耐心的服务态度承接任何事务，将每件事务尽可能做到简洁条理、科学规范、完善人性，为教职工随时提供准确、科学、有效的各种便利，真正为研究院和学校、各职能部门之间搭好信息畅通、上传下达的桥梁，为共创和谐研究院和平安校园努力工作。

研究院办公室获校2016年“先进集体”和“先进工会小家”称号。

（曲选辉、李　芊）

沿海协同创新研究院

【概况】为进一步贯彻与实施国家创新驱动发展战略，加快学校与区域的协同创新和产学研合作，促进科技成果转移转化，学校在广东研究院建设基础上，突破了广东研究院建设中以项目合作为核心的传统校－企单线合作模式，大胆创新产学研合作模式，确定了新常态下地方研究院建设新思路，并组建了以我国沿海地区为主要协同创新区域的沿海协同创新研究院（以下简称“沿海研究院”）。沿海研究院围绕创新驱动发展战略，以产业结构调整和产业转型升级为任务，构建以市场需求为导向，以科技成果转化为目标，人才－技术双驱动和双转移的新型校－地－行业协同创新模式，实现人才－科技－产业的融合与协同发展。

沿海研究院根据学校学科优势、学科特点及发展需要，结合地方产业特色与发展方向，通过科学规划，重点布局，采用校－地－企业共建模式在我国沿海等地区重点建设若干实体基地（特色研究院），从而构建学校沿海区域经济发展协同创新带，加快沿海研究院的建设与发展。2016年，学校在坚持“政府支持、校地联合、创新引领、双核转移”的原则下，先后组建了以核电装备、海工装备、智能制造等为主要创新和服务领域的北京科技大学烟台工业技术研究院，和以新材料为主要创新和服务领域的北京科技大学广州新材料研究院。构建了学校与地方政府和企业间的协同创新模式，为学校构建沿海区域经济发展协同创新带奠定良好基础，开创了学校地方研究院建设的新篇章。

沿海研究院经过新建和调整相关特色研究院，现主要管理5个特色研究院或机构：①北京科技大学广州新材料研究院：主要负责学校在珠三角及华南地区的科技成果转化、技术研发、产学研合作、科技服务、企业孵化等工作。②广东北科科技发展有限公司：作为原广东研究院的主要承接机构，主要负责广东省省部产学研项目的对接、技术研究与开发、成果转让等相关工作。③佛山市北京科技大学研究院：主要负责学校在佛山市等区域的产学研工作，以及在佛山、广州、深圳等珠三角地区的远程教育和相关研究生培养等工作。④北京科技大学湛江工业技术研究院：主要围绕湛江钢铁和石化等产业，通过人才培养、技术研发、成果转化、企业孵化等促进钢铁石化产业和相关配套产业的延伸与发展，支持湛江产业升级和产业群建设与发展。⑤北京科技大学烟台工业技术研究院：研究院将充分发挥学校在装备制造、新材料、海洋工程等领域所具有的教育、科技创新及产业化优势资源，通过协同创新，大力提升烟台核电、海工、智能制造等产业的人才培养和技术创新能力。至2016年年底，沿海研究院现有正式工作人员21人。其中，博士学历4人，硕士学历4人，本科学历5人，大专学历3人。研究院还聘请了多位教授和相关专家作为兼职人员，参与研究院的建设与发展。

（何新波）

【科研工作】沿海研究院继续发挥科技桥梁与窗口作用，大力推进学校科技成果在沿海等区域的转移转化，积极组织和策划相关产学研项目的申报和技术开发，加强学校与地方的协同创新。同时，为推进研究院的实体化，沿海研究院不断加强与相关企业间的科技合作。2016年，研究院承担的“湛江东海岛重化工业区循环经济研究”“汽车阀片等材料的研制与产业化技术”“电磁炉用轻质锅具新型涂层制备技术研发”“具有多种核/壳结构形态的硅丙乳液合成及其梯度膜的制备”“基于云计算VSaaS的多源异构视频监控集成化服务平台”等多项科研课题顺利完成验收。通过协同创新，极大加强了研究院与学校之间的紧密合作。2016年年末，由烟台工业技术研究院牵头，联合北京科技大学、中国原子能科学研究院、烟台市台海集团有限公司等多家单位共同申报的山东省核电材料与装备创新中心（试点），成功入选山东省首批14家制造业创新中心（试点）。

（何新波、姚　迪）

【基地建设】2016年，特色研究院建设取得重大进展。在地方政府、学校领导和相关部门等的大力支持与关怀下，北京科技大学烟台工业技术研究院和北京科技大学广州新材料研究院注册成立并开始运行，为沿海研究院的建设与发展注入了新的动力。另外，与广州工业技术研究院合作共建的新材料制备加工技术联合研究中心建设也取得重大进展。通过第二期建设，联合研究中心创新团队得到锻炼，现已开发出多项涂层技术。其中，船舶用车间底漆材料于2016年通过了中国船级社认证，为底漆材料的应用奠定基础。现正在与广州建邦化学有限公司等共同开展产品的中试与产业化工作。

（何新波、张　涛）

【合作交流】2016年，在学校领导的大力支持与亲切关怀下，沿海研究院先后赴华南理工大学、深圳清华大学研究院、广东华中科技大学工业技术研究院、广东西安交通大学研究院等单位学习和调研，大胆探索和创新研究院建设模式与思路；积极与新疆乌鲁木齐市、烟台市、阳江市等地区就产学研合作和研究院建设进行交流；积极拜访相关企业与研究院所，共同推进协同创新与创业工作。同时，加强与地方科技部门的汇报与交流，尽力争取多方资源推进研究院建设，促进学校科技成果在沿海地区的转移转化，进一步强化学校与地方、学校与企业间的长效合作机制。

（何新波）

【人才培养】通过佛山研究院人才培养工作的推进，学校在华南地区的教育职能得到进一步加强。佛山远程学习中心在佛山市、深圳市、广州市、东莞市等地区通过现场宣传、网络媒体、合作招生等形式，积极开展相关研究生培养、本－专科学历教育和职业培训等工作。2016年，二期公共管理硕士研究生（MPA）圆满完成学业，并顺利通过毕业答辩；学习中心远程教育根据华南市场的需要，新增了人力资源管理、电子自动化技术、化学工程等专业，进一步完善了研究院人才培养体系，全年招收新生超过1000人。同时，针对企业与市场需求，有针对性地开展短期培训等，并结合产学研合作，不断将人才培养与技术开发融为一体，努力扩大学校在华南地区的影响。

（杜　娟、何新波）

管理与服务

校务管理

【概况】学校校务管理工作主要由党委办公室、校长办公室承担。党委办公室、校长办公室是学校党委和行政的综合办事机构，负责处理学校党委和行政的日常工作。校长办公室成立于1953年10月（时称院长办公室），1964年5月改为政治部办公室，“文化大革命”期间停止工作，1978年恢复建制。根据不同时期的工作需要，校长办公室下设机构几经调整，到1992年，校长办公室下设综合室、文秘室、信息室、档案室、校史编辑研究室。1997年，档案室、校史编辑研究室与人事处的人事档案室合并成立档案馆。1999年5月，学校机构改革后，党委办公室、校长办公室、统战部合署办公，下设综合接待室、信息文秘室、校友会与校董会办公室、法律事务中心。2001年统战部从党办、校办、统战部合署中分离，党办、校办合署办公，下设机构不变。2016年，党办、校办（以下简称办公室）设有信息文秘室、综合接待室、法律事务中心等下设机构。

（张卫冬）

【重点工作】①深入推进“两学一做”学习教育。协同组织部完成“两学一做”动员部署、协助推进集中学习、领导干部及党支部书记面向党员讲党课、学校领导赴二级单位的调研督导等系列工作。

②参与制订学校“十三五”事业发展规划。协同规划办研究制订学校“十三五”事业发展规划，明确学校未来五年发展的环境、总体思路、主要任务、组织实施等内容。

③牵头开展扶贫专项工作。统筹推进扶贫工作落实，制定《北京科技大学进一步做好“十三五”时期定点扶贫工作的意见》，确定“教育扶贫”“科技扶贫”主线。选派两办副主任赴秦安县挂职。整合各方资源，组织秦安县干部赴京培训、开展电商扶贫、实施消费扶贫和爱心捐赠，完成对接教师培训、城乡规划制订、历史文化挖掘和推广工作。

④牵头做好海淀区第十六届人大代表换届选举工作。作为学院路街道选举分会第二选区的牵头单位，成立选区工作办公室，设立25个投票选举站，制作并下发《选区选举工作手册》。工作从5月份试点选民登记系统开始，11月份结束，共登记选民25561人，顺利选举产生3名人大代表，选区投票率为99.44%，圆满完成选举工作。

⑤牵头做好学校公车改革工作。牵头组织相关部门开展学校公车改革工作，通过广泛调研、深入研究，结合学校实际，制定完成《北京科技大学公务用车制度改革总体方案》并上报教育部。

⑥圆满完成柯俊先生百岁华诞庆祝活动。牵头组建庆祝活动筹备组，精心谋划、隆重举行柯俊院士百岁华

诞座谈会等相关活动，全国政协副主席刘晓峰等十余位各级领导和十余位两院院士参加。

（张卫冬、吴豪伟）

【综合管理工作】2016年，办公室继续强化“精品、责任、服务”意识，保证综合协调工作的质量和效率，努力做到“运转有序、协调有力、督办有效、服务到位”，塑造良好的服务形象，打造优良的工作作风。

①各类重要活动的接待服务。年内，总计完成70余次党委常委会、校长办公会和全委会及全委扩大会的会务工作和会议纪要发放工作。为学校所有二级单位开设两会纪要专用邮箱，极大便利了二级单位纪要文件的收集、处理。

②信访接待工作。扎实开展信访接待工作，坚持领导接待日、校长面对面等校领导联系群众制度的落实。年内处理来信48封、接待来访人员100余次。全年专门安排校领导接待群众来访36次，主动到老干部活动站接待离退休人员来访8次，接待来访离退休人员60多人次，妥善解决教职员工及个人利益相关的各类问题，积极营造和谐健康的校园环境。

③督查督办工作。办公室及时处理校长信箱各类问题33个，较上一年度同比减少43%，问题涉及学校的教学科研、学生事务、后勤服务等多个方面，均按照《校长信箱网络平台使用管理办法》做出了及时、认真的答复，答复率100%。

④安全稳定工作。牵头制定学校年度及两会期间的安全稳定方案，协调各单位做好相关工作。认真做好学校信访工作，积极帮助师生解决问题，维护学校稳定。接收机要局、内网电子公文746份，接收上级行政来文800余份，其中机密文件87份，秘密文件363份，对机密文件严格履行专人专递、校领导签字、杜绝中间环节的流转程序，全年零事故。

（吴豪伟、苏　栋、李　鹏、康　玲）

【办公自动化工作】开发综合办公系统，完善会务配套服务。完成学校综合办公系统开发并投入使用，实现会议室线上预约及动态更新，优化并规范会议室使用管理，制作使用会议专用垫板及议程模板，标准化会议议程，细化接待流程，提升会务服务水平与质量。改造升级网络电子会议平台系统，根据用户体验优化了部分已有功能，开发了会议的分类管理、会议资料的网上批注等功能。目前，该会议系统已经在部分兄弟高校使用推广。

（吴豪伟、赵　萌、李　鹏、倪　阳）

【信息工作】完成内部文件153份、上报公文300余份的转呈办理发布，并做好有关规章制度的清理工作。向教育部和北京市教育工委报送学校信息170余期，6篇被教育部网站采用，4篇被教育部“要情综合”采用，学校荣获“教育部信息工作先进单位”荣誉称号；开展学校年鉴编辑工作，完成校外年鉴3万余字编撰工作。学校年鉴（2015卷）获第二届北京市年鉴编校质量评比一等奖。组织设计并制作2016年学校事业发展公报，在各类对外交流活动中展示了学校发展成绩。

（吴豪伟、赵　萌、金剑芭、倪　阳）

【信息公开、党务公开工作】对学校信息公开、党务公开专网进行全面改版，优化栏目设置，理清公开内容，集中、准确匹配了教育部信息公开清单中的10项50条内容，实现了依申请公开的网络申请、进度查询、满意度评价等功能，使得信息公开内容更为系统、规范，查找更为便捷。

（赵　萌、倪　阳）

【统计工作】牵头做好统计工作，完成《普通高等学校基层报表》《普通高等学校科技统计年报》等数十份大型统计报表报送工作。2016年获“教育事业统计工作质量评估优秀集体一等奖”。

（赵　萌、倪　阳）

【法律事务与政策研究】①进一步完善法律顾问制度，加强法律事务管理工作，在合同审查、诉讼应对等领域有效维护了学校的合法权益。年内，处理法律案件1件（胜诉）、提供法律咨询15起、审查合同8份、参与起草重大协议2项。继续开展校园普法工作，与宣传部、文法学院等单位联合组织国家宪法日普法宣传教育活动，其中两个工作案例被北京市教委选为优秀工作案例。组织开展宪法日、“学宪法”普法演讲、普法微视频制作等活动，选送作品获北京市普法微视频比赛一等奖和三等奖。②起草完成学校党建工作要点、创客新城建设工作报告、高精尖创新中心报告等文字材料。开展理论研究，撰写并发表理论文章6篇，其中，《在“双一流”建设中找准定位、特色发展》等两篇文章在《中国高等教育》《黑龙江高教研究》核心期刊发表。结合国家加快推进创新驱动发展、统筹推进“双一流”的重大战略决策，协调推进了对相关大学排名中涉及北科大的研究工作，为学校发展及领导决策提供参谋。

（郭志恒、胡智林、安晓东）

【其他专项工作】构建校院两级办公室工作新媒体交流平台。建立由两办、各学院行政副院长、办公室主任组成的微信群，进一步便捷沟通方式，打造工作经验交流、分享的新媒体平台。

（郭志恒、李　鹏）

校友会、基金会工作

【概况】2016年，校友会、基金会办公室遵循“传承、创新、服务、共赢”的工作理念，围绕学校中心工作，继续凝聚和服务广大校友，不断吸纳和挖掘社会资源，求真务实，开拓创新，圆满完成各项工作任务，为学校改革发展做出了应有贡献。

（吕朝伟）

【校友日常联络与服务】校友会办公室作为广大校友与母校之间的桥梁纽带，在日常工作中格外重视广大校友的联络和服务工作。①圆满举行“校庆周”系列活动。协调相关部门集中举办了以展现学校发展历史、辉煌成果、办学特色和发展方向为主要内容的一系列学术、文化、宣传、校友返校等活动。其中82级、92级两次值年返校活动共邀请海内外1100多名校友聚首母校。②精心服务各类校友返校活动。传承“校友返校找校友会”的口号，筹备并组织电冶70级、机械66级、压加66级、稀有金属76级、机械76级、炉73级、铸73级等校友返校活动30余场次，服务校友人数超过1500人。③做好校友会网站、微信、微博等信息平台建设与维护，及时发布各类新闻信息；年内，以电子邮件形式定期编辑、发送《北科大校友工作动态》10期，每期发送电子邮件约4万封；积极推进手机APP的前期调研与内部测试及反馈。密切掌握校友动态，及时为升迁、获奖等取得成绩的校友寄发贺信近30封；每逢重要节假日，制作贺卡、编辑信息向校友传递祝福、保持联系。

（杨志国、陈晔明）

【校友分会建设】校友分会是联系和凝聚各地校友的重要平台，承担着联络和服务当地校友、扩大学校社会影响力、促成校企合作等重要职能。2016年完成的主要工作包括：①继续加强校友分会建设。年内，校友会协助各类校友分会的筹建，新建高尔夫球校友分会，并在首都高校“校友杯”比赛中荣获团体第一名的好成绩；积极筹备成立上海、英国、澳大利亚、芝加哥等校友分会。目前基本形成了48个地方校友会、6个专业校友会、2个社团校友会和1个兴趣校友会纵横交叉的工作格局。②完善校友分会联系机制。一是确立并实施“校友工作年会制度”。建立了各校友分会负责人、联络人微信群，加强对分会工作的联系和指导。二是继续坚持“校领导走访分会”机制，协调校领导走访各地校友或校友会，2016年分别走访了广西、四川、广东、新疆及深圳、哈尔滨等校友会，拜访了中铝集团葛红林、广西省委常委北海市委书记王可、广州市人大常委会主任陈建华等校友，为与当地合作建立基础。三是有序推进“总会扶植分会制度”，支持和配合广州、深圳、海南、上海、中国香港等校友分会分别开展有自身特色的活动，为校友发展提供帮助，扩大学校和校友在各自地区的影响力。四是巩固“校友分会迎新”制度，及时向各分会发送年度毕业生信息，在各方面给予帮助和支持，海南、广东及深圳等校友分会举行了迎新活动。

（吕朝伟、杨志国）

【整合与开发校友资源】校友是支持母校发展的重要资源和力量，开发校友资源对于学校事业发展具有重要意义。2016年校友会办公室协同相关部门在开发校友资源方面进行了有益的探索。①积极联络校友企业，助力学生就业创业。为缓解毕业生就业压力，积极主动拜访企业家校友，与招生就业处联合举办“2016届校友、校董企业大型双选会”，成功邀请校友企业140多家，提供就业岗位3000余个，近4000名毕业生参加，有效帮助了学生就业创业。②助力学生创新创业，与团委、科技园共同主办学生创业竞赛，选拔优秀创业项目参加清华、北大等六校联合开展的“创享+”2016加速计划。③助力学生成长成才。邀请刘芹、蔡晓航、胡晓东等知名校友参加开学典礼和毕业典礼，分享了他们的人生感悟、指引学生职业生涯发展。

（吕朝伟、杨志国）

【校友信息收集与整理】校友会办公室不断拓宽信息收集渠道，积极通过各地校友分会、校友会网站、官方微博、官方微信等多渠道随时收集信息，实现校友信息的动态管理。充分利用校友返校、聚会等机会掌握校友信息变更情况，积极发挥群体力量，广泛动员教职工、校友积极为校友会提供各自掌握的最新校友信息。①按照“时时、处处、人人”收集信息的原则，编织好“网格式”校友信息收集体系，维护并完善校友信息系统。截至目前，学校校友信息库中校友人数已达12万多人。对校友信息进行分类整理，目前已经整理出《胡润富豪榜中北科大校友名单》《沪深主板上市公司中北科大校友名单》《北科大校友创建上市公司一览表》，为日后募捐工作打下坚实基础。②完善制度，夯实校友工作基础。继续推行毕业班校友联络员制度，在每个本科班、研究生专业全覆盖选拔200多名毕业生作为校友联络员，并在毕业典礼上举行正式聘任仪式，从源头铺设校友联络通道，加强毕业生与母校、校友之间的情感联系。

（杨志国、陈晔明）

【捐赠项目开发】2016年接受捐赠1436.50万元（45个基金项目），争取教育部配比资金901万元，为学校增加收入2300多万元。公益支出总计1352.64万元，资助公益项目57个，举办捐赠仪式6场。

（吕朝伟、李佳宁）

【基金运营与管理】①按照民政部基金会年检工作要求，填报《北京科技大学教育发展基金会2015年度工作报告》，通过了民政部组织的年检检查，获得年检“合格”的结论，并在《公益时报》公布基金会年度工作报告。接受了财政部“中央高校捐赠收入财政配比专项核查”，进一步提高了基金会的公信力。② 2016年按照项目化管理要求，完成86笔捐赠收入的捐赠协议签订、开具捐赠收据及捐赠证书、基金入账、上传基金会网、银行对账等工作；向学校转出67笔基金，完成相关的项目审批表、领导审批、建立账号、开具转账支票、建立经费卡等工作；完成33个捐赠项目、35笔捐赠收入的教育部捐赠配比申报工作。完成了北京科技大学教育基金会剩余财产转入北京科技大学教育发展基金会的工作。

（吕朝伟、李佳宁）

发展规划工作

【概况】2016年是“十三五”的开局之年，规划与学科建设办公室会同党、校办等职能部门顺利完成《北京科技大学“十三五”教育事业发展规划》的编制工作，以及各二级单位规划终稿的汇总工作。根据学校整体目标，以建设世界一流大学和一流学科为目标，组织相关学科和单位编制相关建设方案。

（乔　兰）

【完成“十三五”规划编制工作】规划与学科建设办公室会同党、校办等职能部门在2016年完成了《北京科技大学“十三五”教育事业发展规划》的编制工作，各二级单位以“十三五”规划初稿汇报工作会的会议精神为指导，对本单位规划进行修订，规划办负责对各二级单位上交的“十三五”规划终稿进行了汇总。

（胡晓军）

【助力“双一流”建设】国务院出台了《统筹推进世界一流大学和一流学科建设总体方案》，文件中明确提出引导和支持具备一定实力的高水平大学和高水平学科瞄准世界一流加快建设。自文件出台以来，规划与学科建设办公室认真学习和研读相关文件。以文件精神为指导，建设世界一流大学和一流学科为目标，学校学科现状为基础，兄弟院校调研结果为参考，完成《北京科技大学综合改革方案》中学科建设部分内容的编制。同时密切关注各类世界大学排名榜单，追踪学校在国际及国内的排名情况，参照相关兄弟院校、对标高校的排名情况，结合ESI排名结果，以此为参考数据和支撑材料，提出“双一流”建设思路，准备着手编制“双一流”建设方案。

（胡晓军）

【追踪大学排名】“双一流”建设要以学科建设为龙头，需要重点关注。大学排名反应的是大学的综合实力，大学的综合实力竞争实际就是学科的竞争。规划与学科建设办公室一年来密切关注世界大学排名榜单，在掌握各大榜单排名依据、指标权重及权威性的基础上，除了关注学校及兄弟院校的综合排名之外，对学科排名也进行了重点关注，并对二级指标得分进行统计，为相应学科建设指明方向，为“双一流”建设夯实基础。

（胡晓军）

【分析ESI排名】ESI排名结果，显示了该学科在国际同类学科中的地位和水平，结合图书馆提供的相关数据，对进入ESI排名的学科进行分析，以分析结果为辅助材料，探索学科发展方向，为学校“双一流”建设方案提供参考性建议。

（胡晓军）

人事管理

【概况】2016年，学校大力实施人才强校战略，切实加强师资队伍建设，深化人事分配制度改革，充分调动各方面积极性，为学校各项事业发展提供了强有力的人才保障和智力支持。2016年，学校入职132人，其中教师岗位99人（含引进的高水平拔尖人才及人才团队），占75%。入职人员中，具有博士学位101人，占77%；具有高级专业技术职务13人；具有海外留学经历16人，教师博士后44人。至2016年年底，学校在职职工总数为3384人，其中专任教师1741人、教辅人员271人、行政人员453人、专职科研人员13人、工勤人员及其他人员906人。专任教师队伍中具有博士学位1245人，占71.5%。

（苏　靖、焦丽君、纪　伟、王玺宁）

【专业技术职务评聘工作】2016年，学校在保证政策连续性的基础上，继续按照分类管理原则，更加强调学科差异、水平差异及岗位差异，并参照现有学科平均水平进行评价，主要变化为：“一个调整、两个增加”。对出国（境）访学经历要求保持不变的同时增加可选项。在教学科研教师系列现有岗位类型的基础上，新增高级讲师和工程型（试点）。既保持政策连续性，又不断提高任职水平，使考核晋升体系更加科学合理。在具体操作层面，继续坚持规范评聘程序，公开评聘标准，严格聘任条件，加强公示监督。2016年，全校共有106人晋升高一级专业技术职务，其中教学科研岗教师系列晋升63人（正高22人、副高40人，中级1人），非教学科研岗晋升43人（副高13人，中级30人）。

（郭艳琳、于　群、杜　焱）

【高层次人才引进工作】2016年，学校进一步推进实施人才强校战略和人才振兴工程，把目光瞄准海内外高层次人才，大力加强人才引进力度。年内，学校引进国家“千人计划”创新人才长期项目入选者刘焕明（北京计算科学研究中心研究员）、牛康民（美国波音公司资深结构专家），国家“千人计划”创新人才短期项目入选者曹国忠（美国华盛顿大学终身教授）、卢云峰（美国加州大学洛杉矶分校终身教授），国家“千人计划”青年项目入选者耿东生（中国工程物理研究院协议副研究员），张新房（英国帝国理工学院副研究员），国家杰出青年科学基金获得者、百千万人才工程国家级人选、中国科学院自动化研究所研究员乔红，国家杰出青年科学基金获得者、陕西师范大学教授李正平，“万人计划”科技创新领军人才、“长江学者”特聘教授、“创新人才推进计划”中青年科技创新领军人才、新世纪优秀人才培养计划入选者、河海大学教授王媛，“万人计划”科技创新领军人才、“创新人才推进计划”重点领域创新团队负责人、主要农作物种质创新国家重点实验室教授级高级工程师、北京首佳利华科技有限公司首席科学家万向元，哈尔滨工业大学教授闫相斌，中国环境科学研究院研究员段小丽，中国科学院物理研究所副研究员孙萌涛，北京航空航天大学副教授王宁，新世纪优秀人才培养计划入选者、武汉理工大学教授潘建红，中国石油大学（华东）教授张红霞，北京化工大学副教授张海君，北京首佳利华科技有限公司安学丽（教授级高级工程师）、吴锁伟、谢科，北京第二外国语学院副教授薛锦，中国石油大学（北京）讲师贾希来，中国科学院工程热物理研究所助理研究员邱琳，天津理工大学副教授郭祥贵，北京交通大学博士牛红丽，北京邮电大学博士孙文荣，日本北海道大学教授大贯惣明，加拿大 Swakop Uranium 公司 CEO 技术代表郭先健（兼职），比利时列日大学教授 Michael Kraft（兼职）等高水平拔尖人才。

（郭东旭）

【高层次人才推评工作】 2016 年，学校进一步加强和规范各类人才工程推评工作，完善人才遴选办法及评审程序，坚持“公正公开、实事求是、宁缺毋滥”的原则，做好各类人才工程项目的推评和管理。年内，经科研、教务、人事等部门推荐，吕昭平入选“万人计划”科技创新领军人才，姜建壮入选“万人计划”百千万工程领军人才，王守国获“国家杰出青年科学基金资助”，陈骏入选“长江学者”青年项目，查俊伟获“国家优秀青年科学基金资助”，刘雪峰、邢奕入选“创新人才推进计划”中青年科技创新领军人才，申亚男、夏德宏获“北京市教学名师”，张建良、张深根、王荣明、朱荣入选 2016 年度享受政府特殊津贴专家，于广华、冯妍卉、廖福成获得 2016 年宝钢优秀教师奖，于广华、冯妍卉、廖福成、李晓刚获得中国冶金教育学会“全国冶金教育系统年度杰出人物奖（教师）”，申亚男获得“全国冶金教育系统年度杰出人物奖（管理骨干）”，彭庆红和左鹏被北京市教育工委聘为北京高校思想政治理论课特级教授，刘丽敏和赵静被评聘为北京高校思想政治理论课特级教师。

为激励全校教职工在教学、科研和管理服务等工作岗位上做出突出贡献，形成树立先进典型、弘扬高尚情操的良好氛围，进一步推动学校工作全面发展，由各二级单位推荐、部门公示、纪委审查、评选专家组投票表决，学校共评选出校级 2015 – 2016 年先进集体 15 个、先进工作者 92 名。

根据《关于设立北京科技大学特聘教师岗位的暂行办法》（校发〔2013〕73 号），鉴于数理学院信息与计算科学系李娜老师在教育教学方面所取得的突出成果，经学校批准，于 2016 年 9 月聘任李娜老师为学校特聘副教授。

（郭东旭、郭艳琳）

【考核聘任工作】 ①新一轮岗位聘任工作。2016 年，根据学校“十三五”规划及综合改革方案的精神，人事处在前期调查研究、统计分析和广泛征求意见的基础上，对新一轮聘期的编制与岗位设置进行了重新核定，并启动实施了 2016 – 2019 聘期岗位聘任工作。在此次岗位聘任工作中，学校采取了校、院两级联动，学校总体规划、学院自主实施的原则，进一步扩大了二级单位自主权，并分类确定了教师、专业技术和党政管理人员的校内岗位津贴标准。通过此次岗位聘任工作，学校进一步完善了符合高等教育规律和学校实际情况的人事制度，进一步健全了“按劳分配、多劳多得，强化岗位、优劳优酬、激励与保障并重”的津贴调整机制，进一步激发了广大教职工参与学校建设事业的积极性、主动性和创造性。

②聘用合同期满教师考核工作。建立教师退出流转机制，与学校签订正式聘用合同、且工作未满两个聘期（满六年）的教师，在首两个聘期内，每个聘期末均参加考核。2016 年完成合同期至 2016 年 12 月 31 日共 59 名教师的考核，其中引进人才 5 人、首聘期 34 人（教学科研岗 31 人，科研辅助岗 3 人）、二聘期 20 人（副高以上及硕士中级 17 人，博士中级 3 人），全部续聘。

③教职工年度考核工作。按照学校相关规定及管理办法，组织实施并完成教职工

年度考核工作。参加考核的教职工共计2722人，其中优秀174人、合格2501人、基本合格26人、不合格21人。

④教师博士后工作协议期满考核工作。按照学校相关规定，2016年5月和11月分两个批次组织并完成教师博士后工作协议期满考核工作，共计35人参加考核，32人通过考核出站留校工作。

⑤回国人员期满考核工作。按照留学人员签订的《出国留学协议书》要求，对回国教师进行综合考评。参加考核教师共计74人，均严格履行约定职责义务，很好完成了出国期间任务，考核合格。

（苏　靖、纪　伟、郭艳琳、于　群、杜　焱）

【师资培养培训工作】①青年教师思想政治教育工作。人事处联合宣传部和相关学院选派12名青年教师参加北京市哲学社会科学教学科研骨干研修班，选派10名青年教师参加北京高校青年骨干教师理论培训班，提升教学科研骨干的思想政治素养。

②教师国际学术交流工作。学校做好教师队伍出国留学选派工作整体指导和规划，按照各单位出国人数比例，对长期出国人员申请进行总量控制，有层次、有步骤地进行选派。一方面，积极拓宽出国留学渠道，组织申请国家留学基金委的各类出国项目，2016年入选各类国家公派项目55人（高级研究学者、访问学者项目22人，青年骨干教师出国研修项目27人，高等教育教学法LH项目3人，中美富布赖特项目1人，香江学者项目1人，博士后国际交流计划1人）。另一方面，充分利用海外经费资助及科研经费资助，以单位公派形式灵活选派31人赴海外高水平大学或机构进行学术研修。年内，学校共派出访问学者88人，其中国家公派62人、单位公派26人。完成访学回国75人，其中国家公派45人、单位公派30人。

③新教师岗前培训工作。2016年，学校共143人（含校聘非事业编制人员）参加新入校教师岗前培训，其中教学科研岗位83人、实验岗位17人、党政管理岗位35人（含辅导员22人）、其他岗位8人。培训内容包括师德培训、廉政教育、实验室安全教育、人事人才、保卫保密、校园信息化办公、爱国主义教育基地参观、素质拓展、校领导座谈等多方面多形式的全方位系统培训，同时也进行了校租房、子女入学政策介绍专题，学校还组织26人参加北京市高校师资培训中心组织的高等学校教师岗前培训，提高新教师教育教学能力和专业素养。

④教师资格认定工作。2016年，学校继续组织落实北京市教育委员会的教师资格认定工作，进一步提升教师专业化水平。经过资格审查、能力测试、综合评定，共对84人认证了教师资格。

⑤其他培养培训工作。学校继续鼓励基础学科或亟需发展学科人员在职攻读学位，给予学费支持，同时适当放宽岗位专业技术性质强、学历相对较低人员在职攻读学位比例。2016年申请在职进修人员19人，审批通过19人；2016年最终录取12人（11人在职攻读博士学位，1人在职攻读硕士学位）；在职学习毕业10人（获得博士学位5人、硕士学位3人、其他2人）。

⑥国内访问学者接收工作。按照教育部相关要求，认真做好青年骨干教师国内访问学者选派工作。2016年实际接收10名国内访问学者（西部之光访问学者3人、青年骨干访问学者3人、一般访问学者4人；教授1人、副教授3人、高级工程师2人、高级讲师1人、讲师3人；具有博士学位1人、硕士学位7人）。

在北京市高校青年英才计划项目结题验收中，根据市教委、教育工委的文件精神，经二级单位推选、专家评审，学校共遴选出89名青年骨干教师入选了北京高校青年英才计划项目。项目建设期间，学校高度重视项目实施，严格规范科研经费合理支出，认真做好项目管理。截至2016年3月底，该项目共计到校经费1305万元。学校青年教师在该项目资助下共计发表论文502篇，出版著作/作品54部，申请专利142项，新增主持国家重大/重点计划项目4项、国家基金项目40项、国际合作项目1项、省部级重大/重点计划项目2项、省部级基金项目17项，入选国家级人才计划1人、省部级人才计划5人。各学科组专家代表在听取汇报，审阅学校总结报告、学科组评审材料、项目申报人业绩情况后，一致同意结题项目全部通过验收。此外，学校2016年兼职教授新增申报7人，续聘17人。

（郭艳琳、于　群、杜　焱）

【研究生助教、助管岗位管理】 2016年，根据学校相关规定，开展研究生助教岗位设置、岗位职责制定、竞聘人员选拔、签约上岗及聘后管理等工作，共选拔博士研究生助教73名，硕士研究生助教151名，硕士研究生助管6名。

（苏　靖、纪　伟）

【博士后科研流动站工作与博士后管理工作】 2016年，学校共招收博士后研究人员84人，其中学校流动站单独招收67人（含拟聘教师博士后44人），与企业联合招收17人，办理博士后出站92人，截至2016年12月31日，在站博士后共228人，其中教师博士后109人，学科博士后71人，企业博士后48人。年内，共有54人获得中国博士后科学基金第59批和60批面上资助项目，其中19人获得一等资助，35人获得二等资助，资助总金额327万元；6人获得中国博士后科学基金特别资助项目，资助总金额共计90万元。另外，新材料技术研究院刘永畅博士后入选国家首批博士后创新人才支持计划，冶金与生态工程学院刘高阳博士入选2016年度博士后国际交流计划派出项目。

（焦丽君、王玺宁）

【社会保障工作】 2016年，学校共为全体在职教职工（含劳动合同制人员）3500余人进行了养老、失业、工伤、医疗、生育保险的征缴和管理工作，其中保险新增、转入、转出手续502人次、保险补缴手续2人次、异地转接5人次、养老保险一次性结清3人次、失业金领取3人次、生育津贴及生育医疗保险报销手续15人次，工伤认定、劳动能力鉴定、工伤报销、工伤待遇支付累计10人次，处理历史遗留变更个人身份、姓名及身份证号码126人次，变更定点医院19人次，全年共收缴保险费用1914.2万元。此外，办理工伤保险报销11.3万元，工伤待遇申领共计30.9万，办理生育保险及津贴申领共计32.1万元，养老保险一次性结清及失业津贴5.3万元。

年内，学校继续做好30名一级人事代理人员及14名待岗人员的日常管理工作，积极支持业务人员参加继续教育，全年共培训52人次（财会培训51人次、档案管理培训1人次）。组织6名工人参加中央国家机关工人考核委员会的工人职业技能鉴定。此外，全年共办理申请解决夫妻两地分居配偶调京手续8人次，协助办理落户18人次。

（苏　靖、邵丽华、纪　伟）

【养老保险制度改革】 2016年，机关事业单位养老保险制度改革列为人事处重点工作之一。年初，学校启动了事业单位养老保险数据采集工作，通过查阅人事档案、商调函、走访采集等方式，共核实了在职人员（共2706人）和退休人员（共2433人）的个人基本信息。3月，学校按照人社部和教育部的安排，参加了在京中央国家机关事业单位养老保险业务培训班学习。9月，学校按照人社部要求完成机关事业单位养老保险数据预申报。12月，学校参加在京中央国家机关事业单位养老保险经办培训交流，深入理解政策文件，为学校圆满完成养老保险改革任务做好准备。

（苏　靖、邵丽华、纪　伟）

【劳动合同制人员管理工作】2016年，学校劳动从业人员(除事业编制人员)约1200人，共办理劳动合同人员入职135人、离职86人、调转2人、合同续签44人，全年累计发放劳动报酬约1218万元。按照学校年度工作安排，继续规范劳动合同制人员管理工作，先后就离职赔偿金问题、档案存放问题、公积金缴存问题、工会入会问题等，进行了专门的研究，最大限度地帮助各用人单位，合法规范用工，降低法律风险。同时，按照学校进一步扩大劳务派遣范围和规模的要求，2016年在图书馆的部分岗位试点劳务派遣用工基础上，积极推进现代教育技术中心公共基础课多媒体教室管理岗位的用工改革，现阶段前期调研、岗位测算等一系列工作已经结束，待实施方案获得学校通过后即可启动招投标程序。此外，为了能够更加规范地向北京市相关管理部门和学校有关单位提供劳动和薪资数据，学校建立了非事业编制人员信息统计制度，完善了非事业编制人员基础数据库，确保信息维护准确、及时、全面。

（苏　靖、邵丽华）

财务工作

【概况】2016年，财务处全面贯彻落实学校各项决策，严格按照《北京科技大学综合改革方案》《北京科技大学“十三五”事业发展规划》文件精神，积极拓展筹资渠道，优化资源配置，统筹各项经费支出，加强资金管理，努力提高经费使用效益；不断加强预算管理的严肃性，成立预算委员会，探索财务预算管理新模式；切实加强财务收支管理，完善财务监督机制，继续贯彻落实中央“八项规定”及勤俭办学精神；在坚持规范化、科学化管理的基础上，继续推进财务服务信息平台、网络报销系统建设，完善科研经费报销“一站式”服务。

（曹光远）

【总体财务状况】2016年，学校收入总计239216万元，包括财政补助收入112983万元，占收入的47.2%，其中：教育补助收入98708万元，占收入的41.3%，科研补助收入8162万元，占收入的3.4%，其他补助收入6113万元，占收入的2.5%；事业收入82250万元，占收入的34.4%，其中：教育事业收入27534万元，占收入的11.5%，科研事业收入54716万元，占收入的22.9%；附属单位上缴收入3258万元，占收入的1.4%；经营收入3579万元，占收入的1.5%；其他收入37146万元，占收入15.5%。2016年，学校支出总计202232万元，包括工资福利支出49247万元，占总支出的24%；商品和服务支出66196万元，占总支出的33%；对个人和家庭补助支出61691万元，占总支出的30.5%；基本建设经费支出1918万元，占总支出的1%；其他资本性支出19601万元，占总支出的9.7%；经营支出3579万元，占总支出的1.8%。

2016年，学校基本建设完成投资2589万元，其中：国家拨款1918万元，自筹经费671万元。

至2016年年底，学校拥有资产总值766500万元，比2015年末增加66515万元，增长9.5%。其中：固定资产361937万元，比2015年末增加18490万元，增长5.38%。

学校负债总额为34641

万元，比2015年末增加59万元，增长了0.17%。资产负债率为4.52%，比上年降低了0.42%。学校账面净资产731859万元，占资产总值的95%，比2015年末增加66456万元，增长9.99%。

（甘　露）

【财务管理】①完善差旅费、会议费管理，重点改善科研经费相关费用支出人性化管理服务工作。为贯彻落实中办国办《〈关于进一步完善中央财政科研项目资金管理等政策的若干意见〉的通知》文件精神及教育部有关要求，修订、制定并实施了《北京科技大学国内差旅费管理办法（试行）》和《北京科技大学会议费管理办法（试行）》，对相关费用支出规定进行细化，重点对以往科研经费报销过程中遇到的问题进行疏通、完善，将规范管理与改进服务有机结合，真正实现科研经费放得开、管得住、服务好的总体要求。②积极推进学校机关职能部处经济分配和绩效考评办法改革。按照学校综合改革方案总体要求，2016年，财务处积极开展了机关职能部处经济分配和绩效考评办法改革工作，进一步规范和理顺了职能部处分配关系，完善了学校绩效考评体系。③创新预算管理模式，积极盘活存量资金，重点保障学校人员经费开支需求。按照学校整体安排，“十三五”期间学校资金压力很大。为保障学校中心工作顺利开展，财务处积极创新预算管理模式，拓宽筹资渠道，通过结余经费回收等方式盘活存量资金。同时加强收入预算执行力度，努力增加各类收入，严格执行有关单位收入上交和经费返还额度，保证应收尽收，全年收入上交率超过100%。④进一步加强财政专项经费管理，完善专项经费执行职责分工和工作机制，逐月统计和反馈执行情况，定期召集执行通报和督促会，多方协调推进执行进度。同时按照学校校长办公会要求，建立财政专项经费执行绩效奖励制度。在各职能部处及相关学院的大力支持下，2016年财政专项经费执行情况取得了较好的效果。⑤牵头推进学校内部控制体系建设工作。为保证学校经济活动合法合规、资产安全和有效使用、财务信息真实完整，提高资源配置和使用效益，根据财政部和教育部相关要求，学校成立内部控制建设工作领导小组，并由财务处牵头开展内部控制体系建设工作，建设内容包括财务管理、合同管理、采购管理、工程项目管理、科研经费管理等十一大项内容。⑥落实公务卡改革，试行公务卡结算。为落实中央文件精神，规范公务活动结算方式，学校年底试行了公务卡结算方式。在兼顾便利与安全的前提下，优化了网络报销流程，搭建了与银行的联动机制，使公务卡运行良好，为后续公务卡全面、正式推行打下了良好基础。⑦实行网络报销自助式收单。为进一步提高网络报销的效率，更好地为广大师生提供高效便捷的财务服务，财务处进一步简化了报销流程，实行网报自助式收单。同时，通过提升人员技能、优化业务流程、设定处理时限、加大工作强度及改进宣传沟通方式等措施，多方面提升单据审核效率。在业务量持续增长的背景下，进一步将报销单处理时间缩短到五个工作日，提高了服务质量。⑧做好营改增服务。为应对财税体制改革，财务处做好全面应对预案，保证营改增工作的顺利进行。一方面积极与税务部门协调，实现了学校增值税发票的扩版与增量，满足了用票需要；另一方面根据新情况、新问题，主动向上级主管部门汇报，通过教育部同国税总局的沟通，降低了税率，减少了税负。同时细化和下沉服务，通过建立微信群等多种沟通方式加强与各涉税单位沟通，24小时在线解答有关咨询。

（甘　露）

资产管理

【概况】学校共有本科教学实验室70个，校级公共服务平台2个，国家级实验教学示范中心2个，国家级虚拟仿真实验教学中心2个，北京市级实验教学示范中心8个，实验室及实习场所面积13.8万多平方米。全校共有实验技术人员236人，其中高级职称60人（正高职1人），中级职称136人，初级职称23人，工人17人。

至2016年年底，学校共有各类在账仪器设备70456台（套），价值16.25亿元；家具62601件（套），价值0.68亿元；软件2127套，价值1.72亿元。学校土地面积共80.39万m^2（合1205.78亩），其中本部57.81万m^2（合867.06亩）、管庄校区5.69万m^2（合85.35亩）、西三旗校区3.53万m^2（合52.98亩）、昌平创新园13.36万m^2（合200.39亩），全校总建筑面积97.01万m^2。

（张　捷、刘晓楠、何　勇）

【实验室管理】①整合学校优质仪器设备资源，持续推进仪器设备开放共享工作。成立大型仪器设备工作委员会、仪器设备开放共享工作委员会，出台《北京科技大学关于加强仪器设备开放共享的实施方案》（校发〔2016〕41号）、《北京科技大学仪器设备共享管理平台（USERS）建设运行实施细则（试行）》（校资发〔2016〕23号），推进校、院、系三级仪器设备共享平台建设工作。②在全校范围内开展仪器设备信息采集和收费标准核定工作，涉及16个二级单位、1400余套仪器设备。③顺利完成仪器设备共享管理平台USERS与国家网络管理平台的对接工作，按时完成数据报送。至2016年年底信息数据入网的仪器设备300台（套），其中10万元以上271台（套），40万元以上128台（套）。④调研兄弟高校并结合学校实验技术队伍实际情况，形成《实验技术队伍现状及建设思路》，不断完善分类设岗、分类培养、分类考评、分类激励的管理机制。⑤依托基本科研业务费，首次设立实验室工作专项研究，共支持研究项目17项，资助金额26.5万元。⑥修订《北京科技大学实验技术成果奖评审奖励办法（修订）》（校发〔2016〕56号），开展第十二届实验技术成果奖评选奖励工作，评选出特等奖1项、一等奖3项、二等奖10项，共计14项获奖项目63名获奖教师。⑦组织开展2015－2016学年40万元以上大型仪器设备（03类）考核。应考核设备数295台（套），考核合格数222台（套），合格率92.89%。⑧组织学术论文征集并推荐参加北京高教学会实验室工作研究会及技术物资研究会2016年学术论文征集活动，共获得一等奖5篇、二等奖2篇、三等奖5篇。荣获北京高等教育学会实验室工作研究会2016年优秀组织奖。⑨实验室开放与仪器设备共享服务收入管理。2016年全年实验室仪器设备对外服务收入1048.6万元。支持教学和公共服务仪器设备维修40台（套），总金额约128万元。

（张　捷）

【设备管理】①2016年全校购置仪器设备6848台（套），价值18001.31万元；家具类3180套，价值344.6万元；软件类281套，价值2432.08万元。②2016年完成招标采购207批（次），其中，委托招标149批（次），总值人民币13419.79万元；校内招标58批（次），总值人民币1507.35万元。③协议供货项目523个、网上竞价项目46个，总价值1414.02万元。④顺利通过北京海关2016年度年审；完成50万以上进口仪器设备审批备案38个项目；完成外贸代理142批（次），共计设备143台（套）、软件3套，价值折合人民币6130.36万元，节约税金1042.16万元。⑤2016年对已达报废条件的仪器设备共1261台（套）进行处置，处置收入30.61万元，全部上缴中央国库。⑥牵头制定《北京科技大学仪器设备、家具、软件等货物及相关服务采购管理暂行办法》（校发〔2016〕7号）、《北京科技大学文献、安全防范、后勤保障等货物及相关服务采购管理暂行办法》（校发〔2016〕8号）。

（刘晓楠、王　波）

【国有资产管理】①全面构建国有资产管理工作体系。2016年进一步理顺国有资产管理工作体制机制，并于10月24日召开国有资产管理委员会第一次全体会议，调整委员会下设机构职能，授权事业资产、经营性资产管理委员会代表代学校分别对事业资产和经营性资产全权行使各项管理职能。②深入推进国有资产归口管理落实。按照国有资产归口管理部门职责分工，推进各资产归口管理部门于2016年年底前制定出台具体管理实施细则，使各类管理事项都做到有章可循、有规可依，确保做到学校国有资产管理工作无遗漏、无死角，真正建立起“统一监管、归口管理、分级负责、责任到人”的国有资产管理机制。③全面开展国有资产清查盘点工作。2016年，学校按照财政部、教育部统一部署，对截至2015年12月31日学校所有国有资产进行了全面清查，对学校所有二级单位的流动资产、固定资产、无形资产、对外投资和在建工程进行实物盘点和账务核对，并引入第三方中介机构进行经济鉴证和外部审计。清查结果已于7月30日报教育部审核后报财政部审核。④认真落实资产专项检查整改。针对教育部国有资产管理专项检查反馈结果，学校高度重视整改工作，实行一把手负责制，制定工作路线图，严肃具体工作要求，从机制体制建设、规章制度完善、事业资产管理规范、校办企业监管加强等方面全面推进整改落实，提高国有资产使用效益，防范国有资产流失。整改工作报告已于9月30日报送教育部。⑤持续加强资产使用处置管理。针对公共用房出租出借，制定出台《关于进一步加强公共用房出租出借规范管理的通知》（校发〔2016〕54号），从授权审批、定价方式、租赁期限、日常维护、收入核算等各方面进行严格规定并要求各出租出借单位认真进行核查整改。针对科技成果使用处置，协同有关部门制订审批细则，推进成果转移转化工作。

（何　勇）

【公共资源管理】①推进公共用房分类管理。2016年继续推进公共用房分类管理改革，在进一步调研兄弟高校现状和征求二级单位意见的基础上，修正教学科研单位公共用房有偿使用实施方案，草拟产业商业用房管理实施细则。修订《北京科技大学公共用房管理办法》，形成公共用房分类管理体系。②开展办公用房清理整改工作。2016年按照学校统一安排，继续开展行政办公用房清理整改工作，再次进行核查，确保办公用房使用符合相关要求，同时加强对腾退用房统筹规划，提高房屋资源使用效益。③规范校内通信基站管理。针对校内通信基站管理，制定《关于进一步加强校内通信基站规范管理的通知》，对通信基站新建、维护审核审批手续办理进行严格规定。对全校11个宏基站和40个微蜂窝建设情况进行全面核实，实行统一管理，规范工作流程。④制订公务用车处置方案。2016年学校按照教育部要求开展公务用车管理制度改革工作。配合校长办公室等职能部门对学校公务用车排量、价格、购置日期、使用现状、权属情况等再次进行清理核实，并制订公务用车处置方案。待教育部批准学校公务用车管理制度改革方案后，启动公开拍卖和定点注销等处置工作。

（何　勇）

【人防及地下空间管理】 ①加强地下空间使用管理。一是按照使用规划及实施方案完成地下空间整理工作，并分配给各使用单位。二是与各使用单位签订《领用协议》和《安全使用责任书》，明确使用单位和安全责任。三是完成地下空间的日常使用管理。②加强人防宣教与管理。组织了以“增强国防人防观念、强化防空防灾意识——纪念中华人民共和国人民防空法颁布20周年”为主题的纪念活动，在全校范围内开展了防空防灾文化宣传和知识普及活动，号召全校师生关注人防，增强防空防灾意识，掌握防空防灾基本知识和身边的灾害风险特点，提高应对灾害的能力。③加强地下空间安全管理。一是组建6人的安全巡查队伍，负责地下空间的日常性巡视、检查和设施维修、维护任务，全年共组织巡查664小时。二是在两会、节假日等重点时期内，坚持做到24小时值班制。三是完成汛期地下空间入口处防汛沙袋（约2000袋）的布放，坚持雨天24小时值班，确保安全。

（谭　豪）

【环保与技术安全管理】 ①推进实验室安全防范硬件设施建设，为全校理工实验室楼宇配置紧急喷淋器52套、急救箱57个、洗眼器117个；为全校教学实验室配置强酸强碱腐蚀柜41个、易燃毒害品柜23个、室内废液储存柜16个、压力气瓶柜54个及气体探头44个；完成实验室通风净化改造（一期）工程，集中对腐蚀楼、冶金楼、主楼、理化楼、理学楼进行通风净化改造。②推进实现危险化学品全程信息化管理，完成“化学品采购与管理平台”搭建及测试工作。联合后勤集团等相关部门完成平台供应商的招标遴选、合同签订、专项培训等各项工作，完成平台信息采集工作。③组织实施实验室安全准入制，制订《2016年实验室安全准入实施方案》（校资发〔2016〕17号）；组织开展校、院、实验室三级安全准入工作；完成2016级新生校级实验室安全准入考试，涉及6694名新生。④落实实验室安全工作责任制，代表学校与20个二级单位签订实验室安全责任书，要求二级单位与系所（中心）、实验用房责任教师、实验人员逐级签订安全责任书。⑤加强实验室安全教育培训力度，组织新生入校安全培训9场、实验室安全督查培训3场、新生辅导员及新入校教职工岗前安全培训2场、院系安全宣讲3场；完成2016级新生实验室安全课程授课工作，涉及材料、冶金、化学等学科1300余名学生，完成课程教材立项工作。⑥加强实验室安全文化宣传，组织召开实验室安全工作会暨安全年总结表彰大会、暑期实验室安全工作会及其他工作协调会；开展实验室安全文化月活动，包括实验室安全图片展、先进工作评选等活动；印发系列宣传资料，包括《实验室安全知识读本》（中英文版）4000多份、宣传折页1500多份。⑦实行实验室安全三级检查制度，包括学校季查、学院月查及实验室日查，其中本年度学校季查及实验室安全督查共公示24次，涉及96个实验用房188个隐患点，复核隐患整改完成项188个；组织完成上级专项调查工作，包括海淀区环保局实验室危险废物环境管理现状专项调查、北京市安监局实验室危险化学品风险评估、教育部科技司高校科研实验室安全检查。⑧扎实做好环境保护工作，完善环保监测设备平台，配置空气质量检测仪、石材检测仪、甲醛检测仪、声级计、水质测定仪等环保监测设备；处理实验室废弃试剂、废液28.94吨，废弃试剂瓶

4.63吨，处理废弃气瓶39个；对校园区域饮用水、PM2.5情况、校园排污口污水、校医院医用污水、印刷厂污水、食堂排放油烟、各区域及周边噪声等环境指标进行检测；按要求完成了15名涉辐人员的证件办理、培训、体检、剂量监测及21台辐射设备的检测工作。

（马　庆、牛　犁）

【数据统计及报表】①根据国务院机关事务管理局要求，完成2016年度中央行政事业单位资产决算报表编报工作。②根据财政部要求，完成2016年行政事业单位资产管理信息系统报表编报工作。③根据教育部要求，完成2015－2016学年高等学校实验室信息统计数据报送工作。

（何　勇、张　捷）

信息化建设与管理

【概况】2016年，信息化建设与管理办公室在编人员11名，缺编1名，全面负责校园网络及信息系统的安全、校园网站的管理和运维、学校业务系统的管理和技术维护、数据中心的整合和建设工作。年内，办公室梳理、规范网络信息安全管理体系，完善、健全制度建设，重点对校园门户网站进行重建，加强二级网站的管理与运维，完善和修订各类信息化相关制度和办法，优化新生一体化平台，成立一站式信息化服务大厅，提升网络相关业务的管理和服务效率，持续推进学校信息化工作。

（杨德斌）

【网站与业务应用】①新版校园中文主页的建设。通过大量、细致的调研，在版面风格、栏目设置、表现形式、视觉焦点设置等方面进行精细地设计和改进，历经20余版本的设计、修改、调整，完成了全新版本的校园网中文主页雏形。②进一步优化数字化迎新系统，增强了迎新大数据展示和应用，与校医院体检对接增加了新生体检表导出等新的功能。③新版校园网认证页面上线，更新后的校园网认证页面，预约放置宣传图片频率大大增加，加上校园看板文字内容，经此页面发布的各类图片和公告可达到1.5次/天，有效提升了登录界面上活动的管理和使用效率。④为学校的大型活动网络视频直播提供网络和平台保障，完成了包括院士回母校报告会、经管学院年度论坛暨院庆活动、柯俊院士百岁华诞座谈会、第十一次代表大会、外语学院英语夏令营、首届研究生学术三分钟演讲比赛等多次视频直播。⑤完善新网站群的建设。实现多平台发布，以及站点、内容、用户等资源的集中管理及共享。⑥为校级机关党委换届选举、人事处职务评聘、学术委员会推选委员遴选等电子投票提供技术支持。其中根据学术委员会推选委员遴选规则，针对性地改进投票系统，限制每个二级单位遴选人数及专任教授总人数，受到组织单位的好评。⑦协助配合学校相关职能部门开展无纸化信息推送，全年共发送了合计40余期电子期刊，包括学生处的《学生工作快讯》、团委的《北科大青年》、人事处的《人事工作简报》、教务处的《本科教学动态》、国际处的《国际交流快讯》、校友会的《北科大校友工作动态》等。

（何　敏）

【网络中心】网络中心主要承担校园网络的规划实施，中心机房的运行、维护、监控等技术支持工作。目前校园网规模：交换机共851台，无线AP共956台，交换机设备间170多间，核心机房各类服务器共120多台，校园网在线终端峰值近40000个，校园网上网用户峰值数18000多个。2016年主要完成如下工作：①校园网出口带宽扩容：单向带宽扩容到6G，改善了校园网用户的网络体验。②新增无线面板AP接入点127个，优化了办公区的有线和无线网络环境。③对教工邮箱系统进行了扩容，每个账户容量由原来的4GB扩充到10GB，邮件数量由6000封增至60000封；解决了大附件（1GB）直接投递、海外电子邮件误拦和速递；对全校学生邮箱实施了社会化托管。④10月份积极加入全球教育无线网漫游联盟Eduroam，开通了学校的Eduroam服务，实现了在该联盟范围内的国内外大学、研究机构上网，方便了师生国际、国内交流。⑤为全校180余个网站提供安全的网络运行环境。⑥升级改造了校园网认证计费及DHCP系统，为校园网实施有效网管及WiFi的无感知认证提供必要基础。⑦开发基于微信平台的北京科技大学新闻和办公自动化系统消息推送及校园网络报障系统，为校园网应用提供方便的用户平台。⑧网络服务器新增50余台虚拟机，为各种资源在统一平台之上的高度融合提供硬件保障，为全校师生员工提供良好的网络化、数字化的教学、科研、办公、管理与服务平台；完成外语学院托福网上考点接入北京科技大学的技术支持工作。⑨完成校园网交换机及网络端口的维护，暑期期间组织维修人员对新生宿舍的端口统一检修，校园网设备完好率为99%以上。⑩部署内容缓存系统，增强了用户体验。

（陈济平）

【校园卡管理中心】2016年主要完成如下工作：①制卡、发卡、补卡共计两万余张，其中新办卡8488张，补卡12397张，接待师生用户两万余次。②按时完成新生大批量制卡、发卡，毕业生销户、退费，教工每月餐补的发放与报表统计等工作。③电子支付平台上线，逐步开通了网费、学宿费、基础教育收费、电费等缴费项目。④支付宝钱包充值校园卡开通，通过增加贴值机，对食堂TCP POS机的更换、自助服务系统的升级，统一了多种领取加款方式，实现了方便的自助充值。⑤新增自助补卡机，开通了学生的自助补卡，开发了卡片监测模块，实现了业务人员对于卡片的管理。⑥针对目前日益严峻的网络安全形势，对校园卡专网进行了安全检查，修补了一些历史遗留的漏洞。⑦一卡通系统设备监控程序的升级。在已开发的一卡通系统设备监控程序的基础上，加入了更多的功能。⑧推出了部分校园卡数据Web Service接口功能。对于校内其他部门的业务需求，可在此基础上继续扩展。⑨对门禁系统进行了扩展，接入了部分单位的门禁控制。

（颉　斌）

【信息安全管理】重要敏感期严格执守，全年未发生信息安全责任事故，维护了学校网络与信息系统的稳定。①完成了教育部、公安局文保大队、教育工委、密码局等单位的各种信息安全检查；填写各种表格并进行情况汇报，敏感时期的安全事件每日零报送；处理教育部、北京市文保大队下发的网站及信息系统安全漏洞整改通知20次，协同相关部门及时整改和反馈。②对校内网站与信息系统进行漏洞扫描与风险评估，年内累计开展548次，对发现存在网络安全漏洞与风险的103个网站逐一进行了整改。③落实教育部、公安部关于教育行业信息安全等级保护工作的精神和指示，顺利完成网络及信息系统安全等级保护工作，开通ustb.cn域名。

（陶丽红、钱大益）

【其他工作】①修订《北京科技大学校园网络服务管理

办法》校发〔2016〕25号。②新生报到期间，开辟2个服务点，保障迎新所需网络和应用环境。③开展了4次用户面对面座谈、30余次回访、8次实地现场体验、5次深入同类高校调研、5次集中研讨，抓难点、解疑点，集中落实并解决了一批教代会、学（研）代会反映突出的问题。④建立多维度的信息化服务团队，开展全方位的信息化服务工作。充分利用和发挥学生力量，建立起以信息服务中心为指导、学生助管队伍为辅、学生信息员补充的20余人的立体化服务团队，有效地解决了信息不对称、沟通不顺畅、反馈不及时的问题。利用好、发挥好信息化的新技术服务师生。⑤利用新媒体手段答复师生的问题，并得到认可和好评。充分发挥新媒体的快速传播优势，让更多的师生在第一时间知晓有关校园网络的各类通告和提醒，开展服务针对性宣传9次，预告各类新兴网络诈骗的相关知识。⑥线下业务向线上办理转移，窗口业务向自助处理转变。疏理优化服务流程，精简不必要的业务手续，通过技术升级和改造，通过线上自助服务与线下一站式服务大厅相结合，减少人工服务受理业务千余次。⑦配合后勤基建处完成昌平科技园区光纤及网络规划建设、校内实验基地信息化建设规划修改等工作。

（钱大益）

招生与就业工作

【招生工作】2016年，学校本科共有29个理工科专业、8个文科专业、1个艺术类视觉传达设计专业招生，其中文理兼收的专业共有6个，英语、日语和德语3个专业仅在保送生中招收理工科考生。2016年学校录取本科生3351人（其中5人为港澳台学生），专科（高职）生99人。录取平均分与各省市的重点控制分数线之差分别为97.4（理工科）和57.4（文科），理工科和文科录取分数都有大幅提高。本科生中有文科422人，理工科2929人。包括新疆、西藏内地班学生35人，视觉传达设计（艺术类）35人，外语类保送生19人，自主招生132人，国家专项计划209人，南疆计划3人，高校专项计划35人，高水平艺术团6人，国防生68人，高水平运动队23人，以及由北京邮电大学转入学校学习的2015年学校招收的少数民族预科生23人及新疆民考汉19人。同时，2016年新录取的少数民族预科生23人和新疆民考汉21人在北京邮电大学攻读一年预科。从新生情况看，男生2083人，占62.16%；女生1268人，占37.84%。城镇户口2178人，占65.00%；农村户口1173人，占35.00%。应届生3190人，占95.20%；往届生161人，占4.80%。汉族学生3007人，占89.73%；少数民族学生344人，占10.27%。党员4人，占0.12%；团员3218人，占96.03%；其他129人，占3.85%。

①科学制定招生政策，凝练学科特色，提高吸引力。一是科学调整分省、分专业计划。根据本校办学条件等实际情况，统筹考虑各省2016年高考报名人数占全国高考报名总数的比例和2015年中央部门高校录取人数占中央部门高校全国录取总数比例、生源质量、就业情况等因素，认真研究，科学合理地确定了本校生源计划。二是进一步完善特殊类型招生办法。自主招生和高校专

项计划招生全部在教育部特殊类型招生报名平台报名，并在测试中加入综合素质评价成绩。三是在北京实行“报满六个专业志愿，保证满足其中一个专业志愿”政策。录取分数在北京招生的高校中保持了较高水平。四是积极应对国家考试招生制度改革，广泛征求学院意见，稳步推动学校大类招生。

②利用立体化宣传平台，精准宣传，扩大学校影响力。一是利用新媒体开展网络立体化宣传。组建网络宣传运行团队，以高中生和家长为目标群体，通过微信公众号定期发布各类文案，内容涉及招生政策、校园文化、学院专业介绍等；通过本科招生网发布权威招生政策和信息；同时与人民网、中国教育电视台、北京教育考试、中国教育在线等媒体合作开展视频录制、专题供稿等网上宣传活动。二是精准宣传，开展“大学教授走进中学校园”公益科普讲座和“把我的大学带回母校”寒假招生宣传实践活动。2016年度教授远赴甘肃、青海、江西、广西、河南、河北、内蒙古等10个省份地区的高质量生源中学，开展了18场“大学教授走进中学校园”科普讲座；寒假共组织124支团队、800名在校生投身招生宣传实践活动，覆盖全国29个省份地区、457所中学、近10万高中生和家长。三是加强招生宣传队伍建设，加大各省市宣传力度。联合各学院选聘27名教师担任招生宣传组长，选派208名宣传人员赴京外各省开展宣传，参加现场咨询328场，覆盖157个地市。四是找准时间节点，做好咨询服务。在高考咨询周期间，利用BBS、新浪微博、阳光高考网、各省咨询网等平台及时解答考生和家长的咨询问题。同时，13条招生咨询热线时间延长至每日21点，尽可能满足广大考生和家长的咨询需求。

③严格招生政策执行，确保招生工作公平、公正、公开。一是规范招生过程。进一步明确招生工作责任，规范招生计划制订、招生录取信息公开公示和新生入学复查等重要环节的过程操作，落实招生工作的全程监督。二是加强特殊类型招生工作管理。积极与机械学院、体育部、外国语学院、校团委等部门合作，对特殊类型招生的关键环节和重要节点进行梳理，明确具体责任，规范工作流程。三是严明纪律，细化责任。修订招生工作手册，细化招生录取工作程序，组织网上录取人员认真学习教育部规范招生录取工作的系列文件，进一步强调工作纪律，明确工作责任。学校纪委全程参与招生录取过程，严格贯彻落实教育部提出的“六不准、十严禁、十公开”制度。

（王占奎、王　彬）

附 录

北京科技大学2016年录取分数统计表

理工科

省市	重点线	最高分	最低分	平均分
北京	548	651	635	639
天津	512	618	607	611
河北	525	665	643	648
山西	519	617	591	597
内蒙古	484	630	575	607
辽宁	498	639	615	624
吉林	530	643	595	614
黑龙江	486	625	611	616
上海	360	469	457	462
江苏	353	386	376	378
浙江	600	670	654	658
安徽	518	629	613	616
福建	465	604	571	578
江西	529	615	597	601
山东	537	663	638	645
河南	523	635	617	620

省市	重点线	最高分	最低分	平均分
湖北	512	631	616	619
湖南	517	615	594	600
广东	508	598	578	582
广西	502	607	587	594
海南	602	734	722	726
重庆	525	641	613	621
四川	532	631	612	617
贵州	473	599	585	590
云南	525	644	602	614
陕西	470	615	591	598
甘肃	490	606	577	583
青海	416	569	419	516
宁夏	465	595	552	566
新疆	464	613	574	582
西藏（汉）	425	627	623	625
西藏（少）	285	354	306	335

文科

省市	重点线	最高分	最低分	平均分
北京	583	640	633	635
天津	532	600	589	594
河北	535	627	617	620
山西	518	567	529	552
内蒙古	477	578	553	563
辽宁	525	598	579	588
吉林	531	589	568	578
黑龙江	481	580	564	570
江苏	355	379	367	370
浙江	603	651	644	646
安徽	521	584	577	580

省市	重点线	最高分	最低分	平均分
江西	523	574	566	568
山东	530	598	585	589
河南	517	590	576	580
湖北	520	586	569	574
湖南	530	599	580	585
重庆	527	589	581	585
四川	540	591	583	587
云南	560	618	611	615
陕西	511	591	582	586
甘肃	504	567	547	551

【就业工作】学校2016届毕业生共6073人，其中研究生2809人，本科生3264人。至8月31日，全校平均就业率为96.74%，签约率较2015年提高4.30个百分点，圆满完成年度就业工作目标。其中，研究生就业率98.68%，本科生就业率95.07%。本科生国内读研率连续四年保持在40%以上。根据第三方调研，学校毕业生薪资持续高于全国“211工程”院校平均水平，对工作现状满意度高于全国“985工程”“211工程”院校平均水平。到国有企业、机关事业单位就业人数占派遣人数的73.18%，毕业生就业质量明显提升。

①精准把握成长特点，科学开展生涯教育工作。学校以“结合需求、尊重个性、长远发展、集体成才”为导向，不断完善“课堂教育+个性化辅导+网络引导+岗位实践”四位一体的生涯教育体系，将职业生涯规划教育贯穿大学全程，丰富就业指导的内容和形式，帮助学生探索适合自身发展的成长路径。完善《大学生职业发展与就业指导》本科必修课、《研究生生涯规划与就业指导》研究生选修课，以不同阶段、不同年级学生的生涯发展困惑和指导需求为导向改良课程内容，切实解决学生实际成长问题。学生对课程满意度测评连续五年超过90%。遵循学生成长规律，科学融合一二课堂，深入开展个性化辅导，满足不同学生的发展需求。依托“职业生涯辅导月”，开创“生涯体验日”“生涯加油站”等品牌活动，因地制宜、因事而化、因时而进，将生涯教育融入学生大学生涯全过程。2016年共组织“专题讲座、模拟求职大赛、班级工作坊、简历问诊日、求职集训营”等活动200余场，覆盖学生2万余人次。建设“学生职业发展协会”“BOE企业俱乐部”等学生职业社团，大力开展朋辈生涯教育。举办“北京科技大学西部·起航奖励金颁奖仪式”，对赴西部、基层就业毕业生进行表彰并发放专项奖金，引导学生到祖国最需要的地方建功立业。

把握新时代大学生特点，充分利用网站、微信、微博等移动平台提供丰富的就业指导。开通“主任在线咨询”“专业解读”“职业百科”“干货来啦”“网络课堂”等栏目，随时随地为学生解惑答疑。目前，学校就业指导中心官方微信关注人数为17000余人，招聘高峰期就业图文信息点击量经常过万，“北科职日声”原创文章专栏深受广大学生喜爱。学校就业指导中心官方微信现已成为学生获得求职信息、就业指导、生涯教育的主要渠道。积极推行“大学生预实习计划”，以实习促就业。学校组织大型“实习生双选会”，共有199家企事业单位参会，单位涉及互联网、材料科学、航空航天等领域，提供了实习岗位3000余个，吸引4000余名学生，为学生了解职场、体验职场搭建了平台。截至目前学校已与100余家重点企业签订了就业实习基地协议，进一步加深校企合作关系，为学生赴企业参观、实习、实践提供机会。

②精准匹配就业市场，开展分层分类招聘活动。学校明确“区域合理、行业兼顾、满足需求、保障质量”的就业市场格局，积极拓展就业渠道，精准对接重点单位，不断推进校院两级就业市场建设，提升校院招聘效率。2016年，进校招聘毕业生的企业数量为1702家，比2015年增加39家，其中就业中心举办招聘会1550场，学院举办招聘会152场，共提供就业岗位3万余个，供需比达到1:6。有231家中国和世界500强企业进校招聘，去重点单位就业人数明显增加，超过60%的毕业生通过学校途径成功就业。

附　录

近两年就业指导中心承办毕业生招聘会情况

招聘会类型	2015 年			2016 年		
	场次	单位数量	岗位需求数（约数）	场次	单位数量	岗位需求数（约数）
大型	3	607	12000	3	573	11500
中型	21	604	12000	23	656	13500
专场	314	314	6000	321	321	6200

积极引进材料、冶金、机械等传统行业重点龙头企业，保持传统优势行业企业进校招聘基本稳定。大力开拓高端装备制造、新能源、新材料、航空航天、国防工业等新兴领域就业市场，目前已与装备制造、能源化工、IT互联网、信息通信等八大行业的200余家龙头企业建立了稳定的合作关系。积极创新就业渠道。结合分学院、分专业学生的就业特点和需求，组织文科、理科、生物医药等行业特色双选会，提高就业市场的针对性和有效性。加强与校友企业和地方政府的合作。继续举办校董、校友企业双选会，共引进神州租车、爱慕内衣等149家重点校友企业进校招聘，实现校友发展“传、帮、带”。与北京经济技术开发区、中关村人才特区高新企业集群及天津、河北、浙江、广东、深圳等地区企业达成人才合作协议，为毕业生服务地区经济发展创造条件。鼓励学生导师利用校企科研合作平台，帮助学生参与企业科学研究、工作实习并实现顺利就业。

③精准对接学生需求，提供个性化就业服务，建立一站式就业服务系统，实现学生信息获取、手续办理、预约咨询等服务一站完成，进一步简化学生就业流程。学校根据学生不同就业去向、求职时间特点和求职目标开展分类、分时、分需的精准服务，开展毕业生出国留学、户档政策、职业选择等专题交流，覆盖学生3000余人。提供“生涯有约”一对一深度咨询服务，覆盖300余名学生。针对未就业毕业生，邀请企业资深HR提供“三个一”服务：与每一位同学进行一次30分钟以上的“一对一”深度辅导，为每一位同学修改一次简历，向每一位同学进行一次匹配度较高的职位推荐，共有105名学生获得服务并成功就业。在做细就业服务工作的过程中，不忘兼顾“温度”和“深度”，积极为少数民族、经济困难、就业困难等就业特殊群体毕业生提供就业帮扶和指导。成立“少数民族”就业专项工作组，通过求职训练营、政策交流会等方式为少数民族学生回乡就业提供全方位的就业指导和工作推荐。向经济困难毕业生发放专项求职补贴9万元。联合学校心理咨询中心对心理承受能力弱的学生提供辅导。针对求职能力较弱的同学，着重进行笔试、面试“一对一”辅导。大力提高就业工作队伍服务水平。实施“就业工作队伍职业能力提升计划”，通过专项培训、职业能力提升夏令营、生涯咨询督导班等形式培训79人次，开展专项课题研究6项，发表论文14篇，改版和出版教材3部。就业队伍专业化水平进一步提升，毕业生对就业指导教师的满意度测评超过90%。

④加强就业引导工作，鼓励毕业生下得去、留得住。学校响应国家战略需要，引导毕业生结合专业所长到国民经济主战场建功立业。确立“给政策、搭平台、重引导”的基层就业思路，鼓励毕业生将个人理想与社会需要相结合。加大政策支持和奖励

力度。学校制定了《毕业生“志愿服务西部奖”“志愿服务基层奖”及“启航奖励金”评选实施办法》，对于去西部、基层及艰苦岗位就业的毕业生发放奖励金。2016年，学校有181名毕业生结合专业特长，奔赴西部基层单位建功立业，全部获得学校奖励。其中，7名毕业生去新疆、西藏基层乡镇就业，获启航特等奖励金。搭建平台，引进资源，畅通毕业生进入中西部就业的渠道。2016年，与包头市人保局共同举办了包头地区招聘会，组织毕业生去其他高校参加新疆、西安、成都等中西部地区的招聘会。加强与中西部重点企业的联系，暑期带领毕业生走进重庆、成都等地区企业，积极邀请新疆特变电工、中冶赛迪、西部矿业、西部超导等西部地区重点企业入校招聘。注重西部基层就业的引导教育。召开“我的事业梦在这里启航——北京科技大学西部·启航奖励金颁奖仪式”，对赴西部、基层就业毕业生进行表彰并发放专项奖金，引导学生到祖国最需要的地方建功立业。2016年学校博士毕业生巨彪奔赴西安工作的事迹受到了人民日报的报道。村干部工作是每年基层引导的重要工作，学校邀请区县村官办的工作人员到校讲座为毕业生答疑解惑，对重点学院进行宣传动员。2016年，共有7名毕业生参加“大学生村官”国家项目就业。学校针对大学生入伍项目进行广泛宣传，重点动员，鼓励毕业生携笔从戎、报效祖国。2016年，共有7名毕业生入伍，学校获得“北京市征兵工作先进单位”“海淀区征兵工作先进单位”称号。

（孙长林、王丽红）

审计工作

【概况】2016年，审计室在校党委和行政班子的领导下，围绕学校工作，认真履行工作职责，明确工作任务人，积极开展审计工作，提高服务质量。在全体审计人员的共同努力之下，本年度针对学校重大项目、财务预决算、国有资金、国有资产、处级领导干部经济责任及综合改革过程中的热点难点问题开展审计工作，认真履行审计监督职能，在促进学校完善管理、防范风险方面发挥了积极的作用。

（孙亚东）

【专项审计】①经济责任和财务收支审计。2016年，审计室共实施了8个审计项目，包括对学校财务预算和决算情况进行审计和对7个二级单位（东凌经济管理学院、自动化学院、马克思主义学院、计算机与通信工程学院、校医院、后勤基建管理处、图书馆）负责人进行经济责任审计，同步开展其所在单位的财务收支审计；为促进审计意见落实到位，对上一年度有审计整改事项的二级单位进行了后续检查。通过审计，促进被审计单位主要负责人“两个责任”意识的形成及规范管理和防范风险意识的深化。

②基建工程审计。继续加强基建项目全过程跟踪审计，将审计重点从控制工程造价为主转向以促进控制工程造价、规范工程管理和落实管理责任相结合，加强风险防范，不断提高资金使用效益。2016年对昌平创新园东区和工程实践基地（一期）2个基建项目进行了跟踪审计；为保证跟踪审计的质量，审计室加强了对社会中介机构审计结果的复核。

2016年共审核招标文件8项，编制招标控制价8份，审核合同19项，审批工程预结算10项，审核进度款26项，出具审计意见145份。对昌平创新园东区试验厂房等四个工程进行了结算审计，出具审计报告9份，合计送审金额15168.98万元，审定金额14655.58万元，审减513.40万元。审计监督过程中发现昌平创新园东区建设项目中部分变更洽商项目未完全执行学校内部审批流程办理，要求基建管理处对已发生项目进行整改，并要求以后新增的洽商变更项目必须按要求履行校内审批流程，同时就相关问题向校领导进行了专项汇报，进一步规范了学校基建项目管理。针对招标控制价在工程招标价格确定过程中的重要性，与基建管理处协商，共同梳理了招标控制价编制的业务流程，明确了职能部门的管理责任和中介机构的专业责任，使控制价确定更加合理。

③修缮项目审计。2016年，审计室将冶金生态楼裂缝处理及加固工程、2016届毕业生公寓粉刷维修工程、学生公寓5斋、7斋、万秀园屋面防水维修工程和学生公寓1、2、3斋火灾自动报警安全技术防范系统改造4个60万元以上的修缮项目纳入国有资金使用重点审计范围，采用全过程审计方式，配合工程建设进度，及时完成了相应阶段的审计任务。此外，对超过5万元的53项修缮项目进行了结算审计，送审金额合计777.06万元，审减49.35万元。

（肖雅珠、纪国东、高文义）

【制度建设】结合学校内部控制建设进度及审计工作环境变化，2016年审计室对部门的岗位职责、主要业务操作流程、内部制度进行了梳理，完善相关内容、确定需修订和补充的制度文件，积极促进审计工作的专业化和规范化。

（王小力）

【队伍建设】积极组织审计人员认真学习领会党中央重大会议和领导人重要讲话精神。根据审计岗位后续教育的要求，组织审计人员参加后续培训和经验交流会议10人次，及时掌握新政策，汲取兄弟院校工作经验，不断提高审计工作水平。极力推荐2016年全国会计领军（后备）人才培训项目人选，1人成功入选全国会计领军（后备）人才培训项目。

（李霞飞）

【其他工作】组织开展内部控制基础性评价工作，审签各类科研结题项目74项，对每季度末财务处报送的银行对账单和银行存款余额调节表进行审签，4月份和10月份派专人参加教育部巡视工作，5月份和10月份派专人参加教育部组织的直属高校校长经济责任审计工作，参与教育部信息化管理系统建设项目工作。

（曹　勇）

国际及港澳台交流与合作

【概况】2016年，国际合作与交流处暨港澳台事务办公室围绕学校的中心工作，坚持全球维度、高端定位、深度合作、引领发展的方针，建设以学校交流为平台、以教师合作为主体、以学生交流为促进的全方位国际合作框架，助力提升学校学科、教学及科研水平。

年内，学校与海外13所高水平院校新签/续签合作协议，共选派689名学生赴海境外交流学习，主办大型国际学术会议7个，接待各类来访人员950余人次，教师短期因公出国境开展学术交流403人次。

（梁志扬）

【对外合作与交流】 着眼全局，强化顶层设计，积极优化国际合作布局与结构，拓展国际合作广度与深度，谋划重点学科领域的高水平合作，服务学校整体发展。①加强国际化建设顶层设计。制订学校教育对外开放工作规划，为国家科教兴国和人才强国战略服务；出台"USTB GO 2020"全球拓展战略，推动实施"2016国际化年"建设工作，深化国际化发展长效机制，提升合作交流能力。②与美国马里兰大学、辛辛那提大学、俄罗斯国家科学技术大学等13所全球知名高校新（续）签协议，进一步拓展国际合作空间；积极引进海外高层次人才来校访问讲学，持续推进学校教师出国进行学术交流。③重点推动联合办学、共建联合实验室等深层次国际合作，包括：以"一带一路""中国制造2025"战略为导向，推动与英国伯明翰大学成立能源联合研究中心，与日本东北大学成立材料服役结构完整性和可靠性联合实验室，与塔塔钢铁集团、巴西CBSTEEL开展中高层管理人员培训，与比利时鲁汶大学、瑞典皇家工学院合作的新金属材料及钢铁冶金新技术卓越博士生培养项目成为学校首个成功获批的国家创新型人才国际合作培养项目，培育国际合作新优势。④通过举办高水平多边研讨会、海外院士讲坛、海外大学合作项目日等各类活动，巩固和深化与重点合作院校的战略性合作，包括：与日本北海道大学、加拿大皇后大学、澳大利亚伍伦贡大学举办双边研讨会，深化了高水平、多形式学术合作机制；举办"海外院士讲坛"系列讲座，邀请欧洲科学院、加拿大皇家科学院、美国国家工程院等院士来访讲学；举行海境外高校教育展和海境外交流项目宣讲咨询会等系列活动，为师生与国外高校相互增进了解、建立合作提供了良好平台。⑤推动学校在区域性国际交流与合作、中外人文交流机制中扩大影响，加强海外形象宣传，提升学校的国际知名度和影响力。张欣欣校长、王戈副校长等校领导分别出席了中法工程教育论坛、中荷瑞士高教论坛等高级别交流机制，积极宣传学校教育成果，着力开拓工程科技及人才培养合作空间；精心策划海外大学日活动，在澳大利亚伍伦贡大学成功举办了学校历史上首个海外大型宣传活动。⑥紧密合作，扩大交流，推动孔子学院持续发展。举办第二届创意技术国际会议，将创新创意相关内容渗透到教学内容，聘任创意产业技术专家为学校兼职教授，着力打造了"创意产业技术"的办学特色；为英国德蒙福特大学学生举办中华文化暑期营活动，建设30个孔子学院下设课堂、中小学汉语教学点，本年度培养汉语学习人数突破2000人次，大力推广汉语国际教育和中华文化。⑦深入推进"鼎新北科"学院国际化建设，以提供政策指导、制度支撑和项目建设为抓手，全面服务学院自主推进特色国际化建设工作。如材料学院开展国际文化交流月活动，土木与资源工程学院、冶金与生态工程学院、材料科学与工程学院联合开展与日本东北大学师生科技创新交流等，逐步推动国际交流向"学校引导、学院主导、师生核心、项目支撑、多极发展"的建设体制转变。

（郭侃俊、李　贝）

【学生国际化培养】 贯彻落实全国留学工作会议精神，深化内外双驱、多元融合的学生国际化培养体系，不断强化学生国际化培养的能力。

①共执行公派交流项目104项，选派学生689人，比2015年项目增加19项，人数增长77人，项目层次和专业分布广泛，覆盖所有本科专业及大部分研究生专业，拥有海境外学习经历的学生比例为20.9%。

②有计划地促进与全球高水平院校强强合作，优势互补，与美国密歇根大学、辛辛那提大学，英国伯明翰大学等洽谈了8项优质新项目，并首次与美国高校萨基诺谷州立大学开展交换生项目合作。

③服务国家发展，推动高水平合作，与比利时鲁汶大学、瑞典皇家工学院合作培养材料、冶金领域高尖端人才项目获得国家创新型人才国际合作培养项目立项资助并已成功选派6人；分别与英国伯明翰大学、邓迪大学联合申请能源、数学专业项目新立项。稳步推进本科生公派出国交流，13项优质校际交流项目入选国家优秀本科生国际交流项目，32名学生获得公派资格，项目数和选派人数再创新高。

④新设立学生个人自主申请赴外交流计划，构建了“学校－学院－个人”立体式国际交流申请通道；新设立国际交流奖学金，与国家留学基金和学院鼎新北科计划并进，构建了学生国际交流多层次资助体系；以问题为导向，修订本科生海境外交流管理规定，细化学分认证办法，增设国际交流诚信公示制度。

⑤大力强化学生国际化素质校内培养，强化实践教学环节，扎实推进“课程＋讲座＋实践＋拓展”相结合的国际理解教育。统筹内外资源，举办3期“海外大学体验课堂”，设立“海外专家在线学堂”。打造交换生、暑期学校、短期文化研修等项目，接收海境外学生106人来校交流，促进了国际教学合作与资源共享。举办海境外项目开放日、“丝路行”外国文化展、法国文教日等活动，建设国际交流社团，打造了丰富多元的校园国际文化生态。

⑥综合运用电子媒体、信息说明会等手段建设学生项目信息平台，开发交流项目专用APP软件，举办“品异域生活，话交流经历”学生海境外交流报告会、项目开放日、国家公派奖学金信息说明会等大型学生项目发布活动，组织近50场学生项目专项宣讲会，定期开展“线上咨询”，加强项目前期个性化、针对性、信息化咨询指导服务。强化过程管理，加强效益评估，进一步优化学生赴海境外交流管理流程；强化平安留学管理，执行行前培训、中期汇报制度，加强赴外学习的过程督导；改进学生回国考核办法，强化收集教学改进建议，做好学生后期发展统计。

（梁志扬）

【港澳台地区交流】创新方式方法，与港澳台高校稳步开展务实高效的多元化合作交流。①主办第12届两岸气候与能源可持续发展论坛，推动两岸创新创业联盟合作，并举办第2届联盟高峰论坛。与台北科技大学联合资助11项科研合作计划，与屏东科大举办第11届双边学术研讨会，选派50人次教师赴台开展科研交流，形成了宽领域、多层次、多模式的对台学术交流机制。②落实国家对台方针，锤炼精品活动，以文化为纽带推进对台深度交流，举办海峡两岸青年创业训练营，推进特色对台教育文化宣传，吸引26所中国台湾高校参加，数量创历年之最，扩大了学校在中国台湾地区的影响力。③加强学生联合培养，与台湾大学等22所高校开展交换访学、暑期课程等多形式项目，选派129名学生赴台学习交流，接收56名台湾学生来校学习，有效促进学校与台湾高校的学生培养合作。④拓展新的合作，新增一所台湾签约高校，目前与台湾高校合作院校数量为28所，在大陆高校中居于前列。

（梁志扬）

【引智工作】服务学科建设和人才培养，集中优势资源引进国外优秀智力，加强多元化项目设计，构建多层次、可持续发展的引智工作体系。①建设国家级111学科创新引智基地4个、国家级引智项目11个和校级引智项目30余个，共聘请专家950余人，授予海外人士名誉学衔8人，为学校发展国际化教学科研提供支撑。②主办7个大型国际学术会议和3个双边学术研讨会，共邀请全球40多个国家逾1200名学者参加，有效促进了学校科研合作与国际影响力提升。③以国家战略和发展需求为导向开展引智工作，推动与英国伯明翰大学成立能源联合研究中心，与日本东北大学成立材料服役结构完整性和可靠性联合实验室，以实验室为平台推动深层次科研教学合作。④加强对引智项目的分类化、信息化管理，开发并建成引智项目网上申报管理系统，实现了多类引智项目的线上申请，提高了工作效率。优化引智项目的“申请－执行－总结”一体化流程，进一步加强了国际会议申报、客座/名誉教授聘请工作的规范化、制度化管理。加强引智项目的先进性、典型性成果总结和上报，推进引智信息共享和宣传工作，学校引智整体工作获国家外国专家局好评。

（章　靖）

安全保卫与校园综合治理

【概况】2016年，保卫保密处、综合治理办公室在学校党委、行政班子的领导和上级主管部门的支持下，与各部门协调配合，履职促建，持续推进“平安校园”建设走向深入，有效维护了校园和谐安全稳定。获得2016年度“北京市交通安全先进单位”“北京市国家安全人民防线建设工作先进单位”“北京市海淀区社会治安综合治理工作先进单位”荣誉称号。

（刘兴德）

【校园综合治理】完成2016年度教学区、学生宿舍区外来人员数据统计工作，加强对教学区违规丢弃化学实验用品、违规堆放建筑垃圾、公共设施是否完好的日常巡查工作。全年共发现丢弃于腐蚀楼前垃圾箱附近的化学实验用品3起，联系资产管理处科学、有效处理废弃实验用品；督促有关单位清理建筑垃圾2次。2016年1–9月，共为190名未迁入户口在校生及后勤工作人员办理了暂住证；10–12月，为89人办理了北京市居住证登记卡。开展教学区内经营用房基本信息登记备案；全年共审核备案大小型活动、出行活动共计87次，保证各类活动顺利进行；联合城管队、东升派出所、食品药品监督管理所、工商所等职能部门多次对家属区违规商业摊点进行联合执法，取得了良好的效果；治理校园流动商贩和散发张贴小广告等，净化校园环境。对进入校园外来人员、快递、外卖派送车辆和摩托车加强管控、引导，加强校园巡逻，引导相关人员和车辆在指定场地集中停放，规范校园区域环境。

（田　园）

【治安防范】加强校门管理和校园巡逻，对教学区、学生宿舍区等重点区域进行常规化巡逻。在敏感时期，组织保安力量开展集中巡查，落实定期检查和抽查，强化等级化防控措施。2016年共破获各类案件170余起（涉案价值20余万元）；抓获各类违法犯罪人员7人，并送交公安机关处理。处置突发性事件30余起，应老、弱、病、残、孕等请求出警送人20余次，为师生员工提供便捷服务；发放安全须知、自护自救手册和警情提示10000余份；组织力量为各类大小型活动提供安全保卫工作30

余次；每学期组织开展矛盾纠纷和重点人员排查，调处师生各类矛盾纠纷8起；协助有关单位对重点人员进行管控。

（徐亚伟）

【消防安全】为提高师生员工应急处置能力，强化消防安全意识，全年组织不同岗位、不同类型人员进行消防安全知识培训7次，覆盖4000余人；组织火灾等突发事件应急疏散演练8次，覆盖3500余人，其中3次邀请北京市海淀区公安消防支队警官入校为师生进行专业消防知识讲座。组织开展消防安全检查，坚持日常检查与重点检查相结合，每个季度、重大节假日及特殊时期对校内各人员密集场所、经营单位、管庄校区、驻校外单位进行消防安全检查，对检查中发现的隐患和问题及时督促整改，全年签发隐患整改通知书17份。

为确保消防器材完好有效，全年检修灭火器14052具，维护室内消火栓2350个、室外消火栓84个、消火栓及喷淋接合器66个。新购更新灭火器2463具、消防水袋601条。全面维护保养学校各楼宇火灾自动烟感报警系统、喷淋系统、排烟送风系统。根据北京市公安消防总队相关要求，为完善学校消防基础设施建设，加强学校处置突发事件应急能力，全面启动消防微型消防站建设工作。

（王　晨）

【安全生产】按照上级有关部门要求，认真组织开展学校安全生产大检查，在检查中对存在的隐患和问题责令相关单位做好整改。配合资产管理部门对实验室进行安全监督检查，特别是实验室消防安全及危险化学品、特种设备安全监督管理；配合、指导有关单位加强施工现场安全的监督管理；“安全生产月”期间，摆放展板12块，悬挂宣传横幅3条，张贴消防安全、食品安全、网络安全、燃气安全、交通安全等宣传海报50余张。对学校楼宇直击雷防护设施及设备浪涌保护器进行全面检查维护，全年检测共计61栋建筑的防雷设施。

（王　晨）

【交通安全】完善规章制度，发布《关于加强学生公寓区及教学区车辆管理的通知》，人员配备上形成“学校交通安全委员会统筹引导，专职保卫干部、交通安全保安员、平安志愿者三位一体”的交通安全工作组织体系，确保校园的交通秩序。在原有交通设施的基础上，继续对其进行完善，对学校大门、收费岗亭、护栏、学东路两侧路锥进行全面更新，对校园内、地下停车场的车位线进行重新施划，全年共完成基础设施修缮、新装100余处。对铭德楼前、学生公寓9斋附近地面进行硬化，新装自行车停放架5处。学校引入停车专业管理公司进行校园停车管理工作，智能化纯牌照识别，有效改善了校园机动车停放及通行秩序。引入ofo共享单车计划，有效降低了新生购买自行车的数量，加强校园内两轮摩托车、电动车管理，处理违规摩托车、电动车159辆。全年出动大小勤务共计145次，涉及出勤人2261人次。

（贾秀芳）

【政保工作】学校根据国内国际安保形势，加强国家安全宣传教育，组织“4·15全民国家安全教育日”主题活动，切实增强师生员工的国家安全意识和法制观念；加强对各类重点人员的监控力度和校园巡逻检查工作，防止不法分子在校内散发非法宣传资料或进行各种破坏活动；强化校园信息安全管理力度，加强值守，确保校园舆论环境和谐稳定；做好重大政治活动、重大事件等敏感时期的安全稳定工作，确保校园安全稳定。

（刘　萍）

【保密工作】修订完善学校保密工作管理制度，根据实际情况及时调整、变更各级保密组织机构组成人员，配置保密专用设备，保证保密管理各项工作顺利开展。举办“保密安全宣传周”系列活动，加强保密宣传教育培训，提高师生、领导干部和涉密人员维护国家秘密安全的大局意识。规范国家秘密事项管理，及时准确开展密级确定工作。不断规范涉密载体、涉密计算机及办公自动化设备管理；加强网络信息安全管理，开展计算机和信息系统保密检查工作。对在岗涉密岗位人员进行重新审查、界定，对拟进涉密岗位人员及时进行审查、界定，加强进岗、在岗、离岗、出境等管理，表彰保密工作先进集体和先进个人。启用“4088业务指南系统”，服务学校师生办理保密相关业务。协助有关单位开展国家各类统一考试保密管理工作。对涉密会议、涉外活动和宣传报道加强保密管理，严格履行申报审批备案制度，确保国家秘密安全。启动保密资格审查认证准备工作，定期进行保密检查与自查，督促有关单位和人员认真整改存在的问题。

（卜浩然）

【户籍管理】完成2016年新生落户、毕业生户口迁出、身份证照片信息和指纹采集工作。共办理新生落户3219人，新生身份证照相及指纹采集2100人。办理毕业生户口迁出3016人。补（初）办二代身份证575人；退学，变更婚姻状况，丢失补办户口迁移证，更改迁移证地址、时间，毕业生改派，新生儿落户等事项共计450人。全年共接待近万人次日常查阅、咨询、户口借用等工作。加强了集体户口的日常管理，配合公安机关完成户口信息核查等工作。

（刘京民）

【科技创安及信息化】推进安防系统改（扩）建工程，对重点部位视频监控和电梯远程监控（监测）报警进行数字化升级改造，新建网络高清视频监控和电梯运行监测报警装置。定期对安防系统开展维修保养和重点维护，保障系统稳定运行。为公安机关侦办案件、大型考试和活动安全保障提供技术服务和影像资料。推动保卫保密工作信息化建设，保卫保密处门户网站、治安接报案系统和“平安北科大”微信公众平台稳定运行；保密业务指南系统已投入使用，提升了工作信息化水平，提高了工作效率，更好服务学校师生和学校发展大局。

（刘　智）

后勤基建管理处

【概况】2016年，后勤基建管理处按照学校工作部署，围绕京津冀协同发展这一重大国家战略，在明确学校现有各校区办学功能定位基础上，积极开展新校区选址、规划研究工作，完成了教育部关于新校区建设的各项调研数据的测算、报送工作。并依据学校“十三五”事业发展规划和综合改革纲要，编制《北京科技大学武清校区建设规划方案》《北京科技大学“十三五”基本建设规划》报教育部备案，明确了学校未来五年的基本建设工作目标。

（金仁东）

【基建管理】2016年，结合教育部直属高校基本建设规范化管理专项检查工作，后勤基建管理处会同学校审计室、财务处等部门，认真梳理学校现有基本建设管理的内控制度和程序，认真查找不足，将之前部门之间串联交叉监督、审核流程调整成部门之间同步并联横向的即时监督、审核流程，进一步明确部门职责，通过部门之间同步开展工作，即时出具审核意见，时刻监督基建工作的每个环节，避免各项工作因事后监督、审核而反复调整、修改，提高了监督、审计效率和时效性。加强了对中央国家机关政府采购、“营改增”等方面专业培训及学习，结合审计、财务部门的要求，进一步规范了过程管理、竣工验收等环节的相关资料的编制，确保其完整性。继续推进基建工程校内甲乙方模式，与国家材料服役安全科学中心密切配合，定期召开协调会，不断落实学校关于昌平创新园建设进程的总体部署。

目前，昌平创新园 10kV 总配电室已正式发供电，厂房和生活区分配电室已正式供电，动力中心燃气锅炉已调试运行，正式供暖。同时，进一步完善了昌平校区土地手续并完成了 4.5 万 m^2 教育部材料服役安全科学中心西区的可行性研究报告编制、评估和教育部的报批工作，启动了西区项目初步设计工作。完成了工程实践基地（一期）项目的前期报批手续，取得了该项目的规划许可证，并通过招投标确定了工程拆迁、工程监理等单位，以及通过资格审查确定了总承包单位的投标入围单位。同时，与资产管理处、产业集团等密切配合，积极协调各方，落实实验室搬迁场地的协调和装修改造，完成工程实践基地前期搬迁工作，为工程实践基地开工建设奠定良好工作基础。

（冯建明）

【后勤管理】2016 年，学校进一步推进后勤管理工作，加强后勤保障能力建设，服务学校教学科研和师生生活，营造良好的校园环境，创新工作思路，改革管理模式。对 20 万以下修缮工程项目，通过资格评审，建立《北京科技大学小型修缮工程入围施工企业名录》，确定入围单位，通过随机抽签的方式确定施工承包企业，进一步严格小型工程发包，规范工程建设管理，严堵利益输送漏洞。对 20 万元以上的修缮工程公开招标施工企业，并聘请专业工程监理，以加强施工管理，加强过程控制，确保工程质量。后勤基建管理处不断强化服务意识，主动与各二级单位和服务对象进行沟通协调，工程结束后进行回访征求意见，将服务意识贯彻在工作的全过程中。年末，在校园网上发布下一年度的大修项目申请通告，根据二级单位及后勤集团报修的项目进行汇总并进行实地勘查，依据所报项目的实施的必要性及重要性，对涉及使用功能、安全防范及影响学生学习生活等方面的维修项目予以优先立项，并组织财务处、审计室、资产管理处、后勤集团等相关部门进行立项审核，以保证修缮资金使用的合理性、严谨性。建立基建工作反馈机制，对各使用单位提出的需求和建议及时反馈，服务获得使用方的满意和认可。与使用方就特殊需求问题或现场棘手问题及时进行沟通，部门间的沟通是我们工作中各环节得以顺利衔接的关键。在设备调试期间，建立反馈机制，多次电话询问，组织专题会议研究方案在现场协助解决处理各种困难，并及时满足使用方的需求，在设备调试运行等工作中积极配合使用方。

后勤基建管理处紧密结合工作中的实际需求，努力提高服务水平。为进一步提高服务水平，在开展各项后勤维修改造工作时都充分考虑服务对象的切实需求，解决存在的实际困难，做到服务更有针对性、时效性。为顺利完成冶金生态楼加固工作，通过召开座谈会，并多次会同冶金与生态工程学院、国家重点实验室、中国京冶工程技术有限公司等相关人员对相关实验室房间进行实地勘察，商讨如何开展搬迁工作、如何保证加固后的承载能力、如何有序安排各项工作，并尽可能减少对教学科研的影响。按时完成 2016 届学生公寓粉刷共计 1300 余间（10 万余平方米）和 3 个浴室的整体改造，完成共计

6000余平方米学生公寓及万秀园屋面防水维修和200余米屋面栏杆拆除更换工作，完成冶金生态楼实验室加固工程，完成281间学生宿舍、92间教室空调改造，完成学生食堂灶具设备更换和222套售饭POS机采购及系统升级等项目。年内共完成专项维修及其他应急抢修项目190项，其中教学区33项、家属区30项、大修84项、计划外项目43项；完成二级单位项目审批及结算审核87项。与后勤集团密切配合，团结合作，开展各类大修、维修、改造和应急抢修工程，保障各个科研教学和行政办公单位正常工作；保障家属区居民的日常生活需求，共同做好学校后勤保障工作；与党办校办、国有资产管理处、纪委及学校各二级单位共同开展办公用房的整治与装修工作。2016年，积极开展学校自来水置换的前期准备工作，以解决学校用水高峰期供水不足、水质硬度大的问题。

（仇安兵）

【房产管理】2016年，学校后勤基建管理处进一步加强周转房管理，继续严格周转房申请安置公开制度。认真做好本年度学校职工住房补贴、供暖补贴、物业补贴、交通补贴的审核与发放等工作。

①后勤基建管理处进一步加强周转房管理，为使周转房申请、安置情况更加公开透明，继续周转房申请和安置情况在校内OA网后勤基建处网页上进行公开，方便教职工了解自己的排队情况，同时也接受全校教职工的监督。2016年累计腾退周转房10套，腾退床位29个。2016年安排成套周转房38套、床位54人，共计安排入住教师92人。调整16个集体宿舍床位，安排入住学生集体宿舍4套。

②住房补贴预算、决算。本年度上半年完成了《2017年中央行政事业单位住房改革支出预算》的编制和上报工作，学校2017年住房补贴预算资金计划在无房职工和部分住房面积未达标职工中发放，共计1729人，拟落实住房补贴共计2295.13万元。其中，按月补贴发放职工1722人，未达标补贴发放职工2人，级差补贴发放职工5人；拟落实按月补贴金额2254.55万元，未达标补贴金额26.76万元，级差补贴金额13.82万元。2016年12月至2017年1月期间将完成《2016年中央行政事业单位住房改革支出决算》的编制和上报工作。享受补贴的职工1744人，落实补贴2233.1万元。

③物业服务补贴发放。自2016年1月起，所有在学校家属区内没有承租公房、已购公房或者购买商品房的离退休和在职职工（职工本人非承租人或产权人）的物业补贴已按相应补贴标准逐月启动发放。所有在学校家属区内有承租公房、已购公房或者购买商品房的离退休和在职职工（职工本人是承租人或产权人），需待家属区物业服务改革完成后再发放物业服务补贴。

④采暖补贴发放。本年度供暖补贴已基本完成整体改革，对于2015年未按时与学校签署供暖协议的校内产权人，学校后勤基建管理处多次向二级单位和个人打电话通知催促，效果明显，已在本年度内分5批陆续完成签署和补发补扣工作。至2016年11月，未签署人数为在职职工24人，退休职工56人。将继续通知催促完成。

⑤已申请交通补贴的职工按月发放交通补贴，新申请人员递交材料后予以审核及发放。本年度共涉及50人，补贴补发总计5380元。本年度发放老职工校外购房交通补贴共计83.09万元，共涉及1088人。

⑥已售公房上市工作。本年度北京市住房政策没有大的调整，但在制度建设和法律程序方面有了更加严格的要求。至2016年11月30日，已办理已售公房上市手续101户。其中，出售56户（已成交48户）、继承26户、赠予9户、夫妻间增名1户、办理住房抵押贷款6户。据

统计，办理人数与上年度基本持平。年内，针对房屋管理历史遗留的问题多涉及利益大的情况，认真做好来访人员的接待工作，耐心听取意见反馈，给予合理合规的答复，不违反政策，也不激化矛盾。针对学校家属区11栋解危治理和多层住宅加装电梯问题，多次组织召开居民全体会议，并基本保证每周召开一次居民代表协调会，与全体居民深入开展沟通协调，听取居民意见。针对11栋存在安全隐患聘请了专业公司进行日常监测工作，确保无安全事故，消除校内安全隐患。

（张东平）

【节能管理】2016年，学校积极推进节约型校园建设，加强能耗管理，实施节能低碳行动方案各项政策措施。根据国家发改委《关于印发万家企业节能低碳行动实施方案的通知》，学校完成了2016年节能目标责任制考核。考核包括节能目标完成情况和节能措施落实情况两部分，节能目标完成情况为定量考核，节能措施落实情况为定性考核，包括组织领导、节能目标责任制、节能管理、技术进步、节能法律法规标准落实等情况。“十二五”期间发改委下达学校的节能量目标为2544吨标煤，学校已完成累计节能量9696吨标煤，超出累计节能量目标7152吨标煤。根据北京市发改委《北京市发展和改革委员会关于开展碳排放权交易试点工作的通知》（京发改规〔2013〕5号）文件精神，学校按时完成了2016年度二氧化碳排放履约工作。2016年度，发改委下达学校的二氧化碳排放配额为41137吨，和2015年持平。学校实际排放二氧化碳45272.28吨，较2015年上升5.75%。

节能办公室认真开展学校能源消耗统计与费用回收工作，2016年收回水电暖气等费用3592万元。经过对学校清洁生产审核普查，北京市发展改革委员会对学校各二级单位上报的大功率设备1418台进行了排查，其中涉及机械工程学院、材料科学与工程学院等214台被国家明令淘汰的高耗能设备，截止到2016年年底淘汰更新182台，还有32台正在淘汰更新。根据中央国家事务管理局关于节能型电开水器改造相关政策，学校申请国家资金共为教学楼、逸夫教学楼、经管楼、金物楼、图书馆、国际处等楼宇的13个单位更换及新增节能型开水器共计17台，节约了普通开水器多消耗的电能和时间，提高了能源利用效率。节能办公室和学校团委“绿盾”与环境保护协会合作举办了2016年北京科技大学第二届环保知识竞赛，通过校内选拔、初赛、决赛、评选等形式，在学校范围内宣传环保知识，引导大学生了解学校节能情况，提高了学生的节能环保道德素质。

（鲁　晓）

后勤服务

【概况】后勤服务集团下设9个单位，其中机关单位3个：集团办公室、财务部、人力资源部；实体单位6个：物业服务部、运行保障部、经营管理部、饮食中心、幼教中心和会议中心。主要工作内容涉及餐饮、学生宿舍、物业维修、环境卫生、校园绿化、动力运行、经营管理、幼儿教育、会议接待等多个方面。至2016年年底，集团共有职工742人，其中事业编制职工166人，非事业编制职工576人。一年来，后勤全力做好保障工作，供电、供水、供暖系统平稳运行，学生宿舍教室安全舒适，食品供应营养卫生，校园整洁优美，为学校的教学、科研、师生生活提供了坚强保障。后勤工作得到师生广泛认可，饮食中心、物业服务部同时被评为“北京科技大学先进集体”，12 名后勤员工被评为校级先进工作者。

（张文平）

【党建工作】2016 年，后勤党委继续做好基层党组织建设和思想引领工作，带领党支部开展各具特色的基层党组织活动，做好党员发展和入党积极分子培养工作，提高党组织覆盖面，2016 年共发展党员 4 人，培养入党积极分子 18 人。至 2016 年 12 月，后勤党委共有党支部 10 个、党员 150 人。深入开展“两学一做”学习教育。研究制定《后勤党委开展“学党章党规、学系列讲话，做合格党员”学习教育的实施方案》，有步骤、分层次开展“两学一做”学习教育，在党员中形成了全覆盖的工作格局。组织后勤党委理论中心组学习及支部书记、组织委员等党务骨干的培训；开展党员行为规范、合格党支部建设的大讨论活动，出台了《后勤党委共产党员行为规范（试行）》；做好后勤党委书记带头讲党课和党员干部深入党支部讲党课活动，提高党员的整体理论水平；开展党员党组织关系集中排查、党代表及党员违法违纪问题排查，建立后勤党委、党支部换届台账；组织多种形式教育活动，观影长征题材影片、到中国人民革命军事博物馆参观、举办后勤党委“两学一做”征文比赛等，取得良好的学习教育效果。

学生党建进宿舍工作取得新突破。后勤党委以学生党建工作进宿舍为重点，充分发挥基层党组织的战斗堡垒作用和学生党员的示范引领作用，深入扎实推进学生党员先锋工程的各项工作，通过创新党支部组织形式、建立支部成员动态调整机制、建立考核评价机制等方式进行改革创新，有效增强了学生党员的责任意识和服务意识，提高了党建工作在学生中的影响力，带动了优良舍风、学风的形成，在学生宿舍中形成了和谐、积极、向上的宿舍文化氛围，取得了新突破。2016 年，学生党建进宿舍工作被评为“2014 – 2015 年北京高等学校党的建设和思想政治工作优秀成果”一等奖、创新奖。在“两学一做”学习教育中，通过组织合格党员行为规范大讨论，结合后勤工作实际，在充分征求党员建议的基础上，研究制定《北京科技大学后勤党委共产党员行为规范（试行）》，并在党员中进行广泛宣传，要求所有党员按照《行为规范》来约束自己的言行，在群众中起好模范带头作用。

承办北京科技大学第 26 期教职工入党积极分子培训班。根据组织部的工作安排，承办了北京科技大学第 26 期入党积极分子培训班，经过网上学习、专题讲座、交流座谈、课外阅读、社会实践等学习环节，33 名入党积极分子顺利结业。圆满完成第十六届海淀区人大代表换届选举工作。后勤党委高度重视、精心组织，顺利完成各阶段的选举工作任务，投票率为 99.34%，被评选为北京科技大学选区选举工作先进组织单位。充分发挥党员的先锋模范作用。在工作中，成立优秀党员示范岗、优秀党员示范窗口、党员志愿先锋小分队等，有效覆盖了后勤工作的重要岗位，延伸了党组织的服务半径，打造了一支坚强有力的党员队伍。在校 2015 – 2016 年先进集体和先进工作者评选中，饮食中心和物业服务部被评为先进集体，熊梅等 15 人被评为先进工作者。领导工会做好非编员工入会工作，取得新进展。后勤党委领导后勤分工会宣传学习、多方协商，积极推进非事业编制员工加入工会工作。2016 年，非事业编制员工入会率为 60.3%。做好对困难党员的帮扶工作，形成党内帮扶机制。2016年为2名家庭困难党员成功申请困难党员补助，一定程度上缓解了职工的生活压力。

（张俊燕、童　华）

【改革创新】①总结凝练后勤文化，统领一流后勤建设。在梳理后勤发展脉络，总结工作经验的基础上，2016年集团凝练出后勤文化核心内容“求实求精，为人为新”。后勤文化是后勤价值观、行为规范、制度等的集合，集中反映了后勤以人为本的服务理念、求真务实的工作态度、无私奉献的优良作风、精益求精的工匠精神及求索不止的创新精神。以文化为行为向导，后勤逐步实现服务理念和形象上的转变，实现了服务品质和保障能力的大幅提升。文化建设将成为一流后勤建设的新引擎。②打造活动品牌，提升服务育人能力。年内，集团先后以“质量创精、技术创新、服务创优，传承工匠精神”为主题开展劳动竞赛月活动，以“用优质服务感染人、用美丽的环境熏陶人、用文明的形象示范人”为主题开展文明服务月活动，举办“银杏景观文化节”“柿子文化节”“走进后厨”等系列品牌活动，既展示了后勤工作，又让学生了解后勤、感受后勤，更重要的是让学生体会到更多的主人翁感、获得感，把爱校、荣校教育有机地寓于具体生动的活动之中。③加快信息化、机械化步伐，提升工作质量和效率。后勤维修信息化平台系统已在内部上线试运行，具备实时了解报（维）修进度，监测各环节实施情况等功能，2017年可实现师生在线报修。物业、餐饮、维修等工作，依据日常工作数据分析，优化工艺流程，食堂购置饺子机、包子机，物业保洁配备高压水枪、洗地机，教室配备无尘板擦等，提高了工作效率，提升了工作质量。

（张文平、孟祥国、赵宝永、鲍　博）

【服务保障】①丰富菜品种类，餐饮服务创新创优。食堂每层常设创新菜窗口，保证窗口每日更新8种以上菜品，每周更新全部菜品；增设早餐炒菜、水果、烤肉等窗口，夏季推出特色凉面，冬季推出涮涮锅等，满足了师生多样化餐饮需求。每月定期开展的食品展销活动种类多、质量好，方便教职员工生活，受到了教职员工的欢迎。②克服困难完成新生住宿安排。因学校承担北京市教委双培计划、非定向研究生招生人数增加等原因，新生床位短缺情况严重，为此集团物业服务部下大力气清理宿舍，挖掘潜力，同时对部分房间实施加床改造，顺利完成了6000余名新生的住宿安排任务。③圆满完成校庆期间供餐工作。在时间紧、任务重的情况下，集团饮食中心加班加点，精心制作，圆满完成校庆当天近3万名师生及返校校友午餐供应工作，得到师生校友的一致好评。④攻坚克难，解决热点难点问题。除日常报修任务外，全年集团维修部门共完成130余项大修及抢修工程。同时，由于设施老化、设计不完善，一些生活设施失效、失灵，严重影响师生员工生活，集团集中力量进行了解决：针对困扰学生公寓浴室多年排风不畅的问题，组织相关技术人员现场研究技术方案，优化方案，问题得到圆满解决；另外，通过技术攻关，解决了学生公寓、居民楼下水堵塞，供水、供暖管线严重漏水等难点问题，仅修复的10余处上水管网漏水点，每日就能减少失水量1000多吨。⑤积极应对极端天气，做好后勤保障。7月20日突降暴雨，校内出现地下空间积水倒灌、树木倒伏、教学区大面积停电、多间房屋漏雨等状况，集团立即启动应急预案，快速响应，以最快的速度恢复供电、清理道路、清除地下积水，并对漏雨房屋做了临时处理。

（路子茂、张晓媛、鲍　伟）

【规范管理】①加强制度建设，后勤治理水平进一步提高。全年，共修订、完善集团人事、财务等方面制度35

份，完成集团成立后所有制度的立、改、废工作，形成集团文件制度汇编，为集团规范、严格管理奠定了基础；编制完成95种工作岗位的岗位说明书，依托岗位说明书，严格业务流程和标准，为下一步明确招聘要求、规范工作行为、考核工作提供了依据。②顺利完成岗位聘任工作。集团新一轮岗位聘任工作于2016年3月份启动，按照优化岗位设置、明确岗位职责的要求，全员竞争上岗，其中中层干部面向全校公开招聘。经过严格选拔，6月底，全员聘任工作顺利完成。③创新培训模式，队伍建设得到加强。开展通识培训和专业技术培训工作，拓宽培训渠道，聘请相关教授专家开展组织管理、安全生产、业务技能等方面培训；物业服务部创新培训模式，自编、自导、自演、自制7个工种岗位培训视频教材。视频培训声情并茂、生动直观，培训效果良好。全年集团各类培训1800余人次。④重视理论研究及调研，推进后勤工作再上新台阶。全年，集团完成理论研究课题2项，申报研究课题2项。前往清华大学、江南大学等高校调研，学习借鉴先进经验，指导推进后勤工作。⑤坚持安全工作例会制度，整改隐患，无安全事故发生。每月召集一次集团层面安全工作例会，组织安全大检查；各中心（部）根据工作实际进行安全自查，坚持重点岗位（学生公寓、电站、水井、换热站、危险化学药品库等）2小时巡查，各库房、职工宿舍每日巡查，每周二食堂卫生检查，每周五伙食质量检查；组织开展安全教育培训、演习31次，涉及生产作业、消防、交通、食品卫生等，签订生产、住宿、经营性房屋、假期安全协议1200人次；完成绿化小院整改及部分拆除、万秀园马道修复、学生公寓楼顶腐蚀护栏维修等工作，消除安全隐患。

（李　佳、张晓媛、路子茂、张志民、鲍　伟）

【协作配合】①协助做好学生安全稳定工作。配合保卫处在公寓内开展安全文明月宣传活动及消防演习；配合学院进行宿舍安全检查，查处违纪行为19人次；公寓值班员夜间巡查时积极帮助化学与生物工程学院一名情绪不稳定学生，并及时将情况上报学院，随后收到学院“热情服务为学子、无私奉献暖人心”锦旗一面。②协助完成化学药品采购平台建设。配合资产管理处完成系统前期方案制订、运行经费预算、平台建设、供应商合同签订及人员培训等工作，系统上线运行后将规范化学药品管理流程，有效监管危险化学品的使用流向，确保安全。③协助解决部分区域水压波动问题。配合后勤基建管理处完成公寓供水系统改造及市政自来水改造工作，同时多时段监测多个供水源情况，聘请专业单位检测供水设备，修复10处管网漏水点，累计减少70吨/时的失水量，有效缓解了改造工作前用水紧张的情况。

（张文平）

图书馆

【概况】图书馆组织机构下设“四部一室”：资源建设部、书刊服务部、信息咨询部、技术支持部和办公室。至2016年12月，图书馆有在职正式职工49人，校聘劳动合同制人员6名。正式职工中，高级职称人员11名，中级职称人员22人，中级职称及以上人员占总人数的67.3%；拥有硕士及以上学位人员27人，占总人数的55.1%。图书馆设有新书、保存本、中外文书刊等阅览室，以及冶金、材料外文过刊阅览室，“摇篮书斋”阅览室，文献检索与学位论文阅览室等独具特色的阅览室，为读者提供印本文献与电子文献、实体馆藏与虚拟馆藏、单馆保障与多馆互借传递相结合的全方位文献信息服务，包括纸质文献借阅、数字资源服务、科技查新、论文收录与引用、信息咨询与情报分析、学术研讨与交流、多媒体服务、读者咨询、读者主题活动、学科服务和移动图书馆等服务项目。除国家法定假日外，2016年图书馆全年开放323天，每周开放94.5小时。网上文献信息资源全天24小时对外服务。

（季淑娟、张 涛、路春梅）

【文献资源建设】至2016年年底，图书馆实体馆藏文献总量221.9236万册（件）。订有104种、238个数据库，其中电子图书727.6433万册，电子期刊46.4248万册，多媒体资源18种。图书馆收藏学校博硕士学位论文印刷本40000余册，电子版30000余篇。2016年订购印本中外文图书46530种、80963册，接收赠书246种、457册，订购印本中外文报刊1881种。图书馆规范严格的采访工作得到社会同行的认可，2016年图书馆获得“北京大学出版社2015年度优秀馆藏图书馆”称号，获得人民邮电出版社2016年“优秀馆藏图书馆·金质奖”，获得科学出版社2016年“关注科学，社馆同行”优秀图书馆称号，获得北京百万庄图书大厦“金牌合作伙伴”。2016年馆际互借累计392人、481册，原文传递67539篇论文和404818页图书。图书馆2016年获得BALIS馆际互借服务先进集体二等奖、原文传递先进集体奖、原文传递学科服务奖。

（季淑娟、王 瑜）

【文献信息服务】图书馆始终践行“读者第一、服务至上”的服务宗旨。① 2016年接待读者139万人次，门户网站访问量72.8万人次，借还纸质图书78.2万册。中外文电子图书章节下载43.5347万次，多媒体资源使用98.6093万次，各类数据库全文下载量585万余篇。②开创24小时智慧图书馆服务新模式。全年自助借还图书76万余册，自助打印、复印、扫描资料20.9万余张，研修间预约7386人次，座位自选33.35万人次，电子书借阅机下载阅读14.89万次，移动图书馆客户端访问3540万余次，微信公众平台关注量1.5万人，微信互动19.7万余次。③为提高图书馆文献信息资源的利用率，2016年开设《科技文献检索与计算机应用》《计量经济学文献检索》《文献检索与学术活动》等选修课程，开展形式多样的资源宣传推广与培训，全年宣传培训200余场次、12000余人次。④本年度共完成论文收录检索2635项，完成科技查新项目686项。⑤积极开展面向学科建设的学科信息服务与定量评价工作。完成《北京科技大学2013－2015年在世界四大大学排名中的表现及分析》《北京科技大学专利状况分析报告（2010－2014）》等各类信息分析评估报告8份。⑥积极配合学校专业工程教育认证工作，为矿物加工工程专业、通信工程专业提供专业认证相关数据材料，接待了土木工程专业、安全工程专业、矿物加工工程专业及AMBA国际认证专家现场考察。⑦加强图书馆中心机房的安全管理，使中心机房的日常管理规范化、制度化、科学化，保证各类软硬件系统的正常运转，确保全校读者365天24小时网上无障碍利用图书馆资源。

（季淑娟、王 瑜）

【全民阅读工作】图书馆积极推进全民阅读工作，“读书天”“毕业季”等系列阅读推广活动深入人心。图书馆原创荐书微信专栏“读书天”全年推送原创书评和荐书181条，累积阅读量为3.1万人次，线下分享会也广受学生欢迎。“那些年，我们一起读过的书”“大学读书记忆”、荣誉读者等毕业季活动，在毕业生中反响强烈。在书香·冶金全国冶金院校阅读推广策划方案大赛中，图书馆两个案例荣获全国一等奖。依托“读书文化节”和“读者服务月”“心”阅读与“e”阅读活动贯穿全年，在连续两年荣获“全民阅读先进单位”称号之后，2016年中国图书馆学会授予图书馆“全民阅读示范基地”称号。

（张　涛、路春梅）

【业务培训与学术研究】图书馆加强馆员业务学习和培训，提升文化素养和职业素养。全年举办全体馆员业务学习7次，共派出人员参加各类培训65场次、84人次，总计1043学时。全馆累计发表论文（第一作者）11篇，出版著作2部，申报“中国高等教育学会教育科学研究‘十三五’规划课题”等各类科研项目5项。

（王　瑜、路春梅）

【党建与工会工作】2016年图书馆党支部深入贯彻“两学一做”学习教育，认真学习理论知识，争做合格党员。党支部全体党员集中学习14次，结合相关资料自学3次，党支部委员会讨论工作和参加学校相关会议18次；党支部还结合2016年的馆藏清查，组织申报主题为“深学实做相结合，‘两学一做’树先锋”的优秀基层党组织活动；9月29日，图书馆党支部召开全体党员大会，27名党员以无记名投票方式，最终选举产生5名新一届图书馆党支部委员：张涛、牛雪峰、王晓丽、王一丹、贾炎龙。2016年图书馆工会小组组织职工开展每周两次的午间锻炼，邀请北京大学第三医院专家为职工举办颈椎病防治讲座，组织工会职工参观海昏侯展览，组织参加北京地区高校图书馆工作委员会硬笔书法大赛，获得三等奖及优秀组织奖。举办退休职工欢送会、老同志新春茶话会，看望图书馆退休老同志。在2016年首都高校图书馆教职工运动会比赛中取得了第六名的好成绩。2016年3月，图书馆喜获由北京市妇联、市总工会和市人力资源和社会保障局颁发的“北京市三八红旗集体”荣誉称号。

（张　涛、王一丹）

附　录

图书馆2016年读者服务情况统计表

项目	2016年服务数量	项目	2016年服务数量
接待进馆人次（万）	139	上机检索（万人次）	2.5601
图书馆主页访问量（万次）	72.8	课题查新	686
借出书刊（万册）	38.7701+43.5347（电子书）	检索与收录	2635
归还书刊（万册）	39.4527	资源宣传与推广（场/人）	229/12096
阅览书刊（万册）	3.4023	馆际互借（人/册）	392/481
读者注册（人）	8248	原文传递服务	67539篇论文+404818页图书
上架图书（万册）	58.2294	科技文献检索与计算应用（学时/人）	82/272

2016 年各类电子资源使用情况

数据库名称	使用量	数据库名称	使用量
外文电子期刊全文下载篇数	2020494	外文文摘数据库检索次数	1398790
中文电子期刊全文下载篇数	2754974	电子书章节下载次数	435347
外文学位论文全文下载篇数	19221	外文专利检索次数	206645
中文学位论文全文下载篇数	801097	中文专利下载篇数	31821
中文会议论文全文下载篇数	185827	多媒体使用次数	986093
机构库（自建电子资源）下载篇数	37062	文献管理软件 NoteExpress 使用次数	219556

档案馆

【概况】2016 年，学校档案馆下设办公室、综合档案室和人事档案室，定编 9 人，在编 8 人（借调至教育部 1 人）。档案馆全员参加过北京市档案局组织的专业知识培训，4 人具有档案专业背景，5 人具备档案系列中级职称，45 岁以下 7 人全部为硕士学历。2016 年，分管档案工作的校领导重新调整，档案馆于年底完成新一轮岗位聘任。

至 2016 年年底，档案馆馆藏学校 1952 – 2015 年期间形成档案总计 160381 卷，其中综合档案 12 门类总计 124453 卷（占比 77.6%）；教职工人事档案和学生档案总计 35928 卷（占比 22.4%）。年内总计接收档案 15907 卷，移出档案 5266 卷；有记录的校内和校外档案利用 7534 人次、35728 卷次，复制和出具证明 87191 件次。

（罗明书）

【重点工作和条件保障】①馆库安全建设：档案馆现有馆舍面积 619m^2，库房面积 436m^2，业务和技术用房面积约 50m^2，通道面积 133m^2，档案库房内装备密集架总容积 610m^3，满载率大于 80%，目前办公室、阅览室和库房不能实现分开，部分阅览和整理不得不安排到库房进行，有些业务在通道空间开展。为保证正常业务方便开展，缓解库容压力和保障档案安全，2016 年暑期，档案馆进行馆舍修葺，更换全部窗扇，解决库房尘沙漫入的问题；对通道面积局部改造，明确业务功能分区；开辟夹层 10m^2 用作技术用房，缓解用房压力；另外，调整安装部分监控，敷设光纤网络，改善办公设施。修缮工作历时 3 个月，于 10 月份暂告段落，签订避风阁安装工程合同，拟次年施工。

②档案资产清查：2016 年，档案首次列入资产清查范围并作为固定资产，学校规定由档案馆归口清查。结合档案管理中部门立卷、次年归档的规律，以及本次规定的资产清查范围，本次档案清查范围实际包括形成于 1952 – 2014 年且所有权已归属学校的档案（不包括人事档案和学生档案）。历时 4 个月，经过分类分步清查核对，档案馆确认清查范围内档案类资产共有 102585 卷，移交表、目录、数据与实物能够对应相符。其中党群类

2975卷、行政类4156卷、教学类40381卷、科研类5562卷、基建类958卷、设备类1463卷、财会类44445卷、产品类58卷、出版类229卷、外事类582卷、声像类1266卷、人物类47卷、实物类463卷。清查工作中纠正了部分历史遗留问题，精确了相关统计，按照档案的规定确认，按照财务的要求计量并报告。由于将档案作为固定资产进行确认和计量缺乏统一规范，经与资产部门、财务部门及会计师事务所合议，档案资产清查未在全校范围内推进。

③档案转递方式变更：2016年1－5月，学校学生档案转递工作仍以机要方式进行。6月，北京市机要通信局发出《关于邮政机要通信渠道停止收投大学生档案的通知》(京邮机要通信〔2016〕9号)文件并实际拒绝接收毕业生档案，北京市教委召开就业工作会议，引导各高校改变毕业生档案转递方式为“中国邮政EMS标准快递”。学校重视此项工作，档案馆自2015年即与招生就业处、学院、重点实验室等学生培养单位就毕业生档案寄递数据采集、档案安全、转递信息告知等事项共同进行多次协调，并跟进北京师范大学学生档案EMS转递的情况。2016年6月，档案馆启用EMS渠道试投了4批372份毕业生档案，将安全问题落实妥当，之后与中国邮政速递物流股份有限公司北京市中关村分公司签订服务合同，并启用新邮箱和群发短信向毕业生直接发送档案收投信息；关于涉密专业或涉密去向毕业生档案的转递仍使用机要通信方式，学校保密办公室、党委办公室对此给予协助。经各方努力，保障了2016年毕业生档案的安全如期转递，为之后工作打好基础。

（罗明书）

【综合档案管理】2016年，综合档案管理配置4人，实有3人（1人借调中），按照《高等学校档案管理办法》规定，主要负责学校党群、行政、教学、科研、基建、设备、财会、产品、出版、外事、声像、实物等12门类档案的收集、管理和利用，部分档案类别存在零进馆情况。在档案收集和管理方面，完成的基本工作包括①接收学校各部门2015年度形成档案7878卷。②继续馆藏存量数字化，自主扫描专利及2015年新入馆行政类档案共计606卷，外包扫描2007－2014年行政档案约10.7万页。③清点核查档案实体和档案数据库，完成学校资产清理工作有关档案资产的清点。④提前将2016年1－11月会计凭证入馆代管，减少在审计、会计事项中师生过多跑路现象。⑤协助科研部门完成课题资料审核或档案验收。⑥向教育部、国家档案局报送2015年《全国档案事业年报》中北京科技大学相关数据。⑦开展档案业务学习和调研。⑧参加行业内交流与培训。⑨业务指导工作实行联系人制度。

在档案利用和服务方面，完成的基本工作包括①配合学校廉政检查、资产清查、各类审计，提供近似开放的财会凭证查询服务，必要时连续提供10～16小时/日的查阅服务。②妥善应对全国干部档案核查及专项审核工作引起的学历认证、学籍材料追补激增情况，依申请进行真实性、完整性核查，为校友追补学籍学历材料，年内学历认证206人次，排除非真信息16人次。③日常为学校相关部门提供党政文书、基建图纸、科研专利、会计档案等方面的利用服务，提供查档3839人次、28404卷次（增幅51.56%、1.66%），提供借档169人次、604卷次（人数与上年持平），提供复印2245张（降幅68.30%）、拍照80926张（增幅56.64%，限会计凭证），出具房产证明59份。

（李倩、王领、范紫薇、孙丹妮、罗明书）

【教职工档案管理】2016年，教职工档案管理实有1人，负责学校教职工人事档案的全面管理和服务。完成的基本工作包括①鉴别并接收教职工干部履历表、年度考核、学历学位、专业技术职务申报、奖励与处分等档案材料4386件，确保归档材料真实可靠、手续完备和及时入档。②接收新入职职工档案153卷，完成分类整理和装订、制作目录，做到认真鉴别、分类准确、编号有序、目录清楚、装订整齐。③满足日常工作查考，提供职工档案内阅855卷、借出341卷、归还323卷。④结合学校年度组织人事重点工作，共调阅职工档案5221卷，数量为5年来最大。⑤整理加工转出职工档案24卷，平均每卷档案新收工资表等材料3件，收回回执13件。⑥按照归档散材料在一年内装订整卷的要求，整理在职职工档案1428卷，装订散材料3570件，更新目录3570条。

完成的重点工作包括①1月，配合人事处养老保险数据采集工作，提供在职及博士后人员2700卷档案的查阅和76卷档案著录。②3–4月，配合组织部共产党员信息排查工作，向各二级单位提供425卷在职职工档案和900卷退休职工档案的查阅；③5–11月，外包整理退休职工档案2380卷，打印目录94289条，改变了退休职工档案散材料多、目录不清的历史状况，并将退休工人、退休干部、综合服务部退休人员的档案统一装具和集中排架，方便了管理和利用。④11月，干部人事档案专项审核工作阶段性完成，共计整理处级干部档案227卷，补充材料并增加目录1777件（条）。

（高　阳、罗明书）

【学生档案管理】2016年，学生档案管理实有1人，负责全日制统招学生的档案事项，完成的基本工作包括①当年接收学生档案6729卷（总体增幅4.91%），其中本科生档案3523卷，研究生档案3206卷。②全年转递学生档案5242卷（总体增幅1.53%），其中本科生档案2528卷（应届2255卷），研究生档案2714卷（应届1129卷）。③年内日常接收登记并归档零散材料35116份（总体增幅0.56%），其中各类本科生档案材料17274份，研究生档案材料17842份。④转出零散档案材料1011份（总体增幅30.62%），其中本科生材料529份，研究生材料482份。⑤核查整理档案2779卷（总体降幅81.50%），其中本科生档案1112卷，研究生档案1667卷。⑥日常提供学生档案咨询、档案利用、档案查阅、政审和有关公证事项3261人次(包括配合排查学生党员信息510人次）、1293卷次（其中本科生269卷，研究生1024卷），复印档案材料3784张。⑦做好学籍变动学生的档案工作，对名册、存根、回执和查单等有序化处理，完善检索工具。

完成的重点工作包括①推动新生档案接收和整理工作持续改进，尝试以集中指导替代点对点指导的方式，区分本科生和研究生不同对象分别组织3场培训，效果良好。②适应学生档案转递方式的变更，始终确保档案转递安全与合规，机要通信方式保持到2016年5月底，6月以后使用邮政EMS形式转递，6–12月转递本科生档案2435份，转递研究生档案1392份。

（赵君怡、罗明书）

【专职队伍建设】2016年，档案馆在队伍建设方面更加注重“走出去、开眼界、扩思路”，并认真开展“两学一做”学习教育，加强思想建设和作风建设。①在思想建设方面，结合中国共产党成立95周年、中国工农红军长征胜利80周年纪念活动，组织听党课、看展览和走访根据地等活动，积极与校内部门、校外单位共学共进。②在作风学习方面，通过北京电视台《档案》栏目组案例分享等活动，学习同行砥砺奋进的先进事迹，自觉改进工作作风。③在学术追踪与专家培养方面，为瞭望学术前沿，选派参加数字记忆国际论坛暨第七届中国电子文件管理论坛、中国档案职业发展论坛、全国档案工作者年会4人次；为进行专家培养，选派参加航空工业系统固定资产投资项目档案验收评审员培训及考试1人次。④在青年成长与交流方面，为帮助青年职工增进对行业和对工作的深入理解，先后选派参加中国高等教育学会档案工作分会年度学术会议、教育部直属高校首届青年档案工作者论坛、第三届馆长论坛，以及教育部直属高校档案协会、北京市高校档案研究会的各级工作会议15人次；组织全员与清华大学、中国地质大学（北京）、北京师范大学等高校档案馆联合举办档案专题讲座和研讨20余人次。⑤在相关业务拓展学习方面，组织参加北京市教委毕业生就业工作会3人次，参加校内安全防灾、保密认证培训、干部人事档案专项审核培训等3人次。2016年，档案馆特别安排了3次完全由年轻馆员带队的高校档案馆调研，通过区分不同类型学校进行走访交流，形成调研报告，达到检验和锻炼专职队伍的目的。年内，档案馆党支部增补了委员，工会小组通过了模范小家验收。

（王桂珍、罗明书）

现代教育技术中心

【概况】2016年，现代教育技术中心（简称“电教中心”）有在编工作人员6人，其中中级职称4人、初级职称1人，长期患病在家休息职工1人，返聘退休教工4人。电教中心拥有各类设备1225台（件），固定资产2580余万元，以及多个结构完整、功能齐备的教育信息化、网络化、数字化教学资源平台。其中，①公共教学资源平台包括教学资源管理系统、互动教学研讨系统、教学评估系统、电子巡考系统；多媒体课件制作平台包括教学资源存储系统、多媒体课件制作系统、精品课程录制系统、云录播系统、电视节目制作系统、课件格式转码系统。②RF教学传输平台包括用于播放教学课件的教学区有线电视系统、支持多种语言教学的卫星接收系统和家属区有线电视模转数系统，网络外语教学、教学研讨、教师备课IPTV直播系统。③教学综合信息发布平台包括多媒体教室广播及铃声系统、无课教室信息发布系统、有课教室教学信息发布系统、研讨互动教室和《数字化教学资源平台》。多媒体教室广播及铃声系统实现了全校教室上课铃声时间准时、统一，在多媒体教室广播铃声系统中进行功能扩展，实现全校200余间多媒体教室在考试中统一播放考场指令及与考试相关的音频资料；无课教室信息发布系统使得教师和学生在教学楼、逸夫教学楼大厅的4块大屏幕显示器上可实时看到本楼无课教室的分布情况，方便找到教室答疑及自习学习；有课教室教学信息发布系统是全国独一无二的教学信息发布，教师、学生、督导老师等教学相关人员，在某间教室门口可实时看到全天的上课课程信息，且课程信息实时自动更替，今后将有更广泛的扩展功能，本系统改善了教学环境，促进了教学，充分运用“互联网+”的模式，使教育信息化得到进一步提升，使教学信息化得到广泛应用及推广；新建的两间研讨互动教室，可实现组与组之间互动研讨，师生互动研讨，异地互动研讨，无线移动设备课件投屏功能，实时提问功能，智能语音互动等诸多功能，实现教学课堂活动全记录，可上传至数字化教学资源平台实现网上在线学习，为学生开辟第二课堂提供学习资源；《数字化教学资源平台》新增“我的云盘”功能模块，教师通过在线注册，把课件存储在电教中心大数据大容量存储系统中，在任何地点只要访问《数字化教学资源平台》网站，就能上传资源或打开课件上课，进一步解决教师课件存储在移动设备上的丢失问题、电脑病毒问题、计算机不识别移动设备问题及教学课件无法打开等问题。公共服务体系下的72间设施齐全的智能网络化多功能教室，是保障全校公共课正常授课的关键设施，为本科教学顺利开展打下坚实基础。

学校本科现代化教学设施设计理念新颖、功能齐全、覆盖面大、管理规范、运行良好、故障率低，受到领导、教学督导组、教师、学生的好评，通过“互联网+”模式的运用，多个教学信息化系统既相互独立，又互相依托，促进教育信息化大数据的应用。在教学管理方面，实现了课堂教学活动全方位、全信息记录应用新理念，在北京市高校乃至全国高校中名列前茅，有众多高校到我中心考察。此外中心还拥有相当数量的录音复制设备及课件刻录设备等。

（段海涛）

【教学服务工作】2016年，据不完全统计，多媒体教室按每学期开课课表0～16周计算，第一学期共计745门类课程，其中公共多媒体教室使用总计53300多学时；第二学期共计726门类课程，其中公共多媒体教室使用总计47500多学时；小学期开课136门类课程，公共多媒体教室使用共计3700多学时。北京科技大学《数字化教学资源平台》上载课程347学时，接收传输15套IPTV节目，点击次数为54061人次，向外国语学院提供的BBC、CNN、NHK、DW、NGC、STARMOVIE等六套纯正外国语类教学节目，皆由电教中心通过学校建设的卫星地面站，自行接收的卫星境外电视节目。中心积极搭建公共服务体系多媒体课件技术教学平台，为教学工作提供技术支持，完成教学素材编目104学时，为学校各部门复制、转录、刻录教学等课件197学时，为兄弟院校复制、转录各类教学课件30学时；完成各类国家级考试、北京市级考试等考试录像任务及设备保障29次；应北京市考试办公室要求，统调英语四六级考试电子巡考系统；利用我单位电子巡考系统为北京考试院统调研究生考试监控图像的正常传送提供技术保障。

2016年利用国家下拨修购计划款197.75万元，顺利完成多媒体教学平台建设，新建了教学管理信息化系统设备，配合无课教室信息系统，使教学信息化系统功能更加强大，本系统还可用于考试等多方教学用途；更换教学评估、巡考平台SIP服务器等设备，新建智能化研讨互动教学系统两套，功能强大，设计新颖，满足各种教学活动，促进新型模式下的教学授课方式，为教学改革创建新思路创造了条件；新建多媒体教室1间；更换逸夫教学楼部分教室窗帘。学校多媒体教室维修维护共计1200余次，安装各类教学软件百余次，保证了全校200余间多媒体教室设备正常运行，设备完好率为100%。利用电子巡考系统为学校各种考试提供实时录像监看功能，为在考试当中出现的纠纷及作弊等现象提供视频依据，考试结束后帮助各部门下载考试录像，提供保存载体，以便于查看及存档，配合保卫处做好安全保卫工作，以及学生在教室丢失物品等视频录像的查看工作，并提供视频依据。

（王　敬）

【精品课程和电视片制作】2016年，现代教育技术中心制作各种电视片及课件共计26部，录制各种精品类课程

14门，总计434学时。制作北京市名师申报课程2门，分别是申亚男老师申报的《线性代数》（2学时）和夏德宏老师申报的《工程流体力学》（2学时）。录制全国高数微课比赛5课时，分别是李娜老师的参赛课程《三个大数定律》、储继讯老师的参赛课程《双曲抛物面》、魏海瑞老师的参赛课程《变力沿直线做功》、朱婧老师的参赛课程《传染病模型》和苏永美老师的参赛课程《初等矩阵》。录制国际合作交流处《来华留学生英语授课品牌课》国家级申报片2部，分别是数理学院王丹玲老师主讲的《高等数学》和能源与环境工程学院马鸿志老师主讲的《固体废弃物处置与管理》，按教育部文件要求把申报片视频及相关资料上传到我中心《数字化教学资源平台》网站，提供相应链接给评审组，供评委专家在网络上点播该课程，进行在线评审，在评审期间保障24小时网站正常运行。录制研究生视频公开课《计算方法》26学时，主讲教师张晓丹、卫宏儒。录制冶金研究史院士访谈系列5课时（胡正寰院士、葛昌纯院士）。录制朱荣教授国家科学技术奖申报片《电弧炉炼钢复合吹炼技术的研究应用》。为《钢铁生产全流程虚拟仿真实验中心》制作英文字幕。利用云录播系统，在逸夫教学楼任意教室直播课程，如研究生课《中国特色社会主义理论课程》8课时，305教室作为主讲教室同步直播到307教室，学生可实时看到305教室上课的课件及授课老师；由组织部组织党员培训课，在704教室主讲直播到705教室，受到主讲老师及组织部的表扬，通过现有系统及信息化技术解决了学校300人以上无法上课的场地问题。由学校布置、录制管庄校区远程教育课程3门类，共计62学时。录制《产品评价导论》2课时，主讲教师刘双跃；录制《产品安全工程》2课时，主讲教师黄国忠；录制高等工程师学院mooc，主讲教师刘立。向北京科技大学《数字化教学资源平台》上传精品课程共计11门类，主讲教师10位，合计347学时，其他类专题片、讲座共计12部。

（冀燕丽、高玉峰）

【有线电视和网络运行】2016年，对有线电视网络前端系统故障设备进行维修和设备更新，中心还完成有线电视系统前端机房设备测试30余次，对卫星地面站、检查、测试、调试与维修20多次。由于学校家属区有线电视系统已于2011年1月1日归北京歌华有线公司进行管理、维护及维修，我中心负责提供学校自办模拟电视节目源，经过对电视信号重新编码后转换成数字电视节目信号，融入北京歌华公司的学校有线电视系统内，通过数字高清电视机顶盒接收，供学校教职工收看。更换学生区、教学区、办公区光站5台；因遭雷击、刮大风、密封不严导致接头氧化等诸多因素，维护、维修室外、室内光站，放大器，干线器件，对有故障的有线电视用户进行登记，上门进行测试和维修，更换损坏严重的线路及器件，据不完全统计，故障维修280余次，保证了系统的正常运行，线路传输畅通，使学校教职工和学生收看到清晰的电视图像。电教中心的机房共计7处，分布为教学楼2楼、4楼、5楼，逸夫楼3楼、7楼，承担着72间多媒体教室的控制、互联网访问、多媒体音视频采集等任务，其中教学楼4楼的中心机房放置有为全校提供服务的防火墙、服务器、交换机、存储设备等26台（套），其余设备分布在两座教学楼的设备间，有音视频编码器、网络交换机等设备共计90多台（套）。2016年度较好地维护了机房设备及机房运行环境，保证了各个系统正常运行，及时排除了教学楼、逸夫楼网络环路故障，避免了教学事故，使教学活动正常进行。

（王　敬、高玉峰）

【能力提升和对外交流】当今信息化技术迅猛发展，电子技术日新月异。在信息高速发展的时代，为不断学习新知识、新技术，了解当前数字化时代的发展前景，跟上时代的潮流，用知识武装自己的头脑，2016年，组织技术类培训5次，参加新设备、新技术等类型的讲座6次，对外考察及调研12次，接待来我中心进行考察交流的高校15次。

（段海涛）

【其他主要工作】现代教育技术中心业务范围广，涉及学校各个部门，经常与各部门一起处理一些工作。我中心是学校重点防火、防盗部门，配合保卫保密处对本单位所有的电器开关、设备、线缆等进行全面的检查，接收防火安全整改通知书，协助保卫处完成避雷设施检测、消防设备的检测检修及灭火器更换维修工作；配合资产管理处对不能使用的设备进行报废处理，完成国有固定资产清查工作；配合教学科完成新生照相采集工作；配合北京歌华有线公司来校对有线电视信号进行检查和测试；利用《数字化教学资源平台》直播文法学院第十三届戏剧节晚会和冶金与生态工程学院毕业生晚会，通过平台移动终端实时观赏，实现场内场外实时互动。

（段海涛）

社区卫生服务中心（校医院）

【概况】北京科技大学社区卫生服务中心（校医院）始建于1954年，由医务室逐步发展为校医院。1989年新建成了建筑面积3586m^2、业务用房2000m^{2}的医院。1996年定为“一级甲等”医院。2002年4月通过北京市评审成为社区卫生服务中心，可对外服务。校医院承担着学校3.3万余名师生员工及周边地区居民的预防、医疗、保健、健康教育、康复、计划生育技术指导“六位一体”的医疗卫生服务任务。2016年，校医院设有院办、急诊科、内科、大外科（外科、妇科、眼耳鼻喉科、口腔科）、健康管理科、中医科（中医诊室、针灸按摩科、理疗科）、预防保健科、护理部、医技科（放射科、化验室、B超室、心电图室）、药剂科（中药房、西药房）、财务科及保安组、保洁组。校医院现有医务人员59人，其中事业编制40人、人事代理合同制19人；临床大夫22人，临床护士14人，医技人员13人，财会人员6人，党政管理人员4人；正高级职称1人，副高级职称5人，中级职称27人，初级及以下职称26人。

（褚　洪、刘明明）

【医疗服务】2016年，校医院继续发挥医务人员综合评价体系的作用，加强内部考核，充分发挥院外监督员和网络监督的作用，进一步改善服务态度，提升服务质量和服务效能。同时以入选“海淀区中医药综合诊区建设单位”为契机，落实并推进中医药综合诊区建设，进一步提升中医门诊的硬件条件和服务水平。2016年，校医院门诊处方量为132711张，累计门急诊137223人次，肌注2194人次，静脉输液2548人次，静脉采血2007人次，换药3551人次。在医院严格管理控制下，静脉输液量与2015年相比下降了22.6%。学院完成各种体检12146人次，包括新生入学体检、职工体检、入职人员体检和零散体检等。进一步规范和完善了药品准入制度，全年共调整药品8种，其中新增药品6种，药品品种结构更趋合理。

（褚　洪、李素君）

【健康教育及预防保健】健康教育是社区卫生管理的一项重要任务。2016年校医院为了配合学校的大学生教育，先后安排两批26人次医生，为大学生开设108学时的大学生卫生基础保健课，受众学生400余人；先后为社区居民定期开设高血压、糖尿病等慢性病的健康教育讲座12次，并积极开展世界卫生日、世界精神卫生日、结核病日等的宣传教育活动，受教人数2000余人次，发放宣传页2000余份。管理辖区在册精神疾病患者43人，免费服药患者12人次，管理学生心理健康患者28人次。培养家庭保健员20人次。继续推进家庭医生式服务宣传并签约，新增签约227人，签约人数上升至29756人，新增80岁以上一键式家医电话服务21户，电话咨询服务428人次。

2016年，学院在做好转诊和流行病学调查的同时，对所有本年度确诊肺结核病人的密切接触者进行排查及开展肺结核知识讲座300余人次。2016年学校共发现肺结核、水痘、手足口病、猩红热、细菌性痢疾和感染性腹泻等传染病80例，均为散发，无流行疫情发生。校医院还承担着全校学生、教职工、流动人口、居民、散居儿童等的计划免疫工作。2016全年共管理散居儿童427人、小学生844人，共接种疫苗19656剂次，其中为儿童接种1828剂次、为小学生接种357剂次、为大学生接种16309剂次，为本社区及周边地区60岁以上老人免费接种季节流感疫苗691剂次，为外来务工人员接种218剂次，为其他人员接种257剂次。及时有效地处理各类人群疫苗接种后反应4起。散居儿童五苗接种率为100%，单苗接种率为98%以上。小学生白破二联、麻腮风疫苗接种率为98%以上，大学生麻腮风疫苗接种率为90%以上。做好流动人口调查摸底工作，流动儿童建卡率为98%以上，单苗接种率为90%。多年来，社区计免接种率均为100%。

（李素君、宋　锐）

【工作成效】加强中医专家门诊管理，落实并推进中医药综合诊区建设。从管理机制、人员调整两方面入手，进一步加强中医专家门诊管理；以入选“海淀区中医药综合诊区建设单位”为契机，落实并推进中医药综合诊区建设，进一步提升中医门诊的硬件条件和服务水平。加快医务人员队伍建设，加强业务技能培训。多渠道挖掘人才，严把选人用人关，引进外科、口腔科医生各1人。同时继续做好教育培训和业务考核工作。加快关键医疗设备的购置、更新及系统升级改造，努力提高诊断水平和工作效率。利用自有经费购置免散瞳眼底照相设备1台。通过加强安全教育和安全监管，严格医疗规范和操作规程，完善考核、评价机制，避免或减少医疗差错、事故的发生。同时加强疫情监控和饮食卫生管理，避免或减少公共卫生事件的发生。加强门（急）诊、药品和处方管理，做好医疗报销审核工作，有效控制公疗费用支出。进一步完善转诊制度，继续开辟北京大学第三医院转诊绿色通道，规范医疗行为；定期开展处方点评，规范电子病历书写；科学调整药品品种结构，合理控制处方量；严把医疗报销审核关，有效控制不合理支出。做好职工、新生和研究生复试等体检工作。加强组织管理和质量监督，提高服务意识和责任意识，确保体检结果准确率。加强外派医护人员的管理，做好校内有关活动的服务工作。进一步增强服务意识、责任意识，及时了解被服务单位的反馈意见并加以改进。做好校红十字会的指导和管理工作，加强学生分会活动的指导和审核工作，继续推进教工分会各项工作的开展。

（褚　洪）

体育馆

【概况】2016年，体育馆根据年初制订的工作计划，深入学习贯彻中共十八大和十八届六中全会精神和习近平总书记系列重要讲话精神，认真落实执行学校的工作要求，为校内师生提供优质的运动环境和人员服务。对照全年工作计划和重点工作，体育馆全面完成了2016年度各项工作。

（邹华东）

【职能完善】根据学校巡视审计工作指导意见，结合体育馆实际情况，通过组织专项讨论会议审议并成立体育馆管理领导小组和事务监督领导小组。①成立体育馆管理领导小组。由体育馆主任担任组长，体育部主管教学副主任担任副组长，财务主管、体育馆办公室主任及市场服务部经理组成小组成员。管理小组定期对体育馆工作进行讨论、审议并制定相关配套措施，旨在推动体育馆整体工作不断突破创新。②成立体育馆事务监督领导小组。由所在党支部书记担任组长，纪委监察室、学生工作处、教务处、研究生工作部、团委、工会、保卫保密处、离退休职工工作处负责人组成小组成员。监督小组将对管理小组汇报的内容进行讨论审核，进而加强部门之间的沟通协作，即时发现问题和解决问题。

（邹华东、鞠　洋）

【工会建家】①合同制教职工入会。认真贯彻落实习近平总书记在中央党的群团工作会议上的讲话精神和《北京市实施〈工会法〉办法》，根据2016年学校《关于劳动合同制教职工入会工作实施方案》，体育馆工会小组积极动员全体职工，全年新办理52人入会，实现员工100%入会。②体育馆工会小组建家。全面贯彻《工会法》和上级工会精神指示，积极开展教职工小家建设活动。体育馆工会小组全年共组织开展员工运动会、户外登山、篮球友谊赛等12项活动，并被评选为2016年机关党委工会“合格小家”，为今后建家工作打下良好基础。

（鞠　洋）

【校内服务】体育馆全年承办了11项校内大型活动：开学典礼，毕业典礼，校园大型双选会，校友会，大学生CUBA联赛，2016年新生羽毛球、乒乓球、游泳比赛等活动。承担了学校大一、大二学生的羽毛球、乒乓球、高尔夫球、游泳、健美操、瑜伽、体育舞蹈、柔道、跆拳道9门课程，共计90813人次来馆参与体育课程学习。同时，承担了附属小学2585人次的游泳教学任务，圆满完成学校篮球、羽毛球、跆拳道运动代表队训练的任务。

（郑　璐）

【安全保障】2016年，体育馆共组织开展了4次安全消防检查、2次火灾隐患专项排查、2次安全知识培训；配合保卫保密处进行电消检、防雷检测、全馆灭火器的年检，对故障设备及时进行了维修更换；提升消防中控室值班员的工作能力，岗位人员严格要求持证上岗；积极参加海淀区组织的救生演练大赛，提高救生员的个人救生技能，增加救生员急救现场经验；通过严格执行深水区进出制度，严把深水证件考核关，确保了深水区域的安全；按照体育局安全规定，加大泳池救生员人数的安全配备指标，确保全年运营零事故。

（李　龙）

【设施升级】①升级管理操作系统。根据学校审计工作指导意见和实际操作过程中出现的漏洞，体育馆总结整理功能需求，采用集中讨论及一线反馈的形式，全面梳理工作流程，系统升级后加强了对场地收费项目的细分，完善了库存管理及场地使用数据统计功能。②增设服务项目。体育馆在服务台和场地入口分别增加了一台饮品自动售卖机，提高了顾客购买的便利性；根据前期校内师生意见反馈和后台数据统计，增加节假日羽毛球项目优惠时段，即针对本校师生在节假日期间8－14点可享受优惠价格。③泳池水质提高。夏季是客流高峰期，游泳馆每日满负荷运转，为确保水质，每两周暂停半天营业时间开展清洁吸污工作；针对游泳馆池水频繁出现蓝绿色情况，全面查找水质变色根源，通过追踪对比，发现池水变色主要受学校自备井水混入影响，经过集中治理，池水颜色已完成校正，游泳馆水质在线监测全部达标。

（李小红、刘定贵）

【社会开放】2016年，体育馆承办公司年会、新车发布会等活动12场，企业羽毛球赛、篮球联赛及趣味运动会12场、游泳比赛2场、五环广场宣传活动6场等，接待校外顾客共计328217人次。随着政策的调整与群众健身意识增强，体育馆承办活动的形式呈现多样性和复杂性，为满足活动需求，做好服务工作，体育馆在大型活动沟通筹备工作中及时总结经验，形成了一套严谨有效的工作方案，第一时间解决活动方遇到的问题，提高了大型活动的整体运转效率，为打造优质场馆名片注入市场活力。

（邹华东、郑　璐）

基础教育管理中心

【概况】为全面贯彻落实国家相关教育方针、政策和法律、法规，进一步加强北京科技大学基础教育一体化建设，提高基础教育管理水平，经学校研究决定，在附属小学及附属幼儿园的基础上，成立基础教育管理中心（简称“中心”），负责管理附属小学和附属幼儿园，以及联系与北京科技大学附属中学有关的共建工作。中心于2016年5月31日成立，由张娜任基础教育管理中心主任兼附属小学校长，宋玉梅任基础教育管理中心副主任兼附属幼儿园园长，科大附中副校长李广民兼任基础教育管理中心副主任，程欢兄任基础教育管理中心委派会计。2016年，中心共有教职工133人（其中在编教师46人、合同教职工82人、劳务人员5人）、在编教师中小学高级教师32人。

（张　娜）

【科学管理】按照学校的部署和要求，2016年中心完成下设的小学、幼儿园、“大支附项目”的党政工作交接，实现工作的平稳过渡。明确领导干部岗位的一岗双责，坚持“三重一大”集体决策制度；全面修订附小财务管理制度，规范财务管理工作流程，取消附小收费项目；细化常规采购、合同签订工作流程；幼儿园实行收支两条线，完善内部控制制度。中心领导班子成员明确分工，细化工作流程，初步实现科学化管理，落实党风廉政建设责任。

（张　娜）

【附属小学】2016年，北京科技大学附属小学共有在校学生878人，教学班24个，毕业学生123人，新招学生110人。经与海淀区教委沟通，除大学职工子弟外，其余生源均由教委向大学购买学位。附属小学共有教职工58人(其中在编教师36人、合同教职工22人），在编教师中小学高级教师31人。

①德育工作。2016年，附小德育工作以中共十八届三中、四中、五中全会和习近平总书记系列重要讲话精神为指导，进一步贯彻落实中共教育部党组、共青团中央《关于在各级各类学校推动培育和践行社会主义核心价值观长效机制建设的意见》等文件精神，以全面提升未成年人综合素质为目标，以社会主义道德建设为基础，以培养学生的创新精神和实践能力为重点，把社会主义核心价值观教育融入教育教学各个环节，创新工作机制、丰富工作内涵、优化工作方法，进一步构建和完善德育工作体系，增强了德育工作的针对性和实效性。一是在教师队伍建设方面。组织全体教师学习中共十八大文件中有关教育工作的论述及《社会主义核心价值体系融入中小学教育指导纲要》，更新教师育人观念。学习习近平总书记关于做“四有教师”的讲话精神，贯彻落实《中小学教师职业道德规范》，加强教师职业道德修养，积极推进师德建设，不断提高育人质量。梳理班主任工作细则，进一步明确班主任工作职责，提高班主任班级管理能力。二是在主题教育方面。围绕社会主义核心价值观，以“做好小事就是爱国”为主题，利用开学典礼、学雷锋日、“国防教育活动”、六一节、端午节、教师节、国庆节、少先队建队日等特殊纪念日，积极开展丰富多彩的教育实践活动。引导学生积极践行中华美德，树立爱国、爱校意识，促进校内团结友爱氛围，提升学生道德素质和公民意识。4月，组织全校学生赴励志国防教育基地开展为期三天的综合教育活动，通过国防教育、自护教育、学农活动、非物质文化遗产体验等实践，使学生对秩序、尊重、合作有新的认识，在自立、勇气、信心方面有所提升。6月1日，举办“沐浴阳光　追逐梦想”六一艺术展演，北京科技大学副校长何民庆到附小与小朋友们共庆节日。9月底，开展了“足球嘉年华”主题体验活动并启动校园足球联赛、校园吉尼斯等体育专项赛事。10月，为祝贺航天事业的蓬勃发展，组织以“中华民族飞天梦，我的飞天梦”为主题的科技周，参观中国科技馆、中国科学院光电研究所、钱学森科学馆等。12月，结合“做好小事就是爱国”教育主题组织课本剧展演，选取学科教材中国学、寓言、名人等内容编写剧本，孩子们自编自演、自行制作服装道具，精心准备配乐、背景、主持词。附小为24个班级作品录制视频，面向全校播放。三是在特色项目方面。积极推进北京市教育委员会“大学支持发展附中附小”项目，北京科技大学高等工程师学院、化学与生物工程学院、外国语学院及文法学院等多所学院专门为附小开发和实施第一课堂、第二课堂课程，团委、机械工程学院组织志愿者参与附小各项主题活动、实践活动。附小在2015年被评选为北京市及海淀区两级足球实验学校的基础上，继续在课堂教学、教材编纂、训练交流、师资培训、参与赛事等方面取得丰硕成果，于2016年4月被命名为“全国足球特色学校”。四是在常规教育方面。结合“做好小事就是爱国”的主题教育和《中小学生守则》《海淀区中小学生文明公约》专题学习，要求各班级制订班级文明公约，通过“整洁书写和桌面”“整齐书包和课桌评选”等活动，不断强化学生自理能力培养，促进学生形成举止文明、言行一致、注重细节、心怀他人的良好学习和生活习惯。发挥班级教育功能，凸显班级文化建设的育人作用，组织全校班级核心文化交流活动。针对海淀区“校园欺凌”专项治理工作，组织师生开展专项

法制教育活动。积极开展校园安全教育，利用“5 · 12”汶川地震纪念日、“11 · 9”消防主题日，适时开展地震、火灾逃生疏散演练。

②教学工作。一是强化教师继续教育。2016 年是北京市“十三五”教师续教的开局之年，每位教师坚持参加学区及区级教研活动，认真完成校内研修，其中包括每周一篇毛笔字，一课板书；每月一篇教学反思，一篇业务、政治学习笔记，期末一篇教案。教师们自觉开展业务理论学习，完成至少 16 次的校内外听课，撰写完成听课小结，积极提升教学能力，提高理论修养和业务素质，不断夯实基本功。二是重视教学研究。参照《学科学生学业指导用书》系列丛书，组织各教研组开展组内学习，进行校本教研，准确定位教学目标。教学干部坚持常态课听课，走进全校 24 个班和各学科教师，进行全员听课，关注教师课堂实效和学生学习效果。组织全体教师分学科学习《海淀区 2015 届小学生学业水平调研报告》，分析附小三科发展的优势与不足，更新教学理念，改变教学方式。三是积极发挥学科带头人、骨干教师示范引领作用。各海淀区学科、骨干教师加强自身学习与能力的提升，积极在教研组内部发挥引领作用。9 月底，在全校范围内开展“公开课展示”活动，展示学科基本功，有力地提升了课堂教学的实效性。10 月，周喆、唐明华两位老师在海淀区义务教育学校区级学科带头人、骨干教师培训展示活动中荣获风采展示二等奖。四是接受海淀区进修学校教研室教师视导和海淀区教育教学督导。年内，科学学科督导员、语文学科督导员、品德学科教研员先后来校开展教学督导工作，参观了科学实验教室及实验器材室，现场听取了语文和品德课程，对附小在课程投入、落实减负政策、扎实推进班级文化、强化阅读等方面给予好评。10 月，邀请海淀区进修学校教研室数学、语文学科教研员，来校视导语文、数学学科教学，先后听取 8 节中低年级语文、数学课，对执教教师基本功扎实、课堂效果良好给予肯定。接受海淀督导室定期督导检查，特级教师及兼职督导员陈延军老师来校就教育教学管理以及校园欺凌事件做调研督导。12 月，接受海淀区督导室的“减负专项督导”。五是深化课程改革，落实学科实践 10% 学时的目标。组织开展课程改革专题培训，更新教师观念，改变教学方式，提倡学以致用的教学理念，达成学科能力培养的教学目标。教学干部引用海淀区教科所吴颖慧所长《一场从教学走向教育的改革》、海淀区进修学校副校长支瑶《项目引领持续改进创新提质》、北京教育学院杨志成《学校课程整合与课程体系建设的一般逻辑》及海淀进修学习研发的《学业标准指导用书的使用》对全体教师进行集中培训。根据北京市教委小学各学科课程平均不低于 10% 的学时用于开展学科实践活动的要求，组织年级组教师和各学科教师围绕课程标准、学科本质、学习内容，开展实践活动设计，加强实践活动交流，探索跨学科实践活动。组织全校师生利用假期书写灯谜，开学第一周开展猜灯谜活动；组织全校学生到南口励志青少年基地开展国防教育实践活动；开展“沐浴阳光，追逐梦想”艺术节活动；植树节来临之际，开展毕业班种植毕业树活动；召开春季运动会和第二届一年级亲子运动会。六是继续做好“大支小”项目，开发附小特色校本课程。充分利用北京科技大学和北京外国语大学资源，借助北京市教委“大学支持附小”和“外教进校园”项目，在科学学科、综合学科、英语学科等方向与大学共同开发特色校本课程和课后一小时社团活动（科学实验课、机器人课、航空航模原理和英语阅读）。七是严格落实中小学减负精神，强

化教师课前准备，提高课堂质量，精简新课时间，提高课堂时效性，控制作业量，实现一、二年级不留家庭作业，三至六年级每星期留一次家庭作业。学科实践作业以学习任务单的形式进行布置，学生完成后教师将进行留档或展出。例如语文——习作、阅读地图、读后感、手抄报、单元综合练习等，数学——单元综合练习卷、数学报、数学知识调查研究、数学生活实践作业等，英语——单元综合归类、英语报、贺卡等，科学、品德——教师自主确定内容4次。八是抓实学生单元验收与评价。附小期末组织统一验收，期中开展专项验收，单元验收由各学科、各年级组自行组织安排。教导处按单元检查分析及学生试卷及时反馈评价，监督指导教学水平。教师记录分析学困生情况，开展针对性帮扶，重点培养学习方法及能力，减少学困生数量，缩小学生间差异。附小与“攀登阅读平台”合作，为学生开辟阅读评价平台，通过评选“月阅读小达人”，开展查字典、写字、分年级制作英语手抄报等竞赛活动，提升学生学习兴趣，积极提升学生学习能力。

③日常管理。一是完善管理制度，初步建章立制。2016年附小不断完善管理制度，建立“三重一大”事项集体决策程序，党政管理人员分工明确、权责分明；全面修订财务管理规章制度，规范财务管理工作；细化常规采购、合同签订工作流程；全面取消附小代收费项目；初步完成附小房屋内固定资产登记工作。二是设立微信公众号，从教学、科技、足球、艺术多方面展开宣传，年内发布宣传稿50余篇。三是增强教职工凝聚力，提高教职工福利。2016年附小为增强教职工凝聚力，为19名非编教师缴纳公积金，不断提高教职工福利待遇。

（张　娜、潘　翔、高　彦）

【幼儿园】2016年，北京科技大学幼儿园共有在园幼儿452人、教学班级12个、教职工75人（其中在编教师10人、合同教职工60人、劳务人员5人），在编教师中小学高级教师1人、一级教师5人。年内，幼儿园继续深入学习落实《3～6岁儿童学习与发展指南》《幼儿园工作规程》精神，全面有效地落实市区学前教育工作要求，对照市级示范标准，深化幼儿园特色课程改革与实践，进一步加强师资队伍建设，稳步推进早教工作，营造了和谐温馨的园所文化。

①管理工作。深入学习、领会、落实《指南》《规程》和市区教育工作精神，创新管理模式，坚持目标管理和量化管理相结合，坚持制度管理和以人为本管理相融合，加强各部门管理深入基层检查与指导的能力，促进管理工作规范化、精细化，落实管理实效，深化和谐园所文化建设。一是落实“一会一谈”管理举措，幼儿园各部门主管坚持深入基层，依据全园计划重点强化对所属部门工作进行检查与指导，强化解决实际问题，落实管理实效。二是建立“能上能下、能进能出”的人事管理制度，促进基层管理和教师队伍的健康发展，年内完成人事竞聘上岗工作，落实按岗定编定薪制度，充分调动全园职工的工作积极性和主动性，促进园内人力资源的合理配置与充分利用，打造了一支素质高、业务能力强的专业教育服务队伍。三是强化督导落实，将督导工作作为深入推进园所文化建设、加强素质教育的有效途径纳入日常管理工作中，依据督导部门《评价指标体系》实施细则开展自查工作，坚持自查与整改相结合，高质量完成相关工作，逐渐完善依法规范管理，提高办园质量。四是5月，学校副校长何民庆一行来园考察，园领导陪同考察，并详细汇报了幼儿园整体办园、经济收支和人力资源建设等情况，学校领导对幼儿园整体工作给予高度评价，并对幼儿园今后发展提出新的要求。五是幼儿园通过职

代会讨论确定了园内2016年年终奖金分配方案，加强了对年终考核奖励制度的培训，做到“知晓在先 认同在后”。六是幼儿园完成了北京市教委“国培计划”培训，接待广西百名园长观摩幼儿园园所文化建设。

②师德建设。年内，幼儿园高度重视教师队伍建设，不断加强教师师德、专业技能培训，不断推进校园文化建设。一是结合幼儿园教师师德建设实际需求，园内组织了园本培训，促进不同岗位的员工在各自的岗位上履好职、尽好责。二是不断加强教育实践，通过园长与教师面对面、心对心沟通，解答教师工作中的困惑，让教师在工作中不断明确努力方向。三是结合幼儿园师德建设和幼儿习惯养成的自主性培养，园党政工团共同开展以“为幼儿自主、自立、自信的成长提供支持”为主题的优质服务月活动，进一步加强教师职业道德建设，建设“四心文化”，推动家园携手，共同促进幼儿健康、自主、快乐成长。师德培训活动中，教师们付出爱、收获爱，体验作为教师的职业幸福感和自身价值实现的成就感，幼儿园师德服务水平不断提升。四是为进一步解决职工职业倦怠问题，引导全体员工以更积极心态投入新学期的工作中，幼儿园特邀北京师范大学房超博士作“调整心态享受幸福的职业人生”主题讲座。

③教育教学和家园共育工作。一是推动园本教研课程实施与落实，完成教师梯队建设计划，包括成立幼儿园大教研组，组建由园长担任组长、副园长担任副组长、市区骨干教师为成员的专家团队。二是坚持通过园本教研提升教师专业水平。结合幼儿园提升教师开展主题背景下区域活动园本教研能力的需求，邀请学前教育知名专家国秀华老师作题为《区域材料投放与教师指导策略》的讲座。三是推进科学与艺术相结合，探究主题背景下的区域游戏活动课程的园本教研实践，促进了幼儿主动发展。四是开展青年教师半日评优活动，对新任教师进行一对一个性化指导，促进教师专业水平提升。五是幼儿园深入贯彻《指南》《规程》要求，努力推进家园形成育人合力，共同培养幼儿独立、自主、自尊、自强的品格和行为，促进幼儿健康发展。年内，幼儿园通过家长座谈会，转变育人理念，结合优质服务月活动和家长开放日活动，邀请家长走向讲台，通过家长走上讲台活动有效地促进了家园合作。

③早教工作。年内，幼儿园进一步落实市区教委“让科学的早期教育走进千家万户”号召，稳步推进早教工作，为看护人提供科学有效的育儿指导，先后开展周末早教班、大型亲子游戏、专家讲座、社区活动站、学前教育宣传月、电话咨询、宣传展板展示等丰富多彩的早教活动。

④后勤工作。年内幼儿园后勤工作秉承需求导向，紧紧围绕幼儿园中心工作，努力解决家长后顾之忧，为教师和幼儿全心全意地服务，不断改善办园条件、逐步规范保障性服务、全力保障幼儿安全、切实做好卫生保健、不断加强教师服务，不断提升家长、幼儿与教师满意度。一是不断改善办园条件。年内，更换和增加楼道文化墙；安装安全监控系统，新增摄像头18个；更换石英石水池12个、户外大型玩具木制拱桥等4件，购置新型智能直饮机2台、海尔立式冷藏柜1台，购置照相机、录像机、投影仪等教学设备20台。二是提升保障性服务规范性，积极组织厨房班组做好膳食多样化研究工作，初步建立幼儿园学籍变动审批制度，协助基础教育中心做好了幼儿园收退费网络缴费改革。三是全力为幼儿营造安全之家，幼儿园聘请海淀区消防大队专业人员对全体教职工开展消防安全培训；开展了预防幼儿意外伤害新年故事会活动。四是加强对卫生保健工作的管理和监督，保证

日常保健常规工作的有效落实。坚持每月班务会制度，对照日常保健工作要求，落实保健实效，加强保健室人员培训；通过工作培训、一对一指导、传帮带提高新入职保育员的工作水平；加强炊事人员食品安全培训。五是工会积极营造教师温馨之家，通过工会工作调动员工的工作积极性，进一步引导教职工乐业、敬业。年内，做好职工福利提高工作，完成了青年教师宿舍调整更换工作，为青年教师宿舍添置了储物架等生活用品；组织全体教师进行了两次健康体检，做好了人力资源新教师登记上保险工作；为教职工之家提供了钢琴、图书、羽毛球、乒乓球、排球等活动器材，丰富了教师的业余生活；组织看望退休教师及休产假教师活动，春节期间慰问离退休教职工50余名。

（宋玉梅）

附　录

2016年北京科技大学附属小学学校教师学生获奖一览表

序号	获奖名称	获奖级别	获奖者	授奖单位
1	北京市学生机器人智能大赛机器人工程挑战赛	小学组一等奖	北京科技大学附属小学	北京市教育委员会
2	2015 – 2016学年度海淀区先进班集体	先进班集体	五1班（王秀兰）	海淀区教育委员会
3	海淀区艺术节合唱比赛	三等奖	北京科技大学附属小学	
4	海淀区三大球比赛	乙组第三名	北京科技大学附属小学	
5	2016年全国无线电测向公开赛	体育道德风尚奖	北京科技大学附属小学	中国无线电运动协会
6	“放飞梦想　健康快乐”2016年海淀区中小学生风筝比赛	团体第三名	北京科技大学附属小学	北京市海淀区体育总会风筝分会
7	海淀区学院路学区招生工作先进集体	先进集体	北京科技大学附属小学	海淀区学院路学区管理中心
8	学院路学区2016年骨干教师风采展示组织奖		北京科技大学附属小学	海淀区学院路学区管理中心
9	2016年海淀区星星火炬奖		五1中队	海淀团区委和海淀区少工委
10	北京市学生机器人智能大赛机器人工程挑战赛	优秀辅导员	冯鑫鑫	北京市教育委员会
11	2015年东升学区少先队论文评选	特等奖	李海燕	海淀区东升学区
12	北京市第十六届中小学生金鹏科技论坛活动	优秀辅导员	冯鑫鑫	北京市教育委员会
13	2015 – 2016年度全国实用英语超级联赛	辅导教师优秀奖	杜向琳　洪　流	全国实用英语超级联赛北京赛区组委会
14	第二届海淀区“种子教师”论坛征文	优秀论文二等奖	冯鑫鑫	北京市海淀区教育科学研究所
15	海淀区区级学科带头人	学科带头人	周　喆　冯鑫鑫 唐明华	北京市海淀区教育委员会
16	海淀区教学管理带头人	管理带头人	高　彦	北京市海淀区教育委员会

续表

序号	获奖名称	获奖级别	获奖者	授奖单位
17	班主任带头人	班主任带头人	魏　辉	北京市海淀区教育委员会
18	海淀区骨干教师	骨干教师	王秀兰	北京市海淀区教育委员会
19	2015 – 2016 学年度海淀区优秀班主任	优秀班主任	王秀兰	海淀区教育委员会
20	教育部 2014 年度“一师一优课、一课一名师”活动	优课	李瑞雪	中央电化教育馆
21	2015 全国少年儿童世界和平海报	优秀指导教师	李　翎　李　乐	中国狮子联会和平海报北京赛区
22	海淀区合唱比赛	三等奖	郭　燕　张　晋　宋　蔚	
23	海淀区三大球足球比赛	第三名	许　宁	
24	2016 年海淀区少先队活动课展	二等奖	李海燕	海淀区少工委办公室
25	海淀区中小学生科技竞赛计算机知识技能比赛	优秀辅导员	沈　磊	北京市海淀区青少年活动管理中心
26	海淀区小学体育优秀教学设计评选	二等奖	周　喆	海淀区教育委员会中小学体育卫生研究中心
27	海淀区中小学生“科学幻想画”比赛	优秀辅导教师	李　翎	北京市海淀区青少年活动管理中心
28	海淀区中小学生“建筑模型”比赛	辅导教师	刘江山	北京市海淀区青少年活动管理中心
29	海淀区中小学生“世纪杯”计算机比赛	优秀辅导教师	沈　磊	北京市海淀区青少年活动管理中心
30	学院路学区 2016 年骨干教师风采展示	一等奖	唐明华　周　喆	海淀区学院路学区管理中心
31	学院路学区 2016 年骨干教师风采展示	三等奖	王秀兰　冯鑫鑫	海淀区学院路学区管理中心
32	海淀区义务教育学校区级学科带头人、骨干教师培训展示活动	二等奖	唐明华　周　喆	海淀区教育委员会
33	海淀区优秀中队辅导员	优秀中队辅导员	李海燕	海淀团区委、海淀区少工委
34	《<它们吸水吗>课例分享》微课，被全国小学科学学科网络远程培训课程项目录用并获好评		冯鑫鑫	中国教师教育网
35	海淀区学院路学区招生工作先进个人	海淀区学院路学区招生工作先进个人	高　彦	海淀区学院路学区管理中心

续表

序号	获奖名称	获奖级别	获奖者	授奖单位
36	2016年北京市海淀区中小学“我和家长一起锻炼·我的家庭锻炼日记”摄影大赛	优秀组织奖	马翀云	海淀区疾病预防控制中心、海淀区教育卫生保健中心
37	2016年北京市海淀区中小学“踢毽子扔沙包活动”	优秀组织奖	马翀云	海淀区疾病预防控制中心、海淀区教育卫生保健中心
38	北京市海淀区青少年科技创新大赛优秀项目	一等奖	张馨桐	北京市海淀区科学技术协会、海淀区教育委员会
39	北京市海淀区青少年科技创新大赛优秀项目	二等奖	彭康晟	北京市海淀区科学技术协会、海淀区教育委员会
40	北京市海淀区青少年科技创新大赛优秀项目	三等奖	邹佳明 张宸恺	北京市海淀区科学技术协会、海淀区教育委员会
41	第三十三届北京学生科技节——北京市第十六届中小学生金鹏科技论坛活动	小学高年级组三等奖	王远西	北京市教育委员会
42	2015－2016年度全国实用英语超级联赛北京赛区决赛	一等奖	赵艺璇	全国实用英语超级联赛北京赛区组委会
43	2015－2016年度全国实用英语超级联赛北京赛区小组赛	一等奖	耿逸清	全国实用英语超级联赛北京赛区组委会
44	北京市三好学生	市级三好学生	衷欧元　樊昱辰　康梦妍 彭康晟　陆清源　施彦哲	北京市教育委员会
45	北京市学生海洋意识教育主题系列活动——海洋征文大赛	二等奖	陈娇璇	北京市海洋意识教育年主题系列活动组委会
46	北京市学生海洋意识教育主题系列活动——海洋征文大赛	三等奖	焦国璋　施彦哲	北京市海洋意识教育年主题系列活动组委会
47	2016年全国无线电测向公开赛（北京站）快速测向个人赛	儿童男子M12组三等奖	高宇彤	中国无线电运动协会
48	海淀区中小学生科技竞赛计算机知识技能比赛	一等奖	周子博	北京市海淀区青少年活动管理中心
49	海淀区中小学生科技竞赛计算机知识技能比赛	二等奖	林子程　马栖飞	北京市海淀区青少年活动管理中心
50	海淀区中小学生科技竞赛计算机知识技能比赛	三等奖	王宇奕　罗京瑞　韩依然 王宇鑫　罗一驰　唐涌钧	北京市海淀区青少年活动管理中心
51	北京市体育局2016年北京市中小学生应急通讯挑战活动（无线电测向竞赛）短80米	小学男子组二等奖	贺天翔　王子怡　饶楚悦	北京市教育委员会、北京市体育局
52	北京市体育局2016年北京市中小学生应急通讯挑战活动（无线电测向竞赛）短80米	小学男子组三等奖	高宇彤　高昌琦　傅云雁	北京市教育委员会、北京市体育局

续表

序号	获奖名称	获奖级别	获奖者	授奖单位
53	2016年北京市海淀区中小学“踢毽子扔沙包活动”	个人三等奖	白皓天	北京市海淀区教育卫生保健中心、海淀区疾病预防控制中心
54	2016年北京市海淀区中小学“我和家长一起锻炼·我的家庭锻炼日记”摄影大赛	鼓励奖	谢慧乔　宿益鸣　孟洛萱 谭雨萱　陆天晟	北京市海淀区教育卫生保健中心、海淀区疾病预防控制中心
55	“放飞梦想 健康快乐”2016年海淀区中小学生风筝比赛	第八名	何克元	北京市海淀区体育总会风筝分会
56	“放飞梦想 健康快乐”2016年海淀区中小学生风筝比赛	第十二名	黄奥博	北京市海淀区体育总会风筝分会
57	海淀区中小学生“科学幻想画”比赛	二等奖	侯杰希	北京市海淀区青少年活动管理中心
58	海淀区中小学生“建筑模型”比赛	一等奖	王伟嘉	北京市海淀区青少年活动管理中心
59	海淀区中小学生“世纪杯”计算机比赛	一等奖	林子程	北京市海淀区青少年活动管理中心
60	海淀区中小学生“世纪杯”计算机比赛	二等奖	李雨铮　马栖菲　张誉洋 来子恒　周子博　陈熙诺	北京市海淀区青少年活动管理中心
61	海淀区中小学生“世纪杯”计算机比赛	三等奖	蔡沐珈　罗一驰 白皓天　迟皓天　姬立翔	北京市海淀区青少年活动管理中心
62	海淀区三好学生	区级三好学生	韩佳森　洪佳莹　王奕宁 魏子晨　李蕊祺　范莘炆 何宇涵　张悦佳　卢　聿 索锦添　高雨轩　曾　瑜 耿逸清　蒋　瑶　王昱焜 郭泽萱　周玥雯　乔　玺 孔俊博　王弘毅　刘睿灵 罗京瑞　张关琳　程　淼 周善熙　蔡沐珈　马栖菲 徐若兮　何雪然　丁晓彤 余欣然　温　昕　王伟嘉 唐匡玺　劳靖雯　朱思源 隗子涵　张辽川　陆天晟 赵丹秀　孟德慧　张雅轩 净子珊　张莹莹　黄　越	海淀区教育委员会
63	2016北京市业余体校乒乓球冠军赛	男子F组单打第六名	阳佳灏	北京市教育委员会
64	2016北京市业余体校乒乓球冠军赛	男子F组单打第七名	张启穆	北京市教育委员会
65	2016年海淀区中小学生乒乓球比赛	小学男子组单打第二名	杨禹尧	海淀区教委体卫中心、海淀区体育局竞技体育科

续表

序号	获奖名称	获奖级别	获奖者	授奖单位
66	2016年海淀区中小学生乒乓球比赛	小学女子单打第五名	王思远	海淀区教委体卫中心、海淀区体育局竞技体育科
67	2016年海淀区中小学生乒乓球比赛	小学女子单打第六名	冯加琳	海淀区教委体卫中心、海淀区体育局竞技体育科

（高　彦）

2016年幼儿园教师集体、个人获奖情况统计表（校级及以上）

序号	获奖名称	获奖级别	获奖者	授奖时间	授奖单位
1	先进工会小组	校级	幼教中心工会小组	2016.11	北京科技大学后勤分工会
2	北京科技大学“三级模范教职工小家”	校级	后勤分工会幼教中心工会小组	2016.12	北京科技大学工会
3	二期三年行动计划先进集体奖	区级	北京科技大学幼儿教育中心	2016.12	海淀区教委学前教育科
4	海淀区教育事业统计工作先进集体	区级	北京科技大学幼儿教育中心	2016.12	海淀区教委改革与发展办公室
5	海淀区中小幼培训工作先进个人	区级	宋玉梅	2016.12	北京市海淀区教育委员会
6	北京市辛勤育苗先进个人	市级	宋玉梅	2016.12	北京市教育委员会
7	中国梦·全国优秀教育教学论文评比大赛一等奖	国家级	杨金玲	2016.02	教育部中国人生科学学会、教师发展专业委员会《学校教育研究》编辑部
8	海淀区区级学科带头人	区级	杨金玲	2016.03	北京市海淀区教育委员会
9	海淀区区级学科带头人	区级	刘翠英	2016.03	北京市海淀区教育委员会
10	思维教育优秀指导教师奖	课题组	卢建颖　曹振素　于世红　李亚平　赵晓宁　常俊利　杨婷婷　张凤玲　王　坤　董蓉蓉　刘婷婷　李晓丽　李　静　朱丽洁　王树梅　成可馨　刘　茵　李月明　包淑君	2016.07	第11届中国幼儿思维能力挑战赛组委会
11	第六届“童心杯”幼儿素质教育教师征文二等奖	区级	宋玉梅　周丽君　李　静　曹振素　赵晓宁	2016.09	海淀区教育委员会学前教育科

续表

序号	获奖名称	获奖级别	获奖者	授奖时间	授奖单位
12	第六届“童心杯”幼儿素质教育教师征文三等奖	区级	李　蕾　王树梅　刘　婷	2016.09	海淀区教育委员会学前教育科
13	2015 – 2016 年“北京科技大学先进工作者”	校级	于世红	2016.09	北京科技大学
14	北京科技大学基础教育管理中心先进工作者	校级	包淑君	2016.09	北京科技大学基础教育中心
15	北京科技大学基础教育管理中心先进工作者	校级	于世红	2016.09	北京科技大学基础教育中心
16	国培计划 2016 广西壮族自治区幼儿园园长培训项目	校级	李　静　刘燕鑫　张凤玲 刘　婷　李晓丽　王树梅 卢建颖	2016.11	首都师范大学学前教育学院
17	论文征集活动一等奖	国家级	周丽君	2016.11	中国学前教育研究会
18	北京科技大学 2015 – 2016 学年度优秀共青团员	校级	李亚平	2016.11	共青团北京科技大学委员会
19	2016 – 2017 学年初海淀区教育事业统计工作先进个人	区级	杨金玲	2016.12	海淀区教委改革与发展办公室
20	优质服务标兵	园级	大一班：常俊利　赵晓宁 刘　彦　田佳伟 大二班：于世红　李亚平 李婵娟　何玉涛 大四班：杨婷婷　刘　婷 熊　微　王珊珊 中三班：李　蕾　张静苹 张　莉　孙　晶 中五班：李晓丽　董蓉蓉 陈　娜　王　倩 厨房班：张宝森　冯雨新 班显柱　周玉华 王玲玲　赵小龙 杜丽辞	2016.04	北京科技大学幼儿园
21	学科带头人	园级	李　静　卢建颖	2016.12	北京科技大学幼儿园
22	骨干教师	园级	常俊利　李晓丽　曹振素 刘　婷　王树梅　赵晓宁 张凤玲　董蓉蓉	2016.12	北京科技大学幼儿园
23	优秀班组长	园级	曹振素　卢建颖　李晓丽 常俊利　李　静　张宝森 包淑君	2016.12	北京科技大学幼儿园
24	优秀教职工	园级	王　坤　王嘉琪　朱海英 张静苹　尹占文　李亚平 刘彤菲　蔡迎鑫　张东月 孟　露　周玉华　赵　禹 李月明　梁琴琴　王玲玲	2016.12	北京科技大学幼儿园

续表

序号	获奖名称	获奖级别	获奖者	授奖时间	授奖单位
25	青年教师半日评优一等奖	园级	赵晓宁	2016.12	北京科技大学幼儿园
26	青年教师半日评优二等奖	园级	张静苹　孟　露　李亚平　唐子晨	2016.12	北京科技大学幼儿园
27	青年教师半日评优三等奖	园级	李月明　郭　爽　梁琴琴　李婵娟　李家燕	2016.12	北京科技大学幼儿园
28	保育员技能比赛一等奖	园级	张东月　王玲玲　张　楠	2016.12	北京科技大学幼儿园
29	保育员技能比赛二等奖	园级	王　丹　王欣欣　田佳伟　赵　雪　张静苹　王嘉琪　赵　禹	2016.12	北京科技大学幼儿园
30	保育员技能比赛三等奖	园级	杨　柳　邵　娜　邢美菊　蔡迎鑫　王　莹　王　怡	2016.12	北京科技大学幼儿园

（宋玉梅）

社区居委会

【概况】2016年，社区户籍居民2513户、7657人，实际居住人口9000余人。其中60岁以上老龄人2326人，80岁以上老龄人758人，90岁以上老龄人51人；残疾人148人。享受低保11户12人，享受困难家庭补贴34人；孤寡老人11人；空巢老人1132人；优抚对象26人；帮教对象7人；矫正对象1人；居住3个月以上流动人口1900人。

（殷官朝）

【社区党建】社区党委发挥领导核心作用，重点工作加大力度加班加点保证完成，常规工作保质保量推进。2016年党组织的重点、难点工作是党员组织关系集中排查工作和开展党费收缴工作专项检查。社区党委把加强党的思想建设和组织建设作为“聚力工程”来抓，继续推进党务公开、“三级联创”“三会一课”等制度，并形成长效机制。动员党员积极参与“流动书车连心桥”，带头开展春节、“两会”等重点日的社区安保巡逻，参加“社区文明提示队”、便民菜站义务监督队等志愿服务工作；开展党内关怀活动，将平时走访与节日慰问相结合；定期评选表彰社区优秀党员；扎实落实党员组织关系集中排查工作，组织开展党费收缴专项检查工作；坚持“亮身份，做承诺”，力求切实承诺践诺，巩固“两学一做”学习教育成果；组建各支部党员微信群，加强学习交流；做好经费使用公示和宣传工作，提升党组织在群众中的影响力。

（杨　峰）

【社区服务】2016年，居委会六大委员会及业务部门积极发挥作用，各负其责，协同合作，全方位为居民服务。居委会通过网格化管理，精细化服务，规范社区服务管理，扎实推进各项工作，认真做好民政服务、人民调解、治安保卫、公共卫生、计划生育、文化体育等工作，切实将党的惠民政策不折不扣地落实到居民手中。除此之外，还完成了以下为居民服务项目：安装空调冷凝水集水管、修建阳光顶自行车棚、安装自行车停车架，又免费为居民接插空调冷凝水管，使社区居民生活更加方便，社区环境更加优化。

（殷官朝）

【社区维稳】维稳是社区的重要工作。2016年，社区综治委紧紧围绕学校和街道综治办的工作部署，巩固创建全国文明城区成果，扎实做好社区安全稳定工作，在春节、“两会”、国庆等重大节假日期间，加强志愿者队伍建设，切实做到全面防控，消除安全隐患。进一步加强流动人口房屋租赁规范化管理，严抓流动人口管理工作，坚决治理和清除群租房，消除安全隐患。

（杨 峰）

【社区环境】社区居委会与社区服务管理中心继续做好社区环境日常维护工作，每月清洁日组织居民、楼门长、大学生志愿者参与社区卫生清洁；对社区小广告进行了一次彻底清理，坚持每月粉刷喷涂小广告；动员网格力量集中开展了清理楼道堆放杂物、清理废旧自行车等多项环境整治活动；种植30棵景观树、300棵月季花；定期清理无主垃圾和废弃家具；继续推进社区物业社会化、市场化改革；倡导环保理念，提倡绿色出行，组织捐献闲置自行车。

（殷官朝）

【网格化管理】2016年，根据学院路网格化社区服务管理工作的整体部署，社区网格单元紧紧围绕着“网格化管理，团队式服务”的宗旨，继续深化、细化网格服务工作，将社区各项工作全部纳入网格中，并进行纵深发展，充分利用网格化移动采集终端，加强系统信息上报，将社区每天的工作内容、发生的大小事情上传上报，让政府及时了解基层工作和居民诉求，为制定更好的惠民利民政策提供第一手材料。社区服务管理人员、各类志愿者、维稳信息员、社区党员、社区民警、保卫处相关部门人员及其政府相关职能部门人员组成三级网格，将社区大小事务纳入到网格中，整合各类资源，有效协调解决问题，拆除违建，消除安全隐患，协调整改空中飞线，为居民服务到末梢。由于网格化管理工作比较突出，北科大社区网格多次代表海淀区和学院路地区迎接外省市及北京市、区相关领导的检查和工作经验交流。

（杨 峰）

【工作创新】2016年重点工作主要有以下几项：①增强居民自我管理能力，强化居民的主人翁意识。充分发挥楼委会人员的作用，制定评比规则，定期检查卫生，开会汇总数据，为卫生楼门悬挂流动红旗等都由居民组成的楼委会讨论决定。在楼委会工作的基础上评选社区文明楼和文明楼门。目前，这种自我管理的方式也应用于社区治安维稳队伍、菜站义务监督员队伍的管理。②尊重选民民主权利，依法选举人大代表。自5月街道办事处部署对选民进行预登记工作至11月中旬，社区党委、居委会高度重视，作为一项政治任务抓好抓实，强调在操作流程上严肃认真，严格依法依规，在每个转段过程组织召开各单元网格格长及楼门长等工作人员入户登记选民培训会，不允许代人登记，不漏登、错登，确保各段工作不“洒汤漏水”。入户登记前，居委会特别精心设计了统计表格，对170多个楼门，近3000户居民进行入户登记，对多次入户仍未成功的居民张贴告知书，同时将街道制作的宣传品切实发到各家各户。公布选民榜期间，为方便选民及时核验信息，居委会为每个楼门安装公示栏公示信息，逐门告知其总选民榜和每个楼门的选民名单张贴位置，便于居民及时核验。此次选举工作虽已顺利完成，居委会也接受了一些挑战。一是居委会2015年和2016

年新进人员较多，对居民不熟，工作经验不足，对换届选举的流程及操作方法不熟悉，造成工作效率降低。二是选民在家时间不固定，需多次入户登记。三是部分选民对入户工作人员传达的信息理解不到位，导致信息不对称，增加工作量。四是选民普遍年纪较大，138 位行动不便选民需委托他人代为投票；本届人大代表换届选举学院路街道分会第二选区社区居委会选举站共登记选民 821 人，实际投票 790 张，投票率 96.2%。③利用高校优势，联合大学生志愿者开展为老年人提供法律援助、关怀空巢老人等服务活动，开展“楼宇协理员”项目，培训志愿者，对接楼门长，服务社区居民。继续开展“悦耆同行”项目，服务独居老人。

（杨　峰）

附　录

2016 年社区居委会具体服务工作一览表

类别	具体工作内容	数量
党建工作	党员大会	4 次
	支部委员会	12 次
	党建活动除党会外	8 项
	看望慰问（包括年终四就近老党员慰问券发放）	17 人次
	党组织关系转接	17 人
	读书社（看书、借书 13 次）	10 次
	接待参观考察	3 次
	市、区级领导走访调研、莅临指导工作	3 次
社区服务和社区福利工作	为 60 岁以上老年人办理及发放老年优待证	100 人次
	为 65 岁以上老年人办理及发放老年优待卡	106 人次
	办理及发放、转出、注销 80 岁以上养老助残卡	166 人次
	为 80 岁以上老人优惠理发服务	120 人次
	重阳节为金婚老人照金婚纪念照	16 对
	65 ~ 79 岁老人换北京通养老助残卡	977 人
	两节、重阳节慰问 90 岁以上高龄老人	102 人次
	为 90 岁以上老人办理高龄津贴及变更	20 人
	春节、八一慰问军烈属、伤残军人	20 人次
	春节、三节慰问地退人员、军工人员	80 人次
	70 岁以上老人申请安装“一按灵”、浴凳	5 户
	组织侨务人员参加活动，发放电影票及活动纪念品	38 人次
	为 80 岁以上空巢失能老人和独居老人发放低偿、无偿服务券	10 户
	两节、十一慰问低保人员	11 户
	为低保人员办理爱心卡、申请医疗救助、一年两次复审	45 人次
	万福年华养老服务有限公司为居民免费量血压、测血糖	453 人次

续表

类别	具体工作内容	数量
计划生育工作	为失业、无业独生子女家庭审核独生子女费工作	89 人
	登记和办理一胎、二胎《生育服务证》	56 人
	为新生儿进行产后慰问及政策指导	38 人
	办理计划生育家庭意外伤害险	29 户 77 人
	办理独生子女证	8 人
	户籍孕妇（包括婚嫁媳妇）共计开具围产证明	14 人
	做好特殊家庭申请补助及慰问工作	46 人 / 次
	协助社保所核实转档案人员的婚育情况	58 人
	为社区流动育龄妇女组织 2 次孕检工作	16 人
	为社区居民办理独生子女年老一次性补助手续	9 人
	为流动人口儿童开具打疫苗证明	12 人
	积极为低保重残困难独生子女家庭申请困难补助	2 人
	本年度开展计划生育宣传日活动 5 次；开展各类讲座活动 3 次	社区居民
	药具发放	社区居民
	签订计划生育责任书	7 份
	为特殊家庭发放扶助卡	25 人次
环境与物业管理工作	清理纸质和喷涂小广告	全部楼门
	安装楼宇空调冷凝水集水管	6 层以上楼宇
	安装阳光顶自行车棚 50 米	25、32 栋
	安装自行车停车架	50 米
	维修门禁系统	全部楼门及住户
	社区生物病媒灭杀	7 次
	清理居民乱扔坐便器、水盆、废旧家具、建筑垃圾等	26 卡车
	更换门禁钥匙	420 把
	配售门禁钥匙	410 把
	居民装修管理	151 户
	清理捐献废旧自行车	87 辆
	购买更新垃圾桶	78 个
	免费接插空调冷凝水集水管	600 余户
	消灭四害投药量	3 次 60 公斤
	种植海棠、碧桃树	30 棵
	种植月季花	300 棵
	清理楼道杂物	20 车

续表

类别	具体工作内容	数量
司法工作	调解居民矛盾纠纷	104 件
	社区法制宣传栏宣传	12 期
	设站宣传、发放宣传材料	4 次 /800 余份
	律师接待居民咨询	43 人次
	为社区矫正、帮教人员救助	2 人
	为居民开具推荐诉讼代理人	38 人
	为居民协调解决各类事项	245 人次
文教工作	组织居民棋牌比赛、重阳节运动会、卡拉 OK 赛、朗诵等	680 人次
	新春联欢会	450 人
	居民健步走活动	500 人
	举办文化广场	350 人
	舞蹈队、合唱队代表社区参加市、区、街道比赛及表演	82 人
	办理非京籍子女入学	60 人次 /8 人
	青少年社会实践活动	86 人
残联工作	春节慰问社区残疾人	9 人
	为社区残疾人办理残疾人摩托车燃油补贴	8 人
	为社区残疾人办理保险补贴	5 人
	社区新办理残疾人证	5 人
	社区办理残疾人转档	1 人
	社区办理第三代残疾人证	148 人
	为社区残疾人申请、发放辅助器具	3 人
	参加残疾人文艺汇演	2 人
	参加区残联运动会	1 人
	参加街道残疾人趣味运动会	15 人
	为精神残疾人办理免费服药转档	2 人
	助残日慰问残疾人	148 人
	参加技能竞赛	2 人
	为社区残疾儿童办理康复补助	3 人
	国庆节慰问临时困难残疾人	1 人
	残疾人大病医疗保险补贴	3 人
	残疾人城乡居民养老保险补贴	2 人
	重度残疾人护理补贴	75 人

续表

类别	具体工作内容	数量
劳动就业工作	为灵活就业、隐性就业人员办理档案转移	65 人
	完成就业指标	65 人
	领失业金人员	3 人
	一老一小政策咨询	35 人
	自采暖办理	8 人
	福利养老金领取	5 人
住保工作	咨询相关政策和办理手续家庭，发放宣传资料	45 户
	领取保障房申请表格家庭	25 户
	通过初审、公示的保障房申请家庭	12 户
	市场化租赁补贴复审家庭	5 户
养犬工作	召开养犬自律会会议	1 次
	集中养犬年检 2 次	42 只
	引导养犬人签订《北科大社区文明养犬公约》和《北科大社区养犬承诺书》	30 人
	组织参与海淀区宠物运动会	2 人
	评选文明养犬人	10 人
	安装文明养犬便民盒	2 个
志愿活动	清理社区环境卫生	180 人
	参与文化广场活动、健步走活动、重阳节老年人运动会、发报纸等活动 6 次	120 人
	参与社区同心同行项目、流动书车	210 人
	参与居委会各项工作	300 人
综合治理工作	组织社区志愿者等参加春节、两会、“G20 峰会”等重大节假日、敏感日期间的值班巡逻工作，保证社区的安全稳定	800 余人次
	组织各种安全宣传活动	10 次
	协助学校保卫处，为每家便民服务网点的灭火器加压检验	44 只
	每月检查高楼防护设施	12 次
	每月检查社区消防设施	12 次
	每月检查每家便民服务网点的消防安全	12 次

中国教育经济信息网

【概况】2016年，中国教育经济信息网（China Education Economy Information Net，简称CEE）在确保各项业务平稳运行的基础上，根据教育部的工作安排，积极做好业务职能划转至教育部经费监管事务中心的各项准备工作。年内，CEE管理中心继续做好日常系统运维工作，进一步完善系统安全防护体系，确保各业务系统安全稳定运行。根据信息系统安全等级保护工作要求，完成了“教育审计网”的等级测评工作。

2016年，根据教育部教育督导局的工作需求，CEE管理中心完成了“2016年春季开学工作调查问卷系统”和“全面改善贫困地区义务教育薄弱学校基本办学条件工作专项督导调查问卷系统”的设计开发，对“全面改善贫困地区义务教育薄弱学校基本办学条件双月报在线填报系统”和“全国农村义务教育学生营养改善计划月报表系统”的部分业务功能进行修订和完善，并对“全面改善贫困地区义务教育薄弱学校基本办学条件专项督导系统”业务需求进行了汇总分析。至年末，共完成财政部、教育部下达的常规业务和专项业务约130项。年内，CEE管理中心根据教育部工作安排，积极配合教育部经费监管事务中心做好系统迁移和业务移交工作，制订了完善的迁移计划，从技术、业务、人员等各方面确保各信息系统和业务工作平稳移交。

（高　杰）

【系统建设】2016年，CEE管理中心认真做好日常系统运维工作，积极配合教育部经费监管事务中心做好信息系统的迁移准备工作。年内，在完成日常运维、系统监控、数据备份、新系统上线部署等工作的基础上，CEE管理中心根据工作需要，更换了部分交换机设备，修复了教育部专线故障，升级了行政事业单位国有资产管理信息系统应用程序，确保在系统迁移和业务移交的过渡时期，CEE平台上的所有信息系统能够平稳运行。

2016年，CEE管理中心以信息系统等级保护评测的要求为标准，对CEE平台上运行的信息系统进行了防攻击、防篡改、防病毒、防泄密等方面的安全防护。特别是在节假日和重大活动期间，重点做好信息系统的数据备份及策略限制工作。同时，继续加强与教育部系统等级评测中心的合作，对CEE管理中心各信息系统进行系统漏洞扫描及修复工作。年内，管理中心根据教育部科技司的工作要求，配合教育部财务司和公安部第三研究所信息安全产品检测中心完成了“教育审计网”的信息系统等级测评工作。为了顺利完成工作交接和系统迁移，CEE管理中心对所有软、硬件设备进行了全面整理和信息统计，详细梳理了日常运维工作规范，确保信息系统日常运维工作安全有序进行。

（孙辰宇）

【应用拓展】2016年，根据教育部的工作需要，CEE管理中心完成并上线运行了“2016年春季开学工作调查问卷系统”和“全面改善贫困地区义务教育薄弱学校基本办学条件工作专项督导调查问卷系统”，完善了“全面改善贫困地区义务教育薄弱学校基本办学条件双月报在线填报系统”和“全国农村义务教育学生营养改善计划月报表系统”的业务功能，初步完成了"全面改善贫困地区义务教育薄弱学校基本办学条件专项督导系统"的需求分析工作。

2016年2月，根据教育部教育督导局的工作需要，CEE管理中心设计开发了"2016年春季开学工作调查问卷"系统，通过登录手机页面填写问卷的形式，由全国各省、市、自治区教育部门组织相关中小学学生家长在线填写调查问卷并上报。2月末，系统正式上线运行，管理中心协助完成了调查问卷上报结果的统计和分析工作。10月，受教育部教育督导局的委托，CEE管理中心设计开发了"全面改善贫困地区义务教育薄弱学校基本办学条件工作专项督导调查问卷"系统，主要功能包括问卷填写、数据统计分析，上报范围包括各省、市、自治区的中小学学生家长、在校老师及校长等。10月末，系统上线运行，管理中心协助完成了调查问卷结果统计和分析工作。

2016年1月，为了推进教育督导工作的信息化水平，及时准确地掌握教育督导工作开展情况，根据教育部教育督导局的工作需要，CEE管理中心承担了"全面改善贫困地区义务教育薄弱学校基本办学条件专项督导系统"的设计开发工作。该系统的主要功能包括督导任务上报、数据查询、人员管理等，用户范围包括中央、省、市、县各级教育督导部门及参与专项督导工作的督导组成员。至年末，该系统已经完成了需求分析工作，开始进行系统架构设计和开发工作。为完善"全面改善贫困地区义务教育薄弱学校基本办学条件双月报在线填报系统"的业务功能，管理中心先后于3月、5月、7月三次对该系统模板进行了修改，新增了填报模板的部分数据项，调整了汇总模块的功能和填报模板校验公式，使系统功能更加完备，提高了数据的准确性。12月，对"全面改善贫困地区义务教育薄弱学校基本办学条件双月报在线填报系统"和"全国农村义务教育学生营养改善计划月报表系统"进行了业务功能的修订，调整了地区区域代码和模板策略，整理了各省用户发布的文件，修改了填报校验公式和统计模板。

（杨绮雯）

【**业务开展**】2016年，CEE管理中心共完成财政部和教育部下达的常规业务和临时业务约130项，下发各类文件700余项，在CEE门户网站发布各类信息约400条。

①常规业务包括：一是财政部2017年中央高校预算编制基础数据表的上报审核和统计汇总工作。二是教育部直属高校资金监控2016年共5期数据上报和分析报表的编写工作。三是"全国农村义务教育学生营养改善计划月报表系统"共5期数据上报和审核汇总工作。四是"学校食堂建设项目进展情况月报表在线填报系统"共4期数据上报和审核汇总工作。五是"全面改善贫困地区义务教育薄弱学校基本办学条件双月报表在线填报系统"共6期数据上报和审核汇总工作。六是教育部直属高校国库资金执行情况表共10期数据上报和审核汇总工作。

②临时业务主要包括：一是2015年度教育部直属高校和事业单位部门决算上报及汇审。二是2015年度教育部直属高校和事业单位财政拨款结转和结余资金表上报及汇审。三是教育部直属高校"建设世界一流大学（学科）和特色发展引导专项资金"相关项目支出情况统计。四是教育部直属高校2017－2019年中央高校改善基本办学条件专项资金项目申报有关工作。五是教育部直属高校2015年财务报告上报工作。六是教育部直属高校和事业单位2017年度部门预算上报及汇审。七是教育部直属高校和事业单位差旅费会议费内部管理办法制定进展情况统计工作。八是教育部直属高校和事业单位2016年审计工作总结和2017年工作计划的上报和汇总。九是教育部

直属高校和事业单位2016年住房改革支出决算和2017年住房改革支出预算上报及汇审。十是教育部直属高校和事业单位“小金库”专项治理工作情况统计。年内，还完成了教育部直属高校和事业单位拨款对账、购汇限额预算执行表、非税收入上缴情况统计、内部控制工作总结、教育部所属单位企业信息情况统计等多项上报业务。

（杨绮雯）

【业务移交】根据教育部财务司的工作要求，CEE管理中心的业务职能将于2017年移交至教育部经费监管事务中心。年内，CEE管理中心从系统、业务、人员等各方面积极做好相关准备工作。对所有应用系统进行详细信息统计，包括系统运行资源、系统架构、服务策略、备份策略、网络资源等，协助教育部经费监管事务中心设计系统迁移方案和应急预案。同时，根据教育部财务司和教育部经费监管事务中心要求，以及教育部信息中心的运行环境对数据库和操作平台的限制，将由CEE管理中心设计开发的原有运行在MS SQLServer和MySQL数据库平台上的多个业务系统，转变为运行在Oracle数据库平台上。将CEE一期建设的中心站及二期建设的省级数据采集站点系统由原有的HP-UX运行环境迁移至Linux虚拟环境下。在系统迁移过程中，解决了系统在新旧环境下并行时期的各种问题，包括网络环境、域名解析、应用备份、数据同步等复杂问题。至年底，已经完成各项准备工作并进行了部分系统的迁移测试。从年初开始，CEE管理中心对历年来CEE平台上线运行的各类系统进行了全面梳理，明确了系统现状，整理汇总了相关文档。同时，配合教育部经费监管事务中心资金监控处和信息处，将目前运行的上报类业务系统的业务要点和操作规范进行了整理，对即将承担业务工作的人员进行了多次培训，确保了业务工作有序平稳移交。年内，根据工作需要并经请示学校主管领导，CEE管理中心对工作人员也进行了逐步调整。积极协助校内正式职工进行转岗，并于年底前与17名合同制员工解除了劳动合同关系。至年末，CEE管理中心共有职工4人。

（高　杰、孙辰宇、杨绮雯）

党建与思想政治工作

组织工作

【概况】截至2016年年底，北京科技大学共有院系党委21个，院系党总支3个，党支部546个，其中直属党支部1个。共有党员8779名，占全校总人数的25.30%，其中，干部党员646名，占干部总数的83.25%；教师党员1082名，占教师总数的66.34%；工人党员71名，占工人总数的9.11%；其他专业技术人员党员287名，占其他专业技术人员总数的33.33%；离退休党员1072名，占离退休人员总数的40.71%。学生党员5147名，占学生总数的18.39%，其中研究生党员3658名，占研究生总数的44.05%；本科生党员1489名，占本科生总数的7.66%。其他党员456名。

全校共有在职校级干部9名，处级干部（含校管干部，以下均同）242名。其中，正处级干部75名，副处级干部167名；女干部78名，占32.23%；少数民族干部15名，占6.20%；党外干部24名，占9.92%。35岁及以下27名，占11.16%；36～40岁47名，占19.42%；41～45岁42名，占17.36%；46～50岁56名，占23.14%；51～55岁49名，占20.25%；56岁及以上21名，占8.68%。博士研究生学历122名，占50.41%；硕士研究生学历86名，占35.54%；大学本科学历34名，占14.05%。正高级职称106名，占43.80%；副高级职称79名，占32.64%；中级及以下职称57名，占23.55%。专职管理干部118名，占48.76%；“双肩挑”干部124名，占51.24%。

（孙景宏、武　森、王英辉、肖晓玲）

【干部工作】①完善干部选拔任用机制，做好处级干部选拔任用工作。在学校党委的领导下，根据新修订的《北京科技大学处级干部选拔任用工作规定》，年内共调整处级干部82人次，其中提任处级干部33人次，任期届满换届或处级职务调整40人次，不再担任处级领导职务9人。以公开选聘的形式确定了机械工程学院、东凌经济管理学院、化学与生物工程学院三个学院院长人选，引进了“国家杰出青年基金”资助获得者2名。在二级党委（党总支）换届工作中，继续推行二级党委负责人直接选举，指导土木与环境工程学院（现土木与资源工程学院）、材料科学与工程学院、机械工程学院、数理学院、能源与环境工程学院、高等工程师学院、新材料技术研究院、工程技术研究院、机关党委等9个二级党委（党总支）完成了换届工作。目前公推直选方式已全面覆盖所有二级党委（党总支），相关工作得到了上级党组织的高度肯定，以学校公推直选实践为基础，北京市委教育工作委员会（简称“北京市委教育工委”）正式发文，公推直选模式已在北京高校全面推广，相关成果获北京高校党的建设和思想政治优秀成果一等奖和创新成果奖。

②加强干部监督和考核管理。为进一步规范干部人事档案，根据教育部要求完成了领导干部人事档案专项审核收尾阶段的有关工作。切实落实请示报告制度，严格执行领导干部报告个人有关事项制度，年内完成了24名处级干部2015年度个人有关事项报告的随机抽查工作、57名拟提拔考察对象个人有关事项报告的重点抽查工作，同时根据上级要求，党委换届时须对书记、副书记候选人进行个人有关事项报告重点抽查核实，最终完成了8名干部的重点抽查核实工作。严格执行领导干部出国（境）备案制度，进一步严格规范领导干部出国（境）申请的审批手续。对新提拔任用的干部进行集体廉政谈话，不断规范干部监督管理制度，提高干部的监督意识和自律意识。

③打造“处级干部培训班+青年干部培训班+挂职锻炼”立体式干部培养渠道，形成线上学习、专题辅导、社会实践、岗位辅导等多样化培训方式。年内第27期新任处级干部培训班29名学员顺利结业，切实提高了新任干部的思想政治素质、履职能力、业务能力和管理水平；第5期青年干部培训班52名学员顺利结业，并针对学校教育事业发展的重点、热点问题进行了深入调研，形成了合理化建议；共选派13名干部、教师赴科技部、北京市委办公厅、甘肃省白银市、江西理工大学等政府机构和高水平大学进行挂职培训交流，选派23名一线教师和青年干部参加校内学院和机关部处双向挂职锻炼工作。

（孙景宏、武　森、肖晓玲）

【组织工作】①加强组织领导，认真落实2016年基层党建五项重点工作。在学校党委的领导下，顺利完成党员组织关系集中排查工作、党代会代表和党员违纪违法未给予相应处理情况排查清理工作、基层党组织按期换届情况专项检查工作、党费收缴工作专项检查、集中推进非公有制企业和社会组织“两个覆盖”等五项重点工作。学校25个二级党组织全部完成换届工作，完成党组织对北京科技大学教育基金会、天津学院、中国腐蚀与防护学会三个社会组织的覆盖工作。

②以开展学生党员先锋工程活动为契机，抓好学生党建工作。按照《2016年北京高校学生党员先锋工程实施计划》的总体要求，成立由组织部、宣传部、学生工作部、研究生工作部、后勤集团党委、马克思主义学院组成的工作小组，制定下发总体实施计划和专项工作方案，以“分类培养、按需施教”为原则，以“坚定理想信念、增强党性修养”为导向，以“加强理论武装，强化实践锻炼”为途径，以“成才表率”培育计划和“服务先锋”行动计划为重点，持续推进学生党员先锋工程深入开展，有效提升了学生党员的党性修养和综合素质，充分发挥了党员先锋模范的引领作用。

③创新教育管理手段，加强党员队伍建设。按照“控制总量、优化结构、提高质量、发挥作用”的原则，结合新修订的《中国共产党发展党员工作细则》，进一步强化入党积极分子、党员发展对象的教育培养环节和发展过程的质量控制，积极稳妥地做好党员发展工作。在北京市委教育工委的领导下，研究开发“北京高校大学生入党前集中培训”在线学习与管理系统，开设《党史与国情》选修课，研究起草《北京高校大学生入党前集中培训教学指导大纲》，提升入党前集中培训的系统性、规范化、课程化水平。搭建党员述责测评系统，结合“两学一做”学习教育，联合学生工作部、研究生工作部和自动化学院共同研发“大学生述职测评系统”，以“公开承诺、履责践诺、述责述诺、民主评诺”为主线，深入开

展学生党员“承诺、践诺、评诺”活动，该项目已入选北京市基层党建创新项目孵化工程（北京高校唯一）。深入推进党建工作进宿舍，与后勤党委协调配合，成立了后勤党委学生公寓党总支，建立了154个学生公寓党支部，实现了学生公寓党建工作的全覆盖，确保学生党员的先进性在公寓中充分体现，相关工作获2016年北京高校党的建设和思想政治工作优秀成果一等奖、创新成果奖。同时，严格执行本科生、研究生推优入党制度，严格实行发展党员公示制、票决制；继续加强组织员队伍建设，不断强化组织员在发展党员工作中的把关作用；进一步加大教师党员的发展力度。

④加强对基层党组织生活指导，开展基层党组织活动立项申报和优秀基层党组织活动评选。围绕深入学习和全面贯彻中共十八大，十八届三中、四中、五中、六中全会和习近平总书记系列重要讲话精神，分学期制订菜单式组织生活指导意见，每月开展党支部书记专题培训，按月制订组织生活会议材料；实施基层党组织活动立项制度，不断完善以申报立项、目标管理、过程控制、效果评估为主线的支部组织活动管理机制。据统计，2016年各二级党组织批准基层党组织立项活动440项，批准立项活动覆盖面占全校基层党组织的90%以上。年底，经基层党组织申报、专家评审，共评选出优秀基层党组织活动43项，5个二级党组织被授予基层党组织活动优秀组织奖。

（孙景宏、武　森、王英辉）

【党校工作】①结合“两学一做”学习教育，不断加强师生党员的思想政治建设。协助党委办公室制定《北京科技大学开展“学党章党规、学系列讲话，做合格党员”学习教育的实施方案》，并与中心组学习、“三会一课”、年度民主生活会等紧密结合，通过学校党委书记武贵龙同志带头讲党课、专题学习研讨、民主生活会、组织生活会等形式，不断深化学习教育效果，推动“两学一做”学习教育常态化、制度化。结合每周四理论学习，进一步严格党内组织生活制度，指导全校党支部以“习近平总书记系列重要讲话精神辅导报告”为主题开展学习活动，并召开组织生活会开展民主评议党员工作。

②开展教职工党支部书记培训，指导学生业余党校开展各类培训。举办教职工党支部书记培训班，通过专题讲座、经验交流和社会实践等形式，对教职工党支部书记、党委秘书160余人进行培训，进一步深化党支部书记对基层党组织工作的理解与认识，提高党支部书记的理论水平和业务能力。充分发挥党校的主阵地作用，指导学生工作部门根据各类党员的特点和需求，重点针对本科生党支部书记、研究生党支部书记、学生公寓党支部书记，组织开展分层轮训，分类制订培养方案，构建“线下教学”与“在线引导”相互补充的思想引领模式。年内共培训学生党支部书记160余人、学生公寓党支部骨干500余人次；以党员教育培训网络平台为基础，做好预备党员、毕业生党员等分类培训工作，共培训预备党员627人、毕业生党员810人。

③积极做好新任处级干部及青年干部培训工作。举办第27期新任处级干部岗位培训班，通过理论学习、专题报告、1对1岗位辅导、参观考察等形式针对近一年提拔任用的29名处级干部开展培训。举办第5期优秀青年干部培训班，通过理论学习、能力提升、实践调研、总结汇报四个阶段针对52名青年教师和机关干部进行培训。利用网络在线、新媒体等技术手段，合理设置培训内容与形式，进一步统筹好线上和线下学时分配，以提高干部的思想政治素质、业务能力和管理水平为目标，提高干部教育培训的针对性和实效性。

④加强党建研究工作。积极发挥学校党建和思想政治工作研究会的平台作用，开展党建研究工作，顺利完成“北京高校大学生入党前集中培训的针对性和实效性”课题研究。

（孙景宏、王　佳）

宣传工作

【概况】学校党委宣传部、新闻中心设有办公室、校报编辑部、广播电视台和校史馆，有专职工作人员13人。2016年，部门深入学习贯彻中共十八大，十八届三中、四中、五中、六中全会和习近平总书记系列重要讲话精神，重点学习贯彻全国高校思想政治工作会议精神，紧密结合学校改革和发展实际，充分发挥宣传阵地的主渠道作用，着力推进理论学习、新闻宣传和文化建设工作，积极营造解放思想、凝聚力量、求实鼎新、科学发展的良好氛围，努力为学校改革发展提供强有力的思想基础、政治保证和舆论支持。

（于成文、邢华超）

【理论学习】创新教职工理论学习机制。结合实际做好顶层设计，分别针对校级领导、部处（学院）干部、教职工等不同层面设计针对性强、各有侧重的学习内容。为突出学习实效，每周四下午固定时间开展教职工理论学习，形成长效机制。理论业务有机结合，在学习政治理论知识和提高专业理论素养中找到有效契合点。注重实践学以致用，校级领导深入基层，中层干部走上讲台讲授党课，师生受益近万人次。选拔优秀教师担任学生党支部理论学习导师并定期培训，对学生党支部工作加强指导。建设专题网站，提供学习素材。全年组织14次党委中心组理论学习活动。建立健全学校意识形态工作体制机制。成立学校意识形态工作领导小组，制定《北京科技大学意识形态工作责任制实施细则》，与各二级单位签署《意识形态工作责任书》，落实意识形态工作主体责任。组织教师参加哲社研修及青年骨干理论培训，开展青年教师社会调研，获一等奖5项、二等奖4项，同时部门获优秀组织单位奖。编辑《北科大工作》10期。

（沈　崴、李　洁）

【新闻宣传】2016年，新闻宣传以“树立形象、凝聚人心、传播文化、促进发展”为目标，强化“围绕中心工作、深入一线基层、突出典型示范、促进媒体融合”工作导向，做到学校重大活动不遗漏、典型人物宣传不断线。逐步构建校院两级联动的新闻宣传机制，推动校园传统媒体和新兴媒体的融合发展。深度挖掘基层新闻线索，突出典型人物及科研成果报道，积极组织策划重大活动对外宣传报道。加强新闻宣传工作队伍建设，组织各类培训10余次。部门获“北京市2016年度宣传工作先进单位”“全国教育电视工作先进集体”等荣誉称号。

（李　洁、邢华超）

【校刊工作】2016年共出版校报18期，每期4个版面。围绕学校各阶段的工作重点，先后编辑出版了迎新专刊1期，夏季学期、社会实践和校长奖章宣传专版3个，开设了《毕业季》《政策解读》《校长奖章》《啡常时光》《媒体透视》《身边的榜样》《党建工作》《实验室安全》专栏8个。采访报道了北京市教学名师申亚男、北京市优秀党务工作者张俊燕、北京市三八红旗集体图书馆等多个先进典型。举办了“我和我的老师”征文活动。

（李　洁、李　伟）

【网络宣传】2016年，进一步加强新闻网信息发布主渠道建设。注重教学、科研等领域取得的成果和经验报道，加大先进教师和学生典型的报道，做好重要时间节点重要事件的专题推送，提高新闻网的实效性和可读性。重要事件保障第一时间发布，重大新闻提前策划并当天发布，提高新闻网发布时效性。及时主动与投稿单位沟通协商新闻事实，切实保障新闻稿件事实清楚、数据确切，提高主动服务意识。新闻网成为学校权威新闻信息发布集散地，全年浏览量142.18万人次，其中新闻导读栏目每篇新闻平均点击量由498次增长到613次，扩大了重要新闻的影响力。

（李　洁、邢华超）

【广播电视】2016年，制作完成《2016年北京科技大学宣传片》《高可见光活性氮掺杂纳米二氧化钛粉体的规模化制备技术及应用》等多部宣传类视频片，媒资全年共处理约400盘磁带，完成2005－2011年磁带转换工作。制作《北科大新闻》60期，拍摄学校各类活动和会议320余次，全程录像35次，完成《理论学习》《啡常时光》等系列专题，制作电视栏目50期。完成“院士回母校”、开学典礼等大型活动的直播11次。广播台全年制作400余期，举办第七届中文配音大赛。大屏幕全年累计播出时长约300小时，视频250条。校园闭路电视全年安全播出校内新闻及《毛泽东》《历史转折中的邓小平》专题片，丰富了师生的业余生活。

（沈　崴、郝慧鹏）

【对外宣传】2016年，各主流媒体报道学校520条次，其中中央电视台、中国教育电视台、北京电视台等报道11条，新华社、《人民日报》《光明日报》《中国教育报》《中国科学报》《科技日报》等报道35条。在全年对外宣传报道内容上，科学研究工作占28%，学生工作占20%，人才培养工作占20%，管理服务工作占17%，教育教学工作占15%。与2015年相比，科学研究、学生工作及人才培养方面新闻报道内容的综合比重有较大的提升，占外宣新闻总量的60%以上。

（沈　崴、孟　婍）

【新媒体宣传】发挥北京科技大学新媒体联盟在校园新闻宣传中的作用，通过信息报送、业务交流、资源共享等方式与多个组织的新媒体建立联系和合作机制，加强对学校新媒体平台的建设与管理，进一步扩大新媒体的校园影响力。官方微信、官方微博加强栏目策划，创新栏目形式，提高信息质量，进一步扩大信息覆盖面。官方微信平台全年推送204期，发送信息452条，粉丝数量23875人。官方微博平台全年发布微博300余条，点击率600余万人次，粉丝数量增加到45123人。

（吴钰重、高　龑）

【校园文化建设】继续推进学校文化建设工作，开展系列文化品牌活动，做好学校文化一手资料的积累，加强校园文化阵地建设。做好文化成果的收集、整理工作，选送的“培育·弘扬中国精神在我心中”文化建设成果荣获教育部第九届高校校园文化建设优秀成果一等奖，开展礼敬中华优秀传统文化基层立项16个。继续做好年度十大新闻人物组织、评选和宣传工作。组织开展《廉政文化建设主题国画展》《青年影像节》《校园微视频展播》等活动。改造校史馆灯光电路及A馆校友风采墙，全年接待参观8060人次。启动校园文化系列丛书《校史资料·人物篇》第二、三辑编纂工作。

（李　洁、董　强）

附　录

北京科技大学2016年1月1日至2016年12月31日对外宣传情况统计表

（广播新闻）

序号	报道时间	报道媒体	栏目	报道内容
1	2016/7/11	北京新闻广播	《整点快报》10点档	青年服务国家2016年首都大中专学生暑期社会实践在北京科技大学正式启动
2	2016/7/11	北京新闻广播	《整点快报》11点档	青年服务国家2016年首都大中专学生暑期社会实践出征仪式举行
3	2016/7/17	北京新闻广播	《新闻热线》7点档	青年服务国家2016年首都大中专学生暑期社会实践近日举行

（视频新闻）

序号	报道时间	报道媒体	栏目	报道内容
1	2016/1/18	BTV新闻	《特别关注》	大学生团队开发会打羽毛球的机器人
2	2016/3/20	CCTV新闻	《新闻联播》	跨区域高校毕业生招聘会在京启动
3	2016/4/17	CCTV新闻	《新闻联播》	李克强在高等教育改革创新座谈会上强调 深化教育改革激发更大活力 贯彻创新战略赢得发展未来
4	2016/5/9	人民网	《人民电视》	2016年高招系列谈：北京科技大学
5	2016/5/27	CCTV新闻	《新闻联播》	调结构转方式·钢铁联盟创新成果辐射全国
6	2016/6/10	中国教育电视台	《中国教育报道》	“贝壳校园”助力北科大互联网+教务管理
7	2016/6/13	CCTV-NEWS	《CHINA 24》	LURING BACK TOP MINDS专访“千人计划”学者北京科技大学教授张学记
8	2016/6/18	CCTV4	《中国新闻》	国际学生吴求晋级汉语桥2016全球外国人汉语大会全球72强
9	2016/6/27	北京卫视	《北京您早》	禁毒戒毒宣传进高校 携手各界“向毒品说不”
10	2016/7/20	北京卫视	《北京您早》	“带本书给家乡的孩子”第四季活动启动
11	2016/7/20	北京卫视	《北京新闻》	“带本书给家乡的孩子”第四季公益活动今日启动

（文字新闻）

序号	报道时间	报道媒体	报道内容	链接
1	2016/1/21	中国经济网	京津冀钢铁联盟协同创新研究院迁安签约	6
2	2016/1/21	《中国日报》	中沙合作项目助沙特青年来华深造	0
3	2016/2/3	《中国矿业报》	河北海天建设集团与北科大合作开发固废资源	3
4	2016/3/23	中国证券网	金钼股份与北科大周国治院士签订合作协议	3
5	2016/3/28	新华网	Botball青少年国际机器人俱乐部挂牌仪式在北京科技大学举行	2
6	2016/3/30	新华网	北京科技大学林宇： 大学生如何选创业项目　要注意啥？	0

续表

序号	报道时间	报道媒体	报道内容	链接
7	2016/3/30	新华网	“双创 1+1”走进高校系列主题沙龙活动北科专场	0
8	2016/3/30	新华网	北京科技大学谷宇：大学生成功创业的六大要诀	0
9	2016/4/5	《中国科学报》	“双创 1+1”走进高校活动在北科大举行	4
10	2016/4/7	中国青年网	大学生创业进行时：学校支持更给力　创业育人赋予获得感	2
11	2016/4/13	人民网	国内首个钢铁业节能减排环保基金成立　京津冀钢铁联盟促节能减排	0
12	2016/4/18	人民网	北京科技大学着力培养行业急需的高素质工程人才	6
13	2016/4/23	中国教育新闻网	北科大举行“院士回母校”报告会暨“杰出校友讲坛”	2
14	2016/4/23	千龙网	北京科技大学建校 64 年走出 38 位院士	0
15	2016/4/23	《北京青年报》	“院士回母校”活动走进北科大	1
16	2016/4/23	人民网	中国工程院院士徐匡迪、毛新平讲述“钢铁强国梦”	8
17	2016/4/26	《光明日报》	“院士回母校”活动走进北科大	3
18	2016/5/4	千龙网	青年志愿者走进社区开展敬老助老活动	0
19	2016/5/5	人民网	“五四”青年节　高校上演“青春故事会”	3
20	2016/5/5	中国青年网	北京科技大学志愿服务书写奉献青春的故事 传承“五四”精神	2
21	2016/5/11	中华人民共和国教育部	武贵龙同志任北京科技大学党委书记	3
22	2016/5/12	人民网	武贵龙任北京科技大学党委书记	1
23	2016/5/13	中国青年网	传承长征精神　释放青春活力——北科大组织近千名学生“荧光夜跑”	0
24	2016/5/16	中国青年网	学“习”正当时　首都大学生理论社团热议习近平总书记讲话	2
25	2016/5/18	光明网	首都高校学生学习习近平总书记关于青年大学生成长讲话	1
26	2016/5/18	中国网	首都高校理论社团学习习近平总书记关于青年大学生成长重要讲话	1
27	2016/5/18	《新京报》	创新创业政策频出学籍最多留 8 年	3
28	2016/5/18	人民网	北科大有三个“学霸班”　看看他们都学啥	4
29	2016/5/18	中国青年网	李响作客北京科技大学　“职职帮”全国大学生创业就业基地揭牌	0
30	2016/5/21	千龙网	北科大东凌经济管理学院成立 35 年培养万余人才	0
31	2016/5/22	新华网	创新驱动发展的“首都使命”	1
32	2016/5/31	《北京青年报》	大学生户外挑战北科大夺冠	2
33	2016/5/31	《人民日报》	钢铁联盟助力产业绿色发展	6
34	2016/6/2	《北京晚报》	北交大北科大试行专业“零调剂”	0
35	2016/6/3	《北京日报》	五所“211”高校公布招生计划	3
36	2016/6/3	《北京青年报》	北交大北科大在京录取试行零调剂	4
37	2016/6/5	《北京青年报》	微信号可帮助学生完成四六级报考	3
38	2016/6/6	中国教育新闻网	首届“北京高校教务管理工作论坛”召开，专家指出：高校教务管理需要注入新活力	2
39	2016/6/7	《现代教育报》	北科大毕业生投身互联网创业	0

续表

序号	报道时间	报道媒体	报道内容	链接
40	2016/6/13	《中国教育报》	电池界新秀“石墨烯基锂硫电池”	2
41	2016/6/17	新浪网	象棋大师走进北科大 留学生热情参与感受中国文化	2
42	2016/6/23	《北京晨报》	世纪巨匠　仰之弥高	1
43	2016/6/23	千龙网	柯俊院士百岁华诞捐资10万元成立“柯俊科技教育基金”	0
44	2016/6/23	新华网	柯俊院士迎来百岁华诞	0
45	2016/6/23	人民网	钢铁人生　孳孳百年　柯俊院士百岁华诞座谈会召开	2
46	2016/6/23	光明网	柯俊院士迎来百岁华诞：钢铁人生　孳孳百年	0
47	2016/6/23	光明网	Happy Birthday！柯俊院士百岁生日，“众筹”祝福你来吗	0
48	2016/6/23	千龙网	柯俊院士百岁华诞捐资10万元成立“柯俊科技教育基金”	0
49	2016/6/24	中国教育新闻网	北京科技大学召开柯俊院士百岁华诞座谈会	2
50	2016/6/25	央广网	北京教育矫治局禁毒宣传进高校 孙兴讲述吸毒戒毒经历	5
51	2016/6/26	《新京报》	校长“最后一课”都爱“讲情怀”	0
52	2016/6/26	中国网	北京市教育矫治局携手各界禁毒戒毒宣传进高校	0
53	2016/6/28	千龙网	世界百余专家聚京研讨新材料以化解环保危机	0
54	2016/6/30	《中国科学报》	北科大召开柯俊院士百岁华诞座谈会	1
55	2016/6/30	《中国科学报》	北科大召开可持续性工程教育教学与实践国际研讨会	1
56	2016/7/2	《光明日报》	张学记：报效祖国还需要理由吗	2
57	2016/7/3	中国青年网	激扬青春　筑梦前行：北科大学子牢记习总书记建党95周年讲话精神	2
58	2016/7/6	人民网	300师生参与北科大海峡两岸青年创业训练营	4
59	2016/7/11	《北京青年报》	海峡两岸青年创业训练营北科大开营	4
60	2016/7/11	中国青年网	“青年服务国家”2016年首都大中专学生暑期社会实践出征仪式在京举行	1
61	2016/7/11	千龙网	京12万大学生奔赴各地暑期实践	1
62	2016/7/11	首都之窗	2016年首都大中专学生暑期社会实践出征仪式举行	0
63	2016/7/11	人民网	“青年服务国家”：投身助力“十三五”，青春奋进中国梦	1
64	2016/7/12	《光明日报》	2016海峡两岸青年创业训练营开幕	4
65	2016/7/12	《烟台晚报》	北科大烟台工业技术研究院落户我区	3
66	2016/7/13	央视网	推动青年实践才干　中国大学生公益行动开启——“青年服务国家”2016年首都大中专学生暑期社会实践出征仪式隆重举行	0
67	2016/7/13	《北京青年报》	“青年服务国家”启动暑期社会实践活动	4
68	2016/7/14	《人民日报》	红色基因在互联网生长	0
69	2016/7/18	《中国铝业报》	葛红林与北科大校长张欣欣举行会谈	0
70	2016/7/20	人民网	大学生捎书信使重走长征路	3
71	2016/7/21	《白银日报》	北京科技大学研究生科技服务团来白银市开展科技服务活动	0

续表

序号	报道时间	报道媒体	报道内容	链接
72	2016/7/24	新华网	京港两地170余名青年参加北京训练营	0
73	2016/7/24	中国新闻网	京港青年伙伴训练营北京落幕 两地大学生携手同成长	9
74	2016/7/25	中国青年网	2016京港青年伙伴训练营落幕 两地170名青年相约“七个在北京”	1
75	2016/7/26	《人民日报》海外版	京港青年伙伴　携手探索北京	6
76	2016/7/28	《中国科学报》	剑桥工作坊来到北科大：工作坊里研讨忙	0
77	2016/7/29	《中国日报》	汽车园与北京科技大学签约　新材料项目落户　计划投资1.5亿	3
78	2016/7/29	《天津日报》	汽车园与北京科技大学签约	1
79	2016/8/2	千龙网	北京科技大学学生暑期社会实践关爱艾滋病患者	0
80	2016/8/3	《北京青年报》	北科大师生昨日送别老校长王润	1
81	2016/8/17	中国铝业网	葛红林与北京科技大学校长张欣欣举行会谈	0
82	2016/8/17	《人民日报》海外版	中国香港青年北上交流感触深	2
83	2016/8/18	《人民日报》	当代青年学子的“大格局”	7
84	2016/8/18	《北京晚报》	北科大学生社会实践　为一个没落行业留下印记　拜师“棒棒”追寻重庆记忆	2
85	2016/8/22	《京华时报》	水立方冬奥变“冰立方”	0
86	2016/8/22	《北京日报》	北京奥运场馆活起来火起来　教学开放两不误	1
87	2016/8/22	《新京报》	水立方拟新建地下冰场　2017年对外开放	4
88	2016/8/22	《北京青年报》	水立方将搭建可拆卸冰场	5
89	2016/8/27	《北京青年报》	本周高校扎堆迎新	0
90	2016/8/27	《北京晨报》	新生开学	0
91	2016/8/27	《北京晨报》	新生还没报到　班级群就聊嗨了 各大高校迎新工作亮点多　微信群成沟通感情利器	0
92	2016/8/29	《北京日报》	迎寒门学子　各高校推“精准资助”	1
93	2016/8/29	《中国教育报》	柯俊：穷格物理，百年韶华	2
94	2016/8/30	《中关村导刊》	高校迎新透着科技范儿	0
95	2016/9/1	人民网	大学使尽“洪荒之力”　只为新生更好融入校园	11
96	2016/9/5	千龙网	中国工匠：研发出世界顶级涡轮盘的北京大咖：董建新	1
97	2016/9/6	光明网	北科大“爱在乡间，让梦飞翔”暑假支教团赴宜宾支教	1
98	2016/9/9	秦安县政府网	北京科技大学副校长吴爱祥在秦安县调研定点帮扶工作	0
99	2016/9/11	中国新闻网	海峡两岸气候变迁与能源可持续发展论坛举行	10
100	2016/9/12	人民网	第12届海峡两岸气候变迁与能源可持续发展论坛召开	0
101	2016/9/12	中国青年网	桃李三千吐芬芳　北京科技大学学子感念师恩	0
102	2016/9/13	千龙网	两岸专家为北京海绵城市建设献计	0

续表

序号	报道时间	报道媒体	报道内容	链接
103	2016/9/14	《中国科学报》	北科大举办气候变迁与能源可持续发展论坛	2
104	2016/9/17	新华网	京港大学生中秋结伴开启大学新生活	5
105	2016/9/18	中国青年网	京港青年破冰起航 2016 京港大学生迎新营中秋共圆中国梦	4
106	2016/9/19	《人民日报》海外版	京港学子欢乐过中秋	5
107	2016/9/20	《中国教育报》	孔雀回巢　服务家乡	0
108	2016/9/23	新华网	激发学生参与学校管理的热情——一位大学校长与学生的“啡常时光”	6
109	2016/9/26	中国高校之窗	新疆昌吉职业技术学院委员会组织召开第 18 届北京科技大学研究生支教团工作培训会	0
110	2016/9/27	《烟台日报》	烟台市产学研合作协议签约暨合作创新平台揭牌仪式举行	3
111	2016/9/30	中国青年网	“互联网 +”创业赛北京赛区落幕 北科大位居全市第一	5
112	2016/9/30	《天津日报》	市领导会见北京科技大学客人	5
113	2016/9/30	千龙网	中国工匠：把论文写就在学生成才征途上的教书匠：杨英军	0
114	2016/10/9	天津北方网	东丽区与北科大签约　将建国家级工程技术中心	0
115	2016/10/11	《烟台晚报》	台海集团与北科大签订合作协议 将共建烟台工业技术研究院	1
116	2016/10/12	中国青年网	北京科技大学学子与大山里孩子来一场“心路”之程	0
117	2016/10/12	《齐鲁晚报》	北京微视酷科技有限责任公司与北京科技大学共建虚拟现实实验室	1
118	2016/10/12	中国青年网	北京科技大学学子下乡进行水质调查	0
119	2016/10/13	搜狐网	《长征长征》近日出版：北科大学子将重走长征路	2
120	2016/10/13	《天津日报》	北科大智能装备产业技术研究院落户东丽	1
121	2016/10/13	人民网	《长征长征》新书发布： 牢记红军丰功伟绩 弘扬伟大长征精神	1
122	2016/10/15	《北京晨报》	大量文献汇总《长征长征》	3
123	2016/10/16	新华网	北科大智能装备产业技术研究院落户天津	2
124	2016/10/17	《北京晚报》	《长征长征》新书发布	0
125	2016/10/17	《天津日报》	北科大智能装备研究院落户津门	9
126	2016/10/18	中国高等教育	拳拳赤子心　科技报国志——记中国工程院院士、北京科技大学谢建新教授	1
127	2016/10/20	《人民日报》	我与校长有个“约会”　北科大“啡常时光”项目激发学生校园管理热情	8
128	2016/10/20	《人民日报》	大学生重走长征路 为长征沿线孩子捎去 3 万余册图书	8
129	2016/10/26	《中华读书报》	北京出版集团北京科技大学共办活动纪念长征	0
130	2016/10/26	中华人民共和国教育部	北京科技大学着力实施新生引航工程	0
131	2016/10/27	《中国科学报》	庆祝章守华先生百年华诞座谈会召开	0

续表

序号	报道时间	报道媒体	报道内容	链接
132	2016/10/29	《中国教育报》	天蓝蓝，双创花儿已竞相开放	0
133	2016/10/30	千龙网	百岁教授科研成果曾用于“东方红”1号火箭壳体	0
134	2016/10/31	《中国教育报》	凝聚力量实现“北科梦”	1
135	2016/11/3	《中国冶金报》	庆祝章守华先生百岁华诞座谈会在京召开	0
136	2016/11/10	《北海日报》	王可会见北京科技大学党委书记武贵龙	1
137	2016/11/16	中国青年网	全国学校共青团新媒体工作培训班在京举行	8
138	2016/11/18	中国高等教育	在“双一流”建设中找准定位、特色发展	3
139	2016/11/20	《北京晨报》	赛事全程直播公益捐赠同行	4
140	2016/11/21	《科技日报》	李立东：给细胞膜来张“彩照”	6
141	2016/11/23	中国网	博耳杯第二届全国大学生创客大赛走进北京科技大学	5
142	2016/11/25	《佛山日报》	顺德再添高校合作伙伴共育人才　顺德区政府与北京科技大学共建“顺德研究生院”	4
143	2016/11/30	光明网	VR 教育：上海市开启首堂 VR 公开课和 VR 教学研讨会	12
144	2016/12/5	《人民日报》	依法规范电信标注手段 建立健全电信诈骗防范机制	1
145	2016/12/9	中国青年网	以青春之担当开启“129 苹果树之恋”　北科大学生精准扶贫甘肃省秦安县认领 129 棵贫困户果树	5
146	2016/12/9	秦安县政府网	秦安县大地湾文化女娲文化研讨会在北科大举办	0
147	2016/12/9	中国青年网	习近平为传道者明道　全国高校思政会议引热议	0
148	2016/12/10	《北京青年报》	北科大学生扶贫认领 129 棵果树	6
149	2016/12/10	《北京日报》	北京学子认领甘肃秦安果树	7
150	2016/12/13	《中国青年报》	让核心价值观在学生心中扎根	7
151	2016/12/15	《科技日报》	彭锐：追逐梦想的“系统锻造师”	0
152	2016/12/20	千龙网	北科大校友捐 30 万 设立全国首家学生理论社团奖学金	1
153	2016/12/20	中青在线	北京科技大学设立求是理论学习奖学金	0
154	2016/12/21	《劳动午报》	北科大设求是理论学习奖学金	0
155	2016/12/22	《人民日报》	鼓励大学生加强理论学习 北京科技大学设立专项奖学金	1
156	2016/12/22	新华网	北京科技大学设立求是理论学习奖学金	1
157	2016/12/26	《北京青年报》	北京科技大学设求是理论奖学金	4
158	2016/12/26	搜狐网	北科大温家隆：支教归来，他率球队挺进八强	0
159	2016/12/26	《中国铝业报》	中铝公司与北京科技大学签署技术创新合作协议	2
160	2016/12/27	《现代教育报》	思政教授上课　“迷”倒学生一片	0
161	2016/12/28	中国网	全国思想政治理论课实践教学研讨会在京召开	0
162	2016/12/30	人民网	全国高校思想政治理论课实践教学研讨会在京召开	1
163	2016/12/30	新华网	19 位理论名家教大学生“读懂中国” ——首都高校思政课改革创新见闻	8
164	2016/12/31	产品安全与召回	求实鼎新北科魂 ——访北京科技大学安全科学与工程系黄国忠教授	11

纪检监察工作

【概况】2016年，纪委监察室深入贯彻执行中央全面从严治党及习近平总书记系列重要讲话精神，认真落实教育部党组、北京市纪委、北京市教育工委等上级部门的工作部署，协助党委全面落实从严治党主体责任和监督责任，稳步推进纪检监察工作转职能、转方式、转作风，坚持把纪律和规矩挺在前面，严肃党规党纪，严格执行中央八项规定精神，开展重点领域制度执行情况的监督检查，深入推进学校党风廉政建设工作，为学校各项工作顺利开展提供坚强保障。

（曲　雁、夏秀芹）

【协助落实主体责任】贯彻落实中央部署，积极协助党委采取具体措施全面落实管党治党主体责任，扎实推进党风廉政建设工作。①协助党委制定党风廉政建设任务分工。从领导学校党风廉政建设总体工作、严明政治纪律和组织纪律、落实中央八项规定精神、多层次开展廉政教育、加强重点领域管理等七个方面分解了具体任务，按照“有权必有责、有责要担当”的工作思路，将以往的“牵头单位”改为主责单位，进一步强化了相关单位的责任担当。②开展党风廉政建设责任制检查。在各单位全面自查的基础上，学校组成了由党委副书记、纪委书记带队，组织部、党办校办、人事处等部门负责人、纪委委员、党风廉政监督员、纪委监察室工作人员等参加的检查组，在查阅工作资料基础上，通过听取汇报、民主测评等方式对15家单位开展了重点检查。为进一步强化业务监管，深入推进学院和教学科研单位贯彻落实党风廉政建设主体责任，2016年的责任制检查将往年只检查领导班子调整为既检查班子又检查班子成员个人的主体责任履行情况，将责任压实到个人，切实达到了以查促建、以查促教的目的，深入推进了主体责任的落实。

（曲　雁、夏秀芹、杜　伟）

【宣传教育】①坚持廉政文化建设联席会议制度，牵头宣传部、组织部、团委、工会等各联席单位，开展第一届校园廉洁文化作品征集评选活动，该活动征集到教师、学生艺术设计类、网络新媒体类、书画摄影类、表演艺术类作品数十件，将评选出来的优秀作品报送教育部廉政文化作品征集活动参加评选。通过活动，积极营造出清风正气的校园廉政文化氛围。②协助党委组织开展准则和条例的学习，及时向3000余名教职工党员发放《关于新形势下党内政治生活的若干准则》和《中国共产党党内监督条例》。③召开党风廉政建设工作会。传达教育部党组和上级纪检监察机关有关工作精神和要求，总结2015年工作，部署2016年工作。④利用常规教育平台开展教育。一是坚持利用纪委自主创办的《明镜月刊》和《廉政参考》两份电子刊物开展廉政教育。《廉政参考》进一步结合党员干部的思想实际和学习需求，以提炼问题的方式深度解读中央精神，以“两部法规系列解读”强化党纪党规教育。《明镜月刊》更加聚焦执纪审查的重点来选编典型案例，进一步提升教育效果。二是利用纪检监察网站和校园OA开展网上教育，更加突出对中央、教育部、学校相关工作动态的宣传和开展针对性教育的功能，扩大了纪委宣传教育的对象范围。三是重视重要节点的教育提醒。在元旦、春节、中秋等重要节日，纪委及时转发传达中央及教育部、北京市有关通知，明确节日期间纪律要求，并通过校内邮件平台发送廉政贺卡，开展廉政提醒。⑤编发廉政教育学习材料。为加强纪律教育，纪委编印了《守纪律 讲规矩——北京科技大学作风建设使用手册》，主要内容包括各类经费的使用、领导干部兼职的规定、办公用房的使用规定等，发至科级以上领导干部900余人，促进广大党员干部带头遵规守纪。整理汇编《学思践悟》学习读本发送至3400余名党员，强化全体党员对全面从严治党精神的学习领会。⑥开展廉政谈话和廉政教育培训。召开新任处级领导干部集体廉政谈话会，党委副书记、纪委书记戴井岗为2015年1月至2016年3月新提任的处级领导干部30人作了集体廉政谈话。纪委监察室副主任夏秀芹在2016年7月新任处级干部培训班及9月新入职教师岗前培训班上，分别做了廉洁从政、廉洁从教专题辅导。

（曲 雁、夏秀芹、杜 伟、邓春秋、邵俊恺）

【监督工作】①干部监督管理。严格执行干部选拔任用监督制度，加强干部选拔任用工作全过程监督，重点加强了对提名、考察等关键环节的监督，严把干部选拔“党风廉洁意见回复”关。2016年纪委出具干部廉政鉴定159人次。对24名处级干部以及57名拟提拔考察对象的个人事项报告进行抽查核实，对存在申报不实的干部批评教育4人，组织诫勉3人，对填报不规范及漏报的问题进行了相应处理。②以参与式和抽查式监督的方式督促资产处、基建处等职能部门严格执行有关制度，加强物资采购及基建招标监管。把小金库、教育收费等专项检查工作转交给主责单位，纪委以督促主责单位落实主体责任的方式开展监督。③加强对招生工作的监督，进一步规范对特殊类型招生工作的监督。对本科生录取进行监督复核，严格监督艺术类、体育类等特殊类型招生的资格审查、评委选拔、专业测试等关键环节，对招生过程的原始记录、录取规则等开展全面检查，确保了招生权力的规范运行，圆满完成了2016年招生监督工作任务。④以督查式监督的形式，协同参与办公用房专项检查、公车使用专项检查、教育收费检查、“小金库”专项治理、领导干部在企业兼职检查、出国（境）情况等检查工作。通过检查深入了解相关专项工作执行中存在的问题，督促相关部门研究制定解决方案和落实措施，提高了监督执纪成效。

（曲 雁、夏秀芹、杜 伟、邓春秋、邵俊恺）

【纪律审查】①制定《北京科技大学关于践行监督执纪“四种形态”实施办法》，在坚持挺纪在前的基础上，进一步细化纪律的执行，明确“四种形态”处置方式，强化各级党组织和领导干部对党员干部的日常监管职责。②把践行“四种形态”作为检验工作的标准，聚焦“六项纪律”，践行严管厚爱理念，不断扩大谈话、函询、诫勉范围，层层设防、时时提醒，抓早抓小、快查快结。截至2016年12月31日，纪委共收到信访举报信36件，已办结32件，在办4件。2016年共函询4人次，诫勉谈话7人次，通报批评3人次，组织调整1人，立案1件，结案2件，党纪、政纪双处分1人，党纪处分1人，政纪处分1人，挽回经济损失175万余元。在信访核查中，共开展校内外人员谈话40余人次，调阅各类财务账目5000余万元，查阅相关文件数百份。同时，发挥查办案件治本的作用，加强警示教育，形成“不敢腐”的氛围。

（曲 雁、夏秀芹、杜 伟、邓春秋、邵俊恺）

【队伍建设】①加强专职队伍建设。2016年12人次参加教育部等上级机关举办的业务培训，2人在二级学院挂职锻炼，4人赴京外大学考察调研学习，通过学习培训不断提高思想意识和业务技能。②制定了《基层党组织纪检委员工作制度》，并督促各基层党组织将纪检委员选举配备到位，进一步充实扩大了纪检监察队伍，为强化党内专责监督提供了制度和人员保障。③注重理论研究。纪委承担北京市纪委重点课题一项，在《中国纪检监察》《反腐败导刊》等刊物公开发表多篇理论文章。1名专职纪检干部被北京市纪委推荐为中央纪委表彰的全国纪检监察系统先进个人，1名获学校先进工作者。

（曲　雁、夏秀芹、杜　伟）

统战工作

【概况】2016年，学校共有民主党派基层组织3个：民盟支部、民进支部、九三支社。有民主党派成员102人，其中中国国民党革命委员会7人、中国民主同盟44人、中国民主建国会3人、中国民主促进会6人、中国农工民主党1人、中国致公党6人、九三学社35人。有党外高级知识分子411人，占全校高级知识分子总数的32.8%，其中正高职称135人、副高职称276人。有党外中层实职干部25人，占全校中层干部总数的10.3%。有归侨19人、侨眷115人；台属43人；定居台胞2人；港澳台侨在校学生9人；少数民族教职工141人；少数民族学生1360人。

（郝　媛、吕晓丽）

【统战工作机制建设】2016年5月，学校成立由党委统一领导、统战部门牵头协调、有关部门和院系党组织参加的统战工作领导小组，构建起党委统一领导、党政部门齐抓共管、校院两级上下联动的“大统战”工作格局，对统战工作重要事项进行研究、协调和部署。学校坚持重心下移，将统战工作延伸至各二级党组织，明确二级党组织书记兼任统战委员，在联谊交友、思想引导、业务指导、困难帮扶、民主党派成员发展等方面发挥作用。

（郝　媛、吕晓丽）

【党外知识分子工作】①党委统战部认真落实中央统战部关于统一战线学习十八届六中全会精神的相关工作，积极联络学校二级党组织，邀请党外人士参加二级党组织的十八届六中全会学习活动，面向党外人士发放十八届六中全会学习材料，协助民主党派基层组织自主开展学习活动。②组织党外代表人士参加北京市委教育工委的“北京高校党外代表人士高级研修班”，加强理论学习，提升政治素养。组织党外人士参观“英雄史诗，不朽丰碑——纪念中国工农红军长征胜利80周年”主题展览，重温长征故事，学习长征精神。③通过筹备成立学校党外知识分子联谊会，搭建校党委联系党外知识分子的桥梁和纽带。积极引导党外人士服务经济社会发展，参加邢台市广宗县交流访问活动，重点实施“心桥工程”。

（郝　媛、吕晓丽）

【党外代表人士工作】①加强对党外代表人士的推荐使用。做好海淀区第十届政协委员换届工作，推荐隆克平教授为第十届海淀区政协委员，推荐冯英教授为民盟海淀区区委委员。在14个二级学院院长中，民主党派、无党派人士共6人，占42.9%。②坚持做好“校领导与党外人士交朋友”工作。落实北京科技大学领导班子成员联系基层、联系群众若干规定，做好学校领导班子成员与党外代表人士联谊交友工作，每位校领导与3位党外人士交朋友。③拓宽建言献策渠道。坚持“双月座谈会（情况通报会）”制度，就学校《各类岗位聘任指导意见》、海淀区人大代表选举候选人等向党外人士征求意见。先后组织党外代表人士列席学校召开的第八届教代会二次会议、党外人士座谈会等，发挥党外代表人士参政议政和民主监督的作用。通过建立北科大党外代表人士微信群，做到线上线下及时有效沟通。

（郝　媛、吕晓丽）

【民主党派和无党派人士工作】①加强对民主党派基层组织的政治领导，支持和协助其加强自身建设，协助民进成立支部，协助民盟、民进支部成功召开支部大会，协助九三学社支社顺利完成换届。为民主党派设立单独办公室，提供充足的经费支持。②全面贯彻“把一部分优秀人才留在党外”的方针政策，协助做好成员发展工作。2016年，发展民主党派成员1名，完成考察3名。

（郝　媛、吕晓丽）

【民族宗教工作】①积极关心少数民族师生。协同学生工作部落实新疆少数民族学生辅导员挂职事宜，做好民考汉、内地班推免研究生工作。开斋节期间，为300余名穆斯林师生加餐，共度节日。②深入开展马克思主义宗教观教育。坚持疏堵结合、标本兼治的工作方法，引导师生正确看待宗教问题。由党委统战部负责，马克思主义学院教师刘丽敏主讲，面向全体本科生继续开设“宗教概览”公共选修课。课程以马克思主义宗教观为主线，贯穿世界宗教概况、宗教学原理、我国宗教现状及宗教政策等内容，220余名同学选修该课程。邀请民族宗教专家为新生辅导员讲授宗教知识。③扎实做好校园安全稳定相关工作。邀请学生、保卫部门负责人参加“北京市统战大讲堂”，学习国家民族宗教工作会议精神。全年无民族宗教突发事件发生。

（郝　媛、吕晓丽）

【港澳台侨工作和其他统战工作】①深入开展港澳台侨和归国留学人员工作。2016年首次与全国台湾同胞联谊会建立联系，组织台湾学生参加“第四届台胞社团论坛活动”，促进台湾学生与其他青年交流。按北京市委教育工委要求，梳理了学校香港学生工作并提出下一年工作计划。制定北京科技大学台湾学生奖学金评审制度，1名台湾学生获教育部台湾学生奖学金。关注港澳台学生微信动态，及时了解情况，积极进行思想引导。②组织相关老师共12名参加国家教育行政学院“凝心聚力，巩固发展最广泛的爱国统一战线”统战专题网络培训。参加北京“第十五届北京高校侨联中区片会”等活动。党委统战部研究课题“大学生马克思主义宗教观调查研究”被评为2016年北京市统战理论研究与调查研究优秀成果三等奖。

（郝　媛、吕晓丽）

工会工作

【概况】2016年，校工会下属的学院、机关、后勤、产业分工会共24个，会员3223人，其中非事业编制会员719人。校工会下设组宣部、文体部、生活福利部、工会办公室，负责协调各部门工作并承担教代会的工作，处理日常工会工作。工会有专兼职干部8人，工会主席由校党委副书记戴井岗同志兼任。常务副主席1人、专职副主席2人、兼职副主席1人、专职干部3人。

（黄爱霞）

【教代会】学校教代会在党委领导下，组织教职工行使民主权利，参与学校管理，维护自身权益，在学校日常管理和改革发展中发挥重要作用。2016年召开两次教代会，6月17日组织召开第八届教代会二次会议，审议《北京科技大学“十三五”事业发展规划》，校长张欣欣作专题报告，党委书记武贵龙围绕学校在“十三五”期间需要着力加强的重要工作进行深刻分析；10月19日组织召开第八届教代会三次会议，作为专题教代会，讨论通过《北京科技大学各类岗位聘任指导意见》，审议《北京科技大学学术委员会章程》及《北京科技大学学术委员会产生办法》，将《北京市实施〈工会法〉办法》中教代会职能落到实处。

二级教代会职权落到实处。在院党政领导支持下，学院二级教代会每年至少召开一次。针对2016年新一轮岗位聘任工作，各二级单位召开全体教职工大会或二级教代会表决通过本单位岗位聘任实施细则，充分发挥二级教代会的民主监督和决策作用。

充分发挥各专门委员会作用。教代会下设的民主管理委员会、提案工作委员会和青年教师工作委员会各项工作开展良好，提案工作已成为教代会进一步促进学校决策和管理民主化、科学化的重要渠道。2016年，第八届二次教代会共办理提案31件（含第十一次党代会移交提案10件），立案30件，涉及教学科研、师资队伍建设、教职工福利待遇等方面，代表答复满意提案26件，基本满意提案4件，提案满意和基本满意率为100%。

（黄爱霞、张　娟）

【《实施办法》宣贯工作】《北京市实施〈中华人民共和国工会法〉办法》（简称《实施办法》）经修订于2016年1月1日起施行。学校高度重视《实施办法》的宣传贯彻工作，根据市总工会和市教育工会工作要求，学校党委将宣传贯彻《实施办法》工作列入2016年年度重点工作。制订细化工作方案；充分运用网站、宣传栏、电视台等平台进行宣传；印发《实施办法》学习材料；开展分层次、高质量的学习培训活动，邀请北京市职工学校专家面向学校党委理论中心组成员进行培训；工会面向全体工会干部进行了宣传培训；各二级工会对基层工会小组及教职工进行了宣传培训。

（黄爱霞、赵智杰）

【教学基本功比赛】2016年8月，第三届全国高校青年教师教学竞赛在上海举行，在校院两级工会的精心指导下，学校数理学院青年教师李娜凭借在第九届北京高校青年教师教学基本功比赛中取得的优异成绩被推荐为北京赛区理科组代表参赛。李娜老师以扎实的能力基础、稳定的临场发挥，得到评委的一致认可，最终夺得全国理科组一等奖第一名。近年来，学校非常重视提高青年教师教学基本功，不定期对青年教师进行职业技能培训，在比赛保障、获奖教师激励等方面给予持续支持。

（黄爱霞、赵智杰）

【师德建设】2016年，组织“北京科技大学师德榜样（先锋）”评选活动。学校对评选活动高度重视，规范评选工作程序，确保公开、公平、公正。学校16个承担一线教学任务的学院（单位）推荐14名候选人参加答辩，专家评审对候选人答辩进行评价和现场评分，评选出北京科技大学师德榜样（先锋）。同时，产生北京市师德先锋候选人4名（其中榜样1名），参加北京市师德评选活动，最终李晓刚老师获“北京市师德榜样”称号，左鹏、吴平、郭汉杰等三位老师获“北京市师德先锋”称号。为进一步弘扬社会主义核心价值观，组织2016年新入校青年教师赴北京市顺义焦庄户地道战遗址纪念馆参加爱国主义教育活动。

（黄爱霞、张　娟）

【调研宣传工作】①校工会继续做好理论研究，增强工会工作科学化。2016年申报工会理论课题20项，结题13项，其中重点课题5项，内容涉及教职工思想状况调研、职工小家建设等。②开展教职工状况调研。校工会牵头开展2016年“北京科技大学教职工状况问卷调查”，共发放问卷2000份，回收1612份，参与教职工占80%以上，为全面了解学校教职工工作、生活等状况及其对学校改革发展的关注状况提供了参考依据。③做好工会宣传工作。加强对基层工会工作动态的宣传，拓展宣传渠道，加大网络宣传力度。2016年向北京市教育工会网站投稿98篇，积极推广北京工会12351和“健步121”APP。

（黄爱霞、张　娟）

【组织建设】积极推动非事业编制人员入会工作。2016年，校工会重点开展了对学校非事业编制人员入会工作和周边部分高校非事业编（劳动合同）制人员入会情况调研，形成《北京科技大学劳动合同制人员入会情况报告》。学校党委常委会专门听取了工会的调研报告，提出100%劳动合同制人员入会的要求，并在顶层设计方面做出安排。在工会、人事处、财务处共同努力下，学校党委常委会通过《关于劳动合同制教职工入会工作实施方案》（校发〔2016〕70号），使劳动合同制人员工会经费纳入劳动力成本，使劳动合同制人员入会工作有了制度保障，形成了长效机制。学校非事业编制人员入会比例从原来的30%增加到现在的80%，工会组织吸引力进一步增强，将《实施办法》文件在工作中落到了实处。

规范和推进教职工之家建设。组织开展2014－2016年度“二级教职工之家”验收和“校级三级模范教职工小家”评选活动，评选出21个“校级模范教职工小家”，积极推进了教职工之家规范化建设，增强工会凝聚力。

（黄爱霞、赵智杰）

【服务教工】2016年，继续发挥工会作为党联系群众的桥梁和纽带作用，全力为教职工办实事，关爱困难教职工。①做好“京卡”推广工作，学校会员已完成“京卡·服务卡”办理比例近87%。②推广在职职工互助保障计划，2016年集中为全校45岁以上教职工办理重大疾病保险1700余人，新增办理“女职工大病保险、职工意外伤害保险、职工重大疾病保险、职工住院保险”人数分别为305人、667人、308人、421人。③做好节日慰问品发放工作，普惠全员。为体现工会组织的温暖，2016年从贫困地区购置优质农副产品作为节日慰问品发放给全体会员，体现工会组织的普惠制，受到会员好评。④继续做好“两节送温暖”“三八关爱女职工”“五一关爱劳模”“教师节关心一线困难教师”和上半年、下半年定期发放困难补助及日常慰问工作，年内发放金额近30万元，涉及在职职工180多人次。⑤继续做好各类生活服务平台的搭建工作。妥善安排暑期学车和寒暑假自费旅游工作，涉及教职工150余人次；11月份搭建应季产地直销商品服务平台，做好供应商与各单位教职工的沟通协调，为教职工办实事。

（黄爱霞、王宇同）

【文体活动】为丰富教职工生活，关心教职工身心健康，2016年，工会开展丰富多彩的文化体育活动。组织开展庆“三八”女教职工“北京世界花卉大观园”主题参观活动。组织教职工春季踏青活动。开展迎“五一”会员专享抢电影票活动，近400人次参加网上抢票活动。组织了两年一次的全校师生趣味运动会和竞赛运动会，设有集体项目和个人项目，共参与2000人次。组织学校教职工羽毛球赛。组织首届教职工跳大绳比赛。组织教职工秋游天门山。组织教职工乒乓球邀请赛，20个分工会代表队参加比赛。积极组织代表队参加北京市教育工会第一片区乒乓球赛并取得第六名的好成绩。组织代表队参加北京市教育工会举办的海驾杯高校羽毛球团体赛。此外，教职工合唱团参加第23届《京华之声》合唱音乐会展演获好评，女教授协会参加首都高校女教师主题诗歌朗诵汇演取得好成绩。

（黄爱霞、于海荣）

本科生工作

【概况】2016年，学生工作部（处）、武装部全面落实立德树人根本任务，以培育和践行社会主义核心价值观为统领，以学生党建和思想政治教育为龙头，以辅导员队伍建设为保障，以创建优良学风、促进素质教育为目标，以科学管理、优质服务为途径，强化思想引领，突出学风建设，体现多维关爱，注重协同创新，进一步推进学生工作“精实化、精细化、精品化”建设，为学生健康成长成才和学校改革发展稳定贡献力量。

（于成文）

【学生党建】①优化学生党建引领机制。自主开发学生党员网络学习系统，构建起线上与线下有机结合，入党积极分子、发展对象、党员全程递进式的学生业余党校三级培训机制，并综合运用体验式教学方法和“一站到底”党史竞赛等以赛促学形式，增强培训实效；开展学生党员“承诺、践诺、评诺”活动，强化党员意识和作用发挥。2016年，举办学生业余党校培训32期，培训学生5700余人次。结合“两学一做”学习教育，设计并推行了“党员开讲了”组织生活学习新模式，学习案例被市委教育工委确定为“两学一做”先进案例在北京市委《支部生活》上做经验宣传，并入选中央组织部“‘三会一课’创新工作案例”；每月面向本科生党支部书记进行日常贯穿式培训，加强对月度党支部组织生活会的过程指导与监督，学生党员反响良好。加强与组织、后勤等部门的协同，进一步做好学生党建进宿舍工作，《强化引领注重示范　切实提高党建工作进宿舍的工作实效》获得2014－2015年北京高校党的建设和思想政治教育工作优秀成果一等奖、创新成果奖。②实施“成才表率”培育计划。组织开展学生党员“合格党员标准大讨论”和“承诺、践诺、评诺”活动，学生党员网络述责测评系统在全校范围使用并入选北京市基层党建创新项目孵化工程。③推进“服务先锋”行动计划。2016年，完成红色“1+1”共建活动94个，位列北京高校首位。土木与资源工程学院土本151党支部获得北京市示范活动一等奖，学校连续七年获得北京市优秀组织奖。

（史立伟、潘红涛）

【学生教育】坚持立德树人，强化日常精准引领，着力提升党建和思政工作质量。①日常思想政治教育。一是社会主义核心价值观宣传教育。加强部门统筹，协同系统推进。在联合宣传部、研工部、校团委、马克思主义学院等单位的基础上，专门制订出台《2016年度在学生中持续推进社会主义核心价值观培育践行工作实施方案》并有序推进。注重学习教育，发挥课堂主渠道作用。协同马克思主义学院，将社会主义核心价值观作为思想政治理论课和“形势与政策”课的重要内容，组织各类理论学习50余次。共同组织实施大学生校园访谈、校园微调查及辩论赛等实践活动，覆盖3000余人。设计主题活动，加强宣传教育。以纪念建党

95周年、长征胜利80周年为契机，精心设计以中国梦为主题、爱国主义教育为主线、不同阶段各有侧重的主题教育活动。举办主题征文、朗诵大赛、“一站到底”党史知识竞赛等活动，开展“小细节成就大作为”“记录北科最美瞬间”摄影大赛等主题微行动，加强宣传教育和行为引导。培育和树立以“十佳辅导员”和“校长奖章”等为代表的一批师生先进典型，发挥典型引领作用，营造崇德向善、见贤思齐的浓厚氛围。融入日常工作，努力落小、落细、落实。围绕学生的阶段特点和成长需求，以核心价值观为统领，构建以“思想成长为主体，价值引领和学业引航为两翼”的“一体两翼”型主题班会体系，学生满意度超90%。加强对学生的爱国荣校教育和励志感恩诚信教育，发挥各种典礼的育人功能，做实新生教育、毕业教育等工作。年内，学生工作部报送的《注重协同　勇于创新　积极构建大学生思想引领工作新体系》被评为2014－2015年度北京高校党的建设和思想政治教育工作优秀成果三等奖。二是扎实开展本科新生教育。做好入学前教育。继续实施新生网上报到、在线学习制度，并依托辅导员QQ群、微信公众平台、微信群，加强与新生的互动交流。进一步整合教育资源，整合部门、学院的教育项目，整合第一、第二课堂的教育内容和教师、家长、校友等教育力量，形成教育合力。开展新生“六个一”教育体验活动，加强爱国荣校教育。完善以成长对话课为代表的新生主题班会思想引领体系，以新生班级为教学单位，以交流研讨为教学形式，组织知名教授、班导师、优秀校友、高年级优秀学生与新生进行交流互动，帮助新生答疑解惑、适应大学生活。年内，全部本科生学院均开设该课程，新生满意度为93.1%。推进新生适应小组工作在文法学院、化学与生物工程学院及土木与资源工程学院的开展。三是做好毕业生教育。精心打造“忆流年、梦新篇”毕业季品牌活动，开展“抒校情·勿相忘”大学最后一次主题班会、“毕业生文化衫方案征集”“毕业生旧货交易市场”“写给学弟学妹的一封信”等形式新颖的活动，营造温馨和谐的毕业氛围，引导毕业生分享毕业情感，表达感恩母校之情。指导各学院开展丰富多彩的毕业季活动，增强学生爱校荣校意识和母校归属感，倡导毕业生文明、安全离校。四是推进形势与政策教育教学。加强与马克思主义学院合作，进一步完善理论与实践相结合、校级指导与院级组织相结合和慕课学习与线下教育相结合的立体化课程体系，特别是围绕“习近平总书记系列重要讲话精神”“中共十八届六中全会精神”“纪念长征胜利80周年”“经济发展形势”“扶贫开发形势和任务”“党风廉政建设和反腐败斗争”等热点开展一系列高水平的讲座，增强了学生对于党的理论方针政策和国际、国内形势的理解与认同。年内，获批教育部高校思想政治理论课教学方法改革项目择优推广计划，并成功入选首批北京高校思想政治理论课教育教学改革示范点。

②学生心理健康教育。一是课程教学。开设必修课《大学生心理健康》，探索建设新生心理素质教育MOOC平台，通过探索翻转课堂教学模式，为全体本科新生提供16学时网上理论学习和16学时课堂团体心理训练相结合的心理素质教育，激发学生学习热情和兴趣，提高教学效果。二是宣传教育。以“读懂你我，共享青春年华”为主题开展第十六届心理健康文化月，协同各学院心理协会分会，开展心理知识竞赛、心理情景剧大赛、摄影大赛、心理素质拓展、五四外展、给母亲的一封亲笔信、“心灵氧吧”和“心理健康快车”主持人培训及针对毕业生的“心灵手

拉手”等多项活动。开展第十六届“心理健康快车”活动，逐班对新生开展心理辅导，覆盖全体本科新生，活动满意度为98.93%。组织筹划心灵氧吧、心理讲坛、心理沙龙等系列品牌活动。三是加强心理咨询的规范化和专业化建设。完善督导制度，规范淘汰机制，加强培训力度，大力提高咨询服务人员的工作技能。2016年总计开展各类督导、培训活动23次。建立咨询服务的保障机制，延长开放时间、增加服务场所，提高咨询服务水平与质量。2016年，接待个别咨询2776人次，为本科生、研究生、宿舍楼层长及不同类型问题学生开展长程团体咨询130余场，短程团体辅导210余场。在危机预防与干预中，重点做好春、秋两季学生排查及研判工作，组织全校新生通过网络平台进行心理普查，并认真做好约谈工作。

③国防教育与大学生参军入伍工作。一是理论教学。完成军事理论必修课、选修课共计1000余学时的教学任务；出版教材《普通高等学校军事课教程》，并在教学中投入使用；1名军事理论课专任教师在第十七届“我爱我师——我心目中最优秀的老师”评选中获得“公共课优秀教师”称号。二是实践教学。2016级本科学生在北京市学生军训基地（怀柔）学习训练12天，共完成军事训练课目5项、专题教育讲座4场、训练及文体竞赛活动9次；组织参训教师及学生骨干培训10次、座谈交流会4次；进一步突出学生“自我教育、自我管理、自我服务、自我监督”的教育管理模式，搭建学生骨干队伍体系，强化培训，切实将军训打造成育人的重要平台。三是大学生参军入伍工作。建立“全覆盖、多途径、网格化”的宣传动员体系，积极落实政策精神，做好参军保障工作。2016年共37名学生入伍；有27名学生退伍，其中考入军校1人，荣立三等功3人次，1人荣获“海淀区优秀大学生士兵”称号。学校被评为“北京市征兵工作先进单位”“海淀区先进高校人民武装部”。四是基础性国防教育活动。承办北京高校第二届国防教育论文报告会，21所高校参与，学校学生荣获一等奖；大力开展基础性国防教育普及工作，积极培育学生爱国情怀，先后组织与清华大学等兄弟院校交流研讨6次，与基层学生班级、学生党支部共建活动8次，开展国防知识宣传外展活动5次，发布微信推送70余期；指导国防知识爱好者协会开展“重走长征路”社会实践，荣获学校金奖；组织学生定向运动爱好者团队参加全国高校学生定向锦标赛、定向越野联赛等，多次获得男女团体第一、总团体第一的好成绩。国防知识爱好者协会、国防体育协会、戎程研究会均在“首届北京高校国防教育类社团交流评比”中荣获一等奖，其中国防知识爱好者协会被评为北京科技大学十佳社团，国防体育协会被评为北京高校优秀学生社团、全国百佳体育公益社团和北京科技大学十佳社团。

（史立伟、陈大鹏、王　艳、臧伟伟、潘红涛、郭　南）

【学生管理】①家庭经济困难学生资助。2016年学校以精准资助为目标，以资助育人为突破，努力构筑奖、贷、勤、助、补全方位的学生资助工作，全校认定家庭经济困难本专科学生共计3211人，截至年底，学校各类资助100%覆盖家庭经济困难学生，同时在教育部2015年度绩效考评中获得成绩“优秀”，位列全国教育部直属高校第14名。一是规范落实助学金、补助评审发放。2016年，共有3113人获得各类助学金，其中，国家助学金获得者2795人（本科生2779人、高职生16人），其他助学金获得者318人，约占学校本专科学生总数的23%，资助总金额942.1万元，较2015年增长7.6万元；评审出2016年家庭经济困难学生饮用水、洗澡和电话费用专项补贴获得者2678人（本科生2651人，高职生27人），资助总金额49.54万元。发放61名学生特殊困难补助3.36万元，发放527名毕业生就业补助61万元，发放45名体育生学费减免补助13万元，发放351名学生献血补助10.53万元，发放3864名学生社会实践补助38.64万元。二是完善各类助学贷款服务。2016年，共有2297人申请各类助学贷款，累计发放金额1615.74万元。其中，校园地贷款944人共计放款615.73万元；生源地贷款1353人，共计1000.01万元。三是继续落实和执行国家相关资助政策。新生入学“绿色通道”第一时间为329名困难新生缓交学费共计259.34万元，同时为特困生发放现金补贴和各类物资折合人民币共计近10万元；学校为大学生士兵（含退役复学生）申请国家学费补偿，贷款代偿及学费减免59人，共计资助65.22万元，为基层就业毕业生113人次发放国家基层就业代偿77.42万元。四是拓展勤工助学岗位。2016年，共设置校内勤工助学岗位近2000个，实现5年内岗位数量增长了50%，其中上岗困难学生比例由5年前的22%提升到近40%；设置校外岗位100余个，皇族养心堂续捐10万元支持项目建设。开展对口支持科大附中学业辅导勤工助学项目（第二期），选配65名本科生对接附中初三至高三4个年级130名学生。五是积极做好资助宣传和育人工作，传播正能量，营造励志自强氛围。在新生入学绿色通道、毕业生旧货交易市场、国家助学贷款申办、助学金评审、勤工助学督察走访等工作和活动中，利用网络和平面媒体，多渠道宣传国家资助制度。持续开展助学励志育人活动，树立朋辈榜样，实现育人与激励并行。组织学生参与曾宪梓教育基金会2016年度颁奖大会，“中海油大学生助学基金”优秀志愿者服务队评选，中国扶贫基金会青年公益项目及各类颁奖表彰会以及资助育人活动，其中“助学·筑梦·铸人”主题征文活动，征集文章近1000篇、视频作品5个，形成征文集1册，学校获得全国优秀组织奖，1名学生获得全国二等奖；“暖心家乡行”家访活动，全校50余名辅导员走访14个省、市、区的48个乡镇的困难学生家庭，将学校关爱送到学生家中；“冬季送温暖”活动为2016级家庭经济困难新生发放羽绒服300件，价值近10万元。

②学风建设。一是推进学生学习与发展指导工作。中心建立朋辈辅导团管理制度、预约咨询制度，建立讲座、咨询、辅导评价机制，建立困难帮扶和追踪反馈机制，建立校院两级联动机制，促进学业辅导规范化。构建由任课教师组成的课程辅导团、学生骨干组成的朋辈讲师团和校内外专家组成的专家导师团，促进学业辅导专业化。2016年共聘请基础课课程辅导教师21人、学生朋辈讲师团成员73人、校内专家导师团教师28人。实行分类指导，促进学业辅导精准化。2016年开展学习方法讲座8场，累计参加学生2200余人次；开设困难学生课程辅导课13门次，151人参加辅导；开设朋辈习题课13门次77个课时；举办考前辅导19场，累计参加学生5500余人次；完成一对一辅导132人次、一对多辅导80次。开展“启航培训计划”，针对大一学习委员进行培训，选树示范标杆、促进班级互助、构建良好学风，开设集中学习6学时、自主学习6学时、组织讨论12次，共培训学习委员124人。开展学风调研。要求学生工作干部“深入班级、深入课堂、深入宿舍、深入网络”，了解学生学习情况。累计发放问卷1337份，召开学风建设座谈会、研讨会52场，学生工作干部听课144门次。二是完善评奖、评优工作机制。全面推广特种奖学金答辩制度，确保流程规范和结果公平、公正、公开。2016年，共设立本科生奖学金17项，5262人次获奖，覆盖率为38.3%，奖励金额为

680余万元。本科生中，评选出北京地区高等学校优秀毕业生163名，北京市三好学生16名，第十届“校长奖章”获得者6名，校三好毕业生648名，校优秀三好学生502名，校三好学生1005名，校优秀学生干部640名，“87级校友基金”优秀学生干部20名。三是加强学生基层组织建设。强化基层组织的重点培育和过程管理，借助学生骨干培训、新生小班主任、宿舍文化节、集体达标创优等，突出对学生基层组织建设的方向引导、方法指导和保障服务，倡导班级、宿舍建“家”，强化氛围育人，努力创建优良学风。2016年，296个班级参与申优，参评率为76%，评选出北京市优秀班集体6个，北京科技大学“87级校友基金”最佳团队10个，先进班集体、优秀团支部标兵35个，先进班集体、优秀团支部70个，其中计算机与通信工程学院物联1301班荣获北京高校“十佳示范班集体”称号。评选标兵宿舍58个、文明宿舍557个、标兵宿舍长110名、优秀宿舍长453名，宿舍达标率为100%。四是宣传先进典型。搭建校院两级的立体宣传平台，开展答辩会、表彰会、宣讲会等活动，通过校园门户网站、学子在线、宣传橱窗、视频、微信等载体在全校深入开展先进个人、集体事迹的挖掘和宣传，发挥学风引领和示范作用。2016年整理、宣传典型事迹近100人次，举办大型表彰会4场。编写并发放2016级新生《象牙塔里的足迹》。开展“校长相约 共话成长”主题论坛活动，邀请前九届校长奖章获得者返校，与学生分享成长故事，为学生成长励志导航。

③日常管理。一是修订发放《2016本科生学生手册》。组织2016级本科新生参加校规校纪考试，着重考查新生对校规校纪的掌握情况，强化学生对自身权利和义务的认识。二是组织2016届学生毕业典礼暨学位授予仪式和2016级新生开学典礼，共计7000余名学生及1000余名学生家长参加典礼。

④安全稳定工作。一是做好安全教育。开展宗教观讲座、安全知识讲座、网络安全教育周、反恐及防诈骗校园宣讲、节假日及特殊敏感时期学生安全教育等活动，覆盖全体学生，提高安全意识。与保卫保密处、后勤服务集团、相关学院联合组织举行学生公寓火灾疏散演习，共计3000余名师生参加演习。健全联动机制，通过网络和纸质两种方式发放《致学生家长的一封信》12000余封，加强与家长的互动和沟通。二是做好危机应对。在学期开学、学生毕业及重大敏感时期开展学生思想动态研判，及时掌握学生思想动态。严格执行校规校纪，2016年共处理违纪学生7人。向全体2016级本科生发放《本科生保险手册》，引导学生学习安全、保险及医疗相关规定，为3100余名新生办理大学生人身意外伤害保险。2016年，本科生理赔金额为15万元。

⑤少数民族学生培养和管理。重视少数民族学生的培养和管理工作，在尊重其民族习惯的同时，充分发挥专职辅导员的作用，不断加强对学生学习的帮助和引导。2016年，有53人次获得“民考汉、内地班”学生奖学金，4名2017届少数民族本科毕业生获得免试攻读硕士学位研究生的资格。开斋节，为170余名回族、维吾尔族、哈萨克族等伊斯兰教少数民族提供免费午餐欢度节日。

（丁煦生、盛佳伟、夏春生、刘晓杰、王金蕊、张同华）

【辅导员队伍建设】①完善四级培训体系。进一步完善初级、常规、专题、高级四级培训体系，加强对辅导员的培训力度。全年开展培训项目30个，培训辅导员443人次，其中参加校外、京外和境外高水平培训项目43人次。学生对辅导员的满意度为96.3%。据《2016年度首都高等教育质量与学生发展监测报告》显示，学校学生对辅导员工作满意或比较满意的比例明显高于首都高校总体水平。②优化学生工作考评激励机制。在原有考评机制的基础上，制定并执行了《学生工作奖励办法》，推进保入资辅导员自愿加入工会。完善学院专项奖评选观测点，实施辅导员工作日志制度，优化学生满意度、同行认可度等测评指标，多维度评价辅导员的工作质量。开展“十佳辅导员”评选活动，强化综合能力考查，优化评选办法，精心设计视频展示、情景模拟和案例分析等评选环节，提高评选工作的科学性。③创新辅导员队伍建设机制。搭建辅导员年级组、志趣发展小组、研究专项和辅导员工作室纵横结合的网格化业务平台，提高专业化水平。新成立辅导员工作室5个，其中1个入选北京市首批重点建设工作室。年内，被评为全国高校辅导员工作精品项目1项，1名辅导员获北京市十佳辅导员提名，1名辅导员荣获第四届北京高校辅导员职业能力大赛二等奖，5名辅导员获评北京高校优秀辅导员。

（史立伟、潘红涛）

【信息化建设】发挥网络新媒体育人功能，着力加强网络思想政治教育工作。进一步优化学生工作信息系统。2016年，依托系统完成本科生奖学金评审5196人次，个人荣誉称号评审2147人次，实现了学生工作数据的互通共享，提高了学生工作数据的互通共享效率。完善以“贝壳学子”“贝壳毕业生”“北科大家庭”为主的“微媒体”引领体系，定期刊发原创性思想引领作品。同时，充分结合平台粉丝的成长需求和发展期待，从重大主题、学业调适、心理诉求、思想困惑、日常活动及读书成长等方面出发，开发专题模块，共推送原创帖子600余篇，阅读量为70万人次。2016年7月，《人民日报》以《红色基因在互联网生长》为题报道学校辅导员刘冰依托“大冰辅导员”微信公众号进行网络思想引领的做法和经验。

（丁煦生、盛佳伟、史立伟）

【学生工作调研与宣传】①做好大学生思想舆情调研工作。坚持思想动态调研，通过假期学生座谈会、重大事件座谈会、网络思想教育、调查问卷调研、学生业余党校等措施加强对学生的思想动态调查、舆情焦点掌握、热点话题分析。及时了解学生的思想状况和重要问题，加强工作的针对性、时效性。2016年，共撰写报告35篇。②做好新闻宣传工作。加强学生工作新闻队伍的建设，掌握宣传素材，充分利用校内外宣传平台将学生工作动态、经验、成绩进行准确及时的报道。年内，共编发学工快讯6期，教育部门户网站《站线联播》采用学校学生工作简报3篇，北京市委教育工委的《宣教之窗》采用学校学生工作简讯、简报共10余篇。

（史立伟、潘红涛）

研究生工作

【概况】2016年，研究生工作部在校党委和校行政的正确领导下，团结一致，积极进取，不断丰富和改进研究生思想教育工作途径和方法，服务学生成长，维护学校稳定，全面、保质地完成了年度计划内工作。

（张　颖）

【研究生管理】①完善和规范研究生评优工作。积极探索以评促建、加强学风建设的有效途径，充分发挥评优的导向和示范作用，形成“学习先进，争当先进”的良好氛围。为营造良好集体氛围，继续开展研究生集体建设立项工作的同时，推进研究生党支部成才表率培育计划。4月份启动研究生优秀集体建设项目和研究生党支部成才表率培育计划，154个集体申报。经过近8个月的建设，11月份各学院以多种形式对建设项目进行了验收，并向学校推荐了34个优秀集体，经过材料评审和现场答辩评审，产生标兵集体10个。完成2015－2016学年度国家奖学金、校长奖学金（最高奖金12万元每人每年）、特种奖学金、（优秀）三好研究生、优秀研究生干部等3000余人次的个人评奖评优工作。其中“校长奖章”4人，优秀三好研究生285人，三好研究生855人，优秀研究生干部330人，研究生特种奖学金81人，国家奖学金248人（硕士生155人，2万元/人；博士生93人，3万元/人），博士生校长奖学金24人，研究生十佳学术之星10人，提名奖10人，学院学术之星102人，6个单位获得研究生学术论坛优秀组织奖。在2016届春季毕业研究生中评选出北京市优秀毕业生102人、校级优秀毕业研究生300人、夏季毕业研究生中评选出北京市优秀毕业生53人，校级优秀毕业研究生151人。②继续丰富研究生心理健康教育工作方法和有效途径，在2016级新生中开展团体心理辅导并实现全覆盖，使新生快速适应新的生活和学习环境，学会正确认识和评价自我的方法，为今后顺利完成学习科研任务打下良好基础。团体辅导活动在有效预防个别研究生心理危机事件中已显现出较好的识别和防治效果。利用每月一次的“茶语生活”系列活动，以小班多次、循序渐进的方式，提高研究生的心理素质水平，丰富研究生课余文化生活。指导心理素质教育中心做好2016级研究生新生的心理健康普查工作，并与心理素质教育中心配合进行进一步的约谈工作，为建立学生心理健康档案、有针对性地开展心理健康教育打下了良好基础。指导学院和心理素质教育中心对重点关注研究生的心理健康状况进行研判，及时帮助和控制具有危机倾向的研究生，化解危机事件，稳定学生状态。③进一步完善研究生安全教育体系和危机应对工作机制，妥善处理研究生中出现的突发事件，维护校园稳定。定期开展舆情调研，及时掌握和了解研究生思想动态，积极化解矛盾，把不安定因素消除在萌芽状态；及时对安全事件案例进行分析、总结、宣传；节假日、敏感时间节点前做好安全通知、安全注意事项提示、值班安排；严格执行学生集体外出活动审批制度，做好大型学生活动安全预案；做好安全知识的普及工作，在全体研究生新生中进行实验室安全普及教育和学生公寓守则教育，通过与资产管理处合作在各学院或研究生培养单位进行宣讲，各学院组织全体研究生新生通过观看安全教育影片、宿舍火灾疏散演习、实验室设备使用及防护等途径，切实提高新生的安全意识。为促进实验室安全文化的形成，培养研究生爱校荣校、爱实验室的观念，形成“实验室是我家，安全靠大家”的理念，广泛传播安全正能量，进一步提高广大师生的安全意识。④教育学生增强自我保护意识和办理意外伤害保险的意识，使生命财产得到必要的保障。2016年共计为1932名研究生办理了意外伤害投保手续，为79人办理了保险理赔。⑤坚持以人为本，切实探索和采取相应措施，改善研究生学习、科研、生活条件，如为学生办理困难补助发放、出国申请审批等事宜。

（宗燕兵、王　斌）

【研究生党建工作】①深入推进研究生党员先锋工程计划，充分发挥研究生党员先锋模范作用，引导研究生自觉践行社会主义核心价值观，以支部建设为主体，以“成才标准”凝炼和“成才表率”培育计划为重点，紧密结合学校人才培养目标和研究生成长成才需要，增强研究生党员理想信念，提高综合素质，促进学校研究生更好更快地成长成才。②积极开展红色“1+1”活动，发挥专业优势，服务社会基层。党支部发挥自身专业优势，与京郊农村、乡镇街道、企事业单位、驻京部队等地方党支部结对，建立共建关系，利用节假日开展科技支持、文化普及、知识宣讲等活动，充分展现共产党员的风采，增强党支部的凝聚力，提升研究生的社会责任意识。③发挥“红色钢铁摇篮”训练营的平台作用，做好培训工作。以训练营为平台，深化“分层次－体系化－重实效”党建培训模式，坚持“三个一”的工作原则，即让每一名研究生新任党支部书记参加一轮培训，对每一名研究生预备党员进行一轮培训教育，给一大批研究生骨干提供一次学习机会。先后组织开展了研究生新任党支部书记、研究生预备党员、研究生骨干三个层次的培训活动，105 名新任研究生党支部书记、255 名研究生预备党员、93 名研究生骨干顺利结业，93 名学员被评为优秀学员。在培训中设立自主学习、课题调研与实务演练等环节，注重激励党员学习的积极性和主动性，凝练出特色鲜明的培训体系。在总结往年预备党员培训经验的基础上，2016 年第 269 期预备党员培训充分利用多媒体平台，在网络上打造了包括学习党章与党史、走进中国共产党、了解治国之良方、感悟核心价值观、发现榜样力量、明确青年担当及纪念长征胜利 80 周年等七个专题内容，开拓出一片更具实效性、深刻性、趣味性的理论学习新阵地。

（张　颖、宗燕兵）

【研究生教育】2016 年，学校继续有针对性地开展入学教育、毕业教育、形势政策教育和安全教育等工作。①充实新生入学教育内容。在新生中实行新生学术生涯教育计划，是引导和帮助新生尽快适应研究生学习与科研工作的重要举措，是高层次拔尖创新人才培养的第一步，是研究生德育工作的主要组成部分。各学院和研究生培养单位在贯彻落实全员育人、全方位育人、全过程育人的基本方针时，从实际出发，创新形式，注重效果，利用一个学期的时间，重点从“传承优良学风，培养归属意识”“倡导学术诚信，强化科研意识”“开展时政教育，培养责任意识”“学习校规校纪，深化安全意识”“重视心理教育，提升健康意识”“开展职业规划，培育发展意识”等六方面帮助研究生建立积极心态，尽快适应学习生活节奏，发掘自我潜力，提升竞争能力。一是科技迎新，以人为本，创新网上报到手续。2016 级研究生可在网上报到时选择宿舍、手机号，到校后可直接办理入住手续，充分体现了学校的“科技范儿”。二是组织参观校史馆，了解学校发展规划，开展学校历史及校风教育。三是组织学习《研究生手册》，开展新生与导师座谈会、新老生经验交流会、学术规范教育、安全教育等活动，帮助新生尽快适应环境，完成角色转换。四是组织全校研究生新生签订《遵守校规校纪承诺书》。五是实现研究生新生心理素质教育中心团体辅导全覆盖。

②丰富毕业教育形式。一是毕业典礼及学位授予仪式是毕业教育成果的重要体现形式，也是毕业研究生人生道路上的重要里程碑。2016 年 1 月 15 日，北京科技大学 2016 届春季毕业典礼以“不忘初心，一路前行”为主题，让学生成为毕业典礼的主角，深刻感受到母校的爱与祝福。二是以凝聚母校情结为宗旨，加强毕业生社会责任意识教育。在毕业生中进一步弘扬学校精神文化传统，凝聚感情，引导毕业生尊师爱校、亲情离校，增强毕业研究生的社会责任意识。组织“院系领导寄语”“毕业生欢送会”“师生联谊座谈”“重温校史”和“我为母校献言献策”等活动，增

进学校、学院与毕业生之间的感情交流，提升毕业生荣校爱校意识，培养毕业生为母校发展贡献力量的自觉意识，更好地为研究生的健康成长成才和学校的研究生教育发展服务。三是秉持“以学生为本”“以毕业生为主角”的理念筹备、组织研究生毕业典礼。以评选“优秀毕业研究生、优秀毕业论文”为依托，加强学术诚信和科学道德宣讲。通过组织“优秀毕业论文交流会”等系列活动，让毕业研究生传授学习经验，教育引导低年级同学珍惜学习时间，倡导严谨学风，更好地把握研究生生活。通过大学“最后一课”等专题讲座对研究生进行学术科研指导与学术道德教育，指引研究生在今后的人生道路上诚信做人、诚信做事，坚持和发扬科学精神，遵守学术规范，践行学术道德。做好2016届优秀毕业研究生推荐评比工作，树立先进榜样，宣传先进事迹，营造学校良好的学术氛围。四是以维护学校改革发展稳定大局为出发点，做好安全教育。高度重视毕业生的安全教育，切实维护好学校的安全和稳定。举办安全教育讲座，通过分析以往毕业期间的典型案例，帮助广大毕业生树立安全意识。加强对毕业生宿舍的管理，保持宿舍的清洁卫生。在宿舍内部和校内公共场所进行全面控烟，做好毕业生健康教育及控烟宣传工作，为创建无烟校园、文明校园做出努力。

利用各种契机深化思想政治教育。以选修课形式开设人文素质课程，从人、文、社、科等各个学科不同角度提高研究生价值判断能力、社会认知能力、科研学术能力等。

（宗燕兵、王　斌）

【研究生德育工作基层组织建设】①辅导员队伍建设稳步前行。建设高素质的德育队伍是做好学生工作的保证。截至2016年12月底，研究生辅导员共有53人，其中专职26人、兼职27人。为加强研究生辅导员队伍建设，提高辅导员的职业素养和业务水平，学校组织研究生辅导员参加学校统一组织的春、秋两季学生工作干部培训外，还成立研究生辅导员联谊会，联谊会由博士生辅导员组、硕士生辅导员组及若干专项研究组组成。其中博士生辅导员组与硕士生辅导员组为常设机构，旨在加强研究生辅导员的日常交流与队伍建设，构建良好工作氛围；专项研究生组旨在针对具体问题进行深入研究，形成明确的工作方法或指标，切实提高研究生辅导员的工作效率和工作能力，并可根据研究生思想政治教育工作的深入开展或重心变化进行适当调整。②骨干成长工作坊，助力优秀集体建设。研究生优秀集体是团结带领广大研究生自我教育、自我管理、自我服务的基础，加强研究生优秀集体建设对促进研究生自觉成才、勇于创新、塑造优秀品格、增强社会责任意识具有重要意义。为推进研究生优秀集体建设，研工部开展“研究生骨干成长工作坊”系列活动，以研究生骨干培训经验为基础，帮助申报优秀集体项目的研究生集体负责人掌握集体建设的途径、强化自身的工作能力，使研究生集体建设项目形成“申报、指导、建设、考核、评比”定态的建设过程。以“针对工作能力，做到授之以渔”“促进交流，增进研究生骨干责任意识”“强化筹备，全面提升集体建设水平”为主要内容，不仅为他们创造了学习提升的机会，也提供了宝贵的集体建设经验，搭建了工作交流的平台。③学术诚信教育贯穿学风建设始终。结合学校实际情况和新时期研究生特点，积极拓展科学道德与学风建设的新途径和好做法，不断深化对研究生的科学道德宣传和教育。将科学道德与学术诚信教育贯穿于党、团、班建设和优良学风建设之中，在学术论坛、入学教育、毕业教育、党员培训、党支部组织生活、评奖评优、科技与人文素质课程等环节中引入学术诚信和学术规范教育。将科学道德和学术诚信教育引入课堂、实践、培训，结合到研究生课程进展、社会实践与挂职锻炼、学生干部与支部书记培训当中，让学风建设走进第一、二课堂，使学风教育与学习科研紧密结合在一起，使宣讲效果更深入学生群体、更贴近日常生活。通过宣讲报告、发倡议书等形式在全校范围内进行宣传教育活动。组织200名研究生代表和教师代表参加了由教育部举办的首都高校“科学道德和学风建设宣讲教育活动”，聆听了中国工程院副院长、第四军医大学西京消化病医院院长樊代明院士题为《三千年医学的进与退》的报告，大家认真学习领会了报告会的精神，将在学习和工作中努力践行，在刻苦钻研学术、投身建设世界科技强国伟大事业过程中，坚守科学道德底线，不负国家和民族的历史重托；在开学典礼上向全体新生发出学术诚信倡议，让每一名新生在入学之际就明确学术诚信是科研人员需要牢牢铭记的准则；在研究生评奖评优中，对学术诚信问题采取一票否决制。

（张　颖、闫　强）

【科研学术及实践活动】①搭建学术平台，促进沟通交流。连续举办12年的研究生学术论坛以培养研究生的科学精神与创新精神，培育有利于研究生健康成长和优秀人才脱颖而出的校园文化环境，以及为广大研究生搭建广阔的学术交流平台等目的，在研究生群体中反响强烈，对培养学术氛围、弘扬学术道德起到了十分积极的作用。一是4月份启动“第12届研究生学术论坛”，累计举办541场各类学术报告或活动，36599人次参与，经过严格评选，共产生96篇校级优秀论文。二是开展“科研中最美瞬间”摄影比赛，摄影作品呈现了研究生科研中的点滴精彩或难忘瞬间，丰富研究生的课余生活，展现研究生的科学精神和艺术创想。三是12月份学术论坛闭幕，评选土木与资源工程学院、材料科学与工程学院、机械工程学院、自动化学院、数理学院、东凌经济管理学院6个单位为本届学术论坛优秀组织奖获奖单位。

②树立优秀典型，发挥示范效应。开展研究生“十佳学术之星”“学院学术之星”评选，坚持匿名评审与现场答辩相结合的方式，使评审环节更加科学严谨。各学院和培养单位组成初评委员会，制订本单位学术之星评选细则，按照评选细则评选出学院学术之星，共102名（含2名留学生），并择优推荐“北京科技大学研究生十佳学术之星”候选人40名进入终评阶段。终评活动分为两个环节，一是40进20的匿名评审环节，产生十佳学术之星入围人选20名。二是通过层层筛选，评选出学校第十届研究生十佳学术之星10名、十佳学术之星提名奖获得者10名。在树立和宣传学术典型的过程中，坚持公开、公正、规范、独立的原则，加大公示和宣传力度，有效激励了全体研究生提升思想道德水平、激发学术科研兴趣、坚定成才报国志向、实现全面成长成才，并促进优良学风校风建设。

“贝壳学术汇”为学校研究生不同学科交叉交流开启新篇章。随着科学技术的发展及科研领域的延伸与融合，学科间交叉已经成为一个新的发展趋势，作为科研生力军的研究生应该进一步提升学术交流的广度和深度。“贝壳学术汇”是一个服务研究生学术成长的学术沙龙，强调打破学院界限和学科壁垒，突出跨学科的学术交流和思想交锋，从研究生自身需求出发，坚持学科交叉、学术争鸣、求实鼎新的精神，围绕学术前沿、科研热点、研究方法、实践创新，活跃学术思维、碰撞智慧火花，为广大研究生的全面成长成才和学校的研究生教育事业发展正向助力，在全校研究生中营造“交叉、争鸣、真知、创新”的学术氛围。2016年共举办10期，近300名师生参与。创新举办首届研究生学术三分钟演讲比赛。比赛旨在通过“以演讲道学术”的方式，利用三分钟时间，将深奥的科学问题以通俗易懂的方式表述出来，提高研究生表达学术观点的水平，繁荣学校学术氛围、弘扬学术精神、促进学科交叉，成为促进优良学风、展现研究生学术风采的重要举措。整个比赛历时五个多月，历经19场院级赛、5场小组赛及半决赛、决赛，共吸引220名研究生踊跃参与，受到1万余名研究生的广泛关注。选手们精彩的演讲集中展示了科研之美与语言之美。经过激烈角逐，最终产生金奖10名、银奖12名，以及最佳人气奖1名、最佳风采奖2名。首届学术三分钟演讲比赛的成功举办，进一步拓宽了研究生培养的渠道，开阔了研究生的学术视野，促进了学科的交叉融合，是研究生培养过程中一次大胆而有益的尝试。坚持开展研究生科技服务与挂职锻炼，助力求实鼎新的学术风气。按照“广泛宣传、积极申报、严格选拔、岗前培训、过程考核、总结表彰”的“六步走”思路，遵循“培育基地、分类实践、结合专业、注重实效”的精神，坚持从科技服务和挂职锻炼两个层面开展工作。

4月份，与各实践基地联系需求，完善研究生岗前培训内容。5月份，学校下发科技服务与挂职锻炼通知，广泛宣传，组织研究生积极申报。过程中坚持两点，一是研究生必须征得导师同意，保证实践活动不影响研究生的学位论文进展；二是岗位与研究生之间进行双向选择，保证实践取得实效。6月份，进行项目筛选和岗前培训，签订相关协议书，以及购买意外伤害保险。7、8月份，研究生奔赴实践基地开展科技服务或挂职锻炼，研究生工作部回访实践单位。2016年61支团队和472名研究生个人参加了科技服务与挂职锻炼。10月份，各团队和个人上交实践材料，研工部组织评阅实践报告。11月份，进行答辩考核，评选优秀团队及先进个人。2016年共评出6支标兵团队、8支优秀团队和148名优秀实践个人，同时对研究生参与度高、实践质量好的土木与资源工程学院、材料科学与工程学院、自动化学院、化学与生物工程学院、马克思学院、工程技术研究院等6个单位授予“优秀组织奖”称号。广大研究生在活动中积极发扬学校“学风严谨，崇尚实践”的优良传统，深入生产一线、深入工作基层，虚心学习，发挥专长，服务岗位，达到了受教育、长才干、作贡献的目的，为培养研究生服务意识，提升研究生实践能力，推进产学研合作，为实现地方、学校、研究生三方互利共赢打下了坚实基础。

开辟实践育人新阵地，构建协同发展大平台。围绕党建和思想政治教育工作的中心任务，通过聘任优秀研究生担任北科大附中高中生的“成长导师”，努力促进研究生思想教育与学术成长相结合、创新培养与实践体验相结合、提高素质与发挥作用相结合，为促进学生成长、促进学校发展提供了新途径，深受附中老师、学生及家长的好评，取得了良好的社会反响。2016年共选拔了51名优秀研究生担任附中学生的“成长导师”，任期一学期，以促进学生全面健康成长。相信在各方的努力推动下，“成长导师”工作会进一步开花结果，成为推动小学生、高中生、研究生共同成长的新平台。“成长导师”项目获得首都大学生思想政治教育工作实效奖二等奖。

（宗燕兵、蒋灵斌）

【学生工作研究】以工作研究促工作实践。通过对研究生相关课题的研究增加了对研究生工作的认识和理解，为未来研究生工作的开展提供了理论支持。2016年研究生工作部完成了中国学位与研究生教育学会课题一项《研究生教育文化与社会主义核心价值观培育研究》。指导辅导员申报开展上级工作研究课题。同时，研究生辅导员联谊会的专项小组结合工作实际进行了深入研究，通过对相关课题的研究增加了对研究生工作的认识和理解，为未来研究生工作的开展提供理论支持。

（张　颖、宗燕兵）

【中国学位与研究生教育学会德育委员会工作】中国学位与研究生教育学会德育委员会秘书处发挥了良好的工作交流平台作用。德育委员会秘书处设在北京科技大学，秘书长由北京科技大学研究生工作部张颖部长担任。2016年，德育委员会继续发挥全国研究生德育工作者交流平台作用。7月份，在大连理工大学召开德育委员会第四届委员会第七次全体会议。会上，与会成员针对德育委员会二十周年纪念大会、当前研究生德育工作中的热点问题等进行了深入探讨，同时，8个片区分别汇报了2015年德育委员会课题。10月份，在北京举行德育委员会第十届学术年会暨成立二十周年纪念大会，来自全国100多所高校的200余名代表参加。会议选举产生德育委员会第五届委员会，新增委员单位四家。会议总结了德育委员会二十年来的工作成果，并对今后工作进行了展望。此外，继续使用德育委员会微信公众号，增强秘书处与各委员单位和会员单位之间的沟通联系，规范德育委员会内部章程和财务运行制度，完成上级单位交办的各项任务。在教育部思政司和中国学位与研究生教育学会的直接指导下，与全国高校的研究生思想政治教育工作的同仁们共同完成上级交办的各项任务，加强学会自身建设，优化工作体系，增强学会活力，发挥好桥梁纽带作用。

（张　颖、胡　宽）

共青团工作

【概况】2016年，校团委下设办公室、组织部、宣传部、研究室、社会实践部、志愿者工作部、文体部、学术科技部、学生创业中心、素质拓展中心、社团部、“励志”计划秘书处，共有团员20072人，学生社团112个。北京科技大学团委在学校党委和上级团组织的领导下，紧密围绕学校中心工作，深入贯彻落实中央党的群团工作会议精神，深化“四育人”工作体系，着力提升共青团工作的科学性和对学校发展、学生成长的贡献力。

（李　磊、崔　睿）

【思想政治引领与组织建设】2016年，校团委紧抓时代脉搏，开展春、秋季学期主题班团日活动，针对不同年级设计解读大学、艺术教育、专业筑梦、创新创业及毕业感恩等主题，全年共组织583个团支部举办活动1000余场次，形成学习笔记和读书心得3215篇，培育形成“感念师恩”“逆袭成就大学梦”等精品示范活动。结合建党95周年、长征胜利80周年等历史契机和五四青年节、“一二·九”纪念日、校庆日等重要时间节点开展宣传教育活动，动员全校生动开展院士回母校、志愿实践、公益扶贫等活动100余场次，多次受到《人民日报》、中青网等报道，获得广泛关注。

2016年，校团委完善团学骨干培养机制，锤炼干部工作作风、提升岗位胜任力，取得显著成效。①实施“励志计划”，培养创新型青年领袖，探索形成了以“校友育人”与“青年领导力课程”

为核心的育人体系，聘任谢辉、陆正耀、潘海东、李如彬等校友导师54名和左鹏、曹辉等课程讲师15名，全年开展教学120学时；创新实施“项目制”培养模式，全年每人平均完成三个项目，成为人才培养“试验田”和校园引领“风向标”。②完善团校四级培养格局，建立学生骨干培养体系，全年开展校、院两级团校15期，开展“思悟行进”集体学习活动10场。③推进团干部直接联系青年制度，39名校团委委员和近4000名团员青年深入交流。

2016年，校团委坚持党建带团建，修订完善《北京科技大学推优入党工作实施办法》，将研究生群体、学生组织和学生社团纳入推优整体格局，修订本科新生、国防生推优细则，统一规划、整体推进，发挥推优入党工作的思想引领作用。各级团组织规范程序，创新推优工作实施形式，用喜闻乐见的形式吸引和凝聚青年，全校一体化推优格局进一步巩固。

2016年，团组织覆盖的有效性进一步提升。①推进基层团组织建设，实施基层团组织“细胞工程”，着力激发基层团支部活力，努力探索“班团一体化”机制建设，材实1301团支部获得全国“活力团支部”荣誉称号。②规范开展推优入党工作，全年举行推优大会600余场次，5000余名学生通过自荐演说等形式申请成为党的发展对象，各级团组织向党组织推荐优秀团员青年1650人。③深入推进共青团工作考核与评价体系建设，面向学院（单位）和团委机关部门实施量化考核与评价，强化目标导向，有效提升共青团工作的科学化水平和育人实效。

（闫奎铭、崔　睿、姜　玉）

【新闻宣传与网络新媒体】 2016年，校团委继续深入推进团学工作的网络新媒体战略转型，网络思想政治引领能力明显提升。①夯实“北科大青年”全媒体神经网络，覆盖青年师生42000余人次，全年阅读量700万人次。②深挖媒体传播内容，创作深受青年喜爱的网络原创文章和文化产品，“北科小博士”“青声系语”等栏目广泛传播，“一二·九”“国庆”等专题深入人心，全年登陆“共青团中央”等主流平台数十次，阅读量突破50万。③建设网络宣传队伍，组建分层次、职能化的网络宣传员和网络文明志愿者队伍，有效开展学生舆情监控与引导，在应对网络舆情危机、维护校园稳定方面发挥了重要作用。团中央学校部副部长李骥为北科小博士新媒体工作室揭牌，学校团委荣获北京市共青团信息工作先进单位。

（崔　睿、吴俊莹）

【社会实践与志愿服务】 2016年，校团委坚持“课程化”长效育人机制，注重提升实践育人深度，大力推动社会实践“质量工程”，充分发挥社会实践在培育和践行社会主义核心价值观中的养成作用。以“投身助力‘十三五’，青春奋进中国梦”为主题，组织416支团队、4412名学生参加暑期社会实践活动，动员203名指导教师参与社会实践团队指导，师生比达到1:20。学生实践足迹遍及祖国31个省、市、自治区及12个境外国家和地区。实践团队在各地支教时长4235小时，募集并捐助物资、经费价值逾70万元，形成学术论文80余篇。2016年，学生社会实践活动得到了《人民日报》、新华社、中央电视台、中国政府网、《中国青年报》、北京卫视等主流媒体报道200余次，新浪直播、网易直播的实践专题直播吸引632万人次观看。学校收到实践单位感谢信50余封、实践单位的反馈意见400余份。学校与辽宁省营口团市委、甘肃省秦安县、湖北省巴东县、河北省怀来县等地建设社会实践基地59家。先后被评为全国“三下乡”暑期社会实践优秀组织单位和首都大学生暑期社会实践优秀组织单位，60余支实践团队和100余名个人先后获得全国“三下乡”暑期社会实践、全国千乡万村环保科普行动、首都大学生社会实践、国际大学生新媒体文化节实践微电影单位等各类专项荣誉。其中，在2016年北京高校思政课学生社会实践优秀论文评选中荣获特等奖、一等奖、二等奖各一项，积分名列北京高校第一名，并被评为优秀组织单位。

2016年，校团委进一步加强志愿服务课程建设，规范课程管理，志愿服务工作再创新高。①引导学生开展公益行动。发起“温暖衣冬”志愿服务活动，400余名学生将500件冬衣送到了需要帮助的人手中；开展北科大·秦安县129公益接力计划、五四青年志愿行动、国际志愿者日志愿文化活动等，营造健康向上的校园公益氛围，得到团中央书记徐晓同志好评。②深化志愿服务项目管理，提升活动质量。首次开展对已有志愿服务的实地调研，对优秀的项目进行挖掘宣传，对存在问题的项目提出整改意见，有力推动学校志愿服务项目进一步提质增效；不断挖掘新的志愿服务形式，将现代化元素融入志愿服务。2016年，学校建设有长期志愿服务项目80个，新增长期志愿服务项目15个，开展志愿服务项目调研128次，年度累计志愿服务153500工时。③完善志愿服务信息平台，全面助力志愿教育。为使线上系统更好地完成课程管理、信息宣传的功能，对志愿服务课程网进行了全面升级改版，进一步优化功能，更新平面设计，使志愿服务课程网更符合现代青年学生的使用喜好，拉近与学生的距离，提升宣传工作有效性。

（陈　凯、徐萌森、王　越）

【学术科技与创新创业】 2016年，学校团委以提升大学生创新能力为目标，加强多层次、全方位的大学生学术科技创新平台建设，科技创新育人实效愈加突显。①建设讲座平台。全年邀请国内外名师大家举办各类学术科技讲座近百场，累计参与近2万人次。②建设竞赛平台。带队参加第二届中国“互联网+”大学生创新创业大赛获得1项金奖、1项银奖；举办第十八届“摇篮杯”创新创业大赛，参赛作品500余件，参赛学生超过2000人。③建设文化平台，举办第四届贝壳青年科技文化节，打造“科学与艺术共融、人文与创新并存”的校园文化。参加第五届首都大学生科技创新作品与专利成果展示推介会，获得1项金奖、5项银奖、3项铜奖和优秀组织奖。承办2016年全国青少年科学营北科大分营活动，获得优秀组织单位。

2016年，校团委聚焦创业教育模式创新，以培养创新创业意识、提升创新创业能力为宗旨，坚持“一、二课堂两翼齐飞”“学习、实践两轮并举”“普及、精英两层推动”的思路，积极打造创业教育精品平台，不断提升创业教育的广度和深度，取得了良好的育人效果。①建设课程平台。组织180名学生在夏季学期开展为期3周的创业训练营，授课50学时，涵盖创业理论教育、创业文化交流、创业企业参观、创业模拟实践等内容。②建设交流平台。全年举办“创业讲坛”系列活动10场，覆盖人数超过1000人次。③建设竞赛平台。组织开展第十三届“北京科大科技园杯”学生创业竞赛，涵盖创业计划赛、公益创业赛、创业实践挑战赛等三项主体赛事，通过配备创业导师、创业项目推介、创业知识讲座、实用技能培训、实体项目路演等措施全面提升参赛学生的创业素质和能力。竞赛吸引183支团队报名，共计1200余名学生参与。④建设实践平台。积极为优秀创业团队引入风险投资促进项目落地实体运作，以“国家大学生创业训练计划”为依托对创业项目进行孵化，同时与建龙集团合作建立建龙大学生创新创业基金，每年投资200万，支持创业师资、创业培训、创业项目、创业计划竞赛、创业文化活动、创业教材建设等。⑤建设活动平台。组织全体二年级本科生开展“创业的青春最美丽”创业主题团日活动，分为学习创业、体验创业、模拟创业三个阶段，提供理论学习资源，开放创业模拟沙盘，组织学生开展创业学习与交流，学生参与率为100%。开展首届“鼎新计划”精英创新创业人才培养计划选拔工作，计划每年投入专项经费20万元进行培养。

（马　聪、于　淼、潘伯阳）

【文化艺术与社团活动】 2016年，校团委秉承“科学与艺术共融、人文与创新并存”的理念，打造“高雅艺术”“群众艺术”“原创艺术”三元并举的艺术工作格局，统筹学校文艺活动，以深化艺术普及教育、打造艺术精英团队、优化艺术教育育人平台为目标，着力发挥艺术的素质教育和文化引领功能。努力实现学校艺术教育“文化唤醒、文化育人”的最终目标。①统筹推进高雅艺术。全年举办高水平文艺演出7场，组织师生赴国家大剧院等观赏高水平演出、讲座50余场，覆盖师生5000余人次。②大力普及群众艺术。举办以“艺术点亮青春”为主题的第四届贝壳青年艺术节，积极举办艺术讲堂、文艺主题团日、文艺类比赛、艺术沙龙等活动普及艺术教育。③积极打造原创艺术作品。作为原创校史剧的第三部，《奔流》在教职工礼堂连演两场，深刻挖掘学校历史文化，展现了北科大底蕴深厚、独具特色的实践教育理念。④着力建设学生艺术团。学生民乐团、管乐团、合唱团在2016北京大学生音乐节中获得4项金奖，民乐团代表北京市大学生艺术团赴希腊参加第十二届世界民俗舞蹈艺术节。

校园文化活动蓬勃开展。校团委坚持“规模适度、主题鲜明、时间与空间协调”的原则，实施校园文化精品工程。①开展名师评选、演讲比赛、辩论赛等社会文化活动，深刻解读“求实鼎新”的校训精神，增强学生的爱校荣校、尊师重教意识，引导学生将“青春梦”融入“北科梦”。②开展“吾肆放歌”歌手大赛、主持人大赛、柿子文化节等校园文化活动，彰显青年文化，展示北科学子的青春风采。③大力倡导“走下网络、走出宿舍、走向操场”，开展阳光早操、荧光夜跑、校园定向越野等体育文化活动，传承钢院“钢小伙、铁姑娘”奋勇拼搏的精神品质。

2016年，校团委进一步发挥学生社团的思想引领作用，以中华优秀传统文化教育为根基，全面打造“文化修养、体育精神、志愿公益、科技创新”四维社团培养体系。依托大数据手段，全面实施信息化管理模式，合理设计社团成员成长方案，着力增强学生的思辨精神、学术精神与爱校精神，实现了社团思想引航的常态化。修订完善《社团管理办法》和《社团挂靠单位指导意见》，巩固社团动态舆情监控，推进社团活动项目申报，全年指导107家学生社团立项精品活动80项，注册学生6750人，举办活动近700场，覆盖20000人次以上，覆盖在校学生超过90%。

（王　鹂、马　聪、闫奎铭、王　钰、张雅洁、石　苇、张宗博、史家兴）

【学生会与研究生会】 2016年，校团委坚持做好学生会与研究生会的指导工作，两会的职能定位进一步清晰。着力加强学生会“代表性、服务型”职能建设，切实提升学生会在服务学生权益、促进学校发展、增进师生友谊、学生干部培养、繁荣校园文化等方面的能力。以长征胜利80周年为契机，举行“纪念长征胜利80周年文艺晚会暨2016级新生文艺汇演”大型晚会；开展“我爱我师”评选、“名师面对面”等活动；从学生“自主维权”角度出发，不断丰富维权内容、拓宽维权渠道。研究生会切实做好“代表性、学术型”职能建设，打造“学术之窗、学生之家”，力争使研究生会成为全校研究生凝聚力的核心、科技创新的园地、信息传递的纽带、学习生活的后援。举办“研师亦友”评选，开展“学术人生”访谈栏目、研究生英语演讲比赛；在校团委的指导下，以学术交流和科技创新为己任，不断丰富学术活动种类，逐步完善科研交流平台。召开学校第二十五次学生代表大会和第十二次研究生代表大会，发布《北京科技大学学生权益维护工作办法》，完善并形成了“收集问题、调查研究、部处协调、反馈解决办法、敦促部处解决问题、反馈结果”的维权模式。召开学生提案专项校长办公会，着力推动学代会重点提案的有效落实，保证学生的校园民主参与，切实搭建学生参与学校管理建设的平台。

（王　鹂、马　聪、喇浩钊、张　圆）

离退休职工工作

【概况】2016 年，离退休职工工作处有离退休职工 2385 人，其中离休干部 98 人、退休干部 1690 人、退休工人 597 人。离退休职工党委有党员 961 人，支部 20 个，其中离休支部 4 个、退休支部 15 个、在职支部 1 个。离退休职工工作处在职工作人员 8 人。

（乔　哲、王祎炜）

【组织及思想建设】①离退休处按照中央和市委的要求，学习宣传并贯彻落实中央《关于进一步加强和改进离退休干部工作的意见》（中办发〔2016〕3 号）（以下简称《意见》），准确把握其中的新思想、新要求、新举措，扎实开展为党和人民的事业增添正能量活动，全面做好新形势下离退休职工工作。二月，在教育部离退休干部局、市委教育工委离退休干部处举办的关于学习贯彻《意见》的专题会议之后，离退休处立刻向主管校领导汇报，得到学校高度重视。同时，组织在职工作人员开展专题学习，深入理解《意见》的重大意义、精神实质、主要特点和创新举措。三月初召开党委扩大会，组织全体党委委员与支部书记专门学习《意见》精神；下半年，在老同志中发放北京市老干部局编写的《〈意见〉学习辅导提纲》，供大家深入学习和理解。②在认真开展“两学一做”学习教育的工作中，离退休职工党委努力抓好“学”的基础和“做”的关键，并以此为抓手深入加强离退休职工的思想政治建设与支部建设，同时以纪念建党 95 周年及长征胜利 80 周年等重大纪念日为契机，开展丰富多彩的活动，引导广大离退休党员自觉按照党员标准规范言行，提高党性觉悟、坚定理想信念和增强政治意识，增强党支部的战斗堡垒作用和为党的事业增添正能量的效果。具体工作如下：离退休职工党委成立了“两学一做”学习教育工作领导小组，制订“两学一做”学习教育实施方案，每月召开一次党委扩大会暨支部书记会和理论中心组集体学习，就当月的“两学一做”学习教育工作做出整体安排与指导；开展专题学习讨论，提高党委委员及全体支部书记的思想修养及理论水平；每月播放时政辅导光盘，为全体党员组织一到两次的大型学习教育活动；邀请马克思主义学院教授为广大党员讲党课，组织党员到北京市门头沟冀热察挺进军司令部旧址参观学习，举办“送学上门”活动，组织广大党员赴卢沟桥中国人民抗日战争纪念馆参观学习，举办300余人参加的纪念中国共产党成立95周年暨长征胜利80周年大型歌咏会，组织内容丰富、形式多样的知识竞赛、摄影展、书画展、校园长走、书法比赛等活动；推进“互联网+”建设，在活动中心为广大职工安装WIFI无线网，开通微信公众号，便于广大党员的学习教育工作。多渠道广覆盖的工作增进了广大离退休职工对中央精神的理解与拥护，增强了大家对国家发展形势的认知与把握，提升了老同志对早日实现中国梦的信心。③ 2016年离退休职工党委各支部依据自身的特点开展主题党日活动，如组织党员开展“不忘入党初心，重温入党誓词”活动，参观焦庄户地道战纪念馆等红色教育基地，开展为青年学生讲历史、讲传统、传思想、传精神的共建活动，参观“明境昭廉”明代廉政文化园等活动。形式多样的主题党日活动大大增加了“两学一做”学习教育的效果，同时也增强了支部的活力和凝聚力。

（乔　哲、刘淑红、杨　燕、高晓森）

【服务管理工作】学校高度重视离退休工作，新任党委书记及主管校领导多次来铭德楼调研、与老同志谈话，了解离退休工作情况，现场解决老同志提出的各种问题与困难，采取多种渠道提高老同志的生活质量。①以文化养老为抓手，大力提高老同志的生活品质。迎新年联欢会上校党委书记及主管校领导来给老同志拜年，并通报学校情况，快快乐乐迎新年；九九重阳祝寿庆典上，校党委书记、主管校领导及老同志原单位的领导40余人亲到现场为老寿星祝寿，充分体现学校敬老爱老的光荣传统，让老同志安享晚年。2016年离退休处大力发展老同志文化活动组，举办春秋游、运动会、游艺会等，形式多样、丰富多彩的活动吸引千余人次的老同志参与；此外学校为老同志们翻新门球场，活动场所面貌焕然一新，激发老同志参与门球健身的积极性。②以老年大学为平台，积极推进老有所学。为广大老同志开设“一对一”智能手机培训班、声乐班、柔力球班、老年瑜伽班等课程，老同志们报名踊跃，场场爆满。贴近老同志生活的课程，指导老师耐心细致的讲解，让老同志们在不断的学习中享受到生活的美好。③积极利用离休职工困难帮扶机制，通过“七一”“两节”、周三医院看望等慰问形式看望重病、失能、空巢、困难等老同志500多人，充分表达学校的关心与关怀。在调整离退休职工养老金工作中，人事处领导及时来铭德楼，在支部书记会上传达离退休人员调整养老金事宜，让广大老同志心中有数。帮扶机制的推进，信息及时的传达，促进了广大老同志思想的稳定和对学校工作的支持，对维护校园和谐起到了积极的作用。④以现代科技手段为依托，大力推进“互联网+养老”建设，统筹各方资源为老同志服务。在活动中心安装WIFI无线网络，免费开通上网账号；利用校内大学生志愿者等资源为老同志进行智能手机一对一辅导，方便老同志利用网络健康养老，实现网上购物或者购买养老服务；与中粮集团合作，通过网络购买品种多样的粮油等生活必需品，并由中粮物流统一配送到离休老同志家中。⑤加强信息库的建设工作，尽可能多地采集每位老同志的信息，尤其是离休、高龄、病重、经济困难等群体的信息，努力了解他们的需求，尽量为他们提供个性化服务，并进一步加强联系与慰问工作，目前已形成了多维立体帮扶慰问体系，体系保证了多渠道提供人文关怀和个性化帮扶，尽力帮助老同志解决生活和精神方面的实际困难。

（刘　晋、王祎炜、张　薇、李惠珍）

【关心下一代工作委员会】2016年，离退休处与关工委、宣传部、学工部等部门深度合作，凭借老同志自身优势，积极发挥老同志作用，为党的事业增添正能量，为学校的建设与发展贡献力量。4月，召开2016年关心下一代工作会议，具体部署了2016年工作，提出新的要求；成功开展“院士回母校”系列教育活动，充分发挥院士校友的优势作用，受到师生热烈欢迎和一致好评；深入开展党史国史教育，如举行纪念建党95周年报告会，举办摄影展与书画展，组织参观纪念红军长征胜利80周年大型展览，召开纪念红军长征胜利80周年学生座谈会，举行“寻访北科大优秀老党员、学习传承红色精神”访谈活动等，一系列活动极大地促进了广大师生及老同志们对党史国史的学习并传承党的伟大革命精神；组织开展新生捐赠军训服装工作，积极投入国家和教育精准扶贫事业，传递正能量；推进二级关工委的建立，为关工委工作队伍的发展迈出新步伐；督导组10多位老同志，全年听课800多门次，编印工作简报16期，还出版优秀课堂教学风采录《多彩课堂，璀璨群星》一书，有力推进了教育教学工作，赢得了好评。2016年老同志老有所为工作取得突破性进展，关工委荣获“全国教育系统关心下一代工作先进集体”“北京教育系统关工委信息宣传工作先进单位”等称号，五位老同志被评为“北京教育系统关心下一代优秀党建组织员”，受到表彰。

（乔　哲、刘淑红、许炳春）

【队伍建设】2016年，新调入一名副处长，调出一名活动中心主任，新补充两名工作人员。离退休处根据工作人员特点和工作情况对工作分工进行了重新调整。离退休处（党委）根据中央及北京市的精神，结合学校实际，认真贯彻落实中办发〔2016〕3号文件精神，深入开展“两学一做”学习教育，改进工作作风，加强工作队伍自身建设。首先，将党风廉政建设工作纳入年度整体工作中，与离退休处的各项工作同规划同部署，明确党风廉政工作的责任与分工，认真履行党风廉政建设主体责任。其次，离退休处加强对工作人员的学习与培训工作，每周组织工作人员进行工作业务知识、方针政策、反腐倡廉等方面的学习与培训，积极参加教育部及市委教育工委举办的离退休工作部门负责人培训班、青年干部培训班。最后，不定期在工作人员中组织丰富的团队建设活动，加强“团结互助、开拓进取”的组织文化建设，增强了工作人员服务老同志的工作能力与团队团结协作的战斗力。

（乔　哲、刘　晋、刘淑红）

人 物

知名专家学者

一、中国科学院院士（7 人）

魏寿昆　柯　俊　肖纪美　高庆狮　周国治　陈难先　葛昌纯

二、中国工程院院士（7 人）

陈先霖　胡正寰　陈国良　王一德（双聘）　王海舟（双聘）　蔡美峰　谢建新

三、国务院学位委员会委员（1 人）

张欣欣（2013 年 4 月 19 日起任职）

四、国务院学位委员会学科评议组成员（5 人）

张欣欣　吴爱祥　张　跃　邢献然　潜　伟

五、国家千人计划（含青年千人计划）入选者（19 人）

胡国华＊　李　默　刘德荣　张学记　庄林忠　林建国　林　平　刘焕明　汪林兵
牛康民　汉斯·瑞查诺　曹国忠　鲁思·布莱克　庄子哲雄　卢云峰
张立峰　王鲁宁　耿东生　张新房

六、北京市学位委员会委员（1 人）

张　跃

七、国家级突出贡献专家（17 人）

周国治　刘庆国☆　张公绪　高庆狮　胡正寰　李连诗☆　钟廷珍☆　傅　杰☆　葛昌纯
冯铭瀚☆　朱允言☆　褚武扬☆　高泽标☆　杨天钧☆　王燕斌☆　高征铠☆　何学秋

八、省部级突出贡献专家 （14人）

谢锡善☆ 陈国良 陈景榕☆ 李承基☆ 林 实☆ 管克智☆ 周纪华☆ 邹家祥☆ 陈难先
张圣弼☆ 周寿增☆ 田乃媛☆ 赵立合☆ 王新华

九、国家“973”（含国家重大科学研究计划）、IETR项目首席科学家（5人）

谢建新 林均品 张欣欣 张 跃 燕青芝

十、“长江学者奖励计划”特聘教授 （16人）

乔利杰 张济山 曲选辉 朱鸿民* 谢建新 杨 槐* 姜建壮 邢献然 姜 勇
吴爱祥 吕昭平 林均品 王沿东 隆克平 王 戈 张立峰

十一、“长江学者奖励计划”讲座教授 （4人）

陈龙庆 张志良 王循理 梅建军

十二、“国家杰出青年科学基金”获得者（23人）

乔利杰 何学秋 曲选辉 谢建新 张 跃 吴爱祥 郭占成 王习东* 姜建壮
陈龙庆 李庆峰 邢献然 乔 红 隆克平 吕昭平 王沿东 姚 俊* 杨 槐*
李正平 孙长银* 姜 勇 党智敏* 王守国

十三、“万人计划”领军人才（3人）

姜建壮 吕昭平 万向元

十四、“万人计划”青年拔尖人才（3人）

白 洋 陈 骏 吴 渊

十五、国家优秀青年科学基金资助（8人）

董超芳 焦树强 陈 骏 吴 渊 冯妍卉 贺 威 侯新梅 查俊伟

十六、“长江学者奖励计划”青年学者（1人）

陈 骏

十七、国家级教学名师（2人）

余永宁☆ 蔡美峰

十八、北京市教学名师（28人）

余永宁☆ 郗安民 高学东 吴 平 尹常治☆ 张欣欣 杨 平 戴淑芬 蔡美峰
周国治 张 群☆ 张敬源 邱 宏 强文江 李长洪 马星桥 彭庆红 彭 漪
杨炳儒 吴胜利 陈红薇 林 海 郭汉杰 郑连存 刘 立 金龙哲 申亚男
夏德宏

十九、国家百千万人才工程入选者（19 人）

毛卫民 曲选辉 吴爱祥 谢建新 姜福兴 何学秋 张欣欣 郭占成 孙冬柏
邢献然 高永涛 乔 红 王习东* 吴顺川 王沿东 王 戈 姜建壮 王成彦
吕昭平

二十、中国青年科技奖（5 人）

王 立 曲选辉 吴爱祥 高永涛 张清东

二十一、享受政府特殊津贴专家（2000 年以后）（54 人）

曹国辉☆ 范玉妹☆ 何知礼☆ 高永涛 李 阳* 李华德☆ 郭志猛 谢建新 王 立
李谋渭☆ 张文明 唐 荻 刘应书 孙加林 乔 兰 孙冬柏 隆克平 邢献然
林均品 纪洪广 王习东* 臧 勇 康永林 郗安民 朱鸿民 金龙哲 高学东
惠希东 姜建壮 吕昭平 王金安 王志良 李仲学 郭占成 高俊山 李晓刚
尹常治☆ 蔡嗣经 王 京☆ 罗维东 刘雅政 马星桥 梅建军* 吴顺川 陈 曦
王 戈 林 海 强文江 朱维耀 王成彦 王荣明 张建良 张深根 朱 荣

二十二、高等学校优秀青年教师教学和科研奖励基金（简称“青年教师奖”）（3 人）

董建新 邢献然 何富连*

二十三、教育部“跨世纪优秀人才培养计划”入选者（13 人）

毛卫民 何学秋 徐金梧 刘国权 田文怀 曲选辉 张 跃 张欣欣 孙冬柏
倪 文 惠希东 姜建壮 吴爱祥

二十四、教育部“新世纪优秀人才支持计划”入选者（97 人）

何维达 王新东 林均品 张波萍 宋卫东 于广华 隆克平 王沿东 高学东
谢谟文 宿彦京 高克玮 李 威 姜 勇 王西涛* 张 勇 张深根 王 戈
顾 强 彭庆红 吴顺川 冯 强 耿文通 刘泉林 何新波 刘雪峰 袁文霞
于然波 王荣明 党智敏 梅建军 赵海雷 黄运华 王洪江 刘 青 马 飞
张 梅 曹文斌 常永勤 冯妍卉 王坤鹏* 郭 敏 范丽珍 李立东 徐 科
李延祥 张晓冬 李晓岑 高学绪 李希胜 黄晓霞 何 伟 叶 丰 刘杰民
李建玲 闫小琴 阳小龙 李翠平 边永忠 何安瑞 班晓娟 秦明礼 张海龙
金 莹 张敬源 刘 洋 陈 骏 潜 伟 焦树强 贺 芳* 王国杰 李晓理*

陈艳萍　时国庆　魏　钧　董超芳　温永强　何　枫　杜宏武　张中山　冯志鹏
易红宏　廖庆亮　曹江利　侯新梅　白　洋　夏志国　曹　霞　丁大伟　刘雄军
刘　宇　苗　君　覃京燕　唐晓龙　田建军　尹升华　董文钧

二十五、霍英东教育基金（29 人）

年度	课题资助	青年教师奖		
		教学奖		科研奖
1987	赵建国 *　李育苗 *			
1989		刘国权（一等）	李维佳 *（三等）	
1991	吕雪山 *			王　立（三等）
1993			廖福成（三等）	乔利杰（二等）
1995			翟启杰 *（三等）	
1997			夏　新 *（三等）	温　治（三等）
2001	李江涛 *		于　文 *（三等）	
2004	高克玮			
2006	王　戈　顾　强　于　浩		袁文霞（三等）	
2009	金爱兵　范丽珍　秦明礼 苗　君　冯妍卉			
2012	陈　骏　庞晓露	董超芳（三等）		
2014	郑　磊	石志国（二等）		
2016		廖庆亮（三等）		

二十六、宝钢教育基金优秀教师奖（72 人）

年度	特等奖	特等奖 提名奖	优秀奖
1994	刘国权		马星桥　申亚男　许世静 *
1995	苍大强		闵乐泉　张　健　彭　漪
1996	王燕斌☆		吴　平　卢晋福　贾建华☆
1997	陈先霖		温美娟☆　杨世成 *　许纪倩☆
1998	邹家祥☆		佟玉兰☆　管荻华☆　王维才
1999			李　杰　王新华　王小萍 *　桂玮珍☆
2000			潘礼庆 *　许三星☆　王志明　蔡美峰
2001			李文军　瞿国忠☆　康永林

续表

年度	特等奖	特等奖提名奖	优秀奖
2002			汪飞星　张敬源　王　立
2003			郗安民　高俊山　陆　俊
2004			邱　宏　于晓红☆　张志刚
2005			郗安民　戴淑芬　左　鹏
2006	吴　平		袁文霞　周贤伟
2007			张欣欣　张　群☆　郑雪峰☆
2008			郭汉杰　尹常治☆　范玉妹☆
2009			罗　胜☆　金龙哲　杨　平
2010	蔡美峰		杜振民　陈红薇
2011			张　群☆　强文江　彭庆红
2012		张欣欣	吴胜利　李长洪
2013	吴爱祥		赵海雷　魏　钧
2014	曲选辉		夏德宏　郑连存
2015		王　戈	林　海　何　伟
2016			于广华　冯妍卉　廖福成

二十七、北京科技大学建龙讲座、特聘教授（36人）

乔利杰　张济山　曲选辉　朱鸿民　吴爱祥　郭占成　苏庆泉　吕昭平　耿文通
谢建新　杨　槐＊　张立峰　张建良　吴胜利　苍大强　刘　青　高克玮　孔祥华
冯俊小　温　治　徐　科　陈伟庆　孙加林　王新东　于　浩　王新华　刘应书
王福明　李　晶　李　宏　宋　波　张家泉　程树森　何安瑞　孙建林　康永林

注：带＊者现已离校，带☆者现已退休，带□者现已去世

二十八、2016年在岗博士生指导教师名单（446）

学　院	姓　名
土木与资源工程学院（49）	蔡美峰　胡乃联　孙体昌　谢玉玲　高永涛　李长洪　李仲学　高　谦　冯雅丽 杨慧芬　李克庆　宋卫东　倪　文　杜翠凤　龚　敏　吴顺川　赵海雷　乔　兰 蒋仲安　王金安　孙春宝　纪洪广　牟在根　金龙哲　宋波T　刘娟红　姜福兴 朱维耀　张英华　谢谟文　潘旦光　谭卓英　王洪江　吴爱祥　李　铁　姚　俊 尹升华　何学秋　王　媛　汪旭光　孙传尧　韩大匡　吴宗之　李成江　魏复盛 赵铁锤　黄昌富　杨志强　杨　鹏

续表

学院	姓名
冶金与生态工程学院（43）	李京社 吴胜利 张建良 苍大强 王新东 宋波Y 郭汉杰 王福明 邢献然 吴 铿 郭兴敏 张梅Y 李延祥 朱 荣 张家泉 徐安军 程树森 李 宏 李建玲 潜 伟 孙彦辉 李素芹 于然波 郭 敏 薛济来 李宏煦 闫柏军 白 皓 陈 骏 侯新梅 张立峰 魏书亚 罗海文 王成彦 张新房 安胜利 殷瑞钰 朱立光 崔 健 邱定蕃 李 梅 杨 健 马清林
材料科学与工程学院（78）	柯 俊 刘国权 刘雅政 赵志毅 葛昌纯 杨 平 杜振民 万发荣 李长荣 尚成嘉 韩静涛 龙 毅 孙冬柏 任学平 赵海雷 强文江 黄继华 董建新 王开坤 高克玮 于广华 康永林 张 跃 田文怀 孙加林 李静媛 杨善武 周张健 李晓刚 徐利华 徐桂英 孙建林 王学敏 连 芳 曹文斌 张波萍 于 浩 陈 冷 刘雪峰 王丽萍 郭 晖 郑裕东 王 戈 常永勤 姜 勇 宋仁伯 齐俊杰 杨 穆 刘泉林 耿文通 官月平 燕青芝 徐晓光 李 勇 李立东 闫小琴 苗 君 杨 洲 张迎春 王国杰 王鲁宁 夏志国 董文钧 王守国 徐滨士 奚廷斐 杨裕生 朱思泉 李惠东 李红霞 张 弘 王中林 王一德 朱国辉 韩恩厚 周 廉 沈保根 卢云峰
机械工程学院（34）	胡正寰 徐金梧 朱超甫 郗安民 张康生 董绍华 张文明 刘 立 杨海波 臧 勇 闫晓强 张 杰 王宝雨 马 飞 李苏剑 张清东 石博强 韩建友 杨德斌 李 威 曹建国 覃京燕 罗维东 李 疆 冯志鹏 阳建宏 冯 明 孙朝阳 林建国 乔 红 战 凯 殷晓静 刘建平 Andrew Charles Cllop
能源与环境工程学院（22）	冯俊小 张欣欣 王 立 林 海 温 治 林 林 宋存义 乐 恺 姜泽毅 刘向军 刘应书 冯妍卉 邢 奕 李子富 周北海 苏庆泉 汪群慧 季宏兵 易红宏 唐晓龙 Ruth Elaine Blake 段小丽
自动化学院（18）	童朝南 杨卫东 穆志纯 尹怡欣 李希胜 彭开香 付冬梅 陈先中 李 擎 张朝晖 蓝金辉 肖文栋 孙长银 谷 宇 贺 威 刘德荣 忻 欣 任向实
计算机与通信工程学院（28）	杨 扬 王志良 班晓娟 郝红卫 张晓彤 周贤伟 解 仑 陈月云 曾广平 胡长军 王建萍 赵冲冲 罗 熊 殷绪成 孙昌爱 隆克平 阳小龙 彭云峰 张中山 朱 岩 宁焕生 毛凌锋 戴晓明 张海君 谢 毅 邬贺铨 单志广 刘 明
数理学院（24）	马星桥 闵乐泉 廖福成 吴 平 陈明文 尚新春 郑连存 马万彪 魏培君 顾 强 巨 新 陈艳萍 王凤平 钱 萍 林 平 郑新和 宋玉军 王荣明 陈 娣 耿东生 陈龙庆 巩馥洲 冯元平 陈难先
化学与生物工程学院（15）	李文军 刘杰民 袁文霞 弓爱君 陈飞武 李新学 闫 海 胡继业 姜建壮 边永忠 常志东 党智敏 温永强 王天宇 侯剑辉
东凌经济管理学院（25）	王维才 武德昆 高学东 肖 明 戴淑芬 黄晓霞 武 森 李铁克 王道平 刘 澄 杨建华 何维达 魏 钧 张 剑 杨 青 胡 枫 何 枫 冯 梅 张晓冬 杨 武 白津夫 周天勇 刘明忠 李志民 罗乾宜
文法学院（3）	时立荣 曲绍卫 徐家力
马克思主义学院(6)	陆 俊 左 鹏 彭庆红 张红霞 潘建红 王民忠
外国语学院（6）	陈红薇 张敬源 何 伟 官 群 黄国文 Dominic Shellard
新金属材料国家重点实验室（25）	林均品 张济山 王西涛 高学绪 惠希东 杨 滨 宋西平 王艳丽 黄进峰 周香林 包小倩 张来启 朱 洁 张 勇 叶 丰 张海龙 冯 强 李龙飞 吕昭平 刘雄军 庄林忠 王沿东 何战兵 从道永 李 默

续表

学　院	姓　名
钢铁冶金新技术国家重点实验室（15）	周国治　陈伟庆　薛庆国　刘　青　王静松　包燕平　成国光　李　晶　张炯明　胡晓军　郭占成　张延玲　焦树强　王中丙　王建中
工程技术研究院（12）	唐　荻　蔡庆伍　赵爱民　刘建华　杨　荃　米振莉　吕志民　何安瑞　徐　科　孙蓟泉　赵征志　江海涛
新材料技术研究院（31）	吴春京　郭志猛　孟惠民　乔利杰　唐伟忠　李金许　谢建新　杜翠薇　李晓刚　宿彦京　曲选辉　李成明　尹海清　何新波　路民旭　秦明礼　柳　伟　董超芳　张深根　李　平　郝俊杰　曹江利　白　洋　范丽珍　田建军　张　津　张达威　曹国忠　李　俊　张统一　周　廉
国家材料服役安全科学中心（7）	张卫冬　陆永浩　金　莹　汪林兵　庄子哲雄　李　惠　王海舟
钢铁共性技术协同创新中心（2）	武会宾　袁章福
生物工程与传感技术研究中心（3）	张学记　董海峰　曹　霞

党代表、人大代表、政协委员

党代表

中共第十八次全国代表大会代表　　张学记
中共北京市第十一次代表大会　　罗维东　班晓娟　戴淑芬

人大代表

北京市第十四届人大代表　　罗维东
海淀区第十六届人大代表　　王维才　左　鹏　申亚男

政协委员

全国第十二届政协委员　　朱鸿民
北京市第十二届政协常委　　张济山
海淀区第十届政协委员　　隆克平

校友风采

一、在北京科技大学学习和工作过的中国科学院院士

姓　名	工作单位／职务	毕业学校
魏寿昆	北京科技大学教授	北洋大学
吴自良	中科院上海微系统与信息技术研究所研究员	北洋大学
柯　俊	北京科技大学教授	武汉大学
张兴钤	中国工程物理研究院研究员	武汉大学
肖纪美	北京科技大学教授	唐山交大
邹世昌	中科院上海微系统与信息技术研究所研究员	唐山交大
王崇愚	钢铁研究总院教授	北京钢院相 54 届
徐祖耀	上海交通大学教授	唐山交大
高庆狮	北京科技大学教授	北京大学
陈难先	北京科技大学教授	北京大学
李依依	中科院金属研究所研究员	北京钢院铁 57 届
周国治	北京科技大学教授	北京钢院冶 60 届
叶恒强	中科院金属研究所研究员	北京钢院金物 62 届
葛昌纯	北京科技大学教授	唐山交大
张统一	香港科技大学教授	北京钢院金物研 79 级、博 82 级
雒建斌	清华大学教授	北京科大压加研 85 级

二、在北京科技大学学习和工作过的中国工程院院士

姓　名	工作单位／职务	毕业学校
范维唐	中国煤炭工业协会会长	北京钢院矿 56 届
徐匡迪	中共中央委员、全国政协副主席、中国工程院院长、党组书记	北京钢院冶 59 届
殷瑞钰	钢铁研究总院名誉院长	北京钢院钢 57 届
陈先霖	北京科技大学教授	上海交大
周邦新	上海大学研究员	北京钢院相 56 届
涂铭旌	四川大学教授	北京钢院 55 研究生班
崔　昆	华中科技大学教授	北京钢院 54 研究生班
雷廷权	哈尔滨工业大学教授	北京钢院 55 研究生班
胡正寰	北京科技大学教授	北京钢院机 56 届

续表

姓　名	工作单位／职务	毕业学校
陈国良	北京科技大学教授	北京钢院相 55 届
柯　伟	中科院金属研究所研究员	北京钢院相 57 届
钟　掘	中南大学教授	北京钢院机 60 届
关　杰	西安重型机械研究所副总工程师	北京钢院机 63 届
刘　玠	十五届、十六届中共中央候补委员，中国科协副主席，鞍山钢铁集团公司原董事长、总经理、党委书记	北京钢院机 64 届
才鸿年	中国兵器装备集团公司顾问	北京钢院钢 62 届
何季麟	宁夏东方钽业股份有限公司董事长	北京钢院物化 69 届
王一德	太原钢铁集团公司董事会规划委副主任	北京钢院轧 61、轧（硕）68 届
张玉卓	神华集团公司董事长、党组书记	北科大采矿博 86 级
蔡美峰	北京科技大学教授	北京钢院采矿研 78 级
费爱国	空军装备研究院某研究所所长	北科大自控博 00 级
谢建新	北京科技大学教授	中南大学压加 78 级
毛新平	武汉钢铁（集团）公司	北科大冶金博 02 级

三、曾任和现任省部级以上党、政领导的部分校友

姓　名	职　　务	在校专业
罗　干	十六届中共中央政治局常委、中央政法委原书记	轧 57 届
刘　淇	十六届、十七届中共中央政治局委员，北京市委原书记	铁 64 届、冶研 68 届
徐匡迪	十五届、十六届中共中央委员，十届全国政协副主席，中国工程院原院长、党组书记	冶 59 届
黄孟复	全国工商联名誉主席，十届、十一届全国政协副主席，全国工商联主席	铁 67 届
范长龙	中央政治局委员，中共中央军事委员会副主席，中华人民共和国中央军事委员会副主席	信息国防 2000 级
郭声琨	十八届中共中央委员，中央政法委副书记，国务委员，公安部部长、党委书记	管理博 2003 级
刘晓峰	十二届全国政协副主席、农工党中央常务副主席	金物 78 级
孙安民	第十二届全国政协常委委员、全国人大法律委员会副主任、全国工商联原专职副主席	机 72 级
殷晓静	中央政府驻港联络办副主任	炉 77 级
袁　隐	国务院参事、国务院办公厅原局长	金相 69、金物研 79
付双建	第十二届全国人民代表大会财政经济委员会委员、国家工商行政管理局原副局长	管工 91 级

续表

姓名	职务	在校专业
曹文虎	青海省人大常委会副主任	
史和平	江苏省人大常委会副主任、党组副书记	思政 91 级
高小玫	上海市政协副主席、民革中央常委、上海市委主委	材研 83 级
郝远	甘肃省副省长、省工商联主席	冶研 86 届
陈建华	广州市人大常委会主任、党组书记	机 78 级
孙瑞彬	河北省委常委、石家庄市委书记	管工 91 级
黄楚平	湖北省副省长	思政研 88 级
郑新立	中国国际经济交流中心常务副理事长、中央政策研究室原副主任	矿 69 届
刘振江	中国钢铁工业协会党委书记兼副会长、法人代表	相 73 级
邢书成	中国人民解放军广州军区原副司令员、中将	2001 级工硕班
方凌江	中国人民解放军济南军区联勤部自动化站站长、少将	军队班
费爱国	空军装备研究院某研究所所长、少将	自控博 2000 级
高德福	中国人民解放军吉林军区参谋长、少将	2001 工硕级
张吾乐	十五届中纪委委员、国家有色工业局原局长、甘肃省原省长	机 60 届
刘玠	十五届、十六届中共中央候补委员，中国工程院院士，中国科协副主席，鞍山钢铁集团公司原董事长、总经理、党委书记	机研 68 届
李登柱	十五届中纪委常委、中央国家机关纪工委原书记	轧 59 届
吴溪淳	冶金工业部原副部长、中国钢铁工业协会原会长	铁 55 届
赵公卿	重庆市原副市长、重庆市人大常委会副主任	相 68 届
李敏宽	第八、九届全国政协委员，九届全国政协副秘书长，十届全国政协常委、副秘书长，第七届台盟中央副主席	矿机 63 届
桂中岳	陕西省人大常委会原副主任	矿 61 届
哈斯巴根	内蒙古自治区人大常委会副主任、第十一届全国人大常委、民族委员会副主任委员	物化 72 级
王永明	浙江省人大原党组书记、人大常务副主任	机 72 级
靳善忠	山西省人大常委会原副主任	矿机 78 级、管研 92 级
龚世萍	辽宁省人大常委会原副主任、第十届全国政协常委	相 69 届
冯炯华	宁夏回族自治区人大常委会原副主任、宁夏回族自治区原副主任	粉 68 届
王汀明	湖南省政协原副主席	铁 70 届
贾锡太	福建省原副省长	轧 67 届
马锡广	宁夏回族自治区原常务副主席	轧 68 届

续表

姓　名	职　　务	在校专业
沈国俊	十五届中纪委委员、四川省纪委原书记	钢 62 届
郝振贤	四川省政协原常务副主席	相 65 届
应文华	大型企业监事会原主席、国内贸易部原副部长	机 62 届
陆　江	九、十届全国政协委员，中国物流与采购联合会会长	轧 63 届
范维唐	煤炭工业部原副部长	矿 56 届
殷瑞钰	冶金工业部原副部长	钢 57 届
陆叙生	物资部原副部长	钢 57 届
朱新均	国家语言文字工作委员会原党组书记	铸 60 届
周荣昌	内蒙古自治区人大常委会原副主任	轧 55 届
朱宗葆	上海市原副市长	机 61 届
马仲才	山东省人大常委会原副主任	机 60 届
王宏民	江苏省人大原副主任、南京市原市长、江苏省扶贫领导小组副组长	铁 64 届
朱志辉	云南省委原副书记、原华东冶金学院党委书记	铁 56 届
王四连	湖南省人大常委会原副主任、党组成员	稀有冶炼 65 级
刘　沛	中国驻联合国军事参谋代表团原团长、少将	政治师资 78 级
单亦和	保利集团原董事长、党委书记，国有重点大型企业监事会原主席	冶 68 届
李克诚	中国石油天然气集团总公司原监事会主席	相 66 届

四、担任司、局和地、市级正局级领导的部分校友

姓　名	职　　务	在校专业
巴建光	内蒙古自治区纪律检查委员会副书记	行管（92–95）
卜劲松	广东省地质勘查局巡视员、原局长	机 70 级
陈国猛	浙江省高级人民法院党组书记、院长	工管 98 级
陈　石	贵阳市政协第十届委员会主席、党组书记	化学工程在职硕士 03 级
韩宝柱	九三学社中央研究室副主任	政教师资 78 级
侯宝珠	国资委有色金属离退休干部局党委副书记、局长	高温 76 级
胡玉亭	山西省晋中市委书记	冶 82 级
贾银松	工业和信息化部原材料司巡视员、原司长	铁 79 级
江　光	环境保护部华北核与辐射安全监督站主任	腐蚀 81 级、材研 88 级
孔东风	河南省国资委副主任、党委委员	铸造 77 级
李　放	中国社保基金理事会秘书长	金属物理 76 级

续表

姓　名	职　　务	在校专业
李惠东	民革中央专职副主席	腐蚀博 90 级
李瑞阳	上海市教育卫生工作委员会巡视员	热能工程 77 级
李新中	国务院新闻中心舆情研究所所长	在校工作
刘　捷	江西省委常委、省委秘书长，省直机关工委第一书记	冶 88 级
刘　伟	北京市人大常委会副主任	精密合金 77 级
罗兆慈	广东省广州市南沙区人大常委会主任	管工博 05 级
马燕合	科技部社会发展科技司司长	采矿 87 级
彭华岗	国务院国有资产监督管理委员会副秘书长	机 79 级
彭学增	河北省邯郸市人大常委会主任	社科 91 级（函）
邵蜀望	中央纪委外事局副局长	英研 85 级
师建平	晋城市政协主席	钢 74 级
苏　靖	国家科技部国家科技基础条件平台中心副主任	矿业工程博士后
孙耀唯	国家能源局法制和体制改革司巡视员、国家能源局信息中心原主任	管研 85 级
汪　轫	安徽省省政府副秘书长、驻京办主任	钢 79 级
王顶岐	山东省淄博市人大常委会第一副主任、党组副书记	压加 77 级
王　可	广西壮族自治区党委常委、秘书长、办公厅主任，自治区直属机关工作委员会书记（兼）	相 77 级
王民忠	中共北京市委党校（北京行政学院）常务副校长	铸 81 级
王守祯	山西省人大财政经济委员会副主任、运城市原市长	采矿 73 级
王　伟	财政部关税司司长	电 77 级
王中丙	广东省湛江市长	冶博 98 级
闫立刚	北京市商务委员会党组书记、主任	电 80 级
杨　璐	国家土地督察西安局局长、党组书记	选矿 78 级
余龙武	天津银监局局长	相 85 级
袁　春	中纪委副秘书长	电 77 级
张汉东	国家发展改革委价监局局长	冶博 02 级
张义全	国家公务员局党组成员、副局长	机 82 级
赵光华	民进中央常委、秘书长，第十一届全国政协委员	社科系进修 86-88
赵金生	中国轻工业联合会副秘书长、国资委轻工离退休干部局原局长	电 72 级
周维现	中央党校中直分校、中央管理事务局常务副校长	矿机 86 级、思政双学位 91 级
司永涛	内蒙古自治区政府国资委副主任、党委委员	轧 76 级

续表

姓　名	职　　务	在校专业
张长富	中国钢铁工业协会党委副书记	机 68 届
于言良	辽宁省科技厅党组书记、厅长	思政研 89 级
耿识博	国务院参事室文史业务司司长	压加 87 级
马　锐	国家安全监管总局安全监督管理四司司长	金属学及钢铁热处理专业 80 级
武德昆	教育部经费监管事务中心主任	钢 79 级
姜　军	沈阳市政府副市长、民进辽宁省副主委	制氧 78 级
王青海	北京市人大常委会副秘书长	冶 79 级
徐　风	北京市国有企业监事会主席	电 77 级

五、部分曾任正局级领导职务现已离退休或调动的校友

姓　名	职　　务	在校专业
楼大鹏	国际田联副主席、原亚田联主席、原国家体委司长	机 59 届
梁　才	中国钢铁协会秘书长	轧 65 届
孙本先	四川省攀枝花市人大常委会主任	矿 65 届
张泽宇	山西省省长助理、山西省信息化领导小组办公室主任	矿 68 届
孙建群	河北省廊坊市委书记	机 70 届
赵禄祥	河北省人事厅厅长	轧 68 届
高盈民	陕西省企业工委常务副主任、陕西省政协常委	冶 70 届
程　光	上海市虹口区区长	管研 88 届
许华忠	国家经贸委市场流通司司长	铁 65 届
徐金堃	国家自然科学基金委综合计划局局长	金物 66 届
李国栋	黑龙江省齐齐哈尔市政法委书记	铸 70 届
闫承宗	北京市经委主任	轧 54 届
余宗森	冶金工业部外事司司长	轧 54 届
谢汝煊	广西南宁市市长	铸 62 届
谷向阳	青海省重工业厅厅长	冶 65 届
于瀛洪	河北省冶金工业厅厅长	铁 65 届
乔致奇	国家环保总局监督管理司司长	铁 64 届
何泽民	河南省洛阳市人大常委会主任	相 61 届
冯治益	中纪委北京培训中心主任	轧 60 届
李其世	上海市冶金工业局局长	函授冶 61 届
李腊望	四川省黄金管理局局长	轧 64 届
雷秀祥	四川省建材工业局局长	机 64 届

续表

姓　名	职　　务	在校专业
王大名	河北省秦皇岛市委书记	机 61 届
姜文韬	江苏省冶金工业厅厅长	铁 67 届
王克昌	天津市冶金工业局局长	轧 60 届
吕耘方	黑龙江省冶金工业厅厅长	金物
汪同建	甘肃省建材工业局局长	矿机 64 届
王乃立	上海市旅游局局长	轧 57 届
刘树和	外国专家局经济技术专家司司长	机 76 级
王世民	最高人民法院司法行政装备管理局局长	稀 72 级
武高山	北京西站地区管理委员会党组书记、主任	选 77 级
董晓民	中国烟草实业发展中心原党组书记、总经理	管工博 2006 级
王增明	石家庄市人大常委会原主任、党组书记	铸造 74 级
郃　展	重庆市人民政府原副秘书长	成教
宋春婴	河北省环境保护厅原巡视员、环保局副局长	冶金 77 级
陈明德	广州市政协原党组副书记、副主席	工业工程硕 2001 级

六、部分在高等学校、科研院所、文化部门担任主要职务的校友

姓　名	职　　务	在校专业
闫拓时	中国音乐学院党委书记	粉末冶金 77 级
谢　辉	北方工业大学党委书记	机械 86 级
曹胜利	冶金工业出版社社长	选 72 级
常跃峰	河北钢铁技术研究总院院长	轧钢 78 级
狄　涛	北京市丰台区委常委、宣传部部长	电 92 级
孔留安	河南科技大学校长、党委副书记	安全工程博 03 级
雷平喜	中国冶金矿山企业协会常务副会长	矿 86 级
李保卫	内蒙古科技大学党委书记、校长	冶博 99 级
李丰生	广西师范学院党委副书记、院长	思政双学位 86 级
李家新	安徽工业大学党委副书记、校长	冶博 02 级
李新创	冶金工业规划研究院院长兼党委书记	采矿硕 88 级
马宪平	《中国教育学刊》杂志社社长	选矿 76 级
任雁秋	包头轻工职业技术学院院长	炉 78 级
王建中	辽宁工业大学党委书记	冶研 88 届
杨　帆	北京商务科技学校校长	数学师资班 78 级
张少明	北京有色金属研究总院党委副书记、院长	相 80 级
张玉柱	华北理工大学党委书记	炼铁研 85

续表

姓　名	职　　务	在校专业
卢振洋	北京联合大学校长	思政双学位 84 级
雷朝滋	全国高等学校学生信息咨询与就业指导中心主任	管理博 06 级
倪红卫	武汉科技大学党委副书记、校长	冶金博 94 级
熊晓梅	东北大学党委书记	思政 84 级

七、曾任高等学校、科研院所、文化部门主要领导，现已离退休的部分校友

姓　名	职　　务	在校专业
刘建平	天津大学党委书记	机 73 级
仇春霖	北方工业大学校长	轧 57 届
王起桢	北方工业大学党委书记	机 57 届
吴晚云	北方工业大学党委书记	机 77 级
张先青	北京工业设计院院长	轧 63 届
韩景春	钢铁研究总院党委书记	思政 84 级
张　挺	北京农学院党委书记	铁 59 届
王希周	北京电子信息工程学院党委书记	轧 59 届
杨静云	北京市委党校党委书记、常务副校长	机 61 届
许　秀	北京建工学院党委书记	铸 61 届
齐鸿恩	江西冶金学院院长	机 59 届
刘正义	华南理工大学党委书记、校长	金物进修
刘景云	广东机械学院院长	北京科技大学调出
黎樵燊	广东工业大学校长	相 57 届
霍银海	冶金自动化研究院党委书记	机 62 届
朱耀中	冶金部情报研究所党委书记	北京科技大学调出
张成吉	钢铁研究总院党委书记	铁 57 届
樊源兴	中国冶金报社党委书记	矿 57 届
张训毅	中国冶金报社社长	铁 61 届
江仲圣	北京冶金设备研究院院长	机 59 届
严圣祥	北京钢铁设计研究总院院长	轧 64 届
董元篪	安徽工业大学校长	物化博 80 级
高兆祖	北京有色金属研究总院党委书记	粉 66 届
王志强	电子科技大学党委书记	炼钢 77 级
王萍辉	福建信息职业技术学院院长	矿机 84 级
张宇春	冶金工业信息标准研究院院长	金物 81 级

八、在企业中担任主要职务的部分校友

姓　名	职　　务	在校专业
陈德荣	宝武钢铁集团有限公司总经理	炼铁 77 级
张广宁	广东省人大常委会副主任、党组副书记	管工 81 级
唐复平	鞍钢集团党委书记、董事长	冶博 00 级
姚　林	鞍山钢铁集团公司董事长、党委书记	机械博 01 级
余自甦	鞍钢集团公司党委常委、副总经理	冶研 91 届
王义栋	鞍钢集团党委副书记、鞍钢股份有限公司党委副书记	工业工程硕 02 级
马国强	宝武钢铁集团有限公司董事长、党委书记	管研 84 级
赵民革	首钢集团有限公司党委常委、董事、副总经理	冶 82 级
韩　庆	首钢股份有限公司总经理	钢冶 84 级
葛红林	中国铝业集团公司董事长、党委书记	材博 86 级
刘明忠	中国第一重型机械集团公司董事长、党委书记，新兴际华集团有限公司董事长、党委副书记	冶博 01 级
郭士进	新兴际华集团有限公司副总经理、党委常委，新兴铸管股份有限公司董事长	炉 78 级
罗乾宜	中国兵器工业集团公司党组成员、总会计师	管博 05 级
冯贵权	中国五矿集团公司党组成员、副总裁	机 81 级
刘安栋	中国中钢集团公司党委书记、副总经理	EMBA00 级
王　臣	中国钢研科技集团公司党委常委、副总经理	化学研 85 级
张克利	中国有色矿业集团公司党委书记	采矿 77 级
陶星虎	中国有色矿业集团公司副总经理	采矿 77 级
张少明	北京有色金属研究总院党委副书记、院长	相 80 级
熊柏青	北京有色金属研究总院副院长	金物 81 级
夏晓鸥	北京矿冶研究总院党委书记、院长	工程力学博 03 级
于　勇	河钢集团有限公司党委书记、董事长	冶博 00 级
陶登奎	山东钢铁集团党委副书记、总经理	机 81 级
黎立璋	福建省三钢（集团）有限责任公司董事长	轧 79 级
徐和谊	北京汽车集团有限公司党委书记、董事长	铁 78 级
韩永贵	北京汽车集团有限公司党委副书记	电 81 级
王　东	北京控股集团有限公司党委书记、董事长	矿机 82 级
张清富	中国光大国际经济技术合作公司总经理	机 73 级
韩巍强	中国国际金融有限公司监事会主席	政教师资 78 级
宋　鑫	中国黄金集团公司副总经理、中国黄金国际资源有限公司总裁	采矿工程博 03

续表

姓　名	职　　务	在校专业
陆志方	中国有色工程公司党委书记、总经理 中国恩菲工程技术有限公司董事长	热能工程 80
康　典	新华人寿保险股份有限公司董事长	机械 77 级
汪子章	国家开发银行行务委员	管研 85 级
秘增信	中信资源控股有限公司董事会主席	轧 78 级
姜德义	北京金隅集团有限责任公司（北京金隅股份有限公司）党委书记、董事长	钢铁冶金博 09 级
王锐兵	国资委群星集团公司总经理	化 88 级
李　琦	太平洋证券股份有限公司党委书记	热能 87 级
李晓波	太原钢铁（集团）有限公司党委书记、董事长	轧 80 级
高祥明	太原钢铁（集团）有限公司党委副书记、副董事长、总经理	机 79 级
彭存根	太钢集团临汾钢铁有限公司总经理	冶金 84 级
李贵阳	河钢集团有限公司副董事长、党委常委	冶博 03 级
张　海	河钢集团有限公司副总经理、董事	轧 78 级
迟桂友	河钢集团有限公司副总经理	冶博 05 级
郭长波	青岛钢铁控股集团有限责任公司总经理、党委副书记	钢 79 级
刘　安	宝钢集团总经理助理、钢铁及相关制造业发展中心总经理、宁波钢铁副董事长	压加 83 级
李士才	山东日照钢铁集团原总经理	冶 88 级
黄一新	南京钢铁集团董事长、南京钢铁联合有限公司董事长、南京钢铁股份有限公司董事长	轧 84 级
丁　毅	马钢（集团）控股有限公司党委副书记、总经理	自动化硕 87 级
杨　忠	西宁特殊钢集团有限责任公司董事长、党委书记	压加 87 级
黄　斌	西宁特殊钢集团有限责任公司总经理	压加 90 级
张　虎	攀钢集团国际贸易有限公司总经理	冶金 86 级
段向东	攀钢集团有限公司总经理	材料 86 级
周　灿	重庆钢铁集团建设公司董事长	热工 84 级
王子亮	河南省管国有企业监事会主席	冶博 01 级
曹慧泉	华菱钢铁集团党委书记兼董事长	金物 88 硕
张若生	广州钢铁股份有限公司董事长、党委书记	管博 05 级
钱　刚	中信泰富特钢集团总裁	冶博 02 级
高国华	湖北新冶钢有限公司总经理	机 87 级
刘建辉	首钢销售公司总经理	冶研 86 级
何汝迎	宝武集团宝钢不锈钢有限公司副总经理兼宁波宝新不锈钢有限公司董事长	机 81 级

续表

姓　名	职　　务	在校专业
陆志新	宁波钢铁公司总经理	冶博 00 级
杜东兴	陕西龙门钢铁有限责任公司总经理	冶 90 级
白　刚	鞍钢建设公司总经理	管工博 02 级
尹小鹏	武钢矿业公司总经理	矿 85 届
谢俊文	甘肃华亭煤业集团总经理	安全工程博 03 级
刘明东	海南矿业股份有限公司董事长	管工 85 级
黄宝利	本钢机械制造有限责任公司党委书记、董事长	制氧 80 级
陶方国	华菱钢管控股公司总经理	
杨志强	金川集团有限公司董事长、党委书记	工程力学博 04 级
朱津秋	上海有色集团公司总经理	机 76 级
路朝晖	新兴铸管（新疆）资源发展有限公司董事长	钢 77 级
丁传锡	正元国际矿业有限公司董事长	管工 82 级
王开力	中科创新园高新技术有限公司董事长	金物研 87 级
陈　喆	中国兵器工业集团中兵矿业公司董事长	国贸 93 级
李京北	中房集团城市房地产投资有限公司总经理	热能 82 级、管研 86 级
宋占江	中国一冶集团有限公司董事长	机 82 级
廖世波	中钢集团金信咨询有限责任公司总经理	冶研 87 级
范文胜	中钢集团物业管理有限公司总经理	电 83 级
连民杰	中钢矿业开发有限公司总经理	采矿工程博 02 级
陆鹏程	中钢设备有限公司总经理	压加 92 届
梁津源	中色镍业有限公司总经理	冶研 87
王定洪	中冶东方工程技术股份有限公司总经理	冶 80 级
赖宁昌	广东东凌集团董事长	管工博 05 级
王德兴	哈尔滨电气集团公司总经济师、哈尔滨电气股份有限公司副总裁	高温合金 78 级
吴晓松	平安人寿天津分公司总经理	矿机 87 级
赵宇峰	清华紫光股份有限公司总经理	轧 82 级
陈玉民	山东黄金集团有限公司副总经理、山东黄金矿业股份有限公司董事长	采矿工程博 03 级
毕荣福	上海液压气动总公司党委书记	机 73 级
梁铁山	中国平煤神马能源化工集团有限责任公司董事长、党委书记	安全工程博 05 级
刘庆宾	重庆材料研究院院长（总经理）	相 85 级
郝树华	首钢矿业公司总经理	采矿工程博 03 级

续表

姓　名	职　　务	在校专业
王宝桐	中国广厦控股集团总裁	管工研 84 级
李连平	河北建设投资集团有限责任公司董事长、党委书记	材料博 00 级
孙　杰	北京二商集团有限责任公司党委书记、董事长	EMBA
任亚光	北京京城机电控股有限责任公司党委书记、董事长	铸 78 级
黄孝斌	北京时代凌宇科技有限公司董事长	自动化 90 级
杜凤超	北京市华远集团有限公司董事长	管工硕 94 级
杨启瑞	北京天客隆集团公司总经理	轧钢 77 级
张槐祥	中国水钢集团公司总经理	机制 77 级
吴　平	迁安钢铁公司党委书记	数学师资 78 级
束国刚	中广核工程有限公司总经理	材料 86 级
高本业	大连电机集团董事长	材研 85 级
邵　军	陕西宝钛新金属有限责任公司总经理	相 87 级
胡　刚	四川长虹电子系统有限公司总经理	相 87 级
张晗亮	中国石油装备制造分公司党委书记	机研 87 级
熊万平	首钢长治钢铁有限公司总经理	冶 89 级
王树琪	中条山有色金属集团有限公司董事长	采矿 77 级
高国华	国投创新投资基金管理公司总裁	矿机 86 级
张战波	北京中冶设备研究设计总院有限公司总经理	思政 01 级
郑剑辉	中冶南方（武汉）威仕工业炉有限公司总经理	热能 97 级
任美成	天泽科技董事长	计 86 级
彭　原	北京华深中色科技发展有限公司名誉董事长	机 85 级
张晓峰	北京桓裕投资（集团）有限公司董事长	机 88 级
陆正耀	神州优车董事长兼 CEO	自动化 87
胡庆周	深圳英唐智能控股有限公司董事长	轧 87 级
周惠敏	山东慧敏科技开发有限公司董事长、总经理	相 77 级
王满元	包头市液压机械有限公司董事长	机 84 级
张荣明	北京爱慕内衣有限公司董事长	物化 80 级
俞　兵	亚信联想集团有限公司董事、联想亚信科技有限公司董事长兼 CEO	电 84 级
郝伟亚	北京市基础建设投资有限公司常委副书记、董事、总经理	化学 88 级

九、曾在企业担任主要领导职务现已离退休或调动的部分校友

姓　名	职　　务	在校专业
刘　玠	鞍山钢铁集团公司董事长、总经理	机 64 届
张晓刚	鞍山钢铁集团公司总经理	冶博 00 级
蔡登楼	鞍山钢铁集团公司副董事长	机 67 届
林滋泉	鞍山钢铁集团公司副总经理	轧 68 届
李　成	太原钢铁公司总经理	轧 54 届
林企增	太原钢铁公司副董事长	冶 62 届
杨盘铭	太原钢铁公司副总经理	矿 70 届
刘　琦	中国钢铁工贸集团公司党委书记	铁 61 届
白葆华	中国钢铁工贸集团公司总裁	轧 65 届
崔锡武	中国黄金总公司总经理	矿 66 届
杭永益	马鞍山钢铁公司总经理	铁 64 届
王满仓	成都飞机发动机公司党委书记	稀 63 届
马俊才	济南钢铁公司总经理	机 59 届
沈克林	中国重型机械总公司总经理	机 57 届
刁海章	鲁中冶金矿山公司党委书记	矿机 65 届
李成群	中国冶金矿业总公司党委书记	冶 72 级
张振纲	天津钢管公司董事长	钢 63 届
张建平	天津钢管公司党委书记	函授管理
陈守勋	湘潭钢铁公司总经理	冶 61 届
林承模	舞阳钢铁公司总经理	相 65 届
侯树庭	上海第五钢铁厂厂长	函授冶 62 届
陈英栋	新余钢铁总厂党委书记	函授冶 64 届
王鸿锷	上海第一钢铁厂党委书记	成教管 89 级
田锡恩	唐山钢铁公司总经理	钢 63 届
王国兴	邯郸钢铁公司党委书记	函授铁 64 届
李前煦	南京钢铁公司总经理	钢 61 届
刘建功	武汉钢铁公司总工程师	相 65 届
刘炳南	武汉钢铁公司副总经理	机 64 届
王跃祖	首钢总公司党委副书记	夜大 58 届
谢有润	首钢总公司副总经理	机 64 届
王宪固	西宁特殊钢公司党委书记	相 66 届
罗忠琳	陕西精密合金公司总经理	金物 66 届

续表

姓　名	职　　务	在校专业
董稼祥	中国冶金矿业总公司总经理	矿 61 届
吕聿信	长城特殊钢公司总经理	轧 66 届
孙公权	上海一钢集团总经理	冶 66 届
汪铁钢	上海矽钢片厂厂长	轧 57 届
潘世良	邯邢冶金矿山管理局党委书记	矿 65 届
赵如月	宝山钢铁集团公司纪委书记	铁 66 届
吴松春	浙江省中旅集团公司总经理	铁 67 届
冯国熙	北京自来水公司董事长	矿 66 届
吴玉林	石家庄钢铁有限责任公司党委书记	铁 67 届
高成涛	洛阳铜加工厂厂长	机 61 届
刘本仁	武钢集团公司董事长、总经理	自动化 73 级
张永昌	唐山钢铁公司党委书记	铸 69 届
施嘉良	新余钢铁公司董事长	机 70 届
顾强圻	邯郸纵横钢铁集团总经理	冶 70 届
赵占华	陕西钢厂党委书记	铸 69 届
杨复强	合肥钢铁集团有限公司董事长	轧 68 届
王庐嘉	合肥钢铁集团有限公司总经理	机 75 级
何建昌	华北冶金建设公司经理	矿 70 届
杨福国	宁夏石咀山钢铁厂党委书记	轧 67 届
吴建民	吉林铁合金集团公司总经理	相 68 届
金树安	峨嵋铁合金集团公司总经理	冶 74 级
张心健	锦州铁合金集团公司党委书记	高温 70 届
陈　明	上海宝冶党委书记、董事长	机 64 届
王绍成	十九冶金建设公司党委书记	炉 68 届
程敏直	西安冶金机械厂党委书记	铸 70 届
鞠祖荣	扬州冶金机械有限公司总工及常务副总	轧 69 届
胡梓清	乐山冶金机械轧辊厂党委书记	铸 66 届
杨东升	邢台机械轧辊公司副董事长、总经理	冶 66 届
张勇钢	（无锡）西姆莱斯钢管公司总经理	相 73 级
宋　力	福建省烟草总公司总经理	机制 75 级
梁相钦	深圳自来水集团公司总经理	自 68 届
张清富	中国光大国际经济技术合作公司总经理	机 73 级
周伟坪	中国青年旅行社控股股份有限公司总经理	政教 78 级

续表

姓　名	职　　务	在校专业
朱昌逑	马鞍山钢铁股份有限公司总经理	机 70 届
陈启祥	莱芜钢铁集团有限公司总经理	轧 77 级
郭洪成	包头第一机械集团公司董事长	冶 67 届
朱津秋	上海有色集团公司总经理	机 76 级
秘增信	中信集团常务董事、副总经理	压加 78 级
韩永义	乌鲁木齐铁路局党委书记	铸 69 届
阎胜科	石家庄钢铁有限责任公司董事长、党委书记	轧 70 届
胡玉亭	太原钢铁（集团）有限公司总经理	冶 82 级
党　歌	长治钢铁公司董事长、党委书记	钢 78 级
沈　伟	陕西精密合金股份有限公司总经理	钢 77 级
刘克忠	承德钢铁公司董事长	铁 63 届
司永涛	包头钢铁（集团）有限责任公司董事长、党委副书记	轧 76 级
汪声娟	北京佰能电气技术有限公司董事长	机 64 届
王义芳	河北钢铁集团有限公司董事长、总经理	冶博 00 级
吕　鹏	南京钢铁联合有限公司总经理	钢 78 级
周伟坪	中青旅控股股份有限公司总经理	政师 78 级
任　浩	山东钢铁集团董事长、党委书记	轧 78 级
陈启祥	山东钢铁集团总经理	轧 77 级
刘如军	河北钢铁集团有限公司原党委书记、副董事长	铁 73 级

十、荣获全国劳动模范称号的部分校友

姓　名	获奖时工作单位	在校专业
邓　键	上海斯米克焊材公司	物化 66 届
常纯哲	上海钢铁工艺技术研究所	机 60 届
单亦和	西宁特殊钢厂	冶 68 届
周惠敏	山东冶金科学研究院	材料 77 级
马俊才	济南钢铁集团公司	机 59 届
张长富	中国第十九冶金建设公司	机 68 届
徐和谊	北京汽车工业控股有限责任公司党委书记、董事长	铁 78 级
刘明忠	新兴铸管集团有限公司董事长	冶博 2001 级
黄昌富	中铁十六局，北京市重点工程——北京站至北京西站地下直径线工程项目经理	采矿硕 95 级
丁立国	德龙钢铁实业有限公司	管理 MBA 班

续表

姓　名	获奖时工作单位	在校专业
马　祥	包头钢铁（集团）有限责任公司	冶研 99 级
李保卫	内蒙古科技大学	冶博 99 级
陈　列	西宁特殊钢股份有限公司	冶金 86 级
赵千里	金川集团股份有限公司	工程力学博 04 级
迟桂友	河北钢铁集团宣化钢铁集团有限责任公司董事长、党委书记	冶金博士 05 级
唐复平	鞍山钢铁集团公司总经理	冶博 00 级
李国保	宝钢集团中央研究院首席研究院	物理 82 级
程朝辉	马钢一铁总厂炼铁分厂车间副主任	冶金 88 级
王云平	甘肃酒钢集团宏兴钢铁股份有限公司碳钢薄板厂技术质量科责任工程师	压加 90 级
王德兴	哈尔滨锅炉厂有限责任公司董事长	高温合金 78 级
王玉玲	山西太钢不锈钢股份有限公司技术中心高级工程师	材料研 89 级
张翀宇	内蒙古金宇集团股份有限公司董事长	76 届
张荣明	北京爱慕内衣有限公司董事长兼总经理	物化 80 级
雒国清	中色（宁夏）东方集团有限公司宁夏东方钽业股份有限公司钽铌材料分厂技术专家	化学 95 级

注：1. 所列校友排名不分先后；
　　2. 以上统计情况定有差错和疏漏，敬希广大校友补充、指正。

2016年党发校发文件目录

2016年北京科技大学党发文件目录

校党发〔2016〕1号　关于印发《北京科技大学基层党建工作述职评议考核实施方案》的通知
校党发〔2016〕2号　关于吴豪伟同志任职的通知
校党发〔2016〕3号　关于同意给予张美娜同志留党察看处分的批复
校党发〔2016〕4号　关于李磊等同志职务任免的通知
校党发〔2016〕5号　关于张毅同志任职的通知
校党发〔2016〕6号　关于印发《北京科技大学2016年全国“两会”期间安全稳定工作的方案》的通知
校党发〔2016〕7号　关于印发《北京科技大学关于开展党员组织关系集中排查的工作方案》的通知
校党发〔2016〕8号　北京科技大学2016年上半年党委中心组理论学习安排意见
校党发〔2016〕9号　北京科技大学2016年上半年教职工理论学习安排意见
校党发〔2016〕10号　关于发布《北京科技大学2016年安全稳定工作方案》的通知
校党发〔2016〕11号　北京科技大学2016年工作要点
校党发〔2016〕12号　关于学校领导班子成员分工调整的通知
校党发〔2016〕13号　关于成立能源与环境工程学院党委筹备组的通知
校党发〔2016〕14号　关于郝媛等同志职务任免的通知
校党发〔2016〕15号　关于印发《北京科技大学开展“学党章党规、学系列讲话，做合格党员”学习教育的实施方案》的通知
校党发〔2016〕16号　北京科技大学关于开展处级后备干部推荐工作的通知
校党发〔2016〕17号　关于印发《北京科技大学开展防范清理暴恐音视频专项工作方案》的通知
校党发〔2016〕18号　关于同意土木与环境工程学院党委选举结果的批复
校党发〔2016〕19号　关于印发《北京科技大学2016年党建工作要点》的通知
校党发〔2016〕20号　关于印发《北京科技大学2016年党风廉政建设和反腐败工作主要任务分工》的通知
校党发〔2016〕21号　关于成立北京科技大学统战工作领导小组的通知
校党发〔2016〕22号　关于一线专职思想政治理论课教师教学岗位补贴发放细则（试行）

校党发〔2016〕23号	关于机构更名与干部任职的通知
校党发〔2016〕24号	北京科技大学党委贯彻落实《党委（党组）意识形态工作责任制实施办法》的实施细则
校党发〔2016〕25号	关于同意能源与环境工程学院党委等选举结果的批复
校党发〔2016〕26号	关于马飞同志正式任职的通知
校党发〔2016〕27号	关于土木与环境工程学院党委更名的通知
校党发〔2016〕28号	关于同意机关党委党员大会选举结果的批复
校党发〔2016〕29号	关于北京科技大学学习贯彻习近平总书记在庆祝中国共产党成立95周年大会上的讲话实施方案
校党发〔2016〕30号	关于曾艳等同志挂职的通知
校党发〔2016〕31号	北京科技大学2016年下半年党委中心组理论学习安排意见
校党发〔2016〕32号	北京科技大学2016年下半年教职工理论学习安排意见
校党发〔2016〕33号	北京科技大学处级干部选拔任用工作规定（修订）
校党发〔2016〕34号	北京科技大学基层党组织纪检委员工作制度
校党发〔2016〕35号	中共北京科技大学委员会关于践行监督执纪四种形态实施办法
校党发〔2016〕36号	关于同意材料科学与工程学院党委选举结果的批复
校党发〔2016〕37号	关于同意数理学院党委选举结果的批复
校党发〔2016〕38号	北京科技大学校外挂职干部管理办法
校党发〔2016〕39号	关于杨雄同志任职的通知
校党发〔2016〕40号	关于对全校处级单位贯彻执行党风廉政建设责任制及信息公开情况进行检查的通知
校党发〔2016〕41号	关于调整北京科技大学保密委员会成员的通知
校党发〔2016〕42号	北京科技大学学习宣传党的十八届六中全会精神实施方案
校党发〔2016〕43号	关于变更北京科技大学岗位聘用聘任委员会和岗位聘用聘任申诉受理委员会成员的通知
校党发〔2016〕44号	关于印发《武器装备科研生产单位保密资格审查认证准备工作实施方案》的通知
校党发〔2016〕45号	关于何进等同志职务任免的通知
校党发〔2016〕46号	关于郭志恒同志正式任职的通知
校党发〔2016〕47号	关于成立北京科技大学意识形态工作领导小组的通知
校党发〔2016〕48号	关于印发《北京科技大学基层党建工作述职评议考核实施方案》的通知
校党发〔2016〕49号	关于于成文等同志任职的通知
校党发〔2016〕50号	北京科技大学2016年处级单位和处级及以上干部考核办法
校党发〔2016〕51号	关于中共北京科技大学机械工程学院委员会选举结果的批复
校党发〔2016〕52号	关于中共北京科技大学工程技术研究院委员会选举结果的批复
校党发〔2016〕53号	关于中共北京科技大学高等工程师学院总支部委员会选举结果的批复
校党发〔2016〕54号	北京科技大学管庄校区改革方案
校党发〔2016〕55号	关于王文瑞同志任职的通知

校党发〔2016〕56号	北京科技大学涉密人员管理规定
校党发〔2016〕57号	北京科技大学计算机和信息系统保密管理规定
校党发〔2016〕58号	北京科技大学保密工作责任考核与奖惩办法
校党发〔2016〕59号	北京科技大学国家秘密事项及密级确定工作暂行规定
校党发〔2016〕60号	北京科技大学保密管理工作总则

2016年北京科技大学校发文件目录

校发〔2016〕1号	关于建设北京科技大学融合创新研究院的实施意见（试行）
校发〔2016〕2号	关于吴豪伟等同志职务任免的通知
校发〔2016〕3号	北京科技大学学生工作奖励办法
校发〔2016〕4号	关于给予刘江山警告处分的决定
校发〔2016〕5号	关于做好2016年寒假、春节期间安全保卫工作的通知
校发〔2016〕6号	关于公布北京科技大学第七届“研究生教育奖”评选结果的通知
校发〔2016〕7号	北京科技大学仪器设备、家具、软件等货物及相关服务采购管理暂行办法
校发〔2016〕8号	北京科技大学文献、安全防范、后勤保障等货物及相关服务采购管理暂行办法
校发〔2016〕9号	关于孙亚东等同志职务任免的通知
校发〔2016〕10号	关于深入开展学生学习与发展指导工作的通知
校发〔2016〕11号	关于王成彦等同志职务任免的通知
校发〔2016〕12号	关于印发《北京科技大学校园及周边出租房屋复印店专项治理行动工作方案》的通知
校发〔2016〕13号	关于印发《北京科技大学关于开展2016年“小金库”专项治理工作实施方案》的通知
校发〔2016〕14号	关于印发《北京科技大学2016年校庆周工作方案》的通知
校发〔2016〕15号	北京科技大学2016年硕士研究生招生复试与录取工作规定
校发〔2016〕16号	北京科技大学校园网络电子资源使用及管理办法
校发〔2016〕17号	关于成立机构与干部职务任免的通知
校发〔2016〕18号	关于规范校内通信基站管理的通知
校发〔2016〕19号	关于成立机构与干部任职的通知
校发〔2016〕20号	关于申报北京科技大学第27届教育教学成果奖的通知
校发〔2016〕21号	关于做好2015—2016学年度第二学期期中教学评估工作的通知
校发〔2016〕22号	关于2016年专业技术职务评聘工作的通知
校发〔2016〕23号	关于对附小部分教师予以通报批评的决定
校发〔2016〕24号	北京科技大学2016年博士学位研究生招生录取工作规定

校发〔2016〕25号	北京科技大学校园网络服务管理办法
校发〔2016〕26号	北京科技大学关于实施“国际化年”建设计划的通知
校发〔2016〕27号	关于修订产假和婚假管理规定的通知
校发〔2016〕28号	关于开展第四轮学科评估和专业学位水平评估工作的通知
校发〔2016〕29号	北京科技大学举办国际会议管理规定
校发〔2016〕30号	北京科技大学外宾接待管理规定
校发〔2016〕31号	关于成立机构与干部任职的通知
校发〔2016〕32号	关于印发《北京科技大学2016年“安全生产月”活动方案》的通知
校发〔2016〕33号	关于机构变更与干部职务任免的通知
校发〔2016〕34号	北京科技大学集体户籍管理办法
校发〔2016〕35号	北京科技大学本科生海（境）外交流管理规定（修订）
校发〔2016〕36号	北京科技大学“行知世界”学生海（境）外交流资助计划实施办法（暂行）
校发〔2016〕37号	关于乔红任职的通知
校发〔2016〕38号	关于调整2016年度住房公积金的通知
校发〔2016〕39号	北京科技大学研究生奖助学金管理办法（修订）
校发〔2016〕40号	关于杜振民等正式任职的通知
校发〔2016〕41号	关于印发《北京科技大学关于加强仪器设备开放共享的实施方案》的通知
校发〔2016〕42号	北京科技大学外籍教师聘任管理办法（试行）
校发〔2016〕43号	关于加强学生公寓区及教学区车辆管理的通知
校发〔2016〕44号	北京科技大学学生社会实践经费管理办法（试行）
校发〔2016〕45号	关于做好2016年暑期安全工作的通知
校发〔2016〕46号	关于土木与环境工程学院更名的通知
校发〔2016〕47号	北京科技大学国内差旅费管理办法（试行）
校发〔2016〕48号	北京科技大学会议费管理办法（试行）
校发〔2016〕49号	关于公布第27届“北京科技大学教育教学成果奖”评选结果的通知
校发〔2016〕50号	北京科技大学关于表彰2015－2016年先进集体和先进工作者的决定
校发〔2016〕51号	北京科技大学结核病防控工作规范
校发〔2016〕52号	关于肖文胜挂职的通知
校发〔2016〕53号	关于魏鑫等挂职的通知
校发〔2016〕54号	关于进一步加强公共用房出租出借规范管理的通知
校发〔2016〕55号	北京科技大学各类人员编制管理规定
校发〔2016〕56号	北京科技大学实验技术成果奖评审奖励办法（修订）
校发〔2016〕57号	关于张孔军等职务任免的通知
校发〔2016〕58号	关于成立北京科技大学大型仪器设备工作委员会、北京科技大学仪器设备开放共享工作委员会的通知
校发〔2016〕59号	关于王春义等职务任免的通知
校发〔2016〕60号	北京科技大学学术委员会章程

校发〔2016〕61号	北京科技大学学术委员会委员产生办法
校发〔2016〕62号	关于闫相斌任职的通知
校发〔2016〕63号	北京科技大学研究生招生计划分配办法
校发〔2016〕64号	关于给予徐桂英警告处分的决定
校发〔2016〕65号	关于给予米振莉警告处分的决定
校发〔2016〕66号	关于给予胡水平警告处分的决定
校发〔2016〕67号	北京科技大学各类岗位聘任指导意见
校发〔2016〕68号	关于解除刘江山警告处分的决定
校发〔2016〕69号	关于成立北京科技大学人文素质教育中心的通知
校发〔2016〕70号	关于劳动合同制教职工入会工作实施方案
校发〔2016〕71号	关于加强涉密科研项目保密管理工作的意见
校发〔2016〕72号	关于何进等职务任免的通知
校发〔2016〕73号	关于张深根等正式任职的通知
校发〔2016〕74号	关于李正平任职的通知
校发〔2016〕75号	北京科技大学关于制订2017版本科培养方案的原则意见
校发〔2016〕76号	北京科技大学高水平运动员“训练与竞赛”课程考核管理办法实施细则
校发〔2016〕77号	北京科技大学教学津贴管理办法
校发〔2016〕78号	关于于成文等任职的通知
校发〔2016〕79号	关于赵桂娟等职务任免的通知
校发〔2016〕80号	关于王文瑞任职的通知
校发〔2016〕81号	北京科技大学科学技术奖励办法（试行）
校发〔2016〕82号	关于金莹等职务任免的通知
校发〔2016〕83号	北京科技大学科研经费管理办法
校发〔2016〕84号	北京科技大学技术转让收益管理实施细则
校发〔2016〕85号	科研经费劳务性支出管理办法
校发〔2016〕86号	北京科技大学科研项目间接费用管理暂行办法
校发〔2016〕87号	北京科技大学知识产权管理办法（试行）
校发〔2016〕88号	关于做好2017年寒假春节期间安全保卫工作的通知
校发〔2016〕89号	北京科技大学关于加强和改进教学科研人员因公临时出国管理工作的实施细则
校发〔2016〕90号	关于做好2017年元旦、春节期间慰问看望离退休职工工作的通知

2016年北京科技大学大事记

一月

8日　中共中央、国务院在北京人民大会堂隆重举行国家科学技术奖励大会。学校获得5项国家科学技术奖，分别是曹晖副教授等人参与完成的“特种液晶材料及调光膜制备技术”获得国家技术发明二等奖，蔡美峰教授主持完成的“露天转地下高效转型建设大型数字化地下金属矿山的研究与实践”，刘新华副研究员参与完成的“铜管高效短流程技术装备研发及产业化”，乐恺副教授参与完成的“气控热管国家高精度温度源”，张家泉教授参与完成的“高品质特殊钢大断面连铸关键技术和装备开发与应用”获得国家科学技术进步二等奖。

13日　学校在建龙报告厅召开违反“八项规定”自查自纠整改推进会。党委书记罗维东，校长张欣欣，党委副书记戴井岗，副校长孙冬柏、何民庆等参加会议。

15日　以“研途有我，鼎新未来”为主题的2016届北京科技大学春季研究生毕业典礼暨学位授予仪式在体育馆隆重举行。

22日　学校2015年度总结表彰大会在教职工活动中心召开。在校校领导、各单位负责人、获奖代表和教职工代表参加会议。会上，学校对人才工作、教育教学工作、科研工作、学生工作等领域涌现出的先进集体和个人进行了表彰。

1月　学校冶金与生态工程学院朱荣教授科研团队开发的“电弧炉炼钢复合吹炼技术”成功入选《世界金属导报》评选的“2015年世界钢铁工业十大技术”。

1月　学校钢铁生产全流程虚拟仿真实验教学中心成功获批教育部2015年国家级虚拟仿真实验教学中心。

二月

25-26日　学校召开2016年寒假党委（扩大）会议，讨论2016年学校工作要点和“十三五”事业发展规划。全体校领导、党委委员、各二级单位（党委）主要负责人参加了会议。

三月

3日　全国学校共青团研究中心（以下简称“中心”）2016年工作座谈会在学校举行。团中央书记处书记傅振邦，教育部思政司司长冯刚、基教一司副司长俞伟跃，党委书记罗维东，中心副主任、党委副书记、副校长薛庆国，中心学术指导委员会主任、清华大学林泰教授和中心工作指导委员会、学术指导委员会的领导、专家等出席会议。

9日　学校国家材料环境腐蚀平台荣获美国腐蚀工程师协会（NACE）颁发的杰出机构奖（Distinguished Organization Award），该奖项主要奖励长期以来在腐蚀科学或工程领域有杰出贡献或重大技术贡献的组织或机构。

16日　学校召开2016年党风廉政建设和反腐败工作会议。会议由校长张欣欣主持，党委副书记、纪委书记戴井岗传达了中纪委十八届六次全会、教育部党风廉政建设工作会议精神并作纪委工作报告，党委书记罗维东发表重要讲话。全体校领导、党委委员、纪委委员、全校中层干部、重点岗位科级干部200余人参加会议。

16日　学校在建龙报告厅召开二级党组织书记抓基层党建工作述职评议考核会，土木与环境工程学院党委、机械工程学院党委等12个二级党组织书记进行了现场述职，相关校领导、党委委员、纪委委员、党代表、教代会代表、政协委员、不述职单位书记、不述职单位院长代表、基层党员干部、群众代表、党群部门负责人等参加会议并担任评委。

19日　学校“87级校友基金”颁奖仪式在建龙报告厅隆重举行。学校87级校友耿识博、余俊生、陈东卫、何伟速、齐宏宇、田矿、孙景宏、何进、刘明珠、张武军、王静松、吴永明作为“87级校友基金”管委会成员代表参加仪式，党委副书记、副校长薛庆国，副校长何民庆等出席颁奖仪式。

31日　学校第18讲“理学之美”名师讲坛在建龙报告厅举行。中国科学院院士、北京大学化学学院席振峰教授作题为《双金属有机合成试剂化学》的学术报告。校长张欣欣、副校长王戈在报告会前与席振峰进行了会谈。

3月　学校与比利时鲁汶大学、瑞典皇家工学院联合申报的“中欧新金属材料及钢铁冶金新技术卓越博士生培养项目”成功获批2016年“创新型人才国际合作培养项目”。

3月　学校与加拿大麦克马斯特大学、英国邓迪大学等13所国际知名高校合作的共13项校际交流项目获批2016年“优秀本科生国际交流项目”。

3月　李立东教授团队在新型光功能材料的设计制备领域的最新研究成果在国际顶级著名学术期刊*Angewandte Chemie International Edition*（《德国应用化学》）上发表。

3月　教育部下发《国务院学位委员会关于下达2014年学位授权点专项评估结果及处理意见的通知》，学校校外国语言文学学科学位授权点（一级学科博士点）顺利通过本次专项评估。

3月　学校青年教师于明鹏博士与邱宏教授等合作，在新型石墨烯基锂硫电池正极材料方面取得新的重要研究进展，研究成果在该领域的国际顶级学术期刊《能源与环境科学》（*Energy & Environmental Science*，影响因子：20.523）上发表。

四月

12日　京津冀钢铁科技协同创新与绿色发展座谈会暨京津冀钢铁行业节能减排产业技术创新联盟与河北省迁安市对接科技成果签约仪式在学校举行。京津冀三地科技部门及河北省迁安市各级领导，钢铁联盟理事长，中国人民银行营管部、金融机构代表及联盟理事单位、会员单位代表等共同参加了大会。

15日　学校能源与环境工程学院成立大会在土环楼金诚信报告厅举行。党委书记罗维东，校长张欣欣，党委副书记权良柱，副校长吴爱祥，党办、校办主任张卫冬，组织部部长孙景宏，热科学与能源动力系、环境工程系全体教师及学生代表共计100余人参加大会。

15日　中共中央政治局常委、国务院总理李克强在北京大学英杰交流中心召开高等教育改革创新座谈会，53所在京的部属、市属、民办高校和有关部门负责人参加会议。学校党委书记罗维东、校长张欣欣参加座谈会。张欣欣校长作为高校代表之一，继北京大学、清华大学之后向总理汇报了学校改革创新情况。

18日　中国材料名师讲坛第八十讲在教职工礼堂隆重举行，中国工程院院士谢建新作了题为《金属控制凝固与控制成形加工新工艺》的专题报告。

20日　教育部公布了2015年度“长江学者奖励计划”入选名单，学校冶金与生态工程学院陈骏教授获得“长江学者奖励计划青年学者”称号。

20日　国家自然科学基金委主任杨卫、副主任高瑞平，计划局副局长王岐东，工程与材料科学部副主任车成卫等一行到学校调研工作。学校在办公楼306会议室举行了科研工作汇报会。党委书记罗维东主持，校长张欣欣，副校长孙冬柏、王戈、吴爱祥，中国工程院院士谢建新和部分教师代表参加了会议。

22日　由教育部关心下一代工作委员会、中国工程院科学道德建设委员会联合发起的“院士回母校”活动在学校隆重举行，教育部关工委主任李卫红、中国工程院副院长刘旭出席活动。中国工程院院士、钢铁冶金1959届校友徐匡迪和中国工程院院士、冶金2002级博士校友毛新平回到母校分享了他们钢铁强国、科技报国的人生经历。

23日　北京科技大学“校长相约共话成长”主题论坛暨2016年校长奖章评选启动仪式在教职工活动中心举行。校长张欣欣、副校长王戈出席活动并分别作主题演讲，数位历届“校长奖章”获得者代表出席活动。

26日　学校与故宫博物院战略合作协议签署仪式在故宫博物院举行。校长张欣欣与故宫博物院院长单霁翔代表双方签署协议。仪式上，单霁翔院长受聘为学校兼职教授，将担任北京科技大学科学技术史、文物与博物馆专业的研究生导师。

27日　学校党委中心组举行“学党章党规、学系列讲话，做合格党员”学习教育活动专题学习会议。党委书记罗维东主持会议并传达了习近平总书记关于“两学一做”学习教育的重要指示精神和刘云山同志、赵乐际同志在“两学一做”学习教育工作座谈会上的重要讲话精神。

五月

5日　学校“两学一做”学习教育动员部署会在教职工活动中心举行。党委书记罗维东做动员部署讲话，副书记权良柱传达习近平总书记关于“两学一做”学习教育的讲话精神。

11日　学校召开教师干部大会。教育部党组成员、副部长朱之文，教育部人事司巡视员魏士强，北京市委教育工委常务副书记张雪出席会议。朱之文副部长代表教育部党组宣布北京科技大学党委书记的任免决定，武贵龙同志任北京科技大学党委书记；因年龄原因，罗维东同志不再担任北京科技大学党委书记职务。

26日　学校召开第四轮学科评估工作推进会。党委书记武贵龙、校长张欣欣出席会议并讲话，各学院负责人、拟参评学科负责人、学科评估工作联系人、相关机关部处负责人等参加了会议。

27日　学校组织召开二级党委书记座谈会，各二级党委书记、党委相关部门负责人等近40人参加会议。党委书记武贵龙出席会议并讲话。

28日　学校举行第二十五次学生代表大会、第十二次研究生代表大会。党委书记武贵龙、校长张欣欣、党委副书记权良柱、副校长王维才、全国学联执行主席刘政磐、北京市学联执行主席蔡程程等出席大会。学校各部处及学院负责人，北京各兄弟高校学生会负责人和全体学生代表参加大会。

28日　学校创业团队在“创青春”首都大学生创业大赛上共获得2项金奖、4项银奖、7项铜奖，并以优异成绩摘得大赛“优胜杯”。

六月

1日　北京市委“两学一做”学习教育第五巡回督导组成员林蓉蓉、市委教育工委副调研员王曙辉来校调研“两学一做”学习教育开展情况，党委副书记权良柱代表学校党委作汇报发言。

1—7日　国家“十二五”科技创新成就展在北京举办。新材料技术研究院李晓刚教授团队在重大科技专项方面的两项科技创新成果、材料学院曹文斌教授团队成果入选获展。

13日　冶金工程研究院正式更名为工程技术研究院。更名仪式在科技楼学术报告厅举行，校长张欣欣、副校长吴爱祥出席会议。

14—16日　由钮英建、吴超等六名专家组成的中国工程教育专业认证专家组进驻学校，对安全工程专业开展现场考查工作。党委书记武贵龙、校长张欣欣分别出席认证工作意见反馈会和专业认证工作汇报会。

17日　学校第八届教代会二次会议在教职工礼堂举行。全体校领导、学校教代会代表、党代会代表等近260人参加了会议。

23日　学校土木与环境工程学院和冶金与生态工程学院共同承办的“中国矿冶学科121周年学术研讨会”在天工大厦会议中心举行。中国工程院殷瑞钰院士、范维澄院士、张文海院士、张懿院士、蔡美峰院士及来自全国高校矿冶院校的校长、副校长，学院院长、副院长，长江学者，杰青等100余名知名学者参加会议。校长张欣欣，党委副书记、副校长薛庆国出席会议。

24日　学校2016届学生毕业典礼暨学位授予仪式在学校体育馆举行。党委书记武贵龙，校长张欣欣，党委副书记戴井岗、薛庆国，副校长孙冬柏、王维才、王戈、吴爱祥、何民庆，以及校学位委员会委员，各学院、研究生培养单位负责人，相关职能部处负责人，部分留学生所在国家驻华大使馆大使、参赞及校友代表出席典礼。4000余名2016届留学生、博士生、硕士生、本科生和1000余名学生家长参加毕业典礼。

26日　学校承担的国家“863计划”重大项目“先进粉末高温合金的研制及制备技术”课题的项目任务“注射成形增压涡轮制备技术研究”顺利通过科技部验收。

27日　ICGA国际计算机博弈锦标赛在荷兰莱顿大学（Leiden University）落下帷幕。学校获得了金牌1枚、铜牌2枚。

七月

4日　学校党委中心组召开理论学习会议，专题学习习近平总书记在庆祝中国共产党成立95周年大会上的讲话精神。

5日　教育部高等学校科学发展研究中心主任王炳林教授受邀来学校，作题为“学习贯彻习近平总书记系列重要讲话精神”的辅导报告。

5—9日　学校组织第27期新任处级干部培训班，29名新任处级干部参加培训。

13日　由学校牵头的国家重点研发计划项目“深部金属矿建井与提升关键技术”获得中国21世纪议程管理中心立项批复。该项目是“十三五”国家重点研发计划“深地矿产资源勘查开发”重点专项中深部矿产资源开采理论与技术方向优先启动的项目之一。

14日　学校国家重点研发计划申报总结动员会在教职工礼堂召开，校长张欣欣、副校长孙冬柏出席活动并讲话。自2016年6月22日开始，在公示的41个国家重点研发计划重点专项2016年度项目立项清单中，学校作为项目牵头单位获批5项，项目经费为1.3亿元；作为课题牵头单位获批27项，课题参加获批超过40项。

20日　教育部发展规

划司司长谢焕忠一行四人莅临学校调研指导学校基本建设工作。学校党委书记武贵龙，校长张欣欣，副校长吴爱祥、何民庆，以及党办、校办、财务处、后勤基建处负责人参加了调研座谈会。

21日　党委书记武贵龙以“深入学习习近平总书记在庆祝中国共产党成立95周年大会上的讲话精神，促进传统优势学科转型发展”为题为冶金与生态工程学院钢铁冶金系党支部全体党员讲主题党课。

八月

2日　北京科技大学原校长王润同志遗体告别仪式在解放军306医院举行。张欣欣、权良柱、戴井岗、王维才、王戈、吴爱祥等在校领导，李静波、罗维东、徐金梧等老领导及蔡美峰院士等知名教授共同向王润同志表达了沉痛悼念和无尽哀思，并向其家属表示亲切慰问。王润同志亲属、生前好友、各界人士、学校师生代表等200余人参加了遗体告别仪式。

30日　学校2016级本科生新生开学典礼在学校体育馆隆重举行。校党委书记武贵龙、校长张欣欣，党委副书记权良柱、戴井岗，副校长孙冬柏、王维才、王戈、何民庆，以及相关职能部处、学院负责人出席开学典礼，全校3000余名2016级本科生及部分新生家长参加典礼。

31日　在由中国教科文卫体工会全国委员会主办，上海市教育工会、华东师范大学承办的全国青年教师教学竞赛决赛中，数理学院青年教师李娜取得理科组第一名，获得一等奖。

8月　由学校牵头的国家“863”计划高温合金热端部件服役损伤机制及其寿命评估技术课题顺利通过验收。该课题是“十二五”期间国家“863”计划在新材料技术领域“高品质特殊钢核心技术（二期）”重大项目中的课题之一。

九月

5日　学校召开2016年暑期党委（扩大）会议，专题研讨人事制度改革有关工作。全体校领导、党委委员、各二级单位（党委）负责人参加了会议，各学院行政副院长及人事处有关人员列席会议。

5－6日　由学校牵头、纪洪广教授作为项目负责人承担的国家重点研发计划“深部金属矿建井与提升关键技术”项目启动大会在学校召开。

9日　学校在逸夫科技馆召开2016年教师节庆祝暨表彰大会。全体在校校领导、获奖教师、二级单位负责人、教师及学生代表200余人参加大会。

10－11日　第十二届海峡两岸气候变迁与能源可持续发展论坛在学校举行，校长张欣欣、副校长王戈出席活动。

11－15日　第十三届国际高温合金大会在美国宾夕法尼亚举行。学校新金属材料国家重点实验室博士生赵云松在此次会议上荣获大会最佳墙报论文奖，成为获此殊荣的首位中国培养博士生。

14日　加拿大皇家科学院院士、加拿大工程院院士、欧洲科学院院士Federico Rosei教授做客“中国材料名师讲坛”第82讲，为师生作了题为“Multifunctional Materials for Electronics and Photonics”的精彩报告。

27日　学生代表重点提案校长办公会在学校办公楼320会议室召开，校长张欣欣、副校长王维才出席会议。本次办公会旨在研讨、推进2016年学生代表大会12项重点提案的回复和解决。

9月　学校主办的《矿物冶金与材料学报》再次获得“中国科技期刊国际影响力提升计划”资助，将于2016—2018年继续获得50万元/年共计150万元的资助。

十月

14日 有机高分子材料专家、中国工程院院士蹇锡高做客“中国材料名师讲坛”第83讲，以“新型杂环高性能工程塑料及其加工应用研发进展”为题为师生作报告。

15日 为期三天的第二届中国“互联网+”大学生创新创业大赛在华中科技大学落下帷幕。学校Robits创客教育团队获得大赛金奖，星空主题科普酒店团队获得大赛银奖。Robits创客教育团队指导教师、高工学院刘立教授获得全国大学生创新创业优秀指导教师。

19日 北京科技大学第八届教代会三次会议在教职工礼堂举行。校党委书记武贵龙，校长张欣欣，党委副书记、工会主席戴井岗，副校长王维才、王戈、何民庆，校长助理肖文胜出席会议，学校教代会代表177人参加了会议。

21日 北京科技大学当代语言科学研究中心及世界文学文化研究中心成立仪式在外语楼315会议室举行。

21日 中国香港何梁何利奖2016年度颁奖大会在北京钓鱼台国宾馆隆重举行。学校谢建新院士荣获何梁何利基金“科学与技术进步奖”。

26日 学校在天工大厦隆重举行建校元老、著名金属材料学家和教育家章守华先生百岁华诞座谈会。

26日 高效轧制新技术论坛（2016）在学校逸夫科技馆召开。中国工程院院士王一德、谢建新、毛新平、胡正寰，教育部科技司处长董维国，太原理工大学校长黄庆学，燕山大学校长刘宏民，学校校长张欣欣、副校长吴爱祥出席会议。近百位合作单位代表，轧制中心老领导、老同志，校友、师生代表等共计200余人参加会议。

27日 第二十六期“啡常时光——与校长面对面”系列活动在学校图书馆如期举行，校长张欣欣、校长助理肖文胜与来自各个学院的30位新生就“梦想起航”主题进行交流，对新生们提出的建议及困惑予以解答。

28日 学校2017届毕业生校友企业大型双选会在体育馆举行，150余家校友企业参会，提供就业岗位3000余个。校长张欣欣、副校长何民庆到场与校友企业进行交流并看望求职毕业生。

10月 学校印发《守纪律讲规矩——北京科技大学作风建设实用手册》，引导广大教职工特别是党员领导干部在工作实践中准确理解和落实中央八项规定精神，认真执行有关制度，切实增强廉洁自律意识，共同推进学校作风建设。

十一月

1日 由中国学位与研究生教育学会德育委员会主办，学校承办的中国学位与研究生教育学会德育委员会第十届学术年会在北京召开。副校长王维才出席开幕式并致辞，德育委员会第四届全委会主任委员张跃作工作报告。

8日 海淀区人大代表北科大选区正式候选人与选民见面会在建龙报告厅召开。选区正式人大代表候选人王维才、左鹏、申亚男、李淳（按姓氏笔画排序），选区工作组组长、党委副书记权良柱出席见面会。

8－10日 中国工程教育专业认证协会专家组进驻学校，对矿物加工工程专业开展工程教育专业认证现场考察工作。8日上午，校长张欣欣出席工程教育专业认证工作汇报会并致欢迎辞。10日，副校长吴爱祥参加认证工作意见反馈会。

12日 学校“励志计划”第七届开学典礼、第六届结业典礼暨“不忘初心·青春向上”主题论坛在建龙报告厅举行。副校长王维才、何民庆出席活动，谢辉、余俊生、黄孝斌等16名校友莅临现场与青年学生对话交流，校友导师代表、神州优车集团董事长兼CEO陆正耀为励志学员授旗。

22日　接海淀区选举委员会通报，根据《北京市区、乡、民族乡、镇人民代表大会代表选举实施细则》规定，北科大选区左鹏、王维才、申亚男三名同志当选为海淀区第十六届人民代表大会代表。

23日　学校2017届毕业生秋季大型双选会在体育馆举办，242家京内外企业参会，提供就业岗位5000余个。党委书记武贵龙到场与招聘企业进行交流并看望求职毕业生。

24日　党委书记武贵龙以“学习和贯彻中共十八届六中全会精神，深入推进全面从严治党”为主题为马克思主义学院思想政治教育专业2016级博士及硕士研究生讲授党课。

28－30日　中国工程教育专业认证协会专家组进驻学校，对通信工程专业开展工程教育专业认证现场考察工作。

29日　北京高校思想政治理论课建设专项督查第一专家组对学校思想政治理论课建设情况开展专项督查。专家组成员中国地质大学（北京）原党委副书记王聪，对外经贸大学党委副书记文君，学校党委书记武贵龙，副书记权良柱、戴井岗，副校长王维才等出席汇报会。

11月　由学校牵头、张学记教授作为项目负责人承担的“十三五”国家重点研发计划数字诊疗装备研发专项“微流控器件－核酸质谱集成装备研制及在肿瘤精准医学中的应用解决方案”项目启动仪式在学校举行。

11月　美国科学情报研究所公布了最新一期ESI学科排名，学校物理学科排名进入全球大学和科研机构前1%，成为继材料、工程及化学学科之后第四个进入全球大学和科研机构前1%的学科。

11月　北京市委教育工委开展首批北京高校思想政治理论课特级教授、特级教师评聘工作，学校马克思主义学院教师彭庆红、左鹏被评为北京高校思想政治理论课特级教授，刘丽敏、赵静被评为特级教师。

十二月

5日　中国著名计算数学、计算力学与软件工程专家、中国工程院院士崔俊芝做客中国材料名师讲坛第85讲，以“金属材料热－力学分析的原子－连续关联模型及算法”为题作报告。

5日　江西理工大学党委书记罗嗣海、校长杨斌达一行来学校交流访问。学校党委书记武贵龙、校长张欣欣等与来访嘉宾进行了座谈交流。近日，中国金属学会主办的“第二届冶金青年创新创意大赛”落下帷幕。学校博士研究生刘洋的“冶金领域钙处理生产过程的在线预测和指导软件”项目荣获特等奖。

9日　“北科大·秦安精准扶贫129公益接力计划”正式启动，全校129个学生团支部认领甘肃省秦安县贫困农户129棵苹果树，开启一场“苹果树之恋”。秦安县县委副书记、县长程江芬，秦安县副县长张海龙，学校副校长王维才、吴爱祥出席活动。

14日　校党委书记武贵龙主持召开学校党委中心组理论学习（扩大）会议，传达学习贯彻全国高校思想政治工作会议精神，研究部署下一阶段相关工作。全体校领导、校党委理论中心组成员、校党委委员、各二级党委书记等参加会议。

15日　2016中国创新设计大会于今天上午在人民大会堂召开。学校谢建新院士主持完成的“高性能铜铝复合材料连铸直接成形”项目荣获“2016中国好设计”银奖。

18日　北京科技大学数理学科战略咨询专家委员会成立大会暨首届数理学科战略咨询研讨会在学校会议中心举行，校长张欣欣、党委副书记权良柱出席会议。

20日 “时代凌宇·求是理论奖学金”捐赠仪式举行。北京时代凌宇科技股份有限公司董事长黄孝斌、副总裁黄飞，学校党委书记武贵龙、副书记权良柱、副校长何民庆出席此次捐赠仪式。“时代凌宇·求是理论奖学金”是全国高校首个针对学生理论社团设立的奖学金。

20日 2016年北京高校“我的班级我的家”优秀班集体创建评选活动落下帷幕。学校计算机与通信工程学院物联1301班获得“十佳示范班集体”称号。

21日 2016年北京高校红色“1+1”示范活动展示评选会在北京化工大学举行。学校土木与资源工程学院土本151党支部荣获北京市高校红色“1+1”示范活动一等奖。

22日 “名家领读经典”北京高校市级思想政治理论课第十一讲在学校教职工活动中心开讲，著名经济学家李稻葵以《中国经济发展展望》为题为现场师生授课。

26日 学校与中铝公司在中铝中央研究院签署技术创新合作协议。中铝公司党组书记、董事长葛红林，北京科技大学校长张欣欣，中铝公司党组副书记、副总经理及中铝股份总裁、中铝中央研究院院长敖宏出席仪式。中铝公司党组成员、中铝中央研究院第一副院长刘祥民，北京科技大学副校长孙冬柏分别代表双方签署协议。随后，中铝公司与北京科技大学联合工程技术中心正式揭牌成立，葛红林、张欣欣共同为该中心成立揭牌。

27日 召开全国高校思想政治工作会议精神学习传达会。全体校领导、党委委员、全体中层正职干部，宣传部门、学生工作系统处级干部，以及马克思主义学院班子成员参加学习。会议由党委副书记权良柱主持。

28日 北京市委常委、教育工委书记林克庆，市委教育工委常务副书记张雪等一行4人来学校走访调研。

30－31日 学校创作排演的大型原创话剧《奔流》面向全校师生隆重上演。

12月 设计界的“奥斯卡奖项”——中国设计红星奖颁奖典礼落下帷幕。学校工业设计系覃京燕教授带领的KING77工作室设计团队作品《空性之数舞——光影睡莲，智能服装可穿戴设备设计》荣获中国设计红星奖优胜奖（排名第一）。

12月 教育部高教司司长张大良、理工处调研员侯永峰莅临学校调研本科生教学工作。学校党委书记武贵龙、校长张欣欣及全体教学委员会委员、相关单位负责人参加了调研活动。

2016年毕业生名录

2016届本科毕业生名录

土木与资源工程学院(308名)

张海军 吴忠胜 谭垚 马新毅 于思洋 扎西顿珠 王子洪 王志强
王晨 石家瑞 边巴 刘晓宇 刘班爽冀 朱珠 张玉帅 张宗才
张玥 张超哲 张慧 李鹏 杜宇 邱敬华 陈大庆 陈亚丽
林强 洪德杨 栾浩凯 海生虎 高超伟 梁静 廖凌凯 樊猛
吴海军 王自银 曹云龙 黄斐涵 谢淼 米家辉 王黎 王寰宇
韦杉杉 付相球 刘吉祥 刘周坤 毕乾 张天舒 张嘉诚 李世民
李雪菊 杨一帆 杨飞跃 杨春波 杨晓敏 陈东升 陈廷洋 卓顺
呼必特 赵鹏宇 郝作亮 唐铭浩 高志浩 韩文博 李鹏飞 杨博涵
马勇 木辉提·吐尔汗 王东 王怡 叶晓旭 宁宁 石发才
刘卜宁 刘聿灿 何德松 张佳斌 张毓超 杨帅 杨雄方 沈潇
陈光旭 周晶晶 季霜 易亚星 胡辉天 赵乾隆 赵瑞衵 高兴
曹飞 曹烨 谢明雷 韩兴诗 黎伟佳 薛皓天 王可 王亚震
王伟 王晓溪 王海龙 刘欢 孙铮 安萨尔 朱尚毅 吴道成
宋丽霞 张科 张普锦 张聪 李炜轩 肖云扬 陈桢博 周军
周明 易淑华 范浩然 洪源 钱城 高龙山 黄羽 黄德敏
董贺哲 韩虎 潘阳 李丰晨 李一平 杨昌果 马晓宇 马鸿坤
王开 王雪 申琳 刘白颿 孙鸿燕 孙嘉臣 阴紫荷 张亦晨
张馨月 李悦宁 汪子越 苏丽燕·阿不力克木 谷宇 邵荟芯 陈小雅
阿依奔·公社别克 林丽娟 罗秋晗 徐丹 耿帅 耿榕悦 耿熹娜
黄其若 蔡怡清 檀胜应 李鹏飞 高哈尔·别克包松 于桐 马思路
王琪琪 冯一鸣 史金玉 孙明昊 朱肖静 张例 张政 张锦云
张燕 李娜 李慧 杨雅娟 姚文婷 姜皓天 贺凯 徐梦
梁凯 彭源 斯钦夫 靳晓娜 樊懿轩 刘之凡 方月 刘靖哲
严义昌 杨治刚 马涛 牛小萌 王京京 兰桂 冯凯 包子朋
刘爽 刘晴 朱洪民 宋子鸣 张莹莹 张锡宁 张磊 李一帆

杨婧钰	沈栩杰	陈宇航	陈　娜	封熠倩	赵元辰	高金鑫	盛　羽
喻　彪	韩　晶	蔡佳然	周　月	马　烁	王方乾	王明远	王智怡
王皓宇	韦梦菡	史　昕	刘建国	刘超越	李丹辰	杨　钊	周安伍
周　鑫	苗雨加	姜莉文	赵霆霄	唐　韬	黄文斌	曾　杰	雷昊坤
雷毅成	熊佳富	刘　超	卜　实	马浩吉	马　麟	伍林肯	刘尚宇
刘相相	刘　富	祁　天	余　昕	张凯民	张　峰	李翔宇	杨　巧
陈文斌	陈俊心	赵健云	钱运秋	梅绘麟	彭青松	焦云鹏	蔡　进
马　斌	王爱水	邓　超	刘　鹏	牟洪斌	张双浩	张秋楠	李桂铭
杨歆腾	陈冬冬	范刘飞	姚冠宇	赵礼刚	郝亚茹	唐　舟	郭明明
崔鹏飞	梁　凯	蒋　超	谢　悦	熊韶运	万炫炫	于　超	马崇刚
丰丽琴	仇云飞	毛申星	王　南	王铠丰	吴　俣	张明硕	张林阳
张栋栋	沈康晴	陈静仪	周　樵	林中槐	姜祖鹏	王守政	王　琦
田　宇	龙文俊	刘伟然	刘利伟	宋万鑫	张　鸽	孟　伟	罗　建
洪　浩	郭　崇	圈炳忠	曹婷婷	章狄锋	菲茹孜·艾毕布拉		蒋　恺
鄢琪慧							

冶金与生态工程学院（185名）

黄兴雨	王鹏飞	冯靖轩	余荣彪	王新朝	刘　洋	孙圣钦	孙　鑫
朱袁申	张庆宇	时振领	李文杰	李志刚	李　杨	李　姗	李静远
李　鑫	杜斌斌	汪椿东	周沂婷	范筱玥	柏慧凝	徐海坤	徐航宇
韩　谦	廖源源	潘新祥	王容岳	王榕榕	王　璞	兰　茜	石荣建
刘　烨	刘琦峰	刘　蕊	吕喜庆	孙飞龙	许城森	过　政	邢立东
余相灼	宋世豪	张乔松	张晓磊	李巧琦	李　根	杨　旭	陆亚男
陈秋宇	侯晓辉	夏俊涵	涂　浩	高　崇	丁梦柳	于亚光	马佳旺
方　志	牛　帅	王焕焕	王　萌	田　珍	田海浪	白　杨	石　垚
刘香琴	纪龙杰	吴水鲲	张曙浩	李欣航	杨星波	沈星佑	肖启卓
陈永记	苗志奇	金　晟	姚　远	赵　鹏	骆　昶	商小波	董　浩
魏渊渊	郑才慧	顾　晨	王大航	王启明	王凯迪	王　睿	王　璐
兰雪影	冯成彬	左琳琳	石佳季	任锡鹏	刘　奇	刘　腾	张志敏
张健博	张　震	李中华	邱万烽	邱秋根	陈　蓉	林青山	林肇森
郑东山	侯　勇	赵宜娜	徐培森	董建春	陈纪含	张建伟	陈云峰
毛寒成	王　阳	王泽华	丛　容	刘清贤	字学能	纪　卓	许兰兰
吴双平	吴　军	杨　圣	杨　涛	苏　航	武文合	罗红烨	罗　茺
院虹余	唐天平	徐　涛	涂凯路	郭伟星	鄢继源	廖军华	徐郭莉
李　闯	田　云	马长昊	尤朝戈	王冰山	王鹤学	冉　鹏	史宇欣
田春阳	刘青阳	刘　喆	刘慧娟	别中华	宋　正	张万龙	张雪娇
李晓才	杨　涛	岳子程	金绮晖	姚苏哲	洪俐根	逄淑华	徐一凡
郭啸东	梁　瑶	黄旭存	惠涛涛	路　帅	方　洲	白冠纯	伊丽娜
刘仟策	刘林林	李　旭	李旭冉	李玥葶	李　悦	玛丽娅·奴尔兰	

阿茹·苏里坦　阿瑶乐·赛肯　陈　希　周剑玲　赵会娟　曾卓成
韩帅帅　韩志鹏　褚建文　田　野

材料科学与工程学院(439名)

王　京　侯先杰　洪嘉峰　赵靖霄　张逸飞　常亦舒　孙申珲　吴晓涵
李和章　杨雪珊　杨楚舒　刘倩文　王　曼　南波航　袁新宇　徐志锋
卢年慧　达吾林·艾力汗　郭升晖　马嘉东　王　适　王　涵　田　袁
何京津　张宇璇　李俊杰　张　颖　贾皓东　隋春蕾　程皖南　刘晓彤
纪若男　吴梦涓　张红男　李亚迪　李　玲　亢久隆　吴敦明　付梦凡
徐毛潭　卢　亮　朱书贤　张生杨　张雯雯　高小川　孙佳兴　张　闫
胡小涛　程　潮　魏　博　王莎莎　李　静　陈晓冰　陈韫韬　柳子凡
李科均　杨博闻　姚　遥　胡　鹏　唐天竹　韩　博　张世有　李车薪
俎　瑞　陶承东　高振环　崔靖羽　万　天　李延宇　邵珠印　赵高舒
郭谦益　万新宇　吴智清　杨　泽　武平伟　崔惊鸿　詹景麟　张安琪
买买提吐尔逊江·阿布都卡的　张蕴财　李晓阳　汪国涛　皮朝庭　张公桢
郑承致　聂士程　黄泽鹏　樊　玮　刘倩男　郭智先　刘前标　洪孟羽
海广通　付国栋　董　唱　刘怡然　谢佳冰　孔得磊　王　宁　王弘扬
刘逸飞　杜鸿星　陈定向　周宁波　俞瑞华　郝柏宇　郝磊磊　彭菲菲
申　奥　江一帆　张　平　陈国俊　林广涛　杨　坤　秀立稳　赵　栋
任玉柱　安尼亚尔·艾尼瓦尔　宋建源　张诗辉　何　凡　张笑尘　李　强
杨　鹏　黄亚鑫　肖　宇　陈　磊　周念圻　姚江峰　赵长恺　赵　鹏
逄凯宇　马一嘉　王　力　王　超　刘　奇　毕若凌　阮福生　张立君
李　铖　徐凯文　殷海迪　康继涛　曹淞禹　黄　展　黄理平　从士豪
王舒帆　王　超　任　科　刘玉坤　刘　成　吕志威　朱海文　吴茂源
张嘉诚　李　毅　姚立鹏　马　骁　及　顺　王宇航　刘煊煊　闫　强
张宇飞　李　轩　李昌林　杨彭宇　孟亚男　海旭升　陶　昕　谢天扶
魏安启　张俊龙　李少通　杨庆利　丁海波　于　淼　刘川林　刘　荣
孙思强　张兆锐　张　毅　束俊洲　王颖涛　叶鸣宇　张　凯　陈俊杰
王丽环　谢立影　张　鹏　陈　昊　孔宇威　王圣岚　王淑欣　任永霞
朱叶明　张晓亮　曹米丹　章雨峰　蒋令杰　潘梦秋　薛梦婵　魏　争
刘跃华　孙燕妮　张　凯　陈之行　罗　霄　晏文斌　聂东旭　黄丹蓝
黄　瑾　丁　鹏　文泽宙　王帅党　王　晨　王　强　刘中群　李春昕
蒲　旸　袁关杰　董浩凯　王梦茹　白祝洽　任　翊　刘　动　张幼城
张　胜　张博弈　李子玉　梁阔泽　黄一君　黄昭林　叶　栋　申　航
张子珩　李　婷　杨　静　郭嘉祥　崔立莹　苏　晖　邵佳敏　郑环东
郑　睿　姚依林　夏启峻　袁孝民　钱学海　康　恺　代宗标　梁　靖
王嘉妮　李沛源　鄢　倩　李宛桐　刘倩倩　肖仕琪　周雨铃　查　立
郭斐斐　曾志强　谢胜男　刘　云　张智寰　赵亚昕　袁佳昀　王晶莹
孙永安　李高洁　陈丹阳　陈展鹏　陈　斌　郑启弘　董子尧　蒋中国

丁俊凯	王 龙	刘克昌	刘树旗	吴振宇	李 政	杨 鹏	秦 乾
罗丽莎	杨佳楠	周 雷	谢 璐	马英利	王 宁	刘军强	张丰毅
张泽宇	周 楷	宜周翔	施信超	徐高瑞	崔永辉	黄志成	漆露平
薛丹月	刘 烁	李铭璐	陈力维	周 洋	和思亮	孟 瑶	练海文
范世洋	范海燕	曾伟杰	牛金胜	余程巍	李旭亮	杨景智	涂蕴超
李 泉	姜 玉	刘文艳	彭 博	侯晓钧	陈利红	马 琪	曾广明
王志航	周彦凯	赵思博	高 阳	刘 翔	金敏敏	李 想	林 雪
陶 媛	顾 涵	刘 录	杨 琼	曾雪淇	朱庆麟	阿合波塔·巴合提	
周骁腾	窦轲轲	裴丽娟	郑雪薇	贾梦依	黄柳明	温佳慧	董 畅
李 爽	毋健飞	唐亮珍	崔志成	张葆玥	王钰焱	胡博元	陈可心
马晨红	尹浩明	王梦婷	田 骉	石慧峰	刘仁铭	刘海潮	江 涵
吴 宇	吴良欢	吴晓芳	张毓晨	李玉洁	李 玲	李雪娇	陈幸利
陈 琛	宛 琬	欧 影	范 准	段智龙	赵起越	徐天天	桂秦源
聂 熙	郭 睿	梁 超	黄 薇	彭婉玥	路 琳	魏正阳	文 雯
王云飞	王艺霖	王 晓	王 晨	甘雨松	孙 超	李书静	李其臻
李昊澎	李奕霖	杨士琦	杨 坤	肖 菲	陆曼荔	周文洋	范雪松
赵文宇	赵亚洁	赵 硕	徐天杨	郭建山	郭铭琦	郭睿章	彭佳琦
彭贤文	叶小舟	马彦军	王世奇	王室皓	甘婉珏	田伟鉴	田 兴
刘朔頔	刘 潇	阮 山	别小晗	宋溢文	李天怡	李 扬	李邵妮
肖少彦	邹 博	柳元喆	柳航宁	赵桂烽	郝 园	郝岩松	唐颂颂
高 兴	曹刘博	梁永康	舒 瑜				

机械工程学院（589名）

牟忠强	潘 登	孙 宾	马顺宝	王 金	王超杰	邓蹇超	冯道方
包振男	任晓文	刘雍璋	朱咸斌	朱浩民	江伟文	宋 鑫	李 洁
孟朝炜	姜小宇	赵 婷	高鹏飞	黄立宇	富辰瑶	蒋志敏	韩 林
蒲松松	靳腾飞	熊莛菲	戴一鸣	范云飞	钟智颖	李中南	钱清婷
王少显	王 灏	刘章龙	刘 聪	吕斌斌	庄 璐	牟博男	吴威龙
李 宁	李 尖	李应哲	李 潇	杜俊龙	杜毅程	杨梓童	杨 磊
肖佳乐	苏 阳	陈 宏	陈赵俊	胡潇潇	赵 帅	秦天浩	贾丽娟
崔鑫蕾	谭 庆	马 杰	何川阳	邹 彪	郑承昆	张 帅	蔡晓强
金 祥	徐 沙	杜金磊	万 珊	马锦玲	王士豪	王 康	卢日星
田宇曈	刘国权	刘金童	安元卜	朱维帅	宋枝蔓	张佳康	张 昊
李康佳	陈哲昊	周文杰	徐佳男	徐鹏举	翁玉宇	范晓铎	文伟明
胡 鹏	崔振东	曹 征	颜弋凡	万元宇	王兆中	冯智猛	刘仲夏
孙恒强	朱金凤	齐 鑫	吴 超	张仁仁	张宇菲	张国龙	张洪浩
陈乃新	俞杲杰	赵 恺	曹永坤	黄国荣	董 岩	赖仕林	丁鹏宇
扎 西	刘洺锋	吴菲菲	李后进	李京津	姜洪晓	郭孟春	蒙明华
钟奇龙	吴加跃	黄 昊	王斌忠	付 饶	田 闯	申屠跃辉	刘 东

刘 烁	吴建伟	张 坤	孟广泓	林 杰	胡忠阳	唐良良	徐 锐
秦 浩	黄兴元	窦致夏	马 用	郑子牧	殷建林	曾 佶	童 心
谢天添	路 迪	王绪丰	宋国涛	张 杰	周 宇	林洁琼	黄 鹏
尹和山	卢明华	刘洪源	詹闻喆	刘 畅	孙 文	朱中静	齐孝悦
张 雨	李晓峰	苏晨璐	范大卫	于浩波	王 顺	王 强	王 植
丘启平	艾敬书	沈良进	周杨松	罗长保	罗迪凡	赵一锦	赵 典
钱 讯	梁 凯	鄢宇勤	熊 胜	谭俊强	甘君宇	吴文昊	吴建洲
黄俊忠	马利强	张复建	胡 宇	彭桂腾	王正伦	王晓峰	冯亚东
关 硕	刘少鹏	孙汇江	吴俊龙	张沛然	张宝岐	张晓龙	杨汉平
陈元本	侯栋文	贺 凯	赵 回	赵峰轩	高浩强	尉 蔚	崔建京
曹 煜	梁经玮	樊文庆	滕宇奇	聂日辉	安苛苛	黄 新	周元超
魏海康	马永乐	王志豪	王晨曦	王 超	冯 博	刘晓川	刘滨玮
吴飞舰	张远航	张 辉	张澳清	李风雷	李晓颖	李 晗	杜俊彦
杨 超	邵 将	金修丞	胡金月	浦碧露	聂显铧	郭良锐	常耀予
曹 鑫	章 诚	程业春	蒋慧晶	冀 强	买吾拉尼·阿尤甫		吕兴亮
孙泽义	朱雪艳	吴 洋	宋朝辉	张 真	李金峰	臧雪静	魏文涛
宗文坤	耿亚东	王奇明	王将平	田佳垚	白子琦	刘 鑫	何 莹
宋义涵	张 凡	张荣钊	李思博	陈旭东	周 晗	侯 业	赵 星
徐常皓	顾 涛	高邦淦	崔 凯	靳碧涛	陈冠中	王 明	孙逢辰
武文臻	查 普	赵 健	谢 升	司腾山	刘兆祥	邬云鹏	宋 灿
李士明	庞泽鑫	茹 雷	文羿诗	王 旭	邓钰骞	邓 阳	乔津津
刘恋至	孙立松	何城炽	吴若琳	张文博	张 振	张 睿	李建森
李皓月	林雪枫	林琪皓	赵云洋	赵新多	郭 佩	黄泽宇	何 旭
姜 锴	柏 硕	胡 亮	袁璐凌	郭 浩	喻绍飞	裴时俊	丁俊杰
王秋鸣	朱成会	吴 玮	张旭东	张宏伟	张定瑞	张嘉奇	李甲珊
李 达	李杰聪	杨立力	杨 鑫	汪正涛	邹瀚影	陈 戈	陈 宇
陈晓楠	周俊杰	赵培旭	夏建童	郭子琦	高雅楠	康 艺	童云宇
宋 立	毛亚宽	牛萌萌	王为栋	王 劲	王梦尧	王雪君	冯 瑞
刘会芳	李函泽	李琦冉	杜悦萌	陆 静	陈小西	侯宪达	赵 静
唐瑄孜	殷靖越	温 馨	葛小格	张 媛	刘 柯	于修坦	王月菊
王 硕	祁 欣	祁 粲	吴天琪	吴晓刚	宋 艺	李光敬	李彦潮
李 航	李 晨	杨 然	肖博文	林 霄	赵 青	谢 朗	潘路茜
傅 伟	周 佳	马 旺	王佳琪	王 硕	厉 源	孙 平	吴 冰
吴晓旭	张青楠	张雪婷	张 颖	谷盼盼	金钰奇	郭文惠	郭慧榕
崔永俊	谢小红	韩 旭	裴宸震	王三羊	王志鹏	丁洪浩	王 威
王凌岩	王 菲	刘亚娟	刘硕洋	刘博雯	刘静雯	孙继玮	朱鑫影
张 亮	张钰曼	张婧涵	李 珊	唐恒右	郭晓静	梁宇潇	董浩程
李雪莲	毛 晨	王本尚	王 远	王 建	王雪莲	刘 羽	刘夏晶
祁美桥	何翠云	张之涵	张 越	张燕秋	李春媛	李奥杰	杨 玥

杨俊丽	杨艳楠	陈 明	郑艳玲	胡 迪	徐振武	郭佳鹏	高东亮
崔译文	隆淇卉	傅芳艳	蔡 申	蔡贺贺	高 娟	丁 颖	于 鹏
马程远	王仪坤	王 勇	刘一默	刘海笑	孙 跃	孙 琳	何 宇
余 凯	张巧钰	张舰云	李昕祎	李艳琪	杨 雪	陈俊伶	周大洲
周洪宇	林莹璐	赵 钦	赵 瑞	唐 宁	郭俊杰	程 凯	裴泽平
谭红应	樊 榕	吴 飞	朱 涛	吴 越	张 朝	周卓异	刘学军
张楚源	梁佳华	管一臣	书 伦	王文鑫	李 佳	李敬洋	李 想
周小钧	宁洁清	刘忠祥	李 丹	肖 钰	苏明宇	郅 慧	郝德光
袁细祥	曾楷腾	刘红梅	李鹏飞	杨烈奔	郭墨涵	胡梦雅	史开元
介 伟	孔德哲	张 琪	杨 瀚	陈 焱	赵晓燕	吉 晶	余 泳
张喻涵	李佳妮	邹 柠	陈坤煌	付 毅	刘天雷	杜国辉	杨丽蓉
肖小凤	胡杰伟	费振南	高 伟	魏春光	王向锋	左 前	张 勇
张晨曦	赵 菲	何 宇	李 晨	蔡 钰	马 鹏	王思正	孙凡卓
汤京华	张淑芬	李 妍	周金龙	茅阿潇	郑露霞	梁灵娇	曾 昱
万海旭	于斌韬	方 钦	王 宁	刘 芳	李永杰	陆禹名	陈耀冉
施冯斌	韩金权	刘 达	季 忆	董 颖	袁振乾	王正宇	王 远
祁逸卓	张晓杰	李 森	陆晓玲	胡乃元	剡婧婧	彭 宜	张宇宸
陈枭鹏	林雪银	王志华	王熙竹	张维升	杨 硕	罗丞朝	项 楷
曾亚静	焦 彤	韩 策	廖智松	熊鹏飞	牛旸旸		

东凌经济管理学院（362名）

李蒙蒙	陈聪聪	王文华	冯思源	刘芷含	孙 珊	朱志超	严明雯
张晓雨	陈言言	陈珩爽	林开英	罗景元	梁 迪	程丹亚	王烁琪
张梓健	李美薇	苏 阳	周麟阁	林雨峥	罗凯杰	赵晓宇	杨 健
凤民希	马 琳	王玫君	王 媛	孙天准	张宗博	施碧莹	郝 卫
王良桐	王苏娜	吴文旭	李 响	李洁璇	李 倩	苏沛然	苏 星
王 璇	康静田	孙 颖	萨其日那	王贺鑫	邓 涵	冯诗怡	史家兴
白天宇	任冬苗	刘 洋	朱玉洁	李博依	邱 实	柳家娟	赵婷婷
殷文菁	郭 颖	于 珊	张易初	张 悦	李小凡	迟书雅	尚虹蕾
苗 静	柳 辰	祝天航	赵子涵	高 飞	黄一凡	韩伊璇	樊启源
黄嘉欣	朱韵凝	陈雪儿	赵 宁	张可欣	白宇婷	乔孟惠	刘 好
张 敏	李琛洁	郤雨珂	赵 一	赵红丽	海伦贝尔·李		高欣欣
常浩然	黄诗蕴	于佳雯	邓凯文	任 澍	刘 莹	张 安	张维维
李枭姬	李晓青	汪雁飞	陈 璇	祝 莹	胡鸿志	赵文举	赵君傲
赵 洋	赵朗朗	桂雨馨	刘佳佳	蒋思琪	王怡彬	李 振	冯晓雨
吕硕林	孙嘉楠	宋建锋	宋昌日	杜雪峰	杨 飞	苏 燕	邱 玥
曹钰杭	彭 娴	刘 鹏	严粤英	张鸣宇	张嘉逸	郭兆坤	郭 昊
尉 尧	崔 婷	黄灿丽	黄映侨	程元壮	冉 芮	王浩博	刘泳君
吴雨桐	宋雨洛	周 西	罗荣盛	郑晓娜	柳超宇	赵小川	赵 杨

赵孟赫	常荣荣	余杉杉	张春晖	张雪楠	杜青颖	周　瑶	唐文婷
常利炜	惠　鹏	李卓君	侯　旭	游广平	李　佳	刘　露	闫宇宁
张宗徘	张　婧	杨佳萍	杨　茜	杨　婷	沈炜晨	陈厚昕	赵晓文
徐玄子	秦欢忆	郭珊珊	王钰婷	王晴晓月	任　品	刘　晨	刘　梦
余星迪	吴梦婷	李　颖	李嘉林	国　阳	罗　珣	唐心怡	高晓楠
王　跃	王　婷	卢晓妮	刘晨阳	张　雯	杨文慧	陶红娜	梁媛媛
黄炫淇	蒋庆宇	谢明敏	王　哲	沈宝宝	周　坤	贺　洁	王紫薇
杨天韵	项　翊	魏初文	杨子威	沈　梦	周小曼	孙启明	马　笛
王　婧	付文汝	孙　琦	张嘉歆	陈　鹏	赵燕坤	徐敏行	曾进科
蔡鸣鹤	丁从文	任　健	刘　然	张弓弢	张　权	张　林	李文慧
杨春尧	陈诗超	季星彤	昌圣龄	姜艳艳	祝佳妮	赵晓婷	蒋　硕
蔡婉青	蔺建芯	林足棉	俞　杰	尤苑琼	刘雅璇	尉伟娜	徐雯婷
陈欣怡	于艾琳	王舜鹏	刘　畅	华彤彤	朱雅各	张雅欣	李雅薇
李溢男	陈丽霞	陈祎缇	陈翔宇	贾　嘉	顾理琪	屠誉馨	隋　瑜
黄　鹏	戴百师	亢　哲	艾宛欣	刘心湉	刘思涵	邢甘霖	张子毅
张东伟	张　宇	杨宇鹏	杨鹏宇	陈萱婷	尚梦雨	秦尘玥	曹迎晓
王文学	张沥丹	万　丹	白　炼	孙雪雁	吴梦箫	张　鹏	李　玲
李　犇	杜若琦	屈登科	郑建德	管苡蝶	王宝平	邓中浩	曲凤鸣
张佳冉	李　凯	杨碧溪	陈富林	梁艺阳	蒋功明	蒋砚铭	刘　雨
王　轩	李增尧	杨玉甜	邓雯曦	王子薇	王玲玲	冯　萍	刘梓宣
吕树甲	朱珂漫	那　菲	张源晏	李　钊	郑欣芸	郑　璐	郭文浩
马晓娟	王子轩	王欣达	王　萌	旦增欧珠	田盛丹	刘昕颖	李　泽
陈景明	周丽莹	林哲颖	贺逸秋	赵树峰	唐敏艺	高煜昕	黄正欣
文天佑	付明月	冯伟强	白雪飞	石明帆	刘　浪	刘　睿	吕高阳
安晓宇	汤文颖	汤　萌	邬家骥	宋丹黎	张　钰	张雪童	张道玄
李怡霖	李晶爽	李湘龙	李赛克	邱伟娜	孟令卿	郑小晴	郑续东
费　尧	袁　滔	商小晨	常伯开	黄钰博	曾　俐	葛明韡	韩　雪
雷　雨	刘晓君	刘雨鑫					

文法学院(178名)

王延菲	赵新岩	李煜坤	马欢扬	尤安娜	刘　昕	刘彦祺	刘春铭
刘雅纯	吕健昭	曲秀杰	宋　轲	张晓盼	张新萌	李安琪	杜潇潇
苏素珍	陈　旭	陈　典	陈　莹	周思纯	郑美兰	徐彤然	贾青鑫
崔美蕴	梁韵笛	程　菲	程舒宜	韩萌萌	潘思彤	颜亦飏	王柯心
王　喆	王　琦	王雅慧	车　迪	邓　琳	兰　倩	卢显颖	白玉婧
任之初	任依依	刘　东	孙家玉	江　楠	吴以源	吴晓洪	张宇宁
张远舟	李昆泽	李晓桐	杨秋丽	杨耀文	邵艳霞	郑　阳	赵香雪
赵勤娟	唐　克	徐梦鸽	崔　晨	裴梦然	格列班典	孔　彧	王玉颖
王梦杰	王清锐	王　慧	古丽奴·坎吉拜克		司烨伟	任　奕	刘　磊

孙玉涵　佟欣泽　张文琪　张泽剑　张炜婷　张秋萍　张嘉敏　张　馨
李笑天　李婉铭　李　晴　周　毅　郑　力　金　辰　胡星奇　赵　晔
郜炎龙　晋向征　袁　喆　盛　蕾　黄健韬　蔡维明　刘中国　普　曲
李木子　扎西罗布　丁邦政　万文文　王昱淇　冯思语　四朗拉姆　平　璠
任雪彤　刘亚东　孙翎童　何婷婷　佟欣怿　吴海霞　张祎琳　张　萌
李　杨　李金津　李晓雯　李　斌　陈可馨　金冬晴　赵鹏巍　秦耀迪
崔亚楠　梁倍源　普布次仁　裴博博　鲜滨莲　金美娜　杨佳玮　王丽娜
文晓杲　文　靓　王显雪　王颖颖　王　薇　王　鑫　冉洪宇　冯　焱
包俞婷　伍　都　刘亚娟　刘　静　孙德尔　闫　静　张明月　李少松
李　林　李偲宸　杜　略　杨凌宇　阿依达娜·沙维提　阿依别克·赛力克别克
段文琦　贺麒芸　徐梦琳骐　浦利文　程锦钰　韩　硕　韩萧纹　魏培晔
孟　岩　于嘉鑫　马莹莹　王浩然　王雪婷　冯建斌　田沁兰　孙萍萍
李雨桐　沙咏杰　迟敏敏　陈檬蒨　周　帆　贺楚君　唐雨晨　郭秀芝
彭　婷　程兆雪　童　莉　韩秀艳　韩晓乐

外国语学院(142名)

刘　晓　肖婧璇　王志鹏　王连飞　王梦爽　付佳颖　冯　淼　米涛涛
张学蕾　张茜茜　张　晗　张　聪　李琪莹　林　莎　范梦姣　胡广和
赵　彤　贾婷婷　陶依文　高惠中　曹　爽　梁海映　傅　彬　阙瑞琳
樊威宏　薛　麓　孙　熠　于嘉文　王军月　王　琼　王　蕊　艾如含
刘琳琳　宋　岩　张　颖　李可欣　李晓雪　李慧君　杨浩田　杨　森
肖　丹　辛　琛　邹雪鹤　周天尧　孟　源　岳夕彤　罗婉锦　赵　妍
党雨朦　高丽娜　董子金　董庆怡　董婉思　彭理毅　丁　睿　王与曈
王昊玥　王筱漪　全栋桓　孙锴淳　吴心宇　张文馨　张　园　张建影
李思睿　杜贺裕　杨　珺　肖美华　陈方园　陈宇莉　林意闻　段挺挺
徐　识　顾晓翠　康　婷　曹真倩　盖艺文　彭　雄　焦可欣　谢雨彤
鄢海帝　蔡梦瑶　蔡雪霞　谭　鑫　王亚南　王若薇　卢士生　艾　静
边缘琦　刘淼淼　刘静怡　刘　影　朱超群　严双丽　宋　婕　张雨桐
张　剑　张漪敏　李　扬　杨星竹　赵思月　钟宏涛　袁伊萌　袁思琦
钱香米　崔成爱　崔珊铭　梁浩楠　韩　宁　蔡怡君　燕昭冉　冯晓明
丁蒙莺　毛云琪　王行健　王雪莹　王紫涵　王雅雯　乐　媛　宁斐泓
刘奕薇　许梦曈　吴雅帆　张安琪　张丽薇　张钟月　迟小嫣　陈禹彤
陈　靓　郑博文　姚　宓　赵栩晨　秦孟雨艺　高雨升　崔　筱　曹　彤
梁舒玉　黄雨婷　彭　硕　谢文娟　解斯贻　薛　玮

高等工程师学院(199名)

王　浩　刘丹君　刘书浩　祁赟朴　许　羔　张连富　张雨禾　张　婷
李　铭　李露露　林　皓　罗　广　郑　迪　赵　鑫　夏加明　崔　浩
曹　哲　冯　贺　张　光　吴　凯　储超群　章佳栋　丁洪宇　马腾飞

王宏阳　冯永山　史铭迪　叶扬兵　孙宏光　孙若敷　张超凡　李修儒
杨永男　杨景宇　俞成超　夏远生　海　潮　高　迪　黄超旭　吴柯汉
尹国成　王　兴　王道宽　王　鹏　刘宇阳　安　琪　邢磊磊　何　萍
宋佳锡　李东来　陈　尚　陈　迪　周占明　欧阳安宝　俞赛健　胡新元
赵　博　高　飞　彭文彩　马飞宇　马璐明　王　喆　王颖颖　甘　鹏
艾　蕊　安鸿浩　吴博威　张　杰　李　聪　陈　妤　段　楠　胡纪相
贺子旭　夏　雨　耿如明　耿　强　郭曙光　魏天明　马春雨　方资元
王天一　王　斌　史　丽　孙鹏飞　孙德聪　朱　可　毕思聪　许汉风
张帅鹏　张衡璇　李雪瑞　汪李祥　陈　峰　周丽鑫　赵兴通　郭呈宇
黄　娉　韩倚天　潘　跃　赖慧颖　何丽斯　付　文　王　勇　柳超敏
马玉坤　马思航　王　越　刘中皓　刘银波　吴佳佳　张云霁　张泽川
张　迪　时向涛　李震睿　林玉彤　俞　波　赵慧敏　景旌芪　廖宝鑫
蔺佳伟　牟　磊　白雨缘　乔　磊　刘　壮　刘学谦　纪志平　吴江顺
张志文　张　辉　陈　超　陈　雲　尚园园　尚晨光　房启予　范文强
姜　涛　胡逸飞　蒋　聪　王国栋　李　龙　朱元鞠　张　迪　张未平
王世汉　代振洋　卢　枫　刘文睿　刘克东　刘　瑞　江　军　祁亚峰
何　凯　何禹治　宋思艺　张　初　李志桐　周宇杰　胡宇阳　智建康
程亚明　程姣姣　颜志成　井　星　方文奇　田　锟　石振东　刘　凯
朱书祺　张　磊　张　鑫　李小刚　李宇宸　李晋昌　李　燚　邱　澜
侯　冲　祝启恒　夏炳乾　高　晗　曹国丰　王　宏　王绍才　孙金胜
许　焱　张中豪　张则奕　李宝鑫　陈宇霄　陈　林　陈晓旭　赵明月
夏恩平　高　畅　董鹏程　蔡营疆　陶三楚　彭　飞　万清文

数理学院(172名)

曾　颖　杨继昆　贺　勋　卫　岸　牛锐锐　王谙迪　冯　喆　叶欢宇
刘青林　孙雪剑　成晶晶　李孟达　肖惠娟　邱邃宇　陈嘉卉　林　含
秦周圆　曹　凯　樊　熠　段海涛　宋纯仙　宋英杰　王圣炜　王　凯
刘杰成　刘　爽　刘　鹏　纪金豆　严嘉欢　张永康　张桂申　张　寰
李沿江　陈伟明　陈家烨　孟　通　欧阳宁　罗云扬　胡玄烨　荣　燕
黄尚东　董晓卿　韩婷婷　甄　臻　谭金钢　谭振球　霍文杰　何　平
丁贵生　于　淼　王　强　邓权芳　冯可悦　叶一帆　司圃旭　白士杰
刘璇昕　阮丽萍　何　樊　宋怡炜　张骞丹　李小亮　李延楠　陈晓云
范　雨　侯蓟云　臧伊茗　魏雅婧　王一清　褚鹏飞　张怀朋　杜一帆
孟天琪　于慧丽　马　安　马洪东　孔令涛　王　侃　王泽标　王靖淋
石平阳　艾震鹏　乔泽礼　朱佩晋　朱泽胤　朱艳梅　张子敬　李琪琪
杨　玥　陈　垚　孟　鑫　宫明宇　胡航宇　彭佩云　景登成　满思晨
廖鑫榆　潘　婷　付　敏　李一飞　马　宁　王文飞　白宇航　闫　钰
何嘉鑫　张艺凡　杜明江　杨红鑫　杨　盼　杨　悦　沈倚天　陈剑峰
陈垚彤　岳　林　姜　杉　段剑锋　郭涌浩　鹿珈铭　游　胜　焦泽宇

马　力	毛亚星	王育恒	王　涵	王　婷	田雨禾	孙汉宁	庄筱雯
宋洋洋	李改静	李　哲	杨飞洋	杨雅倩	杨　静	汪　伦	周雄峰
虎智辉	段鑫磊	赵延晖	赵晓婷	聂连任	袁　伟	袁　恬	高　航
彭　建	童　月	谢高淇	熊健康	臧立名	薛世建	邵福会	熊嘉欣
余成宇	杜小倩	龙宇雄	杨于清	梁恬恬	孙晓斌	侯雪妍	王柏玮
张　一	张　靓	李欣欣	曹子坤	王维扬	王　磊	李明轩	李泽正
张黎莉	张　铎	沈凌越	赵　越				

化学与生物工程学院(99名)

马熙林	王元锴	王洁杰	邓俊超	刘　丹	刘玉虎	朱　琳	张丽媛
杨棋尧	邵鹏鹏	陈泓睿	陈雅明	房乐秋	林晓海	欧　昆	郑　凯
赵培晔	赵　鹏	徐马丽	袁司夷	黄灵羽	喇志斌	强文博	蒋　恒
蒋逸轩	韩中杰	潘诗雯	贾国骁	田商双	王元江	王文志	王　笑
田　昌	刘宗鑫	孙　钒	祁瑜聪	余　波	宋珊珊	张欣宇	李建地
李　瑾	杨欣桐	汪　杰	陈　希	陈　雪	赵　恒	袁　旭	袁俊超
高天岐	黄婉霞	黄　琳	黄腾达	龚　磊	程　瑶	谢忠杰	窦森宇
马　鑫	牛　琳	王艺达	王正伟	王　菁	朱家仪	纪晓萌	何　胜
吴玲冰	张　丹	张炳燚	张　晗	李腾达	肖　莹	孟祥宇	武　梦
姚轶沛	胡术然	钟伟佳	康玮琦	曹　奇	梅　广	谢卓明	马业程
马　艳	王月欣	王　冠	王晓旭	余振华	吴任燕	李晓晔	李浩杰
孟祥茹	季生媛	侯　薇	赵圣明	徐　然	崔家文	康志超	梁璟晖
曾晓玲	程禹豪	樊雪琪					

自动化学院(237名)

王　昱	王　东	凡　星	王超然	王　瑞	田中元	伊俊昊	刘祖铭
刘梦倩	许昊天	张若梅	张信诗	李　闽	杨英豪	陈　晨	周栗名
庞可心	武金山	罗　璨	段旭谦	荆　哲	夏宇强	秦　萌	袁　硕
高　巍	黄海丰	曾丹阳	程长昊	霍颖欣	戴智洋	魏鑫轩	汪博韬
余　进	潘程炜	白　旭	万嗣芳	王天赓	王良俊童	王嘉熠	左　磊
平措扎西	白海龙	艾克拜尔·艾合买提		刘　帅	刘　非	刘鸥鸣	吕　昕
孙　芮	朱叶桃	吴金文	张俊宝	张　琪	李　伟	李　根	杨　淼
陈恭巍	陈通瀚	陈紫渝	罗　豫	贺　友	唐斌锐	徐文超	徐露琳
晏超然	钱绍仙	董　岩	于博文	陈剑钻	李　伟	王　丹	王天承
王向宁	王　健	王健翔	王　琦	丘　杰	兰士钊	任云龙	任立鑫
刘　凯	孙立人	吴德浩	张华文	张　凯	张晨光	李顶立	李勇翔
李　盼	李嘉芷	沈心怡	陈远超	陈晨宇	周子琪	房玲玉	侯　飞
侯仁杰	柳　杨	贾孟奇	郭天舒	谢思源	黄楚秦	肖　沛	侯泽恺
丁　明	方　赛	王超超	邓　潇	史秋月	刘正基	孙家琦	毕伟康
纪　辉	吴晏韬	吴睿格	张　丹	张正正	张立中	张秀秀	张育萌

张梦雅 李小闯 李娜 杨春旭 汪先登 肖志博 范琦 凌正阳
郭磊 梁立耀 麻跨洲 黄宇翔 黄宏波 彭聪 蒋针 鲁晋杰
王坤 王浩 包正鑫 白星宇 刘宇 刘彬 刘毅 张帅
张凯杰 张筱楠 李华 李海 周明金 施想 赵泽 徐智宽
高钰 谢文豪 印靓 王宇晟 王璐瑶 邓天元 邓天祺 卢宁
刘连军 齐华华 张晨 张爽 张蒙 张慧杰 杜非白 杨作云
杨昊龙 杨祖煌 肖祎 陈志 苟伟伟 段冲磊 胡智凯 赵姗姗
袁乃岩 訾沛华 梁倩 彭程 蒋明谕 潘汇文 薛鸣 赵维旌
王佐 叶尔肯别克·卡提甫 田雨农 刘文平 刘钊 刘坤奇 刘惟可
闫千倩 张哲 张慧敏 李浪 杨环宇 陈嘉媛 侯佳祎 赵卓凡
赵冠华 徐加欢 宿照星 崔晓娟 符东旭 龚海斌 储若慧 曾晶晶
董琪 解乃颖 谭森彦 于彪 卫峥 王宇宁 王汝佳 王翰章
白羽 刘治强 刘智聪 孙楚 许洋 张文权 张可可 李为
李世锦 李梦琪 李溢 狄桂雨 陈婵琳 林亚晨 哈明鸣 贺冉
徐龙腾 殷明 莫玉竹 贾静 高赫佳 鄢章发 潘广全

计算机与通信工程学院（356名）

王禄喜 于亚南 孔卓 王雨然 王辉 王赫 代思凡 何玲
玉努司·巴拉提 张雪 张鑫 李思仪 李莹 辛永健 林振业
阿卜杜热合曼·努尔麦麦提 阿布力孜江·吐尔洪 阿拉法特·阿不都热依木
欧竞洲 欧朝锋 郑巧巧 段振超 夏志强 翁腾 崔璨 崔璨
曹书乐 梁德民 董璞 缪健 魏逸峰 刘力文 吴礼顺 王卫新
王玉洁 宁海 田丽 刘天昕 刘雨涵 刘虹男 刘喆 刘斯诺
张德恩 李志强 李威 杨玲玉 杨荣 汪丽梅 陈玉莲 陈岭
陈翊 周文文 施耐尔 赵金昇 赵逸如 郭耀聪 强一鹏 程昌新
程康 薛崇 沈冰阳 孔浩 李方园 吴立培 毛婷 王迪
邓静 田甜 任红萍 任若文 刘明辉 刘知洋 许帅 邢璐茜
严畅 余伟伟 吴建伟 吴浩宇 李元龙 李桐 李梓裕 周欢
姚佳翔 胡高凡 赵狄 钮一洲 徐贵 郭宇桓 梁锦 谌业鹏
满文雪 熊康昊 丁佩 卜靖 王孟琦 王真 王罡 王麒
叶青楠 乔雪源 刘畅 华毕奥 朱帅 汝绪腾 汤燕 闫毓洋
宋鹏 李迎忠 李婷婷 杨宁 杨军会 林博宇 洪亮 皇俊超
胡红 袁春园 郭鹏 黄海俊 许健琦 徐忠良 马腾 文雯
王晶华 丛晓峰 古琰 左晨 刘志丞 刘学 孙曾军 许晓夏
余洋 吴鑫泉 张药 李卫俊 李育博 李桦林 陈文会 陈有为
郑旭 郑旭明 封婉贞 钟圣炜 高思安 谢紫寒 韩志帅 廖小东
翁杨 李亚雄 高鸣 祝月兵 向应昌 方思赛 王天泽 王晓暄
邓浩东 田文 刘鹏 吉同晖 阴笑笑 吴俊莹 宋爽 宋萌
张旭霞 李泓毅 李海霞 李梓菲 杨爽 邹野 陈浩哲 陈敏芳

陈　鹏	罗布旺加	赵艳波	徐泽涛	郭秋格	崔　琳	曹亚珍	曾　卓
舒　密	董　瑞	鲁瑞超	燕江宝	张振宇	刘祖捷	马源满	王　浩
王　棋	王　越	刘　璐	邬炳科	吴怀德	张　青	张　蒙	张韫祎
李东儒	李成霞	李佳轩	李　晗	杨小彬	杨美婕	陈丹阳	周　向
孟雪涵	俞小慧	胡浩一	贺　静	赵　爽	倪　泓	夏延庆	翁　航
郭　乾	顿　珠	梁　晨	黄鹤林	靳　京	蔚　敏	刘娅汐	郭哲宇
王东骅	王　艳	王　晶	代培根	仲小刚	刘　磊	孙紫微	朱国君
吴杰林	张竞文	张钰尧	李一鸣	李月异	李林林	李珊珊	李　堃
陈杰凯	罗宇飞	段宏博	赵子境	赵　暖	唐　悦	唐雅红	袁亚林
梁小雨	梁雪霜	曾　沛	童　雷	廖荣森	陈敏怡	朴英男	张振德
尹小强	文健宇	王　晨	王蔚达	卢　奇	申　远	刘彦辰	刘　豪
吕文诺	孙仲乐	孙　金	庄御乾	张华超	李　强	邵达明	周　易
庚晨曦	娄　赓	徐国琦	耿浩亚	韩　曌	廖传龙	魏　佳	王曼妮
王雪莹	王　楠	冯　燚	田款阳	田　湘	向　荣	朱东明	邢　剑
张席瑞	李华一	李桂堂	李　盟	杨倩尧	陈　雷	陈　鹤	和灵梅
金　佩	修　晔	容如娟	徐泽龙	高　星	商　奕	康海月	黄诗谣
黄　震	韩洁雯	魏梦雨	张金亮	马莎莎	方　帆	付　安	刘方洁
刘　倩	曲智玮	吴宇婷	张晓欧	李文峰	李君琦	李晨阳	杨启维
杨　淼	杨群领	芦　珊	陈文托	陈松柏	陈沿佐	姚　翠	祖　旭
赵紫薇	郝　语	贾跃潮	钱彦璇	黄炎裔	傅妍玫	蒙丽宇	戴朋飞
隋钧翰	陈敏捷	马瑞雄	王士超	王现强	王　星	邬雨婷	齐宇馨
宋宇璐	应成旭	张安琪	张致君	张燕飞	李　壮	李孟泉	谷雪葳
林开浩	胡　韵	赵雨晴	郝若晶	徐　玥	黄　岩	黄鸣晨	焦金珂
熊　伟	樊亚坤						

2016年毕业并获得博士学位的研究生名单

学科、专业	博士研究生	导师	博士研究生	导师	博士研究生	导师
安全技术及工程	何 理	蒋仲安				
安全科学与工程	黄志凌	金龙哲	门永生	金龙哲	汪 澍	金龙哲
	王洪胜	蒋仲安	杨 喆	金龙哲	赵 乾	张英华
材料科学与工程	白清领	庄林忠	卜凡征	杨善武	曹慧钦	郭志猛
	曹知勤	秦明礼	陈存广	郭志猛	陈 喜	于广华
	程 军	高克玮	崔 冰	黄继华	崔 巍	曲选辉
	党 宁	王一德	邓舜杰	何业东	丁 然	唐 荻
	杜志鸿	赵海雷	端 强	蔡庆伍	方远方	任学平
	房玉龙	李成明	冯庆晓	李龙飞	付航涛	张 津
	高 进	万发荣	高 倩	杨 滨	高志玉	刘国权
	龚 奎	于广华	顾 伟	王一德	郭志凯	李龙飞
	何建国	赵爱民	胡杰珍	李晓刚	黄菲菲	金 莹
	贾崇林	葛昌纯	蒋 波	刘雅政	蒋绍龙	耿文通
	金召奎	卢云峰	巨 彪	唐 荻	康 卓	张 跃
	李 斌	孙加林	李国玲	田文怀	李 洪	张 津
	李 群	曹江利	李少夫	周张健	李 涛	王西涛
	李万松	田文怀	李 曦	宿彦京	李许静	詹 倩
	李 岩	孙建林	李 杨	周国治	连 勇	张 津
	林 沛	张 跃	刘记立	谢建新	刘靖宝	韩静涛
	刘 骞	曲选辉	刘 倩	韩静涛	刘耀春	张波萍
	卢 林	张济山	吕绪明	王西涛	罗 扬	田文怀
	马存强	庄林忠	马宏驰	杜翠薇	孟春艳	张济山
	孟凡国	董建新	弥永胜	杨 洲	莫远科	谢建新
	牟 星	高学绪	潘洪江	谢建新	庞启航	唐 荻
	蒲春雷	朱国辉	齐 悦	杜振民	秦 镜	杨 平
	权 成	何业东	申衍伟	闫小琴	沈正章	林均品
	史国栋	赵志毅	舒文祥	张济山	孙喜桂	高克玮
	谭园园	孙冬柏	汤忖江	尚成嘉	唐德志	路民旭
	童锦艳	冯 强	汪水泽	康永林	汪小锋	庄林忠
	王 帆	林均品	王慧慧	杨 槐	王静静	卢云峰
	王 霖	李成明	王 鹏	何业东	王胜荣	杜翠薇
	王 松	徐桂英	王哲磊	任学平	乌 莫	高克玮
	吴从凤	王西涛	吴世喆	姜 勇	吴晓川	赵爱民
	武焕春	杨 滨	夏 青	赵海雷	谢 辉	杨 槐
	谢振家	尚成嘉	熊智慧	王学敏	徐海嵩	韩恩厚
	徐秋发	高克玮	燕春光	王艳丽	杨 健	张深根
	杨 亮	林均品	杨晓雅	王西涛	姚 闯	李立东
	衣 芳	张 跃	尹国祥	孙加林	尹鸿祥	赵爱民
	余 龙	宋西平	元琳琳	韩静涛	袁 超	高学绪

续表

学科、专业	博士研究生	导师	博士研究生	导师	博士研究生	导师
材料科学与工程	袁晓飞	冯 强	曾尚武	赵爱民	张 程	张济山
	张广明	周张健	张鹤松	康永林	张建锋	李立东
	张 静	龙 毅	张黎伟	林均品	张晓新	燕青芝
	张志勇	林均品	赵根发	乔利杰	赵 翔	郝俊杰
	周文浩	尚成嘉	朱博玲	杨善武	朱吉成	刘泉林
	朱金阳	路民旭	朱阮利	张 津	祝远民	詹 倩
采矿工程	龚 剑	胡乃联	黄 刚	蔡嗣经	黄明清	吴爱祥
	黄武胜	蔡嗣经	李正胜	蔡美峰	刘 波	高永涛
	孙 伟	吴爱祥	王有团	高 谦	肖 术	高永涛
	杨伟利	杨 鹏	张力民	吴爱祥		
车辆工程	焦万铭	马 飞	李建国	战 凯		
动力工程及工程热物理	崔 柳	冯妍卉	金 鹏	张欣欣	林 蔚	冯妍卉
	沈鉴彪	王 立	张朝立	郑连存		
防灾减灾工程及防护工程	李吉人	宋波T				
工程力学	李鹏波	王金安	王煜曦	王金安		
工业生态	刘智伟	苍大强				
固体力学	郭 啸	魏培君	李月秋	魏培君	乔 松	尚新春
管理科学与工程	邸 浩	黄晓霞	范 建	张 群	胡 睿	张 群
	胡 杨	张晓冬	李阿勇	张 群	李 娉	王文彬
	刘学娟	王文彬	陆 平	何维达	马志超	杨建华
	王慧颖	王文彬	王 翔	张 群	吴 磊	高学东
化学	高立红	刘杰民	顾少楠	边永忠	刘一镳	张学记
	任 粒	党智敏	商 虹	姜建壮	佟 莹	张学记
	王 达	袁文霞	王书琪	张学记	王文谦	张学记
	赵鲁阳	姜建壮				
环境工程	石姗姗	汪群慧				
环境科学与工程	刘文娟	姚 俊	马英群	汪群慧	孙菁菁	姚 俊
	张闻涛	邢 奕	赵顺征	易红宏	郑天龙	汪群慧
	周晓琴	李子富				
会计学	崔 超	肖 明	李 松	肖 明		
机电测试技术	康瑞清	张朝晖				
机械工程	董 强	曹建国	高山凤	郗安民	管健龙	何安瑞
	黄鸣东	林建国	居 龙	曹建国	康怀镕	臧 勇
	李叶林	马 飞	马闻宇	王宝雨	杨 雷	林建国
	曾杰伟	张清东	曾庆龄	臧 勇	张 彬	徐金梧
	赵慧俊	王宝雨	赵 翾	张文明	朱小星	王宝雨
计算机科学与技术	马 静	张晓彤	闫 琰	郝红卫	张吉群	胡长军
计算机应用技术	常 征	班晓娟	郭长友	郑雪峰	李 岩	郝红卫
	田 澍	郝红卫	王永生	郑雪峰		
技术经济及管理	刘志林	杨 青				

续表

学科、专业	博士研究生	导师	博士研究生	导师	博士研究生	导师
科技与教育管理	蔡　歆	毛祖桓	范晓婷	曲绍卫	李志刚	曲绍卫
科学技术史	王金福	孙淑云	先怡衡	李延祥	张登毅	李延祥
控制科学与工程	冯毅博	李希胜	韩丹丹	闵乐泉	黄明明	穆志纯
	李艳晴	童朝南	李玉玲	尹怡欣	刘　艳	童朝南
	南柄飞	穆志纯	任祯琴	廖福成	孙铁军	杨卫东
	闫纪铮	王志良	燕　芳	张朝晖	杨　焘	付冬梅
	张　寒	张朝晖	甄　平	闵乐泉	周　成	史建军
控制理论与控制工程	赵仁涛	李华德				
矿物加工工程	曹　飞	孙传尧	高恩霞	孙体昌	刘志国	孙体昌
	聂光华	孙体昌	乔春雨	倪　文	孙忠梅	孙春宝
	王　爽	倪　文	许晓芳	林　海	张　旭	冯雅丽
	张　悦	林　海	赵留成	孙春宝		
矿业工程	艾纯明	吴爱祥	吴凤东	胡乃联	杨炳飞	林　海
	邹国良	蔡嗣经				
流体力学	曹孟菁	朱维耀	武　男	韩大匡		
凝聚态物理	姜晓萍	巨　新	李玉山	顾　强	赵　强	顾　强
企业管理	贾　飞	刘　澄	王　杨	刘　澄	姚　韬	佘元冠
	祝丽云	何　枫				
思想政治教育	曹海霞	李晓光	冯大彪	李晓光	郭建民	陆　俊
	潘春玲	彭庆红	张巍婷	时立荣		
通信与信息系统	丁　浩	杨　扬	公维冰	邬贺铨	胡晓曦	周贤伟
	季　青	杨　扬	刘　倩	周贤伟	刘玉民	彭云峰
	马　欢	杨　扬	聂　华	隆克平	赵耀培	杨　扬
土木工程	陈志杰	纪洪广	崔　明	乔　兰	杜　岩	谢谟文
	李季阳	谭卓英	马乾天	李长洪	秦宏楠	李长洪
	严　琼	吴顺川	杨怡亭	李成江		
外国语言文学	贾培培	张敬源	夏延华	陈红薇	张　娇	何　伟
物理学	刘红艳	马星桥				
岩土工程	陈　昕	蔡美峰	杜晓伟	高永涛	付　乐	乔　兰
	高艳华	吴顺川	何　伟	李成江	雷素素	高永涛
	李旭绒	纪洪广	张月征	纪洪广		
冶金工程	陈培敦	朱　荣	代文彬	苍大强	党　杰	周国治
	杜辰伟	王福明	樊龙龙	陈　骏	方　宁	薛济来
	方忠强	孙彦辉	冯　凯	殷瑞钰	高建明	郭　敏
	郭　磊	郭占成	郭文涛	薛庆国	郭亚光	朱　荣
	韩志彪	刘建华	郝　鑫	王新华	何肖飞	王新华
	胡丽文	焦树强	黄　野	李京社	雷少武	张炯明
	黎江玲	周国治	李　超	李宏煦	李　菲	张立峰
	李林平	王新华	李鹏程	杨天钧	李文博	包燕平
	李　翔	包燕平	李洋龙	程树森	刘成松	李京社

续表

学科、专业	博士研究生	导师	博士研究生	导师	博士研究生	导师
冶金工程	刘福海	朱　荣	刘高阳	王新东	刘俊昊	周国治
	刘　亮	薛济来	刘　奇	程树森	刘新亮	吴胜利
	马忠伟	宋波 Y	彭　犇	张梅 Y	彭　鑫	邢献然
	钱国余	李　晶	秦颐鸣	周国治	卿家胜	刘　青
	任　浩	于然波	宋明明	宋波 Y	孙桂林	宋波 Y
	孙　朋	郭占成	汪　宙	刘　青	王　广	薛庆国
	王　磊	赵　沛	王青春	安胜利	王瑞芬	王福明
	王升千	张立峰	王　伟	焦树强	王　耀	李　宏
	王　优	邢献然	魏汝飞	苍大强	吴恩辉	朱　荣
	辛文彬	宋波 Y	徐润生	杨天钧	闫　威	陈伟庆
	杨万良	李京社	杨小刚	张立峰	姚　迪	李　晶
	张　婧	王福明	张开发	吴胜利	张　鹏	程树森
	甄玉兰	周国治	郑　勇	王新东	钟继有	邢献然
	周朝刚	李　晶	周红伟	王新东	左启伟	苍大强
一般力学与力学基础	江志超	马万彪	姜勇越	林　平	李　丹	马万彪
	萨姆巴斯	马万彪				

2016年学术型硕士毕业并获得学位的研究生名单

学科、专业	硕士研究生	导师	硕士研究生	导师	硕士研究生	导师
安全科学与工程	边　路	金龙哲	樊林玉	金龙哲	冯　哲	黄志安
	葛晨晨	金龙哲	郭　瑞	黄国忠	李新华	杜翠凤
	郦　霞	蒋仲安	林　飞	金龙哲	卢小刚	张英华
	陆晓玥	谢振华	戚轩畅	蒋仲安	唐　翊	黄志安
	王春节	张英华	伍　林	黄国忠	杨　晓	黄国忠
	张天麒	刘双跃	张小毛	张俊燕	张　哲	蒋仲安
	赵　囡	杜翠凤				
材料加工工程	刘增辉	吴春京				
材料科学与工程	安全强	王德仁	安宇宁	曹文斌	白欢欢	郑　磊
	白俊杰	李金许	柏鉴玲	郭志猛	保海彬	潘德安
	布　山	刘国权	蔡　靖	王自东	蔡志芳	纪　箴
	曹冠华	郑为为	曹　硕	李　勇	车　速	惠希东
	陈　翅	曲选辉	陈红红	杨　洲	陈　珂	纪　箴
	陈　雷	宋仁伯	陈　琳	王学敏	陈　强	韩静涛
	陈彦旭	张　鸿	陈　远	何战兵	成　靖	刘　靖
	程长飞	刘雪峰	程　诚	纪　箴	程　川	孙爱芝
	程　星	陈　宁	程亚杰	廖庆亮	崔保君	张　鸿
	崔丽娟	万发荣	崔田灏	刘雅政	崔益民	郑为为
	戴显懿	张　津	邓　红	赵海雷	邓恋恋	路民旭

续表

学科、专业	硕士研究生	导师	硕士研究生	导师	硕士研究生	导师
材料科学与工程	邓　玲	王海成	丁宏建	王艳丽	丁天杰	范丽珍
	丁箫楠	赵爱民	丁　寻	宿彦京	丁云集	张深根
	董广乐	隋延力	董永贺	李龙飞	杜倩倩	杜振民
	段金帅	杨　洲	樊永泉	王自东	范嘉雯	程学群
	范午言	宋仁伯	范晓丽	许立宁	范　昭	吕昭平
	方　智	李静媛	方子春	柳　伟	冯巨龙	徐晓光
	冯树伟	吴春京	付　任	黄继华	付　杨	韩静涛
	高　丰	尹海清	高　梅	李　勇	戈　娟	李　妍
	葛江曼	孔祥华	葛志棚	王开坤	龚　帅	任学冲
	谷天赋	王树明	顾月茹	秦明礼	官晓甜	范丽珍
	郭海龙	吴俊升	郭会明	董建新	郭静蓉	赵海雷
	郭庆森	曹　晖	韩　飞	白　洋	韩会会	曹　晖
	何钦生	何积铨	何润田	范丽珍	贺雨雨	李金许
	胡　晨	滕　蛟	胡靖帆	宋仁伯	胡俊洋	龙　毅
	胡良斌	张　鸿	胡亚伟	余万华	胡一旺	董超芳
	胡　越	杨　滨	皇甫文珠	曹　备	黄小泓	纪　箴
	黄晓东	何积铨	霍珊珊	王金伟	霍旭晨	陈树海
	贾婷婷	郝俊杰	江德斐	林国标	江红军	王开坤
	江　越	白　洋	姜　宁	庄林忠	蒋凤娟	王国杰
	蒋名国	洪慧平	蒋一鸣	林均品	焦若冰	张波萍
	焦懿德	杨　平	金　婷	杨　平	康　猛	张来启
	赖　亮	林国标	李　冰	张　跃	李兵兵	曲选辉
	李彩玉	曹　备	李程鑫	张海龙	李崇纬	杜翠薇
	李聪聪	武会宾	李冬月	张　勇	李　锋	林均品
	李　刚	高　瑾	李　根	燕青芝	李　昊	李立东
	李宏涛	徐桂英	李　欢	孟惠民	李　杰	万发荣
	李　娟	姜　勇	李　坤	孔祥华	李　蕾	孔祥华
	李　猛	陈树海	李　猛	范丽珍	李　庆	李金许
	李庆明	李龙飞	李　森	孟惠民	李莎莎	林均品
	李书开	黄进峰	李相鑫	杨会生	李小娟	高学绪
	李星军	于　浩	李亚坤	强文江	李延召	张志豪
	李　阳	韩静涛	李宜朔	郭　晖	李　勇	张济山
	李　月	曹江利	李召辉	苗　君	李兆麟	赵海雷
	李宗书	杜翠薇	廉康锡	贾成厂	梁亚超	常永勤
	林冠群	刘雪峰	刘伯伦	李晓刚	刘春兰	连　芳
	刘芳芳	董建新	刘海霞	程学群	刘　辉	张迎春
	刘金辉	刘国权	刘　静	张波萍	刘俊珺	王旭东
	刘　凯	曹　备	刘凯凯	黄继华	刘　宽	赵兴科
	刘茂森	曾燕屏	刘翘楚	孙建林	刘圣亮	张波萍
	刘淑雅	张迎春	刘　雄	杨　洲	刘志桥	杨　平

续表

学科、专业	硕士研究生	导师	硕士研究生	导师	硕士研究生	导师
材料科学与工程	卢金辉	李明华	卢克超	包小倩	鲁旷达	张　雷
	鲁宇飞	张海龙	鲁云婷	岩　雨	吕宗阳	刘雄军
	罗家懋	林国标	罗　俊	郝俊杰	罗萍萍	罗　骥
	罗　强	周香林	马　兰	刘泉林	马　园	薛文东
	毛瑞奇	郝俊杰	毛晓东	谢建新	孟　杰	庞晓露
	孟庆思	杜艳霞	苗丹阳	唐　荻	牟维国	隋延力
	牛　闯	孙蓟泉	彭冬冬	吴俊升	彭　洁	何积铨
	彭　桃	张麦仓	彭　雄	王　戈	齐会龙	徐桂英
	齐晓梅	张波萍	钱海燕	高　瑾	钱　山	乔利杰
	钱　伟	杨　穆	秦　星	万发荣	屈少杰	田文怀
	任丽恒	张志豪	任盼盼	董超芳	茱　义	张麦仓
	佘建民	唐伟忠	盛文杰	张　勇	石凤仙	路民旭
	石昊宁	李　勇	史镜明	龙　毅	宋士磊	谢建新
	宋宜军	张济山	苏　鹏	王西涛	孙海龙	洪慧平
	孙君艳	张　雷	孙明伟	郭翠萍	孙　强	米振莉
	孙晓蒙	连　芳	孙永强	李　勇	唐志文	孔祥华
	汪楚航	官月平	汪庭文	姜　勇	汪玉玲	田文怀
	王　斐	郭明星	王宏亮	黄进峰	王　捷	曹江利
	王　君	李　妍	王　卡	常永勤	王明军	张波萍
	王明月	何新波	王　培	周香林	王　鹏	杨　滨
	王　统	于　浩	王　威	宋仁伯	王伟丽	谢建新
	王心禾	王西涛	王兴璞	洪慧平	王　旭	肖　葵
	王旭昭	岩　雨	王　旸	岩　雨	王　奕	程学群
	王召利	纪　箴	王智权	尚成嘉	王子豪	陆永浩
	危东侠	何战兵	魏印平	詹　倩	魏有昀	张永军
	吴春丽	张深根	吴德权	高　瑾	吴　菲	任学冲
	吴建明	顾有松	吴　鹏	周张健	吴　帅	张　津
	吴　伟	李晓刚	吴文佳	叶　丰	吴晓庆	张　迪
	吴云胜	张麦仓	吴　钊	齐俊杰	武　萌	李立东
	夏常富	官月平	肖　晖	许立宁	肖将楚	张麦仓
	肖　玲	曹　晖	肖　慎	惠希东	谢宸洋	吴春京
	谢恒斌	曾燕屏	谢蒙蒙	杨善武	谢　玮	何积铨
	辛景景	张来启	信彩丽	白　洋	邢　辉	庄林忠
	邢　佩	李晓刚	熊　强	李静媛	徐鹏飞	孙建林
	许恩恩	郭志猛	许方钊	黄继华	许　福	张波萍
	许黎明	陈银莉	薛佳宁	龙　毅	薛　浪	任学平
	闫明伟	孙加林	闫晓莉	吴俊升	闫　远	赵征志
	闫智然	王海成	严国春	杨　平	严　红	杨善武
	严　辉	王自东	严　宁	郑裕东	严雪莹	吴俊升
	杨斌杰	乔利杰	杨德建	刘雪峰	杨东艳	陈雨来

续表

学科、专业	硕士研究生	导师	硕士研究生	导师	硕士研究生	导师
材料科学与工程	杨 芳	王国杰	杨 康	李明华	杨 林	连 芳
	杨敏娜	高 瑾	杨 明	王 戈	杨 乔	孙冬柏
	杨素分	陈 冷	杨文辉	曹文斌	杨文慧	田文怀
	杨徐荟	张 跃	姚 峥	王德仁	叶道盛	张波萍
	叶其昌	赵志毅	易 盼	肖 葵	易泉秀	何业东
	尹志中	朱 洁	于佳佳	张 迪	于 群	郑裕东
	于 勇	惠希东	余 嫦	孙冬柏	余昊明	王学敏
	余寅生	张 跃	余泽沁	孟惠民	宇 航	康永林
	袁婷婷	王国杰	袁 悦	李长荣	岳 锐	毛卫民 B
	翟士斌	余万华	张 宝	李成明	张博宁	郑 磊
	张 昳	余 伟	张 东	柳 伟	张 富	王丽萍
	张浩波	李 勇	张会超	张波萍	张建军	王艳丽
	张 剑	王学敏	张 洁	黄继华	张 京	冯 强
	张 骏	李 平	张卫锴	杨 洲	张 欣	曹文斌
	张星星	刘泉林	张许凯	庄林忠	张 艳	郭明星
	张 垚	吴 渊	张 宇	赵志毅	赵 博	陈 宁
	赵 坤	张 跃	赵 猛	林国标	赵书振	许立宁
	赵小朋	黄继华	赵新伟	官月平	赵雪同	唐 荻
	赵园园	曹江利	赵 展	董建新	甄福强	孙建林
	郑建舒	郑 磊	郑饶文	李长荣	支玲玲	曲选辉
	钟江伟	张 鸿	周冰晨	王 辉	周海龙	于 浩
	周 俊	张 津	周晓宇	赵兴科	周志寻	柳 伟
	朱慧娜	徐桂英	朱 擎	董建新	朱晓辉	张 津
	祝文臻	李宏祥	庄 宇	李长荣	左玉克	王旭东
采矿工程	曹海峰	王德胜	车赛杰	吕文生	陈 辉	王洪江
	成 功	王进强	高 周	吴爱祥	葛宜峰	璩世杰
	郭春攀	胡乃联	候春华	高 谦	胡光球	璩世杰
	胡钦印	孙春宝	胡文达	吴爱祥	胡晓运	李仲学
	黄东旭	李仲学	鞠雪达	李翠平	孔 令	吴爱祥
	李 亘	姜福兴	李 红	吴爱祥	李 军	王贻明
	李 涛	胡乃联	李晚喜	胡乃联	李占炎	吴爱祥
	李兆雷	胡乃联	梁新民	明世祥	刘兴华	宋卫东
	刘彦超	蔡嗣经	刘 晔	王进强	娄 权	陈广平
	马运亮	吴爱祥	蒙和得乐	宋卫东	任海锋	宋卫东
	阮竹恩	李翠平	施发伍	吴爱祥	宋伟超	高永涛
	覃 璇	李仲学	王 耿	李翠平	王华蓥	李仲学
	王建超	姜福兴	王卫生	吴爱祥	吴 健	韩 斌
	吴晓君	李国清	谢经鹏	明世祥	许 伟	刘保顺
	闫其盼	吴爱祥	羊羽翔	宋卫东	杨清平	吴爱祥
	杨为春	韩 斌	姚 松	韩 斌	姚致远	胡乃联

续表

学科、专业	硕士研究生	导师	硕士研究生	导师	硕士研究生	导师
采矿工程	伊　格	王贻明	张玲玲	胡乃联	张友志	吴爱祥
	张宇光	韩　斌	张振华	刘保顺	钟　媛	李翠平
	周　亮	韩　斌	周升平	王贻明		
产业经济学	王成静	冯　梅	武治东	邓立治	谢佳琪	何维达
	徐田田	何维达	许　彬	邓立治	赵云庭	冯　梅
地质资源与地质工程	李怀彬	谢玉玲	张晓康	徐九华	赵　鹏	李克庆
电子科学与技术	邓祖兰	解　仑	何志杰	解　仑	胡　娟	胡四泉
	黄　博	胡广大	姜　波	解　仑	李　强	王先梅
	李　婷	王先梅	马　坤	王志良	王俊文	王先梅
	王　袭	胡广大	王泽颖	石志国	吴　翔	石志国
	肖素杰	胡四泉	杨秀君	解　仑	张　星	王先梅
	赵思思	胡四泉	周　鹤	胡四泉		
动力工程及工程热物理	阿　达	楼国锋	蔡盟利	张欣欣	陈禹琴	温　治
	代　尧	刘训良	高　颖	苏庆泉	葛天然	刘训良
	郭　宇	刘向军	郝诗宇	姜泽毅	郝智天	张　辉
	侯春旭	冯俊小	侯　焱	于　帆	黄若琳	王　立
	姜　竹	王　立	焦璐璐	刘应书	焦天鹏	冯妍卉
	李　冬	温　治	李会波	刘双科	李金涛	米万良
	李　琳	岳献芳	李战明	姜泽毅	梁　策	温　治
	刘　涛	夏德宏	刘晓芳	冯妍卉	刘晓龙	于　帆
	马贺美	刘双科	潘天志	孙淑凤	任耀启	林　林
	沈志成	姜泽毅	石　珺	冯妍卉	汤王阳	尹少武
	王　俊	张欣欣	王占营	刘应书	西　西	夏德宏
	杨红千	冯俊小	杨惠杰	温　治	游　操	岳献芳
	张　贺	张　辉	张积浩	王　恒	张建睿	冯妍卉
	章晨伟	王　立	赵永亮	张欣欣	朱探金	苏庆泉
工程力学	陈倩男	蔡美峰	李静姝	张举兵	李鹏飞	王金安
	史丽超	苗胜军	王　宁	李　铁		
供热、供燃气、通风及空调工程	陈　迪	范慧芳	董家男	曲世琳	方　捷	曲世琳
	洪迎迎	范慧芳	刘亚萌	吴延鹏	骆静文	谢　慧
	马丽霞	谢　慧	马宇飞	范慧芳	王东旭	曲世琳
	王佳能	吴延鹏	杨钦海	吴延鹏	张达頔	吴延鹏
固体力学	陈亚楠	肖久梅	伏俊芳	吴兰鹰	可　进	尚新春
	孔　志	魏培君	李　龙	魏培君	刘睿哲	尚新春
	栾尊玲	吴兰鹰	宋玉环	肖久梅	田　松	尚新春
	王万里	魏培君	王秀萍	陈学军	晏　倩	陈学军
	张博宇	陈章华	张　京	陈章华		
管理科学与工程	安	杨建华	伯瑞斯	王　莹	薄启欣	张　群
	陈　龙	崔健双	陈晓蓓	高学东	谷春晓	王道平
	韩梦莹	杨建华	韩兆兰	崔健双	雷金成	魏桂英

续表

学科、专业	硕士研究生	导师	硕士研究生	导师	硕士研究生	导师
管理科学与工程	李金宁	李铁克	李　伟	杨建华	李　洋	杨建华
	刘冠男	张文新	刘　洁	李铁克	卢　丹	武　森
	孟庆童	高学东	平　静	张　群	萨　鲁	魏桂英
	申　钊	张文新	史婷婷	武　森	孙海峰	张　群
	脱梦娇	武　森	王丹玥	高学东	王　路	王道平
	王永超	李铁克	王玉花	张　群	威　娜	张　群
	吴正良	魏桂英	夏文彩	武　森	谢　荣	王　莹
	阎建红	杨建华	杨　洋	杨建华	余志新	张晓冬
	张　枫	魏桂英	张梦蕾	张晓冬	张少洋	张文新
	章恩武	张晓冬	赵朝霞	王　莹		
国际贸易学	阿卜拉	何　枫	安格尔	孙　莹	陈慧英	何　枫
	陈忠莹	何　枫	成　亮	王　凯	付欣皓	王宾容
	高宇婧	阚　宏	胡　丹	范小华	胡冉冉	何　枫
	卡提娜	孙　莹	李慧慧	阚　宏	林　妮	蔡卫星
	刘娟娟	何　枫	路　琪	王宾容	吕萌萌	孙　莹
	罗玉兰	王宾容	玛莉亚	孙　莹	美　纪	何　枫
	弥尔顿	冯　梅	盛丹琳	孙　莹	王爱玲	王　凯
	王　欢	何　枫	王子芹	范小华	夏玛尔	孙　莹
	于　凤	王宾容	于　潇	孙　莹		
化学	曹思琪	温永强	陈美婷	陈飞武	崔　勇	范慧俐
	代　兵	许利苹	邓传玉	叶亚平	邓晶晶	党智敏
	丁省立	曹艳秋	董亚军	杨运旭	冯　雪	李建强
	付熊彬	叶亚平	付月慧	李文军	高胜敏	党智敏
	高　颖	查俊伟	郭利娟	张美芹	韩冰玲	袁文霞
	何柄谕	张学记	贺娇娇	李建强	黄明星	李文军
	黄　娜	查俊伟	江　深	刘杰民	姜斐斐	苏　磊
	雷　霞	温永强	李　灿	党智敏	李　科	党智敏
	李瑞安	范慧俐	李小龙	张美芹	李亚倩	温永强
	梁　颖	刘杰民	刘春卫	闫红亮	刘　佳	刘世香
	刘九州	范慧俐	刘丽媛	路丽英	刘士钊	孙长艳
	刘　卫	车　平	马冬敏	王东瑞	马萌阳	范慧俐
	毛亮亮	杨运旭	孟祥雪	王明文	苗云鹤	弓爱君
	潘裕红	弓爱君	裴姝奇	党智敏	裴一朴	刘杰民
	区云韵	张美芹	邵慧琪	刘杰民	盛　亮	李建强
	师润瑄	叶亚平	宋飞龙	王东瑞	苏玉龙	李建强
	孙娜娜	姜建壮	孙瑞娟	温永强	唐路阳	党智敏
	汪彦君	范慧俐	王　磊	原小涛	王　蕾	刘杰民
	王丽丹	陈飞武	王　鹏	胡澎浩	王　棋	袁文霞
	王岩松	李文军	王玉梅	原小涛	巫运辉	党智敏
	吴东红	党智敏	武晓彬	周花蕾	武友孟	李旭琴

续表

学科、专业	硕士研究生	导师	硕士研究生	导师	硕士研究生	导师
化学	谢艳萍	弓爱君	徐倩倩	李文军	许天娇	王碧燕
	许晓蒙	柴成文	闫轰达	党智敏	杨复光	李建强
	杨涵睿	李旭琴	杨　静	弓爱君	杨萌萌	党智敏
	杨　晓	叶亚平	杨　秀	闫红亮	杨志林	温永强
	杨智慧	党智敏	殷也筑	刘杰民	尹国玲	王东瑞
	张海欣	王碧燕	张　丽	周花蕾	张珊珊	查俊伟
	张帅涛	许利莘	张　婷	党智敏	张振雲	苏　磊
	赵　苗	柴成文	赵培英	孙长艳	赵　清	陈飞武
	赵云波	弓爱君	郑得昌	党智敏	周婷婷	杨运旭
	左旭晶	曹艳秋				
化学工程与技术	付沛松	李新学	高冉冉	党智敏	李莉莉	党智敏
	李　琳	边永忠	刘　琴	常志东	刘洋健	边永忠
	罗玉宏	常志东	王国龙	常志东	王　威	杨运旭
	王　雪	李新学	王玉芹	肖军平	魏　盼	邓金侠
	杨会芳	边永忠	张欢欢	袁文霞	张　鹏	常志东
环境科学与工程	安丹凤	陈月芳	安　正	宋存义	常　强	汪群慧
	陈小敏	季宏兵	崔智博	施春红	酆婧轩	汪群慧
	高洪福	施春红	哈里逊	李天昕	韩扬文	李天昕
	柯　林	李子富	黎明山	马鸿志	李　东	唐晓龙
	李　曈	宋存义	刘丁丁	易红宏	刘冠夫	钱大益
	刘　敏	邢　奕	刘瑞平	姚　俊	刘在强	宋　波
	马　玎	唐晓龙	马家恒	姚　俊	玛雅妮	李子富
	孟玲珑	李天昕	米　乐	周北海	欧　力	汪群慧
	蒲　巴	李子富	阮德勇	宋　波	宋　娜	汪群慧
	王冬冷	李子富	王　岩	陈月芳	武笑影	姚　俊
	肖　婧	常雁红	熊　赟	李子富	徐锦模	林　海
	张学敏	周北海	赵　彬	易红宏	赵佳欣	朱维耀
	赵军娜	李子富	周义华	林　海	朱媛媛	周北海
会计学	邓潇玥	李晓静	付　含	武德昆	傅梦婷	刘欣华
	巩晓宇	崔文娟	郭彦君	胡志颖	黄凯迪	韩良智
	吕萨萨	刘欣华	马敏楠	胡志颖	孟　爽	胡志颖
	牛卓敏	肖　明	裴玉宣	李晓静	齐肖玲	刘亚莉
	沈　培	陈雪松	唐　晨	肖　明	汪　然	李晓静
	王艳冰	武德昆	王　卓	张曾莲	张　茹	刘欣华
机械工程	安全昆	吕卫阳	薄　亮	苏兰海	陈家兴	邱丽芳
	董　然	尹忠俊	董星言	冯　明	董裕兴	郑莉芳
	窦浩杰	阳建宏	范圆圆	刘　江	高宁宁	冯茂林
	高新宇	阳建宏	葛升玮	贾志新	管延刚	刘　颖
	韩玉婷	黄重国	郝东佳	吴迪平	郝木东	王晓玲
	黄红亮	章立军	贾　帅	黄明吉	蒋兴奋	贾志新

续表

学科、专业	硕士研究生	导师	硕士研究生	导师	硕士研究生	导师
机械工程	蒋 智	张 杰	李 丹	马祥华	李冬冬	李 疆
	李 栋	马 飞	李芳芳	樊百林	李良鑫	朱超甫
	李 楠	马 飞	李帅北	张大志	李 涛	朱超甫
	李文龙	黄明吉	李文治	郗安民	李亚民	孙朝阳
	梁海洋	李 威	蔺雪峰	冯志鹏	刘 东	孙朝阳
	刘 庚	刘 江	刘佳朋	冯 明	刘近悦	何安瑞
	刘李东	贾志新	刘鹏军	刘国勇	龙 游	王宝雨
	卢天齐	韩建友	罗 雄	唐 英	马传辉	曹建国
	马国轩	孟 宇	马 强	刘 江	孟凡星	阳建宏
	孟 昊	范让林	孟军辉	曹建国	孟 强	李 疆
	密俊霞	杨 竞	穆星泽	阳建宏	潘治赟	马祥华
	庞大千	邱丽芳	平 川	申焱华	乔团结	巩宪锋
	曲 平	刘鸿飞	任宇睿	黄明吉	荣 浩	郗安民
	申原任	冯 明	石 兵	孙朝阳	宋 康	刘晋平
	宋仕龙	范让林	孙 宾	黄明吉	孙圣男	刘 颖
	孙树萌	宋 勇	谭俊钊	张大志	唐宝平	张康生
	唐碧文	张锁梅	王国庆	王晓玲	王立勇	张康生
	王琳慧	杨 珏	王艳涛	杨 竞	王云肖	张文明
	王志凯	阳建宏	魏福林	申焱华	吴家元	杨德斌
	邢志威	杨海波	熊成章	李 疆	徐海洋	刘国勇
	徐 颢	尹忠俊	鄢阿敏	杨德斌	闫 娇	周晓敏 J
	闫 青	李 威	杨丛莱	李 威	杨皞屾	马 飞
	杨 鹏	徐 科	杨 贤	刘鸿飞	依 玛	刘北英
	易 筱	张文明	尹 辉	郜志英	尹日雷	王文瑞
	于得涛	冯 明	于 静	李 威	喻常静	杨 珏
	袁金恒	张锁梅	袁玉芹	韩建友	岳小雪	周晓敏 J
	张 宝	刘北英	张 超	杨海波	张 浩	石博强
	张记涛	边新孝	张 洁	吕卫阳	张金鑫	唐 英
	张 平	刘鸿飞	张倩倩	韩建友	张 涛	万 静
	张 兴	刘鸿飞	张 勇	闫晓强	赵立可	周晓敏 J
	赵 怿	杨 珏	智建伟	何安瑞	周贵森	刘北英
	周晓帆	冯 明	周亚凯	冯志鹏	周玉琪	唐 英
	朱 瑞	黄明吉	朱由智	孙志辉		
计算机科学与技术	巴哈德·艾尔肯	阿孜古丽	毕嘉鸿	王洪泊	曹 毅	曾广平
	常小会	罗 熊	崔麦琴	王成耀	丁兆星	班晓娟
	樊春美	张桃红	付玥甜	张德政	高亚萍	宁淑荣
	郭 冲	班晓娟	韩力强	王忠民	何慧娟	包 宏
	何 清	谢永红	贺亮亮	班晓娟	贺 元	胡长军
	贺媛媛	王昭顺	胡超群	王宗杰	胡小静	谢永红
	胡晓卉	阿孜古丽	胡 勇	张晓彤	黄琪玮	张晓彤

续表

学科、专业	硕士研究生	导师	硕士研究生	导师	硕士研究生	导师
计算机科学与技术	拉希德	张德政	李国清	王洪泊	李海明	班晓娟
	李林飞	夏克俭	李 强	张晓彤	李 兴	王志明 J
	李朱毓	张 敏	林 皓	胡长军	刘理博	曾广平
	刘甜甜	殷绪成	刘 秀	包 宏	刘竺婕	王昭顺
	吕 琛	胡长军	罗 浩	罗 熊	马 芳	姚 琳
	皮志鹏	王志明 J	戚博文	陈红松	祁媛媛	王昭顺
	钱兆鹏	曾广平	唐 萌	阿孜古丽	王璟瑜	徐 科
	王俊蓉	胡 玥	王雪莹	张德政	魏 冉	宁淑荣
	吴文利	王 沁	徐 杰	宁淑荣	薛飞飞	孙昌爱
	严 景	王昭顺	杨松松	张桃红	杨晓磊	李建江
	姚贵鹏	吕志民	张 虹	刘宏伟	张 旭	曾广平
	张志娟	殷绪成	赵春华	周 芳	赵 奕	罗 熊
	郑宇航	郝红卫	周昱轩	张德政	周煜朝	张德政
	左泽雨	殷绪成				
技术经济及管理	安 然	杨 青	邓凯翔	刘明珠	范雨微	杨 武
	郭丽虹	张俊光	李晓静	刘明珠	马 薇	杨 武
	孟 闯	杨 青	潘思盈	戴淑芬	施妙君	杨 武
	王红利	戴淑芬	岳明珠	王震勤	张 月	马风才
	赵聪聪	王维才	赵 婧	戴淑芬		
教育经济与管理	白文水	曲绍卫	黎 东	李 梅	李梦然	李 梅
	龙文碧	杨晓明	吕路平	杨晓明	慕少琳	曲绍卫
	穆琳琳	郭德侠	乌仁高娃	杨晓明	许 胜	郭德侠
	原 梦	郭德侠	周哲宇	曲绍卫		
金融学	陈 思	刘 澄	陈雪婧	王立民	董文华	王未卿
	黄 静	王立民	纪天晴	胡 波	江燕妮	黄晓霞
	李剑双	胡 波	李氏秋河	张 燃	刘昊林	刘 澄
	阮垂璃	潘永泉	盛雅楠	王未卿	王晶晶	张 燃
	王 莹	张莲英	姚 娆	王未卿	张 丹	王未卿
	张 婧	张 燃	张丽君	刘 澄	赵 敏	刘 澄
	赵晓虹	黄晓霞				
经济法学	鲍吉利	石 雁	韩飞宇	魏增产	韩愉东	张武军
	刘昌豪	石 雁	唐司经	魏增产	王静林	魏增产
	王 宪	魏增产	邢 坤	侯登华	张 岩	石 雁
	张 洋	魏增产	赵 慧	张卫英	周 静	徐清梅
科学技术史	胡雨婷	梅建军	姜凯云	章梅芳	李 昂	李延祥
	李 戈	章梅芳	李梦雨	李秀辉	李 潘	潜 伟
	李甜静	李晓岑	林泽人	李延祥	刘亚雄	梅建军
	秦伯豪	李晓岑	肖梦娅	梅建军	谢 然	梅建军
	张星一	潜 伟	赵东明	何积铨	邹桂森	李延祥
科学技术哲学	曹 明	李 林	葛丽玲	刘文霞	刘家华	钱振华

续表

学科、专业	硕士研究生	导师	硕士研究生	导师	硕士研究生	导师
科学技术哲学	刘　昭	宋　琳	魏　薇	宋　琳		
控制科学与工程	白　宇	李　静	曹　茜	刘贺平	柴　华	王粉花
	陈川洋	张勇军	陈建华	童朝南	程　远	王　京
	段　炼	李晓理	范琳琳	王　莉	冯　曼	张维存
	付济强	胡广大	耿烨仆	张　崎	郭映维	潘月斗
	郭玉坤	孙长银	何沛华	张朝晖	何政凯	尹怡欣
	贺　臻	王粉花	胡　兵	杨卫东	黄　龙	童朝南
	姜立波	刘磊明	蒋浩然	刘蕴络	金划苏	李晓理
	赖永刚	肖文栋	李　博	刘冀伟	李成前	伍春洪
	李　辉	付冬梅	李若茜	王　京	李雪鸿	杨淑华
	李志平	穆志纯	李志研	袁　立	刘　威	袁　立
	路英杰	肖文栋	马浩森	付冬梅	马　佳	徐正光
	潘　淑	付冬梅	潘　汛	孙长银	庞　博	肖文栋
	彭文佳	张朝晖	祁远志	徐正光	任　昊	张　兰
	阮德心	迟健男	沈晓兵	蓝金辉	时倩倩	陈先中
	孙　华	王　玲	陶之雨	胡广大	童　禄	胡广大
	万文骏	郭　强	汪艳芝	李　擎	王恩享	陈先中
	王汉超	穆志纯	王洪阳	董　洁	王　靖	刘冀伟
	王　鑫	李希胜	王　娅	赵宝永	王宇鹏	李江昀
	王在隆	李晓理	魏　明	孙昌国	吴　超	付冬梅
	吴贞妍	李希胜	雅　心	肖文栋	尤　博	彭开香
	于东阳	蓝金辉	袁利忠	张朝晖	张　淼	刘　丽
	张　瑞	曾　慧	张文君	孙长银	赵德朋	邵立珍
	赵建东	杨　旭	赵　祎	李　果	朱　艳	石中锁
	祝绪明	童朝南	邹金霖	蓝金辉		
矿物加工工程	彩　虹	孙春宝	曹君磊	李正要	郭明坤	王化军
	石　伟	王化军	王友昌	孙体昌	徐世红	郝红英
	苑修星	杨慧芬	张国文	王化军	张舒婷	孙春宝
	张莹莹	杨慧芬				
矿物学、岩石学、矿床学	安卫军	谢玉玲	冯　琳	李克庆	刘宝珠	陈德平
	阎爱云	倪　文	杨　凯	徐九华	张　玫	刘保顺
	张　宁	倪　文	张洋溢	李克庆		
矿业工程	王邦策	陈广平				
流体力学	别见见	朱维耀	贾宝昆	朱维耀	李正一	宋洪庆
	张维俊	朱维耀	朱晓阳	朱维耀		
马克思主义理论	白　敏	陆　俊	崔晓丹	彭庆红	邓　静	陈　曦
	范云凤	赵　静	郭淑民	蒋宏潮	郝子棋	赵　锋
	胡雪霞	许　峰	贾宇辉	张北根	马露露	刘　莉
	孟飞飞	王志明 W	乔瑞鑫	陆　俊	尚明月	闫拓时
	苏　丹	杨彦强	王夫道	马晓燕	王建霞	赵　静

续表

学科、专业	硕士研究生	导师	硕士研究生	导师	硕士研究生	导师
马克思主义理论	王其华	刘　莉	杨　弘	王蓉霞	杨明明	彭庆红
	姚　楠	鲁春霞	尤文婷	左　鹏	张晓旭	马晓燕
	张瑶芳	李晓光	赵　霞	韩　强		
民商法学	郭美梅	张卫英	哈丽叶·买买提	王宾容	李　媛	李婉平
	刘涵玉	侯登华	马冰洁	魏增产	石钟慧	石　雁
民商法学	王芊樾	王竹青	韦　琳	杜晓智	许冠男	魏增产
	杨可欣	张卫英	杨　钰	王竹青	张　琪	李婉平
	郑涟漪	郑瑞琨	周芷卉	张武军		
企业管理	艾　瑞	张　剑	陈亮鹏	张　剑	陈雨柔	裴利芳
	段晓彦	苏　玲	方　欢	胡　枫	冯　妍	黄　瑛
	郭　博	贾振全	黄　晖	张　剑	加马尔	裴利芳
	江清旭	裴利芳	卡　拉	黄晓霞	卡米拉	何润宇
	康珺馨	胡　枫	李晨曦	李晓辉	李帅霖	李晓辉
	李阳红	贾振全	李　艺	裴利芳	刘秋丽	贾振全
	刘媛媛	胡　枫	路宇浩	魏　钧	罗丹妮	何润宇
	马晨超	裴利芳	马　丁	苏　玲	孟亮富	张　剑
	娜　娅	裴利芳	倪览轩	高俊山	齐晴晴	高俊山
	孙　彦	魏　钧	陶永浩	何润宇	王斯奇	张　剑
	武　鹏	何润宇	西迦卡	高俊山	肖　夏	张　剑
	谢长涛	吕殿平	谢海燕	苏　玲	徐晓晶	裴利芳
	杨海亚	贾振全	张晓佳	魏　钧	赵之灿	贾振全
	甄轲轲	胡　枫	郑家乐	吕殿平	郑康健	魏　钧
日语语言文学	程瑞雪	边　静	孙晓丹	范玉梅		
软件工程	崔洪亮	胡　玥	范学慧	胡长军	付亚静	谢永红
	葛　倩	李建江	李福聪	张　敏	李志强	周　芳
	梁艳蕊	汪红兵	刘　茜	班晓娟	吕培培	王志明 J
	詹雅茹	王昭顺	张　鑫	孙昌爱	钟　磊	王昭顺
设计艺术学	曹苗苗	陶　晋	窦晓璐	覃京燕	李　均	魏　东
	丽　芳	覃京燕	孟　涛	陶　晋	穆凯奇	魏　东
	孙　哲	陈　键	唐慧斌	陈　键	王　静	魏　东
	王　赛	陈　键	王亚飞	陈　键	王　莹	陈　键
	杨　畅	覃京燕	叶　佳	覃京燕	张建民	陶　晋
社会学	陈　吉	许　斌	高秀文	时立荣	惠京瑶	刘向英
	李泽华	郇建立	马小晶	刘向英	任　艺	时立荣
	石莉伟	许　斌	王隽清	刘向英	许　珂	时立荣
	许梦圆	郇建立	杨　蕾	郇建立	杨　苗	许　斌
	郑　演	章东辉				
生物化学与分子生物学	奥　宁	张美芹	陈慧甜	时国庆	陈丽丽	刘丽琴
	陈彦利	时国庆	陈臻琪	宣劲松	地亚哥	罗　晖
	董　昕	尹春华	樊韦华	闫　海	高永杰	张美芹

续表

学科、专业	硕士研究生	导师	硕士研究生	导师	硕士研究生	导师
生物化学与分子生物学	高玉凤	王海鸥	韩　烨	闫　海	郝明敏	闫　海
	郝维维	胡继业	姜爱钧	宋　青	李国峰	尹春华
	李　婷	宋　青	李　玺	罗　晖	李银钵	闫　海
	梁　晨	罗　晖	刘天娇	罗　晖	马福鑫	宋　青
	马　可	宋　青	庞　铎	温永强	邵杏娇	胡继业
	石婉欣	许利苹	宋　歌	王海鸥	王　臣	宣劲松
	王美茜	闫　海	许　芳	董海峰	杨春鹤	杜宏武
	杨存金	闫　海	杨　洋	刘丽琴	于　洋	苏　磊
	原方芳	刘丽琴	张青青	许利苹	张　萱	刘丽琴
	张艳竹	胡继业	赵俊鹏	王海鸥	赵兰青	杜宏武
	赵志敏	尹春华	仲蒙蒙	胡继业		
数学	安凤娇	赵向奎	白雪珂	陈明文	曹　智	郑连存
	柴宏玉	臧鸿雁	陈利君	胡志兴	陈盛婷	郑连存
	陈　影	苏永美	成　雪	赵立英	程贝贝	胡志兴
	程立双	沈政伟	董姗姗	侯书会	高静静	陈明文
	高杏杏	胡志兴	高亚军	廖福成	郭成杰	郑连存
	郭沙沙	赵向奎	何晓宇	赵立英	胡　晴	胡志兴
	黄慧芳	臧鸿雁	黄若诚	艾冬梅	蒋晓芳	牛　敏
	焦成茹	郑连存	孔　敏	廖福成	李　昂	张晓丹
	李　冰	王　辉	李福香	马万彪	李福星	谢铁军
	李豪哲	申亚男	李　静	郑连存	李苗苗	牛　敏
	李　敏	闵乐泉	李　倩	赵立英	李文婷	徐　尔
	梁丽莎	苏永美	梁晓一	艾冬梅	刘旭东	张晓丹
	卢　宣	汪飞星	马洪超	陈艳萍	马竟竟	巩馥洲
	孟金桃	赵立英	孟思颖	陈艳萍	密静娴	陈明文
	聂文静	王　辉	牛振东	陈艳萍	齐　芳	张晓丹
	邱丰品	卫宏儒	商宁宁	王　辉	沈冰玉	郑连存
	苏晓洁	廖福成	孙翠玲	卫宏儒	汤国斌	刘　宇
	王　超	申亚男	王菲菲	徐　尔	王　粉	林　平
	王佳佳	徐　尔	王丽莉	艾冬梅	王　冕	闵乐泉
	王　平	巩馥洲	王　琪	臧鸿雁	王胜男	朱　婧
	王伟伟	艾冬梅	王小慧	陈明文	王　雪	闵乐泉
	王源铤	刘　宇	魏朦朦	陈明文	温佳威	艾冬梅
	吴大云	苏永美	肖黄林	马万彪	许海山	廖福成
	薛　超	陈艳萍	杨　丹	朱　婧	杨凯莉	马万彪
	杨秀平	闵乐泉	尹晨光	郑连存	袁丽丽	申亚男
	袁远龙	廖福成	翟宁宁	孙玉华	张晨星	谢铁军
	张　静	刘　宇	张　玫	闵乐泉	张孟奇	张志刚
	张　婷	牛　敏	张亚玲	张晓丹	赵　敏	陈明文
	朱佳欣	孙玉华	朱贤东	司新辉		

续表

学科、专业	硕士研究生	导师	硕士研究生	导师	硕士研究生	导师
统计学	蔡巧琼	汪飞星	陈玉磊	卫宏儒	丁亚鑫	徐　岩
	宫粉平	汪飞星	古晓玲	汪飞星	贺林溪	张志刚
	侯文涛	王　辉	卡马拉	汪飞星	李　曼	张志刚
	李　阳	马万彪	李　政	张志刚	刘　芳	汪飞星
	刘　杰	胡志兴	马　飞	赵立英	骈建伟	闵乐泉
	孙佳佳	徐　尔	肖　冲	谢铁军		
土木工程	爱力克	周晓敏 T	陈　飞	苗胜军	陈梅琴	谢谟文
	杜伟嘉	蔡美峰	冯　雷	牟在根	高照帅	王德胜
	侯俊洁	乔　兰	胡　朗	周晓敏 T	胡绪杰	王金安
	黄楚江	李　铁	江阿明	杨润林	蒋晓红	谭文辉
	焦军灵	王金安	李小翠	潘旦光	李　钊	蔡美峰
	梁　楠	张举兵	廖义鑫	潘旦光	刘麒梁	李　远
	刘三平	李长洪	刘诗杰	李　铁	刘翔宇	纪洪广
	刘一男	汪林兵	马万航	牟在根	庞伟东	王金安
	齐凯泽	王金安	石　磊	潘旦光	石　垚	吴顺川
	孙　超	刘　洋	孙雪墨	陈德平	唐梅芳	高　谦
	宛小光	任奋华	王　丹	高永涛	王　健	纪洪广
	王强志	高永涛	吴晶晶	乔　兰	杨　涛	杨润林
	姚　玮	王树和	张崇骁	吴顺川	张晗菲	汪林兵
	张　杰	潘旦光	张　龙	李长洪	张　岩	乔　兰
	张泽龙	谢谟文	周　琦	牟在根	朱　琳	张举兵
外国语言文学	侯晓琳	陈红薇	姜嘉兴	张敬源	李　会	何　伟
	李　璐	何　伟	李　瑶	刘亚明	李玉艳	何中清
	潘　猛	官　群	齐晓宁	王　娜	邵　芬	范一亭
	孙小惠	杨英军	孙印华	李　涛	王敏辰	何　伟
	伍　娜	杨　子	于　同	秦晓惠	于　璇	李　琳
	张晓芳	杨　子	郑竹君	陈红薇	朱树杰	范一亭
物理电子学	高庆敏	丁红胜	韩广顺	丁红胜	韩志成	丁红胜
	骆　扬	李　杰	王　琦	田　跃	魏家琦	田　跃
	尹晓龙	李　杰	张　帆	丁红胜	张　珂	田　跃
	周满城	田　跃	周　娜	田　跃		
物理学	曹　东	王凤平	曹志强	巨　新	常凯楠	王鹿霞
	陈　宝	申　江	陈允成	顾　强	董春龙	马星桥
	董远湘	张国华	冯桐桐	顾　强	高　静	王鹿霞
	高丽娜	吴　平	高　明	阴津华	郭晓艳	王云良
	侯　晓	王鹿霞	胡协龙	孟凡研	纪克力	阴津华
	冀　冰	吴　平	李　丹	秦吉红	李建军	宋玉军
	李梦茁	吴　平	李少辉	倪晓东	李松松	丁红胜
	李星阳	王凤平	刘　鑫	倪晓东	刘　旭	秦吉红
	刘一君	邱红梅	刘志远	王荣明	麻晓波	孟凡研

续表

学科、专业	硕士研究生	导师	硕士研究生	导师	硕士研究生	导师
物理学	牛晓娜	张国华	庞曼曼	郝亚江	戚三涛	申　江
	钱志恒	赵雪丹	司志峰	巨　新	宋奔升	马星桥
	宋亚飞	郝亚江	苏莎莎	陈　娣	孙海桂	陈　娣
	涂建海	王凤平	王晓丹	王云良	王　颖	申　江
	夏　宇	郑新和	邢万东	孟凡研	熊青云	田付阳
	徐义爽	马星桥	许聪慧	张国华	杨　美	李　阳
	张陈娜	钱　萍	张　攀	赵雪丹	张晓静	柳祝红
	周龙斐	邱红梅	朱泽亚	邱红梅		
物流工程	丁梅子	贺可太	窦俊泼	程国全	付　潼	张庆华
	胡振涛	张庆华	刘一辰	程国全	刘圆圆	王　转
	弥　珊	王　转	庞俊喜	王　转	王　昱	钮建伟
	于　泽	杜彦华	张　浩	董绍华	张　孟	董绍华
	张赛朋	赵　宁	赵红蕾	贺可太	郑　杰	冯爱兰
	周埃乐	钮建伟	朱　莹	李苏剑		
信息与通信工程	艾　里	马忠贵	比琳达	阳小龙	曹　磊	姚　琳
	陈理想	王丽娜	陈玥希	姚　琳	杜志远	隆克平
	法布里	彭云峰	耿伟彪	隆克平	郭　旺	周贤伟
	韩晴晴	王建萍	韩雪婷	姚　琳	韩　状	王丽娜
	何　琴	杜利平	卡玛拉	安建伟	李祥新	阳小龙
	李　哲	陈月云	刘军利	周贤伟	刘宇涵	隆克平
	柳妍珠	周贤伟	吕　闫	皇甫伟	迈斯曼	王丽娜
	米林顿	王建萍	朴玄旭	皇甫伟	乔　比	陈月云
	萨鲁姆	马忠贵	史雪迪	阳小龙	孙海林	王建萍
	天　子	黄旗明	王　兴	张中山	魏　鹏	王丽娜
	乌　沐	马忠贵	吴晶晶	周贤伟	夏　爽	彭云峰
	徐安琪	杨　扬	徐　梅	隆克平	杨　璐	刘　健
	杨　燕	阳小龙	于蓬勃	周贤伟	张丹丹	张中山
	张　淼	杨　扬	张晓楠	刘　健	张旖旎	王建萍
	赵　磊	安建伟	赵　阳	杨　扬	赵　宇	杨　扬
	赵志贺	阳小龙	郑义川	隆克平	周　靖	黄旗明
行政管理	陈夏仙	何晓前	从　珊	陈闽红	李勇威	俞文华
	刘　娜	陈闽红	刘亚明	黄耀杰	刘志林	吴群芳
	裴晓伟	陈闽红	铁门巴雅尔	崔　英	王　焕	黄耀杰
	王　卓	吴群芳	张　婷	冯　英	张　星	冯　英
	张　雲	汪淑珍				
冶金工程	白敦敏	张炯明	蔡小锋	包燕平	曹一飞	张炯明
	陈亮平	张梅Y	陈攀泽	郭占成	成　成	王静松
	程诗垚	马瑞新	崔鹏珍	于然波	董　殊	刘　青
	范　超	李宏煦	方　文	束奇峰	冯子好	张梅Y
	龚宇梦	苍大强	郭亚婷	王福明	韩海龙	程树森

续表

学科、专业	硕士研究生	导师	硕士研究生	导师	硕士研究生	导师
冶金工程	何茂成	薛济来	侯俊洁	宗燕兵	胡龙飞	李　宏
	黄　欢	高　斌	黄双龙	郭兴敏	黄远胜	李京社
	姜帅宇	于然波	姜　瑶	吴胜利	鞠靓辰	郭　敏
	巨鹏瑞	郭占成	李　超	程树森	李陆俊	沈少波
	李世琪	刘建华	李秀杰	张立峰	李雪山	邹　兴
	李志杰	杨世山	梁　超	贺东风	梁永昌	唐海燕
	刘春阳	王新华	刘林涛	胡晓军	刘　强	张炯明
	刘　洋	束奇峰	刘子林	马瑞新	罗开敏	李　晶
	罗　坤	沈少波	马红强	邢献然	满文宽	郭　敏
	闵云峰	张家泉	聂斌斌	闫柏军	欧阳成	苍大强
	彭　杰	张梅 Y	祁腾飞	唐惠庆	钱　毅	侯新梅
	屈志东	成国光	申　威	吴　铿	沈宏俊	孙彦辉
	孙　涛	岳　峰	谭奇伟	薛济来	陶　俊	闫柏军
	王　聪	左海滨	王　飞	张建良	王启刚	刘润藻
	王瑞敏	张延玲	王　征	崔　衡	王　正	孙彦辉
	王志宇	张建良	吴锦瑜	朱鸿民	武文杰	王新华
	修祎帆	黄　凯	徐　萍	白　皓	闫治开	郭　敏
	杨　宽	程树森	杨　柳	邹　兴	杨睿明	李素芹
	杨小光	杨世山	姚朝权	宁晓钧	于　灏	朱　荣
	于越溪	沈少波	员　晓	吴　铿	詹　盼	焦树强
	张　超	张建良	张　漓	吴华杰	张统忠	王静松
	张毅勇	成国光	张元娟	白　皓	周　宝	李　宏
	朱少楠	李　宏	朱治勋	李建玲	邹草云	刘　青
仪器科学与技术	范子卿	赵小燕	谷瑞凡	左　昉	李　荣	侯庆文
	李　璇	迟健男	刘雪娇	康瑞清	彭　耀	左　昉
	王　胜	迟健男	吴秀娟	康瑞清	周　勋	赵小燕

2016年全日制专业学位硕士生毕业并获得学位的研究生名单

学科、专业	硕士研究生	导师	硕士研究生	导师	硕士研究生	导师
安全工程	贾志云	谢振华	李　钿	蒋仲安	李　玲	刘双跃
	梁广妍	张英华	牛继平	金龙哲	牛庆园	黄国忠
	庞聪丛	蒋仲安	王伟象	金龙哲	夏　川	刘双跃
	谢冉毅	谢振华	徐　喆	杜翠凤	岳红娟	黄志安
	张策飞	张英华				
材料工程	车英建	武会宾	陈家泳	江海涛	陈婧玥	孙建林
	迟　海	黄继华	邓　林	燕青芝	丁向莹	秦明礼
	董正强	刘雅政	窦娟娟	柳　伟	杜晓琼	吴俊升
	段凯悦	王开坤	付新彤	谢建新	高敏敏	任学平

续表

学科、专业	硕士研究生	导师	硕士研究生	导师	硕士研究生	导师
材料工程	高亚坤	陈银莉	高亚伟	董建新	郭诗锦	谢建新
	韩永明	陆永浩	胡汉江	赵爱民	黄　超	刘雅政
	贾　敏	刘　靖	解飞明	赵兴科	金钟铃	林　涛
	金　柱	程学群	康　煌	曹文斌	来丽拉·加那尔	刘国权
	赖召贵	金　莹	李海旭	于　浩	李　浩	杜翠薇
	李　辉	张　雷	李明保	胡水平	李　鑫	乔利杰
	连　聪	宿彦京	廖文举	杜翠薇	刘　干	任学平
	刘红亮	陈　冷	刘　鹏	江海涛	刘世英	俞宏英
	刘旭涛	赵志毅	刘　羊	刘新华	柳鹏程	柳　伟
	路振文	孙爱芝	毛小玲	米振莉	牟　丹	唐　荻
	逄　昆	李晓刚	邵志坚	尹海清	师晋辉	孟惠民
	宋晶杰	韩静涛	宋　阔	范丽珍	宋明强	刘雅政
	谭海林	余万华	谭何灵	周　成	滕胜阳	孙蓟泉
	王聪瑜	纪　箴	王　迪	武会宾	王　鹏	李静媛
	王晓缓	李金许	王亚丹	孙建林	王兆阳	俞宏英
	王　喆	董超芳	魏　来	程知松	吴海鹏	米振莉
	吴礼文	康永林	吴　伟	蔡庆伍	吴欣雨	王金伟
	郗洪雷	赵征志	肖明华	杜振民	信智锐	赵志毅
	徐　飞	张麦仓	荀晓晨	陈雨来	闫松涛	金　莹
	杨　乐	康永林	叶鹏程	江海涛	易湘德	余万华
	银晓清	唐　荻	张　欢	董超芳	张乐美	郝俊杰
	张隆燊	张深根	张祎凡	周　成	赵　超	宋仁伯
	赵建成	冯　春	赵京冰	张深根	郑　航	邵慧萍
	智　超	赵爱民	周开春	赵爱民	周晓翠	王　纯
	左　毅	米振莉				
车辆工程	柏建伟	范让林	仇百良	孟　宇	樊冰露	石博强
	冯来兵	刘　立	高　翔	马　飞	黄鹏程	刘　立
	金　鑫	申焱华	李海南	黄重国	刘　通	刘　立
	马浩群	冯志鹏	孙晨辉	张文明	王继瑶	张文明
	王梦雪	马　飞	徐　达	马　飞	张　彪	刘　立
	赵　坤	孟　宇	朱奇林	冯茂林		
地质工程	刘一超	刘保顺	吴科锐	徐九华	肖柏林	高　谦
电子与通信工程	陈朝喜	张中山	陈国辉	阳小龙	陈　皓	董　平
	冯凌云	陈月云	巩金蕾	王先梅	惠桔鑫	杨　扬
	姜嘉林	杨裕亮	姜祎婷	王志良	李　美	杜利平
	李文凤	陈月云	刘净月	胡四泉	刘　倩	王建萍
	罗　干	姚　琳	马闪闪	马忠贵	祁军凤	王志良
	史志国	安建伟	司　佳	杨裕亮	提辉萍	李　刚
	王彩云	马忠贵	王瑞静	周贤伟	王彦冰	石志国
	徐　川	皇甫伟	徐　旭	张中山	要志勇	周贤伟

续表

学科、专业	硕士研究生	导师	硕士研究生	导师	硕士研究生	导师
电子与通信工程	于书玺	彭云峰	郁志超	马忠贵	张佳伟	王志良
	张思宇	隆克平	张文静	彭云峰	张　燕	皇甫伟
	朱　峰	石志国	朱彦志	刘　健		
动力工程	白珏明	刘柏谦	单向辉	刘柏谦	花仁东	苏庆泉
	黄碧涵	张欣欣	黄珍梅	童莉葛	江崇邦	孙淑凤
	雷大鹏	夏德宏	李灵芝	夏德宏	李　楠	童莉葛
	李　星	米万良	刘新昊	童莉葛	刘兴杰	冯俊小
	刘永旭	童莉葛	路子康	刘向军	南景阳	乐　恺
	彭雨程	王　恒	束　杨	孙淑凤	谭洪政	乐　恺
	王书晓	温　治	王　耀	楼国锋	杨乾龙	刘柏谦
	杨　权	刘应书	杨　舟	楼国锋	张二林	刘应书
	张　蕊	夏德宏				
化学工程	安茜茜	叶亚平	蔡秋野	党智敏	陈　新	董海峰
	范卫平	杨运旭	贾竹叶	党智敏	李　宁	车　平
	李　欣	李新学	刘聪慧	张学记	路鹏程	李文军
	聂　翠	李文军	潘南燕	袁文霞	齐博宇	陈飞武
	石泽华	叶亚平	汤　薇	王明文	田杰伟	党智敏
	王宝金	陈飞武	王驰名	姜建壮	王栋宇	常志东
	王好旭	杨运旭	王　晶	路丽英	王远珍	刘世香
	杨卫朝	许利苹	姚　丽	党智敏	于　爽	李新学
	张　凯	董海峰	张　乐	邓金侠	张玉洁	范慧俐
	赵洋洋	李旭琴	郑珍雯	肖军平		
环境工程	郭　延	汪群慧	郭尊委	姚　俊	孔令华	施春红
	李波茵	周北海	李　丽	李天昕	李　倩	易红宏
	李　睿	宋存义	李　鑫	汪　莉	史元良	宋存义
	滕科均	陈月芳	田　伟	姚　俊	王　康	汪　莉
	肖小妮	宋　波	熊　都	宋　波	徐卫娟	林　海
	杨　文	季宏兵	杨　鑫	李子富	贠　丽	汪　莉
	张凤英	刘启鹏	张佟佟	唐晓龙	张莹莹	邢　奕
	赵晓明	邢　奕	周　敏	常雁红	朱保虎	季宏兵
机械工程	蔡文刚	杨　荃	柴　洪	臧　勇	陈博宇	臧　勇
	邓　池	杨光辉	冯楚翔	冯　明	冯亚萌	刘　颖
	高旭东	吴迪平	高正斐	唐　英	高志刚	宋　勇
	葛欣光	秦　勤	关　键	张　杰	何名成	陈　兵
	何　宁	杨海波	胡浩然	郗安民	胡　晋	边新孝
	胡　强	杨　荃	胡　挺	孙志辉	焦宗寒	张清东
	金军波	吴迪平	黎　明	杨海波	李　波	何安瑞
	李长江	尹忠俊	李　超	郑莉芳	李林玉	张少军
	李　璐	尹忠俊	李　明	韩　天	李小龙	秦　勤
	李　阳	冯　明	李元勋	徐　科	李　姿	刘晋平

续表

学科、专业	硕士研究生	导师	硕士研究生	导师	硕士研究生	导师
机械工程	梁　冰	杨德斌	刘东照	杨海波	刘金玲	张　杰
	刘　凯	秦　勤	刘译允	贾志新	卢金星	边新孝
	吕涛涛	陈　兵	吕翔宇	韩建友	罗广权	臧　勇
	马　磊	张清东	米雨佳	闫晓强	潘　双	韩　天
	秦　胜	杨德斌	任　欣	王文瑞	宋红攀	曹建国
	孙庭乐	郑莉芳	覃忍冬	张　杰	王　乐	曹建国
	王　社	刘　江	王小华	闫晓强	王　新	王宝雨
	王忆南	张少军	王宗元	闫晓强	魏　佳	罗维东
	魏小林	曹建国	闫泽宇	巩宪锋	杨　威	杨　荃
	叶　帅	臧　勇	于洪洋	徐　科	战　宇	张　杰
	张宝军	罗维东	张　鹏	秦　勤	张亚文	张清东
	张　泽	张少军	张占伟	张锁梅	张志华	阳建宏
	赵　雷	贾志新	赵锬鸿	杨　竟	郑　杰	黎　敏
	周　鹏	曹　彤	周　通	黎　敏	朱鹤鸣	侯建新
计算机技术	陈　磊	赵冲冲	陈云海	罗　熊	董文玲	包　宏
	冯　丽	姚宣霞	郭会昭	徐　科	胡升波	王宗杰
	霍进东	时　鹏	李秉谦	王昭顺	李　冲	孙　义
	李丹丹	朱　岩	李海玲	张德政	李　明	包　宏
	李　鹏	王成耀	李鹏程	胡长军	路伟旻	曾广平
	马占宁	李建江	毛文赫	吕志民	孟凡辉	王　沁
	彭　玮	夏克俭	蒲语彤	朱　岩	王　刚	王　沁
	王骏一	胡长军	王　然	王　沁	王先梦	胡长军
	王　欣	朱　岩	王岩涛	谢永红	王　振	张桃红
	伍中阳	姚宣霞	夏侯佐鑫	张晓彤	杨　凡	胡　玥
	杨晓明	夏克俭	杨　月	赵冲冲	油晓峰	张晓彤
	原国斌	王志明J	张晨萌	阿孜古丽	张　晶	张德政
建筑与土木工程	包德荣	高永涛	卞淑媛	宋波T	卜倩淼	杨润林
	车树武	刘娟红	陈　波	纪洪广	丁　宇	谭卓英
	杜伟超	谢谟文	高威威	刘彩平	郭　鹏	周晓敏T
	郭玉超	李成江	胡广风	龚　敏	胡　楠	周晓敏T
	黄付堂	宋波T	江　毅	宋波T	李　振	李　远
	厉　健	谭文辉	凌　洁	刘娟红	刘　鹏	周晓敏T
	刘秀福	周晓敏T	马　宾	高　谦	梅书鹏	刘彩平
	孙锐娇	谢谟文	台　巍	任奋华	万思达	蔡美峰
	王芳凝	王树和	卫　星	施建俊	闫海鑫	牟在根
	尹作明	王德胜	翟　济	蔡美峰	张华恺	高永涛
	张景星	宋波T	张山林	李　铁	张　鑫	谭卓英
	张志远	纪洪广	赵　朋	谭卓英	赵彦庆	吴顺川
	赵　宇	谢谟文	周艺超	谭卓英		

续表

学科、专业	硕士研究生	导师	硕士研究生	导师	硕士研究生	导师
控制工程	蔡　爽	胡广大	蔡修钢	潘月斗	曹星照	张卫冬
	陈　晨	张勇军	陈菡苕	王　京	陈　思	李　静
	崔梦晨	穆志纯	董松涛	张朝晖	段丽娜	董　洁
	方　成	蓝金辉	富丽珊	张　森	郭亭亭	李　果
	何书睿	陈先中	胡龙新	肖文栋	黄彦芝	高　海
	蒋文迪	刘贺平	巨茗升	徐正光	李新春	刘贺平
	李　星	童朝南	栗　超	刘冀伟	刘珂屹	张朝晖
	刘　帅	穆志纯	刘　阳	彭开香	柳　强	尤　佳
	卢雨豪	杨淑华	鲁　娜	王　莉	吕　馨	刘　涛
	孟　丹	刘　涛	邱　昉	丁大伟	邵　杰	徐正光
	申春磊	李希胜	沈云娇	尹怡欣	宋翠杰	李　擎
	孙　畅	张卫冬	唐　帅	李江昀	王广磊	李晓理
	王　鹏	张维存	王婷婷	陈先中	王伟乾	李　擎
	王兴冉	杨卫东	魏　耕	高　海	肖希元	王　玲
	杨　强	尹怡欣	杨晓凯	尹怡欣	曾　畅	蓝金辉
	翟颖奇	刘　丽	张　聪	孙昌国	张　芬	王丽君
	张海鹏	刘冀伟	张　贺	石中锁	张苗苗	付冬梅
	张择阳	郭　强	邹秀聪	张　崎		
矿业工程	崔　鹏	毛市龙	邓文翔	李正要	冯　宇	姜福兴
	管学铭	龚　敏	郭成林	冯雅丽	郭英杰	璩世杰
	胡子男	李国清	贾　飞	璩世杰	柯锦福	吴爱祥
	孔德阔	李长洪	李彩红	杨慧芬	李洪珊	冯雅丽
	李京达	毛市龙	李　龙	高永涛	李　宁	金爱兵
	林枝祥	杨　鹏	刘阿古达木	吕文生	刘洪忆	龚　敏
	刘　猛	郝红英	刘瑞成	高　谦	刘　勇	孙体昌
	刘子松	高永涛	玛旦江·吐木尔	王贻明	孟新秋	金爱兵
	牟宏伟	吕文生	唐林军	胡乃联	唐亚萍	王化军
	田庆梅	李国清	王健月	倪　文	王　凯	金爱兵
	王　莉	明世祥	王晓宁	段旭琴	王　琰	高永涛
	王　洋	宋卫东	吴建勋	韩　斌	吴梦妮	冯雅丽
	徐勇勇	姜福兴	颜丙乾	杨　鹏	杨　君	金爱兵
	杨天文	傅平丰	杨振伟	高永涛	尹　杰	胡乃联
	袁　飞	冯雅丽	翟建博	李长洪	张　强	王进强
	张永达	明世祥	张志伟	李翠平		
软件工程	崔东芹	陈红松	邓　阳	王昭顺	杜平心	张冬艳
	樊程程	王洪泊	高海亮	陈红松	贺青锋	赵冲冲
	李宏涛	张德政	李立帆	胡长军	苏明磊	王成耀
	覃小娜	刘宏岚	杨郅文	张冬艳	姚晶晶	夏克俭
	张海涛	张德政	张晓智	胡　玥	郑彩云	孙昌爱
	周宇世强	胡长军	朱见涛	赵冲冲		

续表

学科、专业	硕士研究生	导师	硕士研究生	导师	硕士研究生	导师
生物工程	崔　宇	胡继业	甘贤峰	杜宏武	贾　帅	闫　海
	马垒珍	尹春华	马玉磊	宋　青	孟令超	时国庆
	聂自豪	罗　晖	王晓娜	罗　晖	许　凤	宣劲松
	杨　帆	王海鸥	杨　凡	闫　海		
物流工程	从　洋	董绍华	崔明敏	程国全	高　颖	冯爱兰
	黄　蓉	冯爱兰	李开典	赵　宁	刘一兵	李苏剑
	宁喜风	李苏剑	邵金鹏	吕志民	汤　超	丁文英
	唐　瑭	钮建伟	武玲梅	张庆华	宣　政	吕志民
	闫　瑾	吴秀丽	姚　宇	丁文英		
冶金工程	曹丹丹	李素芹	陈　飞	宋波Y	陈桂彬	贺东风
	陈　龙	薛庆国	赤小浩	刘建华	代宁池	包燕平
	杜嘉庆	张立峰	段明官	贾彦忠	郭　闯	郭汉杰
	郭　春	岳　峰	郭　嘉	曹战民	郭　凯	宋波Y
	韩腾飞	邹　兴	何必飞	王安仁	华长旭	李　宏
	黄　敏	王新东	黄　琦	王新华	黄　宇	陈　骏
	贾昕磊	张延玲	金叶挺	郭兴敏	李鹏善	张家泉
	李　琦	张延玲	李　强	刘润藻	李世健	成国光
	李铁朋	薛济来	李　肖	李建玲	李新宇	张建良
	李雅翀	张立峰	李　杨	张家泉	刘　博	刘　青
	刘　峰	杨天钧	刘　洋	崔　衡	卢　建	李建玲
	陆珏钰	张家泉	路明莹	宋波Y	马焕珣	王新华
	门正朝	吴　铿	孟凡青	唐惠庆	孟利鹏	邹　兴
	孟庆宇	陈　骏	孟晓亭	郭兴敏	牟俊宇	郭汉杰
	南鹏飞	王福明	彭　飞	杨丽韫	任冰朗	张宗旺
	沈颖峰	薛庆国	石辛未	王福明	史志文	杨天钧
	宋天凯	吴胜利	孙德鹏	薛庆国	孙鹤群	苍大强
	孙佳佳	于然波	谈　霖	张宗旺	王　超	白　皓
	王承顺	成国光	王　峰	于然波	王建磊	唐海燕
	王　丽	贾彦忠	王林静	包燕平	王　耐	曹战民
	王　旗	周国治	王　帅	李宏煦	王　哲	吴胜利
	卫广运	杨天钧	魏崇一	吴华杰	薛海龙	吴胜利
	薛捷豪	黄　凯	闫　广	吴　铿	杨　泉	胡晓军
	杨太林	宗燕兵	杨中山	刘　青	姚　玺	郭汉杰
	余　璐	李　晶	郁鸿超	许中波	曾凡博	贺东风
	张海杰	张立峰	张　莉	李京社	张　娜	陈伟庆
	张韶栋	高　斌	张志佳	宁晓钧	张宗良	郭占成
	章鹏程	左海滨	赵天恒	徐安军	赵志超	孙彦辉
	郑　劲	左海滨	周舒畅	徐安军	朱丽娟	徐安军
仪器仪表工程	董祥威	赵小燕	蒋昭玄	迟健男	李　旭	侯庆文
	陆政华	侯庆文	许振坤	左　昉		

续表

学科、专业	硕士研究生	导师	硕士研究生	导师	硕士研究生	导师
法律（法学）	黄小婧	侯登华	李振	李婉平	刘俊	王竹青
	彭云晶	郑瑞琨	申雨	王竹青	王小龙	侯登华
法律（非法学）	丁加伟	侯登华	董睿	董梅	杜莎	魏增产
	郭文鑫	石雁	胡立立	郑瑞琨	李志珑	王竹青
	刘月	张卫英	尚荫南	郑瑞琨	盛湉湉	徐清梅
	王金凤	王竹青	张建东	董梅	赵儒	张卫英
翻译	何亚楠	杨英军	林菁	高西峰	刘海静	范一亭
	刘鑫	杨英军	尚子翔	赵亮	史煜琪	杨英军
	孙姣姣	满海霞	王红雷	杨子	王欢	赵亮
	王潇	周彤	邢晓旭	王书玮	闫君	王书玮
	杨璇	范一亭	张瑾	范一亭	张兰兰	满海霞
	张其悦	梁雅梦	赵娟	梁雅梦		
工商管理	安南大	孙莹	曹扬	王维才	常哲	李铁克
	陈晨	胡枫	陈科科	何维达	陈硕	何枫
	陈晓娜	孙莹	陈旭	楼园	程敏	王立民
	邓佳维	张文新	邓隽伟	高学东	丁增杰	张晓冬
	董树荣	崔健双	杜冰	王未卿	樊星	韩良智
	付丽	张晓冬	付占军	李铁克	高辉	孙莹
	高菊	刘明珠	高丽平	李晓静	高铭遥	黄晓霞
	高雅静	张曾莲	高阳	贾振全	顾鹏	王未卿
	郭青青	张文新	郭毅	高学东	韩晗	冯梅
	韩跃	肖明	何余华	王未卿	贺璐	刘明珠
	胡成俊	裴利芳	胡旌	李晓辉	胡晓龙	李铁克
	胡竹	张晓冬	黄嘉伟	楼园	黄中民	张晓冬
	贾琳	魏钧	阚景兴	李晓辉	康健	李铁克
	李黛代	高俊山	李飞	黄晓霞	李隽丰	苏玲
	李鸣	黄晓霞	李木子	王未卿	李森	刘澄
	李树杰	张群	李伟	魏钧	李晓丽	刘澄
	李学明	韩良智	李雅静	马风才	李业锋	刘澄
	李源	张剑	李子达	范小华	梁璧涵	王宾容
	林清发	吕殿平	刘春晓	楼园	刘翠翠	何润宇
	刘昊达	刘澄	刘洪燕	王未卿	刘佳	楼园
	刘健	张群	刘姣	王未卿	刘进田	李晓静
	刘倩	高俊山	刘荣芳	魏桂英	刘涛	王未卿
	刘延鹏	张文新	刘志伟	葛泽慧	卢德秀	陈雪松
	陆景	刘亚莉	吕林峰	王宾容	罗静	潘永泉
	罗曼	张群	罗曼	武森	罗鸣	刘澄
	马国林	曹勇	马海锋	刘亚莉	马然	韩良智
	马昭	高学东	马志宇	陈雪松	毛力霞	苏玲
	聂中俊	李群霞	潘媛	范小华	潘至鹏	陈雪松

续表

学科、专业	硕士研究生	导师	硕士研究生	导师	硕士研究生	导师
工商管理	彭　岑	王文彬	彭　刚	李铁克	彭　炜	何润宇
	彭雪琴	潘永泉	祁子龙	王宾容	墙丽娟	吕殿平
	任娟娟	王未卿	任晓晨	魏　钧	阮　娜	张曾莲
	阮玉友	楼　园	塞巴斯	孙　莹	莎　拉	周晓光
	尚清保	李铁克	沈棣明	崔健双	沈　齐	王未卿
	孙佳佳	王维才	孙勇生	张晓冬	汤　蓓	魏　钧
	唐四宝	王道平	田芳铭	贾振全	王　翀	孙　莹
	王　矗	贾振全	王春晨	王文彬	王　聪	何　枫
	王立川	何　枫	王　萌	王立民	王　威	贾振全
	王学娟	李晓静	王艳萍	戴淑芬	王咏雪	苏　玲
	王章梅	武　森	王子红	楼　园	吴臣华	甘明鑫
	吴　昊	苏　玲	吴晓星	杨　武	吴雨洋	王文彬
	武交龙	魏桂英	郗兴涛	王立民	夏超生	刘　澄
	夏　春	杨　青	徐　山	李晓静	延海波	苏　玲
	闫　蕾	裴利芳	闫刘岩	马风才	严龙云	刘欣华
	杨婷婷	杨　青	杨晓静	刘欣华	杨晓林	裴利芳
	杨　瑜	王立民	杨泽华	王文彬	姚思宇	张文新
	衣吉日	王　凯	易　敏	马风才	易晓岚	张　群
	尹莹莹	胡志颖	于智敏	高俊山	余　和	刘　澄
	曾剑雄	吕殿平	曾小华	王未卿	战希军	刘　澄
	张　丹	王未卿	张　杰	张曾莲	张　蜜	吕殿平
	张　淑	吕殿平	张文君	刘欣华	张晓薇	武　森
	张秀亮	王道平	张学文	王道平	张岩岩	刘　澄
	张振东	魏　钧	张　正	杨建华	赵海欣	王道平
	赵庆国	王未卿	赵元勋	高学东	郑　帅	何润宇
	支国栋	李群霞	周大雨	张　群	周　玥	楼　园
	周　洲	戴淑芬	朱　刚	高学东	朱美瑜	刘欣华
	朱启超	杨建华	宗　亮	黄晓霞	左　艳	韩良智
公共管理	包　超	陆　俊	陈巧丽	俞文华	杜　健	时立荣
	范雪静	陈闽红	高　洁	黄耀杰	郭　栋	陆　俊
	郭仲明	吴群芳	郝　喆	吴群芳	何雨楠	赵　雨
	李　颖	何晓前	梁伟华	张武军	廖　娟	吴群芳
	刘大鹏	俞文华	刘　杰	许　斌	刘俊玲	周湘斌
	刘　岚	张武军	柳　阑	冯　英	鲁　迪	崔　英
	吕胜杰	郇建立	梅振华	陈闽红	南向宁	俞文华
	邱晓伟	汪淑珍	田友贵	俞文华	佟秋石	陈闽红
	王玉波	许　放	杨彩博	崔　英	杨　晟	冯　英
	张飞鹏	周湘斌	张慧雪	赵　雨	张　澎	汪淑珍
	赵　涛	何晓前				

续表

学科、专业	硕士研究生	导师	硕士研究生	导师	硕士研究生	导师
会计	安　冬	崔文娟	韩红艳	刘欣华	李　辰	刘亚莉
	李赏舒	张曾莲	李晓鸥	崔文娟	启　洁	李晓静
	宋以平	韩良智	王丞樱子	何民庆	王晓键	刘亚莉
	王亚茹	张曾莲	王子争	韩良智	徐泽慧	胡志颖
	于洋洋	张曾莲	张凯鹏	肖　明		

2016年获得硕士专业学位的在职研究生名单

学位类别	专业、领域	姓名	导师	姓名	导师	姓名	导师
工程硕士	安全工程	仇　莹	蒋仲安	党　婕	蒋仲安	丁欣杰	纪洪广
		付礼强	蒋仲安	高　伟	蒋仲安	贺亚光	纪洪广
		霍志锋	蒋仲安	姜　宁	蒋仲安	蒋　岳	蒋仲安
		金　博	蒋仲安	李　健	蒋仲安	李新一	蒋仲安
		李　研	蒋仲安	李　洋	蒋仲安	李勇军	蒋仲安
		林珺儒	蒋仲安	刘　波	蒋仲安	刘艳思	蒋仲安
		齐　苑	蒋仲安	曲丙祥	蒋仲安	任国良	蒋仲安
		宋　鹏	张英华	王东辉	蒋仲安	王　璞	蒋仲安
		王　伟	蒋仲安	许　亮	蒋仲安	杨　昆	金龙哲
		张洪军	杜翠凤	张　嘉	黄志安	张　晶	蒋仲安
		张　璐	杜翠凤	赵玉顺	纪洪广	朱晓晨	蒋仲安
	材料工程	陈国涛	刘　靖	陈秋良	于　浩	程东凯	贾成厂
		崔　岩	刘雅政	杜显威	王学敏	付万顺	刘　靖
		高玉光	刘　靖	高　源	宋仁伯	耿兆明	任学平
		黄媛媛	吴春京	解代军	刘　靖	金建伟	宋仁伯
		李　伟	刘　靖	李　洋	任学平	梁在宇	杜振民
		刘宝魁	毛卫民 A	刘双喜	任学平	刘　涛	于　浩
		刘天勋	吴春京	刘运娜	刘　靖	吕　坤	任学平
		罗　波	宋仁伯	孟金林	韩静涛	庞　晟	杜振民
		彭爱春	刘　靖	邵　帅	任学平	时金玉	于　浩
		汤小超	郝俊杰	田　野	韩静涛	王　博	李晓刚
		王　璁	刘　靖	王国存	刘雅政	王进臣	刘雅政
		王　爽	杜振民	王文中	王学敏	王志强	康永林
		魏振典	杜振民	吴利欢	韩静涛	许　静	吴春京
		杨青海	吴春京	杨亚晴	赵志毅	于立硕	任学平
		宇文杰	刘雅政	张芳芳	刘雅政	张建军	任学平
		张　剑	赵志毅	张　伟	吴春京	张彦甫	刘雅政
		赵　宇	吴春京				
	车辆工程	孟庆涛	马　飞	闻志君	马　飞		
	电子与通信工程	郭雪伟	王志良	王珏宁	王志良	赵文美	王志良

续表

学位类别	专业、领域	姓名	导师	姓名	导师	姓名	导师
工程硕士	工业工程	邓洪斌	杨建华	董耿哲	李铁克	段政均	李铁克
		樊峻麟	李铁克	韩子健	葛泽慧	李俊虎	高学东
		李学斌	高学东	李　跃	李晓辉	李振华	李铁克
		李子川	王道平	刘　钢	张庆华	马小瑞	吴秀丽
		史　淼	赵　宁	王宝功	武　森	王兴锐	杜彦华
		闫志伟	杨建华	杨益臻	王　转	姚鹏升	王宾容
		张　鑫	王文彬	赵玉武	赵　宁	赵志超	苏　玲
		朱宏亮	王　转				
	化学工程	白玉臻	弓爱君	高励珍	李建强	李建亭	李建强
		孙志峰	李建强	王安丽	弓爱君	王振华	李文军
		魏古琳	李文军	于勇海	李文军	张慧珍	李文军
		张秀艳	李建强	赵长玉	弓爱君		
	环境工程	李　楠	王化军	刘海涛	邢　奕	田金辉	白　皓
	机械工程	陈小俊	唐　英	李伟强	张清东	史　良	秦　勤
		张　冲	吴迪平	张卫明	马祥华	赵运涛	孙朝阳
	计算机技术	张素杰	谢永红				
	建筑与土木工程	陈大维	谭卓英	陈　慧	刘娟红	程守业	纪洪广
		丁银平	高永涛	高晓耕	纪洪广	高星明	吴顺川
		管守军	王金安	郭付尧	谭卓英	郭　垒	周晓敏T
		郭少刚	纪洪广	李宏斌	纪洪广	李建军	王金安
		李双河	纪洪广	李伟发	纪洪广	李英全	张英华
		栗美慧	苗胜军	刘亮平	纪洪广	刘银萍	刘　洋
		鲁大勇	任奋华	马洪峰	刘彩平	欧晶晶	吴顺川
		任丽英	刘娟红	史卫河	刘娟红	王　观	谭卓英
		王建秋	周晓敏T	王　强	纪洪广	王志强	纪洪广
		王志晓	王金安	辛双桃	纪洪广	杨春满	刘娟红
		杨明红	纪洪广	张　东	王树和	张金岭	刘娟红
		张利军	乔　兰	张彦頔	高永涛	赵仲霖	刘娟红
		钟　亮	乔　兰	周可发	周晓敏T	周　兴	纪洪广
		邹　钰	王金安				
	控制工程	薄　巍	尹怡欣	陈文波	李　果	丁　强	胡广大
		杜　涛	穆志纯	胡前亮	曾　慧	黄　丽	王　莉
		李慧勇	张　崎	李　强	张维存	李晟琦	董　洁
		梁　安	李晓理	刘　畅	付冬梅	刘　名	刘贺平
		鲁宏武	刘冀伟	吕　斐	刘冀伟	吕　岩	胡广大
		庞晓菲	曾　慧	施文林	孙长银	孙子昕	胡广大
		王　江	徐正光	王　昕	刘冀伟	武卫军	李　擎
		席东飞	刘　涛	徐　晶	潘月斗	杨　利	丁大伟
		张君莉	刘贺平	张立新	袁　立	张　强	李　擎
		张彦辉	李　果	赵　晨	刘　丽	赵晓亮	孙昌国
		赵云翔	刘　涛	者菲菲	李晓理	周　杨	李晓理

续表

学位类别	专业、领域	姓名	导师	姓名	导师	姓名	导师
工程硕士	矿业工程	薄新艳	李国清	陈国瑞	宋卫东	陈思文	金爱兵
		陈玉国	李翠平	崔保攀	杜翠凤	范文利	胡乃联
		冯晓宁	吕文生	郭 晨	李翠平	郭清新	李克庆
		郭永杰	傅平丰	衡 宁	李国清	侯志刚	谢玉玲
		黄建新	宋卫东	贾庆明	张英华	阚明宝	金爱兵
		康计纯	李克庆	李建华	金爱兵	李金付	姜福兴
		李志刚	吕文生	李志远	孙春宝	梁 庆	杨慧芬
		刘靖宇	李克庆	马金亭	杨慧芬	米红伟	李正要
		欧书海	孙体昌	汪占领	姜福兴	王朝辉	吕文生
		王 蕾	孙体昌	王利军	胡乃联	王晓飞	李国清
		王玉鹏	王化军	宣佳乐	李长洪	薛秀林	高永涛
		张 衡	韩 斌	张巨勇	姜福兴	张 阳	金爱兵
		张云刚	孙春宝	赵金刚	杜翠凤	赵丽彬	金爱兵
		赵永涛	孙春宝				
	软件工程	艾 娟	侯书会	陈 犇	班晓娟	陈明霞	赵鲁涛
		代道舟	徐 尔	段雯雯	张志刚	范莉薇	赵鲁涛
		范立军	艾冬梅	高娜娜	廖福成	高 鑫	王 辉
		龚军陶	臧鸿雁	郭瑞敏	廖福成	胡 旭	陈章华
		黄丽娟	丁文英	黄 亮	丁文英	黄琳琳	张志刚
		蒋 燕	汪飞星	寇克彪	陈章华	李爱平	沈政伟
		李 楠	王昭顺	李新鹏	沈政伟	李 莹	卫宏儒
		刘鹏凤	王 辉	刘 涛	廖福成	柳 征	陈章华
		马海欧	卫宏儒	孟 森	张志刚	潘大龙	丁红胜
		彭翔宇	张晓丹	邱 赫	廖福成	沈桓珺	赵鲁涛
		沈晓琳	徐 尔	宋 玮	王昭顺	孙莉莉	王成耀
		孙 莹	卫宏儒	田 冰	罗 熊	王俊杰	王成耀
		王守军	王成耀	王晓璐	张晓丹	王昕媛	艾冬梅
		王 燕	徐 尔	王 郁	张志刚	王远瑞	闵乐泉
		徐 婷	张志刚	徐亚军	尚新春	许 峰	张晓丹
		闫承勋	田付阳	杨 涛	张晓丹	叶 咏	赵鲁涛
		易 斌	胡志兴	余晓敏	胡志兴	袁江意	王 辉
		张 楠	陈明文	张 燚	陈章华	赵 磊	罗 熊
		赵丽娜	胡志兴	赵森林	尚新春	赵玉玮	张晓丹
		周 健	陈明文	朱 倩	艾冬梅		
	物流工程	蔡琳雅	贺可太	龚艳茹	冯爱兰		
	项目管理	敖 翔	李铁克	刘 骁	杨 武	尚清潇	甘明鑫
		余 策	王道平	张 健	杨 青		
	冶金工程	边吉明	朱 荣	曹建萌	徐安军	常 乐	王福明
		陈虎兵	郭汉杰	陈仕菊	王福明	陈为本	张立峰
		陈祥臻	张炯明	陈 潇	刘 靖	陈永彦	包燕平

续表

学位类别	专业、领域	姓名	导师	姓名	导师	姓名	导师
工程硕士	冶金工程	陈钰德	张立峰	陈战州	苍大强	成天兵	李　宏
		樊　君	李京社	范建通	张立峰	付　斌	吴　铿
		高宠光	朱　荣	高海燕	孙彦辉	高　晗	张立峰
		龚　鑫	吴　铿	拱忠瑜	李素芹	郭　平	任学平
		郭小龙	郭汉杰	国富兴	宁晓钧	韩晓宇	张家泉
		侯　葵	孙彦辉	霍　飞	杨世山	姜　亮	白　皓
		蒋志国	张家泉	解海波	张建良	解华振	张家泉
		康　毅	朱　荣	喇建青	吴胜利	李国庭	张炯明
		李学军	高　斌	李　洋	吴胜利	刘宝洋	程树森
		刘　丹	朱　荣	刘　鸥	贾彦忠	刘双义	吴　铿
		刘晓龙	张建良	刘玉宝	王静松	刘志勇	王丽君
		卢家凯	包燕平	马　辉	杨世山	孟凡林	张建良
		牛佳星	程树森	秦　影	张立峰	申祥鑫	吴　铿
		孙　斌	吴　铿	孙巧梅	孙彦辉	谈　彪	刘润藻
		王保朝	刘润藻	王　滨	孙加林	王　飞	包燕平
		王　根	程树森	王国鑫	高　斌	王洁源	王福明
		王景宁	张立峰	王　俊	郭汉杰	王荣刚	张宗旺
		王少军	孙彦辉	王天恩	刘润藻	王文培	张家泉
		王　欣	程树森	王英杰	吴胜利	王志刚	包燕平
		吴建军	任学平	吴　林	包燕平	吴彦博	李京社
		席志飞	程树森	许　佳	吴　铿	闫　波	朱　荣
		闫春龙	张立峰	阎定兵	张梅Y	杨金来	高　斌
		杨立永	孙彦辉	杨晓艳	薛庆国	尹红强	张立峰
		于学利	刘雅政	翟广永	吴　铿	张宏军	朱　荣
		张文彪	张家泉	张文涛	李京社	张新辉	张家泉
		张　雪	李素芹	张迎春	成国光	张颖华	张炯明
		张玉红	吴　铿	张玉环	朱　荣	赵大鹏	张建良
		赵　建	李京社	赵思强	吴胜利	赵　艳	程树森
		赵志江	贺东风	周颂红	宋波Y	朱建秋	高　斌
		朱喜达	张立峰	左继双	宋波Y	佐　辉	成国光
工商管理硕士	高级管理人员（EMBA）	蔡　铭	高俊山	程存良	王道平	杜世鸿	何　枫
		付海良	王宾容	龚平洋	冯　梅	郭　蕾	王维才
		韩胜松	冯　梅	侯小菊	何　枫	黄宜成	高俊山
		李战武	张　剑	刘　冰	何　枫	刘大平	黄晓霞
		刘兆秋	李晓静	刘忠毅	何维达	罗　念	张　剑
		马慧玲	何　枫	牛玲玲	刘明珠	容三友	王文彬
		史芳霏	张　群	唐朝盛	戴淑芬	王　涛	范小华
		徐永军	王维才	闫水平	冯　梅	杨　枫	张　剑
		原建平	魏　钧	张凤林	杨建华	张红革	张　群
		张会周	王文彬	张　瑞	李晓静	张　周	孙　莹
		赵　伟	戴淑芬				

续表

学位类别	专业、领域	姓名	导师	姓名	导师	姓名	导师
公共管理硕士	公共管理	陈晓燕	冯　英	郭　秋	汪淑珍	侯天鹏	张武军
		黄　飞	俞文华	吉　祥	吴群芳	李晓波	吴群芳
		李渊博	陈闽红	刘鹏程	黄耀杰	齐贵永	冯　英
		史佳国	吴群芳	张弘苋	时立荣	张科灵	吴群芳
		张　争	何晓前	钟　睿	时立荣		

2016年以同等学力获得硕士学位的在职人员名单

学科、专业	姓名	导师
李海铭	行政管理	许　放
王天球	冶金工程	张建良

2016年获得学位的研究生或毕业的研究生名单

姓名	导师	学科、专业	备注
阿　里	周贤伟	通信与信息系统	博士学位
姜平国	周国治	冶金工程	博士学位
李政学	班晓娟	计算机应用技术	博士学位
舒　桐	张学记	化学	博士学位
滕华湘	康永林	材料科学与工程	博士学位
王玉昌	张家泉	钢铁冶金	博士学位
卫晓锋	徐九华	矿业工程	博士学位
温晓晓	郑裕东	材料科学与工程	博士学位
周闪闪	林　海	矿物加工工程	博士学位
朱景林	李晓光	思想政治教育	博士学位
杨学曼	黄　瑛	工商管理	硕士毕业
耿碧瑶	倪　文	矿物加工工程	博士毕业
韩永辉	苍大强	冶金工程	博士毕业
刘　峰	张欣欣	动力工程及工程热物理	博士毕业
孙　清	刘杰民	环境工程	博士毕业
王浩宇	刘应书	动力工程及工程热物理	博士毕业
星　怡	刘　澄	企业管理	博士毕业
张玉楠	路民旭	材料科学与工程	博士毕业

附　录

北京科技大学第三届董事会名单

名誉主席：

刘　淇　中共中央政治局委员、北京市委书记
徐匡迪　十届全国政协副主席、中国工程院原院长
黄孟复　全国政协副主席、全国工商联主席

主　　席：

徐匡迪（兼）　十届全国政协副主席、中国工程院原院长

副 主 席：（12人）

徐乐江　宝钢集团有限公司董事长
张晓刚　鞍山钢铁集团公司总经理
王青海　首钢总公司董事长
刘明忠　新兴际华集团有限公司董事长
于　勇　河北钢铁集团有限公司董事长
邹仲琛　山东钢铁集团有限公司董事长
贾宝军　中国中钢（集团）公司总裁
王为民　中国冶金科工集团有限公司党委副书记、总经理
刘振江　中国钢铁工业协会党委书记
赖宁昌　东凌集团有限公司董事长
罗维东　北京科技大学党委书记
张欣欣　北京科技大学校长

董　　事：（以姓氏笔画为序）（85人）

丁立国　德龙控股有限公司董事局主席
于　勇　河北钢铁集团唐钢公司董事长
才　让　中国钢研科技集团有限公司董事长、党委书记
才鸿年　中国工程院院士、中国兵器装备集团公司科技委副主任
王一德　中国工程院院士、太原钢铁（集团）有限公司董事会规划委员会副主任
王中丙　广东省湛江市市长
王为民　中国冶金科工集团有限公司党委副书记、总经理
王汀明　湖南省政协原副主席
王青海　首钢总公司董事长

王崇愚　中国科学院院士、清华大学教授
仇瑜峰　中崇集团董事长
叶恒强　中国科学院院士、中国科学院金属研究所研究员
冯炯华　宁夏回族自治区人大常委会副主任、农工党中央常委
邢书成　广州军区副司令员、中将
朱小复　福建省三钢（集团）有限责任公司副总经理
朱孟依　合生创展集团有限公司董事局主席
任美成　北京泰略投资咨询有限公司董事长
刘　捷　江西省新余市委副书记、市长
刘明东　海南矿业股份有限公司总经理
刘明忠　新兴际华集团有限公司董事长
刘建平　天津大学党委书记
刘振江　中国钢铁工业协会党委书记
刘晓峰　十一届全国政协常务委员、副秘书长，农工党中央专职副主席
关　杰　中国工程院院士、西安重型机械研究所高级工程师
孙开明　天津钢管集团股份有限公司总工程师
孙安民　全国工商联常务副主席、十一届全国人大常委、全国人大法律委员会副主任
孙纪木　新华联合冶金投资集团有限公司董事长
苏鉴钢　马钢集团公司总经理
李　琦　深圳易讯天空网络有限公司执行董事
李连平　河北建设投资集团有限责任公司董事长
李贵阳　河北钢铁集团邯钢公司董事长
李晓波　太原钢铁（集团）有限公司董事长
杨志强　金川集团股份有限公司董事长
肖　峰　成都昊特新能源技术有限公司董事长、总经理
何季麟　中国工程院院士、宁夏东方有色金属集团公司原董事长
余自甦　鞍钢集团公司党委常委、副总经理
邹仲琛　山东钢铁集团有限公司董事长
汪海涛　西部矿业股份公司董事长
沈文荣　沙钢集团董事局主席
沈健生　银邦金属复合材料股份有限公司董事长
张　海　河北钢铁集团宣钢公司董事长
张　彬　山西昌大公司总经理
张志祥　北京建龙重工集团有限公司董事长
张克利　中国有色矿业集团有限公司党委书记
张战波　北京中冶设备研究设计总院有限公司院长（总经理）
张荣明　北京爱慕内衣有限公司董事长
张晓刚　鞍山钢铁集团公司总经理
张晓峰　桓裕投资（集团）有限公司董事长
陆正耀　神州租车（中国）有限公司CEO
陆志方　中国恩菲工程技术有限公司董事长
陈　喆　北京宝来易投资管理有限公司董事长、总经理
陈启祥　莱芜钢铁集团有限公司董事长、总经理
陈建华　广东省广州市委副书记、市长
罗维东　北京科技大学党委书记

周秉利　包头钢铁（集团）有限责任公司董事长
周荣昌　内蒙古自治区人大常委会原副主任
郑新立　中国国际经济交流中心常务副理事长、中共中央政策研究室原副主任
赵公卿　重庆市原副市长、重庆市人大常委会原副主任
赵世庆　重庆钢铁（集团）有限责任公司副董事长、总经理
郝　远　甘肃省副省长
哈斯巴根　十一届全国人大常委、民族委员会副主任，内蒙古自治区人大常委会副主任
钟　掘　中国工程院院士、中南大学教授
施　设　中冶京诚工程技术有限公司董事长
姜德义　北京金隅集团有限责任公司执行董事兼总裁
贾国生　河北钢铁集团舞钢公司副董事长、总经理
贾宝军　中国中钢（集团）公司总裁
徐乐江　宝钢集团有限公司董事长
徐匡迪　十届全国政协副主席、中国工程院原院长
张欣欣　北京科技大学校长
殷晓静　中央政府驻港联络办公室副主任
殷瑞钰　中国工程院院士、钢铁研究总院名誉院长
郭长波　青岛钢铁控股集团有限责任公司总经理
唐飞来　新余钢铁有限责任公司副董事长
黄一新　南京钢铁联合有限公司副总经理
黄孝斌　北京时代凌宇科技有限公司董事长
曹建军　山西汇丰兴业集团董事长
曹慧泉　湖南华菱钢铁集团有限责任公司董事长
彭　原　北京国源金汇投资有限公司董事长
董　事　本钢集团有限公司副总经理
董晓民　内蒙古自治区烟草专卖局（公司）局长、总经理
蒋开喜　北京矿冶研究总院院长
谢俊文　华亭煤业集团有限责任公司总经理
靳善忠　山西省人大常委会副主任
赖宁昌　东凌集团有限公司董事长
褚建东　河北钢铁集团承钢公司董事长

秘书长：

王维才　北京科技大学副校长

北京科技大学校友会组织机构及人员组成

名誉会长：魏寿昆　王　润　李静波　杨天钧　李宝林
会　　长：徐金梧
副 会 长：权良柱　王维才　赵续生　李宝林
秘 书 长：王维才
校友会办公室主任：吕朝伟

副 主 任: 杨志国
工作人员: 常馨悦　陈晔明　李佳宁

北京科技大学教育发展基金会组成

名誉理事长: 徐匡迪
名誉理事: 徐乐江（宝钢集团有限公司董事长）
张晓刚（鞍山钢铁集团公司总经理）
朱继民（首钢总公司党委书记、董事长）
理 事 长: 罗维东
副理事长: 徐金梧 王维才
理　　事: 罗维东 徐金梧 权良柱 武德昆 王维才 何民庆 于成文
秘 书 长: 王维才
监　　事: 涂纪明
基金会办公室主任: 吕朝伟

与北京科技大学建立合作关系的国外及港澳台地区学校、研究机构

Worldwide Partner Universities and Institutions of USTB (1979-2016)

序号	学校／科研机构	国家／地区	建立时间
1	亚琛工业大学（*Aachen Technical University*）	德国	1979
2	东京工业大学（*Tokyo Institute Technology*）	日本	1980
3	麦克马斯特大学（*Mcmaster University*）	加拿大	1982
4	里海大学（*Lehigh University*）	美国	1982
5	宾夕法尼亚大学（*University of Pennsylvania*）	美国	1982
6	九州工业大学（*Kyushu University of Technology*）	日本	1984
7	皇家工学院（*Royal Institute of Technology*）	瑞典	1984
8	吕勒奥大学（*Lulea University*）	瑞典	1984
9	神奈川大学（*Kanagawa University*）	日本	1985
10	伍伦贡大学（*University of Wollongong*）	澳大利亚	1985
11	北海道大学（*Hokkaido University*）	日本	1986
12	西里西亚工业大学（*Silesian Technical University*）	波兰	1986
13	保尔·萨巴蒂大学（*Paul Sabatier University*）	法国	1986
14	冈山理科大学（*Okayama University of Science*）	日本	1987
15	蒙特利尔工学院（*Ecole Polytechnique Montreal*）	加拿大	1987
16	加利福尼亚大学（*Califonia University*）	美国	1987
17	多特蒙德大学（*University of Dortmund*）	德国	1987
18	玛丽皇后学院（*Queen Mary College*）	英国	1988
19	利物浦大学（*University of Livepool*）	英国	1988
20	密西根工业大学（*Michigan Technological University*）	美国	1989
21	莫斯科钢与合金学院（*Moscow Institute of Steel & Alloy*）	俄罗斯	1989
22	国立顺天大学（*Sunchon National University*）	韩国	1993
23	密德萨斯大学（*Middlesex University*）	英国	1994
24	河内百科大学（*Honoi University of Technology*）	越南	1996
25	台北技术学院（*Taipei Institute of Technology*） 现“台北科技大学”	中国台湾	1996
26	巴拉那联邦大学（*Universidade Fderal do Parana*）	巴西	1996
27	昌原国立大学（*Changwon National University*）	韩国	1997
28	弗赖贝格工业大学 （*Technische Universitat Bergakademie Freiberg*）	德国	1997
29	鲁汶工程技术学院（*Louvain Institute of Technology*）	比利时	1997
30	拉塞雷纳大学（*The University of La Serena*）	智利	1997

续表

序号	学校/科研机构	国家/地区	建立时间
31	九州大学（*Kyushu University*）	日本	1997
32	皇家墨尔本理工学院（*The Royal Melbourne Institrte of Technology*）	澳大利亚	1998
33	南洋理工大学（*Nangang Technological University*）	新加坡	1998
34	塔什干国立理工大学（*Tashkent State Technical University*）	乌兹别克斯坦	1998
35	朝阳科技大学（*Chaoyang University of Technology*）	中国台湾	2001
36	昆山科技大学（*Kun Shan University*）	中国台湾	2002
37	得克萨斯大学阿灵顿分校（*University of Texas at Arlington* ）	美国	2002
38	东北大学（*Tohoku University*）	日本	2002
39	浦项科技大学（*Pohang University of Science and Technology*）	韩国	2004
40	室兰工业大学（*Muroran Institute of Technology*）	日本	2004
41	橡树岭国家实验室（*Oak Ridge National Laboratory*）	美国	2004
42	韩国浦项产业科学研究院（*Research Institute of Industrial Science & Technology*）	韩国	2004
43	乌迪内大学（*University of Udine*）	意大利	2004
44	香港科技大学（*HongKong University of Science and Technology*）	中国香港	2005
45	牛津大学材料系（*Department of Materials, The University of Oxford*）	英国	2005
46	汉诺威大学 （*Universitaet Hannover*）	德国	2005
47	维多利亚大学 （*Victoria University*）	澳大利亚	2005
48	凯斯西储大学 （*Case Western Reserve University*）	美国	2005
49	杜维嘉大学 （*University of Rome Tor Vergata*）	意大利	2005
50	成功大学（*Cheng Kung University*）	中国台湾	2006
51	德国考古研究所（*Deutsch Archeology Institute*）	德国	2006
52	屏东科技大学（*Ping Tong University of Science & Technology*）	中国台湾	2006
53	剑桥大学材料冶金系（*Dept.of Materials& Metallurgy Cambridge University*）	英国	2006
54	塔斯马尼亚大学（*University of Tasmania*）	澳大利亚	2006
55	斯图加特工程应用技术大学（*Fachhochschule Stuttgart, Hochschule der Medien*）	德国	2006
56	布莱京理工学院（*Blekinge Institute of Technology*）	瑞典	2006
57	德国马普学会（*The Max Planck Society*）	德国	2006
58	美国莱特州立大学（*Wright State University*）	美国	2007
59	塔林理工大学（*Tallinn University of Technology*）	爱沙尼亚	2007
60	斯旺西大学（*Swansea University*）	英国	2007

续表

序号	学校／科研机构	国家／地区	建立时间
61	克里特大学（*University of Crete*）	希腊	2007
62	蒙古科技大学（*Mongolian University of Science and Technology*）	蒙古	2007
63	国立航空大学（*National Aviation University*）	乌克兰	2007
64	田纳西大学（*The University of Tennessee*）	美国	2007
65	台南大学（*National University of Tainan*）	中国台湾	2007
66	龙华科技大学（*Longhua University of Science and Technology*）	中国台湾	2007
67	奥本大学蒙哥马利分校（*Auburn University at Montgomery*）	美国	2007
68	天主教鲁汶大学（*Katholieke Universiteit Leuven*）	比利时	2008
69	天主教辅仁大学（*Fu Jen Catholic University*）	中国台湾	2008
70	都柏林格里菲斯学院（*Griffith College Dublin*）	爱尔兰	2008
71	布鲁塞尔自由大学（*VUBVrije Universiteit Brussel*）	比利时	2008
72	底特律大学（*University of Detroit Mercy*）	美国	2008
73	阿拉斯加矿业大学（*University of Alaska*）	美国	2008
74	巴尔的摩大学（*University of Baltimore*）	美国	2008
75	金门技术学院（*Kinmen Institute of Technology*）现“金门大学”	中国台湾	2008
76	东京理科大学（*Tokyo University of Science*）	日本	2008
77	蒙特利尔大学（*Université de Montréal*）	加拿大	2008
78	蒙纳士大学（ *Monash University*）	澳大利亚	2009
79	台湾大学（*University of Taiwan*）	中国台湾	2009
80	滑铁卢大学（*University of Waterloo*）	加拿大	2009
81	兰卡斯特大学（*Lancaster University*）	英国	2009
82	赫尔辛基工业大学（*Helsinki University of Technology*）	芬兰	2009
83	邓迪大学（*University of Dundee*）	英国	2009
84	利莫瑞克大学（*University of Limerick*）	爱尔兰	2009
85	图尔大学（*Université Francois Rabelais*）	法国	2009
86	海外学习基金组织（*The Study Abroad Foundation*）	美国	2009
87	加泰罗尼亚理工大学（*Universitat politecnica de catalunya*）	西班牙	2009
88	东京电机大学（*Tokyo Denki University*）	日本	2009
89	电气通信大学（*University of Electro-Communications*）	日本	2009
90	逢甲大学（*Feng Chia University*）	中国台湾	2009
91	静宜大学 （*Providence University*）	中国台湾	2009
92	明志科技大学（*Ming Chi University of Technology*）	中国台湾	2009
93	昆士兰大学（*University of Queensland*）	澳大利亚	2010
94	阿尔伯塔大学（*University of Alberta*）	加拿大	2010

续表

序号	学校/科研机构	国家/地区	建立时间
95	肯特州立大学（*Kent State University*）	美国	2010
96	加州大学河滨分校（*California University, Riverside*）	美国	2010
97	加州州立大学富尔顿分校（*California State University, Fullerton*）	美国	2010
98	爱达荷大学（*University of Idaho*）	美国	2010
99	加州大学董事会、劳伦斯伯克利国家实验室、*UT*斯达康巴特尔有限责任公司、橡树岭国家实验室（*California University, etc*）	美国	2010
100	德蒙福特大学（*De Montfort University*）	英国	2010
101	中央大学（*Chuo University*）	日本	2010
102	城西国际大学（*Josai International University*）	日本	2010
103	京都产业大学（*Kyoto Sangyo University* ）	日本	2010
104	澳门大学（*Mocao University*）	中国澳门	2010
105	中兴大学（*National Chung Hsing University*）	中国台湾	2010
106	岭东科技大学（*Ling Tung University*）	中国台湾	2010
107	华梵大学（*Hua Fan University*）	中国台湾	2010
108	产业技术大学（*Korea Polytechnic University*）	韩国	2010
109	塔尔图大学（*University of Tartu*）	爱沙尼亚	2010
110	佛罗里达大学（*University of Florida*）	美国	2011
111	加州大学圣地亚哥分校（*University of California, San Diego*）	美国	2011
112	普利茅斯州立大学（*Plymouth State University*）	美国	2011
113	弗吉尼亚理工大学（*Virginia Polytechnic Institute and State University*）	美国	2011
114	密苏里大学哥伦比亚分校（*University of Missouri-Columbia*）	美国	2011
115	挪威科技大学（*Norwegian University of Science and Technology*）	挪威	2011
116	奥尔良大学工程师学院（*Polytechnic of the University of Orleans*）	法国	2011
117	博客拉大学（*Pokhara University*）	尼泊尔	2011
118	东海大学（*Tunghai University*）	中国台湾	2011
119	加州大学伯克利分校（*University of California, Berkeley*）	美国	2012
120	美国国际教育联盟（*American Alliance for International Education*）	美国	2012
121	巴黎十三大（*Université Paris XIII, Nord*）	法国	2012
122	巴黎十一大（*Université Paris-Sud*）	法国	2012
123	曼彻斯特城市大学（*Manchester Metropolitan University*）	英国	2012
124	卡塔尼亚大学（*University of Catania*）	意大利	2012
125	拉瑞尔应用技术大学（*Laurea University of Applied Sciences*）	芬兰	2012

续表

序号	学校/科研机构	国家/地区	建立时间
126	青山学院（*Aoyama Gakuin University*）	日本	2012
127	中国文化大学（*Chinese Culture University*）	中国台湾	2012
128	暨南国际大学（*Chi Nan University*）	中国台湾	2012
129	普渡大学盖莱默校区（*Purdue University Calumet*）	美国	2012
130	德蒙福特大学、新华集团（*De Montfort University, Xinhua Group*）	英国	2013
131	华威大学（*The University of Warwick*）	英国	2013
132	塔塔钢铁集团（*Tata Steel Group*）	荷兰	2013
133	韦恩州立大学（*Wayne State University*）	美国	2013
134	马德里理工大学（*The Technical University of Madrid*）	西班牙	2013
135	托马斯巴塔大学（*Tomas Bata University*）	捷克	2013
136	*AGH*科技大学（*AGH University of Science and Technology*）	波兰	2013
137	法政大学（*Hosei University*）	日本	2013
138	横滨国立大学（*Yokohama National University*）	日本	2013
139	朱拉隆功大学（*Chulalongkorn University*）	泰国	2013
140	万隆理工大学（*Institut Teknologi Bandung, ITB*）	印尼	2013
141	高雄第一科技大学（*Kaohsiung First University of Science and Technology*）	中国台湾	2013
142	东华大学（*Dong Hwa University*）	中国台湾	2013
143	南台科技大学（*Southern Taiwan University of Technology*）	中国台湾	2013
144	巴黎高科高等工程师学校（*Arts et Metier ParisTech*）	法国	2014
145	伊利诺伊大学芝加哥分校（*University of Illinois at Chicago*）	美国	2014
146	上奥地利应用科技大学（*The University of Applied Sciences Upper Austria*）	奥地利	2014
147	以色列希伯来大学（*The Hebrew University of Jerusalem*）	以色列	2014
148	以色列里雄莱锡安商管学院（*The College of Management Academic Studies (COMAS), Rishon Lezion, Israel*）	以色列	2014
149	中等企业应用技术大学（*Fachhochschule des Mittelstands*）	德国	2014
150	捷克生命科学大学布拉格（*Czech University of Life Sciences Prague*）	捷克	2014
151	香港科技大学（*HongKong University of Science and Technology*）	中国香港	2014
152	利莫瑞克大学（*University of Limerick*）	爱尔兰	2014
153	密歇根大学（*University of Michigan*）	美国	2015
154	英属哥伦比亚大学（*University of British Columbia*）	加拿大	2015
155	伯明翰大学（*University of Birmingham*）	英国	2015
156	锡根大学（*University of Siegen*）	德国	2015

续表

序号	学校／科研机构	国家／地区	建立时间
157	亚眠高等电子与电工技术工程师学院（*ESIEE-Amiens*）	法国	2015
158	雷奥本矿业大学（*Montanuniversität Leoben*）	奥地利	2015
159	舍夫德大学（*University of Skövde*）	瑞典	2015
160	圣彼得堡国立信息技术、机械学与光学研究型大学（*Saint Petersburg National Research University of Information Technologies, Mechanics and Optics, ITMO*）	俄罗斯	2015
161	东吴大学（*Soochow University*）	中国台湾	2015
162	云林科技大学（*Yunlin University of Science and Technology*）	中国台湾	2015
163	塞基诺谷州立大学（*Saginaw Valley State University*）	美国	2016
164	莫尔豪斯学院（*Morehouse College*）	美国	2016
165	岛根大学（*Shimane University*）	日本	2016
166	法国高等前沿工业技术学校（*ESTIA Institute of Technology, France*）	法国	2016
167	马各尼托戈尔斯克国立工业大学（*Nosov Magnitogorsk State Technical University*）	俄罗斯	2016
168	中原大学（*Chung Yuan Christian University*）	中国台湾	2016

与北京科技大学建立全面合作关系的国内政府机关、企事业单位

（截至2016年12月）

序号	单位名称	合作内容	签订时间
1	上虞市人民政府	科技开发与成果转化、技术咨询与服务、人才培养等	1999.10
2	原北京市宣武区	科技、经济、社会诸方面开展全面合作	2000.01
3	江苏华西集团公司	建立华西集团－北科大冶金工程技术冶金所；建立人才培训基地；共同申报科研课题及成果等	2000.05
4	包头钢铁公司	技术合作、科技攻关、人才培养等	2000.06
5	青海省人民政府	科技开发与成果转化、技术咨询与服务、干部培训和人才培养等	2000.06
6	宁夏回族自治区人民政府	科技开发与成果转化、技术咨询与服务干部培训和人才培养等	2000.06
7	青海大学	学科建设、人才培养、学术与工作交流等	2000.10
8	北京有色金属研究总院	科技开发、成果转化、人才培养、信息交流等	2000.12
9	包头钢铁学院	学科建设、科技攻关、人才培养等	2001

续表

序号	单位名称	合作内容	签订时间
10	二重机械(集团）公司	技术合作、科技攻关、人才培养等	2001
11	济南钢铁(集团）公司	技术合作、科技攻关、人才培养等	2001
12	江苏八菱集团公司	技术合作、科技攻关、人才培养等	2001
13	长治钢铁（集团）有限公司	科技攻关、教学实习、人才培养等	2003.01
14	唐山建龙实业有限公司	厂方在学校设立建龙奖学金并提供教学实习、实践基地；学校为厂方提供人才培养、技术支持、进行科技合作等	2003.04
15	海南力气大实业投资有限公司	双方共同组建稀土超磁致伸缩材料有限责任公司	2003.06
16	山东墨龙特钢有限公司	技术合作、人才交流、教学实习等	2003.06
17	石家庄钢铁有限责任公司	双方共同建立汽车用钢（棒材）研究中心	2003.07
18	邯郸纵横钢铁有限公司	资金、人才、技术等方面的交流与合作	2003.10
19	中国工商银行北京市分行	银行为学校提供贷款，学校为银行提供科技开发、人才培训、技术支持等	2003.12
20	黄冈源昌石政石材有限公司	共同组建公司推进各向异性粘结钕铁硼技术产业化	2003.12
21	抚顺罕王实业集团有限公司	人才培养、新技术应用和新产品开发等	2004.02
22	武警北京指挥学院	人才培养、教学实习等	2004.03
23	教育部	教育部与四大钢铁公司共建北京科技大学	2004.03
24	上海宝钢集团公司		
25	鞍山钢铁集团公司		
26	武汉钢铁集团公司		
27	首钢集团总公司		
28	安徽省马鞍山市政府	共建新材料产业化基地	2004.04
29	苏州建兴置业有限公司	共同组建公司推进金属粉末注射成形技术产业化	2004.04
30	第二炮兵	学校每年为第二炮兵输送优秀毕业生；第二炮兵在学校设立国防奖学金，并对学校的有关教学科研工作和国防教育给予支持	2004.05
31	广州南沙开发区建设指挥部	共建研究生教育培养基地	2004.07
32	北京伟豪集团公司	共同组建公司推进智能玻璃制备技术产业化	2004.06
33	贵州省贵阳市人民政府	共建研究生教育培养基地	2004.09
34	厦门市湖里区人民政府	科技合作、人才交流等	2004.10
35	中国银行北京市分行	银行为学校提供贷款，学校为银行提供科技开发、人才培训、技术支持等	2004.12
36	深圳市东恒投资发展有限公司	共同组建公司推进“电容器用纳米钽粉制备技术”产业化	2004.12

续表

序号	单位名称	合作内容	签订时间
37	河南纳士科技股份有限公司	共同组建公司推进“纳米复合稀土特种功能材料制备技术”产业化	2005.03
38	太原钢铁(集团）公司	技术合作、科技攻关、人才培养等	2005.04
39	北京冠亚时代科技研发中心	共同组建公司推进“高海拔变压吸附制氧技术”产业化	2005.04
40	邯郸钢铁集团有限责任公司	共建研究生教育科研基地	2005.04
41	中钢集团洛阳耐火材料研究院	共建研究生教育科研基地	2005.04
42	首钢总公司	共建研究生教育科研基地	2005.04
43	江阴兴澄特种钢铁有限公司	共建研究生教育科研基地	2005.05
44	宁波市北仑区人民政府	联合培养冶金材料专业工程硕士学位研究生	2005.06
45	包钢（集团）公司	共建研究生教育科研基地	2005.09
46	首钢总公司	科学研究、技术开发、教学实习、人才培养、科技公共、成果转化等；共同建设汽车用钢联合研发中心；联合培养研究生	2005.09
47	北京市顺义区人民政府	科技合作、技术支持、成果转化、学生实习、挂职锻炼等	2005.10
48	重庆科技学院	人员交流、人才培养、科研帮扶等	2005.11
49	金隅通达耐火技术公司	共建研究生教育科研基地	2005.12
50	唐山建龙实业有限公司	设立“北京科技大学建龙基金”、人才培养、学术交流和科研合作	2005.12
51	武汉钢铁（集团）公司	科研开发、人才培养、人员交流等。双方还将联合成立“产学研合作委员会”	2006.01
52	邯郸钢铁集团有限公司	科学研究、新产品和新技术开发、成果转让、人才培养和教学实习等	2006.05
53	中国铝业集团	铝型材加工、铝冶炼技术、综合节能、铝轧制工艺设备等	2006.07
54	香港科技大学	建立“北京—香港科大联合研究中心”，就技术成果转化、技术开发、企业孵化、资讯交流与技术服务以及人才培养等五个方面开展工作	2006.08
55	广州中科院工研院	建立材料与加工技术研究中心，围绕珠三角企业需要的材料制备加工技术开展研究，探索产学研合作。	2006.10
56	宝山钢铁股份有限公司	科研开发，博士生、硕士生培养，毕业生培养和选拔等	2006.10
57	广州钢铁集团有限公司	建立联合研发中心。针对高技术含量、高附加值的新一代集装箱板、家电板、汽车板等进行联合开发，培养人才	2006.11
58	佛山市政府	合作建设创新平台，实施合作项目，培养人才	2006.11

续表

序号	单位名称	合作内容	签订时间
59	中国兵器装备集团公司	材料科学与技术、腐蚀与防护、先进制造、车辆动力、信息化技术方面的基础与应用研究	2006.12
60	兵器第59所	成立大气环境效应与防护联合实验室	2006.12
61	河南省巩义市人民政府	科技合作、人才培养	2007.09
62	莱芜钢铁公司	板带钢联合研发中心、特殊钢联合研发中心、转底炉联合研发中心	2007.04
63	河南通宇冶材集团有限公司	耐火材料、连铸配件技术联合研发中心	2007.04
64	建龙钢铁控股有限公司	特殊钢技术联合研发中心	2007.04
65	江苏万泰集团	气体研究与应用联合研发中心	2007.04
66	中国海洋石油总公司海油（北京）能源投资有限公司	科技合作	2007.11
67	佛山市石湾镇人民政府	共建华南不锈钢创新中心	2008.01
68	佛山南海区人民政府	产学研战略联盟	2008.03
69	佛山高明区杨和镇人民政府	产学研战略联盟	2008.03
70	佛山市生产力促进中心，禅城区生产力促进中心，石湾街道科技办	技术创新与应用型人才培训网络平台	2008.03
71	莱芜钢铁集团有限公司	转底炉联合研发中心、特殊钢联合研发中心、带钢联合研发中心	2008.03
72	卢龙县人民政府	共建绿色冶金试验示范基地	2008.05
73	本溪钢铁（集团）有限责任公司	汽车板用户技术联合实验室	2008.06
74	通化钢铁集团股份有限公司	联合共建合作实体	2008.06
75	广东省佛山市高明区	与高明区签署全面产学研战略合作	2009.04
76	广东省佛山市高明区更合镇人民政府	共建不锈钢成果转化基地	2009.04
77	江苏省无锡市锡山区人民政府	产学研创新联盟	2009.05
78	中国有色金属协会	金属铝锌产业联盟成立，谢建新副校长当选为联盟理事	2009.05
79	北京市科委	首都钢铁服务产学研联盟成员单位；首都新能源产业技术联盟光伏、光热和核能三个联盟理事单位；首都新农村建设科技创新服务联盟理事单位	2009.06-07
80	广西桂东电力股份有限公司	共建桂东电子－北科大新材料技术联合研发中心	2009.07
81	广东三A不锈钢制品集团有限公司	联合组建科技创新服务平台——广东三A集团与北京科技大学产学研基地	2009.08

续表

序号	单位名称	合作内容	签订时间
82	广州冶金工业研究所	成立北京科技大学材料先进制备技术教育部重点实验室广东分实验室	2009.09
83	广东省梅州市	学校加盟梅州市铜产业产学研创新联盟	2009.11
84	河北钢铁集团	战略合作	2009.12
85	中国绝热节能材料协会	建筑用酚醛泡沫产业技术创新战略联盟	2010.01
86	中国资源综合利用协会	尾矿综合利用产业技术创新战略联盟	2010.01
87	三门峡化工机械有限公司	车载式热泵流化床谷物干燥技术及装置产业化开发	2010.02
88	常州三鑫轧辊有限公司	特种钢与轧辊冶金技术科技合作	2010.03
89	常州三鑫轧辊有限公司	常州三鑫轧辊—北科大校企产学研合作基地建设	2010.03
90	丹阳市政府等五方共建	共建江苏高性能合金材料研究院	2010.04
91	菏泽广源铜带股份有限公司	菏泽广源铜带股份有限公司—北科大年产5000吨高精电子压延铜箔工程技术合作	2010.04
92	四川省盐边县人民政府	盐边县人民政府—北科大钒钛磁铁矿综合利用战略合作	2010.05
93	北京高技术创业服务中心	共建本科生实践教学基地	2010.05
94	北京希克斯科技有限公司	共建本科生实践教学基地	2010.05
95	北京青云联合空调设备有限公司	共建本科生实践教学基地	2010.06
96	北京同方人工人工环境有限公司	共建本科生实践教学基地	2010.06
97	北京振利高新技术有限公司	共建本科生实践教学基地	2010.06
98	国家室内环境与室内环保产品质量监督检验中心	共建本科生实践教学基地	2010.06
99	蒙特空气处理设备（北京）有限公司	共建本科生实践教学基地	2010.06
100	北京九阳实业公司	共建实践教学基地	2010.06
101	聊城市中级人民法院	共建本科生实践教学基地	2010.06
102	承德钢铁集团有限公司	共建研究生教育科研基地	2010.06
103	京东方科技集团股份有限公司	共建北京科技大学—京东方新型显示技术联合实验室	2010.10
104	扬州龙川钢管有限公司	建设海洋工程管线管防腐技术开发应用企业院士工作站	2010.10
105	贵州省黔南州科学技术和知识产权局	北京科技大学—贵州省黔南州科学技术和知识产权局科技合作	2010.12
106	济钢集团有限公司、中科院工程热物理研究所	成立钢铁企业节能减排战略合作同盟	2011.01
107	天津百利机电控股集团股份有限公司	金属材料应用研发平台建设	2011.03

续表

序号	单位名称	合作内容	签订时间
108	杭州钢铁集团公司	汽车零部件（钢质）产业技术创新战略联盟	2011.03
109	天立环保工程有限公司	北京科技大学—天立环保联合研发中心	2011.03
110	无锡惠山区职教园	北京科技大学—无锡职教园管理委员会联合共建技术转移中心	2011.03
111	铜山区人民政府	战略合作	2011.04
112	岜山集团	战略合作	2011.04
113	河北津西钢铁有限公司	战略合作	2011.04
114	广州机械科学研究院	产学研合作	2011.04
115	中科新越投资（北京）有限公司	战略合作	2011.04
116	康明斯（中国）投资有限公司	共建康明斯电传动实验室	2011.05
117	北京装备制造和新材料科技成果承接与转化平台	战略合作	2011.05
118	首钢长治钢铁有限公司	战略合作	2011.05
119	重庆钢铁集团公司	船舶及海洋工程用钢产业集成创新服务联盟	2011.05
120	淮北市人民政府	战略合作	2011.05
121	德国卡尔蔡司公司	北京科技大学—德国卡尔蔡司公司电子显微镜合作实验室	2011.05
122	新兴重工新兴能源装备股份有限公司、盛泽能源技术有限公司	新兴际华集团—北科大能源装备新技术研发中心	2011.06
123	西部矿业集团有限公司	青藏高原有色金属矿产资源开发与综合利用产业技术创新战略联盟	2011.06
124	玉柴重工总公司	战略合作	2011.06
125	山东钢铁集团有限公司	战略合作	2011.06
126	徐州铜山科技局、吉林大学、浙江大学等	工程机械产业产学研联盟	2011.06
127	徐州大屯工贸实业公司	北京科技大学矿井避险研究技术中心	2011.07
128	中钢设备有限公司	先进冶金装备及工艺技术研发合作	2011.08
129	山东龙泉管道工程股份有限公司	联合成立山东龙泉新材料工程技术研究院	2011.09
130	普天物流技术有限公司	共建物流中心自动化装备及系统产业技术创新战略联盟	2011.10
131	锡山鹅湖镇	产学研合作	2011.10
132	临沂市人民政府	战略合作	2011.11

续表

序号	单位名称	合作内容	签订时间
133	山东齐星铁塔科技股份有限公司、新霓空太阳能（中国）有限公司、无锡安飞纤维材料科技有限公司、中科院宁波材料技术与工程研究所	复合材料研究与应用产业技术创新战略示范联盟	2011.11
134	香港维新集团	产学研合作	2011.11
135	宝钢集团有限公司	科研合作	2011.12
136	中国有色矿业集团	全面合作	2011.12
137	中国冶金科工集团有限公司	全面合作	2011.12
138	首钢集团总公司	首钢—北科大战略合作协议	2012.02
139	湛江市人民政府	北京科技大学湛江工业研究院框架协议	2012.03
140	天津钢管集团公司	天津钢管集团公司—北京科技大学战略合作协议	2012.04
141	德龙集团	北京科技大学—德龙产学研合作平台	2012.04
142	联盟包括中国汽车工程学会等35家单位，成立于2007年12月，北科大为联盟伙伴单位	汽车轻量化技术创新战略联盟	2012.05
143	广西科技厅	广西壮族自治区科学技术厅—北京科技大学科技合作协议	2012.05
144	承德路桥建设总公司	承德路桥建设总公司与北京科技大学校企科技合作协议	2012.05
145	郑州市人民政府	郑州市人民政府—北京科技大学科技合作框架协议	2012.05
146	龙岩市人民政府	龙岩市政府—北京科技大学共建硬质合金行业技术转移中心	2012.06
147	西藏昊泰纸样设备科技有限公司、北京科技大学、青海省高原医学研究院、空军航空医学研究所、中科院大连化学物理研究所	西藏昊泰高原富氧工程产学研合作技术研发中心合作协议	2012.06
148	京微雅格（北京）科技有限公司	北京科技大学—京微雅格（北京）科技有限公司校企战略合作框架协议	2012.08
149	中节能工业节能有限公司	中节能工业节能有限公司—北京科技大学产学研合作协议	2012.08
150	广西盛隆冶金有限公司	广西盛隆冶金有限公司—北京科技大学产学研战略合作协议	2012.08
151	广西长龙冶金有限公司	广西长龙冶金有限公司—北京科技大学产学研合作协议	2012.08

续表

序号	单位名称	合作内容	签订时间
152	北京爱尔斯环保工程有限责任公司	北京爱尔斯环保工程有限责任公司—北京科技大学北京水质净化生态技术研发中心	2012.09
153	信丰县包钢新利稀土有限责任公司	北京科技大学—信丰县包钢新利稀土有限责任公司产学研合作协议	2012.12
154	德庆康纳国兴有限公司	北京科技大学—康纳国兴新材料联合研发中心	2012.12
155	中国黄金协会、中国黄金集团公司	黄金产业技术创新战略联盟	2012.12
156	北超伺服技术有限公司	首钢—北科大战略合作协议	2013.01
157	温州市政府	北京科技大学—温州市政府科技合作协议	2013.01
158	中国职业健康协会	中国智慧矿山产业技术创新战略联盟	2013.01
159	江苏金陵特种涂料有限公司	防腐涂层新材料技术与产品产业化基地	2013.02
160	河北承德市人民政府	河北承德市人民政府—北京科技大学战略合作框架协议	2013.04
161	云南冶金集团股份有限公司	云南冶金集团股份有限公司—北京科技大学全面战略合作协议	2013.04
162	哈密红石矿业有限公司	哈密红石矿业有限公司—北京科技大学共建校企技术创新联盟	2013.09
163	企业专家工作站、教学实习基地	武安市运丰冶金工业有限公司	2013.10
164	扬中市政府	北京科技大学—扬中市政府战略合作协议	2013.10
165	青岛钢铁集团	青钢新品种开发与关键共性技术集成研究项目计划协议	2013.11
166	金诚信矿业管理股份有限公司	北京科技大学—金诚信矿业管理股份有限公司合作协议	2013.11
167	福建武平县人民政府	北科大—武平县科技合作协议	2013.11
168	中特首诺（北京）冶金科技有限公司	中特首诺（北京）冶金科技有限公司—北京科技大学联合成立中国工业固废粉体再造技术研究院合作协议	2013.11
169	钢研总院牵头	海洋工程用钢产业技术创新战略联盟	2014.03
170	安庆市振发汽车锻件有限责任公司	中国轴类零件轧制（楔横轧）产业技术创新战略联盟	2014.03
171	新疆有色集团	新疆有色金属产业技术创新战略联盟	2014.03
172	鞍钢集团公司	耐蚀钢产业技术创新战略联盟	2014.04
173	四川省自贡市云帆锦绣新型建材有限公司	联合成立高新建材研究所合作协议	2014.04
174	吉林滕泰重型机械集团有限公司	新材料技术研究联合实验室	2014.05
175	北京碧瑞能科技发展有限公司	产学研合作协议	2014.07

续表

序号	单位名称	合作内容	签订时间
176	广西柳州钢铁（集团）公司	科技创新战略合作协议	2014.08
177	飞亚达（集团）股份有限公司	金属材料联合研究室	2014.09
178	北京中远通科技有限公司	国家智能检测与过程控制产业技术创新战略联盟	2014.09
179	衡水工业高新区	北京科技大学衡水工作站	2014.10
180	首钢京唐公司	北京科技大学与首钢京唐公司签订合作协议（联合人才培养、技术开发/合作、合作编写教材三个协议）	2014.11
181	北京市经信委应急中心	北京市经信委应急中心—北京科技大学产学研联合协议	2014.11
182	中科招商投资集团股份有限公司	中科招商投资集团股份有限公司—北京科技大学战略合作协议	2014.12
183	北京科技大学设计研究院有限公司	北京市流程工业大数据工程技术研究中心共建框架协议	2014.12
184	塔塔钢铁集团公司	北京科技大学—塔塔钢铁公司联合研究中心	2014.12
185	首都高校科技信息网	济南高新区—首都高校科技信息网合作协议	2014.12
186	北京世纪国瑞环境工程技术有限公司	国家城镇粪便餐厨垃圾处理产业技术创新战略联盟	2014.12
187	公主岭市人民政府	公主岭市人民政府—北京科技大学合作协议	2015.03
188	金泰成环境资源股份有限公司	金泰成环境资源股份有限公司—北京科技大学科技合作战略合作协议	2015.03
189	钢研晟华工程技术有限公司	钢研晟华工程技术有限公司—北京科技大学战略合作协议	2015.03
190	深圳飞亚达公司、上海表业有限公司、烟台北极星国有控股有限公司牵头（深圳市政府标准化主管部门指导）	钟表标准化技术联盟	2015.04
191	河北宏润重工股份有限公司	河北宏润重工股份有限公司—北京科技大学大型厚壁无缝管热挤压技术联合研发中心协议	2015.04
192	北矿机电科技有限责任公司	北矿机电科技有限责任公司—北京科技大学产学研合作协议	2015.05
193	冀东发展集团有限责任公司	冀东发展集团有限责任公司—北京科技大学科技合作战略框架协议	2015.05
194	东莞宜安科技股份有限公司、北京科技大学、广州有色金属研究院、中国科学院金属研究所	共建宜安科技新材料研究院	2015.05
195	天津钢研海德科技有限公司	北京科技大学—天津钢研海德科技有限公司产学研合作协议	2015.06

续表

序号	单位名称	合作内容	签订时间
196	包头市北科鼎峰检测技术有限公司	包头市北科鼎峰检测技术有限公司—北京科技大学产学研合作协议	2015.06
197	廊坊市盛世建设投资有限公司	中国宏泰—北京科技大学共建宏泰—北科大新材料联合研究中心	2015.07
198	黑龙江建龙钢铁有限公司	黑龙江建龙钢铁有限公司—北京科技大学校企合作意向书	2015.07
199	中国汽车技术研究中心	智能车辆产业技术创新战略联盟	2015.09
200	北京天宜上佳新材料有限公司	北京天宜上佳新材料有限公司—北京科技大学产学研合作协议	2015.09
201	北京超同步伺服股份有限公司	共建超同步智能装备协同创新中心	2015.10
202	迁安市人民政府	迁安市人民政府—北科大战略合作协议	2015.11
203	土木与环境工程学院	土木与环境工程学院与徐州市泉山区人民政府签订战略合作协议	2015.11
204	新乡市人民政府	新乡市与北京科技大学技术转移战略合作协议	2015.12
205	无锡市明杨电池有限公司	共建企业技术研究院	2015.12
206	河北海天建设有限公司	河北海天建设有限公司—北京科技大学科技合作战略框架协议	2015.12
207	安庆市政府	北京科技大学—安庆技术转移中心	2015.12
208	山东盛阳金属科技股份有限公司	盛阳金属—北科大金属层状复合材料联合研究中心	2016.01
209	南京钢铁联合有限公司	南京钢铁联合有限公司—北京科技大学战略合作协议	2016.02
210	赣州福尔特电子股份有限公司	北京科技大学—赣州福尔特电子股份有限公司合作框架协议	2016.04
211	故宫博物院	故宫博物院—北京科技大学签订战略合作协议	2016.04
212	兰州科天投资控股股份有限公司	北京科技大学生物工程与传感技术研究中心—科天联合实验室	2016.04
213	肇庆市大正铝业有限公司	北京科技大学—肇庆市大正铝业有限公司科研合作协议	2016.05
214	天物众强高科精密管业有限工司	北京科技大学—天物众强工业技术研发中心	2016.06
215	宁波长振铜业有限公司	宁波长振铜业—北京科技大学战略合作协议	2016.06
216	山东银光钰源轻金属精密成形有限公司	山东银光钰源轻金属精密成形有限公司—北京科技大学产学研合作协议	2016.06
217	山东胜通钢帘线有限公司	山东胜通钢帘线有限公司与北京科技大学产学研合作协议	2016.06

续表

序号	单位名称	合作内容	签订时间
218	江苏博际喷雾系统股份有限公司	江苏博际喷雾系统股份有限公司—北京科技大学共建江苏省工程技术研究中心（喷雾射流系统设备工程技术研究中心）	2016.08
219	山东莱钢永锋钢铁有限公司	山东莱钢永锋钢铁有限公司与北京科技大学钢铁冶金新技术国家重点实验室合作协议	2016.08
220	新疆工程学院	北京科技大学支持新疆工程学院发展合作协议	2016.08
221	兴化市东昌合金钢有限公司	国家特种合金钢产业技术创新战略联盟	2016.09
222	上海富驰高科技有限公司	上海富驰高科技有限公司—北京科技大学产学研合作协议	2016.09
223	东北特钢集团北满特钢有限公司	黑龙江金属材料产业技术创新战略联盟	2016.12
224	承德钛能轧钢有限公司	承德钛能轧钢有限公司—北京科技大学产学研合作协议	2016.12
225	中国铝业公司	中国铝业公司—北京科技大学技术创新合作暨组建联合工程研究中心协议	2016.12